财经系列经典教材

Michael H.Moffett

Arthur I.Stonehill

David K.Eiteman

跨国公司财务管理

第5版(立体化教材版)

Fundamentals of Multinational Finance(5e)

[美] 迈克尔 · H.莫菲特
亚瑟 · I.斯通希尔 ◉ 著
大卫 · K.艾特曼

黄兴孪 ◉ 译
郑振龙 ◉ 审校

东北财经大学出版社 大连
Dongbei University of Finance & Economics Press

辽宁省版权局著作权合同登记号：图字06-2018-286号

图书在版编目（CIP）数据

跨国公司财务管理：第5版（立体化教材版）/（美）迈克尔·H. 莫菲特（Michael H. Moffett），亚瑟·I. 斯通希尔（Arthur I. Stonehill），大卫·K. 艾特曼（David K. Eiteman）著；黄兴李译．—大连：东北财经大学出版社，2023.1
（财经系列经典教材）
ISBN 978-7-5654-4143-1

Ⅰ.跨…　Ⅱ.①迈…②亚…③大…④黄…　Ⅲ.跨国公司-财务管理-教材　Ⅳ.F276.7

中国版本图书馆CIP数据核字（2021）第033932号

东北财经大学出版社出版发行
　大连市黑石礁尖山街217号　邮政编码　116025
　网　　址：http://www.dufep.cn
　读者信箱：dufep @ dufe.edu.cn
大连图腾彩色印刷有限公司印刷

幅面尺寸：200mm×270mm　字数：861千字　印张：29.25　拉页：1
2023年1月第1版　　　　2023年1月第1次印刷
责任编辑：李　季　王　玲　责任校对：孟　鑫　王芄南
封面设计：原　皓　　　　　版式设计：原　皓
定价：119.00元

教学支持　售后服务　　联系电话：（0411）84710309
版权所有　侵权必究　　举报电话：（0411）84710523
如有印装质量问题，请联系营销部：（0411）84710711

前　言

　　《跨国公司财务管理》（第五版）反映了现今席卷全球的商业活动的众多变化。全球市场走出金融危机 5 年，并进入一个新的时代，一些国家市场，例如中国、印度和土耳其，正在改变全球财务格局。本书集中讨论了未来跨国企业领导者所面临的挑战，其主要包括三个方面：

■ **组织**。跨国公司（MNE）一词适用于多种形式的组织，包括上市公司、私营企业、国营公司和国有组织，这些组织存在于当今的全球商业环境中。上述组织的所有者和运营者改变了组织的目标，因此也改变了组织的管理。

■ **市场**。像中国和印度这样的国家已不再是全球制造商的廉价劳动力来源。它们越来越成为所有公司销量增长、制造业与服务业公司利润增长的焦点。尽管它们仍可被归类为"新兴市场"，但它们是全球财务及其管理的经济驱动力及面临的主要挑战。

■ **领导**。在这些组织和市场中担任领导职务的个人面对的是一种不断变化的全球格局，在这种格局中，新兴市场财务管理不再处于财务管理的外延，而是转变为核心。跨国公司的领导者面临着大量的外汇和政治风险，而随着全球资本以越来越快的速度进出各国，这些风险实际上更具波动性。这些风险可能令人望而生畏，但如果把控得当，它们也提供创造价值的机会。最后，最主要的问题是，企业领导者能否应对企业面临的战略和财务挑战？

第五版的新变化

　　本书的主题可以描述为新兴市场的成熟。主导全球财务的主角正在发生变化，俄罗斯、中国、印度、巴西、土耳其等国的经济和货币正走向全球商业的最前沿。从孟买的初创企业到蒙特勒的成熟跨国公司，所有企业都面临着类似的汇率风险和跨境业务风险，因为越来越多的全球商业活动转向了更多国家的数字接口。

　　在这个新世界，跨国公司几乎来自所有的国家，无论是工业化国家还是新兴国家，它们都在寻找便宜的劳动力、原材料和外包制造，同时在所有市场上争夺客户，争夺销量、利润和现金流。这些市场——无论是被贴上金砖四国（巴西、俄罗斯、印度、中国）的标签，还是其他一些流行的标签——都代表着地球上的大多数人口，因此也代表着地球上的主要消费者。总之，这个主题贯穿于本书。

　　以下是对本书新变化的简要概述：

■ 随着新兴市场货币对全球现金流的贡献越来越大，本书增加了汇率制度相关理论和实践变化的内容。

■ 随着比特币等加密货币日益动摇传统"货币"定义的基础，我们介绍了各国政府和央行面临的挑战。

■ 我们在全书中增加了新的内容，其涉及日益复杂的新兴市场或主要新兴市场，这些市场对资本流动更加开放，但也受到政府或央行的干预等影响。

■ 我们增加了某些国家使用多种不同的货币制度和手段的相关内容，这些货币包括俄罗斯卢布、印度卢比、土耳其里拉和南非兰特。

■ 针对有关货币复杂性的主题，我们更新了一些引导案例，同时保留了之前版本中很受欢迎的部分案例。

■ 我们在各章中新增了"全球财务管理实务"专栏，借以补充我们对于全球财务管理行为的细微差别的一些见解。

本书还调整了之前版本的部分内容，使其更加简明扼要。同时在不牺牲深度和细节的前提下，通过整合一些概念和主题，我们对全球财务管理进行了如下更深入的探索：

■ 关于国际货币体系的章节涵盖了用宏观经济政策和数字交换的复杂性来定义货币的基本原则。

■ 与创建和使用货币及利率衍生品进行套期保值和投机的相关章节已被有选择地进行了整合。

■ 关于筹集股权资本和国际投资组合理论的章节被整合到全球成本和资本可获得性的探索中。

■ 关于资金来源和跨国公司不断变化的资本结构的相关章节已被重新编排，以便我们将理论与现行实践相结合，并进行更加综合的表述。

跨国公司财务管理是一个复杂、不断变化，且历史悠久的学科。我们试图通过混合使用货币代码和货币符号来弥合传统商业实践和数字实践。具体而言，在全书中我们使用常见的三字母货币代码——USD（美元）、CNY（人民币）、EUR（欧元），以及传统的货币符号——$、¥、£、€ 等。像俄罗斯和土耳其这样的国家，随着它们引入了新的"货币符号"，其经济也开始复苏。

读者

《跨国公司财务管理》（第五版）旨在用于国际财务管理、跨国公司财务管理、国际金融等类似的大学课程。此外，它既可以用于本科或研究生水平的相关课程，也可以用于经理人员教育和企业培训课程。

如果学习上述课程前，学习过企业财务或财务管理方面的课程或具备相关经验，则再好不过。无论如何，当我们将基本财务概念扩展到跨国公司的案例之前，我们都会对它们进行回顾，同时我们也回顾了国际经济和国际商务的基本概念。

我们也认识到，本书的潜在使用者可能生活在美国和加拿大之外。因此，我们使用了大量的在美国之外的公司作为引导案例和全球财务管理实务专栏的例子，这些案例经常见诸商业和财经新闻媒体（包括轶事和插图）。

本书结构

《跨国公司财务管理》（第五版）已针对该领域的关键要素进行了重新设计和调整，我们致力于为读者呈现更加精炼和紧凑的文字，而这是通过沿着财务管理层面并综合许多以前的主题来实现的。本书由5个部分组成，它们由全球化进程的共同主线统一起来。在全球化进程中，一个公司从国内经营导向逐渐转向跨国经营导向。

■ 第1部分介绍了全球财务环境。

■ 第2部分阐述了外汇理论和市场。

■ 第3部分探讨了外汇风险敞口。

■ 第4部分详细介绍了全球公司财务管理。

■ 第5部分分析了跨国投资决策。

教学工具

为了使《跨国公司财务管理》（第五版）尽可能通俗易懂，我们使用了大量经过验证的教学工具，我们的努力再次得到了同行的肯定。这些教学工具由国际财务管理领域，特别是在本科层次上备受认可的优秀教授所组成的小组进行了详细审查并由其提出了建议。

这些教学工具包括：

■ 一种对学生友好的写作风格，结合有组织的材料展示，从每一章的学习目标开始，章末总结这些学习目标的实现情况。

■ 丰富的图表展示提供了一个视觉平行的概念和内容呈现方式。整本书使用了两种颜色的表现方式，我们相信这提供了一种视觉吸引力，对读者的注意力和记忆力也有重要影响。

■ 一个假想的总部位于美国的三叉戟公司的现行案例为全球化进程的各个方面提供了一个有凝聚力的框架，并在各章末的习题中进一步强化。

■ 每章的引导案例提纲挈领地说明了该章的主要内容，并将其扩展到跨国财务管理业务环境。而且，正如我们之前所提到的，17个引导案例中，有6个是新增的。

■ 每章中的全球财务管理实务专栏都使用真实企业实践来阐释相关理论，这些专栏扩展了有关概念。

■ 每章都有一些需要使用互联网的章末练习题，而各种各样的网络参考资料分散在本书各章节中。

■ 各章的"学与思"栏目可用于评估学生对课程内容的理解程度。

丰富的配套学习资料

为方便教师教学和学生测试，本书提供了丰富的配套学习资料。

■ **在线教师手册**。由得克萨斯州立大学的威廉·奇滕登（William Chittenden）编写，包含所有章节的"学与思"、计算分析题和引导案例的完整答案。所有习题都是用作者编写的电子表格解答的，也可在网上获得。

■ **在线测试项目文件**。雷鸟全球管理学院的博里扬·波罗扎诺夫（Borijan Borozanov）编写的在线测试项目文件包含超过1 200道多项选择题和简答题。其中，多项选择题按照以下主题进行分类：识别、概念和分析类型。

■ **电子化测试题库**。在线测试项目文件也可以通过Pearson Education的TestGen软件获得。完全网络化的背景下，Windows和Macintosh操作系统均可使用。TestGen软件的视图界面允许教师查看、编辑和添加问题，并将问题转到测试中；也可以打印不同形式的测试题目。搜索和排序功能使教师能够快速定位问题，并按优先顺序对其进行排序。TestGen插件能够自动为测试打分，并允许教师查阅和打印各种各样的测试分析报告。

■ **在线引导案例PowerPoint（PPT）演示文稿**。17个引导案例都有在线独立的PPT演示文稿。

■ **在线PowerPoint演示文稿幻灯片**。其包含完整的PPT演示文件，为教师提供每一章的讲义和部分图表。

■ **网址**。一个专门的网站www.pearsonglobaleditions.com/moffett包含书中的网络练习题，包括在线链接、词汇表术语的电子闪存卡，以及部分"学与思"、计算分析题的参考答案。

所有教学资源均可在线获取，可在教师资源中心下载（www.pearsonglobaleditions.com/moffett）。

国际版本

《跨国公司财务管理》已被世界各地的国际金融（财务）专业的学生所使用。我们的书籍以多种语言出版，包括中文、法文、西班牙文、印度尼西亚语、葡萄牙语和乌克兰语。

致谢

我们衷心感谢许多同事对于之前版本的细心审阅和具体建议，第五版的《跨国公司财务管理》就是根据这些审稿意见进行修订的。他们包括一些匿名审稿人以及以下具体审稿人：

马萨诸塞州洛厄尔大学的 Dev Prasad；

爱荷华大学蒂帕伊商学院的 Anand M.Vijh；

马里兰州洛约拉大学的 Yoy S.Shin；

奥本大学蒙哥马利分校的 Raymond M.Johnson；

哥伦布州立社区学院的 Cheryl Riffe。

我们还要感谢雷德福大学的 Rodrigo Hernandez，他细心审阅了本书的内容。

我们还要感谢 Pearson Education 出版社所有为本书的出版而努力工作的人：Katie Rowland，Kate Fernandes，Erin McDonagh 和 Meredith Gertz。此外，我们非常感激杰出的项目经理 Gillian Hall。

最后，我们想把这本书献给我们的父母——Bennie Ruth 和已故的 Hoy Moffett，已故的 Harold 和 Norma Stonehill，以及已故的 Wilford 和 Sylvia Eiteman，是他们给予了我们成为学者和作者的动力。我们也要感谢我们的妻子，Megan，Kari 和 Kong-Fong，在我们写作《跨国公司财务管理》的过程中，是她们给予了我们极大的支持。

Glendale，Arizona M.H.M.

Honolulu，Hawaii A.I.S.

Pacific Palisades，California   D.K.E

同时，Pearson 教育出版社也要感谢以下人员对国际版本的努力工作：

贡献者

德班大学的 Monal Abdel Baki；

南洋理工大学的 Leon Chuen Hwa。

审稿人

艾因·夏姆斯大学的 Shame El Hamawy；

中国香港理工大学的 Pauline Ho；

金斯顿大学的 Emmanouil Noikokyris；

密苏里大学哥伦比亚分校的 Martin Pereyra；

约翰内斯开普勒大学林茨分校的 Stefan Pink；

瓦瓦桑开放大学 Ravindran Raman；

马来西亚蒙纳士大学的 Gary Rangel。

本书作者介绍

迈克尔·H.莫菲特　迈克尔·H.莫菲特（Michael H. Moffet）自1994年以来一直在雷鸟全球管理学院（Thunderbird School of Global Management）担任欧洲大陆金融学教授。莫菲特曾在俄勒冈州立大学（1985—1993）、密歇根大学安娜堡分校（1991—1993）、华盛顿特区的布鲁金斯研究所（Brookings Institution）、夏威夷大学马诺阿分校、奥胡斯商学院（丹麦）、赫尔辛基经管学院（芬兰）、国有企业国际研究中心（南斯拉夫），以及博尔德科罗拉多大学等从事教学或研究工作。

莫菲特教授于1977年获得了得克萨斯大学奥斯汀分校的经济学学士学位，1979年获得了科罗拉多州立大学的资源经济学硕士学位，1983年和1985年先后获得了科罗拉多大学博尔德分校的经济学硕士和博士学位。

莫菲特教授曾独立或与其他学者合作发表了大量的书籍、论文和其他出版物。他与Art Stonehill和David Eiteman合著了《跨国企业金融》以及本书。他的论文发表在《金融数量分析杂志》（*Journal of Financial and Ouantitative Analysis*）、《应用公司金融期刊》（*Journal of Applied Corporate Finance*）、《国际货币与金融期刊》（*Journal of International Money and Finance*）、《国际财务管理与会计杂志》（*Journal of International Financial Management and Accounting*）、《当代政策问题》（*Contemporary Policy Issues*）、《布鲁金斯国际经济学研讨会论文集》（*Brookings Discussion Papers in International Economics*）等期刊和文集上。他也为许多合集作品做出了贡献，包括《现代金融手册》、《国际会计和金融手册》以及《国际企业百科全书》。他曾与Michael Czinkota和Ilkka Ronkainen合作出版了《国际商务》（第七版）；曾和Andrew Inkpen合作出版了《全球商务》（第四版）、《全球石油和天然气行业：战略、财务和管理》等书。

亚瑟·I.斯通希尔　亚瑟·I.斯通希尔（Arthur I.Stonehill）是俄勒冈州立大学的金融和国际商务名誉教授，其在该校任教24年（1966—1990）。1991年至1997年，他同时在夏威夷大学马诺阿分校和哥本哈根商学院任职；1997年至2001年，他继续担任夏威夷大学马诺阿分校的客座教授，并在加州大学伯克利分校、克兰菲尔德管理学院（英国），以及北欧管理学院（挪威）从事教学或研究工作。他曾任国际商务学院院长，并担任金融管理协会的西方主管。

斯通希尔教授于1953年获得了耶鲁大学历史学学士学位，1957年获得了哈佛商学院的工商管理硕士（MBA）学位，之后于1965年获得了加州大学伯克利分校的工商管理博士学位。他还先后获得了奥胡斯商学院（丹麦，1989年）、哥本哈根商学院（丹麦，1992年），以及隆德大学（瑞典，1998年）的荣誉博士学位。

斯通希尔教授撰写或与人合著了9本书和其他25本出版物。他的论文发表在《财务管理》（*Financial Management*）、《国际商务研究》（*Journal of International Business Studies*）、《加州管理评论》（*California Management Review*）、《金融数量分析期刊》（*Journal of Financial and Quantitative Analysis*）、《国际财务管理与会计期刊》（*Journal of International Financial Management and Accounting*）、《国际商业评论》（*International Business Review*）、《欧洲管理期刊》（*European Management Journal*）、《投资分析师》（*The Investment Analyst*，英国）、《国家经济学家杂志》（*Nationalokonomisk Tidskrift*，丹麦）、《社会经济》（*Sosialokonomen*，挪威）、《金融教育杂志》（*Journal of Financial Education*）等期刊上。

大卫·K.艾特曼 大卫·K.艾特曼（David K.Eiteman）是加州大学洛杉矶分校 John E. Anderson 管理研究生院的金融学荣誉教授。他曾在中国香港科技大学、日本昭和音乐学院、新加坡国立大学、中国大连大学、芬兰赫尔辛基经济与工商管理学院、美国夏威夷大学马诺阿分校、英国布拉德福德大学、英国克兰菲尔德管理学院和阿根廷 IDEA 学院等担任教学或研究职务。他也是国际贸易和金融协会、中国经济与管理学会，以及西方金融学会的前任主席。

艾特曼教授先后获得了密歇根大学安娜堡分校的工商管理学士学位（1952 年）、加州大学伯克利分校的经济学硕士学位（1956 年），以及西北大学的金融学博士学位（1959 年）。

艾特曼教授撰写或与他人合著了 4 本书和另外 29 本出版物。其论文发表在《金融学期刊》（*The Journal of Finance*）、《国际贸易杂志》（*The International Trade Journal*）、《金融分析师》（*Financial Analysts Journal*）、《世界商业杂志》（*Journal of World Business*）、《国际管理》（*Management International*）、《商业视野》（*Business Horizons*）、《密歇根州立大学商业专题》（*MSU Business Topics*）、《公共事业半月刊》（*Public Utilities Fortnightly*）等期刊上。

《跨国公司财务管理》(立体教材版)使用说明

本书为财经系列经典教材,其致力于辅助教师优化教学形式和手段,以使学生获得更有趣、更高效、更实用的学习体验,教师更有效、更轻松地完成教学。

本书共进行了如下革新与升级:

1.基于全书各部分内容,制作"xx部分逻辑框架图"。

在每部分的首页,制作该部分逻辑框架图,使学生对该部分内容的总体架构与主要内容了然于胸,并保有学习与探究的兴趣。

2.在各章章首,设置"课前阅读与思考"栏目,作为课前预习/课上分组讨论的案例材料。

由于原有的章末案例大多是涉及各章主要内容的热点话题与经典案例,故将每章的章末案例置于章首,作为"引导案例",以供学生课前阅读与思考,从而使其带着思索和疑问,开始该章知识的探索与学习。

3.梳理各章重要知识点和关键词条,并于教材中作出明显标记。

为弥补原有教材重点不够突出的缺憾,切实提高学生学习、复习的效率与效果,特结合教师资源包核心教学内容,对原有教材内容进行梳理和重点标记。学生通过对标记内容,即"干货"的重点学习即可轻松掌握主体知识。

4.结合教学内容,设置"学与思"栏目。

为鼓励学生在学习过程中结合实务知识积极思考,逐渐形成知识体系,特将原有的章后思考题(含经典小案例)打散,分别置于相关教学内容之后。

5.新增"课堂延展阅读"栏目,将部分拓展内容做成二维码链接。

保留"干货",将有关拓展知识,如历史知识、展示图表等,作为二维码链接内容,个性化学习者可课后阅读与学习。

6.将每章最后一节设置成"划重点"栏目,并配以"本章逻辑框架图";在全书的最后,设置一张"全书逻辑框架图"。

顾名思义,通过对各章内容"划重点",给出一看即懂、可轻松记忆的"逻辑框架图",致力于使学生能够轻松、高效地掌握各章核心内容。

在全书的最后,放置一张综合的"逻辑框架图",帮助学生系统梳理全书的逻辑脉络、核心知识点,并基于其形成完整的知识体系。

7.在各章末,设置"秒懂本章"栏目。

在各章末,用"一句话"对全章主旨进行概括与提炼,使学生轻松掌握本章核心内容,便于后续章节的进一步学习。

目 录

全球财务环境

缘起 —— 比较优势与跨国企业的出现 → 第1章　跨国公司财务管理：机会与挑战

货币 —— 理想的货币制度与现实选择 → 第2章　国际货币体系

**第1部分
全球财务环境**

宏观 —— 国际收支平衡表主要子账户及其相互关系 → 第3章　国际收支平衡表

微观 —— 企业财务目标与公司治理最佳实践 → 第4章　财务目标与公司治理

第1部分逻辑框架图

第1章

跨国公司财务管理：机会与挑战

> 我把全球化定义为在最具成本效益的地方生产，在最有利可图的地方销售，在成本最低的地方融资，而不用担心国界。
>
> ——Narayana Murthy，Infosys 的创建者和董事会主席。

学习目标

- 理解价值创造的必要条件
- 考查基本理论——比较优势理论，及其对解释和论证国际贸易和商务的要求
- 了解跨国企业与国内企业在财务管理上的不同之处
- 具体说明不完美市场为何会产生跨国企业
- 分析全球化进程如何使一家财务关系和结构上单纯着眼于国内的企业转变为真正的全球企业
- 探讨限制金融全球化的可能原因

课前阅读与思考

本书的主题是**跨国公司财务管理**（multinational financial management）。无论是营利性公司，还是非营利组织，只要在不止一个国家中开展业务，并且通过其分支机构、国外附属企业、合资公司与母公司进行商务往来，我们就称其为跨国公司（multinational enterprises，MNEs）。

今天，新的跨国公司正在世界各地出现，而与此同时，一些老牌的和成熟的跨国公司却在为生存而挣扎，事实上，各种各样的企业都看到了一个与过去截然不同的世界。今天的跨国公司不仅依靠新兴市场的廉价劳动力、原材料和制造外包，而且日益依赖这些新兴市场的销售和利润。这些市场——无论是新兴市场、欠发达市场，还是发展中市场，或者金砖四国（BRIC，巴西、俄罗斯、印度和中国）、MINTs（墨西哥、印度尼西亚、尼日利亚、土耳其）——其代表了地球上大多数的人口，因此都是跨国公司的潜在客户。此外，无论从短期还是从长期来看，在这种不断变化的全球格局中，具有风险和挑战性的国际宏观经济环境也日益增加了市场的复杂性。2008—2009年的全球金融危机已逐渐成为过去，资本再次流动，甚至其进出经济体的速度也越来越快。

如何识别和应对这些风险是本书的重点。这些风险可能出现在全球金融市场的竞争环境中，但其仍然是一个管理问题——在追求公司目标的过程中，应该如何应对这种复杂性。

本章以引导案例"比特币——加密货币还是商品？"开篇，带你一起思考资本全球化的进程和原因。请带着你的思索和疑问，开启本章的学习和探索之旅吧！

比特币——加密货币还是商品？

现有的法定货币——纸币和硬币，或者它们的数字版本，是通过监管或法律获得价值的——是由国家担保的，而国家至少在原则上对其公民负责；相比之下，比特币是一种社区货币，它需要用户的自我监督。对某些人来说，这是一种特性，而不是漏洞。但是，从大局来看，必要的开源参与仍然是一种利基追求。大多数人宁愿把这种责任移交给有关当局。除非这种心态发生改变，否则比特币将无法与现实世界的金钱相抗衡。

——"比特和鲍勃"，《经济学人》，2011 年 6 月 13 日。

比特币是一种开源、点对点的数字货币。它是一种加密货币，一种使用被称为密码学的高级加密技术创建和管理的数字货币。它可能是世界上第一个完全分散的数字支付系统。比特币的非官方三字母货币代码为 BTC，其单一货币符号是฿。

那比特币是一种真正的货币吗？它是钱，还是能变成钱？ 2014 年 1 月，世界各地诸多主要监管机构——美联储、欧洲央行、中国人民银行——都在试图决定比特币究竟是应该被禁止、监管，还是应该放任自流。人们对比特币使用的看法亦大相径庭，有的看法甚至出人意料。监管机构只是一个利益相关者；用户和生产者对比特币的前景有自己的看法。

生产和使用比特币

2009 年，一名自称中本聪（Satoshi Nakamoto）的男子发明了比特币。中本聪通过互联网发表了一篇篇幅为 9 页的文章，以概述比特币系统的工作原理。他还提供了生产数字货币（比特币术语中的矿山）和以数字货币形式交易比特币所需的开源代码（中本聪被认为只是化名，他很可能是某个规模相对较小的工作组的一员，他于 2012 年起从互联网上消失）。

挖矿

挖比特币是一个数学过程。"矿工"必须找到一个可产生特定模式的数据序列（被称为块）。当找到匹配项时，"矿工"将获得一笔赏金——分配获得——比特币。这种由日益复杂的计算机进行的重复猜测被称为"哈希算法"。挖矿的动机很明显：赚钱！

比特币软件系统的设计目的是在全球网络中（任何人、任何地方，理论上都可以成为网络的一部分）向成功解决数学问题的"矿工"发放 25 枚硬币的奖励。一旦解决了上述问题，解决方案就会在全球网络范围内传播，接下来，有 25 枚硬币作为奖励的竞争就开始了。该系统的协议旨在每 10 分钟释放一个新的比特币块，直到 2 100 万个比特币块全部释放，且随着时间的推移，这些比特币块会变得越来越小。如果网络中的"矿工"需要 10 分钟以上才能找到正确的代码，比特币程序就会被调整，以使数学计算变得容易些。相反，如果"矿工"在 10 分钟内解决了问题，数学计算就会变得难些。

随着挖矿时间的推移，搜索的难度不断增加，而这使其变得越来越稀缺，就像许多人认为鉴于黄金的稀缺性，它是货币价值的基础一样。但最终，比特币系统在时间（每 10 分钟）和总发行量（2 100万个）上都受到了限制。理论上说，2 100万个比特币块的最后一个将在2140年被挖掘出来。

短短几年之内，挖比特币就成为了一桩大生意。在早期阶段，理论上一个人可以使用笔记本电脑挖比特币，或者根本不用电脑，但现在情况显然不同了。到2014年，挖比特币已经成为从冰岛到奥斯汀等地的初创企业在计算机系统上投资数百万美元致力于达成的目标，一名记者称这是一场"计算军备竞赛"。"在2 100万个比特币块中，有1 100万块已经被挖掘。

用户

一旦被挖掘出来，比特币就被认为是一种匿名——几乎是匿名的——加密货币。比特币最初是发放给成功的"矿工"的，"矿工"可以用比特币购买商品，也可以将商品卖给希望使用数字货币购买或投机未来价值的"非矿工"。

每一枚硬币的所有权都是通过跨越数千个网络节点的数字链验证和注册的。就像现金一样，这可以防止重复支出，因为每个比特币交易所都是通过分散的比特币网络（目前估计有2万个节点）进行认证的。与现金不同，比特币系统中发生的每笔交易都是用系统中的两个公钥（交易方、比特币地址）记录的。这个记录被称为区块链，包括时间、数量和两个几乎匿名的IP地址（公钥不与任何人的身份绑定）。与信用卡或PayPal不同，它没有第三方服务商。这才是真正的点对点。

比特币基金会（Bitcoin Foundation）是一个非营利组织，其负责运营全球比特币系统。比特币基金会现任首席科学家是加文·安德列森（Gavin Andresen），他是领取薪水的。该基金会的资金主要来自盈利公司（如Linux基金会）的拨款，这些公司要么挖比特币，要么使用比特币系统。

价值驱动因素和关注点

传统货币由政府通过中央银行发行。它们监管货币的增长与供给，同时也在某种程度上保证了货币的价值。然而，比特币没有这样的担保人，没有保险公司，也没有最后贷款人。如果比特币用户丢失或删除了他们的所有权记录，其将失去支持或保险——没有人可以起诉，也没有机构可以申请追索权。比特币的价值完全取决于用户和投资者在任何时候愿意为它支付的价格。这使得它在本质上既类似于一种货币，也类似于一种商品。

比特币是一个相当复杂的货币系统的组合。20世纪上半叶的金本位制是一个基于铸币的系统，它和某种具有内在价值的稀有金属有着固定的联系。比特币确实存在数字稀缺性，而且最终对其可用性有一个固定的限制。但比特币没有内在价值；它们不是由贵重金属构成的；它们只不过是数字代码。它们的价值反映了市场上那些相信其价值——一种法定货币，类似于当今世界主要货币——的人之间的供求关系。如图表1A所示，该价值非常不稳定。几年来，单位比特币的交易价格一直低于10美元（使用美元计价，就像汇率一样）。2013年12月，其价格飙升至1 238美元，然后暴跌了下来。

探寻2013年比特币价格波动背后的原因，让人们对其潜在用途也有了一些了解。2013年11月，塞浦路斯发生银行危机，许多塞浦路斯公民将钱投资于比特币（推高价格）。同样，2013年末，中国对比特币的兴趣和使用激增。

比特币某种程度上能够绕过政府当局的监管，从而引发了人们对比特币可能被用于非法贸易、洗钱以及全球其他非法商业活动的担忧。各国政府对这一担忧的反应各不相同。德国政府已正式将比特币列为账户单位；印度检查了多家被认为使用比特币进行非法交易的交易所；到目前为止，英国和欧盟都没有干涉此事；韩国宣布不承认比特币为法定货币；比特币在美国并不违法。

图表 1A   使用美元计价的比特币价格

每日情况：2013年1月1日—2014年1月19日

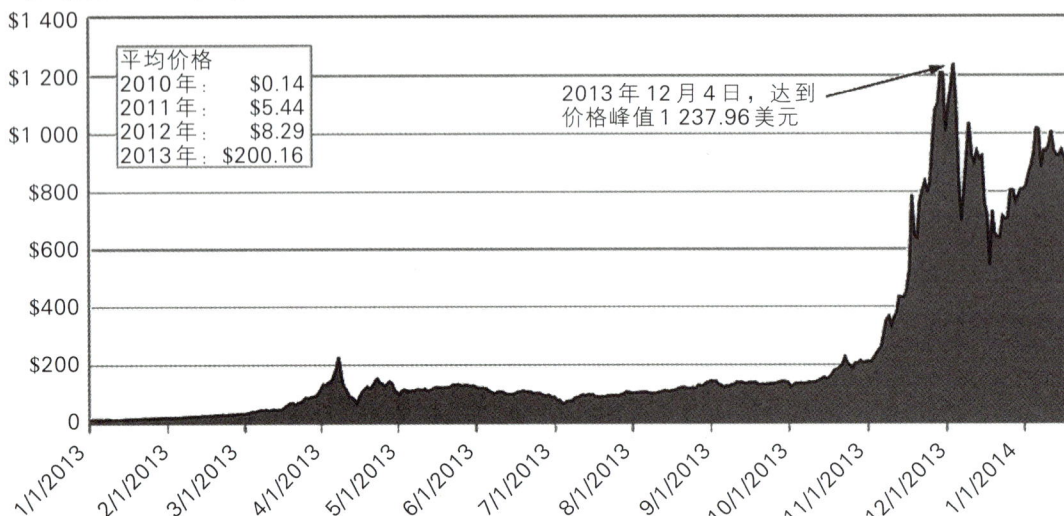

美国联邦储备委员会主席本·伯南克（Ben Bernanke）在2013年11月对国会发表讲话时甚至指出，在线货币"可能具有长期前景，尤其是当其创新能促进更快、更安全、更高效的支付系统时"。

证明其接受度不断提高的例子还有：伦敦的彭布里酒馆（The Pembury Tavern）、纽约的EVR酒吧（EVR bar）、旧金山的杯子和蛋糕面包店都接受以比特币购物。美国国家篮球协会成员萨克拉门托国王队告诉客户，它们将接受用比特币购买门票和商品。然而，这些只是零星的例子，并不具有普遍性。与此同时，随着有关数字货币在全球范围内使用的法律问题的不断升级，世界上许多老牌金融机构——银行——都远离了数字货币。美国大型银行富国银行（Wells Fargo）要求与乐于参加比特币活动的人士举行一次"高峰论坛"，以了解更多相关信息。

比特币的前景可谓喜忧参半。当比特币被用于在"丝绸之路"（Silk Road）上的销售业务时，其前景令人堪忧。事实上，"丝绸之路"是一个非法贩毒的地下网站，虽然其最终被美国政府关闭，但其用于非法活动的可能性已经影响了公众对比特币前景的看法。然而与此同时，也有其他人看到了比特币的好处。例如，许多人将比特币引入非洲，作为一种为当地穷人提供无机构金融服务的方式（被称为"黑斑羚革命"），这消除了经济发展的主要障碍之一。

那么，比特币是一种货币，还是一种商品呢？它是钱吗？许多人认为它是打破规则的一种方式，另一些人则认为它是一场"开放的海啸"的开端。包括英国《金融时报》在内的传统主义者认为，它不会奏效。

但是，中本聪忽略了一个关键问题。一种良好的货币必须长期保值，它还必须能够方便人们交换实际需要的商品和服务。将这两种功能结合在一种工具中需要一种微妙的平衡。如果发行过少的货币，就没有足够的资金来满足经济的支付需求，而这可能导致通货紧缩和经济衰退。然而，如果发行过多的货币，将导致通货膨胀，而这将侵蚀货币的价值。这是非政府机构所创造的"私人资金"永远无法解决的困境。

——《小心比特币的狂热，21世纪的郁金香》，《金融时报》，2014年1月16日。

比特币的支持者们则辩称，要想使比特币取得成功，其不一定要取代全球所有货币。时间会证明一切。

问题

　　1. 使用比特币进行交易的成本和收益是什么？

　　2. 根据经济学理论，一种真正的货币必须能够充当记账单位、交换媒介和价值储存手段。比特币符合这些标准吗？

　　3. 人们一直预计，随着实体经济产出的增长，货币也会增长。但如果增长过快，就会加剧通货膨胀；如果增长过慢，就会引发通货紧缩。随着时间的推移，比特币会产生哪些影响？

1.1　金融全球化与风险

　　回顾20世纪末和21世纪初危机爆发前那段宁静的日子，金融全球化被视作不言而喻的好事。但次贷危机和欧元区的戏剧性事件正动摇着人们的信念……现在更大的风险——尤其是在欧元区——是金融全球化已经创造了一个以某些危险的方式相互联系的体系。

　　——"Crisis Fears Fuel Debate on Capital Controls," Gillian Tett, *Financial Times*, December 15，2011.

　　当今，全球金融市场的主题是与金融全球化相关联的风险的复杂性——其是好是坏已无关紧要，**重要的是如何在快速变化的市场中领导和管理跨国公司。**

　　■ 国际货币体系——浮动汇率和有管理的固定汇率的折衷组合，正不断受到审视。中国人民币的崛起正在很大程度上改变着世界对汇率、储备货币以及美元和欧元角色的看法（见第2章）。

　　■ 巨额财政赤字，包括当前的欧元区金融危机，犹如瘟疫一般在全球主要贸易国家间相互传染。其导致财政政策和货币政策日益复杂，并最终影响利率与汇率（见第3章）。

　　■ 许多国家正面临国际收支失衡的问题，在某些情况下，危险的巨额赤字和盈余——无论是中国享有的双顺差，还是淹没在欧元区赤字海洋中的德国经常账户盈余，抑或是美国持续的经常账户赤字，都将不可避免地影响汇率（见第3章）。

　　■ 来自世界各国的公司的所有权、控制权以及公司治理正在发生剧烈的变化。公开上市公司并不是全球企业的主要组织形式，由私人或家族控制的股权结构往往更为常见——这类公司的目标以及业绩衡量指标经常发生戏剧性的变化（见第4章）。

　　■ 全球资本市场通常会提供降低公司资本成本的手段，更重要的是其提高了资本的可得性，但在许多方面却缩小了规模，对世界上的许多组织来说，其正日益变得不那么开放和难以进入（见第1章）。

　　■ 今天的新兴市场正面临着一个新的困境：先要成为资本流入的接受者，然后再经历快速而大规模的资本外流。金融全球化导致了资本在工业市场和新兴市场的潮起潮落，也使跨国公司财务管理变得极其复杂（第5章和第8章）。

　　这些只是风险复杂性的一些例子，事实上，本章只是一个介绍、一种尝试。

学与思 1-1 跨国公司在全球化市场中运营的影响因素是什么？

1.2　全球金融市场

　　企业——国内的、国际的、全球的——涉及个人和个人组织通过市场交换产品、服务以及资本的相互作用。全球资本市场对于这种交换行为至关重要，2008—2009年的全球金融危机就是一个例证和警告，说明这个市场是多么紧密地结合在一起，又是多么地脆弱。

1.2.1 资产、机构和联系

图表1-1是全球资本市场的示意图，理解全球金融市场特征的方法之一是分析其资产、机构和联系。

图表 1-1   全球资本市场

全球资本市场由一系列机构（中央银行、商业银行、投资银行、非营利性金融机构，如国际货币基金组织和世界银行等）和证券（债券、抵押贷款、衍生品、贷款等）组成，所有这些都是通过全球化网络——银行间市场联系起来的。这种交易各种证券的银行间市场是资本流动的关键通道。

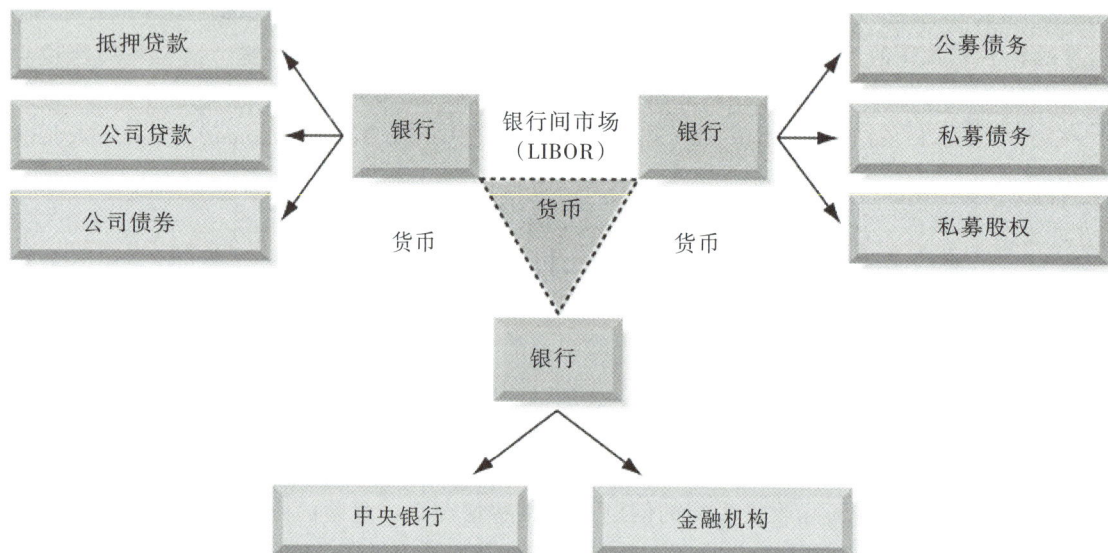

证券交换——资本在全球金融体系中的流动——必须通过货币工具进行。事实上，货币兑换市场是最大的金融市场。银行间市场必须使用货币对证券进行转换和交换，所有定价的基础利率正是世界上被广泛使用的利率——LIBOR（伦敦银行同业拆借利率）。

资产

资产——确切地说是金融资产——而全球资本市场的核心是政府发行的债务证券（如美国国债），这些低风险或无风险资产为银行贷款、公司债券和股票等其他金融资产的创建、交易和定价奠定了基础。近年来，从现有的证券中又衍生了一些新的证券——金融衍生品，其价值基于标的证券的市场价值而变化。全球金融体系的健康和安全有赖于这些资产的质量。

机构

全球金融机构包括：中央银行——它们创造和控制每个国家的货币供应；商业银行——吸收存款，向本地和全球的企业发放贷款；以及大量其他的金融机构——为了交易证券和衍生品而创建。金融机构有多种形式，受许多不同的监管框架约束。全球金融体系的健康和安全有赖于这些金融机构的稳定。

联系

金融机构之间的联系，即实际的流动或交换媒介，是使用货币的银行间网络。全球市场上货币的随时交换是进行金融交易的首要决定因素，全球货币市场是世界上最大的市场。货币的交换，以及随后的所有其他证券通过货币进行的全球交换，使用的就是国际银行间的网络。这个网络的主要利率是伦敦银行同业拆借利率，它是全球金融体系的核心组成部分。

几千年来，资本在货币和各大洲之间流动，其一直以多种不同的形式存在。然而，仅在过去50年内，这些资本才开始以电子化的速度在数字市场中流动。而且仅在过去20年内，这个市场才实现在一天中的任何时刻都可将资本送达地球的任意角落，哪怕是最遥远的角落。其结果是创新产品和服务激增——有的更好，有的更差，正如"全球财务管理实务1-1"所述，其并非没有挑战。

> **课堂延展阅读**
> **全球财务管理实务1-1**　　　　　　　　　　　　**LIBOR的麻烦**

学与思1-2 跨国企业取得欧洲货币贷款或者发行欧洲债券时，其浮动票面利率多数与伦敦银行同业拆借利率挂钩。请说明LIBOR丑闻如何影响跨国企业。

1.2.2　货币市场

一个国家的货币以另一个国家的货币表示的价格称为外币汇率（foreign currency exchange rate）。例如，美元（$或USD）和欧元（€或EUR）之间的汇率可以表示为"1.3654美元/欧元"，或简写为"$1.3654/€"，这与"EUR1.00=USD1.3654"的含义相同。由于大多数国际商务活动都要求商务交易中至少有一方以不同于他们自己的货币支付或接受付款，因此了解汇率对全球商务的开展至关重要。

货币符号

如前所述，USD和EUR经常被用作美元和欧元的符号。事实上，这些是当今世界数字网络中使用的计算机符号（ISO-4217代码）。然而，国际金融领域有着在金融报刊上使用各种不同符号的丰富历史，其常用各种不同的缩写。例如，英镑可以是 £（英镑符号）、GBP（Great Britain pound）、STG（Britain pound sterling）、ST £（pound sterling）或UKL（United Kingdom pound）。本书使用简单常见的符号——$（美元）、€（欧元）、¥（日元）、£（英镑）——但是当你阅读财经新闻时，一定要留心辨别各种符号！

汇率报价和术语

图表1-2是2014年1月13日的全球（部分）货币汇率，如纽约或伦敦的汇率。其所列汇率是某一特定国家的货币可兑换其他货币的数量——例如，阿根廷比索兑美元的汇率是6.6580比索/美元，兑欧元的汇率是9.0905比索/欧元，兑英镑的汇率是10.9078比索/英镑。所列汇率被称为"中间汇率"，因为它是货币交易员买入货币（买入价）和卖出货币（卖出价）的中间或平均汇率。

自20世纪40年代以来，美元一直是大多数货币交易的焦点。因此，世界上大多数货币都是对美元进行报价的——例如，墨西哥比索/美元、巴西雷亚尔/美元、中国港元/美元等。这种报价惯例也适用于世界主要货币，如图表1-2所示。例如，日元通常被报价为¥103.365/$、¥141.129/€和¥169.343/£。

报价惯例

世界上一些主要的货币汇率遵循一种特定的报价惯例，这是传统和历史的结果。美元和欧元之间的汇率通常用"美元/欧元"或"$/€"来表示。例如，图表1-2中"美国"项下列出的

$1.3654。同样，美元和英镑之间的汇率也总是用"美元/英镑"或$/£来表示。例如，图表1-2中"美国"项下列出的$1.6383。此外，曾是英联邦成员的国家也经常使用诸如"美元/澳元"或"美元/加元"等报价方式。

图表 1-2 全球（部分）货币汇率

2014年1月13日 国家（或地区）	货币	符号	代码	兑美元汇率	兑欧元汇率	兑英镑汇率
阿根廷	比索	Ps	ARS	6.6580	9.0905	10.9078
澳大利亚	澳元	A$	AVD	1.1043	1.5078	1.8092
巴林	巴林第内尔	—	BHD	0.3770	0.5148	0.6177
玻利维亚	玻利维亚诺	Bs	BoB	6.9100	9.4346	11.3207
巴西	里尔	R$	BRL	2.3446	3.2012	3.8411
加拿大	加元	C$	CAD	1.0866	1.4836	1.7801
智利	比索	$	CLP	526.980	719.512	863.351
中国	元	¥	CNY	6.0434	8.2514	9.9009
哥伦比亚	比索	Col$	COP	1924.70	2627.89	3153.24
哥斯达黎加	科朗	₡	CRC	499.475	681.959	818.291
捷克共和国	捷克克朗	Kc	CZK	20.0425	27.3650	32.8356
丹麦	丹麦克朗	DKr	DKK	5.4656	7.4624	8.9542
埃及	埃及镑	£	EGP	6.9562	9.4977	11.3964
中国香港地区	港元	HK$	HKD	7.7547	10.5878	12.7045
匈牙利	福林	Ft	HUF	218.680	298.575	358.264
印度	卢比	₹	INR	61.5750	84.0715	100.8780
印度尼西亚	卢布	Rp	IDR	12050.0	1645.5	19741.5
伊朗	里亚尔	—	IRR	12395.5	16924.2	20307.5
以色列	新谢克尔	Shk	ILS	3.4882	4.7627	5.7148
日本	日元	¥	JPY	103.365	141.129	169.343
肯尼亚	先令	KSh	KES	86.250	117.761	141.303
科威特	科威特第纳尔	—	KWD	0.2824	0.3856	0.4627
马来西亚	林吉特	RM	MYR	3.2635	4.4559	5.3466
墨西哥	新比索	$	MXM	12.9745	17.7148	21.2561
新西兰	新西兰元	NZ$	NID	1.1957	1.6326	1.9590
尼日利亚	奈拉	₦	NGN	159.750	218.115	261.718
挪威	挪威克朗	NKr	rNOK	6.1216	8.3581	10.0290
巴基斯坦	卢比	Rs.	PKR	105.535	144.092	172.898
秘鲁	新索尔	S/.	PEN	2.7965	3.8182	4.5816
菲律宾	比索	₱	PHP	44.5950	60.8878	73.0600
波兰	兹罗提	—	PLN	3.0421	4.1535	4.9839
罗马尼亚	列伊	L	RON	3.3133	4.5238	5.4281

2014年1月13日 国家（或地区）	货币	符号	代码	兑美元汇率	兑欧元汇率	兑英镑汇率
俄罗斯	卢布	₽	RUB	33.2660	45.4198	54.4997
沙特阿拉伯	里亚尔	SR	SAR	3.7505	5.1207	6.1444
新加坡	新加坡元	S$	SGD	1.2650	1.7272	2.0725
南非	南非兰特	R	IAR	10.7750	14.7117	17.6527
韩国	韩元	W	KRW	1056.65	1442.70	1731.11
瑞典	瑞典克朗	SKr	SEK	6.4986	87.8728	10.6466
瑞士	法郎	Fr.	CHF	0.9026	1.2324	1.4788
中国台湾地区	台币	T$	TWD	30.0060	40.9687	49.1588
泰国	泰铢	B	THB	32.9750	45.0224	54.0230
突尼斯	第内尔	DT	TND	1.6548	2.2593	2.7110
土耳其	里拉	₺	TRY	2.1773	2.9728	3.5671
乌克兰	格里夫纳	—	UAH	8.3125	11.3495	13.6184
阿联酋	迪拉姆	—	AED	3.6730	5.0149	6.0175
英国	英镑	£	GBP	0.6104	0.8334	—
美国	美元	$	USP	—	1.3654	1.6383
乌拉圭	比索	$U	UYU	21.6050	29.4981	35.3955
委内瑞拉	强势玻利瓦尔	Bs	VEB	6.2921	8.5910	10.3084
越南	盾	đ	VND	21090.0	28795.2	34551.8
欧盟	欧元	€	EUR	0.7324	—	1.1999
特别提款权	—	—	SDR	0.6509	0.8887	1.0663

1.2.3 欧洲货币和LIBOR

全球货币和资本市场的主要联系之一是欧洲货币市场及其利率，即LIBOR。**欧洲货币（eurocurrencies）是一国存放在另一国的本国货币，存期从隔夜到1年以上不等。**定期存单的期限通常为3个月或更长时间，且以百万美元递增。欧洲美元存款不是**活期存款（demand deposit）**——它不是在银行的账簿上以规定的部分准备金为抵押发放贷款而形成的，也不能用从持有该存款的银行开出的支票来转账。欧洲美元存款通过电汇的方式转移在美国境内代理银行持有的基础余额。在大多数国家，一个国内的类似转账方式是对非银行储蓄协会持有的存款的转账，当该储蓄协会在商业银行开具自己的支票时，这些钱就会被转走。

任何可兑换货币都可以以"欧元-"（Euro-）[①]的形式存在。请注意，"欧元-"的这种用法不能与新的欧洲共同货币"欧元"相混淆。欧洲货币市场包括欧洲英镑（在英国境外的英镑存款）、欧洲欧元（在欧元区以外的欧元存款）、欧洲日元（在日本境外的日元存款）和欧洲美元（在美国境外的美元存款）。

**欧洲货币市场有两个重要意义：（1）欧洲货币存款是一种有效和方便的货币市场工具，用

---

① 译者注："Euro-"也指"欧洲-"。

于控制过剩的企业流动性；（2）欧洲货币市场是银行短期贷款的主要来源，用于满足企业营运资本的需求，包括进出口融资。存放欧元货币的银行被称为**欧洲银行（eurobank）**。欧洲银行是金融中介机构，它既吸收定期存款，也以本国货币以外的货币发放贷款。欧洲银行是世界主要银行，除了具备其他银行的基本功能外，其还经营欧洲货币业务。因此，使其称得上欧洲银行的欧洲货币业务，实际上是大型商业银行基本一个部门的业务。简言之，欧洲银行的名称源于其开展的欧洲货币业务。

现代欧洲货币市场诞生于第二次世界大战后不久。东欧国家的美元持有者，包括苏联的一些国有贸易银行，都不敢把自己持有的美元存入美国，因为这些存款可能会被美国居民与反共产主义政府的主张联系起来。因此，东欧国家的美元持有者**将他们的美元存入西欧国家**，特别是存入两家苏联银行：位于伦敦的莫斯科人民银行（Moscow Narodny Bank）和位于巴黎北部的欧洲商业银行。这些银行会将资金转存到其他西方银行，尤其是位于伦敦的银行。收到了额外的美元存款，西欧各国央行选择以这种形式持有部分美元储备，以获得更高的收益。商业银行也将其美元余额投放市场，因为具体期限可以在欧洲美元市场商定。这些银行发现，在收益率较高的欧洲美元市场保留美元储备在财务上是有利的。此外，国际难民基金的持有者也提供美元资金。

虽然欧洲货币市场增长的基本原因是经济效率，但发生在20世纪五六十年代的以下几起独特的制度事件促进了欧洲货币市场的发展。

■ 1957年，为了应对英镑走软，英国货币当局对英国银行向非英国居民发放英镑贷款实施了严格控制。在英国央行（Bank of England）的鼓励下，英国银行将美元贷款作为唯一的选择，以保持其在世界金融界的领先地位。为此，其需要美元存款。

■ 鉴于伦敦在国际货币事务方面的专长，以及在时间和距离上更接近主要客户，尽管纽约是美元的"大本营"，拥有庞大的国内货币和资本市场，但以美元为中心的国际贸易却集中在伦敦。

■ 美国在20世纪60年代的国际收支困难为欧洲美元市场提供了额外支持，当时美国国内资本市场暂时被分割。

然而，最终欧洲货币市场持续繁荣，因为它是一个相对不受政府监管和干预的大型国际货币市场。

学与思1-3 欧洲货币主要有哪些？欧洲货币市场的含义是什么？

欧洲货币利率

欧洲货币市场的参考利率是伦敦银行同业拆借利率，LIBOR是标准报价、贷款协议或金融衍生品估值中被广泛接受的利率。不过，伦敦银行同业拆借利率的使用并不仅限于伦敦。大多数主要的国内金融中心为当地贷款协议制定自己的银行同业拆借利率。这些利率包括PIBOR（巴黎银行同业拆借利率）、MIBOR（马德里银行同业拆借利率）、SIBOR（新加坡银行同业拆借利率）和FIBOR（法兰克福银行同业拆借利率）等。

吸引存款人和借贷者进入欧洲货币贷款市场的关键因素是该市场内狭窄的利差。存贷款利率之间的差额通常小于1%。由于许多原因，欧洲货币市场的利差很小。低贷款利率之所以存在，是因为欧洲货币市场是一个批发市场，存贷款金额在50万美元或以上，而且没有担保。借款人通常是大型企业或政府实体，它们有资格获得低利率，因为它们的信用状况和交易规模有保障。此外，参与银行分派给欧洲货币业务的管理费用很低。

欧洲货币市场的存款利率高于大多数国内货币市场，因为提供欧洲货币业务的金融机构不像传统国内银行那样受到监管规定和准备金要求的约束。除去这些成本，利率还受制于竞争压力，而这会导致存款利率变得更高，贷款利率变得更低。欧洲货币市场避免的第二个主要成本是存款保险费用（如联邦存款保险公司，FDIC）和在美国存款的评估费用。

1.3 比较优势理论

比较优势理论为解释和证明国际贸易提供了一个基础模型，其假定世界享有自由贸易、完全竞争、没有不确定性、免费的信息，以及没有政府干预。比较优势理论来源于亚当·斯密（Adam Smith）的思想，尤其是他的重要著作，即 1776 年出版的《国富论》。在该书中，亚当·斯密试图解释为什么生产活动中的劳动分工，以及后来这些商品的国际贸易，提高了所有公民的生活质量。亚当·斯密提出了绝对优势的概念，即每个国家都专门生产适合自己的产品，以更少的成本生产更多的产品，因此，每个国家都专门生产具有绝对优势的产品。所以各国可以生产更多的产品，并与他国的绝对优势产品进行贸易。

大卫·李嘉图（David Ricardo）在 1817 年出版的著作《论政治、经济和税收的原则》（*On the Principles of Political Economy and Taxation*）中，试图将亚当·斯密确立的基本思想进一步推进。李嘉图指出，即使一个国家在两种商品的生产上都具有**绝对优势**（absolute advantage），它相对另一国在一种商品上的生产效率仍然可能比另一种商品的生产效率高。李嘉图称之为**比较优势**（comparative advantage），这样，每一个国家在生产这两种产品中的一种时都具有比较优势，两个国家都将受益于完全专门生产一种产品并与另一个国家进行贸易。

学与思 1-4 定义并解释比较优势理论。

虽然 19 世纪的国际贸易已经非常接近比较优势模型，但由于种种原因，今天的国际贸易显然并非如此。各国似乎并不只专注于那些可以由该国的特定生产要素最有效地生产的产品；相反，政府会出于各种经济和政治原因进行干预，例如为了实现充分就业、经济发展、国防相关产业的自给自足，以及保护农业部门的权益等。政府干预的形式有征收关税、制定配额和施加其他非关税限制。

现在，至少有两种生产要素——资本和技术——可以直接且容易地在国家之间流动，而不仅仅是通过商品和服务的贸易进行间接流动。这种直接流动发生在跨国公司有关子公司和附属公司之间，也发生在关联公司之间——通过贷款、许可证和管理合同等方式。甚至劳动力也在国家之间流动，例如进入美国的移民（合法和非法）、进入欧盟和其他经济联盟内部的移民等。

现代生产要素比这个简单的模型中的要素多得多。在全球范围内布局生产设施所需考虑的因素包括：当地的管理技能、可靠的能够解决合同争端的法律制度、研究和开发能力、竞争、提供给工人的培训水平、能源、消费者对名牌商品的需求、可供使用的矿物和原材料、可获资金、税收差异、支持性的基础设施（道路、港口和通信设施），以及其他可能的因素。

虽然贸易条件最终是由供求关系决定的，但设定贸易条件的过程与传统贸易理论中形象化的过程是不同的。它们在一定程度上是由寡头市场中的行政定价决定的。

随着欠发达国家日益变得发达并逐步实现其潜在机会，**比较优势会随着时间的推移而逐步转移**。例如，在过去的 150 年里，生产棉织品的比较优势已经从英国转移到美国、日本和中国。同时，比较优势的经典模型也没有真正解决某些其他问题，如不确定性和信息成本的影响，差异化产品在不完全竞争市场中的作用，以及规模经济。

尽管当今世界距离采用古典的贸易模式还有很长的路要走，但是比较优势的一般原则仍然是有效的。只要能够解决利益公平分配的问题，令消费者、生产者和领导者感到满意，那么世界离真正的国际专业化就很近了，其生产和消费也就能增加很多。但是，完全专业化仍然是不现实的限制性条件，就如微观经济学理论中完全竞争的限制性条件一样。

学与思 1-5

以下是一个由比较优势引起的贸易的例子。假定中国和法国各拥有 1 000 个生产单位。中国用一个生产单位（土地、劳动、资本和技术的组合）可以生产 10 集装箱（以下简称"箱"）玩具或 7 箱葡萄酒。法国则可以生产 2 箱玩具或 7 箱葡萄酒。因此，一个生产单位在中国生产玩具的效率是法国的 5 倍，但生产葡萄酒的效率相同。首先，假设没有发生贸易。中国将 800 个生产单位用于生产玩具，将 200 个生产单位用于生产葡萄酒。法国将 200 个生产单位用于生产玩具，将 800 个生产单位用于生产葡萄酒。

1.**生产量和消费量**。没有贸易时，中国和法国的生产量和消费量是多少？

2.**专业化**。假设存在完全专业化的情况，此时中国只生产玩具，而法国只生产葡萄酒。其对总生产量有哪些影响？

3.**以中国的国内价格进行贸易**。在中国，10 箱玩具的价格等于 7 箱葡萄酒的价格。假设中国生产 10 000 箱玩具，向法国出口 2 000 箱；法国生产 7 000 箱葡萄酒，向中国出口 1 400 箱。总生产量和总消费量的情况如何？

4.**以法国的国内价格进行贸易**。在法国，2 箱玩具的价格等于 1 箱葡萄酒的价格。假设中国生产 10 000 箱玩具，向法国出口 400 箱；法国生产 7 000 箱葡萄酒，向中国出口 1 400 箱。总生产量和总消费量的情况如何？

5.**以协议中间价格进行贸易**。法国与中国的交易中间价格见下表，那么总生产量和总消费量的情况如何？

假设	玩具（箱/单位）	葡萄酒（箱/单位）
中国——每单位生产投入产出	10	7
法国——每单位生产投入产出	2	7
中国——总生产投入	1 000	
法国——总生产投入	1 000	

比较优势的全球外包

比较优势仍然是能够恰当解释特定国家为什么最适合出口支持跨国公司和国内企业全球供应链的商品和服务的相关理论。21 世纪的比较优势更多地以服务以及电信和互联网的跨境便利为基础。然而，一个国家的比较优势来源仍然是其公民的劳动技能、获取资本的途径和技术水平。

例如，印度已经发展了一个高效低成本的软件产业。该产业不仅提供定制软件的开发业务，还提供客服呼叫中心和其他信息技术服务。印度软件行业由跨国公司的子公司和独立公司组成。如果你有一台惠普（Hewlett-Packard）电脑，需要拨打客户支持中心的电话以寻求帮助，你很可能会打到位于印度的一个呼叫中心。接你电话的将是一位知识渊博的印度软件工程师或程序员，他将"轻松地处理"你的问题。事实上，印度拥有大量受过良好教育、会说英语的技术专家，而他们的薪酬仅为美国同行的一小部分。今天，国际电信网络的超大容量和低成本进一步增强了印度的上述比较优势。

全球外包的范围已经延伸到全球的每一个角落。从马尼拉的金融后台办公室，到匈牙利的信息技术工程师，现代通信技术将商业活动传达给劳动力，而不是将劳动力转移到商业场所。

学与思1-6 许多国家为了国际收支平衡，通常会采取出口补贴政策。请说明出口补贴如何影响比较优势。

1.4　跨国公司财务管理有何不同？

图表1-3详细说明了跨国公司财务管理和国内公司财务管理的一些主要区别，这些差异包括：制度、外汇和政治风险，以及金融理论和金融工具是否需要作出修改。

图表1-3　　　　　　　　　　　　跨国公司财务管理有什么不同？

概念	跨国公司	国内公司
文化、历史和制度	每个国家的国情不同，跨国公司的管理层并不总是理解这些国家的具体国情	每个国家都有一个已知的基本情况
公司治理	国外的法规和制度实践情况各有不同	规章制度是众所周知的
外汇风险	跨国公司因其子公司、进出口业务，以及外国竞争对手而面临外汇风险	面临来自进出口及外国竞争的外汇风险（无附属公司）
政治风险	跨国公司因为其外国子公司和明确的立场而面临政治风险	政治风险可以忽略不计
国内金融理论的修改	由于国外情况的复杂性，跨国公司必须修改资本预算和资本成本等财务理论	应用传统金融理论
国内金融工具的修改	跨国公司利用经修改的金融工具，如期权、远期、互换和信用证	由于外汇和政治风险小，限制使用金融工具和衍生品

进行跨国公司财务管理，需要了解文化、历史和制度差异，例如那些影响公司治理的差异。尽管国内公司和跨国公司都会面临外汇风险，但只有跨国公司会面临某些独特的风险，例如政治风险，这些风险通常不会威胁到国内业务。

跨国公司还面临着其他风险，这些风险可以归因为国内金融理论的延伸。例如，对于资本成本、债务和股权融资、资本预算、营运资本管理、税收和信贷分析等理论，需要进行修改，以适应国外复杂的环境。此外，一些用于国内公司财务管理的金融工具也要修改，以便适用于跨国公司财务管理。例如外汇期权和期货、利率和货币互换以及信用证。

本书的主题是分析跨国公司在追求全球战略机遇和出现新的约束时如何改进其财务管理。在本章中，我们将简要介绍三叉戟公司（Trident Corporation）从国内公司演变为跨国公司过程中所面临的挑战和风险。讨论将包括随着公司越来越多地参与跨国经营，公司在管理目标和治理方面将面临的限制。但首先，我们需要明确跨国公司的独特价值主张和优势，正如全球财务管理实务1-2中所指出的，现代跨国公司的目标和责任在21世纪变得更加复杂。

课堂延展阅读

全球财务管理实务1-2　　　　　　　　　　**企业责任与可持续发展**

1.5　不完美市场：跨国公司存在的理由

跨国公司努力利用一国市场在产品、生产要素和金融资产等方面的不完美。换言之，产品市场的不完美为跨国公司提供了市场机会，大型跨国公司比其本地竞争对手更能利用诸如规模经济、管理和技术等专门知识，产品差异和财务实力等竞争因素。事实上，跨国公司之所以在以国际寡头竞争为特征的市场中发展得很好，正是因为这些因素在这些市场中尤为重要。此外，跨国公司一旦在国外形成实际影响，就比纯粹的国内公司更有资格通过其内部信息网络确定和实施市场机会。

公司为什么会变成跨国公司？

公司战略动机促使其决定到海外投资，成为一家跨国公司。上述动机可以归纳为以下几类：

1. 市场寻求动机（market seekers）——在国外市场生产产品，要么是为了满足当地的需求，要么是为了出口到本国市场以外的市场。在欧洲开设供当地消费的汽车的公司是市场寻求动机的一个例子。

2. 原材料动机（raw material seekers）——在任何可以找到原材料的地方提取原材料，要么出口，要么在原材料所在国——东道国——进行进一步加工和销售。石油、采矿、种植和森林行业的公司的动机属于这一类。

3. 生产效率动机（production efficiency seekers）——生产国的生产要素中有一个或多个相对于其生产力被低估。中国台湾、马来西亚和墨西哥的劳动密集型的电子元件生产就是这种动机的一个例子。

4. 知识获取动机（knowledge seekers）——在国外经营是为了获得技术或管理经验。例如，德国、荷兰和日本的公司为取得技术而购买位于美国当地的电子企业。

5. 获得政治安全感动机（political safety seekers）——在那些被认为不太可能征用或干预私营企业的国家收购或建立新的企业。

这五种动机并不是相互排斥的。例如，在巴西寻找木材纤维的林产品公司，也可能为其部分产品找到了一个巨大的巴西市场。

在以全球寡头竞争为特征的产业中，上述每一种战略动机对应的海外投资都可细分为主动式投资和防御型投资。主动式投资是为了提升公司本身的增长和盈利能力。防御型投资的目的是削弱公司竞争对手的增长和盈利能力。防御型投资的例子是试图在竞争对手建立市场之前抢占市场，或率先获取原材料来源并拒绝将其供应给竞争对手。

1.6 全球化进程

三叉戟公司是一个假想的美国公司，本书将以它为例来说明全球化的进程——一家公司在从国内向全球转移的过程中所经历的结构和管理上的变化与挑战。

1.6.1 全球转型Ⅰ：三叉戟公司从国内经营阶段转向国际贸易扩张阶段

三叉戟公司是一家年轻的专门制造和销售电信设备的公司，它最初的战略是在美国市场取得可持续的竞争优势。和许多其他年轻的公司一样，它也受规模小、竞争对手多、缺乏成本低且充足的资金来源的限制。图表1-4的上半部分显示了三叉戟公司早期在国内的发展情况。

三叉戟公司以美元向美国客户销售产品，也以美元从美国供应商那里购买制造和服务投入，所有供应商和买方的信誉是根据美国国内的惯例和程序建立起来的。三叉戟公司目前面临的一个潜在问题是，尽管三叉戟的运营不是国际性或全球性的，但它的一些竞争对手、供应商或买家可能是国际性的公司。而这常常是推动三叉戟这样的公司进入全球化进程第一阶段的动力，并使其迅速进入国际贸易扩张阶段。1948年，詹姆斯·温斯顿（James Winston）在美国洛杉矶创立了生产电信设备的三叉戟公司，在随后的40年里，这个家族企业缓慢而稳定地扩张。但到了20世纪80年代，公司为了竞争需要进行持续性的技术投资，这要求公司筹集更多的股权资本，因此公

图表 1-4 三叉戟公司：全球化进程

阶段1：国内经营阶段

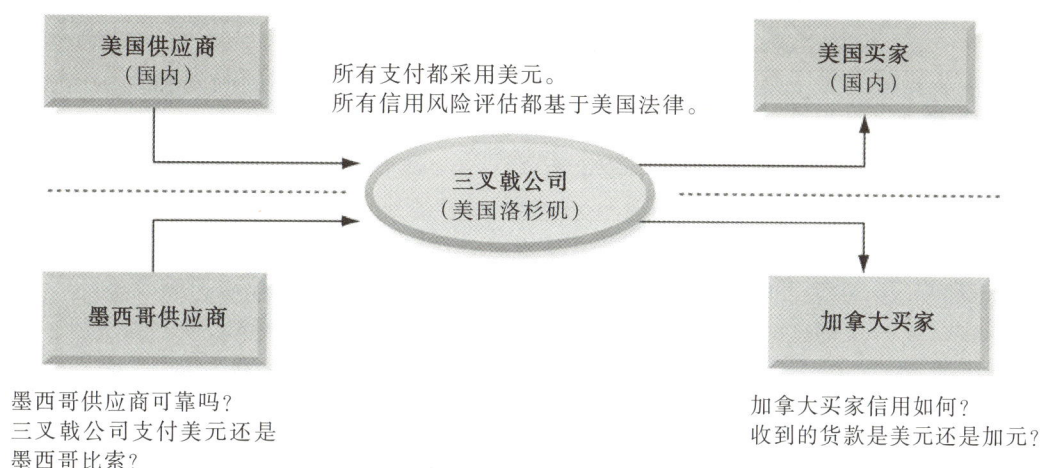

所有支付都采用美元。
所有信用风险评估都基于美国法律。

美国供应商
（国内）

美国买家
（国内）

三叉戟公司
（美国洛杉矶）

墨西哥供应商

加拿大买家

墨西哥供应商可靠吗？
三叉戟公司支付美元还是
墨西哥比索？

加拿大买家信用如何？
收到的货款是美元还是加元？

阶段2：国际贸易扩张阶段

司在1988年首次公开发行股票（IPO）。作为一家在纽约证券交易所上市的美国公众公司，三叉戟公司管理层的目标是为股东创造价值。

三叉戟公司日益壮大并成长为美国市场上一家颇具竞争力的公司，其间，其也遇到了一些战略机会，并通过向一个或多个外国市场出口产品和服务来扩大公司的市场范围。另外，北美自由贸易区（NAFTA）的成立也使公司与墨西哥和加拿大的贸易具有吸引力。这一全球化进程的第二阶段见图表1-4的下半部分。顺应这些全球化力量，三叉戟公司从墨西哥供应商那里进口零部件，同时向加拿大买家出口产品。我们将全球化进程的这一阶段定义为国际贸易扩张阶段。

进出口产品和服务使公司提高了对财务管理的要求，超越了之前作为国内企业对财务管理的传统要求，这体现在两个方面：首先，公司现在要承担直接的外汇风险。三叉戟公司现在需要使用外币报价，接受外币付款，或者用外币向供应商支付货款。随着全球市场上汇率的时刻变动，三叉戟公司将日益面临与这些外币收支有关的价值变化所产生的重大风险。

其次，评估外国买家和卖家的信用质量比以往任何时候都重要，降低进出口业务的违约可能性已成为国际贸易阶段企业进行财务管理的重要任务。管理这种信用风险在国际业务中要困难得多，因为买方和供应商都是新客户，其受不同的商业惯例和法律制度的制约，而且这种风险通常很难评估。

1.6.2 全球转型Ⅱ：国际贸易扩张阶段到跨国阶段

如果三叉戟公司在其国际贸易活动中取得成功，其全球化进程进入下一阶段的时刻即将到来。三叉戟公司很快就需要在国外建立销售和服务分公司，这一步骤通常是在国外设立制造业务分公司或授权外国公司生产三叉戟的产品。与第二次更大的全球转型有关的众多问题和活动是本书的重点。

三叉戟公司的继续全球化将要求它确定竞争优势的来源，并利用这些优势，在全球范围内提升自身智力资本和实际影响。如图表1-5所示，三叉戟公司有多种战略选择，这被称作国外直接投资顺序。这些备选战略包括：设立国外销售办事处；授权公司名称和所有相关业务；以及制造并向国外的其他公司销售产品。

图表 1-5   三叉戟公司国外直接投资顺序

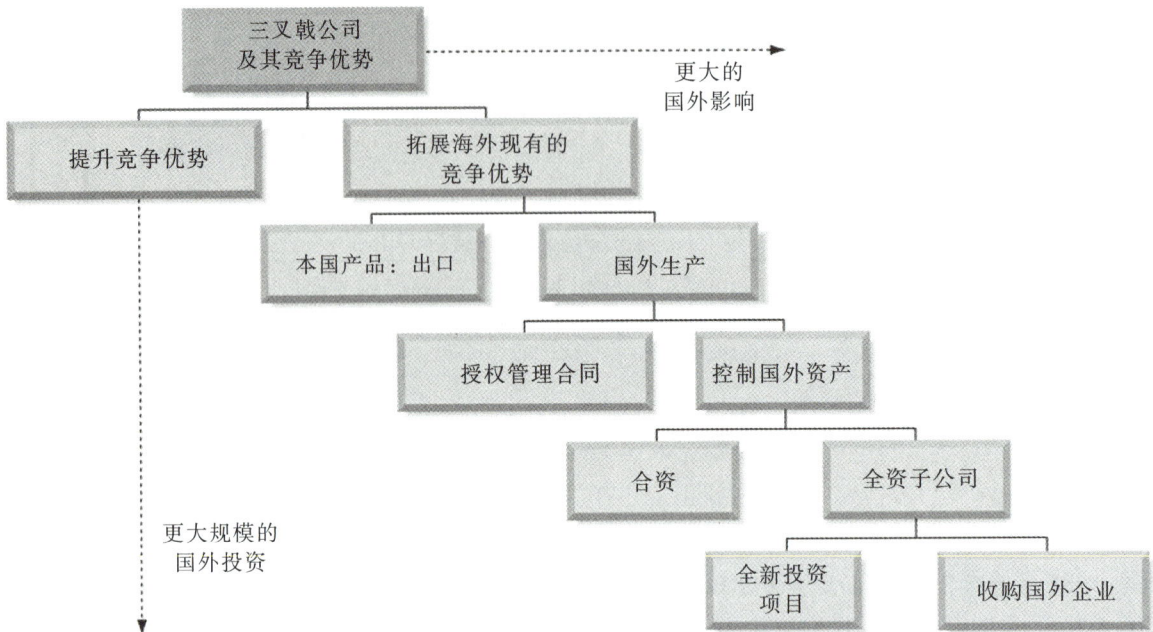

如图表 1-5 所示，随着三叉戟公司国外直接投资进一步向右下方移动，其在国外市场的实际影响力不断提升，它现在可能已拥有自己的分销和生产设施，并希望最终能够收购其他公司。三叉戟公司一旦在国外拥有资产和企业，就进入了全球化的跨国阶段。

学与思 1-7 阅读了本章对三叉戟公司全球化进程的介绍后，请说明国际公司、跨国公司和全球公司之间的区别。

学与思 1-8 在全球化进程的哪一时点，三叉戟公司成为了跨国企业（MNE）？

学与思 1-9 通过建立跨国实体，三叉戟公司获得的主要优势是什么？

学与思 1-10 三叉戟公司演变为一家真正的全球企业时，其经历了哪些主要阶段？每个阶段的优点和缺点是什么？

学与思 1-11 欧洲虚拟公司（EuroVirtual）

以下案例以一家欧洲虚拟公司的情况为依据。欧洲虚拟公司是一家法国跨国 IT 企业，除了法国国内的经营机构外，其还在瑞士、英国和丹麦拥有全资子公司。公司现有 650 000 股流通股，并在泛欧股票交易所（Euronext）上市。其各经营单位的经营业绩如下：

	法国母公司 （欧元）	瑞士子公司 （瑞士法郎）	英国子公司 （英镑）	丹麦子公司 （丹麦克朗）
息税前利润（1 000 单位的当地货币）	2 500	400	2 100	4 500
公司所得税税率	33.3%	25%	20%	23%
平均交叉汇率（当地货币/欧元）	—	1.0335	0.7415	7.4642

1.欧洲虚拟公司的合并收益。欧洲虚拟公司必须在当前有经营业务的各国缴纳企业所得税。

a.各国降低税收后，欧洲虚拟公司的美元合并收益和合并每股收益是多少？

b.欧洲虚拟公司从各国得到的收益在合并收益中的比例是多少？

c.欧洲虚拟公司从法国以外的国家得到的收益在合并收益中的比例是多少？

2.欧洲虚拟公司的每股收益对汇率的敏感性（A）。2015年1月15日，瑞士国家银行（SNB）决定解除对瑞士法郎的管制。在这之前，2011年以来，瑞士法郎一直实行的是1.20瑞士法郎/欧元的固定汇率制度。假设瑞士国家银行将再次实行之前的固定汇率制度，其他所有收益和汇率维持不变，那么其对欧洲虚拟公司合并每股收益的影响是什么？

3.欧洲虚拟公司的每股收益对汇率的敏感性（B）。假设瑞士发生了一次重大的气候危机，从而重创了瑞士的农业和食品行业并导致瑞士经济衰退，且进一步引发了瑞士法郎的贬值。如果其贬值到1.20瑞士法郎/欧元，且由于经济衰退，瑞士公司的税前收益减少了一半，那么其对欧洲虚拟公司合并每股收益的影响是什么？

4.欧洲虚拟公司的合并每股收益和欧元升值/贬值。自欧元2003年开始使用以来，世界上大多数货币都经历了大幅价值波动。

a.如果所有外币都对欧元升值15%，其对欧洲虚拟公司合并每股收益的影响是什么？

b.如果所有外币都对欧元贬值20%，其对欧洲虚拟公司合并每股收益的影响是什么？

5.欧洲虚拟公司的全球税收和实际税率。所有的跨国企业都希望尽量降低全球税负。回到最初的基本假设上来，并回答下面关于欧洲虚拟公司全球税负的问题：

a.欧洲虚拟公司的全球企业缴纳的企业所得税总金额用欧元表示是多少？

b.欧洲虚拟公司的全球实际税率（已纳税款总额占税前利润的百分比）是多少？

c.如果英国的企业所得税税率降低到10%，而欧洲虚拟公司在英国的税前利润提高到3 000 000英镑，那么其对欧洲虚拟公司的合并每股收益有何影响？

1.6.3 金融全球化的局限性

本章介绍的国际商务和国际金融理论长期以来一直认为，随着资本可以自由流动的全球市场的日益开放和透明，基于比较优势理论，资本将越来越多地流向和支持具有优势的国家和公司。自20世纪中期以来，许多事实确实表明，越来越多的国家追求更开放和更具竞争性的市场。**但在过去的10年中，出现了一种新的金融全球化的限制或障碍：组织内部人的影响力的提升和自我膨胀。**

这个过程的一种可能的表现形式见图表1-6。如果公司和有关国家有影响力的内部人继续追求企业价值的增长，那么金融全球化将会有一个明确而持续的增长。但是，如果这些有影响力的内部人追求他们的个人目标，这可能会增加他们的个人权力和影响力，或个人财富，或两者兼而有之，那么资本就不会流入这些国家及其公司。其会导致金融效率低增长和全球化结果的分化——产生了赢家和输家。正如我们将在本书中看到的，跨国公司财务管理面临的这一障碍可能会越来越麻烦。

这种日益严峻的困境，在某种程度上也是本书内容的组成部分。这三个基本要素——财务管理理论、全球商业、管理理念和行动——结合在一起，为日益激烈的有关全球化对世界各国和文化的益处的辩论提出了问题或解决方案。"引导案例"为我们的讨论奠定了基础，那么这家公司的控股家族成员是在为自己还是股东创造价值？

图表 1-6　　　　　　　　　　　　　**金融全球化的限制**

关于全球化企业组织的许多内部人和控制人是在采取符合创造企业价值的行动,还是在增加个人利益和权力的争论越来越激烈。

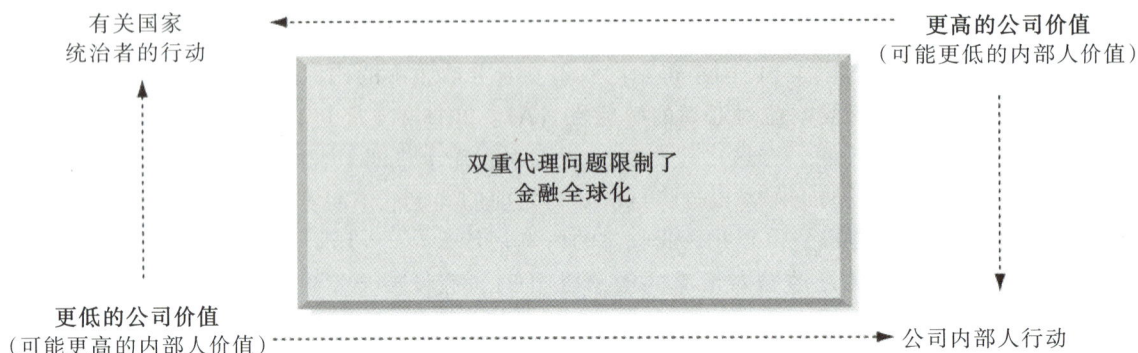

如果这些有影响力的内部人正在将个人财富凌驾于公司财富之上,那么确实会阻碍资本流动——跨越国界,导致难以创建一个更加开放和一体化的全球金融社区。

资料来源: Constructed by authors based on "The Limits of Financial Globalization," Rene M. Stulz, *Journal of Applied Corporate Finance*, Vol.19, No.1, Winter. 2007, pp.8-15.

学与思 1-12 组织或企业内部和外部的个人动机如何对金融全球化产生限制?

用一位同事在最近一次有关"全球金融和全球财务管理展望"的会议上的简短发言结束这一章,并真正开始这本书:

未来已来!这将是一场持续的斗争,我们需要领导力、公民意识和对话。

——Donald Lessard, in Global Risk, *New Perspectives and Opportunities*, 2011, p.33.

划重点

● 价值创造的三个构成要素包括:(1)开放的市场;(2)高质量的战略管理;(3)资本获得能力。

● 比较优势理论为解释和证明国际贸易提供了一个基础模型,其假定:自由贸易、完全竞争、没有不确定性、信息免费,以及没有政府干预。

● 进行跨国公司财务管理,需要了解不同国家的文化、历史和制度差异,例如那些影响公司治理的差异。

● 尽管国内企业和跨国公司都会面临外汇风险,但只有跨国公司可能会面临某些独特的风险,例如政治风险,这些风险通常不会威胁到国内业务。

● 跨国公司努力利用一国市场在产品、生产要素和金融资产方面的不完美。

● 大型跨国公司比它们本地的竞争对手更能利用诸如规模经济、管理和技术等专门知识,产品差异和财务实力等竞争因素。

● 一家公司可以首先进入国际贸易领域,然后再进行国际合同管理,例如设立国外销售办事处和分支机构,最终收购国外企业。如果其发展到了最后阶段,那么该公司真正成为跨国公司。

● 公司是否在国外投资取决于公司的战略动机,并且可能要求跨国公司进行全球授权管理、建立合资公司、进行跨境收购,或者投资全新项目。

● 如果公司和有关国家有影响力的内部人追求他们自己的个人目标,这可能会提升他们的个人权力和影响力，或个人财富，但是这样一来资本就不会流入这些国家及其公司，其结果是限制了金融的全球化。

秒懂本章

由于跨国企业具有生产某种产品的比较优势，其将受益于完全专门生产一种产品而成为跨国企业。

网络练习题

1.国际资本流动：公共和私人。一些主要跨国组织（下面列举了其中的部分组织）试图追踪全球资本投资的相对流动和规模。利用下列网站和其他你能找到的资源，编写一份简要报告，分析工业国的资本是否找到了进入较不发达国家和新兴市场的方法。"较不发达国家"和"新兴市场"有关键区别吗？

世界银行：www. worldbank org

OECD：www. oecd. org

欧洲复兴开发银行：www. ebrd. org

2.外部债务。世界银行定期对全球所有国家的外部债务进行汇编和分析。作为每年出版的《世界发展指标》（*World Development Indicators*，WDI）的一部分，世界银行在网上提供了部分国家长期外债和短期外债的情况概要。访问世界银行的网站，并分析巴西、俄罗斯和墨西哥的外债结构。

世界银行：www. worldbank. org/data

3.世界经济展望。国际货币基金组织（IMF）定期发布对世界经济的增长预测。选择一个你感兴趣的国家，使用国际货币基金组织的最新分析报告，形成你自己对其近期经济前景的预期。

IMF 经济展望：www.imf.org/external/index.htm

4.《金融时报》全球货币地图。《金融时报》提供了一份非常有用的实时全球货币价值和走势在线地图，并使用它来追踪货币的走势。

金融时报：http：//markets.ft.com/research/Markets/Currencies

本章逻辑框架图

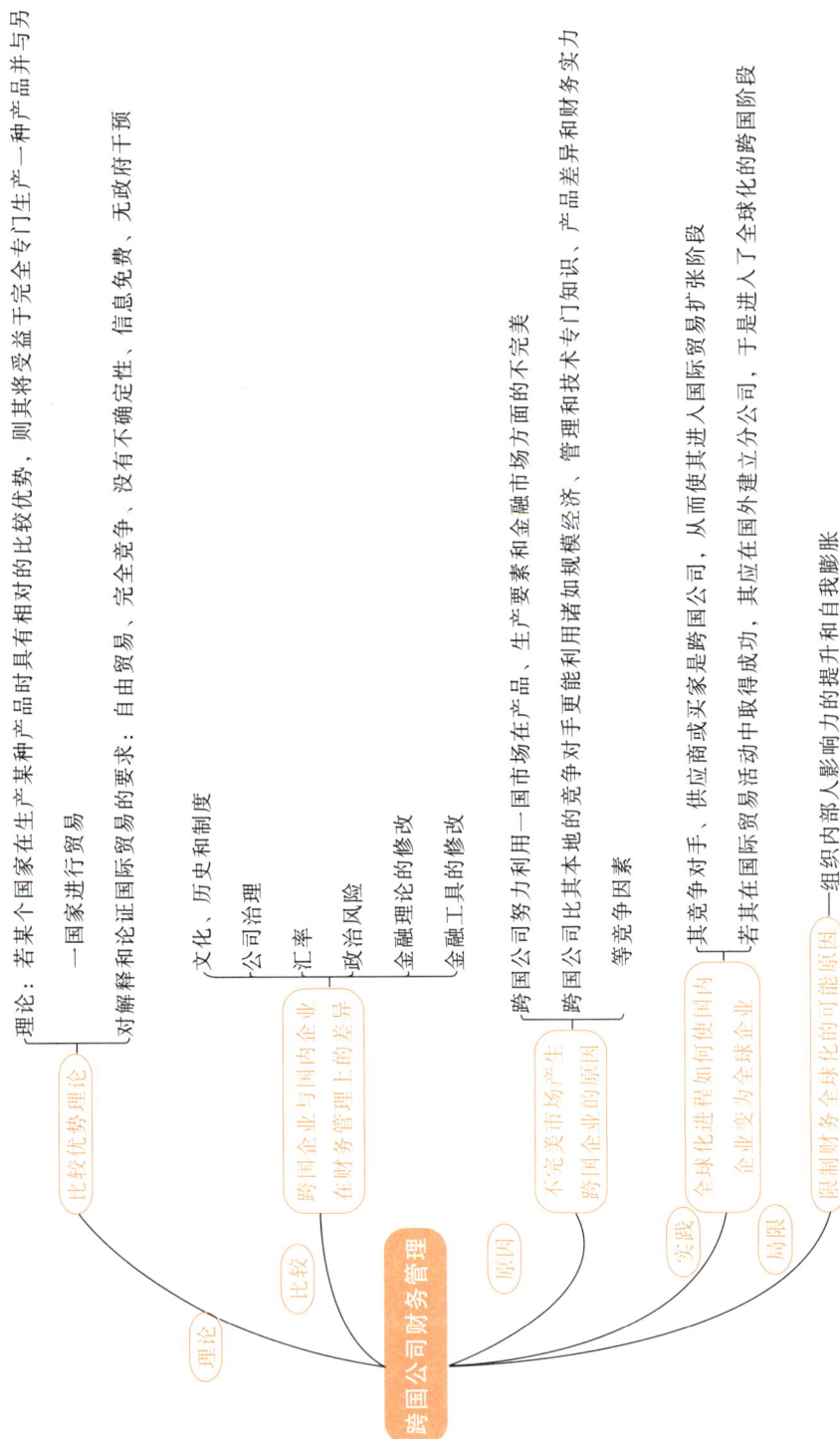

图表 1-7

本章逻辑框架图

跨国公司财务管理

- 理论 —— 比较优势理论
  - 理论：若某个国家在生产某种产品时具有相对的比较优势，则其将受益于完全专门生产一种产品并与另一国家进行贸易
  - 对解释和论证国际贸易的要求：自由贸易，完全竞争，没有不确定性，信息免费，无政府干预

- 比较 —— 跨国企业与国内企业在财务管理上的差异
  - 文化、历史和制度
  - 公司治理
  - 汇率
  - 政治风险
  - 金融理论的修改
  - 金融工具的修改

- 原因 —— 不完美市场产生跨国企业的原因
  - 跨国公司努力利用一国市场在产品、生产要素和金融市场方面的不完美
  - 跨国公司比其本地的竞争对手更能利用诸如规模经济、管理和技术专门知识、产品差异和财务实力等竞争因素

- 实践 —— 全球化进程如何使国内企业变为全球企业
  - 其竞争对手、供应商或买家是跨国公司，从而使其进入国际贸易扩张阶段
  - 若其在国际贸易活动中取得成功，其应在国外建立分公司，于是进入了全球化的跨国阶段

- 局限 —— 限制财务全球化的可能原因
  - 组织内部人影响力的提升和自我膨胀

第2章 国际货币体系

> 任何地方的物价都时起时落，其货币的购买力也随之变得起起落落。
>
> ——阿尔弗雷德·马歇尔（Alfred Marshall）

学习目标

- 了解国际货币体系从金本位时代到今天的浮动汇率制度的历史演变过程
- 分析理想货币制度的基本特征
- 解释新兴市场国家的货币制度选择
- 说明欧元——单一欧洲货币是如何产生的

课前阅读与思考

本章开篇（第一节）简要回顾了国际货币体系从古典金本位时代至今的发展历程。然后在第二节、第三节介绍了包括固定汇率制与浮动汇率制在内的当代货币制度的形成及分类，并着重分析了**理想货币的基本属性，这也是本章的核心理论**。第四节介绍了欧元的诞生与欧洲货币统一之路，以及欧盟的持续扩张。第五节、第六节是关于新兴市场与汇率制度选择的内容。第七节分析了汇率制度如何在规则与相机抉择、合作与独立之间进行权衡。

本章以引导案例"俄罗斯卢布的轮盘"开篇，其总结了一个国家近期在管理货币价值方面所发生的变化。请带着你的思索和疑问，开启本章的学习和探索之旅吧！

引导案例

俄罗斯卢布的轮盘

自1991年俄罗斯经济改革开放以来，其经历了多次政权更迭。多年来，俄罗斯一直实行高度受控的官方汇率制度，同时还实行严格的资本管制。1998年的亚洲金融危机，促使俄罗斯转向严格管理的浮动汇率制度。通过实施直接干预和利率政策，卢布在2008年之前一直保持着惊人的稳定。但当始于美国的全球金融危机蔓延至俄罗斯时，这一切都在2008年停止了。如图表2A所示，事实证明其对卢布价值的影响是灾难性的。

为了保持卢布的价值，俄罗斯银行在2008年和2009年花费了2 000亿美元——整整占其外汇储备的1/3。尽管市场在2009年初开始平静下来，但俄罗斯央行决定引入一种新的更灵活的汇率机制来管理卢布。

图表 2A　　　　　　　　　　　　　**俄罗斯卢布对美元的汇率**

卢布=1.00美元（平均每月）

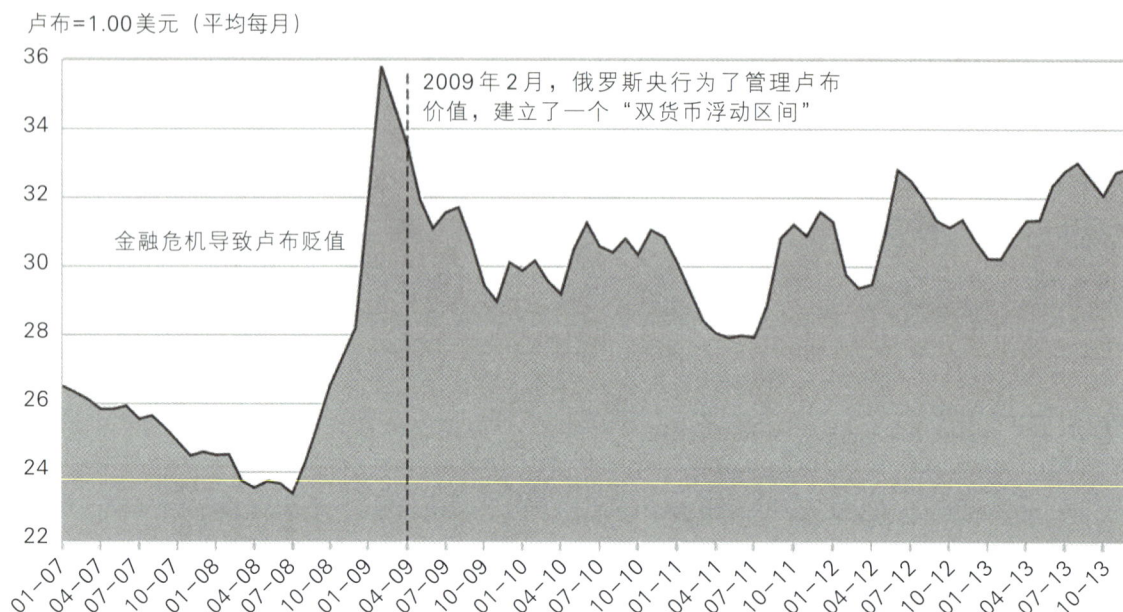

新的汇率体系下，确定了卢布的"双货币浮动区间"。"双货币篮子"由两种货币组成，即美元（55%）和欧元（45%），以用于计算卢布的中间汇率。围绕这一篮子货币汇率，建立了一个"中间区域"，在该区域内不会进行任何货币干预。最初的中间区域是1卢布兑一篮子货币。在中间区域周围，建立了一组"操作波段边界"，即一个"上波段"和一个"下波段"，以用于干预。

如果卢布保持在中间区域，就不会进行干预。然而，如果卢布汇率触及任何一个操作区间，俄罗斯央行（Bank of Russia）将进行干预，其会买入卢布（上区间）或卖出卢布（下区间），以稳定卢布汇率。俄罗斯央行被允许每天最多购买7亿美元卢布。一旦达到这一上限，银行将以5戈比（100戈比=1.00卢布）的幅度进行调整。

如图表2B所示，从2009年到2010年，卢布兑一篮子货币持续下滑（升值）。卢布汇率中间价不断向下调整，以便在卢布下方设置一个"可移动的底部"。最后，在2010年末，卢布汇率稳定下来。

作为允许将卢布作为全球货币的持续计划的一部分，卢布上下区间的距离随着时间的推移不断加大。开始时的浮动区间（上浮区间和下浮区间之间的价差，如图表2B所示）是每一篮子货币只有2卢布；到2014年初，这一区间不断扩大，达到7卢布。不幸的是，对俄罗斯当局来说，在多年的不断走强之后，卢布对美元和欧元一篮子货币的汇率目前正在走弱。

2013年10月，俄罗斯央行宣布将把"不干预"的中间汇率区域从1卢布扩大到3.1卢布，而这有益于卢布的相对稳定。2014年1月，俄罗斯央行宣布将停止每日干预，最终在2015年某个时候结束所有干预（最近几个月，每日干预的平均金额约为6 000万美元，与以往相比，这个数字相对较小）。然而，如果卢布汇率真的触及其中任何一个区间，俄罗斯央行将不得不重新进入市场，以保持其稳定。

图表 2B 俄罗斯卢布浮动区间

卢布 vs. 一篮子货币

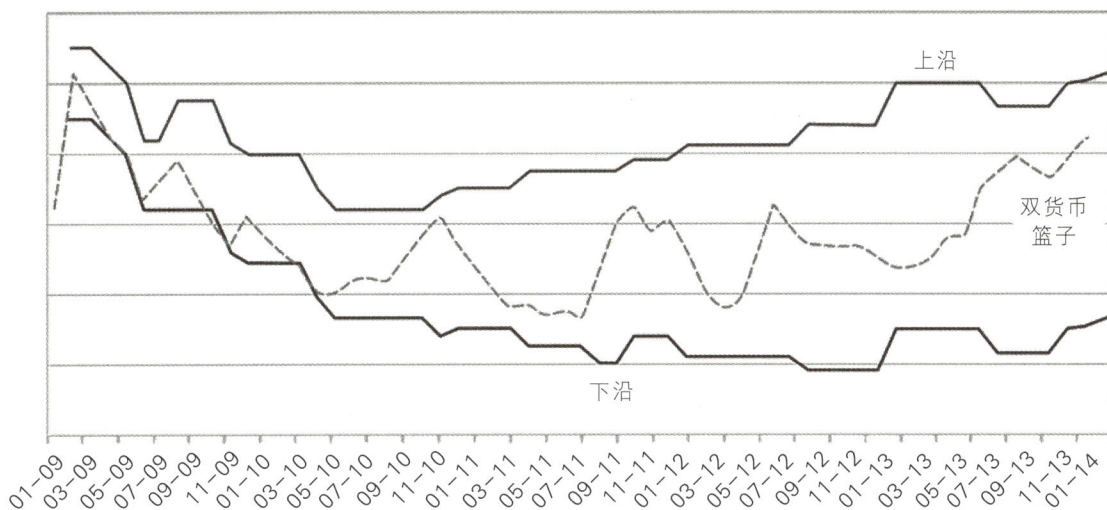

注：双货币篮子由作者计算得出（基于每月平均汇率）。

其向自由浮动的卢布过渡的动力在于，既允许货币价值的变化"吸收"全球经济变化，又允许央行更加集中控制通货膨胀。俄罗斯的通货膨胀率近年来一直居高不下，随着美国联邦储备委员会宣布于 2008—2009 年全球金融危机后放缓/停止宽松的货币政策，通胀压力肯定会继续存在。

俄罗斯央行显然在继续实施其长期汇率战略，这一战略早在 2009 年就已实施。俄罗斯央行认为，如果更多地以通胀为目标，而不是以卢布的汇率为目标，俄罗斯和卢布的长期经济前景将会得到改善，卢布可能会从目前的一个新兴市场国家货币发展为区域经济体货币，并且有朝一日最终成为储备货币。

问题

1. 如何对俄罗斯在 1991 年至 2014 年期间使用的卢布汇率制度进行分类？

2. "操作波段"的建立对卢布投机者的预期有何影响？在你看来，这些预期是稳定的，还是不稳定的？

3. 卢布贬值对俄罗斯的商业贸易和对抗通胀意味着什么？

2.1 国际货币体系史

几个世纪以来，人们将货币定义为金、银和其他贵重物品，理解这些不同的货币定义，有助于厘清不同国家之间货币制度的差异。**回顾货币体系的演变历史——在图表 2-1 中，我们依据年代顺序还原了这段历史——**有助于理解当前的国际货币体系，以及固定汇率制度、浮动汇率制度、爬行浮动汇率制度，并有助于我们评价政府和商业企业在开展全球业务时存在的不足之处以及所面临的挑战。

图表 2-1　　　　　　　　　　　国际资本流动性的演变历史

汇率时代	金本位时代	内战年代	布雷顿森林体系时代	浮动汇率时代	新兴市场时代
跨国政治经济	更加开放的国际贸易与有限增长的货币流动性	保护主义与孤立主义	对开放经济的好处信心大增	工业国家开放，新兴市场国家为控制经济而限制资本流动	越来越多的新兴市场国家对国际资本开放市场，但也影响了经济独立性
意义	贸易对汇率的影响大于对资本的影响	日益增大的贸易和资本流动壁垒	越来越多的资本主导贸易，从而增加了资本流动性	资本流动主导贸易，新兴市场国家遭受货币贬值	资本加速流动，推动经济健康增长
	1860年	1914年	1945年	1971年	1997年　　　现在

国家之间的经济开放程度在过去150年中时大时小，自布雷顿森林体系时代起，全球市场一直朝着更加开放的国际贸易和资本流动的方向发展，从而使维持固定甚至稳定的汇率变得更加困难，其近期的特点是新兴经济体快速增长与发展，使全球市场更富挑战性。

2.1.1　金本位时代：1876—1913年

早在古埃及由法老统治的年代（约公元前3000年），黄金就已经充当交换媒介并发挥着价值贮藏的作用。希腊人和罗马人使用金币，并将这个传统从商业时代延续到19世纪。在19世纪末的自由贸易时期，国际贸易额大幅增长，迫切需要一个更加正式的国际贸易结算制度。因此，一个又一个国家先后建立了本国货币的黄金平价关系，并努力维持既定的平价关系（所谓的"游戏规则"），于是便形成了后来所谓的古典金本位制度。这种**金本位制度（gold standard）**作为国际货币制度在19世纪70年代开始被西欧国家所接受，而美国直到1879年才正式采用金本位制度。

在金本位制度下，"游戏规则"既清晰又简单，每个国家确定一个固定的兑换比率，并按照这个比率计算给定重量单位的黄金可兑换的本国货币单位数（纸币或硬币）。例如，美国规定美元与黄金的兑换比率为每盎司黄金可兑20.67美元（这一兑换比率到第一次世界大战开始前仍然有效）。英镑与黄金的兑换比率则为每盎司黄金可兑4.2474英镑。只要这两种货币都能自由兑换成黄金，那么美元与英镑的汇率就等于：

$$\frac{20.67美元/盎司黄金}{4.2474英镑/盎司黄金} = 4.8665美元/英镑$$

因为实行金本位制度的各国政府同意人们根据需要按固定的平价比率买卖黄金，因此以黄金表示的每种货币的价值以及货币之间的汇率也都是固定的。**在这种金本位制度下，对任何国家而言，保持充足的黄金储备以保持其货币的价值是非常重要的。**同时，这一制度无形中限制了任何一国货币供应的扩张速度。事实上，货币供应的扩张速度被限定在该国货币当局（政府金库或中央银行）的黄金储备增长率以内。

学与思 2-1 在金本位制度下，各国政府都承诺遵守"游戏规则"。这意味着维持固定汇率制。而这一承诺对一国的货币供应意味着什么？

在第一次世界大战爆发之前，金本位制度一直运行良好。之后的战争导致中断了贸易和黄金的自由流动，并导致主要贸易国搁置了金本位制度。

2.1.2　内战年代与第二世界大战：1914—1944 年

第一次世界大战期间至 20 世纪 20 年代初期，货币兑换黄金的价格以及各币种之间的汇率可以在很大幅度内波动。理论上，一国进出口的供求关系会导致汇率围绕一个均衡值上下呈小幅变动，这与之前金本位制度下黄金的作用原理相同。但遗憾的是，人们没有看到这种均衡状态的弹性汇率。恰恰相反，**国际投机商卖空弱势货币，导致这些货币的价值与实际经济因素所决定的价值相比进一步降低。卖空**（selling short）是一种投机方法，是指一方投机商向另一方卖出一项资产（例如货币）并约定在将来的某个日期进行交割。卖空投机商实际上并不拥有该项资产，只是预期资产的价格会下跌，从而可以更低的价格在公开市场上将其买入并完成交割。

相反的情况也会发生在强势货币上。流动性相对较差的远期交易市场无法抵消货币价值的波动，除非付出高昂的成本。两种情况的综合结果是，20 世纪 20 年代的世界贸易量与世界国内生产总值的增长不成比例；相反，它降到了一个非常低的水平，直至 20 世纪 30 年代经济大衰退时期。

当美元与黄金的兑换比率从第一次世界大战前的每盎司黄金可兑换 20.67 美元贬到每盎司黄金可兑换 35 美元时，美国于 1934 年采用了修正的金本位制度。与之前的做法相反，美国财政部只和外国中央银行而不再和公民交易黄金。从 1934 年到第二次世界大战结束，汇率理论上是由各种货币的黄金价值决定的。然而，在第二次世界大战以及战后的市场混乱时期，许多主要的贸易货币丧失了同其他货币进行兑换的能力，美元是少数仍然具有兑换能力的货币之一。

2.1.3　布雷顿森林体系与国际货币基金组织：1944 年

1944 年，当第二次世界大战临近结束时，同盟国在新罕布什尔的布雷顿森林召开了一次会议，目的是建立一套适用于战后的新的国际货币体系。《布雷顿森林协议》确立了以美元为基础的新的国际货币体系，并设立了两家新机构：国际货币基金组织和世界银行。国际货币基金组织（International Monetary Fund，IMF）向有国际收支困难和汇率问题的国家提供援助。**国际复兴开发银行**（International Bank for Reconstruction and Development）（世界银行（World Bank））为二战后的重建工作提供资金，并为一般性经济发展提供支持。"全球财务管理实务 2-1"中详细介绍了布雷顿森林会议上的一些争论。

国际货币基金组织是新国际货币体系中的重要机构，其地位延续至今。设立国际货币基金组织，是为了向货币受到周期性、季节性或随机事件冲击的成员提供暂时性援助。国际货币基金组织也向存在结构性贸易问题的国家提供帮助，前提是这些国家承诺采取适当措施对其存在的问题予以纠正。然而，如果这些国家持续赤字，国际货币基金组织对其货币贬值也无能为力。近年来，国际货币基金组织不遗余力地帮助了许多面临金融危机的国家，也向俄罗斯及巴西、印度尼西亚、韩国等国提供了巨额贷款和专业建议。

在《布雷顿森林协议》的最初条款中，所有国家的币值与黄金的比价固定，但不需要用货币兑换黄金，只有美元仍可兑换黄金（按 35 美元/盎司黄金的比率）。因此，每个国家一旦确定了其与美元的汇率，就可以计算出该国货币的黄金平价，进而得到该国货币对美元的合意汇率。参与国同意根据需要买卖外汇或黄金，使其货币值的变化幅度不超过平价的 1%（后来扩大到2.25%）。货币贬值不能享受竞争性贸易政策，如果一国货币变得太弱而难以维持汇率，则最多可以贬值 10%，且无须获得国际货币基金组织的批准；贬值幅度超过 10% 的，则需要获得国际货币基金组织的批准。这种制度就是著名的**"金汇兑本位制"**（gold-exchange standard）。

《布雷顿森林协议》的另一个创新是创设了**特别提款权（Special Drawing Right，SDR）**。特别提款权是国际货币基金组织创设的一种国际储备资产，其用途是补充现有的外汇储备。它是国际货币基金组织和其他国际或地区组织的记账单位，同时也是一些国家钉住汇率的基础。特别提款权的价值最初是由固定的黄金数量确定的，现在，其价值由美元、欧元、日元和英镑等组成的一篮子储备货币决定。每隔5年，国际货币基金组织都会对特别提款权的货币篮子进行一次例行复审，并对货币篮子权重进行调整。各国的特别提款权存放在国际货币基金组织，是国际货币储备的组成部分，其他国际货币储备包括官方持有的黄金、外汇和在国际货币基金组织的储备头寸。特别提款权可以被转换为成员国货币，用于国际贸易结算。

学与思 2-2 国际货币基金组织是根据《布雷顿森林协定》（1944年）创建的，其最初的目标是什么？

学与思 2-3 什么是特别提款权？

课堂延展阅读
全球财务管理实务 2-1　　　　　　**费尽周折才达成的《布雷顿森林协议》**

2.1.4　固定汇率时代：1945—1973年

在第二次世界大战之后的重建时期，世界贸易迅速增长。根据《布雷顿森林协议》制定并由国际货币基金组织监督执行的货币体系也运行良好。然而，各国的货币政策、财政政策、通货膨胀率以及各种意外的外部冲击等情况千差万别，最终导致金本位制的终结。美元是各国中央银行持有的主要储备货币，也是汇率价值网络的中枢。但不幸的是，由于美国的国际收支赤字持续扩大，外国投资者和外商企业不断增长的美元需求导致美元资本大量外流。随着外国机构持有的美元日益过剩，人们对美国是否还能坚持之前的承诺，即美元与黄金的兑换比率，不再抱有信心。

这种信心的丧失迫使理查德·尼克松（Richard Nixon）总统于1971年8月15日下令停止美国财政部的官方黄金买卖，结果不到7个月的时间里，美国就流失了近1/3的黄金储备，全球对美元价值的信心跌到谷底。**大多数的主要货币对美元的汇率开始浮动**，间接导致这些主要货币的黄金比价也开始浮动。一年半以后，美元再次受到冲击，因而被迫于1973年2月12日发生第二次贬值。这一次美元贬值10%，跌至42.22美元/盎司黄金。1973年2月底，迫于货币投机的压力，固定汇率制度难以为继。1973年3月，主要外汇市场也被迫关闭了几个星期。当这些外汇市场重新开放时，**大多数的货币被允许浮动**至市场因素决定的水平，但外汇平价维持不变。到1973年6月，美元再次下浮10%。

学与思 2-4 为什么1945—1973年实行的固定汇率制以失败告终？

2.1.5　浮动汇率时代：1973—1997年

"固定"汇率时期，汇率很少发生变动。但自1973年3月以来，汇率大幅波动，且趋势难以预测。图表2-2是美元名义汇率指数于1964—2014年的走势图，从中可以清晰地看到，美元指数的波动率指标从1973年开始明显上涨。

图表2-3汇总了1971年以来影响币值的重要事件和外部冲击。近年来，最重要的冲击事件包

图表 2-2　　　　　　　　　国际清算银行（BIS）美元汇率指数

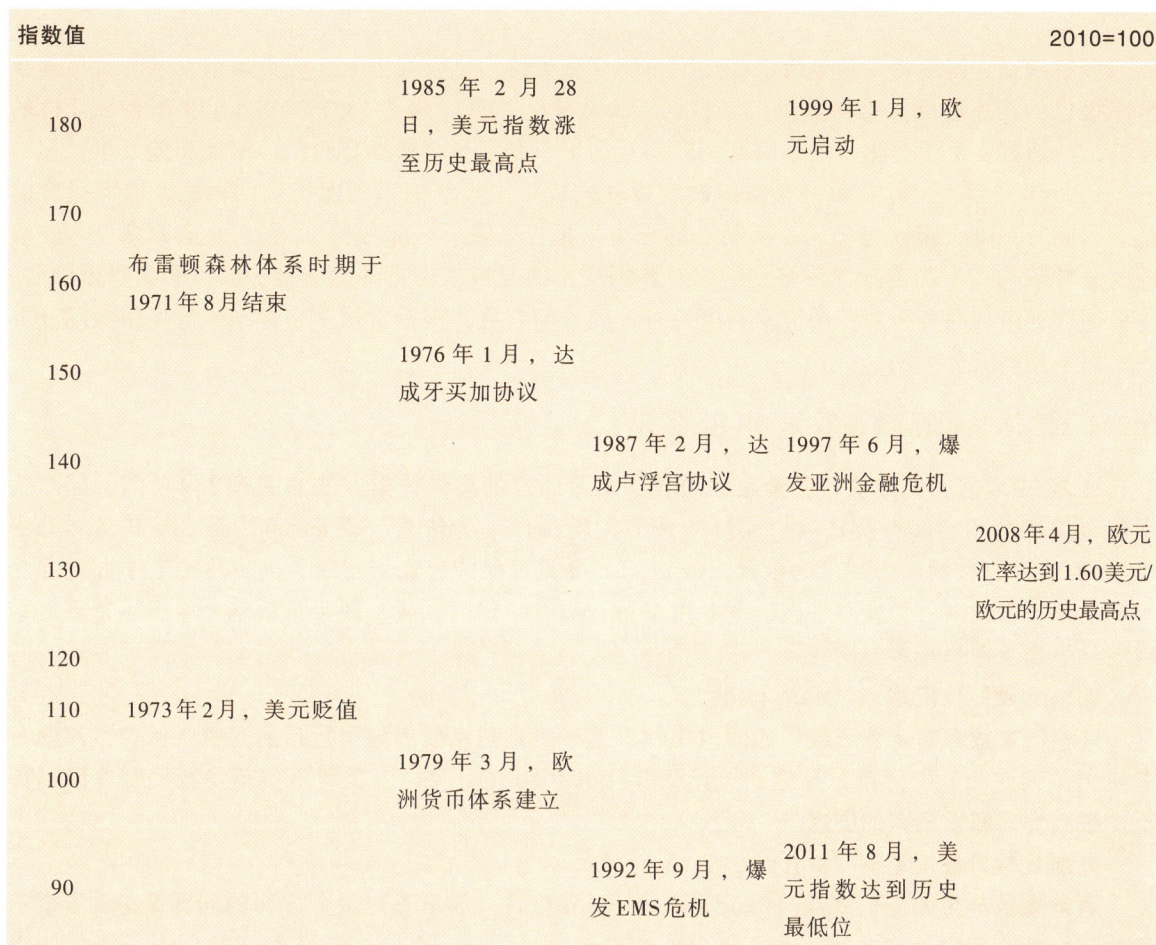

指数值　　　　　　　　　　　　　　　　　　　　　　　　　　　2010=100

180	1985 年 2 月 28 日，美元指数涨至历史最高点	1999 年 1 月，欧元启动
170		
160	布雷顿森林体系时期于 1971 年 8 月结束	
150	1976 年 1 月，达成牙买加协议	
140	1987 年 2 月，达成卢浮宫协议	1997 年 6 月，爆发亚洲金融危机
130		2008 年 4 月，欧元汇率达到 1.60 美元/欧元的历史最高点
120		
110	1973 年 2 月，美元贬值	
100	1979 年 3 月，欧洲货币体系建立	
90	1992 年 9 月，爆发 EMS 危机	2011 年 8 月，美元指数达到历史最低位

括：1992 年和 1993 年的欧洲货币体系（European Monetary System，EMS）重建；新兴市场货币危机，其又包括 1994 年的墨西哥货币危机、1997 年的泰国和亚洲其他一些国家的亚洲金融危机；1998 年的俄罗斯货币危机和 1999 年的巴西货币危机；1999 年欧元诞生；2002 年阿根廷与委内瑞拉的货币危机与汇率波动。

图表 2-3　　　　　　　　　世界重大货币事件，1971—2014 年

2.1.6　新兴市场时代：1997 年至今

在 1997 年亚洲金融危机之后，人们见证了新兴市场经济体及其货币的纵深发展。我们在本章最后一节中断言：以人民币为开端，全球货币体系早已——超过 10 年——接受许多新兴市场中的主要货币。

2.2　国际货币基金组织的汇率制度分类

全球货币制度——如果确实存在单一的"制度"——是对各种汇率制度的折衷安排。尽管没有单一的主管机构，但在二战以后国际货币基金组织至少发挥了其"街头公告员"的作用。本书也使用国际货币基金组织的分类方法。

2.2.1 分类简史

多年以来，国际货币基金组织都是汇率制度分类的信息收集中心。成员国根据国际货币基金组织提供的汇率制度类别向其提交各自的汇率政策。然而，随着1997—1998年亚洲金融危机的爆发，一切都发生了变化，很多国家实际实行的汇率制度与之前提交的汇率制度相差万里。

1998年开始，国际货币基金组织改变以往向成员国收集汇率制度类别的做法，取而代之的是，国际货币基金组织对各国汇率制度的分类与报告只限于内部分析①。作为一家原则上非政治性的全球机构，当前国际货币基金组织对各国货币的分析依据是各国新近一段时间的货币价值，并根据这种事后的分析对各国汇率制度进行分类。简言之，国际货币基金组织目前使用实际分类法，而不是名义分类法。

2.2.2 国际货币基金组织2009年的实际分类法

自2009年起，国际货币基金组织对各国汇率制度的具体分类方法如图表2-4所示。国际货币基金组织使用实际分类法（以实际观测到的汇率波动为依据，*de facto*），而不是名义分类法（以政府官方宣称的汇率制度为依据，*de jure*）。分类程序的起点是判断各国货币的汇率究竟是受市场还是政府控制。尽管对各国汇率制度进行分类有一定的挑战，国币货币基金组织还是将汇率制度分为如下四个基本类别。

类别1.硬盯住汇率制（hard pegs）。

这些国家放弃制定货币政策的国家主权。这一类别包括使用他国货币的国家（例如，津巴布韦使用美元作为该国货币，**又称"美元化"（dollarization）），以及利用货币发行局制度限制货币扩张到外汇积累国家的国家。**

类别2.软盯住汇率制（soft pegs）。

通常也被称为固定汇率制（fixed exchange rates），基于下列四个方面的问题又分为5个不同的子类别：固定对象是什么；是否允许改变固定对象——在什么条件下可以改变；允许/使用干预的类型、级别、频率；以及固定汇率的波动程度。

类别3.浮动汇率制（floating arrangements）。

货币价格主要由市场决定，包括3个子类别：**自由浮动，**汇率价格完全由不受政府干预或影响的公开市场决定；**简单的浮动；以及政府干预下的浮动，**政府有时确实会为了追求某一汇率目标而干预市场。

类别4.剩余类别。

包括所有不符合以上三种类别标准的汇率制度。那些政策变来变去的国家基本上属于这一类。

图表2-5概括了全球市场上主要的汇率制度类别——固定汇率制度或浮动汇率制度（IMF的类别4确实是"剩余"，典型的特征是"谁知道呢？"在图表2-5中也没有明确显示出来）。图表2-5中的垂直虚线代表爬行钉住汇率制度（crawling peg），是两类汇率制度的分割线，有些国家的汇率制度一会儿在这条线的左边，一会儿又到了这条线的右边，这取决于该国货币的稳定性。虽然这个汇率制度分类看起来很明显，但在市场实务中不同汇率制度的差别较小，难以区分。例如，2014年1月，俄罗斯银行宣布不再干预卢布价格，并允许卢布自由交易，但到了2015年，时间已说明了一切！

---

① 包括停止发布"汇率安排与汇率限制"年度报告，这是金融行业的很多机构几十年以来一直信赖的一份文件。

图表 2-4 　　　　　　　　　　　　　IMF 的汇率制度分类

汇率制度类别	2009 年的实际汇率制度	内容与要求	国家数量
硬钉住汇率制	无独立法定货币的汇率制度	使用别国货币作为本国法定货币（通常是美元化）的国家，也包括货币或外汇联盟的成员国，这些成员国使用相同的法定货币	10
	货币局制度	官方明确承诺对国内货币与特定外汇维持一个固定的汇率，并限制货币发行当局，使其明确货币发行以外汇为基础，即货币基础完全来自外汇资产	13
软钉住汇率制	传统钉住安排	将货币固定盯住特定外汇或一篮子货币的国家。货币当局随时直接或间接干预以维持固定汇率。汇率偏离中心值，且在±1% 或 6 个月 ±2% 的范围内变动	45
	稳定化安排	即期市场汇率维持 6 个月 2% 的差额，但不浮动。稳定化对象可以是单一或一篮子货币；汇率稳定是官方行动的结果	22
	中间汇率制度：		
	爬行钉住汇率	平时汇率是固定的，但必要时可根据一组选定的指标（例如通胀率）作微小的调整	5
	类似爬行安排	汇率与 6 个月的统计值相差 2% 或稍大一些的范围；汇率不能大幅浮动，最小变动幅度大于稳定化安排下的允许值	3
	水平区间爬行钉住汇率	汇率围绕固定中心值的波动幅度大于 1%，或者汇率最大值与最小值相差超过 2%，主要包括欧洲汇率机制、ERM Ⅱ 的成员国	3
浮动汇率制	浮动汇率制度	汇率基本上由市场决定，市场干预可以是直接或间接的，干预的目的是采用适中的变动率（而不是目标值），汇率波动率可大可小	39
	完全浮动汇率制度	汇率完全自由浮动，只有在极为特殊的情况下才允许干预，而且干预频率限制在每 6 个月至多 3 次，每一次不超过 3 个工作日	36
剩余类别	其他管理汇率制度	不符合其他各类的分类标准，政策经常多变的制度归入这个类别	12

学与思 2-5 国际货币基金组织将汇率制度分为四大类，本章对此进行了总结。下列国家使用的是哪一种汇率制度？

a. 法国　　　　　b. 美国　　　　　c. 日本　　　　　d. 泰国

2.2.3 全球折衷主义

尽管国际货币基金组织试图对各国汇率制度进行严格分类,但现今的全球货币体系的确采取的是名副其实的全球折衷主义,本书第5章将会详细讨论。在当前全球货币市场上占据主导地位的是两大货币,即美元和欧元,在其之后是众多的货币体系、货币制度、货币区域、货币地区。

图表 2-5   汇率制度分类

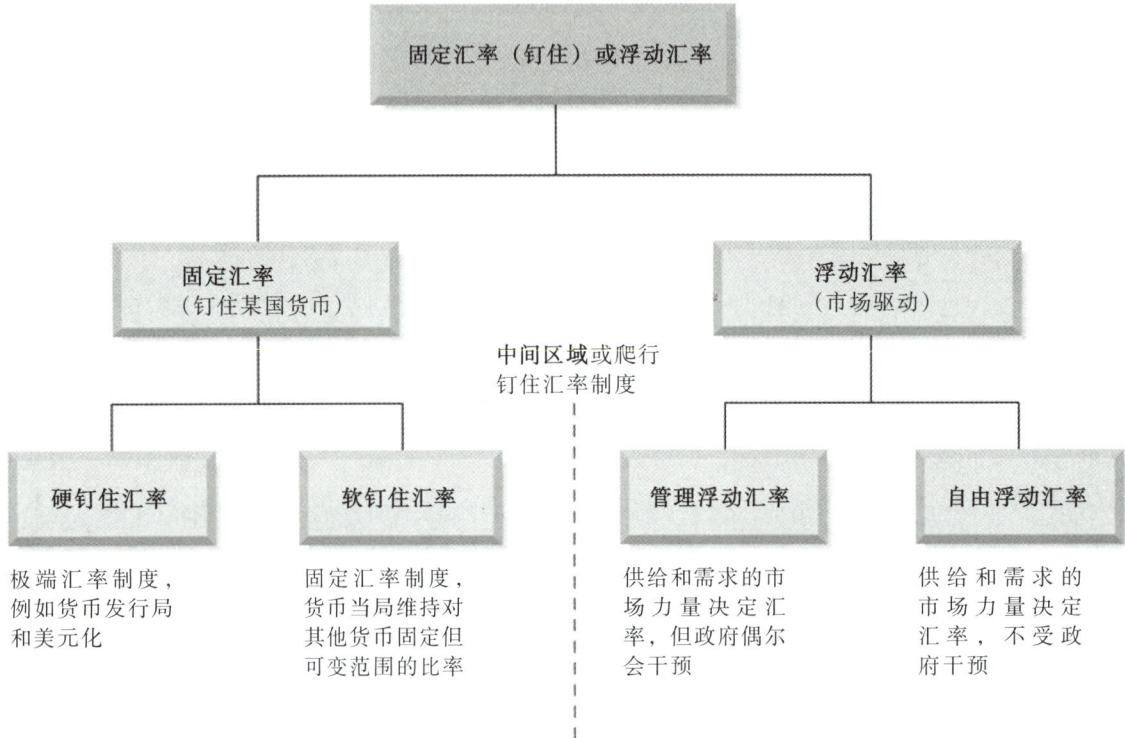

欧元自身就是一个很好的例子,作为欧盟成员国的单一货币,欧元采取的是严格的固定汇率制度。然而,对其他国家的货币而言,欧元又是独立的浮动外汇。其他严格意义上采取固定汇率制度的例子包括:厄瓜多尔、巴拿马、津巴布韦,这些国家使用美元作为官方货币;中非法郎(CFA)地区,如马里、尼日尔、喀麦隆、乍得等国家使用共同的单一货币(法郎,与欧元挂钩);东加勒比货币联盟(ECCU),其成员国使用东加勒比元作为货币。

另一个极端,是实行独立浮动汇率的一些国家。其包括许多发达国家,例如日本、美国、英国、加拿大、澳大利亚、新西兰、瑞典。但是,在这一类别里面也包括一些其他参与国——主要是新兴市场国家,其原希望维持固定汇率制度,却被市场力量推到浮动汇率制度面前,包括韩国、菲律宾、巴西、印度尼西亚、墨西哥、泰国。

只有最后两类的管理浮动汇率制度和自由浮动汇率制度(涵盖188个国家的半数),在任何意义上都是真的"浮动"。尽管现代国际货币体系被称为"浮动汇率制度"体系,但显然对世界上的大多数国家而言并非如此。正如全球财务管理实务2-2中所表明的,瑞士法郎即使是这个世界上最稳定的货币,偶尔也要对其进行价格"管理"。

课堂延展阅读
全球财务管理实务 2-2   瑞士国家银行设置瑞士法郎的最低汇率

2.3 固定汇率制与弹性汇率制

一国对货币制度的选择反映了该国对其经济等各方面的优先考虑顺序，包括通货膨胀率、失业率、利率水平、贸易平衡和经济增长。随着时间的推移，当优先顺序改变时，对固定汇率制或弹性汇率制的选择也会随之改变。尽管可能会过于笼统，但下面两点在一定程度上能够解释各国为什么追求特定汇率制度，它们的假设依据是：在其他情况相同的条件下，各个国家更愿意采用固定汇率制。

- 固定汇率提供了稳定的国际贸易价格，而稳定的价格有助于促进国际贸易增长，降低所有企业的风险。
- 固定汇率在本质上是抗通胀的，它要求国家实行限制性货币政策和财政政策。然而，当国家希望通过政策缓解国内经济持续存在的问题时，如高失业率、经济增长缓慢等，这种限制经常会成为一种负担。

固定汇率制需要中央银行维持大量的国际储备（硬通货和黄金），以维持固定汇率。由于国际货币市场的规模和交易量迅速增长，国际储备已经成为许多国家的重大负担。

固定汇率制一经采用，就可能与某些经济基本面处在不一致的水平上。当国民经济结构、贸易关系和国际收支发生变化时，汇率本身也应当改变。弹性汇率制允许汇率渐进而有效地改变，但固定汇率制必须通过行政力量调整汇率——通常太晚，宣传太多，也让国民经济付出过高的一次性代价。

与汇率变动有关的术语也很独特。当政府官方宣布降低或提高汇率时，使用的术语常是**减值**（devaluation）或增值（revaluation），这显然适用于受政府控制的汇率；当汇率变动是因为市场而非政府指导时，相应的术语则是**贬值**（depreciation）或升值（appreciation）。

学与思2-6 如果一国实行固定汇率制，那么何种宏观经济变量会导致固定汇率贬值？

学与思2-7 为什么许多新兴市场经济体更愿意采用固定汇率制？

不可能三角

如果世界上真的存在"理想"（ideal）的货币制度，那它应该具有以下经常被叫作"不可能三角"的三个特征（如图表2-6所示）：

1.**汇率稳定**。货币相对其他主要货币的价值关系应该是固定的，以使贸易商和投资者能够相对确定地估计当前和近期未来各种货币的外汇价值。

2.**金融完全一体化**。允许货币完全自由流动，贸易商和投资者因此能够根据所察觉的经济机会或风险，在不同国家的币种之间自由转移资金。

3.**货币政策独立**。各国自行制定国内货币政策与利率政策，以实行理想的国民经济政策，尤其是有关限制通胀、对抗衰退、促进繁荣和充分就业的政策。

这些特征被称为**"不可能三角"**（impossible trinity）（或**"国际金融的三难困境"**（trilemma of international finance）），因为**在经济力量的作用下，一国政府无法同时实现这三个目标**。

图表 2-6   **不可能三角**

所有国家都必须在这三个目标中进行取舍，因此无法同时实现全部三个目标。

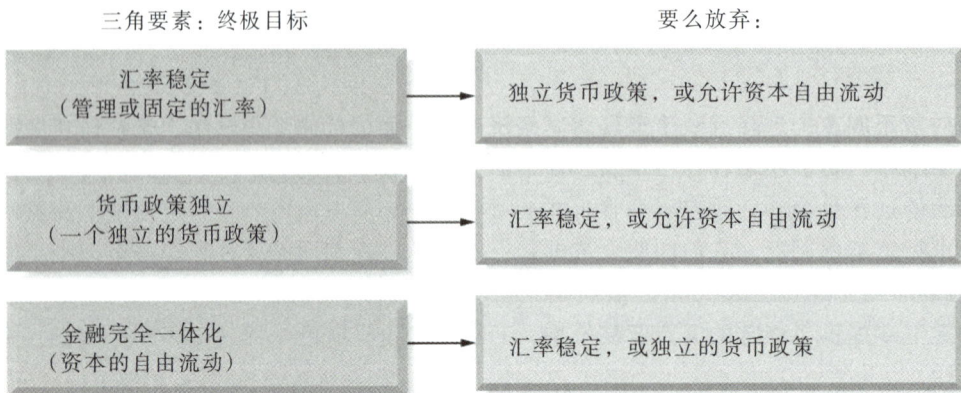

三角要素：终极目标   要么放弃：

汇率稳定 （管理或固定的汇率）	独立货币政策，或允许资本自由流动
货币政策独立 （一个独立的货币政策）	汇率稳定，或允许资本自由流动
金融完全一体化 （资本的自由流动）	汇率稳定，或独立的货币政策

学与思 2-8 根据不可能三角原理，一个国家可能采取的政策组合是什么？

学与思 2-9 理想货币的特征是什么？

近年来，随着对资本市场和资本全球流动管制的日益放松，更多的国家开始追求金融完全一体化，但其结果就如"不可能三角"理论所预示的那样：汇率波动加剧，货币政策的独立性降低。

如图表 2-6 所示，许多专家一致认为，在资本流动性不断提高的情况下，越来越多的国家走向金融完全一体化，以刺激国内经济并满足本国跨国企业的资本需求。结果，它们的汇率制度被"挤"到一个十字路口，使其要么实行纯粹的浮动汇率制（像美国那样），要么和其他国家一起加入货币联盟（像欧盟那样）。参见全球财务管理实务 2-3。

课堂延展阅读

全球财务管理实务 2-3   **三难困境中，谁在选择什么？**

2008—2009 年爆发的全球金融危机，引发人们关于货币价值的大量争论——这场面犹如一位学者提出的"货币战争"。中国以外的绝大多数经济体正在遭受经济增长减速，并处在迫切需要提振经济，降低高失业率的重压之下。与此同时，越来越多的观点认为，使货币贬值是唯一的出路。这种观点尽管听起来有些道理，但"不可能三角"理论清楚地表明，每一个经济体必须选择适合自己的"药方"。下表显示了全球三大经济体的选择。

	选择#1	选择#2	选择#3
美国	独立货币政策	资本自由流动	汇率浮动
中国	独立货币政策	固定汇率	限制资本流动
欧洲（欧盟）	资本自由流动	固定汇率	货币政策一体化

显而易见，欧洲面临的选择更加复杂。作为不同主权的综合体，欧盟一直致力于经济一体化：推行共同货币——"欧元"，及劳动力和资本的自由流动。其结果是，根据不可能三角理论，欧盟成员国不得不放弃独立的货币政策，取而代之采用单一的中央银行——欧洲中央银行（ECB）。希腊、葡萄牙和爱尔兰等国最近的财政赤字和几乎崩溃的政府债券，使人们对这种制度安排提出了严重的质疑。

2.4　欧洲单一货币：欧元

从 1957 年的《罗马条约》开始，持续到 1987 年的《单一欧洲法案》、1991—1992 年的《马斯特里赫特条约》、1997 年的《阿姆斯特丹条约》，一批欧洲核心国家持之以恒地努力着，以使各国融合为一个更大、更有效率的内部市场。但是，即使在 1992 年单一欧洲计划启动以后，依旧残留着一些阻碍市场真正开放的壁垒。例如，使用不同货币需要消费者和公司对各个市场分别进行处理。因此，在跨国贸易中依然存在货币风险。创建单一货币，被认为是扫清最后这些造成市场分割的残余障碍的有力措施。

欧盟的 15 个创始国也是欧洲货币体系（EMS）的成员国。EMS 在 1979 年建立了一个成员国之间的固定汇率制度，要求汇率双边国家共同管理，并规定汇率偏离 EMS 设定的中心值的幅度不得超过 2.5%。这种固定汇率制度及其变种一直延续到 1999 年，其间，其在 1992 年和 1993 年的汇率危机中虽然经受了不小的考验，但总算挺过来了。

2.4.1　《马斯特里赫特条约》和货币联盟

1991 年 12 月，欧盟成员国在荷兰的马斯特里赫特举行会议并签订了《马斯特里赫特条约》。该条约改变了欧洲货币的发展方向。其规定了使用单一货币取代欧洲货币体系各成员国货币的时间表和具体计划，该单一货币最终被命名为"欧元"。此外，成员国如果全部采纳《马斯特里赫特条约》其他方面的条款，就将形成完全的*欧洲经济和货币联盟（European Economic and Monetary Union，EMU，简称"欧洲货币联盟"）*。根据欧盟的规定，欧洲货币联盟是欧盟单一市场中的一个单一货币区域，即现在人们所说的**欧元区（Eurozone）**，在欧元区内，公民、商品、服务以及资本的流动不受限制。

然而，整合各成员国不同的货币制度，是一个异常艰巨的任务。为了筹备欧洲货币联盟，《马斯特里赫特条约》要求各成员国的货币和财政政策一体化，并通过一个叫作**"一致收敛"**（convergence）的过程实现了欧洲货币联盟。

在成为欧洲货币联盟的正式成员之前，每个成员国必须满足下列"一致收敛条件"（convergence criteria）：①**名义通货膨胀率**与上年欧盟成员国中 3 个最低通胀率的平均值相比，相差不能大于 1.5%；②**长期利率**与上年欧盟成员国中 3 个最低利率的平均值相比，相差不能大于 2%；③**各政府预算赤字**——财政赤字——不能超过其国民总收入（GDP）的 3%；④**政府流通在外的负债**不能超过 GDP 的 60%。这些一致收敛条件非常严格，在当时，几乎没有几个国家能够全部满足，但有 11 个成员国在 1999 年之前通过努力做到了（希腊在 2 年后也加入了这个行列）。

2.4.2　欧洲中央银行（ECB）

任何货币制度的顶梁柱都是强有力的中央银行，根据条约，**欧洲货币联盟（EMU）在 1998 年设立了欧洲中央银行（European Central Bank，ECB）**（欧盟在 1994 年成立的欧洲货币机构（EMI）是欧洲中央银行的雏形）。欧洲中央银行的结构和功能是参照德国联邦银行设置的，后者则是按照美国联邦储备系统的模式建立的。ECB 是一家独立的中央银行，控制欧盟各成员国的中央银行，各成员国的中央银行继续监管其境内的银行，但所有金融市场干预和欧元发行事务由欧洲中央银行独家负责。欧洲中央银行最重要的一项管理任务就是在欧盟内维持欧元价格稳定。

2.4.3 欧元启动

1999年1月4日，欧盟的11个成员国成立了欧洲货币联盟，这些国家建立了单一货币——欧元，取代了各参与成员国的货币。这11个国家包括：奥地利、比利时、芬兰、法国、德国、爱尔兰、意大利、卢森堡、荷兰、葡萄牙、西班牙。希腊在当时还不符合加入欧洲货币联盟的条件，但在后来的2001年加入了欧元区。1998年12月31日，EMU最终确定了11个成员国货币对欧元的固定汇率。1999年1月4日，欧元正式启动。

英国、瑞典和丹麦3个国家选择继续保留各自的货币。英国一直对欧盟持怀疑态度，担心其主权受到威胁，所以选择不加入。瑞典因为没有看到加入欧盟后的好处（尽管瑞典是最后加入欧盟的成员国之一），所以也决定不加入。丹麦和英国、瑞典以及挪威等国一样，至今选择不加入欧盟（但丹麦是采用**欧洲汇率机制Ⅱ**（Exchange Rate Mechanism Ⅱ，ERM Ⅱ）的成员国之一），ERM Ⅱ允许丹麦保留汇率和货币主权，但丹麦克朗须与欧元维持固定的汇率）。

学与思2-10 英国、丹麦和瑞典没有选择采用欧元，而是继续使用它们各自的货币。这三个欧盟成员国各自的动机是什么？

欧元的官方缩写是EUR，已经在国际标准组织注册。欧元的官方符号是€，根据欧盟的解释，€的灵感来自于希腊字母 *epsilon*（ϵ），这既代表古希腊是欧洲文明的发源地，也让人们联想起欧洲（Europe）这个词的首字母。

欧元将给成员国带来一系列的好处，包括：1）欧元区国家享有更低廉的交易成本；2）与汇率不确定性相关的货币风险和成本大大降低了；3）欧元区里外的所有消费者和企业都可以享受透明的价格，以及更加激烈的价格竞争。成员国采用欧元的主要"成本"则是丧失货币政策的独立性，这在接下来的几年中将会是一个持续的挑战。

学与思2-11 1999年1月4日，11个欧盟成员国成立了欧洲货币联盟（EMU），并建立了单一货币——欧元，以取代参与成员国各自的货币。请描述欧元影响欧洲货币联盟成员国的三种主要途径。

1999年1月4日，欧元开始在世界货币市场上交易，它的引入过程十分平稳。但在上市之后，欧元价值缓慢下滑，这主要是因为美国经济和美元保持稳健，以及欧洲货币联盟国家经济持续不景气。从2002年开始，欧元相对美元开始升值，一直维持在1.20美元/欧元至1.50美元/欧元的价格区间内，但也表现出剧烈的波动性，如图表2-7所示。

自欧元问世以来，使用欧元的国家数量持续增加，至2012年1月，27个欧盟成员国中有17个国家的官方货币是欧元，还有其他5个国家（黑山共和国、安道尔共和国、摩纳哥、圣马力诺、梵蒂冈）最终可能也会加入欧元。17个使用欧元的欧盟成员国——形成了所谓的欧元区——包括：奥地利、比利时、塞浦路斯、爱沙尼亚、芬兰、法国、德国、希腊、爱尔兰、意大利、卢森堡、马耳他、荷兰、葡萄牙、斯洛伐克、斯洛文尼亚、西班牙。尽管所有欧盟成员国的货币最终都可能被欧元取代，但近年来欧盟各国对欧元的争论有增无减，那些新进入的成员国对全欧元计划也一直采取延迟策略。争论不休以及全球财务管理实务2-4中所讨论的欧洲主权债务危机，都对欧元的进一步扩张提出了挑战。

图表 2-7　　　　　　　　　　　美元/欧元汇率走势图

美元=1欧元

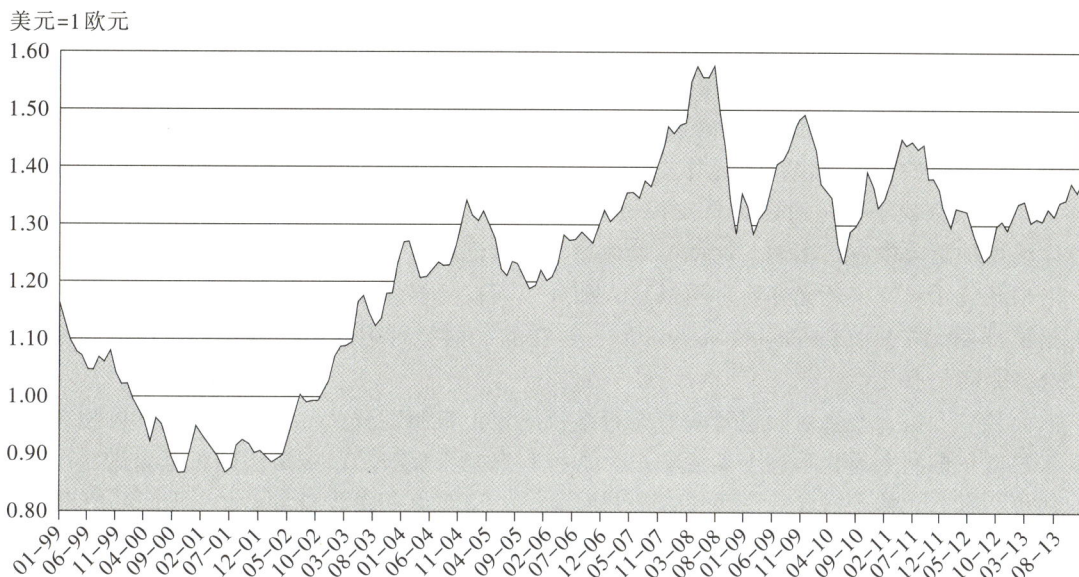

全球财务管理实务 2-4　　　　　　　　　欧元和希腊/欧洲债务危机

　　欧盟相对于传统国家而言是个复杂的组织结构。其负责制定和执行货币政策以及经济学基础课程中提到的其他政策。各成员国不能执行独立的货币政策，当欧盟使用单一货币"欧元"时，意味着各成员国同意使用单一货币，允许资本自由流动（金融一体化），不再控制货币供应（独立货币政策）。再一次地，成员国必须在"不可能三角"中的三个竞争性维度中进行选择，在这个例子中，建立一个单一货币政策机构——欧洲中央银行——代表所有的欧盟成员国制定统一的货币政策。

　　但财政政策与货币政策总是交织在一起，在国际金融市场发行政府债券弥补政府赤字仍然会影响货币政策，例如，希腊、葡萄牙、爱尔兰可以发行欧元面值的政府债券，但这些只是各自国家的政府主权债务。然而，如果一个或更多个政府涌入债券市场，就会导致越来越高的资金成本，并降低其他成员国的资本获得能力。结果到头来，如果放弃了货币政策的独立性，"不可能三角"中的另外一个或两个——资本流动性或汇率稳定性——也可能丧失。

2.5　新兴市场与货币制度选择

　　1997—2005 年，新兴市场国家面临的压力越来越大，其不得不被迫选择更加极端的汇率制度。本章前文中提到，资本流动性压力的增加迫使许多国家要么选择自由浮动汇率制（如 2002 年的土耳其），要么选择完全相反的固定汇率制——例如货币局制度（如 20 世纪 90 年代的阿根廷，下文中将详细介绍），甚至是美元化（如 2000 年的厄瓜多尔）。

2.5.1　货币局制度

　　货币局（currency board）制度是指一国的中央银行承诺其货币基础——货币发行——始终来自于外汇储备。这一承诺意味着，要想在经济体中发行 1 单位本币，必须先获得 1 单位外汇储备。全世界有 8 个国家和地区，包括中国香港地区，将货币局制度作为固定其汇率的方法。

学与思2-12 中央银行和货币局制度有何不同？

阿根廷

1991年，阿根廷从原先的管理汇率制度转变为货币局制度。货币局制度将阿根廷比索对美元的汇率固定在1∶1的基础上。阿根廷政府要求阿根廷银行系统每发行1比索，都要有阿根廷银行账户中持有的相应黄金或美元作支持，以维持固定汇率。这种100%的外汇储备制度使阿根廷的货币政策依赖于该国通过贸易或投资获得美元的能力。阿根廷只有通过贸易获得这些美元后，才能增加货币供应。不过，这种要求消除了货币供应增长过快引发通货膨胀的可能性。

阿根廷货币局制度还允许所有阿根廷人和外国人在阿根廷银行中拥有美元账户。这些账户实际上是欧洲美元账户（Eurodollar account）——在非美国银行中的美元存款。这些账户使存款人可以选择是否持有比索。

然而从一开始，市场对阿根廷政府能否维持固定汇率制度就产生了严重怀疑。阿根廷银行对比索账户支付的利率通常稍高于美元账户。这种利率差异反映了市场对于阿根廷金融系统内在风险的估价，存款人接受风险——用比索账户存款——就可以获得收益。

事实证明市场是正确的。2002年1月，经历了数月的经济混乱、政治动荡和近3年的经济衰退之后，阿根廷政府宣告终结货币局制度。阿根廷比索的汇率先是从1.00比索/美元减值到1.40比索/美元，而后变为完全浮动，短短几天之内，比索的价值更是急剧下跌。延续了10年之久的严格固定汇率制度从此退出了阿根廷的历史舞台。

学与思2-13 阿根廷的货币局制度在1991年至2002年1月间是如何运行的？它为何崩溃了？

2.5.2　美元化

一些国家主要因为国内的通货膨胀而遭受货币的持续贬值，从而逐步走向了美元化，**美元化（dollarization）是指将美元作为一国的官方货币**。巴拿马自1907年起就将美元作为官方货币；厄瓜多尔在经历了1998年和1999年严重的银行危机与通货膨胀后，也于2000年1月将美元作为官方货币。2000年12月11日的《商业周刊》上发表了名为"美元俱乐部"的文章，其很好地总结了美元化的一个主要特征：

美元化的诱人之处在于，稳健的货币政策和汇率政策不再依赖于国内政策制定者的才智和专业素养。他们的货币政策基本上是跟随美国而制定的，因此汇率就此被永久地固定下来。

这段关于美元化的论点其实和前文所讨论的"不可能三角"道理相同。

一个实行美元化的国家消除了任何货币（对美元的）波动性，理论上也就消除了未来爆发货币危机的可能性。 其他好处还包括有可能融入美国和其他美元市场，实现产品与金融方面的经济一体化。最后这一点促使许多国家提倡实行区域美元化，在区域中，几个经济高度一体化的国家可以从共同美元化中受益匪浅。

然而，反对美元化的理由主要有三点。第一，丧失货币政策主权， 然而，这正是美元化的要点。**第二，国家失去了征收铸币税（seignorage）的权力，** 即无法从印制本国钞票中获取收益。**第三，由于一国的中央银行不再有能力在本国经济与金融体系中创造货币，因而其再也无法充当最后的贷款人。** 最后贷款人的作用是提供流动性，拯救金融危机期间处于破产边缘的金融机构。

厄瓜多尔

2000年9月9日，厄瓜多尔完成了用美元取代厄瓜多尔苏克雷作为法定货币的工作。厄瓜多尔从此成为使用美元作为法定货币的最大国家，也为其他新兴市场国家提供了一个可以密切关注的美元化实验案例。如图表2-8所示，这是苏克雷在短短两年内大幅贬值的情况。

图表2-8　　　　　　　　　　　　　厄瓜多尔苏克雷/美元汇率

苏克雷=1美元

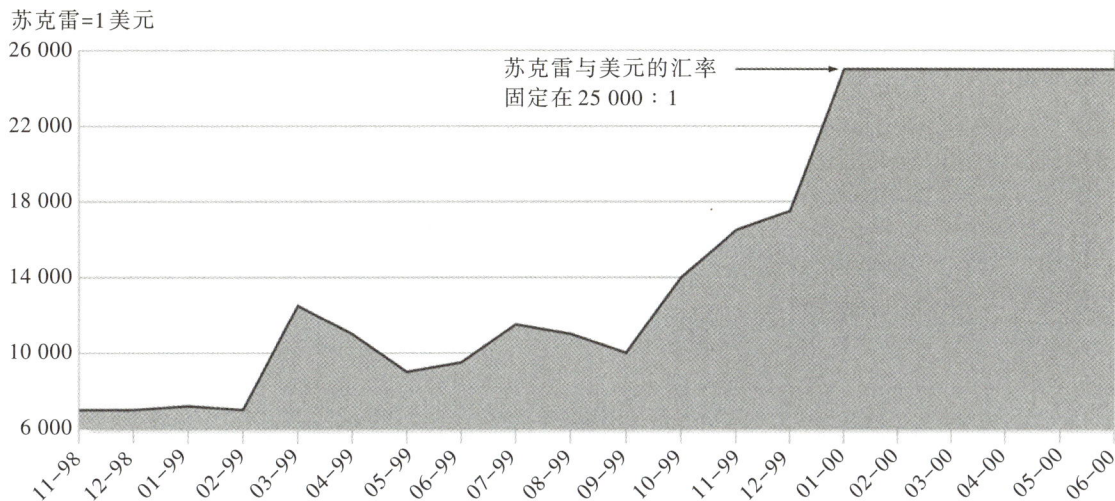

1999年，厄瓜多尔的通货膨胀率上升，经济产出水平下降。1999年3月，厄瓜多尔银行部门受到了一系列的毁灭性"银行挤兑"打击，出于金融恐慌，所有存款人都想在同一时间取出自己所有的存款。厄瓜多尔银行体系存在严重的问题，但事实上，即使是最健康的金融机构也可能在这种资金枯竭的压力下破产。厄瓜多尔总统立即冻结了所有存款（这在20世纪30年代的美国被称为**银行休假（bank holiday）**，也就是银行关门）。在2000年3月初，厄瓜多尔苏克雷骤然贬值。仅1999年一年，厄瓜多尔违约的外债就超过130亿美元。厄瓜多尔总统立即采取行动，实行美元化以拯救面临崩溃的厄瓜多尔经济。

到2000年1月下一任总统上任时（经历了一场相当复杂的军事政变后才得以平息），苏克雷的币值跌到了25 000苏克雷/美元。新总统继续推动美元化。尽管没有获得美国政府和国际货币基金组织的支持，但厄瓜多尔仍然在接下来的9个月中完成了用美元取代本国货币的过程。

厄瓜多尔美元化的结果尚无定论。如今，许多年过去了，厄瓜多尔依旧在苦苦寻找经济、政治与新货币制度的平衡。

2.5.3　新兴市场的汇率制度选择

毋庸置疑，对于许多新兴市场国家而言，其选择的汇率制度可能处在极端的硬钉住汇率制度（货币局或美元化）或浮动汇率制度之间的某个位置上。但是多年来，许多专家一致认为，全球金融市场将会把越来越多的新兴市场国家推向其中的某个极端。如图表2-9所示，严格固定汇率制和自由浮动汇率制两个极端之间明显缺少中间地带。难道这所谓的"两级选择"是不可避免的吗？

有这样一个共识，即新兴市场国家的如下三个共同特征导致其对特定汇率制度的选择困难：1）脆弱的财政、金融和货币制度；2）允许货币替代和美元面值债务的商业趋势；3）新兴市场突然中止资本外流的弱点。对于新兴市场国家汇率制度的选择，Calvo和Mishkin的观点可能比较有建设性：[1]

①　"The Mirage of Exchange Rate for Emerging Market Countries," Guillermo A. Calvo and Frederic S. Mishkin. *The Journal of Economic Perspectives*, Vol. 17. No. 4, Autumn 2003, pp. 99–118.

图表 2-9　　　　　　　　　　　　　　　　**新兴市场的制度选择**

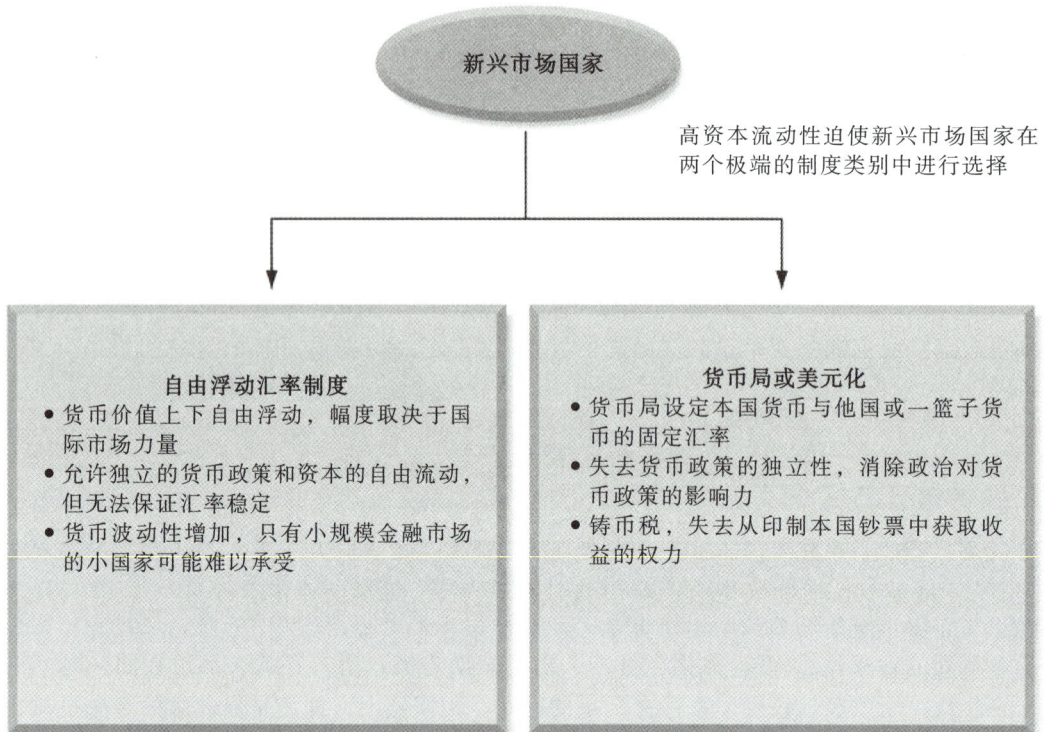

新兴市场国家

高资本流动性迫使新兴市场国家在两个极端的制度类别中进行选择

自由浮动汇率制度
- 货币价值上下自由浮动，幅度取决于国际市场力量
- 允许独立的货币政策和资本的自由流动，但无法保证汇率稳定
- 货币波动性增加，只有小规模金融市场的小国家可能难以承受

货币局或美元化
- 货币局设定本国货币与他国或一篮子货币的固定汇率
- 失去货币政策的独立性，消除政治对货币政策的影响力
- 铸币税，失去从印制本国钞票中获取收益的权力

我们的确认为，对于新兴市场国家宏观经济的成功而言，汇率制度选择的重要性仅次于制定良好的财政、金融及货币制度。与其把汇率制度选择当作第一要务，不如将更多的重心放在制度改革上面，例如提升银行和金融监管水平，增强财政约束力，促进可持续和容易预测的货币政策方面的共识，提高贸易的开放程度。

一份 1999 年对墨西哥民众的民意测验结果显示，10 个墨西哥民众中有 9 个认为美元化优于比索浮动汇率制。显然，新兴市场国家中的许多人对于本国能否实行有效的汇率政策缺乏信心。这大概可以作为上述观点的一个旁证。

学与思 2-14 高资本流动性迫使新兴市场国家在自由浮动汇率制和货币局制度或美元化之间进行选择。从新兴市场国家的角度看，这些制度的主要结果分别是什么？

2.6　中国人民币全球化

按理说，我们应该不难预料，中国政府会让人民币（RMB）成为完全可兑换的货币，从而实现人民币国际化的终极目标。但中国目前的做法是，通过创设一个离岸市场来促进国际贸易和投资中人民币的使用，其离岸贸易已经超过了在岸市场。

——"RMB to Be a Globally Traded Currency by 2015," John McCormick. RBS, in the May 3, 2013 *China Briefing*.

2.6.1　双-市场的货币发展模式

在中国政府的监管下，**人民币继续沿着"在岸/离岸"的双-市场方向发展**，如图表 2-10 所示。**在岸市场（onshore market）**是个双层市场，有零售汇率和同业银行批发汇率。**自从 2005年中期开始，RMB 实行管理浮动汇率制度**，人民币通过中国外汇交易中心（CFETS）进行交易，中国人民银行设定每日中心平价汇率（固定），实际交易中允许±1% 的浮动。中国人民银行对这个内部市场的管制逐渐放松，现在允许银行间协商兑换存单，对利率的限制也越来越少。有 9 个不同货币在市场上与人民币进行交易。

图表 2-10　　　　　　　　　　　人民币的渐进升值过程

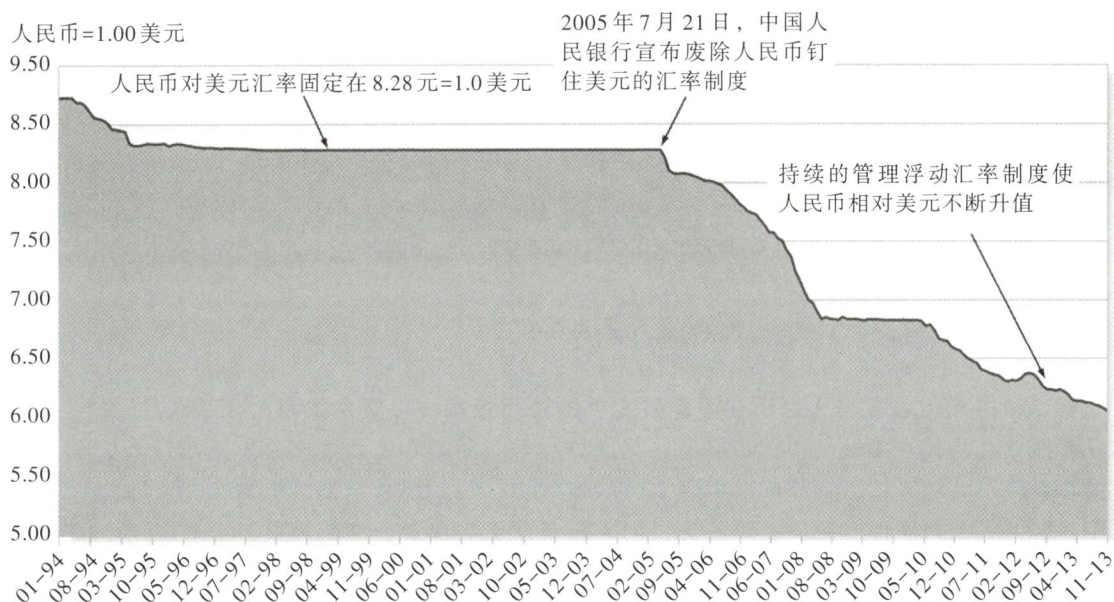

中国政府在香港（CNH，非官方符号）设立了人民币的**离岸市场（offshore market）**，根据有关监管的规定，不管是获取资本还是重新注入资金（**回流（backflow）**），人民币离岸市场都比在岸市场享有优先权。麦当劳、卡特彼勒、世界银行以及其他公司先后发行人民币面值债券，即所谓的"熊猫债券"，促进了人民币离岸市场的快速增长。现在，中国政府允许总部设在香港的机构投资者进入在岸市场进行金融存款（生息），也允许在更加灵活的离岸市场上存款。中国政府还继续推动人民币离岸市场向区域或全球的金融中心进一步扩张，例如新加坡和伦敦。

2.6.2　理论分析与实务要点

中国作为世界上最大的贸易国和第二大经济体，**人民币也不可避免地成为国际货币**，只是国际化的程度不同而已。

第一种国际化程度也是最重要的，一个国家化的货币必须在贸易领域随时可以进出（叫作经常账户（current account），在后面的章节中有更详细的讨论）。在图表 2-11 中，大概有 16% 以上的中国对外贸易是以人民币进行标价的，尽管看起来不多，但相比 4 年之前的 1%，这是飞跃式的增长。中国出口商通常以美元结算，但是不允许在任何银行账户保留这些美元收入。出口商必须按照规定的官方汇率将外汇兑换成人民币（形成总外汇储备）。现在，中国政府鼓励进口商和出口商在贸易中使用人民币作为标价和结算货币。

图表 2-11 人民币市场结构

中国人民币在岸市场（CNY）

限制人民币进出在岸市场

中国香港离岸市场（CNH）

资本回流至在岸市场

总部设在中国香港的银行享有人民币贸易融资的优先权（进口或出口）

人民币进出在岸市场继续受到严格控制和限制，但人民币标价的贸易额占所有对外贸易额的比重超过16%

人民币公司债的发行规模增加，被称为"熊猫债券"或"点心债券"市场

人民币合格境外投资者可以进入在岸市场进行金融存款

离岸市场扩展至新加坡、中国澳门和台湾地区、伦敦、悉尼以及韩国等交易中心

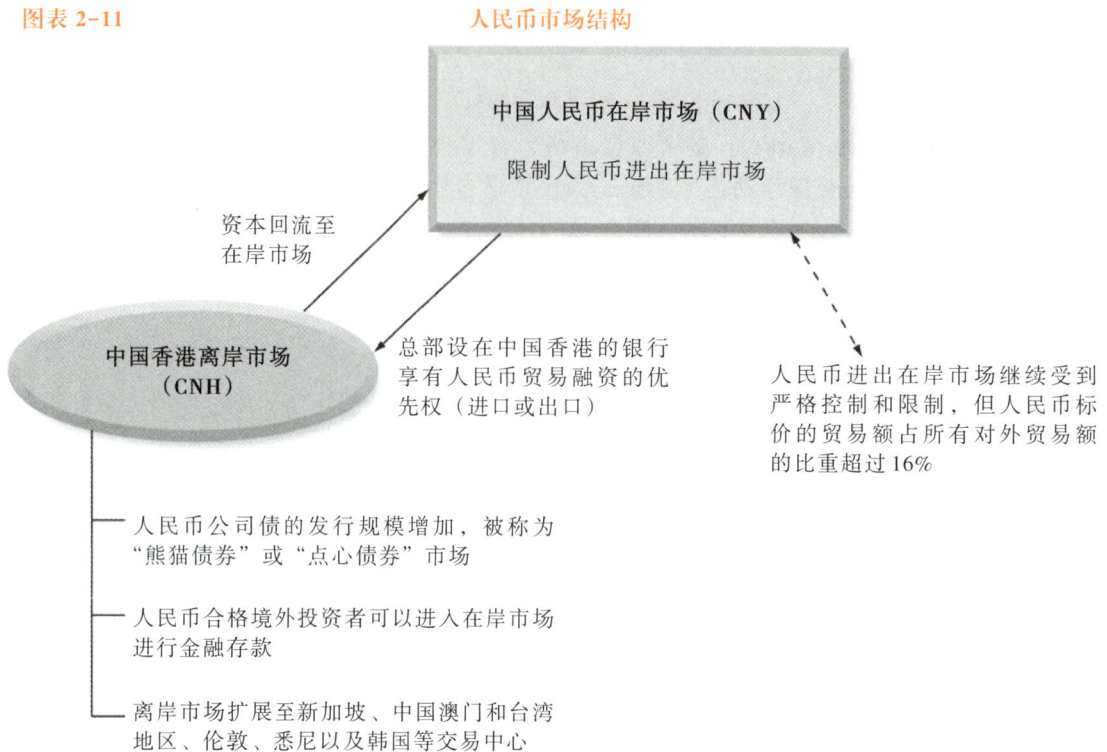

第二种国际化程度是人民币在国际投资中的使用情况——资本账目/市场活动。这是中国政府目前最关心的一个领域，中国市场是许多世界级企业的重心，如果允许人民币自由兑换，政府会担心人民币大幅升值，从而削弱中国出口的竞争力。与此同时，像美元与欧元这样的主要资本市场开始进入加息周期，政府也担心大量的人民币储蓄为寻求更高的利息收入而流出中国——资本流失。

第三种国际化程度，是一国货币成为储备货币（又叫锚货币（anchor currency））——世界各国中央银行的外汇储备。美国和欧盟持续遭遇财政赤字困境，导致维持美元和欧元的价值变得越来越难，人民币还可以或应该作为储备货币吗？我们预测，到2020年，人民币在全球储备中的份额将增至15%至50%。

特里芬难题

关于储备货币有一个重要的理论是**特里芬难题（Tiffin Dilemma）**（有时也叫**特里芬悖论（Triffin Paradox）**）。特里芬难题是指，当一国货币成为储备货币时，其可能会面临国内货币和汇率政策目标与外部或国际政策目标的冲突。国内货币和经济政策可能不时地要缩小和扩大经常性账户顺差（贸易顺差）。

如果一国货币上升至**国际储备货币（global reserve currency）**的地位，其就会被视作全球两个或三个的关键储存价值之一（有可能会加入IMF的特别提款权【SDR】），其他国家会要求该国的经常账目保持逆差，在全球市场上投放大量的货币。这意味着该国要成为国际债务国，其货币要发挥储备货币的部分作用。简言之，当世界接受一种货币作为储备货币时，对该货币的需求会增加，但许多国家并不乐意接受。事实上，日本和瑞士长期以来一直阻止其货币在国际上大范围使用，部分也是因为这些复杂的问题。

2.7 汇率制度：路在何方？

所有汇率制度都必须处理规则与相机抉择、合作与独立之间的权衡问题。图表2-12基于"规则、相机抉择、合作与独立性"四个维度说明汇率制度的权衡情况。

图表 2-12 　　　　　　　　　　　　　**汇率制度的权衡**

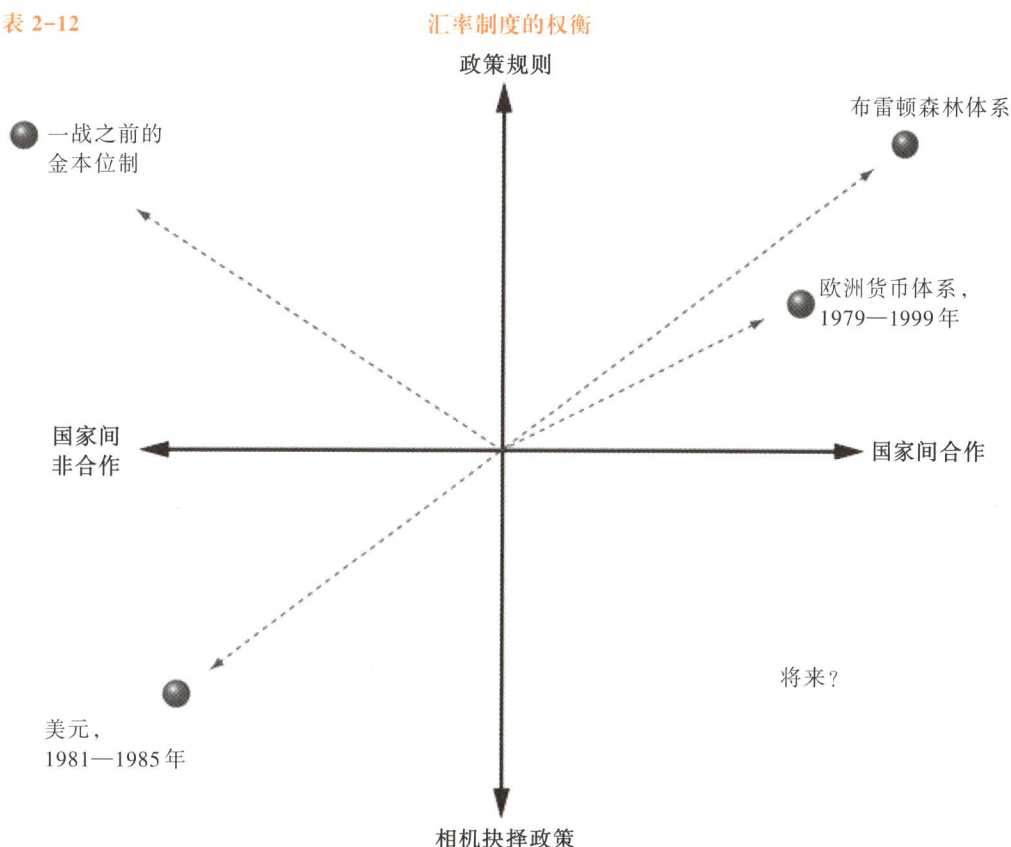

1.纵向地看，不同的汇率制度安排体现了一国政府是有严格的干预要求（规则），还是可以选择是否干预、何时干预以及在多大程度上干预外汇市场（相机抉择）。

2.横向地看，体现了特定货币体系的参与国在"合作与独立"两者之间的权衡：与其他国家共同协商、一致行动（合作），还是加入该货币体系，但自主决定所采取的具体行动（独立性）。

金本位这类制度不要求各国实行合作性政策，只是确保各国要遵守"游戏规则"。在第二次世界大战之前实行的金本位制度下，这种保障转化为政府根据需求以平价买卖黄金的意愿。1944—1973年实行的布雷顿森林体系对合作方式提出了更多要求，黄金不再是决定汇率的"规则"，各国需要更紧密的合作，方能维持以美元为基础的货币体系。诸如1979—1999年欧洲货币体系（EMS）固定汇率区间制度等汇率制度则是这些合作性与规则性制度的混合。

当前国际货币体系的特征是，没有规则，合作程度各异。尽管对于新的国际货币体系应该采取何种形式，仍争论不休，没有定论，但许多人认为，**只有将国家之间的合作与单个国家追求国内社会、经济和金融目标时的相机抉择结合起来，新的国际货币体系才会取得成功。**

划重点

● 在金本位制度下（1876—1913年），"游戏规则"是，每个国家都把汇率固定为可以兑换1单位重量黄金的货币单位数。

● 在两次世界大战之间（1914—1944年），货币相对于黄金和其他货币的比价可以在很大范围内浮动。市场的供求力量决定汇率价值。

● 布雷顿森林体系（1944年）建立了基于美元的国际货币体系。根据《布雷顿森林协定》的最初条款，所有国家的货币价值与黄金的比价都是固定的，但不需要用货币兑换黄金。只有美元可兑换黄金（每盎司黄金35美元）。

● 1971年8月，各种经济力量导致美元停止兑换黄金。多数主要贸易国的汇率可以对美元浮动，因此可以间接地对黄金浮动。

● 如果当今世界上存在一个理想的货币制度，那么它应该具有这三个特征：币值固定、可自由兑换与拥有独立的货币政策。但是，无论理论还是实务都表明，任何货币制度都无法同时实现这三个目标（"不可能三角"）。

● 新兴市场国家经常在两种极端的汇率制度类别中进行选择，自由浮动汇率制或严格固定汇率制，例如货币局制度或美元化。

● 欧盟成员国同时也是欧洲货币体系（EMS）的成员。这些国家试图在浮动汇率的汪洋大海中建立起一片固定汇率的岛屿。欧洲货币体系成员国之间的贸易依存度很高，因此固定彼此货币之间的汇率将给各成员国带来巨大收益。

● 欧元对市场的影响途径有三种：1）欧元区国家享有更低廉的交易成本；2）与汇率不确定性相关的货币风险和成本大大降低；3）欧元区内外的所有消费者和企业都可以得到透明的价格，和更加激烈的价格竞争。

秒懂本章

理想的货币制度（币值稳定、可自由兑换、拥有独立的货币体系）不可能完全实现的情况下，多数国家会选择自由浮动/严格固定的汇率制度。

计算分析题

1. Albert的加拿大之旅。Albert去多伦多市旅行，并以1.74加元/英镑的汇率购买加元，当他回到英国时，1加元可兑换0.59英镑。新汇率对于Albert是否有利？

2. 彩票赢家。Aisha住在澳大利亚墨尔本。她周四购买网络彩票时赢得了150欧元的奖金，其希望将此奖金兑换成澳元。如果汇率是0.5988欧元/澳元，她得到了多少澳元？澳元付款的交割日期是什么时候？

3. 金价问题。1923年，1盎司黄金的价格为380法国法郎（FRF）。与此同时，在英国可以4.50英镑的价格购买1盎司黄金，法国法郎和英镑的汇率是多少？

4. 布伦特原油。2015年，布伦特原油的交易价格为每桶42.5英镑，在南非的交易价格是790兰特（ZAR）。英镑和兰特之间的汇率是多少？如果石油价格上涨到每桶50英镑（假设南非的价格没有变化），汇率将如何变化？

5. 出口到英国的丰田车。在英国销售的大部分丰田车是在日本生产的，丰田坦途系列（Tundra）皮卡车生产线的基础平台售价为 165 万日元。最近，日元对英镑的即期汇率已从 197 日元/英镑升至 190 日元/英镑，那么英国子公司应如何更改其英镑售价？

6. 在线购物。塔玛拉（Tamara）居住在埃及，并通过账户 Amazon.co.uk 选购了一篮子商品。她可以选择使用埃及镑（EGP 1844）或英镑（151.17）支付。两种货币之间的汇率是多少？她应该选择以哪种货币支付？

7. 以色列谢克尔的价值变动。2013 年，1 英镑（GBP）可兑换 5.82 以色列谢克尔（ILS），但在 2014 年底，汇率上升至 6.78。以色列谢克尔（ILS）的价值变动了多少（百分比）？谢克尔是贬值了，还是升值了？

8. 港元和人民币。港元长期以来以 7.80 港元/美元钉住美元。2005 年 7 月，人民币对美元升值，从 8.28 元/美元升为 8.11 元/美元，则港元对人民币的价值是如何变化的？

9. 人民币升值。许多专家认为，人民币不仅应该像 2005 年 7 月那样对美元进行重估，而且还要升值 20% 或 30%。如果人民币从最初重估后的 8.11 元/美元上调 20% 或 30%，新的汇率价值将是多少？

10. TEXPAK 公司（巴基斯坦）在英国。TEXPAK 是一家总部位于巴基斯坦的纺织公司，在欧洲其正面临着来自新兴市场的其他制造商日益激烈的竞争。其所有服装均在巴基斯坦生产，成本和价格最初用巴基斯坦卢比（PKR）表示，但要转换为英镑（GBP）以便在英国销售。2014 年，其一件套装的价格为 11 000 巴基斯坦卢比，英镑价格为 95 英镑。2015 年，英镑对巴基斯坦卢比的汇率升至 120 卢比/英镑。为了维持英镑价格和产品毛利，该公司应如何调整巴基斯坦卢比价格？

11. 越南的咖啡批发市场（Coyote）。近年来，越南已成为世界上仅次于巴西的第二大咖啡生产国，这令许多人感到惊讶。越南盾，用字母表示为 VND 或 đ，对美元汇率是管理浮动的，但并没有被广泛交易。如果你是咖啡批发市场上的采购商，在一次采购之旅中来到越南，你认为下列哪种货币汇率和汇兑手续费最合算。

货币交易地	汇率	手续费
越南银行	14 000 盾	1.50%
新加坡机场汇兑处	13 800 盾	2.00%
酒店汇兑处	13 750 盾	1.50%

12. 海底隧道的选择。英法两国之间的海底隧道横亘在英吉利海峡底部，它连接欧洲大陆与英伦三岛的陆地。因此，其一边是英镑经济，另一边是欧元经济。如果你查看海底隧道的网上订票价格，你会发现它是用美元（USD）标价的。例如，一个成人乘坐欧洲铁路公司的海底隧道火车，从伦敦到巴黎的一等车厢往返票价为 170 美元。然而，这种中间货币意味着，如果按本国货币计算，那么隧道两端的顾客每天支付的票价都不同。如果按照《金融时报》列出的即期汇率计算，在下列日期用当地货币购买的标价 170 美元的往返车票的英镑价格和欧元价格分别应为多少？

日期	英镑即期汇率	欧元即期汇率
星期一	0.5702 英镑/美元	0.8304 欧元/美元
星期二	0.5712 英镑/美元	0.8293 欧元/美元
星期三	0.5756 英镑/美元	0.8340 欧元/美元

13.向中东出口。Oriol Diez Migued S.R.L.是一家位于巴塞罗那附近的重型机械工具制造公司，其要向一个位于约旦的买家运送产品。买价为425 000欧元。约旦对所有从欧盟购买的产品征收13%的进口关税。而后，约旦进口商将这些产品再出口给一个沙特阿拉伯的进口商，并对该项交易提取了28%的转售费。2010年4月11日的即期汇率如下表所示，沙特阿拉伯进口商以沙特阿拉伯里亚尔表示的总成本是多少？该价格可折合多少美元？

即期汇率，约旦第内尔（JD）/欧元（€）	0.8700第纳尔/欧元
即期汇率，约旦第内尔（JD）/美元（$）	0.7080第纳尔/美元
即期汇率，沙特阿拉伯里亚尔（SRI）/美元	3.750里亚尔/美元

网络练习题

1.国际货币基金组织的特别提款权。特别提款权（SDR）是6种重要参与国货币的综合指数。利用国际货币基金组织的网站找出当前这些货币的权重和特别提款权的价值。

国际货币基金组织：http：//www.imf.org/external/np/tre/sdr/basket.htm

2.马来西亚的货币控制。马来西亚在亚洲经济危机后实行的货币控制制度是政府对不稳定货币状况的典型反应。利用下列网站提供的信息，了解货币控制的作用原理。

国际货币基金组织：http：//www.imf.org/external/pubs/ft/bi/rr08.htm

3.个人换汇。任何进行过国际旅行的人都知道，私人散客能获得的汇率并不总像公司能获得的汇率那样优惠。OzForex网站有一个名为"顾客汇率"的栏目显示了这种差异。利用该网站得出与同业银行的澳元/美元即期汇率的差异百分比。

OzForex：http：//www.ozforex.com/exchange-rate

4.汇率历史。利用太平洋汇率数据库及其绘图工具分别追踪英镑、美元以及日元与其他货币的汇率走势。

太平洋汇率服务：http：//fx.sauder.ubc.ca

本章逻辑框架图

图表 2-13

本章逻辑框架图

国际货币体系史
- 金本位时代："游戏规则"是，每个国家都把汇率固定为1单位重量黄金可以兑换的本国货币单位数
- 内战年代：货币相对于黄金和其他货币的比价可以付在很大范围内浮动，且由市场的供求力量所决定
- 布雷顿森林体系时代：建立了基于美元的国际货币体系。在其最初条款中，各国汇率是固定的。只有美元可兑换黄金
- 固定汇率时代：美元兑换黄金的时代终结
- 浮动汇率时代：多数贸易国的汇率可对美元浮动

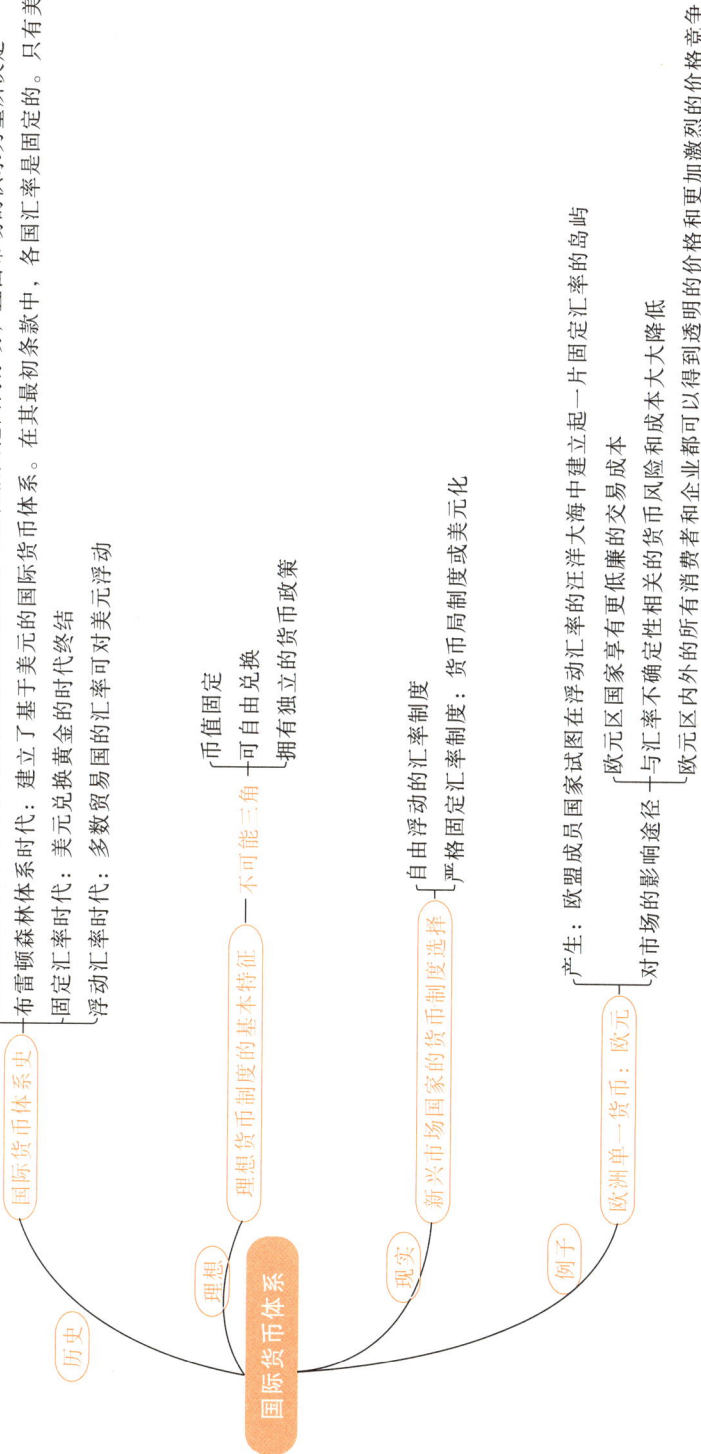

理想货币制度的基本特征 —— 不可能三角
- 币值固定
- 可自由兑换
- 拥有独立的货币政策

新兴市场国家的货币制度选择
- 自由浮动的汇率制度
- 严格固定汇率制度：货币局制度或美元化

欧洲单一货币：欧元
- 产生：欧盟成员国家试图在浮动汇率的汪洋大海中建立起一片固定汇率的岛屿
- 对市场的影响途径
  - 欧元区国家享有更低廉的交易成本
  - 与汇率不确定性相关的货币风险和成本大大降低
  - 欧元区内外的所有消费者和企业都可以得到透明的价格和更加激烈的价格竞争

历史 / 理想 / 现实 / 例子

国际货币体系

第 **3** 章

国际收支平衡表

> 交换即来自商业交易产生的依赖性。我们不能依赖一个外国人，如果他并不依赖我们的话。这就是社会的本质所在。切断自然的相互关系不是为了让自己独立，而是为了彻底孤立自己。
>
> —— Frederic Bastiat.

学习目标

- 学习各国如何衡量国际经济活动水平，以及国际收支平衡表如何衡量这一水平
- 分析国际收支平衡表的两个基本组成部分——经常账户和资本账户的经济关系
- 考查国际经济活动的金融方面，及其在商品贸易和服务贸易之间的区别
- 识别各国追求国内和国际经济与政治政策时的国际收支活动
- 分析汇率变化和波动性如何影响贸易平衡
- 了解资本流动的历史，并评估经济危机时导致资本外逃的条件

课前阅读与思考

国际收支平衡表（balance of payments，BOP）是用来衡量一国居民和外国居民之间发生的国际经济往来的一种工具。本章将使用一种类似导航地图的工具，以使我们更好地理解国际收支平衡表及其涉及的各种经济、政治和企业经营问题。但我们的重点远非进行描述性的分析，因为对国际贸易和资本流动的深刻理解是跨国企业财务管理的重要组成部分。事实上，本章的后半部分会重点分析国际收支平衡表的各个组成部分如何影响国际贸易数量和价格，以及资本流动、资本控制和资本外逃等如何改变成本和跨国经营能力。

母国和东道国的**国际收支数据对企业管理者、投资者、消费者和政府官员是非常重要的**，因为这些数据与国内生产总值、就业水平、价格水平、汇率和利率等重要宏观经济变量相互影响。一国货币政策和财政政策的制定必须考虑国际收支平衡，企业管理者和投资者需要东道国的国际收支数据来预测东道国经济政策的变化。国际收支数据之所以非常重要，还**因为**：

- **国际收支是一国汇率变化的重要指标**，因此也是衡量企业与该国贸易或在该国投资中产生外汇收益或损失的可能性的重要指标。国际收支的变化可以预示该国是否会对外汇施加控制。
- **一国国际收支的变化可能标志着该国是否将对股利、利率、特许权费、版权费，或其他向外国企业或投资者的现金支付等施加或取消控制。**
- **国际收支数据有助于预测一国的市场潜力**，尤其是短期市场潜力。一国出现严重贸易赤

字时，其可能不会像在贸易盈余时那样增加进口；相反，它可能欢迎投资以扩大出口。

学与思 3-1 衡量一国居民和外国居民之间的全部国际经济交易的指标称为国际收支（BOP）。什么机构提供世界各国国际收支和经济绩效等同类统计信息？

学与思 3-2 企业管理者和投资者需要国际收支数据来预测国际收支事件可能引起的东道国经济政策的变化。从企业管理者和投资者的角度，列出三个国际收支数据能提供的具体信号。

学与思 3-3 一国国际收支能够提供该国经济的哪些数据？

本章以引导案例"全球汇款"开篇，其主要讲述经常账户，而其近期正被政府有关部门深度探讨，以掌控其资本流动情况。请带着你的思索和疑问，开始本章的学习和思考吧！

引导案例
全球汇款

"汇款是直接增加移民家庭收入的重要财政来源"，世界银行（World Bank）发展前景主任汉斯·蒂默（Hans Timmer）表示，"汇款会导致更多的医疗、教育和小企业投资。通过更好地跟踪移民和汇款趋势，政策制定者可以做出明智的决定以保护和利用这一规模巨大的资金流，它是官方援助资金流的3倍"。

——"发展中国家的汇款在最近的危机中恢复了元气"，世界银行新闻稿第 2011/168 号，2010 年 11 月 8 日。

在过去 10 年里，国际收支中的一个领域引起了人们极大的兴趣，那就是"汇款"，但要准确定义"汇款"却有点棘手。根据国际货币基金组织（IMF）的定义，汇款是移民工人从其工作国向其原籍国的人民，特别是家庭成员进行国际转移的资金。

根据国际货币基金组织的说法，"移民"是指来到一个国家，并在该国停留或打算在该国停留 1 年或更长时间的人。图表 3A 列示了过去 40 年的全球汇款趋势。总体而言，关于全球汇款的简要概述包括以下内容：

■ 世界银行估计，2009 年有 4 140 亿美元的汇款，其中 3 160 亿美元流向了发展中国家。这些汇款交易的客户超过 1.9 亿人，约占全球总人口的 3%。

■ 2009 年，汇款最多的国家是美国、沙特阿拉伯、瑞士、俄罗斯和德国。在全球范围内，2009 年最大的受援国是印度、中国、墨西哥、菲律宾和法国。

■ 汇款在美国等汇款来源国的现金流出中所占比例很小，通常可以忽略不计。然而，对于较小的发展中受援国来说，数额相当可观，例如占其国内生产总值的百分比，有时超过 25%。在许多情况下，这比流向这些国家的所有发展和援助资金都要多。

全球汇款的历史很短。如图表 3A 所示，汇款在 2000 年后出现了大幅增长，直到 2008—2009 年，全球金融危机导致汇款首次出现明显的下降。

汇款在很大程度上反映了移民工人或外来工人在一个国家（来源国）赚取的收入，然后被转移至工人原籍国（接受国）的家庭等地。因此，尽管发展中国家间流动的移民工人较多，但高收入发达国家仍然是汇款的主要来源国，这并不令人感到惊讶。2009 年，全球经济衰退导致汇款主要来源国的建筑业和制造业等经济活动减少，因此，2009年汇款现金流下降，但2010年又略有反弹。

图表 3A   **全球汇款——世界范围的现金流入**

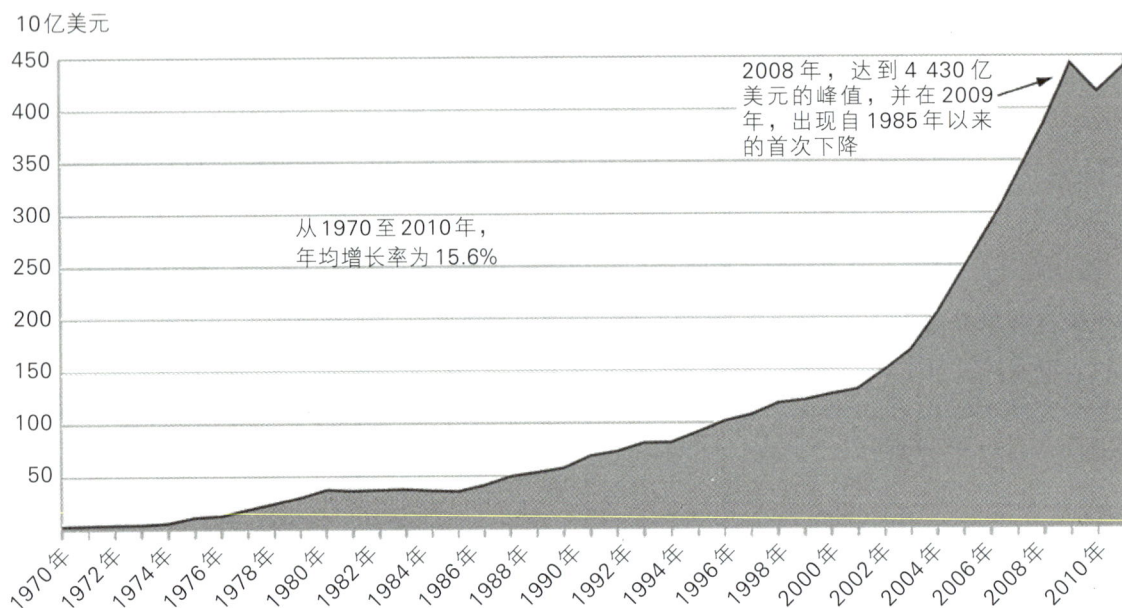

10亿美元

图中标注：
- 2008年，达到4 430亿美元的峰值，并在2009年，出现自1985年以来的首次下降
- 从1970至2010年，年均增长率为15.6%

纵轴：450, 400, 350, 300, 250, 200, 150, 100, 50

横轴：1970年 1972年 1974年 1976年 1978年 1980年 1982年 1984年 1986年 1988年 1990年 1992年 1994年 1996年 1998年 2000年 2002年 2004年 2006年 2008年 2010年

资料来源：世界银行。

大多数汇款是通过电汇或各种非正式渠道（有些甚至是人工）进行的小额转移。负责编制和报告美国国际收支统计数据的美国经济分析局（BEA）将移民汇款归类为经常账户中的"流动汇款"。更广义上的汇款可能还包括移民带到东道国的资本资产，以及他们带回祖国的类似资产。

所有这些资本资产的价值在编制国际收支平衡表时通常都在金融账户中报告。然而，"移民"的含义也存在一些争议。在另一个国家工作但不被视为"居民"的个人（例如，跨国公司的外派员工）转回其母国的资金，也可以视为全球汇款记录在经常账户的经常转移项下。

越来越多的争议

随着全球汇款的增长，人们对汇款在一国的国际收支（更重要的是该国的经济发展）中扮演何种角色或应该扮演何种角色的争论日益激烈。在某些情况下，比如在印度，其中央银行和其他银行机构越来越反对PayPal等在线支付软件所提供的汇款服务。在其他国家，如洪都拉斯、危地马拉和墨西哥，关于大部分汇款是流向家庭还是主要支付给各种中美洲走私者的争论也日益激烈。

例如，在墨西哥，目前汇款是其外汇收入的第二大来源，仅次于石油出口。墨西哥政府越来越将汇款视为国际收支的一个重要组成部分，在某种程度上，它是"替代出口下降和外国直接投资下降"的一个"插塞"。越来越多的证据表明，汇款流向了最需要它的人，即墨西哥人口中最低收入的那部分人群，从而缓解了贫困，支持了消费支出。媒体援引墨西哥前总统福克斯的话说，在其他国家把收入汇回祖国的墨西哥工人是我们的"英雄"。

问题

1.跨境汇款被记录在国际收支平衡表的哪些账户中？它们是经常账户，还是金融账户的组成部分？

2.在什么情况下，汇款对经济和国际收支有重要贡献？

3.汇款在像墨西哥这样的国家的经济中扮演什么角色？

3.1　典型的国际收支平衡表交易

国际交易有许多种形式。下面的每个例子都涉及一种国际经济业务，并被计入美国的国际收支平衡表中：

- 美国福陆公司（Fluor Corporation）承建泰国曼谷的一座大型水处理厂；
- 法国圣戈班公司（Saint Gobain）的美国子公司向位于巴黎的母公司支付股利；
- 一名美国旅游者在芬兰购买一串拉伯尼亚（Lapponia）项链；
- 一位墨西哥律师通过克利夫兰市的投资经纪商购买美国公司债。

这是每年都会发生的成千上万的国际经济活动的一个缩影。国际收支平衡表对这些国际交易事项的分类提供了一个系统方法。有一条经验法则可以帮助我们理解国际收支平衡表中的会计核算，那就是：“跟着现金流走”。

国际收支平衡表由许多子账户组成，主要包括：经常账户、资本账户以及金融账户。投资银行家、农场主、政治家、公司高管等形形色色的人，密切关注并持续跟踪分析这些主要账户。

3.2　国际收支平衡表的会计核算基础

国际收支平衡表必须平衡，如果不平衡，那一定是某些项目没有计算或没有正确计算。因此，说国际收支平衡表不平衡是错误的，这是不可能的。一国的货币供需可能不平衡，但这与国际收支平衡不是一回事。国际收支平衡表的某个子账户，例如商品和服务账户（经常账户的子账户），可能不平衡（盈余或赤字），但一国的整个国际收支平衡表却总是平衡的。

学与思 3-4 如果国际收支平衡表总是“平衡”的，为什么一些国家的国际收支会出现逆差或顺差？

图表 3-1 是美国 2005—2012 年的国际收支平衡表。如图表 3-1 所示，国际收支平衡表的确平衡。该图表列示了 5 个子账户——**经常账户**（current account）、**资本账户**（capital account）、**金融账户**（financial account）、**误差与遗漏净额**（net errors and omissions）、**储备及相关**（reserves and related）。这 5 个子账户每年的合计金额都是 0。

图表 3-1　　　　　　　　　　**美国国际收支平衡表**（简要）

账户	2005年	2006年	2007年	2008年	2009年	2010年	2011年	2012年
经常账户	−740	−798	−713	−661	−382	−449	−458	−440
资本账户	13	−2	0	6	0	0	−1	7
金融账户	667	807	617	735	283	440	568	444
误差与遗漏净额	26	−9	96	−55	151	11	−93	−6
官方储备账户	14	2	0	−5	−52	−2	−16	−5

资料来源：《国际收支平衡表统计年鉴：2013年》，国际货币基金组织，2013年12月。

衡量国际经济活动的实际过程时有三个主要因素：1）判断该活动是否为国际经济交易；2）理解商品、服务、资产和货币流动如何创造整个国际收支平衡表的借方和贷方；3）了解国际收支平衡表会计核算的记账程序。

3.2.1 定义国际经济交易

识别国际交易通常并不困难。商品出口——例如出口卡车、机械设备、电脑、电信设施等——显然是国际交易。法国红酒、日本相机和德国汽车的进口也明显是国际交易。但这些商品交易只是美国或其他任何国家每年都会发生的上千种不同的国际交易的一部分。

还有许多国际交易就不那么明显了。美国旅游者在意大利威尼斯购买玻璃塑像的活动被分类为美国的商品进口。实际上，美国旅游者在全世界其他国家购买服务——例如餐饮、酒店住宿，在美国的国际收支平衡表上都作为旅游服务进口计入经常账户。

3.2.2 作为流量表的国际收支平衡表

国际收支平衡表经常被误解，因为许多人从它的名称推断，认为它是一张资产负债表（balance sheet），但实际上它是一张现金流量表（cash flow statement）。通过记录一段时间（如1年）中所有的国际交易，国际收支平衡表追踪记录了一国与其他所有国家之间的购买与支付的持续现金流量。它并不像单个企业的资产负债表那样，在某个特定日期加总一国的全部资产与负债价值（也就是说，事实上，一国的**净国际投资**（net international investment）部分，将在后面单独讲述）。国际收支平衡表中有两种主要的商务交易：

1. **实物资产**（real assets）**交易**。用商品（如汽车、电脑、手表、纺织品）和服务（如银行、咨询、旅游服务）交换其他商品和服务（易货贸易）或货币的交易。

2. **金融资产**（financial assets）**交易**。用金融索取权（如股票、债券、贷款、公司的购买或出售）交换其他金融索取权或货币的交易。

尽管资产可以分为实物资产或金融资产，但将所有资产简单地视为可以买卖的商品通常更方便。一位美国旅游者在曼谷商店购买手织地毯，与一个华尔街银行家购买英国政府债券的投资行为并没有多大不同。

学与思3-5 "实物"资产与"金融"资产的差异是什么？

3.2.3 国际收支平衡表会计

计量一个国家所有的国际交易事项是件艰巨的任务，难免出现错误、失误和统计偏差。主要的问题是，理论上的复式记账法并没有应用在国际收支平衡表的实务中。在会计理论上，个人买卖交易会在相互匹配的借贷科目中记录。但在国际收支平衡表的实务中，经常账户、资本账户和金融账户都是相互独立的账户，并非复式记账法中的有借必有贷，因此就可能出现借方和贷方之间的偏差。

3.3 国际收支平衡表账户

国际收支平衡表由三个基本的子账户组成：经常账户、金融账户和资本账户。此外，官方储备账户（official reserves account）记录了政府的货币交易，第五个统计子账户，即误差与遗漏净额账户（net errors and omissions account）被用于维持国际收支平衡表的平衡。

3.3.1 经常账户

经常账户包括本年度，即当期发生的所有产生收入流或支出流的国际经济交易事项。**经常账**

户包括四个子账户类别：

1.商品贸易。商品的出口和进口。商品贸易是国际经济业务中最古老、最传统的形式。尽管许多国家都依靠商品进口（如同根据比较优势理论，它们应该做的那样），但它们通常也会努力维持商品贸易的平衡，甚至盈余。

2.服务贸易。服务的出口和进口。常见国际服务包括银行向国外进口商和出口商提供的金融服务、航空公司提供的旅游服务和本国企业在其他国家提供的建设服务。对主要工业国而言，在过去10年中，该子账户是增长最迅速的。

3.收入。它主要是与前期投资有关的经常项目收入。如果一家美国企业上年在韩国建立了一家生产金属部件的子公司，那么当年按比例支付给母公司的净收入（股利）就构成了当期投资收入。**此外，支付给非居民职工的工资和薪水也包括在本子账户中。**

4.经常转移。它是指与实物资源或金融项目的所有权变化有关的金融安排。国家之间的单向转移——赠与或补助——称为经常转移。例如，美国政府提供的，用于支援欠发达国家发展的援助就是经常转移，移民或外籍务工人员向母国进行的转移支付，也是经常转移。

所有国家都会发生一定数量的贸易，其中绝大多数是商品贸易。许多欠发达国家很少有服务贸易，因此将其列入收入或经常转移子账户中。经常账户的主要部分通常是上述第一项商品的进出口子账户。因此，**多数财经媒体广泛提到的贸易差额（balance of trade，BOT）其实指的是商品贸易进出口差额。**但是，对于工业化大国而言，用贸易差额来概括就有些偏差了，因为它并不包括服务贸易。

商品贸易

图表3-2列示了美国国际收支平衡表中经常账户的两个主要子账户1985—2012年的变化情况：1）商品贸易（goods trade）；2）服务贸易与投资收入（services trade and investment income）。第一个也是最令人惊讶的信息是商品贸易赤字。尽管服务和收入余额与商品贸易净额相差并不大，但其在过去20年中一直保持着小额但始终如一的盈余状态。

商品贸易是国际贸易最初的核心部分。商品生产是工业革命的基础，也是国际贸易中比较优势理论的重点。传统上，制造业是一个经济体中雇用工人最多的行业。20世纪80年代的商品贸易赤字见证了美国传统工业——这个历史上雇用过众多美国工人的行业的衰落，例如钢铁、汽车、汽车零部件、纺织品和鞋制品业等，传统工业的衰落严重破坏了美国的经济和社会秩序。

理解商品进出口业务的业绩表现和理解单个产品的市场表现非常类似。驱动二者的需求因素都是收入、买方的经济增长率，以及考虑汇率后消费者眼中的产品价格。例如，美国的商品进口反映了美国的消费者收入水平和行业增长情况。当收入增长时，进口需求也会增加；出口则相反。美国的制造业出口不取决于美国居民的收入，而取决于世界其他国家中购买美国产品的买家的收入。当这些经济体经济增长时，其对美国产品的需求也将上涨。

如图表3-2所示，美国的服务贸易余额一直有盈余，其主要的服务种类包括旅游、客运服务、交通服务、留学生（在国外留学的美国学生和在美国求学的外国学生）教育服务、电信服务和金融服务。

图表 3-2 美国商品和服务贸易余额

10亿美元

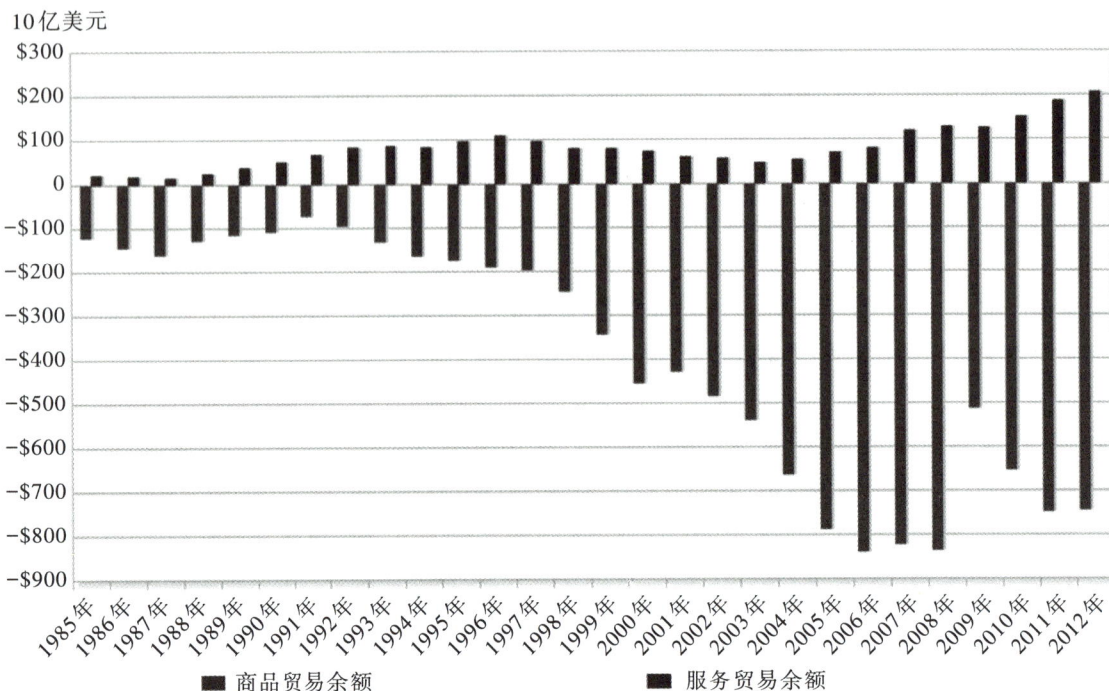

资料来源：《国际收支平衡表统计年鉴：2013年》，国际货币基金组织，2013年12月，1 032页。

学与思 3-6

利用国际货币基金组织提供的澳大利亚经常账户的下列数据回答如下4个问题：

假设（百万美元）	2000年	2001年	2002年	2003年	2004年	2005年	2006年	2007年	2008年	2009年	2010年	2011年	2012年
商品，贷方（出口）	64052	63676	65099	70577	87207	107011	124913	142421	189057	154777	213782	271677	257754
商品，借方（进口）	-68865	61890	-70530	-85946	-105238	-120383	-134509	-160205	-193972	-159256	-196303	-242915	-262966
服务，贷方（出口）	18677	16689	17906	21205	26362	31047	33088	40496	45240	40814	46968	51852	52672
服务，借方（进口）	-18388	-16948	-18107	-21638	-27040	-30505	-32219	-39908	-48338	-42165	-51313	-60994	-64389
主要收入，贷方	8984	8063	8194	9457	13969	16445	21747	32655	37320	27402	35711	42965	42097
主要收入，借方	-19516	-18332	-19884	-24245	-35057	-44166	-54131	-73202	-76719	-65809	-84646	-94689	-80778
次要收入，贷方	2622	2242	2310	2767	3145	3333	3698	4402	4431	4997	5813	7389	7357
次要收入，借方	-2669	-2221	-2373	-2851	-3414	-3813	-4092	-4690	-4805	-5799	-7189	-8920	-8783

1.澳大利亚的商品贸易余额是多少？
2.澳大利亚的服务贸易余额是多少？
3.澳大利亚的商品与服务贸易余额是多少？
4.澳大利亚的经常账户余额是多少？

学与思 3-7

利用国际货币基金组织提供的印度经常账户下列数据回答下列4个问题：

假设（百万美元）	2000年	2001年	2002年	2003年	2004年	2005年	2006年	2007年	2008年	2009年	2010年	2011年	2012年
商品，贷方（出口）	43247	44793	51141	60893	77939	102175	123768	153530	199065	167958	230967	307847	298301
商品，借方（进口）	-53887	-51212	-54702	-68081	-95539	-134692	-166572	-308611	-291740	-247908	-324320	-428021	-450249
服务，贷方（出口）	16684	17337	19478	23902	38281	52527	69730	86552	106054	92889	117068	138528	145525
服务，借方（进口）	-19187	-20099	-21039	-24878	-35641	-47287	-58696	-70175	-87739	-80349	-114739	-125041	-129659
主要收入，贷方	2521	3524	3188	3491	4690	5646	8199	12650	15593	13733	9961	10147	9899
主要收入，借方	-7414	-7666	-7097	-8386	-8742	-12296	-14445	-19166	-20958	-21272	-25563	-2619	-30742
次要收入，贷方	13548	15140	16789	22401	20615	24512	30015	38885	52665	50526	54380	62735	68611
次要收入，借方	-114	-407	-698	-570	-822	-869	-1299	-1742	-3313	-1764	-2270	-2523	-3176

1. 印度的商品贸易余额是多少？

2. 印度的服务贸易余额是多少？

3. 印度的商品与服务贸易余额是多少？

4. 印度的商品、服务和收入贸易余额是多少？

5. 印度的经常账户余额是多少？

3.3.2 资本账户与金融账户

国际收支平衡表的资本账户与金融账户计量的是金融资产的所有国际经济交易事项。**资本账户由金融资产转移和非生产性/非金融性资产的购买与处置构成**。国际货币基金组织最近才将该账户作为一个独立部分置于国际收支平衡表中。资本账户涉及的资本交易规模相对较小，我们原则上将其纳入下文讨论的金融账户中。但正如全球财务管理实务3-1中所示，全球账户中仍然存在一些不解之谜。

课堂延展阅读

全球财务管理实务3-1　　　　　　　　　　　　**全球经常账户盈余**

谎言有三种：谎言、该死的谎言和统计数字。

——作者未知，但经常被认为是考特尼勋爵（Lord Courtney）、查理斯·迪尔克爵士（Sir Charles Dilke），或者马克·吐温（Mark Twain）。

一个国家的盈余是另一个国家的赤字。也就是说，每个国家都可能而且确实存在经常账户赤字和盈余，但理论上其应该是零和游戏。然而，根据国际货币基金组织最近发布的《世界经济展望》，世界正处于经常账户盈余。至少统计数据是这样说的。[*]

一个合理的解释是，成员国向国际货币基金组织报告的统计数据是错误的，这些错误很可能是偶然的和故意的。多年来，国际货币基金组织认为，最可能的解释是富裕工业化国家的居民低报外国投资收入，以及低报运输费和货运费。

其他可能的解释集中于国际经常账户活动的故意误报。长期以来，发票数额过高或过低一直是国际贸易中用来避免税收，进行资本控制或采购限制的伎俩。其他的论点，如为避税而少报外国收入、公司内部交易和转移价格的复杂性，都是可能的解释。

但最终，虽然理论上说它不可能，数字上却说是。正如《经济学家》所说，地球人似乎在与外星人的贸易中产生经常账户盈余（"外星人会买路易·威登手提包吗？"）。[**]

[*]World Economic Outlook: Slowing Growth, Rising Risks, international Monetary Fund, September 2011.

[**]Economics Focus, Exports to Mars, *The Economist*, November 12, 2011, p.90.

学与思 3-8 解释亚洲新兴经济体在过去20年间一直维持经常账户盈余的主要原因。

学与思 3-9 经常账户赤字会增加一国的外债。请解释欧元区国家为什么会比像巴西这样的国家更加关注这一问题。

3.3.3 金融账户

金融账户包括四个组成部分：直接投资、证券投资、金融衍生品（derivative）和其他资产投资。金融资产可以按不同的方法进行分类，包括按资产寿命（使用期限）和按所有权性质（公有还是私有）分类。但金融账户按对资产或业务的控制程度进行分类。**直接投资（direct investment）** 被定义为长期投资，以及投资者对资产具有一定程度的控制权的投资。相反，**证券投资（portfolio investment）** 既是短期投资，也是投资者对其资产没有控制权的投资。

直接投资

该投资计量的是为了对资产施加控制而流出或流入一国（例如美国）的资本净额。如果一家美国企业在一个国家新建一家汽车配件厂，或在另一个国家购买一家公司，这就是美国国际收支平衡表上的直接投资。当资本流出美国时，在国际收支平衡表上记为负现金流。但如果一家外国企业购买了美国企业，那么这属于资本流入，在国际收支平衡表上记为正现金流。

外国居民在一个国家购买资产总是一个有争议性的问题。任何国家（包括美国）对外国投资的担心，主要来源于两个问题：控制和利润。有些国家对哪些外国人可以在该国拥有资产施加了限制。这种规定是基于这样一个前提，即本国的土地、资产和产业一般应由本国居民所有。但美国一直以来对于哪些国家的居民或企业可以拥有或控制本国资产基本没有限制（涉及国家安全方面的事项除外）；与国际贸易领域是否应该施行自由贸易的传统争论不同，关于自由国际投资的争论，人们尚未达成共识。

对国外直接投资的第二个担心是，谁从企业中获得利润。拥有美国企业的外国公司最终从企业活动中获利，或者换句话说，其从美国工人的劳动中获利。尽管有证据显示，在美国的外国企业会将大部分利润再投资于它们的美国企业（事实上，对外国企业的再投资率高于国内企业），但关于利润可能被抽干的争论一直没有停止。不管实际上做何种选择，任何国家的工人们都感到他们工作所得的利润应该留在他们自己手中，留在他们自己的国家。

选择用什么词来描述外国投资也会影响公众观点。如果用"来自世界各地的资本投资显示了它们对美国工业未来的信心"来描述大量资本流入，那么就是以明确肯定的方式表述净资本盈余。但是，如果用"美国成为世界上最大的债务国"来描述净资本盈余，那么负面含义就很明显。这两种表述方式实质上是从不同的角度反映同一个经济现象。

不管是短期资本还是长期资本，都会流向投资者认为在给定风险水平上能获得最高收益的地方。尽管在会计意义上这属于"国际债务"，但当大量的资本流入体现为直接投资时，长期工作机会、生产、服务、技术和其他竞争性投资、对国内产业竞争力的影响等都会增加。图表3-3列示的是美国直接投资净现金流的情况。

图表 3-3　　　　　　　　　　　　　　　　美国金融账户

10亿美元

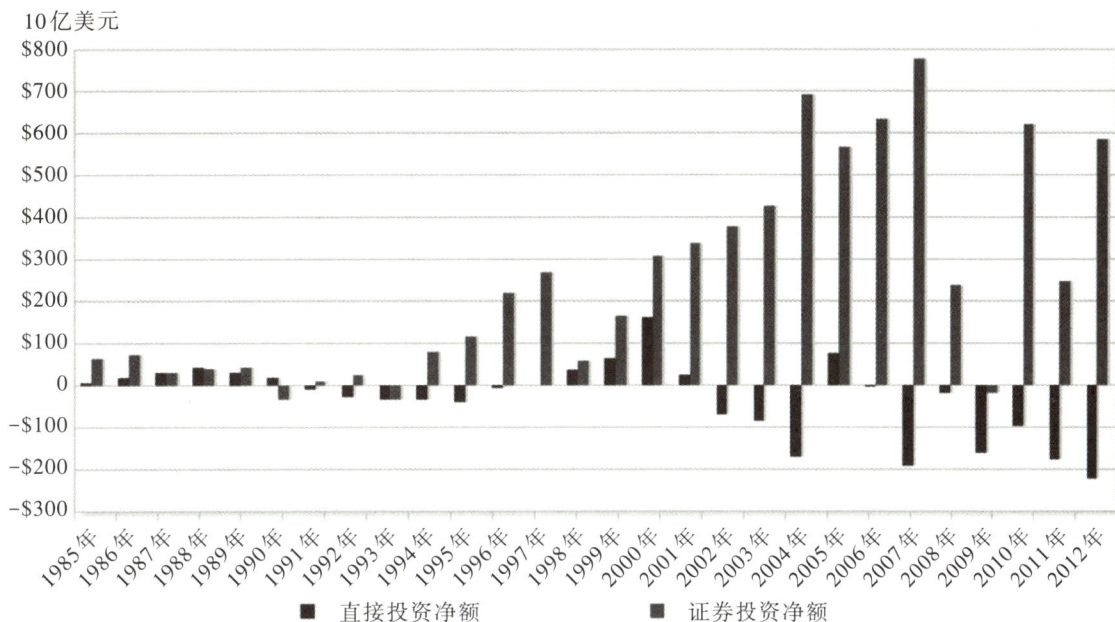

资料来源：《国际收支平衡表统计年鉴：2013年》，国际货币基金组织，2013年12月。

证券投资

证券投资是指从一国流入或流出，但没有达到10%的直接投资标准的资本净额的投资。如果一位美国居民购买了一家日本企业的股份，但没有达到10%的门槛，那么我们就将这种购买行为定义为证券投资（资本流出）。跨国购买或销售债务类证券（如美国国库券）也被分类为证券投资，因为根据定义，债务类证券并没有向买方提供所有权或控制权。

证券投资是由纯利润（收益）驱动的资本投资活动，而不是为了控制或管理投资而进行的投资活动。购买债务类证券、债券、生息银行账户及类似对象只是为了获取收益。它们不提供对债务发行方的投票权或控制权。外国投资者购买美国政府发行的债券（美国国库券、中期国债和长期国债）构成了对美国的净证券投资。值得注意的是，外国投资者购买的大多数美国债务都是以美元标价的，即以发行国货币标价。俄罗斯、墨西哥、巴西和东南亚国家发行的多数外国债券也是以美元标价的——在这种情况下，就是以外国货币标价。这些国家必须赚取美元以偿还外债，且通常是以出口的方式。

如图表3-3所示，在过去10年中，证券投资的波动性比国外直接投资净额的波动性大得多。许多美国债务类证券，如美国国债和公司债在20世纪80年代末的需求都很旺盛，证券投资流的驱动力总是相同的——收益与风险，但正如全球财务管理实务3-2中所示，同样的债务类证券会对国际投资活动带来不同的影响。

课堂延展阅读

全球财务管理实务 3-2　　　　　　　　　　**一国的国际投资净头寸**

一国的国际投资净头寸（NIIP）是衡量该国公民、公司和政府所拥有的海外资产，减去外国人（公共和私人）在本国所拥有的资产的一个年度指标。如果说国际收支平衡表是一个国家的国际现金流量表，国际投资头寸表则是该国的国际资产负债表，NIIP是一个国家的外国资产存量与外国负债存量的差额。

　　公司现金流量与公司资产负债表相关，同样，NIIP基于国际收支平衡表，使用的是相同的资本和金融账户及其分类：直接投资、证券投资、其他资产投资和金融衍生品。近年来，货币兑换和资本的跨国流动越来越容易，各国在国外所拥有的资产和证券也明显增加。

　　分析NIIP的一个常见的方法是把一个国家的NIIP计算为该国总经济规模——国内生产总值（GDP）的百分比比例。如下图所示，美国的NIIP从2005开始明显增加，到2012年平均占美国GDP的25%。

美国国际投资净头寸（NIIP）

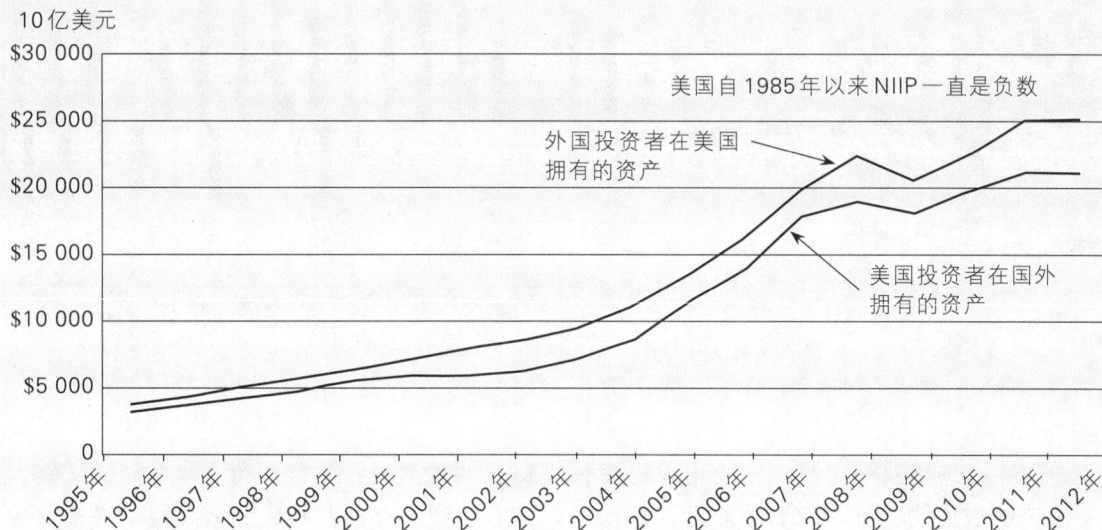

资料来源：国会研究服务。

　　尽管一些观察家认为，这个增长的百分比对美国经济而言意味着风险（称美国为世界上最大的债务国）。但另一方面，外国投资者在美国大量投资于各种资产，其实反映了他们对美国及其未来经济的信心。这些投资的很大一部分被用于购买美国政府证券——国库券和债券，其中的一部分是美国政府为了填补不断增加的政府赤字而发行的。因此可以说，外国投资者是在为美国政府的预算赤字埋单（提供资金）。

美国NIIP占国内生产总值（GDP）的比重

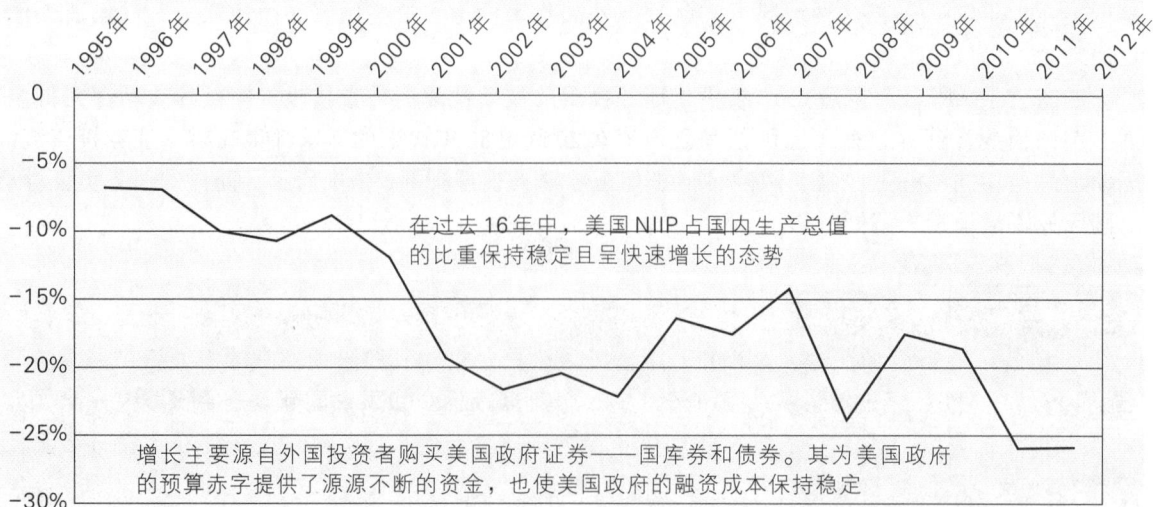

学与思 3-10 国外直接投资和国外证券投资的差异是什么？请各举一例。跨国工业企业更愿意采取哪种投资形式？

其他资产投资

它是金融账户的最后一类，包括各种短期和长期贸易贷款、各类金融机构发放的跨国贷款、货币存款和银行储蓄，以及其他与跨国贸易有关的应收应付账款。

学与思 3-11 下列两国之间的交易中，哪些应计入经常账户的子账户？哪些应计入资本和金融账户的子账户？

a. 一家美国食品连锁店从智利进口葡萄酒

b. 一位美国居民购买一家德国公司发行的欧元债券

c. 一对新加坡父母为他们到美国大学留学的女儿支付学费

d. 一家美国大学向从新加坡来的学生提供学费津贴

e. 一家英国公司进口西班牙橘子，用存在伦敦的欧洲美元存款付款

f. 一家西班牙果园将半数收入存入纽约银行

g. 一家位于伦敦的保险公司买入美国公司债券作为其投资组合

h. 一家美国跨国企业从一个伦敦保险经纪商处购买保险

i. 一家伦敦保险公司赔偿了由于国际恐怖袭击而在美国发生的损失

j. 中国国泰航空公司（Cathay Pacific Airlines）在洛杉矶国际机场购买了飞机燃油，使其能够飞回中国香港

k. 一家位于加利福尼亚的共同基金买入了东京和伦敦股票交易所的股票

l. 美国军队在南亚当地的小摊上为本国部队购买食品

m. 一位耶鲁大学毕业生在波斯尼亚的国际红十字会得到了一份工作，其工资用瑞士法郎支付

n. 俄罗斯政府雇用了一家挪威海上打捞公司以打捞沉没的潜水艇

o. 一家哥伦比亚毒品集团将可卡因进口到美国，收到一箱现金，并用该现金购买机票飞回哥伦比亚

p. 美国政府向一位在美国驻贝鲁特大使馆工作的外事官员支付工资

q. 一家挪威船运企业向埃及政府支付美元，以取得其船只通过苏伊士运河的通行权

r. 一家德国汽车企业向在底特律子公司工作的高管支付工资

s. 一位美国旅游者用美国运通卡支付他在巴黎一家酒店的费用

t. 一家从外省来的法国旅游者用美国运通卡支付他在巴黎一家酒店的费用

u. 一位美国教授受富布赖特奖金资助出国访问一年

3.3.4　误差和遗漏净额与官方储备账户

图表 3-4 列示的是近几年来美国的经常账户和金融账户的余额情况。该图表反映了国际收支平衡表的基本经济与会计关系之一：经常账户与金融账户的反向关系。

出现这种反向关系不是偶然的。国际收支平衡表方法，即理论上的复式记账法要求经常账户与金融账户互相抵消，除非一国政府严格操纵该国的汇率。下一节关于中国的讨论描述了一个非常引人注目的案例——中国的双盈余。那些经常账户出现大额逆差的国家会使用同样数额的金融账户盈余提供的资金来购买这些"赤字"，反之亦然。

图表 3-4　　　　　　　　　　　美国经常账户和合并金融/资本账户余额

10亿美元

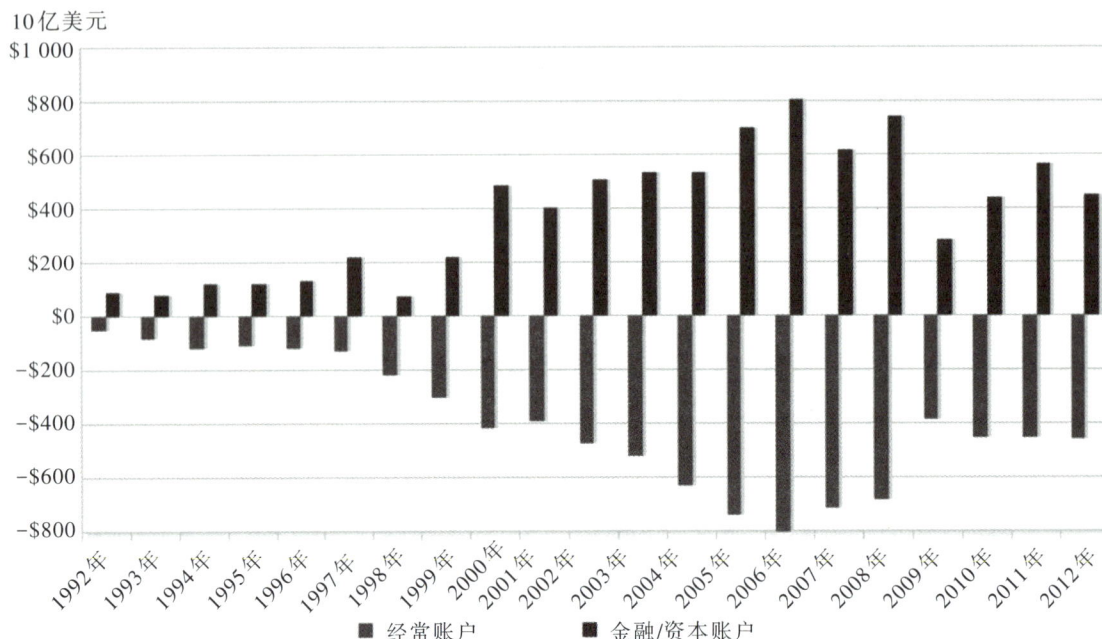

资料来源：《国际收支平衡表统计年鉴：2013年》，国际货币基金组织，2013年12月，1 032页。

误差和遗漏净额

如前所述，由于**经常账户和金融账户**的数字是分别收集和记录的，因此**会产生误差或统计差异**。误差和遗漏账户能够确保国际收支平衡表的平衡。

官方储备账户

官方储备账户是官方货币当局在国内持有的储备总额。这些储备通常由国际贸易和金融交易中的主要货币（所谓的"硬通货"，是指美元、欧元、日元、黄金和特别提款权）组成。

官方储备的重要性一般取决于一国的汇率制度是**固定汇率制**，还是**浮动汇率制**。如果一国的货币汇率是固定的，那么该国政府会正式声明，该国货币可以转换为固定金额的其他某种货币。例如，人民币对美元的汇率在许多年来都是固定的，即平价汇率。如果由于某种原因，货币市场上存在超额人民币供给，那么为了避免币值下跌，可通过公开市场购买人民币来支持人民币币值（支付硬通货储备，即官方储备），直到消除超额供给。

学与思 3-12 一国中央银行为什么要持有官方储备资产，其主要构成有哪些？

学与思 3-13 请判断下列交易活动应属于哪个国际收支账户：

a.一家德国养老基金购买美国政府30年期债券作为其投资组合

b.北欧航空（Scandinavian Airlines System，SAS）在纽瓦克机场购买飞到哥本哈根的飞机燃油

c.中国香港的学生支付其在加州大学伯克利分校的学费

d.美国空军在韩国购买食品供应其机组人员

e.一家日本汽车制造公司向美国分公司的经理人员支付薪酬

f.一位美国旅游者支付在曼谷一家饭馆的餐费

g.一名哥伦比亚公民非法携带可卡因进入美国，并进行交易获得美元现金，之后将这些美元

非法带回哥伦比亚

h.一家英国公司购买一家意大利跨国企业发行的欧元债券

学与思 3-14

利用国际货币基金组织提供的下列中国（大陆）国际收支平衡表数据（所有项目都是经常账户的数据），回答下列问题：

假设（百万美元）	2000年	2001年	2002年	2003年	2004年	2005年	2006年	2007年	2008年	2009年	2010年	2011年	2012年
A.经常账户余额	20 518	17 401	35 422	45 875	68 659	134 082	232 746	353 183	420 569	243 257	237 810	136 097	193 139
B.资本账户余额	-35	-54	-50	-48	-69	4 102	4 020	3 099	3 051	3 958	4 630	5 446	4 272
C.金融账户余额	1 958	34 832	32 341	52 774	110 729	96 944	48 629	91 132	37 075	1 494 494	282 234	260 024	21 084
D.调整与遗漏净额	-11 748	-4 732	7 504	17 985	10 531	15 847	-745	13 237	18 859	-41 181	-53 016	-13 768	-79 773
E.储备与相关项目	-10 693	-47 447	-75 217	-116 586	-189 849	-250 975	-284 651	-460 651	-479 553	-400 508	-471 659	-387 799	-96 555

1.中国经历了资本净流入还是净流出？

2.中国的 A 和 B 项目的总余额是多少？

3.中国的 A 至 C 项目的总余额是多少？

4.中国的 A 至 D 项目的总余额是多少？

学与思 3-15

利用国际货币基金组织提供的下列俄罗斯国际收支平衡表数据（所有项目都是经常账户的数据），回答下列问题：

假设（百万美元）	2000年	2001年	2002年	2003年	2004年	2005年	2006年	2007年	2008年	2009年	2010年
A.经常账户余额	46 839	33 935	29 116	35 410	59 512	84 602	94 686	77 768	103 530	48 605	70 253
B.资本账户余额	10 676	-9 378	-12 396	-993	-1 624	-12 764	191	-10 224	496	-11 869	73
C.金融账户余额	-34 295	-3 732	921	3 024	-5 128	1 025	3 071	94 730	-131 674	-31 648	-25 956
D.调整与遗漏净额	-9 297	-9 558	-6 078	-9 179	-5 870	-7 895	9 518	-13 347	-11 271	-1 724	-7 621
E.储备与相关项目	-13 923	-11 266	-11 563	-28 262	-46 890	-64 968	-107 466	-148 928	38 919	-3 363	-36 749

1.俄罗斯经历了资本净流入还是净流出？

2.俄罗斯的 A 和 B 项目的总余额是多少？

3.俄罗斯的 A 至 C 项目的总余额是多少？

4.俄罗斯的 A 至 D 项目的总余额是多少？

学与思 3-16

利用国际货币基金组织提供的下列欧元区国际收支平衡表数据（所有项目都是经常账户的数据），回答下列问题。

假设（百万美元）	2000年	2001年	2002年	2003年	2004年	2005年	2006年	2007年	2008年	2009年	2010年
A.经常账户余额	-81.8	-19.7	44.5	24.9	81.2	19.2	-0.3	24.9	-198.2	-31.3	-53.6
B.资本账户余额	8.4	5.6	10.3	14.3	20.5	14.2	11.7	5.4	13.2	8.5	8.2
C.金融账户余额	50.9	-41.2	-15.3	-47.6	-122.9	-71.4	-27.9	-1.9	204.4	70.3	77.3
D.调整与遗漏净额	6.4	38.8	-36.5	-24.4	5.6	15.0	19.0	-22.7	-14.5	12.4	-18.3
E.储备与相关项目	16.2	16.4	-3.0	32.8	15.6	23.0	-2.6	-5.7	-4.9	-59.8	-13.6

1. 欧元区经历了资本净流入还是净流出？
2. 欧元区的 A 和 B 项目的总余额是多少？
3. 欧元区的 A 至 C 项目的总余额是多少？
4. 欧元区的 A 至 D 项目的总余额是多少？

3.3.5 打破市场规律——中国的双盈余

图表3-5显示了许多年来全球国际收支平衡表中最引人注目的一张——中国近年来的双顺差。**中国在经常账户和金融账户上存在盈余——商业媒体称之为"双盈余"（twin surplus）。一般而言，**如在美国、德国和英国的例子中，一个国家将显示出两个账户之间的反向关系。这种反向关系不是偶然的，其通常说明大多数大型、成熟、工业化国家通过金融账户相同大额盈余为其经常账户赤字"融资"。像日本这样的国家，情况恰恰相反，其经常账户盈余对应的是金融账户赤字。

图表 3-5　　　　　　　　　　　　　中国的双盈余

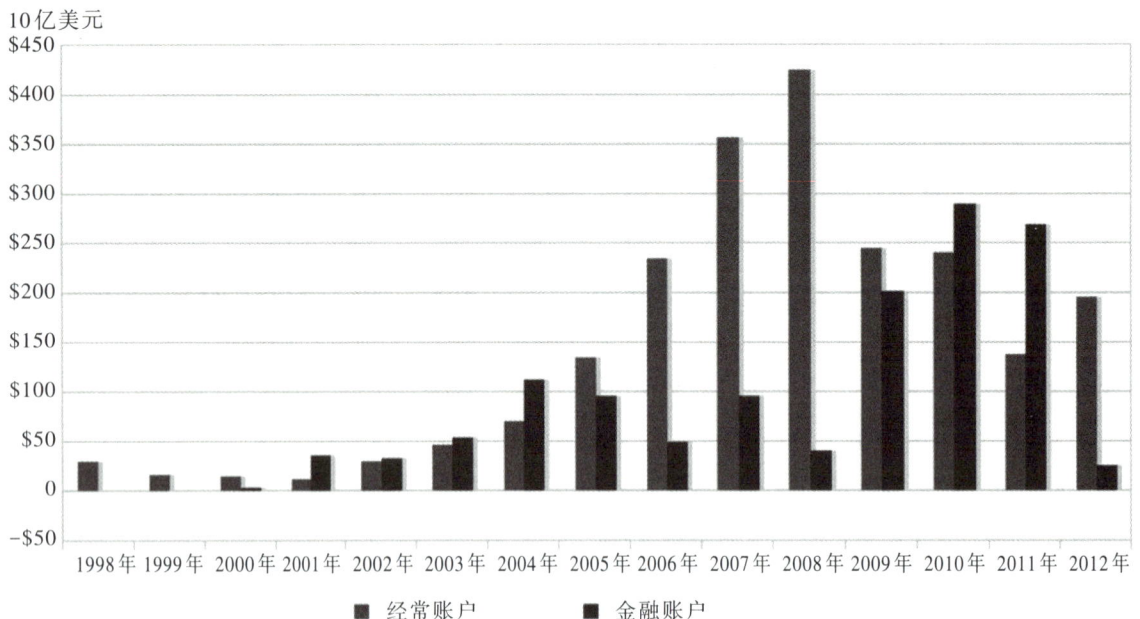

资料来源：《国际收支平衡表统计年鉴：2013年》，国际货币基金组织，2013年12月。

然而，中国同时有着巨额的经常账户盈余和正的金融账户盈余，这实在是比较罕见的，这**也表明中国经济增长是多么的卓越。**虽然经常项目顺差一般会造成金融账户赤字，但中国经济的积极前景近年来吸引了大量资本流入中国，使得金融账户也出现顺差。中国经济的增长伴随着经常项目顺差的增加，随后是外汇储备的积累。从2001至2011年，**中国的外汇储备增长了16倍，**从2 000亿美元增至近32 000亿美元。这在全球金融史上也是不多见的。

学与思3-17 热钱是外国投资者为追逐短期利润而流入某国的资金。热钱对于一国的国际收支平衡表以及整体经济会产生什么影响？

3.4　国际收支平衡影响重要宏观经济变量

一国的国际收支平衡与该国宏观经济的三个重要比率相互影响，这三个比率是：汇率、利率、通货膨胀率。

3.4.1　国际收支平衡与汇率

一国的国际收支对汇率水平有显著影响，反之亦然，这取决于该国的汇率制度。国际收支与汇率之间的关系可以用一个简化等式表示，这个等式概括了国际收支数据：

$$\underset{\text{经常账户差额}}{(X-M)} + \underset{\text{资本账户差额}}{(CI-CO)} + \underset{\text{金融账户差额}}{(FI-FO)} + \underset{\text{储备余额}}{FXB} = \underset{\text{国际收支余额}}{BOP}$$

其中：X=商品与服务出口；

　　　M=商品与服务进口；

　　　CI=资本流入；

　　　CO=资本流出；

　　　FI=资金流入；

　　　FO=资金流出；

　　　FXB=官方货币储备，例如外汇和黄金。

各国国际收支失衡的原因略有不同，这取决于该国实行的是固定汇率制、浮动汇率制，还是管理浮动汇率制。

固定汇率制国家

在固定汇率制下，政府担负着确保国际收支差额接近零的责任。 如果经常账户与资本账户之和不接近零，政府就应该购买或出售官方外汇储备，对外汇市场进行干预。如果前两个账户之和大于零，那么国际市场上就存在对该国货币的超额需求。为了维持固定汇率，政府必须干预外汇市场，使用本币购买外币或黄金，以使国际收支差额降到接近零的水平。

如果经常账户与资本账户之和为负，那么世界市场上就存在对本币的超额供给。政府必须用外汇储备和黄金买入本币，对汇率进行干预。显然，政府维持足够的外汇储备余额，使其能进行有效干预是很重要的。如果一国外汇储备不足，就无法购回其货币，从而不得不使货币贬值。

浮动汇率制国家

在浮动汇率制下，一国政府没有责任钉住汇率， 如果经常账户和资本账户差额之和不为零，理论上会自动改变汇率的变化方向，使国际收支差额接近零。例如，经常账户赤字很大，而资本和金融账户差额为零的国家，将产生国际收支净赤字。国际市场上将出现本国货币的超额供给。就像所有超额供给的商品一样，市场本身将会降低价格从而达到均衡状态。同理，本币超额供给会导致本币价值下跌，导致国际收支差额回归零。

但汇率市场并不总是遵循这一理论，尤其是在短期到中期的过程中。这种延迟被称为"J-曲线效应"（下一节将详细讨论）。短期内赤字会变得更严重，但在长期内会回归均衡状态。

管理浮动汇率制国家

尽管日常汇率仍然取决于市场状况，但实行管理浮动汇率制的国家经常会发现，有必要采取

行动以维持合适的汇率。这些国家经常试图通过影响市场活动的动机来改变市场对货币的估价，而不是直接干预外汇市场。

这些政府所采取的主要行动是改变相对利率，进而影响决定汇率的经济基本面。政府为了恢复经常账户赤字造成的失衡，会试图通过调整国内利率来改变上述的方程中的（CI-CO），尤其是这些资本流的短期证券投资部分。

利率变化对国际资本流动和汇率变动的影响是很大的。希望捍卫其币值的管理浮动汇率制国家可以选择提高国内利率以吸引更多的国外资本。这将改变市场力量，并创造更多的本币市场需求。在这一过程中，政府会向外汇市场发出信号，即它将采取措施使币值维持在某特定范围内。然而，这个过程也会提高本国企业的借款成本，因此这种政策经常受到国内批评家的批评。

学与思 3-18 2015 年 1 月，瑞士法郎正式与欧元脱钩，请根据瑞士的国际收支平衡表解释其背后的原因。

3.4.2　国际收支平衡与利率

利率除了可以被用来干预外汇市场，一国相对于其他国家的整体利率水平还会影响国际收支平衡表中的金融账户。相对较低的实际利率通常会刺激资本向利率更高的其他国家流动。然而，美国的情况恰恰相反。尽管美国的实际利率相对较低，经常账户有大额国际收支赤字，但**由于美国相对有吸引力的经济增长前景、高水平的生产创新以及政治安全感**，美国国际收支平衡表的金融账户还是产生了可以抵消赤字的资本流入。因此，金融账户流入帮助美国维持了低利率，为美国的巨额财政赤字提供了资金。然而，随着美国经常账户赤字的持续恶化，金融账户中的资本流入开始呈现下滑的趋势。

3.4.3　国际收支平衡与通货膨胀率

一国的进口有可能降低国内通货膨胀率，特别是，进口低价商品和服务限制了国内竞争者对同类商品和服务的定价水平。因此，国外竞争取代了国内竞争，将通货膨胀率维持在比没有进口时更低的水平上。

另一方面，当低价进口商品和服务替代国内生产和就业达到一定程度时，国内生产总值将会下降，国际收支平衡表中经常账户的赤字也会增加。

3.5　贸易差额与汇率

一国的商品与服务进出口情况会受汇率变动影响，这种传导机制的原理很简单：**汇率变化会改变进出口商品的相对价格，而价格变化反过来又将通过需求价格弹性改变商品的需求数量**。尽管这个经济学理论看上去直截了当，但**全球贸易的实际情况要比这复杂得多**。

3.5.1　贸易与贬值

持续出现大规模贸易赤字的国家有时会令本国货币贬值。不久之前，许多国家和地区曾有意使货币贬值，以使出口商品在世界市场上更具竞争力。然而，这种竞争性贬值经常被认为是损人不利己的，因为这也会让进口商品变得更加昂贵。那么，有意让本币贬值以改善贸易平衡的原因和可能的结果究竟是什么？

3.5.2　J-曲线调整路径

国际经济分析将贸易平衡的调整过程描述为以下三个阶段：（1）**货币合同期**；（2）**传导期**；（3）**数量调整期**，如图表3-6所示。假定贸易差额在货币贬值之前已经处于赤字状态，那么在时间t_1，贬值首先将导致贸易平衡进一步恶化，最后才会使其得到改善——"J-曲线"平缓段的调整路径。

图表3-6　　　　　　　　**汇率变动与贸易差额调整：J-曲线**

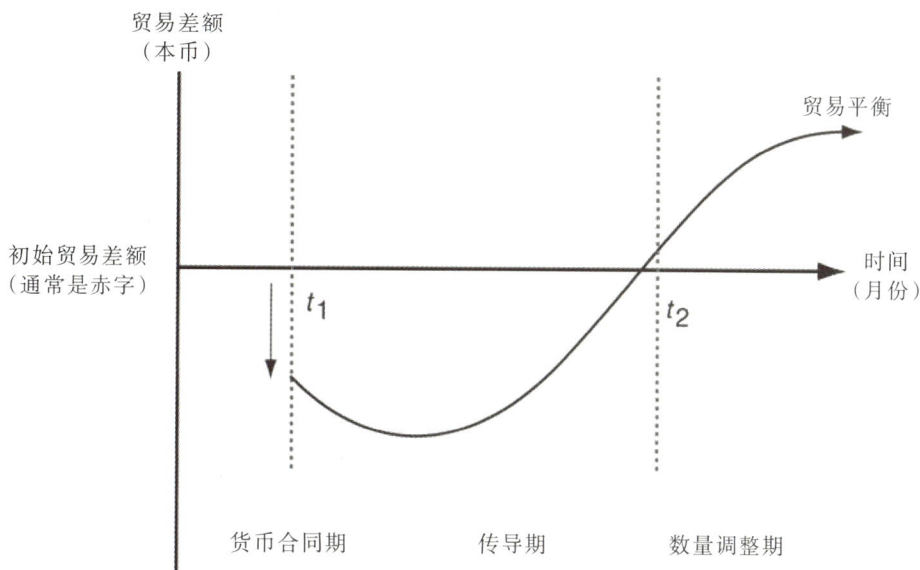

如果出口产品主要以本币标价和开票，进口主要以外币标价和开票，那么本币突然贬值可能导致——在最开始时——贸易差额恶化。当汇率变动传导到产品价格后，市场会对价格变化做出反应，并逐渐调整产品市场需求，贸易差额将得到改善。货币合同期可能持续3至6个月，随后的传导期和数量调整期会再持续3至6个月。

在第一个时期，**货币合同期**（currency contract period），**本币突然意外贬值对贸易的影响存在不确定性，这是因为所有进出口合同仍然有效。**不论盈利还是亏损，根据这些合同经营的企业都需要履行义务。假设美元币值忽然下跌，美国的多数出口都用美元标价，但多数进口都用外币标价，突然贬值的结果是在时间t_1贸易赤字的规模扩大。因为美国进口商支付进口账单的成本上升了，它们需要花更多的美元购买所需的外币，而美国出口商的收入保持不变。当然，很少有人会相信美国多数进口交易以外币标价，而多数出口交易以美元标价。

贸易平衡调整过程的第二个时期称为**传导期**（pass-through period）。由于汇率发生变化，**进口商和出口商最终必须将这些汇率变化传递到它们的产品价格中。**例如，在美元币值受到重挫后，将产品销往美国市场的外国生产者不得不弥补其自身的国内生产成本。这种需要要求企业提高美元价格，以获得足够多的本国货币。企业必须在美国市场上提价。美国的进口价格显著上升，最终所有汇率变化将被传导到产品价格上。类似地，与外国竞争者相比，美国的出口价格现在更低了，因为美元本身贬值了。遗憾的是，对美国出口商来说，这些产成品的许多投入品实际上都是进口的，美元贬值的积极影响变得微乎其微。

在第三个时期，也是最后一个时期——**数量调整期**（quantity adjustment period）中，**将实现本币贬值应产生的贸易平衡调整。**由于传导期使进出口价格发生变化，因此美国市场和美国出口市场的消费者都调整了新价格下的产品需求。进口的成本相对更高昂了，因此需求数量下降。

出口的成本相对更低廉了，因此需求数量上升。贸易差额——出口支出与进口支出之差——降低了。

遗憾的是，这三个调整并不是一夜之间完成的。像美国这样经历过汇率大幅变动的国家，其贸易差额调整也需要一段较长的时期。经验研究表明，对于工业国而言，t_1到t_2之间的总时间一般为3个月到12个月不等，调整结束之前经常会发生新的汇率变化，这让整个调整过程变得更加复杂。

学与思 3-19 假设阿联酋的进出口量与价格如下表所示，阿联酋迪拉姆（AED）对大多数主要贸易国货币的汇率发生了重大"贬值"，贬值幅度平均为6%。那么贬值前与贬值后的贸易余额是多少？

初始（贬值前）即期汇率（迪拉姆/欧元）	4.2
出口价格（迪拉姆）	1 000 亿
进口价格（欧元）	1 120 亿
出口数量，单位	300
进口数量，单位	200
阿联酋迪拉姆贬值幅度	6%
进口的需求价格弹性	−0.85

3.5.3 贸易差额调整路径：方程式

一国的贸易差额主要是进口和出口收入相抵后的净额，其中每项都由一系列价格 $P_x^\$$ 和 P_m^{fc} 组成——出口和进口各自的价格。假设出口以美元标价，进口以外币标价。出口数量和进口数量分别用 Q_x 和 Q_m 表示，则以美元计算的进口支出为外币支出乘以即期汇率 $S^{\$/fc}$。美国贸易差额用美元表示，如下所示：

$$美国贸易差额 = (P_x^\$ Q_x) - (S^{\$/fc} P_m^{fc} Q_m)$$

本币贬值的即时影响是增加即期汇率的价值，导致贸易差额立即恶化（货币合同期）。只有当货币合同到期后，且反映部分到全部传导效应的新价格已经形成，贸易差额才会明显降低（传导期）。 在最后一个阶段，当需求价格弹性有时间生效时（数量调整期），实际贸易差额——理论上——将升至图表3-6的初始水平以上。

3.6 资本流动性

资本跨国自由流动的程度对一国的国际收支平衡是至关重要的。我们已经看到，过去20年美国的经常账户一直是赤字的，同时保持金融账户盈余。而中国在过去10年中，无论是经常账户还是金融账户，都处于盈余状态。当然，这只是两个国家的例子，也许并不能代表许多国家在改变贸易和资本失衡时所面临的挑战，尤其是那些小国或新兴市场国家。

3.6.1 经常账户与金融账户资本流动

资本流入可以极大地促进一国的经济发展。资本流入可以为新项目、新基础设施建设、生产力改进项目等提供更多的可用资金。所有这些都可能刺激总体经济的增长并创造就业机会。对于国内的资本所有者而言，拥有国外投资的渠道和能力，也可能会为其带来更高的投资回报、更分散化的投资组合、更广阔的企业拓展空间。

几个世纪以来，尽管自由资本流动的好处已经众所周知，但其负面影响也是不言而喻的。也就是说，**资本自由地流入和流出某个经济体有可能会破坏经济活动。正是由于这个原因，布雷顿森林体系的创建者非常小心地促进和要求经常账户交易中的资本自由流动**——外汇、银行存款、货币市场工具——但他们并不要求资本账户交易中的资本自由转移——外国直接投资和股权投资。

经验表明，与经常账户相关的资本流动可能更加不稳定，其会伴随着资本流入或流出经济体，且货币会受短期的利率差和汇率预期的影响。但这种波动是短暂且相对独立的，不会直接影响实物资产投资、就业或长期经济增长。而长期资本的流动则更多地反映了经济预期的基本面，包括增长前景和政治稳定性。

然而，如果考虑到许多新兴市场国家的困境，问题的复杂性就显而易见了。第 2 章的"不可能三角"理论表明——任何国家都不能同时实现三个政策目标：维持固定的汇率、允许资本完全流动（无论是在国内，还是国外）、实行独立的货币政策。许多新兴市场国家在继续维持固定汇率制（软钉住汇率制）——严格意义上的独立货币政策——的同时，限制资本流入和流出。随着经常项目业务活动（商品和服务的出口和进口）的增长，更多的国家对与经常项目相关的资本流动放松了管制。然而，如果这个国家的短期资本流动经历了剧烈的波动，资本流动就可能影响汇率钉住或货币政策目标，货币当局往往会迅速重新实行资本管制。

20 世纪 70 年代、80 年代和 90 年代上半期，日益增加的政治压力迫使越来越多的国家向国际资本开放了更多的金融账户部门。但是，**1997/1998 年亚洲金融危机的爆发**使这一切陷入停滞。那些较小的**经济体**在出口导向的贸易战略下，无论曾经取得过多么成功的经济发展与增长，都**发现自己**在经济危机和金融危机蔓延时，依然**无法逃脱资本迅速外流所带来的冲击和破坏**。

`学与思 3-20` 尽管巴西偶尔会有经常账户盈余，但巴西在过去 20 年中经历了周期性的货币贬值。为什么会发生这种现象？

3.6.2　资本流动性的历史模式

在结束国际收支平衡的讨论之前，我们需要进一步了解资本流动性的历史以及资本外流——资本外逃（capital flight）——对国际收支危机的影响。资本总能自由地流出和流入一个国家吗？当然不是。外国投资者能否在其他国家拥有财产、购买企业或购买股票和债券一直是备受争议的话题。

图表 3-7（最早出现在本书的第 2 章）有助于我们将过去 150 年的经济发展史分为 5 个不同的汇率时代，并明确其对资本流动的相应影响。这些汇率时代显然反映了我们在第 2 章中讨论和详细阐述的汇率制度，但也反映了工业化国家和新兴市场国家在这一时期的政治经济信念和政策的演变。

图表 3-7　　　　　　　　　　国际资本流动性的历史演变

1. 金本位时期（1860—1914 年）

尽管在这段时期里，资本开放程度持续提高，贸易和资本开始更加自由地流动，但工业化国家主要依赖黄金的可兑换性来维持这个金本位制。

2. 内战年代（1914—1945 年）

一个经济紧缩的时代，在此期间大多数国家恢复了孤立主义和封闭主义的政治与经济政策，限制国际贸易，几乎切断了资本流动。其灾难性的结果包括：金融危机、全球经济衰退、国际政治和经济纷争不断，并最终导致第二次世界大战。

3.布雷顿森林体系时期（1945—1971年）

布雷顿森林体系确立了以美元为基础的固定汇率制度，全球经历了一段较长时期的经济复苏，国际贸易和资本流动的开放程度不断提高。许多学者（例如 Obstfeld 和 Taylor，2001）认为，快速增长与大量增加的全球资本流动，最终导致布雷顿森林体系失灵——全球资本已然失控。

4.浮动汇率时期（1971—1997年）

浮动汇率时期见证了工业化国家和新兴市场国家之间的割裂。工业化国家（主要货币）转向——或者是被资本流动驱动——浮动汇率制度。新兴市场国家（次要货币）一方面要促进经济增长，另一方面要继续控制其经济和货币，结果是在开放贸易的同时，限制资本流动。尽管限制资本流动，但1997年亚洲金融危机的爆发结束了这段时期。

5.新兴市场时期（1997年—现在）

中国和印度引领的新兴经济体逐渐向国际资本开放市场。但是，正如过去工业化国家所经历的不可能三角一样，随着资本流动性的不断增加，新兴经济体要么放弃固定的汇率制度，要么放弃独立的货币政策。到2011年和2012年，大量与快速增长的资本流动，让越来越多的新兴市场货币"遭受"（或者说"对抗"）升值的压力。

在2008—2014年这段时期，越来越多的人认识到全球资本流动的双刃剑作用。2008—2009年的美国次贷危机迅速蔓延到全球市场，无论是发达国家还是新兴市场经济体，其经济都惨遭重创。在后次贷危机时期，全球资本不断地流向新兴市场，向新兴市场国家提供资金，推动新兴经济体快速复苏。尽管如此，正如一位新闻记者所说，这些资本是"带着行李箱"来的。新兴市场国家的货币升值压力正在削弱它们的出口竞争力。资本——来得快，去得也快！在2013年底，美国联邦储备委员会（美联储）宣布放慢货币供应增长速度，并允许美国利率上升。全球资本再次流动起来，只是这一次，资本是从新兴市场国家流向传统工业国家，例如美国和欧洲国家。

3.6.3 资本控制

对于资本流动的任何限制措施都是资本控制（capital control），目的是限制或改变一国资本流入或流出的速度或方向。资本控制的形式有许多种，有时规定哪些人（或者企业）可以从事哪种类型的资本交易——谁投资，投资什么，什么时候投资，在哪里投资，以及为什么投资。

有些心存偏见的新闻出版机构与学术出版社认为，资本能够自由地跨越国界。实际上，**资本自由进出国门更多的是例外，而不是普遍规则**。许多年来，美国对资本流入和流出相对开放。

资本控制的动机多种多样，其中大多数动机要么是使国内货币和金融经济与外部市场隔离，要么是方便所有权和利益获取。如图表3-8所示，无论资本流入还是资本流出，都存在着资本控制。尽管资本控制有些许负面含义（可能是"控制"一词本身给人的感觉），但如果一个国家希望维持固定汇率和独立的货币政策，"不可能三角"理论要求控制资本流动。

资本控制可以采取与贸易限制一样的各种形式，可以是对特定的交易征税，可以限制特定资本交易的数量或规模，或者可以完全禁止交易。这些管制本身通常遵照国际收支平衡表的做法，分为经常账户交易与金融账户交易两大类。

在某些情况下，资本控制旨在阻止或阻挠资本外流与汇率升值或贬值。1997—1998年亚洲金融危机中的马来西亚就是一个例子。随着马来西亚货币受到冲击，资本开始流出马来西亚，政府实施了一系列资本控制，旨在阻止短期资本进出，但不妨碍贸易，也不限制长期投资。所有与贸易有关的外汇申请均获准进入，允许与经常账户有关的资本继续流动。但进出货币市场或资本

图表 3-8　　　　　　　　　　　　　　　资本控制的目的

控制目的	方法	控制对象	例子
税收/财政战争	通过控制资本外流，一个国家能够在更高的通货膨胀率下，维持固定汇率，同时压低国内利率	资本外流	两次世界大战的交战国
金融抑制/信贷分配	政府利用金融制度奖励受惠产业或增加收入，可以利用资本管制来防止资本为寻求更高的回报而流出	资本外流	新兴市场国家常用方法
纠正国际收支逆差	在没有紧缩性货币政策或货币贬值的情况下，控制资本流出从而降低对国外资产的需求，这使得通货膨胀率高于其他可能的情况	资本外流	美国利息均等税，1963—1974年
纠正国际收支顺差	在没有扩张性货币政策或货币增值的情况下，控制资本流入减少外资对国内资产的需求，这使得通货膨胀率低于其他可能的情况	资本流入	德国巴德波特计划，1972—1974年
防止潜在的资金流入	限制资本流入可以降低危机期间资本大量流出的可能性，从而提高宏观经济的稳定性	资本流入	智利"恩卡耶计划"，1991—1998年
防止金融动荡	资本管制可以限制或改变国际资本流动的构成，从而防止国内金融体系的扭曲行为	资本流入	智利"恩卡耶计划"，1991—1998年
防止实际升值	限制资本流入可以防止货币扩张和更高的通货膨胀率，从而维持稳定的汇率	资本流入	智利"恩卡耶计划"，1991—1998年
限制外资对国内资产的所有权	限制外资对国内某些资产——尤其是自然资源——的所有权，可能会导致外国投资者的不满	资本流入	墨西哥宪法第27条
稳定储蓄以促进经济	让国内储蓄者分享投资国内经济的好处，限制资本外流，改善国民经济状况	资本外流	—
保护国内金融机构	暂时隔离国内金融部门和世界其他地区的管制，可能有助于国内企业实现规模经济，提升其在世界市场上的竞争力	资本流入和资本外流	—

市场投资的外汇受到限制，政府向希望投资马来西亚资产——实物资产而非金融资产——的外国居民敞开大门。

资本控制也可以在相反的情形下实施，其主要的担心是大量与快速的资本流入将导致货币升值（从而损害出口竞争力）和使货币政策复杂化（资本流入淹没货币市场和银行存款）。20世纪90年代的智利就是这方面的一个典型例子。智利的政治新面貌以及经济稳健性开始吸引国际资本。作为回应，智利政府推出了"恩卡耶计划"（encaje program），该计划对短期（不到一年）资本流入进行征税和限制，并限制国内金融机构提供外汇信贷。为了维持国内货币政策，防止智利比索迅速升值，这项计划给智利企业，尤其是小企业带来了巨大的损失。

使用资本控制来防止本国货币升值的类似做法还有所谓的"荷兰病"。20世纪70年代，随着荷兰天然气工业的快速增长，人们越来越担心大量的资本流入会增加荷兰盾的需求，导致货币大幅升值，并损害荷兰的其他制造业。这是一些资源相对丰富的经济体所面临的挑战，包括阿塞拜疆、哈萨克斯坦和尼日利亚等（仅举几例），其规模不大，近年来相对较少的出口行业包括石油和天然气开发。

资本外逃

国际金融史上多次出现一个极端问题——资本外逃，即资本控制旨在控制的问题之一。虽然**定义资本外逃有一定的困难，但其最常见的定义是，因国内经济政策或政治原因而将资本快速撤往国外**。尽管并不限于高额负债国家，但是大量可兑换货币迅速（有时是非法的）转移出国的现象，已经造成了严重的经济与政治问题。许多高额负债国遭受了严重的资本外逃，这使它们的债务问题雪上加霜。

资本从一国转移到另一国的方式有很多种，有些是合法的，而有些是非法的。通过一般的国际收支机制（银行日常转账）进行转移显然是最方便、最廉价的做法，而且是合法的。多数经济状况良好的国家允许本币的自由汇兑，当然，对这些国家来说"资本外逃"不是问题。相反，通过搬运实物货币转移资本（如人们常说的，将现金夹带在手提箱夹层里走私出境）的成本更高，而且在许多国家中，这种转移出境是非法的。将这种转移视为非法，要么是出于国际收支平衡的原因，要么是为了让毒品贸易或其他非法活动的资金流动更加困难。

还有一些其他的方式，一种是用现金购买收藏品或贵重金属，然后将其转移出境，实现资本转移的目的；一种是**洗钱**（money laundering），指的是跨国购买资产，而后设法掩盖货币流动过程及其所有者；还有一种是通过虚开国际贸易发票来转移资本，低报出口或者高报进口，此时发票金额与实际达成的支付金额之间存在差额，这笔差额一般存在选定国家的银行机构中。

3.6.4 资本流动全球化

尽管资本流动能够带来各种好处，但许多新兴市场经济体（EMEs）担心，最近资本流入的激增可能会给它们带来经济问题。许多资本流动也许只是暂时的，反映了利率差异而已，一旦发达经济体的利率政策恢复到正常的水平，这种差异就可能发生部分的逆转。在这样的背景下，资本控制再次成为新闻焦点。

令人担忧的是，大量流入会导致汇率过度调整（或只是大幅升值，使经济管理变得复杂）或资产价格泡沫，从而加剧金融脆弱性和危机风险。更广泛地说，在危机之后，政策制定者们再次审视这样一个观点，即资本的自由流动在刚开始时基本是良性的，所有的资本流动都是理性的投资/借贷决定的结果。但外国投资者可能会受到羊群行为的影响，并产生过度乐观的情绪，进而不断强化这种乐观情绪；甚至当流动性基本上正常的时候，人们也会认为它们可能带来间接风险，包括泡沫、资产繁荣和崩溃。

—— "Capital Inflows: The Role of Controls，" Jonathan D. Ostry, Atish R. Ghosh, Karl Habermeier, Marcos Chamon, Mahvash S. Qureshi, and Dennis B. S. Reinhardt, IMF Staff Position Note, SPN/10/04, February 19, 2010, p.3.

传统上，对资本流入的主要观点是，它们是短期的，在短期内随时可能流出去，这也是新兴市场政治和经济不稳定的原因之一。但如前所述，近年来最严重的两次资本流动危机发生在最大、最发达、最成熟的资本市场——美国和西欧。

以美国为发源地的2008年全球金融危机和2011—2012年希腊/欧盟主权债务危机都发生在长

期以来被视为最成熟和"最安全"的市场内。

划重点

●国际收支平衡表是一国与其他各国之间在一段时期里（通常是一年）的所有国际交易的汇总报表。

●尽管国际收支平衡表理论上总是平衡的，但实践中由于统计误差以及经常账户与金融/资本账户流量误报，存在很多不平衡的情况。

●国际收支平衡表的两个主要子账户，即经常账户和金融/资本账户，总结了各国的当期贸易与国际资本流量。

●经常账户和金融/资本账户的差额通常是相反的，即当一个有盈余时，另外一个就为赤字。

●尽管多数国家都努力使经常账户有所盈余，但对于经常账户或资本账户的差额或者盈余在多少水平上才是合意的尚不清楚。

●尽管商品贸易更加显而易见（例如，通过入境港口流入的商品），但对当今诸多大工业国的国际收支而言，服务贸易的增长更为显著。

●监督一国的国际收支活动的各个子账户，有助于各级政府和行业的决策制定者监测一国国际经济活动的基础经济动力的基本趋势和变化。

●汇率变化改变了进出口的相对价格，而价格发生变化后，反过来又通过需求价格弹性改变了需求数量。

●贬值最初导致贸易差额的进一步恶化，但最终会改善贸易平衡——调整路径的形状就像一个平缓的"J"曲线。

●近年来，资本的跨国大规模及快速流动已经成为加剧货币危机的主要因素。例如在1997年的马来西亚货币危机和2001年的阿根廷危机中，两国政府都别无选择，只能对资本流动施加严格限制。

●尽管并不限于高额负债国家，但大量可兑换货币迅速（有时是非法的）转移出国的现象，已经造成了严重的经济与政治问题。许多高额负债国遭受了严重的资本外逃，这使它们的债务问题雪上加霜。

秒懂本章

经常账户与金融账户数额相反，但却共同总结了各国当期贸易和国际资本流动的情况，有助于检测一国国际经济活动基本情况。

网络练习题

1.世界组织和经济前景。国际货币基金组织、世界银行和联合国是追踪、报告和援助国际经济与金融发展的少数几个主要国际组织。试用下列网站和其他可能链接到的网站，简要总结世界上发达国家和新兴市场国家的经济前景。例如，国际货币基金组织的网页提供了世界银行每年出版的《世界经济展望》第一章的全部内容。

国际货币基金组织：www . imf . org/external/index.htm

联合国：www. un. org/databases/index html

世界银行：www. worldbank. org

欧盟（EU）主页：europa.eu/

国际清算银行：www. bis. org/index. htm

2.圣路易斯联邦储备银行。圣路易斯联邦储备银行在网上提供了大量近期的宏观经济数据。可利用下列GDP网址追踪主要工业国的近期国际收支数据和GDP数据。

近期的国际经济数据：research.stlouisfed.org/publications/iet/

国际收支统计数据：research.stlouisfed.org/fred2/categories/125

3.美国经济分析局。利用（美国政府）经济分析局和（日本政府）财政部的网站，找出两国最近的国际收支统计数据。

经济分析局：www.bea.gov/International/Index.htm

财政部：www.mof.go.jp

4.世界贸易组织和多哈。世界贸易组织（WTO）现在正在进行关于国际贸易问题的多回合谈判。当前的回合在卡塔尔多哈举行。访问WTO的网站，包括某些在线视频板块，找到WTO提供的关于国际服务贸易、知识产权国际认可等问题的谈判进程。

世界贸易组织：www.wto.org/

5.全球范围的汇款。世界银行网站提供了全球范围汇款的宝贵数据资源，可用于研究和统计跨境汇款问题。

世界银行：http：//remittanceprice. worldbank. org/

本章逻辑框架图

图长 3-9

本章逻辑框架图

国际收支平衡表

含义及平衡性
- 含义：一国与其他各国间一段时期内所有国际交易的汇总报表
- 平衡性
  - 理论上，其是平衡的
  - 实践中，由于统计误差及经常账户与金融/资本账户流量误报，存在不平衡的情况

主要子账户
- 内容：经常账户，金融账户
- 关系
  - 共同总结了各国的当期贸易与国际资本流量
  - 数额相反，一个有盈余时，另一个为赤字
  - 经常账户与金融账户的合理差额，或经常账户盈余的合理水平尚不清楚

要素
- 子要素
  - 商品贸易与服务贸易的区别——服务贸易增长更为显著

作用
- 国际收支平衡表的作用——有助于政府和决策制定者监测驱动一国国际经济活动的基础经济动力的基本趋势和变化

影响
- 汇率变化对贸易平衡的影响——汇率变化改变了进出口的相对价格，价格又会反过来通过需求价格弹性改变需求数量，最终却会改善贸易平衡

后果
- 资本流动
  - 贬值最初导致贸易差额进一步加大，成为加剧货币危机的重要因素
  - 近年来，资本进行跨国大规模及快速流动已成为加剧货币危机的重要因素
  - 资本外逃已造成严重的经济与政治问题

第4章

财务目标与公司治理

美国玩具反斗城（Toys 'R' Us）公司的CEO Gerald L. Storch认为，所有公司的CEO都应有共同的基本目标：为客户增加价值，为股东最大化投资收益，为公司创造持续的竞争优势。"当然，现实中的差异要比理论上微妙得多。但就我的日常工作而言，我一直做着相同的事情，每天早晨去上班，努力使公司变得更好！"

—— "Public vs. Private,"《福布斯》，2006年9月1日。

学习目标

■ 考查全球范围内不同公司的股权结构，及其对代理问题——所有权与经营权的分离——的影响

■ 评价两种主要形式的财务目标——股东财富最大化与利益相关者价值最大化之间的差异

■ 比较两种不同的公司管理层经营目标，这依赖于公司是由股东还是职业经理人负责经营

■ 分析当今全球市场中的公司治理的目标与模式，及其对跨境投资的影响

■ 讨论公司治理的最新趋势正在如何改变跨国企业的竞争格局

课前阅读与思考

本章考查了不同地区的法律差异、文化差异、政治差异和制度差异如何影响公司财务目标和公司治理结构。一家商业企业的所有者及其个人或职业偏好也会对公司目标与治理结构产生重要影响。因此，本章将依次考查所有权结构、公司目标与公司治理等方面的内容。然后，本章接着探讨一些公司治理失败的案例如何推动全球范围内的公司治理改革，包括开展立法和其他举措。

本章以引导案例"LVMH与爱马仕的股权之争"开篇，其中来自法国的爱马仕集团试图通过斗争来确保其企业由家族控股。请带着你的思索和疑问，开启本章的学习和探索之旅吧！

引导案例

LVMH与爱马仕的股权之争

最基本的原则是，在确保长期足够增长的情况下，在正确的时间、正确的地点，抓住一个有希望的机会。

——伯纳德·阿尔诺（Bernard Arnault），LVMH集团董事长兼首席执行官。

帕特里克·托马斯（Patrick Thomas）正在法国中南部奥弗涅的乡村骑自行车，突然他的手机响了。他专注地听着，在平静地结束通话后，他没有让自己的手颤抖。他深深地吸了一口气，陷入了沉思。他大部分职业生涯都是在爱马仕国际公司（Hermes International, S.A）度过的。2006 年，让·路易·杜马斯（Jean-Louis Dumas）退休后，由他担任首席执行官。作为第一个管理公司的非家族成员 CEO，他现在面临着该家族控股公司 173 年历史上最大的威胁。

图表 4A　　　　　　　　　　LVMH 成为爱马仕国际公司的股东

> 世界领先的奢侈品集团——LVMH Moët Hennessy Louis Vuitton 发出公告：它持有爱马仕国际公司 1 501.6 万股股份，占其总股本的 14.2%。LVMH 此举的目标是成为爱马仕的长期股东，并为维护爱马仕的家族和法国属性做出贡献，而家族和法国属性是爱马仕的标志性品牌在全球取得成功的关键所在。
>
> LVMH 完全支持爱马仕的创始家族和管理团队所实施的战略，正是其战略使该品牌成为奢侈品行业的翘楚之一。LVMH 无意发起要约收购，也无意控制爱马仕，更无意谋求董事会席位。LVMH 持有超过 3 001 246 股爱马仕国际公司衍生品工具，并打算将其转换。
>
> 届时，LVMH 将持有 18 017 246 股爱马仕国际公司的股份，占其总股本的 17.1%。在这种情况下，其持有股份的总成本将为 14.5 亿欧元。

来源：新闻发布，2010 年 10 月 23 日，经 LVMH 集团许可后转载。

LVMH 的地位

电话那头不是别人，正是 LVMH 集团的董事长兼首席执行官伯纳德·阿尔诺。他是法国首富，而他麾下的 LVMH 集团是世界上最大的奢侈品公司。阿尔诺打电话是要通知托马斯，LVMH 将在两小时后宣布，其已持有爱马仕 17.1% 的股份（见图表 4A）。托马斯简直不敢相信自己的耳朵，他认为 LVMH 不可能在他毫不知情的情况下获得如此大比例的股权。但阿尔诺向托马斯保证，这绝不是开玩笑，他期待着作为股东能为公司的持续成功有所贡献。帕特里克·托马斯开始意识到潜在的威胁，如果它真的是威胁的话。

图表 4B　　　　　　　　爱马仕通过新闻发布会做出回应：2010 年 10 月 24 日

> 爱马仕已被告知，LVMH 已获得其 17.1% 的股份。1993 年，爱马仕国际公司的股东们，即爱马仕创始家族的后裔，决定让爱马仕在巴黎证券交易所上市。做出这一决定有两个目的：（1）支持公司的长期发展；（2）让股东更容易交易股票。
>
> 在过去的 10 年里，爱马仕实现了在其净收益中占比 10% 的年均增长率。目前，其拥有非常好的财务状况，拥有超过 7 亿欧元的自由现金。爱马仕家族股东至今拥有公司近 3/4 的股份。他们围绕一个共同的商业愿景团结在一起。而公司一直以来的财务状况保证了其对爱马仕国际公司的长期控制。爱马仕国际公司是一家有限合伙企业，其家族股东已明确表示，他们不打算大规模出售股份。股票的公开上市，允许那些想成为小股东的投资者这样做。作为一家家族企业，爱马仕对待股东的态度永远是非常尊重的。
>
> 执行管理层，
>
> 2010 年 10 月 24 日，星期日

来源：Hermes.com。

爱马仕国际公司

爱马仕国际公司是一家价值数十亿美元的法国公司，生产和销售多种奢侈品，包括服装、手表、皮具、珠宝和香水。蒂埃里·爱马仕（Thierry Hermes）于 1837 年创建了这家公司，起初它以生产巴黎最好的马鞍和马具而闻名。随着该公司开始向欧洲、北非、俄罗斯、亚洲和美洲的贵族提供高端产品，其声名远扬。随着时间的流逝，公司开始扩大其产品线，包括生产市场上最好的皮包和丝巾，同时始终保持家族控制。尽管公司于 1993 年上市，蒂埃里·爱马仕的直系后裔（包括第 5 代和第 6 代后裔）仍控制着该公司约 73% 的股份。2006 年，CEO 一职首次由非家

族成员帕特里克·托马斯担任。

伯纳德·阿尔诺

阿尔诺是个精明的人。他重新分析了自己的投资组合，发现自己错过了什么——一家仍在生产真正奢侈品的公司——并且他正在追逐它。

——某匿名奢侈品牌首席执行官在 LVMH 的公开声明中说。

伯纳德·阿尔诺热衷于接管易受冲击的家族企业，并因此获得了"披着羊皮的狼"（the wolf in cashmere）的绰号。阿尔诺出生于法国鲁拜克斯的一个上层阶级家庭，在成为一名工程师并接手家族的建筑业务之前，他曾是一名出色的学生，毕业于法国著名的工程学院巴黎理工学院（Ecole Polytechnique）。当法国政府开始物色能够收购破产公司 Boussac（及其奢侈品品牌"迪奥"）的合适人选时，阿尔诺立即买下了这家公司。事实证明，这是最终将其打造成为奢侈品巨头 LVMH 的第一步，正是此举将阿尔诺推上了法国首富的宝座。

从那时起，阿尔诺就开始建立其竞争对手所称的"邪恶帝国"，即收购那些易受影响、拥有高端品牌的家族企业。据说，他对 LVMH 的敌意收购极其隐秘，以至于在有关董事会会议结束之后，威登家族不得不收拾好行李，含泪离开公司大楼。除了 LVMH，阿尔诺在过去 30 年里还强行收购了多个由家族控制的奢侈品牌，如库克（香槟）、璞琪（时尚）、查泰亚·迪奎姆（葡萄园）和赛琳（时尚）等。

阿尔诺唯一一次收购失败发生在 1999 年，那时他试图收购古驰（Gucci）。当时，他被弗朗索瓦·皮诺特（Francois Pinault）击败，他的公司 PPR 扮演了 Gucci 的白衣骑士，并从阿尔诺手中抢走了这笔交易。这也是 LVMH 历史上唯一一次收购失败。

Autorité des marchés Financiers（AMF）

阿尔诺宣布 LVMH 拥有爱马仕股份的消息，震惊了时尚界和爱马仕家族股东。图表 4B 是爱马仕对 LVMH 的公开回应。法国股市监管机构 AMF 要求任何在上市公司获得 5% 或以上股份的投资者必须公开其持股比例，以及意向文件，但 AMF 尚未收到 LVMH 的相关文件。在 2010 年 10 月 23 日新闻稿发布后的几天里，LVMH 证实公司在交易中遵守了所有现行的规则和规定，并将在规定的时间内提交所有必要的文件。AMF 则宣布，将调查 LVMH 收购爱马仕股票的交易。然而，这并没有给托马斯和爱马仕一家带来多少安慰。即使发现有违规行为，LVMH 唯一可能受到的惩罚也只是失去两年的投票权。

股票互换

事实证明，LVMH 是在爱马仕家族、公司管理层和行业分析师的监督下，通过股票互换获得了爱马仕的大量股权。股票互换是一种衍生品合约，基于该合约，双方同意在预定日期交换未来现金流。现金流被称为互换的"腿"。在大多数股票互换交易中，一条"腿"与伦敦银行间同业拆借利率（LIBOR）等浮动利率挂钩（浮动腿），另一条"腿"与股票或股指的表现挂钩（股票腿）。根据法国现行法律，当一家公司获得另一家公司 5% 或以上的股权，或有权通过股票互换等衍生品购买其 5% 或以上的股权时，该公司必须发布公告。

但是有一个漏洞。互换结构可以使其价值仅仅与权益工具挂钩，在交割时，互换协议可以使用现金结算，而不是股票。使用这种结构，互换协议双方不需要向 AMF 提交文件，因为它们实际上永远不会拥有股票。

LVMH的收购

众所周知，阿尔诺一直觊觎爱马仕这个品牌。事实上，阿尔诺在20世纪90年代首次收购LVMH时，曾持有爱马仕15%的股份。当时，阿尔诺接管LVMH后，忙于重组该公司，所以他同意在爱马仕国际公司上市时，将其所持股份出售给当时的首席执行官让−路易·杜马。

但自那以后，LVMH和阿尔诺的情况发生了变化。阿尔诺将自己的公司发展成为全球最大的奢侈品集团，其年销售额超过550亿美元。他通过品牌扩张和战略收购实现了这一点。他以耐心和敏锐的商业嗅觉而闻名，当他发觉有机会获得一个梦寐以求的对象时，他会想方设法去实现。

对爱马仕股票的"袭击"是阿尔诺保守得最好的秘密之一，在他的企业帝国里，只有3个人知道股票互换合约。阿尔诺于2008年开始采取行动，当时有3家独立的法国银行悄悄地向市场出售爱马仕的3批股票，总计1 280万股。这些股票的来源尚不清楚，但许多人怀疑它们来自爱马仕家族成员。

据说，这些银行与阿尔诺取得了联系，让他在24小时内决定是否购买这些股票。阿尔诺不愿持有爱马仕如此大量的股权，尤其是需要在AMF注册的股权。阿尔诺和银行随后达成了协议，他将通过股权互换持有这些股票，但前提是他须拿出现金。在合同到期时，LVMH将得到股价的任何变动所带来的损益。然而，作为与银行达成的协议的一部分，LVMH将有权选择以股份的形式取而代之。如果这些合同要求股份结算，根据法国法律，LVMH将不得不公开承认其在爱马仕的潜在股东地位。

这些合同条款使得LVMH直到2010年10月才真正持有爱马仕的股份，同时其公开宣布持有爱马仕的股份。在此期间，爱马仕的股价在每股60欧元至102欧元之间浮动。这就解释了为什么LVMH能够以每股80欧元的平均价格收购爱马仕的股份，比10月22日（周五）176.2欧元每股的收盘价低了近54%。

LVMH本可以持有更长时间的互换合约，推迟结算和披露，但爱马仕股价在过去几个月的快速上涨迫使LVMH做出了这一决定（许多分析师将其归因于市场对LVMH收购计划的猜测）。如果LVMH推迟结算，那么在2011年2月公司公布年终财报时，将会出现20亿欧元的账面利润。

股权之争公开化

虽然LVMH在最初的新闻稿中明确表示，该公司没有更大的致力于控制爱马仕的计划，但爱马仕的管理层并不相信，并迅速采取行动。2010年10月27日，爱马仕首席执行官托马斯和执行主席佩赫在爱马仕领导层的电话会议上接受了《费加罗报》的采访。

很明显他（阿尔诺）的意图是接管爱马仕，而爱马仕家族将抵制这种做法。

——帕特里克·托马斯，爱马仕首席执行官，《费加罗报》，2010年10月27日。

我们很想说服他，这不是正确的操作方式，也不友好。如果他以友好的方式进来，那么我们也希望他能以友好的方式离开。

——佩赫，爱马仕执行主席，《费加罗报》，2010年10月27日。

第二天，阿尔诺在接受同一家报纸的采访时，不失时机地做出了回应：

我不明白上市公司的掌门人怎么会有资格要求股东出售股票；相反，他应该维护所有股东的权益。

——伯纳德·阿尔诺，LVMH集团首席执行官，《费加罗报》，2010年10月28日。

LVMH集团副总裁皮埃尔·戈德

2010年11月10日，LVMH集团副总裁皮埃尔·戈德（Pierre Gode）接受了《回声报》（Les Echos newspaper）的采访，讨论了上述交易是如何以及为何以这种方式进行，以消除媒体对LVMH集团可能进行恶意收购的猜测。在采访中，戈德被问及LVMH为何选择购买爱马仕的股权互换合约，以及LVMH为何选择以爱马仕的股票而非现金来完成这些合约。

戈德透露，LVMH从2007年全球金融危机爆发、股票价格下跌时就开始关注爱马仕。LVMH一直在寻找奢侈品行业的金融投资机会——因为这正是其专长所在——并得出结论，爱马仕比其他潜在投资更能经受金融危机的考验。仅仅出于这个原因，LVMH选择购买爱马仕的股票以进行股权互换。

戈德认为，当时用现金结算的股权互换很流行，几乎每家银行都提供这种衍生品。尽管在爱马仕设立衍生品时，LVMH已经持有爱马仕公司近5%的股份，但戈德表示，公司甚至从未考虑过终止股票互换。根据戈德的说法，这使他们无法签订合同，LVMH也不想向银行要求股票结算。但到2010年，情况发生了变化，促使LVMH重新评估其与爱马仕的股权互换合同。这些合同本身即将到期，LVMH对这些合同的溢价接近10亿欧元。戈德说，与LVMH签订合同的银行现在很想出售这些股份，这些股份占爱马仕总股本的12%。

戈德解释说，出售这些股份本身与LVMH无关。LVMH真正担心的是，这些股份最终流向何处。戈德强调，当时有传言称，"来自另一个行业的某强大集团"和中国投资基金都对爱马仕的股票感兴趣。LVMH的管理层认为，爱马仕不断上涨的股价支持了这些传言。此外，市场一直在改善，LVMH有财力支付这些合同的费用，并以股票结算。因此，LVMH与这些银行进行了谈判，以评估它们的处境。经过几周的谈判，LVMH在2010年10月与这些银行达成了协议，获得了部分股份。

戈德进一步解释说，在当时，"董事会必须在两种选择之间做出取舍：要么从股权互换中获得可观的收益，要么在这个前景光明的集团中获得少数股权，但与此同时，我们的权力将非常有限，因为爱马仕家族控制着一切。"经过激烈的辩论，最终董事会决定购买股份。采访结束时，戈德表示，LVMH对爱马仕的强烈负面反应感到意外，尤其是考虑到LVMH在20世纪90年代初，曾持有爱马仕15%的股份。

爱马仕国际公司的演变及控制

爱马仕是有限合伙公司（Société en Commandite），它是美国有限合伙企业的法国版本。就爱马仕而言，这种结构将权力集中在由家族控制的治理委员会手中。

除了有限合伙的公司结构，爱马仕前首席执行官让-路易·杜马斯在1989年成立了一个合伙企业，叫作爱马仕SARL。这家公司代表了其家族股东的利益（只有爱马仕家族的直系后裔才能成为股东），它是唯一有权任命管理层和制定公司战略的机构。这种不同寻常的公司结构使爱马仕家族能够保留决策权，即使只有一名家族成员是股东。杜马斯看到伯纳德·阿尔诺收购LVMH家族企业的交易后，设计了这个公司结构用以防范敌意收购。

为了进一步协调家族成员，将家族内斗最小化，杜马斯于1993年将爱马仕（Hermes SA）25%的股份上市。这样做是为了给家族成员提供一种评估他们在公司所持股份价值的方法，如果他们觉得自己的分红不够的话，还可以套现一部分股票（众所周知，有几位家族成员生活精致，杜马斯担心他们的生活开销可能会超出自己的支付能力）。杜马斯相信，至少在那个时候，他设计的"双层结构"能使爱马仕公司免受潜在的敌意收购。

然而，分析人士猜测，爱马仕SARL可能只会保护到其家族第六代后裔，而且按照目前的市场价格，该公司仅持有0.1%的股份，价值约为1 800万欧元，因此有理由担心一些家族成员的"叛逃"。AMF文件显示，爱马仕监事会成员雷诺·费（Renaud fe）的兄弟劳伦特·莫梅贾，于2010年10月25日以每股189欧元的价格出售了其持有的爱马仕的价值180万欧元的股票。

图表4C 爱马仕家族就其长期承诺发布公告

> **创建一个拥有超过50%的爱马仕股票的资本控股公司**
>
> 在2010年12月3日的巴黎会议后，爱马仕家族成员于2010年12月5日重申了他们的团结和目前其对爱马仕的稳固控制的信心。爱马仕家族是公司唯一的普通合伙人，负责决定公司的战略和管理。
>
> 爱马仕家族决定成立一家独立于爱马仕SARL的家族控股公司，以确保其长期的团结。该控股公司将持有超过50%的爱马仕股份，这家新成立的家族企业将拥有优先购仍由家族直接持有的股份的权利。
>
> 此次股份的内部重新分类，不会影响该家族在爱马仕的股份，也不会影响其普通合伙人的权利。该计划将被提交给AMF，以便在实施前获得批准。

来源：新闻发布，2010年12月5日，Hermes.com。

经过激烈的争论，爱马仕家族决定将自己的股份并入一个以信托形式存在的控股公司，这将使他们所持有的73%的股权一致行动，并最终确保其公司由家族控制（见图表4C）。在2010年12月21日，LVMH宣布增持爱马仕的股权至20.21%，这已经超越了AMF设置的20%的门槛，公司也提交了所有相关且必需的文件。LVMH还重申，其无意控制爱马仕，也无意公开收购其股份。根据法国法律，一旦LVMH持有超过1/3的爱马仕股权，它就必须全面要约收购剩余的所有股份。

问题

1. 爱马仕国际公司多年来一直是一家家族企业。其为什么要在公开市场上市？上市又有什么风险和收益？

2. 伯纳德·阿尔诺和LVMH集团在无人知晓的情况下收购了爱马仕的大量股份。其是如何做到这一点，又是如何避开法国监管部门要求披露此类持股比例的规定的？

3. 爱马仕家族通过成立一家控股公司来确保公司始终由其控制。该公司将如何运作，你认为这会持续多久？

4.1　谁是企业的所有者？

为了讨论公司的财务目标，我们首先提出两个基本问题：

1. 谁是企业的所有者？
2. 企业所有者自己管理企业吗？

今天，全球企业的所有权与控制权因国别或文化差异而存在明显的不同，要理解这些公司如何运作，我们需要了解不同类型的所有权结构。

4.1.1　所有权的类型

人们经常混淆与企业所有权（或股权）有关的专业术语。**当一家企业的所有者是政府或国家时，我们称之为国有企业（public enterprise）；而当一家企业的所有者是私人、私人公司，或非国有单位时，我们称之为私有企业（private enterprise）。**

与企业所有权有关的第二个术语是股权性质。如果一家企业的股权是由单个股东，或少数几个个人股东，或一家私人企业所持有，我们称之为私有股权。如果这些股东将他们持有的一部分股权在资本市场上出售，例如在证券交易所上市并交易，那么这家公司的股权就是公开交易的。

需要特别指出的是，公开交易的公司股权可以被私人股东购买并持有——不同私人股东之间的公开交易。图表4-1简要概括了这些所有权概念的区别。

图表 4-1   **企业所有权**

```
                        ┌─────────────┐
                        │  企业或公司  │        向消费者提供商品或服务
                        └─────────────┘        的商业组织
                     ┌────────┴────────┐
                ┌─────────┐       ┌─────────┐
                │ 国有企业 │       │ 私有企业 │
                └─────────┘       └─────────┘
            一家国有企业的所有者      一家私有企业的所有者
              是政府或股东            是私人或私营组织

   ┌──────────┐      ┌──────────────┐      ┌──────────┐
   │ 国有股权  │      │ 公开交易股权  │      │ 私有股权  │
   └──────────┘      └──────────────┘      └──────────┘
   国有企业可以是      国有企业和私有企业都可    私有企业所有股权或部分
   营利性的，也可      以将部分股权公开交易      股权可以由家族控制；可
   以是非营利性的      （但国有股权的上市比例    以是营利性的，也可以是
                     通常低于50%）            非营利性的
```

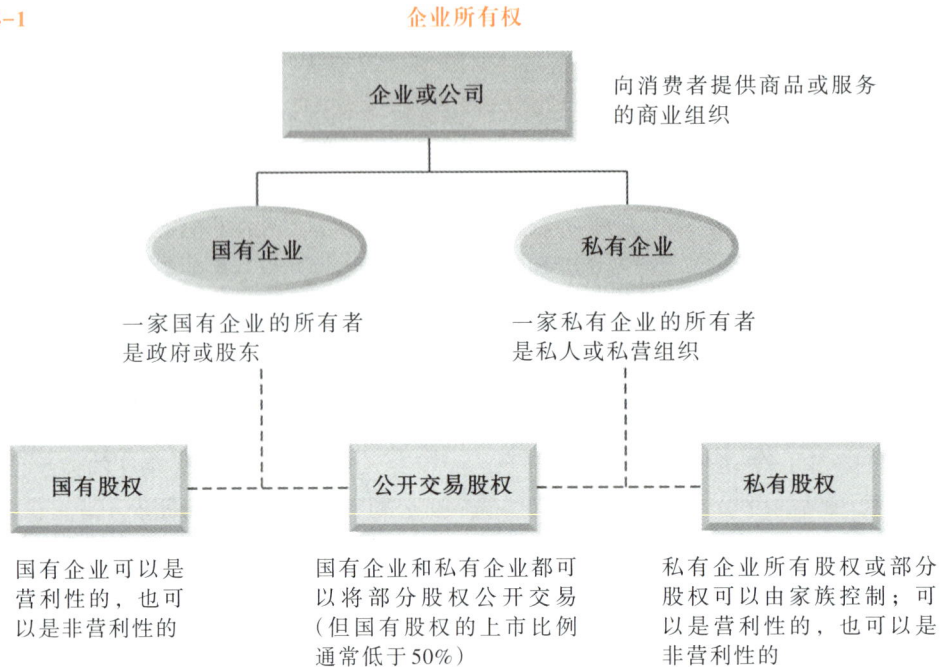

企业所有权可以被不同类型的个人或组织所持有。例如，单一个人（**业主制（sole proprietorship）**）；两个或两个以上的个人（**合伙企业（partnership）**）；家族（**家族企业（family-owned business）**）；两家不同的公司（**合资企业（joint venture）**）；成千上万的个人股东（**公众公司（publicly traded company）**）；政府部门（**国有企业（state-owned enterprise）**）；或者这些类型的组合。

我们通过下列三家跨国企业，举例说明全球企业的所有权存在怎样的差异，以及一家企业的所有权结构将如何随时间发生变化：

● 巴西石油公司（Petroleo Brasileiro S.A.或Petrobras），是巴西全国性的石油公司，创办于1953年，当时巴西政府拥有该公司100%的股权，因此它是一家国有企业。一段时间以后，巴西政府将一部分股权出售给公众股东，并在圣保罗证券交易所公开交易。时至今日，巴西政府持有该公司大约64%的股权，其余约36%的公司股权由全球范围内的私人投资者持有。

● 苹果公司（Apple），由史蒂夫·乔布斯、沃兹尼亚克和罗纳德·韦恩于1976年共同创办。随后，罗纳德·韦恩将他的股权转让给他的两个合伙人，苹果公司也于1977年1月3日被改制为美国的一家股份有限公司。1980年，苹果公司首次**向公众股东发行股票（IPO）**，公司股票在纳斯达克证券交易所上市交易。如今，苹果公司在外流通的股票达到9亿股左右，因为没有一个单一股东持有5%以上的股权，苹果公司被认为是一家"股权分散"的上市公司。近几年来，苹果公司一直是有着全球最大市值（流通股票数乘以股价）的上市公司。

● 爱马仕国际集团（Hermes International），是总部位于法国的一家奢侈品制造商，由蒂埃利·爱马仕于1837年创办。公司创办以来的大部分时间里都是由爱马仕家族控制并经营，直到1993年，公司第一次向公众发行27%的股权。由于爱马仕家族仍然持有73%的股权，因此其一直拥有对公司的绝对控制权。

公司所有权和控制权是两个不同的概念，不过，一旦公司的股权结构确定下来，就比较容易理解公司受谁控制。巴西石油公司是一家由巴西政府控制的上市公司；爱马仕国际公司则是由家族控制的法国上市公司；而苹果公司是一家股权分散的上市公司，公司董事会拥有对公司的控制权，董事会聘任公司高管团队来经营公司。持有苹果公司股票的个人股东可以在年度股东大会上对公司重大事项行使表决权，这在一定程度上体现了股东的影响力。但在多数时间里，苹果公司是在董事会和高管团队的控制下开展日常经营活动、制定公司战略，以及治理公司的。

任何企业，无论其初始所有者是国家、家族、个人，还是机构，其都可以决定是否将部分所有权在资本市场上公开出售，如图表4-1所示（注：这里特指一部分股权，一家100%股权公开交易的公司就不能再称作国有或私营企业）。许多国有企业同时也是上市公司，例如中国石油公司（PetroChina）的国有母公司，即中国石油天然气集团公司（CNPC），其股票在中国上海、香港、纽约公开上市并交易，但中国政府仍然拥有对该公司的所有权和控制权。

我们将公司股东第一次出售部分股权的行为称作首次公开发行股票（IPO）。通常情况下，首次公开发行的股权比例都比较低，大约为10%至20%，因此公司仍然拥有实际控制人，包括一些个人股东、家族或政府。但随着时间的推移，公司可能发行越来越多的流通股票，并最终成为公众公司。还有一种情形，一些私人股东或家族持有较大比例的股权，但并未拥有公司的控制权。此外，公司控股股东为了增强其控制地位也可能在二级市场上回购股票，减少在外流通的股票数量。

公司并购行为也将导致公司股权与控制权发生变更。2005年，科氏工业集团（Koch industries，美国一家大型私营企业）收购了佐治亚太平洋公司（Georgia-Pacific，一家主要经营林产品的美国大型上市公司）所有的流通股股票，并对其进行私有化。

即使一家公司是公众公司，它也可能受单一股东或一小部分投资者（包括机构投资者）**控制**，这类上市公司更类似于私有企业，其主要体现控股股东或家族的利益及目标。在许多新兴市场中，家族企业一直占据着主导地位，虽然其中绝大多数的家族企业同时也是上市公司。此外，许多家族企业的经营业绩胜过公开交易的公司。

本章后面还会讨论到，公司首次公开发行股票还有另外一个重要的意义：企业将受到更多法律法规的监管，也将被要求披露与股票发行交易有关的信息。例如在美国，股票上市意味着公司必须披露大量财务与经营状况方面的信息，且至少在每个季度要按照美国证监会（SEC）的法律法规以及证券交易所的具体监管条例发布这些信息。

学与思4-1 所有权是如何改变企业目标和治理的？

4.1.2 所有权与经营权分离

所有权与经营权的分离可能是公司进行财务管理时面临的最大挑战之一。任何所有权结构下的公司都可能聘任职业经理人，但**在国有企业（SOEs）与股权分散的公众公司中最为常见。所有权与经营权的分离可能导致公司股东与管理层不一致的经营与财务目标，甚至相互冲突，这就是所谓的委托代理问题（principal agent problem）（简称代理问题（agent problem））。**有许多方法可以用来协调股东与高级管理人员的利益，其中最为常见的是高级管理人员的持股计划和股票期权，这两种方式都会使公司高级管理人员的利益与股东们的财富息息相关。

英美股市的一个典型特征就是股权分散，管理层在他们经营的企业中可能持有小部分股权，但大多数的管理人员是公司股东聘任的代理人，代表股东的利益行使经营权；相反，在英美等国以外的其他市场中的公司，通常存在控股股东，例如政府、机构（如德国的银行）、家族（如法国、意大利、亚洲国家和拉丁美洲国家的家族企业）、财团（如日本的财阀（keiretsus）和韩国的财团（chaebols））。如果一家企业的所有者同时也是企业管理者，就不会有委托代理问题。

附加某些条件的股票所有权可以加强对公司的控制，例如双重投票权、连锁董事、董事轮换制度、接管保护等，以及出现在英美市场以外的一些方式。然而，最近出现在英美市场上的大型股权基金和对冲基金，已经将世界各地的一些非常著名的公众公司私有化了。

学与思4-2 两权分离为什么对理解企业的组织和领导方式如此关键？

4.2 管理层目标

当公司更多地涉足跨国经营时，其就会面临新的约束——这种约束源于世界各地对以下问题存在各种分歧和有着不同做法，即站在高层管理人员的角度，企业的整体目标和公司治理的作用应该是什么。

投资者想要什么？首先，投资者想要业绩：可预测的高收益和可持续的增长。其次，他们想要透明、负责任、坦诚沟通和有效的公司治理。公司必须在各个领域遵循国际标准，否则将难以吸引和留住国际资本。

—— "The Brave New World of Corporate Governance," *Latin Finance*，May 2001.

财务管理的入门课程，通常都会基于这样一个基本假设：管理层目标就是股东财富最大化。事实上，所有商学院的学生也都牢牢记住股东财富最大化这一概念。然而，股东财富最大化的目标至少面临以下两大挑战：(1) 各国公认的管理层目标未必就是股东财富最大化——其他利益相关者的利益也可能至关重要；(2) 股东财富最大化的目标难以实现。为股东创造财富——就像许多崇高的目标一样——说起来容易，但做起来难。

尽管在英美市场的理论和实践中，股东财富最大化的目标可能很现实，但在英美以外的市场中却未必如此。英美市场与其他市场在公司理念和投资理念上存在根本的差异。

4.2.1 股东财富最大化模型

英美市场普遍存在这样的企业理念，即企业应该遵循股东财富最大化（shareholder wealth maximization，SWM）的目标。确切地说，企业应该努力最大化股东的投资收益，即在既定风险水平下最大化资本利得与股利之和；或者在既定收益率水平下最小化股东的风险。

股东财富最大化的理论模型假设股票市场是有效的，并将其视为普遍真理。这意味着股价总是正确的，能够反映所有投资者的预期收益率和风险，并能够对新信息做出迅速的反应。反过来，股票价格也理所当然地被认为是宏观经济中配置资本的最佳方式。

学与思4-3 说明股东财富最大化模型的假设和目标。

SWM模型对风险的定义也被视为普遍真理。风险被定义为公司股票在投资组合中所增加的组合收益率变动的边际概率。与个别公司业务层面有关的**经营风险**（operational risk）可以被投资者通过分散化的投资组合消除。因此，管理人员不必关心这种**非系统性风险**（unsystematic risk），即单一证券的风险，除非它增加了破产的可能性。另一方面，**系统性风险**（systematic risk），又被称作市场风险，是无法通过投资组合分散的风险。正是这种系统性风险才会导致资本市场上的股价变动。

代理理论

学者们关于股东如何激励管理层按照SWM模型行事的研究，形成了代理理论（agency theory）[1]。例如，股票期权的灵活运用应能激励管理人员像股东一样思考问题。但这些激励措施是否有效，仍然存在争议。如果管理层明显偏离SWM目标，董事会就可以换掉他们。如果董事会势单力孤，以至于无法采取这一行动，还有股票市场上的接管行为可以对管理层施加约束。来自外部市场的可能威胁，源于英美资本市场上普遍采用的一股一票的投票规则。

长期价值最大化与短期价值最大化

20世纪90年代，全球绝大多数市场中的经济繁荣与股价井喷暴露了SWM模型的一个缺陷，尤其在美国。几家美国大公司没有追求长期价值最大化，而是追求短期价值最大化（例如，迎合市场上的投资者对于季度收益的预期）。催生这种短视行为的部分原因，是公司对高层管理人员过度慷慨地使用了股票期权。

对短期收益的过度关注容易导致对管理层的不当激励。为了追求短期收益的快速增长，以满足投资者不断膨胀的预期，安然、环球电信、南方保健、阿德菲亚通信、泰科、帕玛拉、世通等公司冒险采用了粉饰性方式，甚至是虚假的收入确认，并且/或者隐藏债务风险。这些行为最终导致这些公司破产，也引发了对这些公司的首席执行官（CEOs）、首席财务官（CFOs）、会计师事务所、法律顾问和其他关联方的大量诉讼案件。**管理层和投资者的这种破坏性的短视行为已经被贴上了急躁资本主义（impatient capitalism）的标签。**对短视行为的争论焦点也经常落在公司**投资期限（investment horizon）**上，即公司的投资和经营活动应该在多长的时间内实现投资收益。

和急躁资本主义相对应的是**耐心资本主义（patient capitalism）**，它注重股东财富的长期最大化。投资界的传奇人物沃伦·巴菲特（Warren Buffett）借助伯克希尔-哈撒韦公司（Berkshire Hathaway），成为了最成功的耐心资本家之一。巴菲特不惜重仓那些虽然缓慢但非常稳定地跟随经济增长的主流公司，例如可口可乐公司。巴菲特也因此成为了亿万富翁。

学与思4-4 "知识资产"是企业的无形资产、资源和人才，即其竞争优势。试举出创造股东价值最重要的部分"知识资产"的例子。

4.2.2 利益相关者资本主义模型

在英美以外的市场上，公司控股股东也追求长期股权收益的最大化，但他们经常受制于公司其他强有力的利益相关者。在英美以外的市场，工会的力量更为强大，政府对市场的干预也更多，以保护重要的利益相关群体，如当地社区、环境和就业。此外，和证券市场相比，银行和其他金融机构是更重要的资金来源。我们把该模型称作**"利益相关者资本主义模型"**（stakeholder capitalism model，SCM）。

市场有效性

SCM模型没有假设股票市场是否有效，这无关紧要，因为企业的财务目标并不完全是股东导向的，它还受其他利益相关者的约束。无论如何，SCM模型都假设决定公司战略的是公司长

---

[1] Michael Jensen and W. Meckling, "Theory of the Firm: Managerial Behavior, Agency Cost, and Ownership Structure," *Journal of Financial Economics*, No.3.1976, and Michael C. Jensen, "Agency Cost of Free Cash Flow, Corporate Finance and Take-overs," *American Economic Review*, 76, 1986, pp.323-329.

期的"忠诚"股东（通常是控股股东），并非短期的组合投资者。

风险

SCM 模型假设总体风险即"经营风险"才是重要的。公司的使命和目标是尽可能长期并确定性地创造不断增长的收益和股利。SCM 模型使用产品市场的变动性来度量风险，而不是收益与股价的短期波动。

单一目标与多重目标

尽管 SCM 模型通常可以避免 SWM 模型的缺陷，即短期导向的急躁资本，但它也有自身的不足之处。满足多个利益相关者的要求，会使得管理层在权衡各方利益时缺乏明确的信号，于是，公司管理层只能试图通过书面或口头披露信息，以及复杂的薪酬制度来权衡各方利益。

计分卡

和 SCM 模型不同，SWM 模型要求价值最大化的单一目标，并使用定义清晰的计分卡来衡量该目标。正如 SWM 模型的提出者迈克尔·詹森（Michael Jensen）所言："公司管理层的目标就是最大化公司的总市场价值。"[①]这就意味着，只要能够增加公司股权、债务或其他或有索取权的价值，公司领导者就应该不断地进行投资。

尽管 SCM 和 SWM 两个模型各有千秋，但近年来，有两种趋势让人们更加关注股东财富最大化模型。首先，越来越多的英美以外的市场逐步走向产业私有化，注重股东财富有助于它们吸引更多的国际资本；其次，也是仍然极具争议性的一点，许多分析师认为，股东至上的跨国企业逐渐在全球产业部门中占据主导地位。成功是最好的引领者！

学与思 4-5 在德国和斯堪的纳维亚国家，工会在董事会或监事会中有代表席位。在两种不同的经营目标下，即股东财富最大化和利益相关者价值最大化，工会的治理作用是否存在差异？

学与思 4-6 在连锁董事会中，一家企业的董事也可以成为其他企业的董事。相对于利益相关者价值最大化模型，在股东财富最大化模型下，应该如何看待这种连锁董事会？

学与思 4-7 杠杆收购是一种金融策略，通过这种策略，投资者集团可以获得某个企业的控制权，然后将其资产变现，以偿还用于购买企业股份的贷款。相对于利益相关者价值最大化模型，在股东财富最大化模型下，应该如何看待杠杆收购？

学与思 4-8 相对于利益相关者价值最大化模型，在股东财富最大化模型下，应该如何看待高度杠杆化（债务/资产）？

学与思 4-9 联合企业是分散于不相关领域内的企业。相对于利益相关者价值最大化模型，在股东财富最大化模型下，应该如何看待联合企业的政策？

学与思 4-10 相对于利益相关者价值最大化模型，在股东财富最大化模型下，如何定义风险？

学与思 4-11 相对于利益相关者价值最大化模型，在股东财富最大化模型下，应该如何看待授予企业管理层和雇员的股票期权？

---

① Michael C. Jensen, "Value Maximization, Stakeholder Theory, and the Corporate Objective Function," *Journal of Applied Corporate Finance*, Fall 2001, Volume 14, No.3, pp. 8–21, p. 12.

4.2.3　经营目标

价值最大化（maximize value）说起来容易，做起来却很难。利润最大化的管理目标并不像听上去那么简单，因为**私有企业和公众公司的所有者/管理层使用的利润指标是不同的**。换言之，管理层的目标是最大化当期收益，使资本增值，还是鱼和熊掌兼得？

公众公司的股东收益率包含股利形式的当期收益和股票溢价产生的资本利得：

$$股东收益率 = \frac{D_2}{P_1} + \frac{P_2 - P_1}{P_1}$$

其中，P_1 为股东初始投资的期初股票价格，P_2 为期末股价，D_2 是期末股利。理论上，股东们能够从当期收益与资本利得两个方面取得收益。例如，在过去 50 年或 60 年中，美国市场上的指数投资者可以获得总计 14% 的年收益率，其中：股利收益率为 2%，资本利得率为 12%。

管理层通常认为，他们能够直接影响第一部分的股利收益（dividend yield）。管理层制定战略决策和经营决策，致力于增加销售收入，产生利润，并将这些利润以股利的形式分配给股东。而证券市场上股票交易价格的变化带来资本利得（capital gains）的情况显然要复杂得多，它反映了存在许多管理层无能为力的因素。尽管市场份额、净利润或其他衡量企业业绩的传统指标都有所增长，但股票市场上的股票价格却可能"背道而驰"。不少公司高管人员认为股市变化莫测，且不能真正反映公司的价值。最后，多数公开上市公司的领导者相信，驱动股票价格上涨的最大动力来自公司自身价值的增长——公司利润表中第一行销售收入以及最后一行净利润的增长。

私有企业的股东收益目标函数要简单得多：最大化当期收益和可持续收益。私有企业没有股价（它的确有价值，但不是按照人们熟悉的市场运作方式，由股票市场决定其市场价值）。因此，私有企业的股东只能追求当期收益。如果私有企业的股东是一个家族，那么这个家族可能会格外看重公司长期维持并以一个较低的比率实现收益增长的能力，这是家族自身可以控制的，他们无须为了股价而疲于奔命。因此，我们想要理解管理层的战略、财务目标和经营目标，首先得能够区别企业所有权及其所有者特有的收益目标。图表 4-2 详细列示了两类企业（私有企业和公众公司）在管理以及财务等方面的差异。

图表 4-2　　　　　　　　　　　公众公司与私有企业

组织特征	公众公司	私有企业
创业	否，坚持核心竞争力	是，企业主愿意做任何事情
长期或短期重点	短期关注季度盈利	关注长期
专注于盈利增长	是，盈利增长至关重要	否，因企业主的盈利需求而异
充分融资	与资本市场密切联系	早期受限，融资能力不断增强
领导质量	职业化；内部提拔或外部聘任	参差不齐；家族经营企业缺乏职业化管理
利润的作用	向资本市场显示盈利能力	支持企业主或家庭
领导者是否具有股东身份	少数股权；有些拥有股票期权	是，大股东和总经理通常是同一个人

私有企业可能比公众公司更加保守。因为没有一个公开的股票交易价格，与公司业务发展有关的风险和收益与外部投资者无关，**私有企业的所有者和经营者愿意承担更低的风险**。这意味着私有企业不会追求销售和利润的快速增长，对外部资本（股权或债务）的需求也没有那么

迫切。麦肯锡公司最近的一份研究报告表明，私有企业的债务-股权比率明显低于公众公司（平均低5%）。非常有意思的是，这些私有企业的债务资本成本也较低，低于公司债券30个基点左右[1]。

跨国企业的经营目标

跨国企业必须以适合企业各层级的经营目标为指导。即使企业的目标是股东财富最大化，对于企业高管人员而言，投资者评估企业价值的方法也并不总是显而易见的。因此，大多数企业希望得到投资者对企业经营目标实现程度的满意评价，这些目标是企业能够控制的，并希望——如果可以的话——市场对其业绩给予回报。**跨国企业必须平衡以下三个常见的经营性财务目标：**

1. 合并税后利润最大化；
2. 企业全球实际税负最小化；
3. 将企业利润、现金流和可用资金在不同国家和币种之间进行合理配置。

这些目标通常是不兼容的，追求一个目标可能会导致另一个目标无法实现。管理层必须做出决策，在不同目标之间进行权衡（这就是为什么公司的经理人员是人而不是机器的原因）。

学与思 4-12 跨国企业的经营目标与本土企业有何差异？

合并利润

跨国企业的首要经营目标是合并税后利润最大化。合并利润是企业所有部门在不同货币地区创造的统一换算为母公司币种，再进行加总后的利润。这不是说管理层不必追求所有未来现金流量现值的最大化，只是因为全球大多数企业管理者所做的日常决策都是关于当期收益的。但跨国企业的领导者以及制定和执行企业战略的管理团队，必须深谋远虑。

例如，国外子公司有自己的一套传统的财务报表：（1）利润表，汇总了公司当年的收入和费用；（2）资产负债表，汇总了公司为创造收入所投入的资产，以及获得这些资产的资金来源；（3）现金流量表，公司当年产生和使用现金流的汇总。出于向当地政府纳税和递交财务报告的考虑，这些财务报表最初都是用该部门所在地的币种编制的。但在向股东报告财务状况时，这些财务报表必须与母公司的财务报表进行合并。

公/私混合

全球营商环境就如一位分析师所形容的那样，像一盘"大杂烩"，存在包括跨国公司在内的各类公司的所有权结构，也不必非"公"即"私"。最近一份关于全球企业的研究报告表明，标准普尔500公司中共有1/3的公司是法律意义上的家族企业。而且这并非美国特有的情况，在法国和德国最大的公司中，有40%的公司由家族持有或控制。

换言之，一家企业可能是公众公司，但其公司战略及重大经营决策仍然可能受到控股家族的重大影响。这可能是个好事情，正如图表4-3所示，**由家族控制的上市公司相比股权分散的公众公司而言，具有更优异的财务绩效**（以平均股东收益率作为衡量指标）。

由家族控股的上市公司为何表现得更优？瑞士信贷的研究报告给出了三个原因：1）管理层关注长期目标；2）管理层与股东之间有着更好的利益协同效应；3）聚焦公司的核心业务。

[1] "The five attributes of enduring family business," Christian Caspar, Ana Karina Dias, and Heinz-Peter Elstrodt, *McKinsey Quarterly*, January 2010, p.6.

图表 4-3　　　　　　　　　由家族控制的上市公司的优异表现

10年的各国平均股东收益率

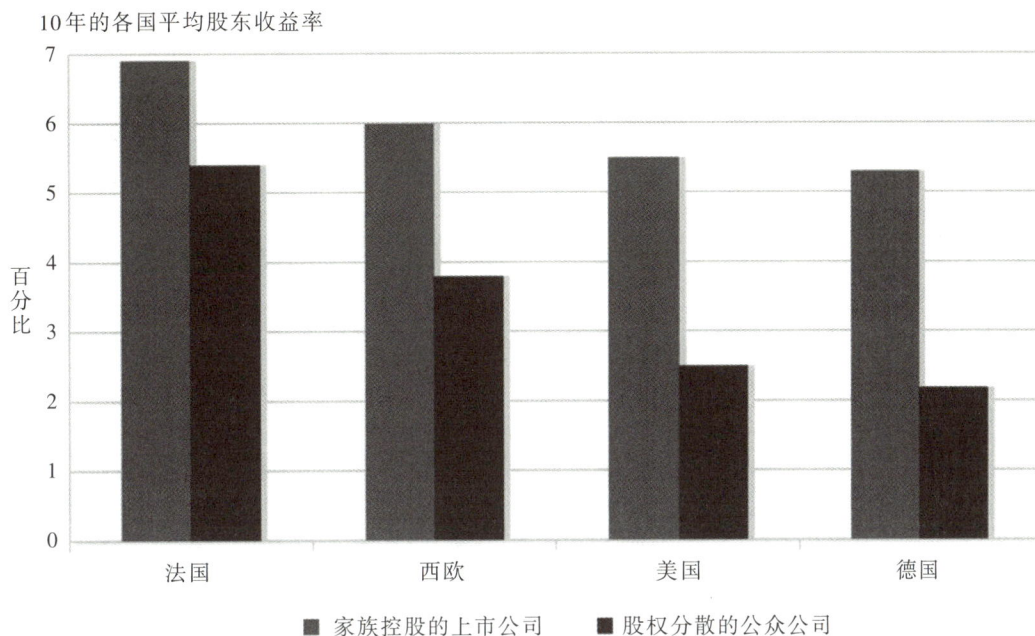

■ 家族控股的上市公司　　■ 股权分散的公众公司

资料来源：作者根据 "The Five Attributes of Enduring Family Business," Christian Caspar, Ana Karina Dias and Heinz-Peter Elstrodt, *McKinsey Quarterly*, January 2010 p. 7 中的数据整理。上市公司收益指数数据来源：Finance，SBF 120. Western Europe，MICI Europe；United States，S&P500；Germany，HDAX.

4.3　公众公司与私有企业：全球转移

如今，上市公司正在陷入困境：在过去150年中，扮演资本主义核心角色的组织形式在盎格鲁-撒克逊中心地带受到质疑，在其他地区其也日益面临强有力的挑战。美国主要股票市场上的上市公司数量正在急剧地下降……美国每年需要300家新上市公司，但这也仅能维持一个相对稳定的状态。自2000年以来，新上市公司的数量年均只有170家，即使Facebook公司的IPO点燃了公司上市的热情，也无法弥补这个缺口。

——"Varied Company"，The World in 2012，*The Economist*，December 2011，p.31.

是公众公司的前景真的令人堪忧，还是只是美国的上市公司数量在减少？图表4-4列示了美国与其他国家从1990至2000年的上市公司数量变化情况。

在图表4-4中，世界交易所联合会（WFE）提供的上市公司数据向人们提出了如下几个关于全球股票市场发展趋势的问题：

■ 虽然全球上市公司数量在过去20年急剧上升并在2008年达到顶峰，但是2008—2009年的全球金融危机的未来影响仍然未知。毋庸置疑，金融危机以及其他一些因素，已经导致股票公开上市的增长趋势放缓，至少现在是这样。

■ 美国公司股票在全球股票市场上的上市数量于20世纪90年代中期就已明显并稳定地下降了。至2010年末，全球54个股票交易所共有45 508家上市公司，美国上市公司只有5 016家，占其总数的11%。而在1996年的顶峰时期，美国上市公司数量是8 783家，占全球26 368家上市公司的33.3%。

图表 4-4 全球股票上市情况

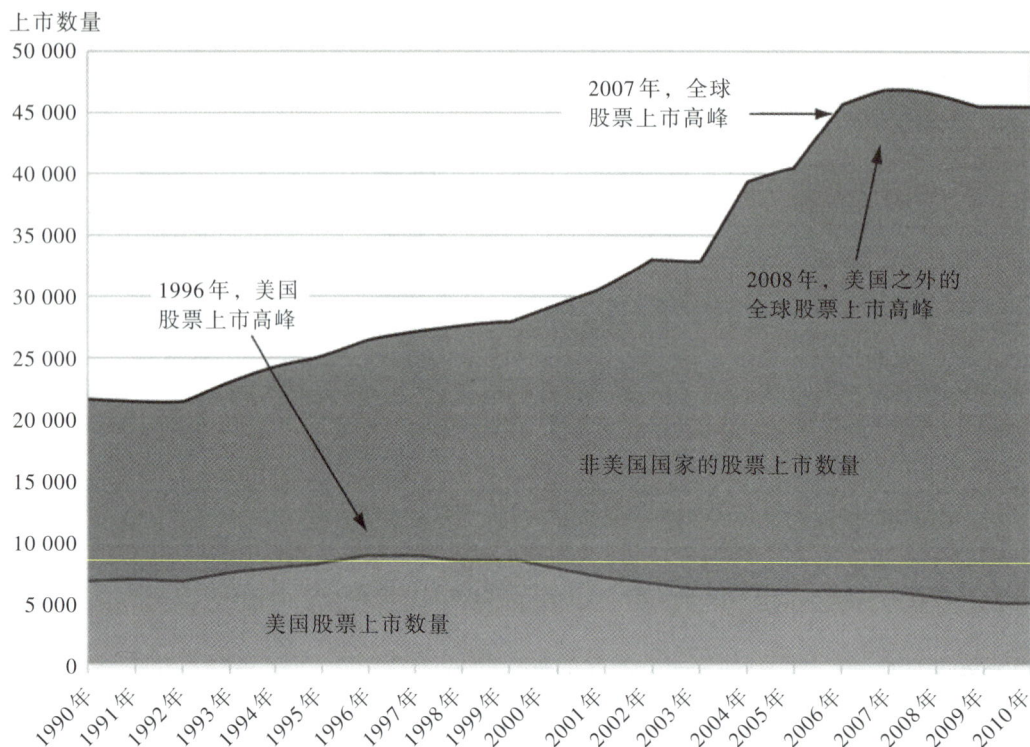

数据来源：作者根据世界交易所联合会（WFE）提供的统计数据整理。见 www.world-exchanges.org。

■ 在 1996 年的顶峰时期后的 14 年里，美国公众公司的数量减少了 3 767 家（从 1996 年的 8 783 家减少到 2010 年的 5 016 家）。显然，美国股票市场早已风光不再。

4.3.1 计算上市公司数量

股票交易所的新上市公司数量是根据新增上市公司（登录股票交易所的新公司）数量减去退市公司（被交易所摘牌的公司）数量计算得出的。

新增上市

股票交易所新增上市公司源于四个方面的原因：1）首次公开发行（IPOs）；2）从一个交易所转到另一个交易所；3）大型企业分拆上市；4）从较小的非交易所例如电子公告栏中转板上市。在一个国家的范围内，交易所之间的转板上市的净影响是 0，分拆上市和电子公告栏转板上市的公司数量也很少，因此新增上市公司数量的增长主要源自 IPOs。

退市

股票退市有三种情形：1）强制退市，公司股价和财务价值已达不到交易所的要求；2）兼并，由于两家公司合并而注销一家上市公司；3）收购，公司股权被另一家公司收购导致退市。上述三种情形中，公司破产或股权收购的情况占大多数。公司股票退市并不意味破产，其还可能在场外继续交易（Over the Counter，OTC）。

4.3.2 股票公开上市数量减少的可能原因

美国市场上的股票上市数量减少引发了大量的争论，争论的核心是：这种下降趋势究竟是代表全球范围内公司组织形式的"公""私"转移，还是代表美国中心地位及其经济时代的全球转移？

美国市场本身反映了许多国家特有的因素。《萨班斯－奥克斯利法案》（Sarbanes-Oxley Act）的成本和反竞争效应已众所周知。**在美国发行股票必须遵循《萨班斯－奥克斯利法案》以及其他一系列的限制和要求，这已经让美国市场的吸引力大大降低了。此外，随着私募股权市场的持续发展与壮大，许多企业不需要公开上市也可以募集到资金。**这些原因大致可以解释美国市场的上市公司数量下降现象。

最近的一份研究表明，对美国监管环境过多的责备是没有道理的，有大量的因素导致中小企业降低了在市场营销、销售、研发支持等方面的支出。自1996年的线上经纪和1997年的线上交易规则出台以后，**越来越多的股票交易转移到电子交易网络（ECNs）**，这可以让市场参与者使用交易订单直接交易，而无须通过经纪人或证券经纪商。这种方式加剧了竞争**并大大降低了交易成本，但也削弱了零售经纪商的盈利能力，**这些零售经纪商以往一直在中小盘股票的研究、做市、销售和促销方面提供支持。现在，没有其财务上的支持，大型证券公司不再承揽或促销小盘股票；而没有了研究、做市、承揽、促销等方面的支持，**这些证券公司的交易数量也大大下降了。**

4.4　公司治理

尽管公司治理对任何国内企业、国际公司或跨国公司而言都是其赖以生存的基石，但在过去几年中，因为治理不完善导致公司欺诈和破产的案例层出不穷，公司治理问题经常成为政治和商业争论的焦点。近年来，公司治理滥用和失败的相关新闻一直是全球财经媒体的头条。2001年10月，安然公司终于为过去几年的会计欺诈和种种不道德的商业行为付出了惨重的代价。**失败的公司治理也向人们提出了企业行为中道德和文化等方面的问题。**

4.4.1　公司治理的目标

在英美资本市场上，股东财富最大化是公司治理的首要目标。为实现这一目标，公司治理的最佳实践是帮助公司董事会聚焦于股东财富，制定和执行相应的公司战略，并确保公司收益持续增长，从而为公司股东创造价值，并与其他利益相关者保持良好的关系。在经济合作与发展组织（Organization for Economic Cooptation and Development，OECD）与其他一些权威机构制定的公司治理指引中，公司治理最佳实践的基本要义至少包括以下几个方面：

- 股东权利：股东是公司的所有者，股东利益应当优先于其他利益相关者；
- 董事会责任：公司董事会依法应勤勉尽责并有效监督管理层；
- 平等对待股东：平等对待国内股东与外国股东，大股东与小股东享有平等的权利；
- 利益相关者的权利：公司治理实践应兼顾雇员、债权人、社区与政府等利益相关者的合法权益；
- 信息披露与透明度：应及时向公司所有的利益相关者披露公司经营状况与财务业绩等相关信息。

这些公司治理原则中所强调的"股东权利、信息披露与透明度、董事会责任"在后文中还会详细讨论。

学与思 4-13 什么是公司治理？不同国家或地区的公司治理模式有何不同？

学与思 4-14 请定义下列术语：

　　a.公司治理

　　b.代理理论
　　c.利益相关者资本主义模型

4.4.2　公司治理结构

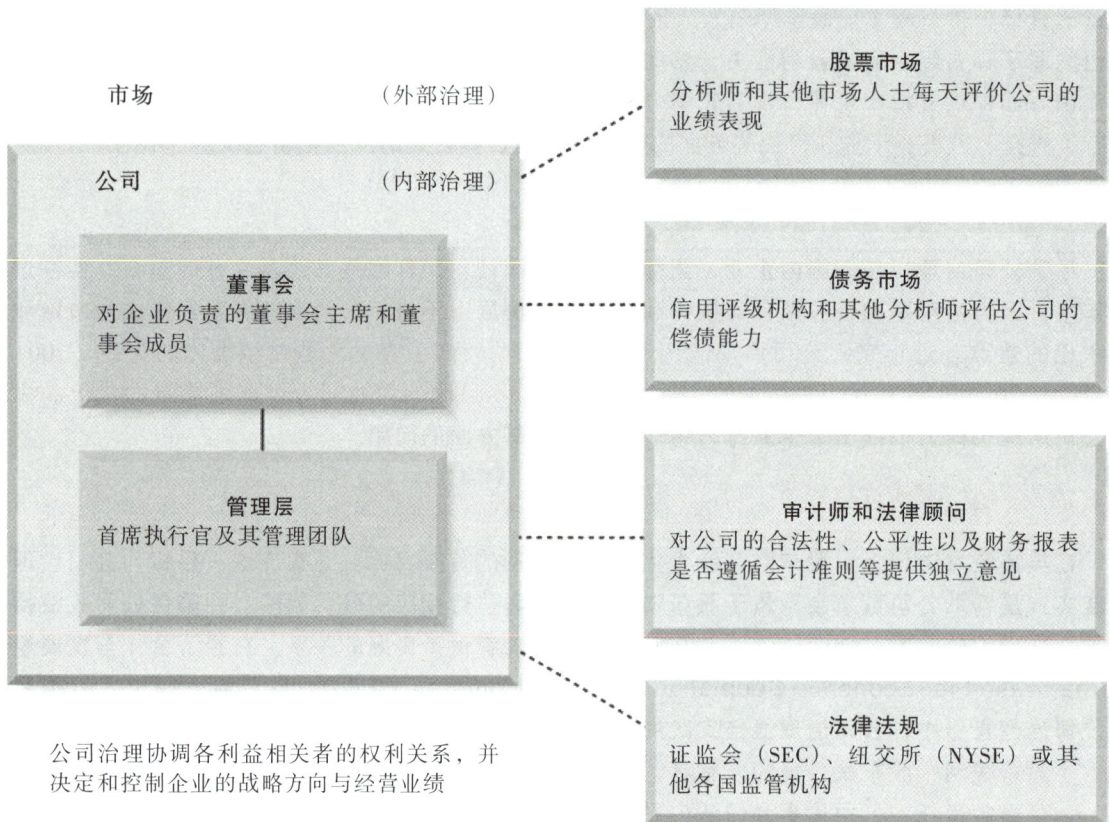

　　要理解"公司治理"的基本内涵，可参见图表4-5中的公司治理结构，该图表概括了现代公司治理结构中的各参与方及其责任。**公司内部治理机构和外部治理机制共同指引和控制现代公司的行为。**

图表 4-5　　　　　　　　　　　　　　　　公司治理结构

市场　　　　　　　　（外部治理）

公司　　　　　　　（内部治理）

董事会
对企业负责的董事会主席和董事会成员

管理层
首席执行官及其管理团队

股票市场
分析师和其他市场人士每天评价公司的业绩表现

债务市场
信用评级机构和其他分析师评估公司的偿债能力

审计师和法律顾问
对公司的合法性、公平性以及财务报表是否遵循会计准则等提供独立意见

法律法规
证监会（SEC）、纽交所（NYSE）或其他各国监管机构

公司治理协调各利益相关者的权利关系，并决定和控制企业的战略方向与经营业绩

　　公司内部治理——公司经理人员（如首席执行官）和公司董事会（包括董事会主席）——全面负责公司未来的战略方向和执行情况。但他们并不能为所欲为，其决策的合理性与业绩的真实性要接受外部市场的持续监督，**这些外部力量包括**公司股票交易的**证券市场**（股票交易所）、评论公司股票的**证券分析师**、贷款机构、评定公司债券或股票的信用评级机构、鉴定公司报表合规性和准确性的审计师与法律顾问，以及监督公司行为的**各级监管部门**，以确保公司披露信息的真实性。

董事会

　　董事会是治理公司的法定机构。董事会包括内部董事（由公司内部员工担任的董事）和外部董事（由非本公司员工担任的董事，通常是有名望的专业人士）。与董事会有关的重要议题包括：1）内部董事和外部董事之间的相互制衡；2）董事薪酬及支付方式；3）当董事们花在董事会事务上的时间受限时，如何确保董事会能够有效监督和管理公司。外部董事通常是其他大型企业的现任或退休总裁，他们在决策时更加客观，也相对独立，犹如公司的一股清流，但他们可能

对公司的真实情况和重大事项并不知情。

管理层

公司高层管理人员，包括首席执行官、首席财务官（CFO）和首席运营官（COO），他们不仅对公司业务了如指掌，也是**公司战略和经营目标的制定者**。理论上，作为契约的一方，他们是股东的代理人，以股东财富最大化为目标。高管们享有工资、奖金和股票期权带来的激励薪酬，同时也要面临被解雇的风险。然而在实践上，他们也有自身的"目标函数"，可能以权谋私。这正是公司董事会和其他利益相关者需要对其进行监督的原因。但非常有意思的是，在《财富》500强中，超过80%的公司的首席执行官同时兼任董事会主席。许多研究表明，这种安排并不符合公司及其股东的最优利益。

股票市场

任何国家任何地方的股票市场都变幻莫测，身在其中的上市公司难免受到影响。不论是纽约证券交易所，还是墨西哥证券交易所，**股票市场都会如实反映公司的前景和业绩**。买卖客户公司股票的投资银行雇佣大量的专业分析师，人们（有时天真地）期望这些分析师可以根据财务报表和其他公开信息实时评估上市公司的战略、战略实施计划和财务绩效。

债务市场

债务市场（银行、提供贷款和提供各种形式证券化债务如公司债的金融机构）对股东价值并**不关心，而只对公司的财务状况，特别是公司是否具备及时偿还债务的能力感兴趣**。尽管如此，债务市场和股票市场一样，需要公司提供财务报表和其他信息（公开或未公开的）。

审计师和法律顾问

审计师和法律顾问对公司财务报表的公允性、合法性和准确性发表专业意见。在审计过程中，审计师要判断企业会计记录和实务是否遵循了美国公认会计准则（generally accepted accounting principles，GAAP）对会计程序的要求。但审计师和法律顾问是由他们所审计的企业聘请的，这往往使审计师和法律顾问陷入尴尬境地。近年来，各大会计师事务所都在想方设法拓展审计以外的有偿咨询业务，但这经常导致利益冲突。

监管部门

在美国和其他国家，公众公司必须接受政府部门和非政府组织的监管。在美国，证券交易委员会（SEC）就是一个重要的监管机构，监管内容既包括股票市场上的公司行为，也包括股票市场上的各种投资者行为。**证券交易委员会和国外的类似监管机构强制要求公司定期披露财务信息，目的是让所有的投资者都可以公开、公平、公正地评估投资价值**。一般而言，这种常规性信息披露的重点监管对象包括：信息披露的时间、内容及对象。

在美国，公众公司还要遵守证券交易所制定的法律法规（美国最大的证券交易所包括：纽约证券交易所/泛欧证券交易所、美国证券交易所和纳斯达克）。这些组织通常被归类为自律性监管部门，它们为成员公司和自身的股票交易行为制定行为准则，并付诸实施。

4.4.3　比较公司治理[①]

对公司治理的需求源于所有权与经营权的分离。不同文化对公司利益相关者的范围及其重要性有不同的理解，导致不同国家或不同经济体的公司治理实践也存在差异。在图表4-6中，我们

① 关于比较公司治理的综述，可参见 R. La Porta, F. Lopez-de-Silanes and A. Schieifer, "Corporate Ownership Around the World," *Journal of Finance*, 54, 1999, pp. 471–517; A. Schleifer and R. Vishny, "A Survey of Corporate Governance," *Journal of Finance*, 52, 1997, pp. 737–783, and the Winter 2007 issue, Volume 19 Number 1, of the *Journal of Applied Corporate Finance*.

根据公司所有权的演变历史，对各国（地区）的公司治理制度进行了分类。

图表 4-6   **比较公司治理制度**

制度基础	基本特征	举例
市场主导	有效的股票市场；所有权分散	美国、英国、加拿大、澳大利亚
家族主导	所有权和经营权合一； 家族/多数股东和少数股东	中国香港和台湾、印度尼西亚、马来西亚、新加坡、法国
银行主导	政府对银行贷款的影响；缺乏透明度；家族控制	韩国、德国
政府主导	缺乏透明度；没有少数股东的影响	中国大陆、俄罗斯

资料来源：Based on "Corporate Governance in Emerging Markets: An Asian Perspective," by J. Tsui and T. Shieh, in *International Finance and Accounting Handbook*, Third Edition, Frederick D. S. Choi, editor, Wiley, 2004, pp. 24.4–24.6.

市场主导的公司治理机制（market-based regimes），例如美国、加拿大和英国的公司治理机制，其特征之一是拥有相对有效的资本市场，其特征之二是其上市公司的股权相当分散。家族主导的公司治理机制（family-based systems），如许多新兴市场国家、亚洲国家和拉美国家中的典型公司治理制度，其不仅在初期以高度集中的家族所有权为主要特征（相对于合伙企业或不以家族为主导的小型投资集团），即使在公开上市之后，也在很大程度上继续被家族控制。银行主导的公司治理机制（bank-based regimes）和政府主导的公司治理机制（government-based regimes）体现在国有企业占主导地位的市场中，其公开发行的股票比例很低，对企业经营的影响甚微。

纵观全球公司治理原则和实践的演变，**公司治理机制至少是下列四个主要因素相互作用的结果：1）金融市场发展；2）经营权与所有权的分离程度；3）信息披露和透明度；4）法律制度的历史发展。**

金融市场发展

资本市场的深度和广度是公司治理演变的关键因素。资本市场发展缓慢的国家，例如新兴市场国家，或利用相邻资本市场迅速工业化的市场国家（如西欧各国），不大可能形成大规模的公开股票市场体系。其公司股票无法大规模公开交易，而且其公司的股权高度集中，难以形成严格规范的治理。

经营权与所有权的分离程度

在企业所有权与经营权高度统一的国家以及文化中，因为代理问题导致的治理失败并不常见。但在美国，其经营权和所有权相对分离（并且广泛分散），协同管理层和所有者的目标就困难得多。

信息披露和透明度

各国对公司经营情况和财务绩效披露范围的要求差异很大。信息披露的各国实践体现了广泛的文化与社会力量的差异，包括对外发行股权的比例，政府对投资者利益的保护程度，该文化地区中家族企业和国有企业是否具有主导地位。透明度是与信息披露相类似的一个概念，它反映了企业组织内部决策过程的透明程度。

法律制度的历史发展

相对于以民法典（所谓的《拿破仑法典》）为法律制度基础的国家（以法国和德国为典型），以英国普通法为法律制度基础的国家对投资者的保护程度更高。英国普通法一般是英国和前英国殖民地国家，包括美国和加拿大等国的法律制度基础。《拿破仑法典》通常是前法国殖民地和拿破仑统治下的欧洲国家，例如比利时、西班牙和意大利等国的法律制度基础。在投资者利益保护较差的国家中，集中的股权结构成为保护投资者利益的一种替代制度。值得注意的是，我们没有讨论企业的负责人和领导者的道德问题。到目前为止，文中介绍的公司治理原则和实践都假定他们追求公平和正义。当然，事实可能并非如此。

学与思4-15 在许多国家，企业拥有两种或多种有着不同投票权的普通股是很普遍的现象。在美国，企业通常拥有一股一票的普通股。这两种制度各自的优缺点是什么？

学与思4-16 投资者越来越关注公司治理，特别是当公司发生兼并与收购时。假设你是一名管理顾问，正在为一家跨国公司提供咨询，该公司正试图收购另一个新兴市场中的本土企业，你将如何评价该本土企业的公司治理状况？

4.4.4 家族企业和公司治理

尽管许多关于公司治理的讨论都集中于以市场为主导的公司治理机制（见图表4-6），但有证据表明，由家族主导的公司治理机制在全球范围内非常普遍和重要。例如，在一项对13个西欧国家的5 232家公司的研究中，44%的样本公司是家族控股企业，而只有37%的样本公司是股权分散的公众公司。[①]

全球财务管理实务4-1中特别强调了家族势力的发展史，一些家族势力和家族卡特尔组织控制了意大利经济近60年的时间。

课堂延展阅读
全球财务管理实务4-1　　　　意大利公司交叉持股和Salatto Buono财团的下场

学与思4-17 由家族控制的企业和股权分散的公开上市企业相比，其目标和动机的主要区别是什么？

4.4.5 失败的公司治理

近年来，公司治理失败的事件层出不穷，美国的安然事件就是臭名昭著的案例之一。除了安然公司，被揭露出有重大会计和披露问题以及高管掠夺股东财富的公司还有世通（WorldCom）、帕玛拉特（Parmalat）、泰科（Tyco）、阿德菲亚（Adelphia）和南方保健（HealthSouth）。

在所有这些案例中，像安达信（Arthur Andersen）这样声名显赫的会计师事务所，可能为了保住利润丰厚的咨询业务而丧失独立性，从而对公司的各种违法行为熟视无睹，或者只是对其轻描淡写。此外，证券分析师和银行甚至怂恿投资者购买他们明知道风险很高甚至濒临破产企业的股票或债券。更加过分的是，在公司垮掉之前，那些理应为公司破产承当管理责任的高级经理人员竟然提前出售公司股票，赚得盆满钵满，甚至在领取了巨额的离职补偿金之后一走了之。

学与思4-18 据称，公司治理失败阻碍了新兴市场中某些著名企业的成长和盈利。试列举一些导致这些公司治理失败的典型原因。

---

① Mara Faccio and Larry H. P. Lang，"The Ultimate Ownership of Western European Corporations，" *Journal of Financial Economics*，65（2002），p. 365. see also: Torben Pedersen and Steen Thomsen，"European Patterns of Corporate Ownership，" *Journal of International Business Studies*，Vol. 28，No. 4，Fourth Quarter，1997 pp. 759-778.

学与思 4-19 近年来，欧美国家公司治理失败的主要原因是什么？

4.4.6 良好的公司治理和公司声誉

良好的公司治理重要吗？这确实是个难题，而且仅仅根据公司股价的历史表现很难得到真实的答案。例如，只要安然公司的股票价格持续攀升，公司所有的利益相关者很可能对公司透明度、会计规范，甚至是财务指标等视而不见。然而，欺诈、造假和公司治理的大面积"瘫痪"最终导致了安然公司的破产，不仅令投资者损失惨重，也让安然公司成千上万名员工一夜之间失去了工作、收入。可见，良好的公司治理的确非常重要。

公司可以通过公开渠道发布其所采纳的一整套治理政策与实践，从而向投资者传递公司治理良好的信号。当我们浏览公司网页时，就会发现几乎所有的上市公司都已经采取了这一措施。这也使得各国的公司治理日益趋同，并形成了一套标准化的公司治理准则，正如图表4-7所示，这些公司治理实践中日益形成的共识——董事会构成、高管薪酬、公司审计、财务报告和信息披露——已经被广泛接受。

图表 4-7   良好公司治理的共识

尽管世界范围内的公司治理存在许多文化和法律方面的差异，但人们对于建立良好公司治理的关键要素有了越来越多的共识。

■ **董事会构成**。董事会成员包括外部和内部董事。更重要的是，受聘的董事会成员不仅要知道自己的责任和义务，也应该具备公司经营的丰富经验。

■ **高管薪酬**。高管薪酬应该和公司业绩（财务绩效或其他）挂钩，并接受董事会的密切监督，同时向股东和投资者公开披露。

■ **公司审计**。对公司财务报表进行实时的独立审计，审计过程如果接受董事会（主要由外部董事组成）的监督，则其会有明显的改进。

■ **财务报告和信息披露**。及时报告公司财务与非财务的经营成果，投资者可以使用这些信息评估公司前景。同时，也应该包括公司透明度，以及对潜在重要不利因素的及时报告。

一个最后的国际忠告：公司治理的质量和信誉度仍然受制于所在国的公司法等法律对债权人和投资者权利（包括小股东）的保护程度，以及能否适当执法的国家能力。

原则上，良好的公司治理（无论是国家还是公司层面）被认为与公司资本成本（更低）、股东的投资收益（更高），以及公司盈利能力（更强）密切相关。此外，国家治理的作用也不能忽视，它会影响国际投资者的投资决策。但非常令人纳闷的是，大量的学术研究表明，公司治理好坏不仅与公司声誉关系甚微，也与公司报表重述的发生概率、法律诉讼数量、资产收益率，以及一系列的股票价格业绩指标等都没有显著的相关关系。

英美市场以外的公司，还可以通过推举一名或多名英美公司董事向投资者传递公司治理良好的信号。奥克塞尔海姆和兰德伊（Oxelheim and Randoy）以挪威和瑞典的一组企业为研究样本，证明了这一观点。[1]研究发现这些企业具有更高的市场价值，"引进英美公司董事"的治理制度被认为有更好的监督效果，以及更强的投资者认同感。对相同样本企业的后续研究还发现，这些公司的首席执行官们获得了更高的报酬，因为随着监督强度的提高，投资者对公司业绩的容忍度也提高了。[2]

学与思 4-20 市场是否愿意为良好的公司治理支付溢价？

---

[1]　Lars Oxelheim and Trond Randoy, "The Impact of Foreign Board Membership on Firm Value," *Journal of Banking and Finance*, Volume 27, Number 12, 2003, pp. 2 369–2 392.

[2]　Lars Oxelheim and Trond Randoy, "The Anglo-American Financial Influence on CEO Compensation in Non-Anglo-American Firms," *Journal of International Business Studies*, Volume 36, Number 4, July 2005, pp. 470–483.

4.4.7　公司治理改革

在英国和美国，公司治理的核心正是代理理论试图解决的问题：在股权高度分散的情况下，企业应如何协调管理层和股东的利益？因为单一股东缺乏监督管理层的资源或能力，英美市场只能依靠监管机构解决委托-代理产生的监督与利益冲突问题。在英美以外的国家（包括加拿大），大多数的公司存在大型控股股东，这些大股东能够比监管机构更加积极有效地监督管理层。然而，控股股东的存在产生了另一个代理问题：如何保护小股东的利益使其免受大股东的侵占？

近年来，美国和加拿大的公司治理改革集中在加强法律监管方面。其他国家的公司治理改革主要围绕公司治理原则的制定与实施，而不是更严格的法律监管。制定原则的改革措施比较温和，成本更低，而且与现有的监管机构产生利益冲突的可能性更小。

《萨班斯-奥克斯利法案》

2002 年 7 月，美国国会通过了《萨班斯-奥克斯利法案》（Sarbanes-Oxley Act，SOX），该法案是根据两名主要发起议员的名字命名的。**SOX 包括四项主要要求：（1）公开上市公司的首席执行官和首席财务官必须保证公司所发布的财务报表的真实性；（2）公司董事会必须设立由独立董事（外部董事）组成的审计委员会和薪酬委员会；（3）禁止公司向公司高管人员和董事提供贷款；（4）公司必须对防止会计欺诈的内部财务控制系统进行测试。**

第一项要求——所谓的**签名条款**（signature clause），已经对公司编制财务报表的方式产生了重要影响。这项要求意在使公司高管人员产生一种责任感和义务感（因此会减少"审计师签字了"这样的托词）。同时，公司自行在组织内部层层向下推行相同的程序，这通常要求下级业务部门经理和总监在财务报表上签字。正如"全球财务管理实务 4-2"中所讨论的那样，尽管有这样那样的公司治理改革，关于什么是好的公司治理，人们一直争论不休。

管理不善可能导致管理层、股权结构甚至两者都发生变更。图表 4-8 展示了当股东对企业绩效不满时的可能行动。当对公司股价表现不满时，许多投资者通常会受传统文化和惯例的影响，在很长一段时间里忍气吞声。更为积极的做法是出售股份（用脚投票）。在第三种和第四种可能的行动中，也就是更换管理层和启动接管程序，管理层才会听到股东们更加响亮的不满"声音"。

课堂延展阅读

全球财务管理实务 4-2　　　　　　　　良好的公司治理全球通用吗？

图表 4-8　　　　　　　　　　　　股东不满时的可能行动

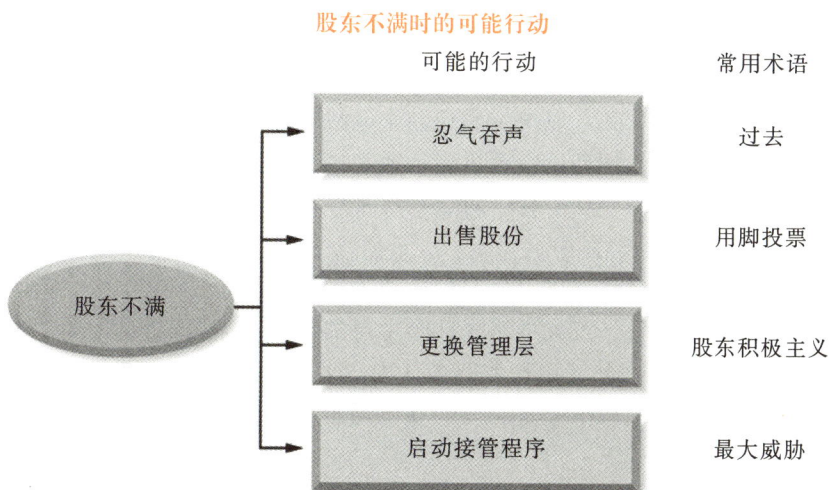

可能的行动	常用术语
忍气吞声	过去
出售股份	用脚投票
更换管理层	股东积极主义
启动接管程序	最大威胁

股东不满

重要的是公众公司的管理层以及董事会。要知道，如果他们经营失败，公司可能成为被敌意接管的目标公司。近年来，在美国以及其他国家，随着股权和对冲基金的快速增长，杠杆收购卷土重来，也让这种威胁变得越来越大。

学与思 4-21 如果股东对其公司不满，他们会采取什么行动？

学与思 4-22 随着美国爆发一系列的公司丑闻，美国政府推出了《萨班斯-奥克斯利法案》，试图进一步完善公司治理机制。但其他绝大多数国家并没有颁布类似的法案，仍旧依赖于缺乏约束力的公司治理准则。那么，应如何强化这些治理准则使其能够更好地发挥作用？

划重点

●绝大多数的商业企业起源于个人企业家（私有企业），或政府（国有企业）。无论企业性质如何，只要仍然聚焦于商业活动，随着企业的发展，就可能会通过首次公开发行股票（IPO）进行上市（售出全部或部分股份）。

●英美股市的特征是股权分散。在世界其他国家和地区，所有权通常掌握在控股股东手中。典型的控股股东为政府、机构、家族和财团。

●当企业所有权变得分散时，它通常由受雇的专业人员管理。职业经理人的利益可能并不完全与所有者的利益一致，因此会产生代理问题。

●英美市场有一种理念，即企业的目标应该遵循股东财富最大化（SWM）模型。更具体地说，企业应该努力让股东财富最大化，股东财富用给定风险水平下的资本利得与股利之和来衡量。

●在英美以外的市场，控股股东也尽量使长期股权收益最大化，但他们还同时顾及其他利益相关者的利益，包括雇员、客户、供应商、债权人、政府，以及社区。这被称为利益相关者资本主义模型。

●公众公司的股东收益包括股利形式的当期收入和股价上升带来的资本收益。私有企业则尽量最大化当期收入和可持续收入，因为私有企业没有股票价格。

●跨国企业必须自行确定如何在三个常见的经营目标之间取得合适的平衡：税后合并收入最大化；企业全球实际税负最小化；合理地将企业收入、现金流和可用资金在不同国家和币种之间进行配置。

●用于协调利益相关者权利关系以决定和控制企业战略方向和绩效的制度安排被称为公司治理。公司治理涵盖的方面包括代理理论，董事会构成和控制，文化、历史和制度变量。

●在英美以外市场的企业中存在一种"对股东更友好"的倾向，而与此同时，英美市场上的企业则变得 "对利益相关者更友好"。

●许多在美国、英国，以及欧盟国家发起的公司治理实践，包括董事会、高管薪酬、公司透明度、审计，以及小股东权利等，正在向当今几个主要的新兴市场国家传播。

●在一些国家和地区，这些公司治理实践被认为过度"入侵"，甚至有时会破坏企业的竞争力，这些国家和地区的企业逐渐减少了去国外一些市场上市的兴趣。

秒懂本章

股东更倾向于股东财富最大化的企业财务目标，但企业应兼顾利益相关者价值最大化的财务目标，以进行公司治理最佳实践。

计算分析题

使用下列股东收益率公式回答计算分析题 1 ~ 3。其中，P_t 为 t 时点的股票价格，D_t 为 t 时点支付的股利。

$$股东收益率 = \frac{D_2}{P_1} + \frac{P_2 - P_1}{P_1}$$

1.BritMart 公司的收益率。BritMart 公司股票是富时 100 指数的成分股之一，在过去 1 年，该公司股价从 21 英镑上涨到 23.5 英镑，那么在下列情况下，分别计算该公司的股东收益率：

a.公司没有支付股利；

b.公司决定支付每股 0.85 美元的股利；

c.公司支付股利，试将总收益率分为股息收益率和资本收益率。

2.Vaniteux 公司的收益率（A）。位于纽约的投资者 Spencer Grant 一直持有 100 股的 Vaniteux 公司股票，该法国公司于 2010 年 2 月上市。Spencer Grant 的买入价格为每股 17.25 欧元，当时的汇率是 1.360 美元/欧元。当前的股价为 28.33 欧元/股，美元对欧元的汇率跌至 1.4170 美元/欧元，则：

a.如果 Spencer Grant 以现行价格卖出股票，计算其资本收益率；

b.计算该期间欧元对美元的汇率变动比率；

c.计算 Spencer Grant 的总收益率。

3.Vaniteux 公司的收益率（B）。Spencer Grant 没有在前一题所述的时间段出售他的股票，他选择了等待，并期望发布季度公告后公司股价会上涨。事实表明，他的预期是对的，发布季报公告以后，公司股价涨至 31.14 欧元/股。当前的汇率为 1.3110 美元/欧元，他想重新计算该时点的投资收益率。

4.Vaniteux 公司的收益率（C）。使用习题 3 "Vaniteux 公司的收益率（B）"中的汇率和股票价格，计算位于巴黎的投资者 Launent Vuagnoux 的投资收益率。

5.建房互助协会（Building Society）的股利。下表是建房互助协会的股票价格（每股），该公司于 2004 年 9 月上市，公司管理层计划每年支付每股 0.5 英镑的固定现金股利。该固定股利在过去几年间的收益率如何变化？

日期	股票价格
9 月 4 日	GBP 200
9 月 5 日	GBP 205
9 月 6 日	GBP 216
9 月 7 日	GBP 196
9 月 8 日	GBP 150
9 月 9 日	GBP 193

6.Deutschelander 公司的收益率。Deutschelander 汽车公司刚刚发行了新股，并承诺每年支付每

股1.5英镑的现金股利，分析师预测1年后公司股价会从100英镑升至120英镑。投资者预期德国的汽车公司的年收益率为12%，假设你的投资组合中的股票持有期限是1年，该股票是否可以买入？

7.制药企业的收购。市盈率（P/E）可用于比较同行业内不同公司的估值水平。更高的市盈率意味着投资者对于每一瑞士法郎的净利润愿意支付更高的价格，也反映他们对公司前景有着美好的预期。由于制药企业较高的研发投入，制药企业通常比其他行业具有更高的市盈率。

SmallPhar和EuroPhar是假想的两家在苏黎世上市的瑞士制药公司。EuroPhar公司正在考虑收购SmallPhar公司，以发挥其快速增长的优势，以及新药生产方面的潜力。两家公司的相关财务信息如下：

公司	P/E比率	股票数量	每股市场价格	净利润	每股收益（EPS）	总市场价值
SmallPhar	35	2 000 000	CHF35	CHF2 000 000	CHF1.0	CHF70 000 000
EuroPhar	20	10 000 000	CHF30	CHF15 000 000	CHF1.5	CHF300 000 000

EuroPhar提供了市场价值为75 000 000瑞士法郎的2 500 000股公司股票，并对所有SmallPhar股票提供了7.14%的溢价，则：

a.EuroPhar公司在收购完成后的流通股股数是多少？

b.计算两家公司在收购完成后的合并收益。

c.假设市场继续维持20倍的市盈率，EuroPhar公司新的市场价值将是多少？

d.EuroPhar公司新的每股收益是多少？

e.EuroPhar公司新的每股市场价值是多少？

f.EuroPhar公司股价上涨了多少？

g.假设市场对并购持负面观点，并将EuroPhar公司的市盈率降到10倍。新的每股市价将是多少？损失百分比是多少？

8.公司治理：夸大收益。由于会计错误或欺诈，许多企业，特别是美国企业，不得不降低之前报告的收益。假设EuroPhar公司不得不将之前报告的15 000 000美元收益降低到10 000 000美元。其并购之前的新市场价值应为多少？它是否还能进行并购？

9.Betrand制造公司（A）。在许多国家，双重普通股是很普遍的。假设Betrand制造公司的资本结构（以账面价值列示）如下：

Betrand制造公司	当地货币（百万美元）
长期债务	200
留存收益	300
实收普通股：100万股A股	100
实收普通股：400万股B股	400
长期资本合计	1 000

每股A股有10份投票权，每股B股有1份投票权，则：

a.A股筹集的总长期资本占比是多少？

b.A股代表的投票权占比是多少？

c.A股应该得到的股利占比是多少？

10.Betrand制造公司（B）。假设Betrand制造公司的全部债务和权益价值与第9题相同，唯一的不同是A股和B股拥有相同的投票权，即每股一票，则：

　　a.A股筹集的总长期资本占比是多少？

　　b.A股代表的投票权占比是多少？

　　c.A股应该得到的股利占比是多少？

11.Kingdom企业（A）：欧洲地区的销售。Kingdom是一家出口消费者电子产品的中国香港公司，其所有财务报表都用港元（HK$）核算。该公司的欧洲销售总监Phillipp Bosse由于业绩不佳而受到批评。他不认同这种批评，辩称近年来欧洲的销量稳步上升。谁说得对？

	2008年	2009年	2010年
销售收入总额（港元）	171 275	187 500	244 900
欧洲销售收入占比	48%	44%	39%
欧洲销售收入总额	——	——	——
平均汇率（港元/欧元）	11.5	11.7	10.3
欧洲销售收入（欧元）	——	——	——
欧洲销售收入增长率	——	——	——

12.Kingdom企业（B）：日元债。Kingdom企业几年前通过一项长期贷款协议借入日元。然而，该公司的新任首席财务官认为，最初被看作相对"便宜的债务"如今变得不再便宜了。你认为呢？

	2008年	2009年	2010年
每年债务偿还金额（¥）	12 000 000	12 000 000	12 000 000
平均汇率；¥/HK$	12.3	12.1	11.4
每年债务金额，HK$	——	——	——

13.美泰公司（Mattel）的全球业绩。2001—2004年间，美泰（美国）在主要国际区域的销售取得了显著增长。在向美国证券交易委员会提交的材料中，该公司报告了区域销售额和汇率变动导致的区域销售额百分比变化，则：

　　a.按美元计算，各区域的销售额变动百分比是多少？

　　b.受各区域货币变动影响的销售额变动百分比是多少？

　　c.汇率变动对美泰公司2001—2004年的合并销售额的水平和增长率的相对影响是什么？

美泰公司的全球销售额

（千美元）	2001年	2002年	2003年	2004年
欧洲	$933 450	$1 126 177	$1 356 131	$1 410 525
拉丁美洲	471 301	466 349	462 167	524 481
加拿大	155 791	161 469	185 831	197 655
亚太地区	119 749	136 944	171 580	203 575
国际销售总额	$1 680 291	$1 890 939	$2 175 709	$2 336 236
美国	3 392 284	3 422 405	3 203 814	3 209 862
销售调整额	（3 846 51）	（4 280 04）	（419 423）	（443 312）
销售净额合计	$4 687 924	$4 885 340	$4 960 100	$5 102 786

汇率变动比例

地区	2001—2002 年	2002—2003 年	2003—3004 年
欧洲	7.0%	15.0%	8.0%
拉丁美洲	−9.0%	−6.0%	−2.0%
加拿大	0.0%	11.0%	5.0%
亚太地区	3.0%	13.0%	6.0%

资料来源：Mattel，Annual Report，2002，2003，2004.

14.中国采购与人民币。位于科罗拉多州丹佛市的哈里森设备公司（Harrison Equipment）所有的液压管都是从中国的制造商处购买的。2005年6月，公司完成了一项内部计划，准备进行六西格玛精益生产。在1年内，已完工的油田液压系统的成本下降了4%，从880 000美元降低到844 800美元。现在，公司担心这些系统中用到的全部液压管（占总成本的20%）将受到人民币潜在升值的冲击。如果人民币对美元升值12%，那么对整个系统成本的影响是什么？

网络练习题

1.跨国企业与全球资产/收入。跨国企业之间的差异是惊人的。这里举出了一些企业的例子，请从它们的网站上找出这些企业从注册地所在国之外取得的收入所占的比例。

a.沃尔特·迪士尼：http：//disney.go.com/

b.雀巢：http：//www.nestle.com/

c.英特尔：http：//www.intel.com/

d.三菱汽车：http：//www.Mitsubishl.com/

e.诺基亚：http：//www.nokia.com/

f.英荷壳牌：http：//www.shell.com/

请注意现在国际企业通过互联网开展业务的方式。以上的企业主页中，有几个允许用户选择网页显示语言。

2.公司治理。在当前的商业领域内，没有比公司治理更热门的话题了。利用下列网站，浏览近期研究、当前发生的事件和新消息，以及其他与企业和利益相关者有关的信息。

公司治理网：http：//www.corpgov.net/

3.《财富》世界500强。《财富》杂志由于发布全球市场财富500强公司排名而闻名遐迩。在《财富》杂志的网站找出在其最新一期排名中，哪些国家的企业进入了榜单。

《财富》杂志：http：//www.Fortune.com/fortune/

4.《金融时报》。《金融时报》的总部位于国际金融中心——伦敦，它的网站上有丰富的信息。在访问主页之后，可以访问市场数据与工具栏目，分析最近的全球股票市场活动。请注意世界上主要股票市场每日变动的相似性。

《金融时报》：http：//www.ft.com

本章逻辑框架图

图表 4-9

本章逻辑框架图

财务目标与公司治理

- （由来）企业所有者与控股股东 —— 所有者 —— 个人企业家、家族（私有企业）；政府（国有企业）—— 控股股东；诸多股东（公众公司）

- （矛盾）代理问题 —— 当企业由受雇的职业经理人管理时，其利益并不完全与所有者的利益一致，就会产生代理问题

- （解决）企业财务目标 —— 股东财富最大化：企业应努力让股东价值最大化，股东价值用给定风险水平下的资本利得与股利之和来衡量；利益相关者价值最大化：控股股东应尽量使长期股权收益最大化，但还需同时顾及其他利益相关者的利益

- （差异）公众公司与私有企业股东收益差异 —— 公众公司的股东收益包括股利形式的当期收入、股价上升带来的资本收益；私有企业的股东收益为当期收入与可持续收入

- （权衡）跨国企业经营目标 —— 税后合并收入最大化；企业全球实际税负最小化；合理地将收入、现金流和可用资金在不同国家和币种间进行配置

- （实践）公司治理最佳实践 —— 股东利益优先、董事会尽责、股东平等、兼顾利益相关者的权利、信息披露

第2部分

外汇理论和市场

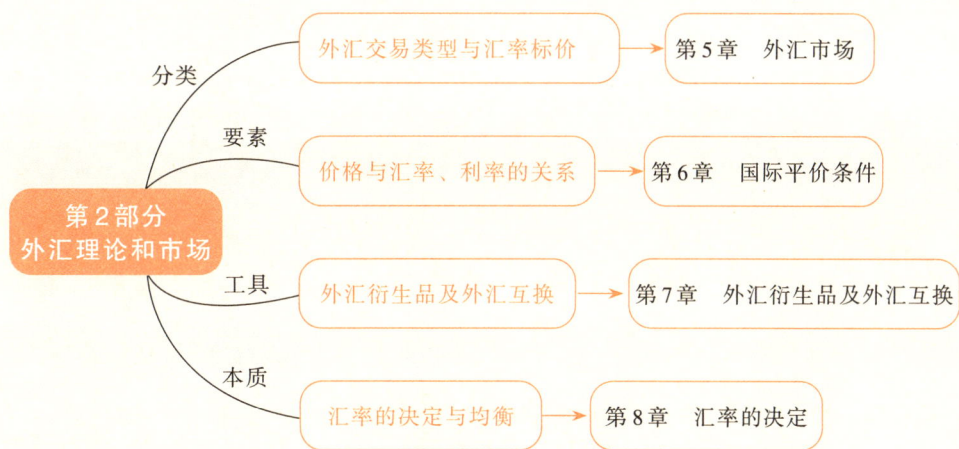

分类　要素　工具　本质

第2部分
外汇理论和市场

第2部分逻辑框架图

第5章

外汇市场

> 颠覆资本主义制度最好的办法是使其货币贬值。利用持续的通货膨胀，政府可以秘密地、不为人知地没收公民的大笔财富。
>
> ——约翰·梅纳德·凯恩斯（John Maynard Keynes）

学习目标

- 考查全球外汇市场交易的内容、地点、时间和原因
- 了解即期、远期、掉期和其他类型的外汇金融工具的定义与区别
- 学习货币交易商、金融机构和各类交易商进行外汇交易时所使用的汇率标价方式
- 分析汇率变动与交叉汇率之间的联动关系，以及跨市场套利机会

课前阅读与思考

外汇市场（foreign exchange market）提供了一种有形和制度性的结构，通过这种结构，一个国家的货币得以与另一个国家的货币进行交换——确定汇率，完成外汇交易。**外汇**（foreign exchange）是指外国的货币，即外币形式的银行余额、纸币、支票和汇票。**外汇交易**（foreign exchange transaction）是一定数量的某种货币以特定汇率兑换其他货币的一种买卖双方之间的协议。本章将讨论外汇市场的以下特征：

- 外汇市场的三个主要功能
- 外汇市场的参与者
- 外汇市场巨大的日交易量
- 外汇市场的地理范围
- 交易类型，包括即期、远期和掉期交易
- 汇率标价方式

学与思5-1 定义下列术语：

　　　a. 外汇市场；

　　　b. 外汇交易；

　　　c. 外汇。

本章以引导案例"委内瑞拉玻利瓦尔黑市"开篇，该案例描述了一个贸易商在受限制的外汇

市场上试图获得硬通货时所面临的挑战。请带着你的思索和疑问，开启本章的学习和探索之旅吧！

委内瑞拉玻利瓦尔黑市

"有传言说，因为参与了1992年的政变活动，委内瑞拉总统乌戈·查韦斯（Hugo Chávez）在监狱里渡过了一年半的时间。在那里，他是一个如饥似渴的读者。可惜的是，他在监狱里对经济学的内容涉猎得不多，却学习了太多关于马基雅维利主义[2]的内容。"

——"委内瑞拉乌戈·查韦斯货币基金"，《经济学人》，2004年，2月13日。

2004年3月10日傍晚，圣地亚哥（Santiago）打开了他在委内瑞拉加拉加斯办公室的窗户，于是从广场上传来了各种声音——汽车喇叭声、抗议者敲打锅碗瓢盆的声音，以及街头小贩兜售商品的声音。自从2002年乌戈·查韦斯总统推行一套新的经济政策以来，这样的场景就成了加拉加斯城市生活的一部分。圣地亚哥叹了口气，回忆着原来的加拉加斯生活中的那种质朴。

圣地亚哥一度繁荣的医药分销业务迎来了艰难时期，自从2003年2月实施资本管控以来，美元变得非常难以获取。他被迫寻求各种各样的办法来获取美元——这些办法是非常昂贵的，且不总是合法的——导致其利润降低了50%。同时，近来委内瑞拉货币玻利瓦尔（Bs）一直贬值（一再地），也增大了他的压力。汇率导致了他的成本上升，这立刻挤压了他的利润空间。他找不到任何人借贷美元，而他的客户迫切需要商品供应，他将如何拿出30 000美元——硬通货——来支付他最近的订单呢？

政治混乱

自1998年当选以来，委内瑞拉总统乌戈·查韦斯的总统生涯一直是动荡的。他经历了多次罢免、辞职、政变和重新任命。整体来看，政治动荡对委内瑞拉的整体经济，尤其是它的货币，造成了巨大的损害。2001年，"反查韦斯政变"的短暂成功，以及他几乎立即重返政权，为削弱他的孤立主义经济和金融政策奠定了基础。

2003年1月21日，玻利瓦尔以创纪录的低汇率——Bs1 853/$收盘。第二天，乌戈·查韦斯总统将美元出售暂停了两周。几乎同一时间，一个委内瑞拉玻利瓦尔兑换外国货币（主要是美元）的非官方市场或黑市出现了。由于各类投资者都在寻求退出委内瑞拉市场的途径，或由于其为了获得继续开展业务所需的硬通货（正如圣地亚哥的情形），资本外逃升级导致了玻利瓦尔的黑市价格在几周内跌落为Bs2 500/$。随着市场崩溃和汇率下跌，委内瑞拉年通货膨胀率飙升至30%以上。

资本管控和外汇管理委员会

为了应对玻利瓦尔的下行压力，2003年2月5日，委内瑞拉政府颁布了《2003年外汇管理条例》，该条例采取了以下行动：

1. 将官方汇率设定为Bs1 596/$买入（买入价），Bs1 600/$卖出（卖出价）；
2. 建立外汇管理委员会（CADIVI）以控制外汇配给；

---

① 雷鸟国际工商管理学院版权所有，2004年。这个案例是Nian Camera，Thanh Nguyen和Jay Ward在Michael H. Moffett教授的指导下完成的，仅仅用于课堂讨论，不代表任何有效或者无效的管理。案例中涉及的主要人物的姓名均为化名。
② 译者注：尼科洛·马基雅维利，意大利政治思想家和历史学家，1469年诞生于意大利佛罗伦萨。其思想常被概括为马基雅维利主义。

3.实行严格的物价管制,以遏制由疲软的玻利瓦尔引发的通货膨胀和由外汇管制引起的进口紧缩。

外汇管理委员会(CADIVI)既是公民获取外币的官方手段,也是最便宜的手段。为了从外汇管理委员会获取其对美元的授权,申请者需要填写一系列的表格,然后提供前3年的纳税证明、商业和财产所有权证明、公司财产租赁协议、社会保险缴纳证明文件等。

然而,非官方地,还有一个没有公开的可获取外国货币的额外要求:上述授权只提供给查韦斯的拥护者。2003年8月,一封"反查韦斯"的请愿书被广泛传播,其收集到100万人的联名签章。尽管政府判定这个请愿书是无效的,但政府当局却利用这个签名名单构建了一个姓名和社会安全保障数据库,外汇管理委员会则利用这个数据库来复核硬通货请求者的身份。引用查韦斯总统的话说:"反叛者再也拿不到1美元了,玻利瓦尔属于人民。"

圣地亚哥的替代选择

圣地亚哥很难通过外汇管理委员会获得美元从而为他的进口订单付费,因为他签署了上述"反查韦斯"总统请愿书,他被作为"反查韦斯者"列入了外汇管理委员会的数据库,所以他不可能获得允许将玻利瓦尔兑换为美元。

上面提及的订单涉及的是一批美国供应商提供的价值30 000美元的药物,圣地亚哥计划将这些药物转售给另一个大的委内瑞拉客户,这个客户将分销这些药物。这不是圣地亚哥第一次被迫寻找替代资源来满足他对美元的需求,自从实施资本管控以来,寻找美元已经成为他每周一次的活动。除了官方程序——通过外汇管理委员会——以外,他也可以通过灰市或者黑市获取美元。

灰市:委内瑞拉全国电信股份公司(CANTV)股票

2003年5月,外汇管制实施3个月后,一扇机会之窗向委内瑞拉人打开了——一个让加拉加斯证券交易所的投资者规避严格的外汇管制的机会。这个"漏洞"规避了政府强加的限制,允许投资者在加拉加斯证交所购买主要电信公司CANTV的本地股票,然后将这些股票转换成在纽约证交所交易的以美元计价的美国存托凭证(ADRs)。

CANTV美国存托凭证在纽约证券交易所的担保人是纽约银行,纽约银行也是其在美国的存托凭证的管理人和保证人。在《2003年外汇管理条例》颁布之后,纽约银行暂停了其有关CANTV美国存托凭证的交易,希望确定在新的委内瑞拉货币管制下该交易的合法性。5月26日,得出在新法令下该交易确实合法的结论后,纽约银行恢复了有关CANTV的股票交易。在接下来的一周,CANTV的股票价格和交易量飙升。[①]

CANTV的股价很快成为计算灰市的隐含汇率的主要方法。比如,2004年2月6日,CANTV在加拉加斯证券交易所的股票收盘价为Bs7 945/股,同一天,CANTV在纽约证券交易所的美国存托凭证的收盘价为18.84美元/ADR。也就是说,纽约证券交易所的每1份ADR等于CANTV在加拉加斯交易所的7股股票。灰市的隐含汇率计算如下:

$$灰市隐含汇率 = \frac{7 \times Bs7\,945/股}{\$18.84/ADR} = Bs2\,952/\$$$

同一天的官方汇率是Bs1 598/\$,这意味着灰市上玻利瓦尔对美元的报价,比委内瑞拉政府宣称的货币价值低46%。图表5A描绘了2002年1月到2004年3月的官方汇率和灰市汇率(用CANTV股价计算的),官方汇率和灰市汇率在2003年2月开始背离,这与资本管控的实施时间

---

① 实际上,由于被作为一种汇率机制,CANTV的股价从2002年到2004年持续上涨,委内瑞拉的个人和组织将CANTV的美国存托凭证(ADRs)作为获取美元的一种手段,这通常被描述为"不违法"。

是一致的。[①]

图表 5A　　　　　　官方汇率和灰市汇率，委内瑞拉玻利瓦尔/美元

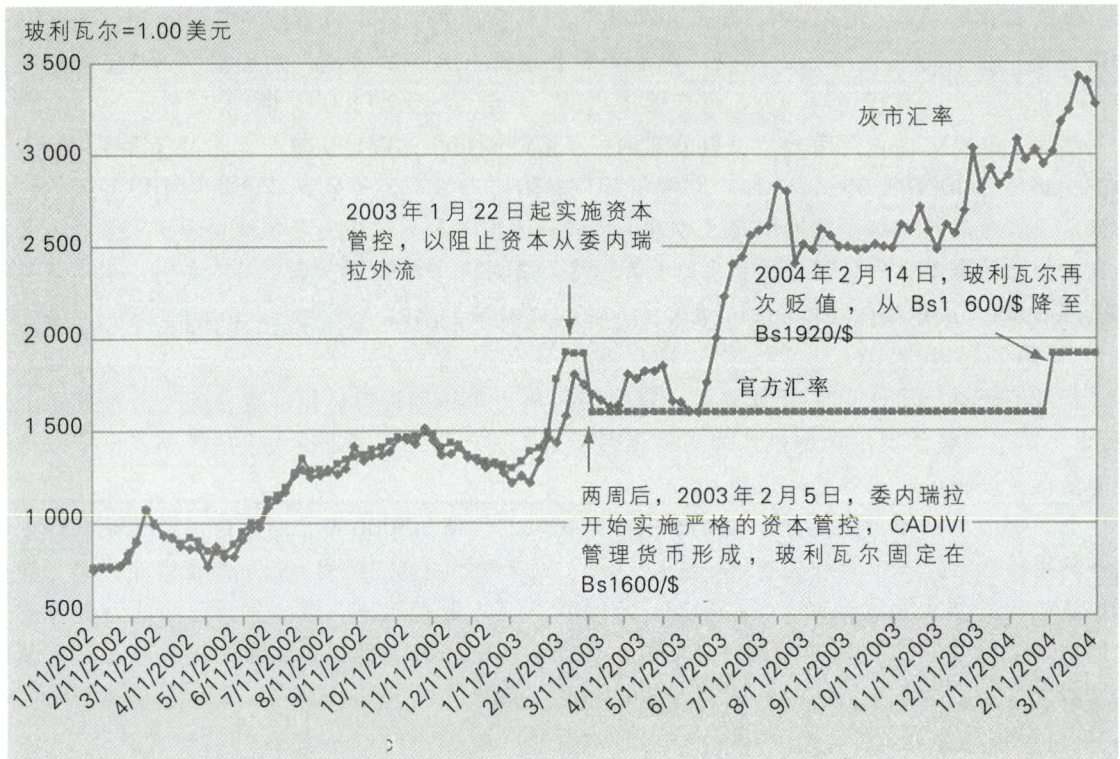

玻利瓦尔=1.00 美元

灰市汇率

2003 年 1 月 22 日起实施资本管控，以阻止资本从委内瑞拉外流

2004 年 2 月 14 日，玻利瓦尔再次贬值，从 Bs1 600/\$ 降至 Bs1920/\$

官方汇率

两周后，2003 年 2 月 5 日，委内瑞拉开始实施严格的资本管控，CADIVI 管理货币形成，玻利瓦尔固定在 Bs1600/\$

注意：所有的价格和汇率都是周五的收盘价。

黑市

委内瑞拉人获取硬通货的第三种办法是通过迅速扩张的黑市。与世界上其他所有的黑市一样，其黑市也是"地下"且非法的。然而，使用同时持有美元离岸账户的委内瑞拉证券经纪人或银行的服务，是非常复杂的。黑市经纪人的选择是非常关键的，倘若未能合理地完成交易，其将会失去合法的资源。

如果圣地亚哥想换得美元，他会在委内瑞拉经纪人的账户中存入玻利瓦尔。约定的黑市汇率是在存款当天确定的，其通常在来自于 CANTV 股价的灰市汇率的上下 20% 的范围内浮动。然后，他将获得一个委内瑞拉境外的以美元计价的约定金额的银行账户，交易平均两个工作日就可以完成。非官方的黑市汇率是 Bs3 300/\$。

2004 年早期，查韦斯总统要求委内瑞拉中央银行从其 210 亿美元外汇储备中拿出 10 亿美元给他，声称这些钱实际上是人民的，他希望拿出一部分投资于农业领域，但是中央银行拒绝了。为了在寻求资金方面不再受到阻碍，2004 年 2 月 9 日，查韦斯政府再一次宣布货币贬值，玻利瓦尔贬值了 17%，其官方价值从 Bs1 600/\$ 下降到 Bs1 920/\$（见图表 5A）。鉴于委内瑞拉所有的石油出口都是以美元卖出的，玻利瓦尔的贬值意味着国家石油出口的收入同玻利瓦尔贬值的幅度一样，增长了 17%。

查韦斯政府声称货币贬值是必要的，因为根据财政部长 Tobias Nobriega 所说，玻利瓦尔是

[①]　2003 年 11 月 26 日，摩根·士丹利资本国际宣布，基于 CANTV 股票在当地市场的玻利瓦尔价格与其在美国市场的 ADR 的美元价格关系，将委内瑞拉玻利瓦尔的标准即期汇率改为名义汇率。

"一个不能被冻结的变量，否则可能损害出口，并对国际收支平衡产生压力"。然而，分析师们指出，实际上委内瑞拉政府有效地控制着它的国际收支平衡：石油是该国的主要出口产品，政府保持对进口所需的硬通货的官方准入的控制权，中央银行的外汇储备现在超过了210亿美元。

不清楚查韦斯总统是否知道，在短短3年内，委内瑞拉人民因按美元计算的储蓄和收入被削减了一半而遭受了多大的打击。或许，政治经济学专业的同学相信，玻利瓦尔贬值可以让每个人都更富有。但是，一个必然的结论是，他已认识到，货币贬值是为他的"玻利瓦尔使命"[1]所付出的代价，政府项目可能会让他的声望恢复足够长的时间，让他能幸免于被罢职，或幸免于因一个鲁莽的决策而被打压。

——"委内瑞拉乌戈·查韦斯货币基金"，《华尔街日报》（东方版），2004年2月13日，A13页。

濒临尾声

3月10日下午，圣地亚哥收到了来自外汇管理委员会的确认函，他最新的换取美元的申请被核准了，他将以Bs1 920/$的官方汇率换得10 000美元。圣地亚哥将他的好运归功于他向外汇管理委员会的内部人员额外支付了每1美元500玻利瓦尔的费用以求加速通过他的请求，他面带微笑地说："查韦斯也需要赚钱"。

街道上的声音随着日落逐渐消逝。圣地亚哥是时候作出一些决定了，没有任何一个替代选择是"无代价"的，如果他要保住自己的生意，玻利瓦尔必须以一定的代价来获得。

问题

1.为什么一个国家会实施资本管控，比如委内瑞拉？
2.在上述委内瑞拉的案例中，灰市和黑市的区别是什么？
3.为圣地亚哥的选择创建一个财务分析，就针对他的问题提出解决建议。

后记

虽然查韦斯总统于2013年逝世，委内瑞拉玻利瓦尔却一再贬值。虽然从案例开始，其便被命名为"强势玻利瓦尔"，但它仍然是一种被政府高估并被限制兑换的货币，因此它持续导致了双重活动——官方的和非官方的。

5.1　外汇市场的功能

货币作为一种被接受的商品、服务，甚至有时是偿还债务的支付手段，其有三个基本功能：记账单位，价值存储，交换媒介。**外汇市场是参与者通过交换货币来转移国家之间的购买力、获取或提供国际贸易交易信贷、最大限度地降低汇率风险的机制。**

■ 购买力的转移是必要的，因为参与国际贸易和资本交易的各方通常生活在不同的国家，使用不同的本国货币。而每一方都想用自己的货币进行交易，但贸易或资本交易只能以一种货币开具发票。因此，至少一方必须以外币进行交易。

■ 由于国家之间的物流需要时间，所以在途存货必须得到资金支持。外汇市场提供了信贷来源，如可用于国际贸易融资的银行承兑汇票和信用证等专门工具。

■ 外汇市场提供了"对冲[2]"功能，可以将外汇风险转移给更愿意承担风险的其他人。

---

① 译者注："玻利瓦尔使命"是在委内瑞拉前总统查韦斯政权下实施的一系列30多个社会项目，名字取自解放南美大陆的英雄人物西蒙·玻利瓦尔（Simón Bolívar），这些社会项目聚焦于社会公正、社会福利、反贫困、教育和征兵等。
② 译者注：hedging——对冲或套期保值。

学与思5-2 外汇市场的三种主要功能是什么？

5.2 外汇市场的结构

像所有的市场一样，外汇市场随着时间的推移也发生了重大变化。从佛罗伦萨和威尼斯街道上的摊位，到20世纪伦敦和纽约的交易室，外汇市场的基础都是供求关系、市场信息、预期，以及谈判实力。

全球外汇市场如今正经历着翻天覆地的变化，而且涉及市场的方方面面——时间、地点、参与者、目的、工具。推动外汇市场变化的基本因素是：电子交易平台、算法交易程序和惯例，以及作用越来越大的作为资产类别的货币。这些力量结合其他驱动因素，扩大了外汇市场的深度、广度和范围。

5.2.1 外汇交易时间

外汇市场遍布全球，每个工作日的每个小时都有价格变动和货币交易。如图表5-1所示，**世界交易日每天早上从悉尼和东京开始，向西移动到中国香港和新加坡，传到中东，转向欧洲的主要市场法兰克福、苏黎世和伦敦等，再跨越大西洋到纽约，然后继续向西到芝加哥，并在旧金山和洛杉矶结束。**许多大型国际银行在每个地理上的主要交易中心都设有外汇交易室，以便每天24小时为客户和他们自己（所谓的自营交易）提供服务。

尽管全球货币交易确实是每天24小时都在进行，但是24小时内部分时段的交易比其他时段的交易更为繁忙。历史上，伦敦和纽约一直占据着19世纪和20世纪金融中心的主导地位，但就像今天大部分的全球商务一样，以东京和中国香港为代表的远东外汇交易市场正在威胁着伦敦和纽约的主导地位。当这些城市交易中心的交易时间重叠时，全球外汇市场表现出最大的深度和流动性。

图表5-1　　　　　　　　　　　　全球外汇交易：交易日

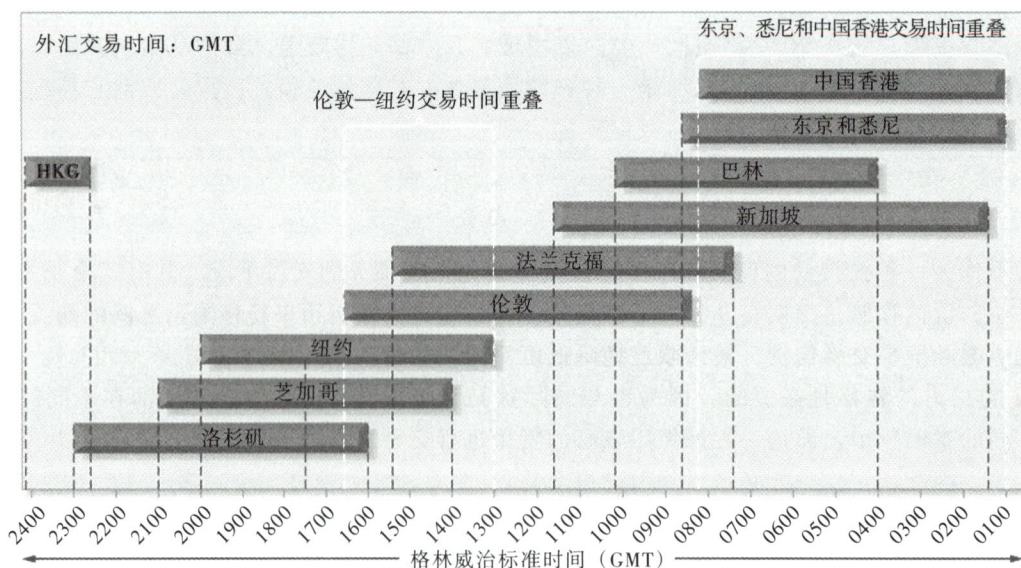

货币交易日每天交易24小时，伦敦和纽约曾经是最繁忙的交易地点，但现在已经开始向"远东"转移，东京和中国香港外汇交易市场每天交易的大部分时间都很繁忙。

5.2.2　交易平台和流程

外汇交易以各种方式进行，包括个人与个人之间的交易，官方交易大厅的公开喊价，以及越来越多的电子平台交易。尽管连续交易确实是可能的并且越来越普遍，但是为了方便记录和签约，通常需要"收盘价"。这些收盘价格通常以官方价格公布，或者是当天的"规定价格"，一些商业和投资交易就是基于这个官方价格。有外汇管制的国家，往往必须按每日规定价格，把出口所得的外汇交给中央银行。

通过高度复杂的电信网络连接，交易商和经纪商即时交换货币标价。该行业的一个增长点是自动交易电子平台，企业买家和卖家通过主要交易机构提供或托管的因特网系统交易货币。虽然有一些较大的外汇交易仍然通过电话方式进行人工处理，但近年来，使用电脑的交易数量大幅增长。那些最大的汇率信息和交易系统传统供应商——路透社（Reuters）、德励财经（Telerate）、电子交易平台（EBS）和彭博社（Bloomberg）——仍然独占鳌头，但最近几年有一大批新的服务提供商涌入了外汇市场。

5.2.3　市场参与者

外汇市场在过去十年中最大的变化之一就是从两级市场（同业或批发市场、客户或零售市场）向单一市场转变。电子平台和先进交易算法的发展促使各种规模的交易商进入市场。

外汇市场中的参与者可简单地分为两大类，即用于商业目的的货币交易者——流动性追求者和以盈利为目的的交易者——投机客。尽管外汇市场一开始是为了增加市场流动性，即促进货币交易是为了商业贸易和投资活动，但外汇市场的快速增长主要是因为存在大量的投机客。不难预料，投机客希望从未来的趋势中获利，其通常对市场有更多的了解，而流动性追求者只是希望通过交易获取货币。结果，投机客们的收益一般都来自流动性追求者。

外汇市场上的机构参与者主要有五大类：1）银行和非银行外汇交易商；2）从事商业或投资交易的个人和公司；3）投机客和套利者；4）中央银行和国库；5）外汇经纪商。

学与思 5-3 对于每个外汇市场参与者，识别其买卖外汇的动机。

5.2.4　银行和非银行外汇交易商

银行和非银行的交易员和交易商通过以较低的"买入"价格购买外汇，并以稍高的"卖出"价格（也称为"询价"）将其卖出获利。全球交易商之间的竞争缩小了买卖价差，这有助于外汇市场像证券市场一样"有效"。

大型国际银行外汇交易部门的交易商经常扮演"做市商"的角色。这些交易商愿意随时买卖他们专长的货币，从而维持这些货币的"库存"头寸。他们与本地及世界各地货币中心的其他银行进行交易，以使货币存量维持在银行政策规定的交易限制内。因为许多银行的外汇部门是利润中心，每个交易员的薪酬激励与利润挂钩，所以所有交易限制都非常重要。

许多机构从外汇交易中赚取可观的收益。美国许多主要的外汇交易银行每年的净利润中，平均10%至20%来自外汇交易。银行交易员也是外汇交易的极大受益者，他们的奖金通常基于其为银行实现的交易利润。

中小银行和机构也可以参与外汇交易，但不会成为银行间市场的做市商。它们不是为了维持重要的库存头寸，而是经常从大型机构买入或出售外汇，目的是为自己的客户平仓，或者是为自己的账户赚取短期利润。全球财务管理实务5-1中描述了一个典型外汇交易员一天的工作。

5.2.5 个人和企业进行商业和投资交易

进出口商、国际证券投资者、跨国公司、旅游者等利用外汇市场来促成商业或投资交易的执行。他们利用外汇市场是出于商业或投资目的，这是必要的，但并不经常发生。此外，其中一些参与者也利用外汇市场对冲外汇风险。

课堂延展阅读
全球财务管理实务 5-1　　　　　　　　**外汇市场操纵：修复"固定"价格**

5.2.6 投机客和套利者

投机客和套利者试图从市场交易中获利。他们**为了自己的利益而交易**，真正以盈利为目的，其没有服务客户或确保持续的市场的需要或义务。交易商除了赚取买卖价差带来的利润之外，还能从汇率变动中获得收益，但投机客的所有利润都源于汇率变化。套利者试图从不同市场的同期汇率差异中获利。

那些银行雇用的交易员代表各大银行进行大量的投机和套利交易，因此银行既是外汇交易商，又是投机客和套利者（银行很少承认自己投机，而是标榜自己"采取积极的态度"）。正如全球财务管理实务5-2中所述，交易并不是出于心虚。

课堂延展阅读
全球财务管理实务 5-2　　　　　　　　**我从事外汇交易的第一天**

5.2.7 中央银行和国库

中央银行和国库利用市场来获取或消费本国的外汇储备，并影响本国货币的交易价格，这种做法被称为外汇干预。由于国家政策，或者由于遵照汇率关系或区域货币协议而向其他国家作出的承诺，它们可能会支持本国货币的价值。因此，其交易动机不是赚取利润，而是以有利于公民利益的方式影响本国货币的外汇价值。在许多情况下，当它们愿意在外汇交易中承担损失时，它们会做得更好。因此，作为愿意承担损失的交易者，中央银行和国库与其他所有市场参与者在交易动机和行为上有所不同。

5.2.8 外汇经纪商

外汇经纪商是促成交易商之间交易的代理商，而不是自己成为交易的主体，他们对这项服务收取少量佣金。经纪商通过开放的电话线路让全球数百家交易商能够即时接入，有时一个经纪商会给一个客户银行留出一二十条电话线路，并为不同的货币及其即期和远期市场提供不同的线路。

随时了解哪些交易商想要买入或卖出任何货币，是一个经纪商的业务。这种能力使得经纪商能够在交易达成之前为客户找到交易对象，而不泄露任何一方的身份。**交易商通过经纪商加快交易并保持匿名，因为参与者的身份暴露可能会影响短期标价。**

5.2.9 持续联系结算

2002年，推出了**持续联系结算**（Continuous Linked Settlement，CLS）系统。CLS系统可

以消除外汇交易的任何一方不能与另一方进行结算的损失。它连接了不同货币一定数量的实时运行的结算系统，使外汇交易在当天就能完成结算，从而缩短了以往的两天交易期。

CLS 系统也将有助于打击外汇市场的欺诈行为，美国将管理外汇交易的责任指定给美国商品期货交易委员会（Commodity Futures Trading Commission，CFTC）。

5.3 外汇市场交易

外汇市场交易包括：即期交易、远期交易以及掉期交易。[①]

5.3.1 即期交易

银行间市场的即期交易（spot transaction，也称作现货交易）是指银行之间购买外汇并通常在随后的第二个工作日进行交付，但加元在随后的第一个工作日与美元进行结算。图表 5-2 是全球外汇市场上三种主要类型的货币柜台交易通常执行的时间图：即期交易、远期交易和掉期交易。尽管这些交易有一些区别，其中一些会在下面的部分中进行阐述，但是所有的交易都是按其未来的交付日期来定义的（注意，这里不包括期货交易，它们与远期交易的时间平行，但不是在场外交易）。

结算日期被称为到期日（value date）。在到期日，世界上大部分的美元交易都通过纽约电脑化银行间同业支付系统（Clearing House Interbank Payments System，CHIPS）结算，该系统计算任何一家银行对另一家银行的净余额，并在纽约联邦储备银行基金于当天下午 6：00 前支付这些余额。类似地，其他中央银行和结算服务提供商以世界各地的其他货币进行结算。

一笔典型的银行间市场中的即期交易是，美国银行在周一约定向伦敦银行的账户转账 1 000 万英镑。如果每英镑的即期汇率为 1.8420 美元，那么美国银行将在周三向伦敦银行转账 1 000 万英镑，伦敦银行将同时向美国银行转账 1 842 万美元。银行与其商业客户之间的即期交易不一定需要等待两天才能结算。

图表 5-2　　外汇交易和结算

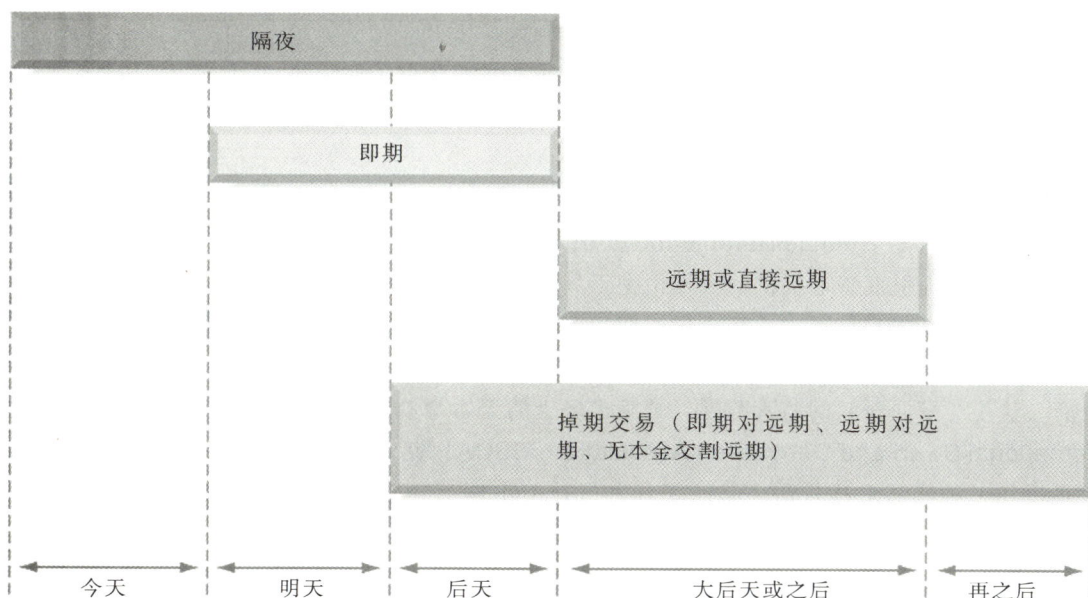

[①] 广义的外汇市场还包括本书第 7 章中介绍的外汇期权、期货和互换。

外汇业务由交付的时间（未来的日期）来定义。原则上，场外交易按未来交割日分为三类：即期交易（可能是隔夜交易）、远期交易（直接远期交易）和掉期交易。

5.3.2 直接远期交易

远期交易（forward transaction）（更正式的叫法是直接远期交易（outright forward transaction））需要在未来到期日以一种货币指定金额交付另一种货币的指定金额。汇率是在协议时确定的，但是在到期之前不需要付款和交货。远期汇率是1个月、两个月、3个月、6个月和12个月的到期日汇率。实际合约可以安排在其他月份，有时会超过1年。结算日期是交易到期日之后的第二个工作日。因此，在3月18日订立的为期两个月的远期交易将在5月20日交割，如果5月20日是周末或节假日，则在下一个工作日结算。

值得注意的是，就术语而言，对相同的交易我们可以说"买入远期外汇"或"卖出远期外汇"。美元兑换欧元的6个月远期合约既是"买入欧元远期兑换美元"，也是"卖出美元远期兑换欧元"。

5.3.3 掉期交易

银行间市场的掉期交易（swap transaction）是同时买入和卖出两个不同到期日的给定数量的外汇，买入和卖出都是与同一方进行的。常见的几种掉期交易有：

即期对远期

最常见的掉期交易类型是"即期对远期"。交易商在现货市场上按即期汇率买入一种货币，同时在远期市场上将同样数量的货币以远期汇率卖给同一家银行。由于这只是一个单一的交易，只有一个交易方，交易商没有预期外的外汇风险。近年来，掉期交易和直接远期交易占所有外汇市场交易的一半以上。

远期对远期掉期

远期对远期掉期（forward-forward swap）交易更为复杂。例如，一个交易商按1.8420美元/英镑的两个月远期汇率卖出2 000万英镑，同时以1.8400美元/英镑的3个月远期汇率买入2 000万英镑。买卖价差等于利率差额，即将在第6章中介绍的利率平价。因此，这种掉期交易相当于在完全抵押的基础上借入另一种货币。

无本金交割远期

无本金交割远期（nondeliverable forward，NDF）被创建于20世纪90年代初期，现在是最大的外汇衍生品提供商普遍提供的一种衍生工具。无本金交割远期与传统远期合约具有相同的特征和要求，只是以美元结算，不必交付远期卖出或买入的外币。美元结算特征反映了这样一个事实，即无本金交割远期交易在离岸市场进行，例如墨西哥投资者在纽约进行交易，因此超出了本国政府（这里为墨西哥）的监管范围。**国际市场上的无本金交割远期使用国际掉期和衍生品协会（International Swap and Derivatives Association，ISDA）制定的标准。创设无本金交割远期的初衷是提供一种能够对冲货币风险的工具，但目前市场上所有此类交易中估计超过70%是出于投机的目的。**

无本金交割远期主要用于新兴市场货币或受严格外汇管制的货币，例如委内瑞拉等新兴市场货币往往没有公开的即期市场货币交易、流动的货币市场或欧洲货币汇率标价。20世纪90年代，大多数无本金交割远期交易集中在拉丁美洲，但近年来，包括中国人民币在内的许多亚洲货币的交易非常活跃。一般来说，无本金交割远期市场在跨境资本流动较大的国家中发展更快，但其货币兑换仍然受到限制。

和常规的远期合约一样，无本金交割远期的定价反映了基本利差，及一些银行美元结算业务的费用。但如果没有活跃的货币市场，就无法形成利率市场价格，无本金交割远期的定价就会更具投机性。因为缺乏真实的利率，交易者往往会根据他们所认为的交割日的即期汇率来对无本金交割远期合约进行定价。

无本金交割远期合约是在标的货币所在国之外的市场上进行交易和结算，因此不受货币所在国政府的控制。因此在过去，作为一个货币交易的灰色市场，无本金交割远期交易市场经常会制造一些麻烦。例如在2001年底，阿根廷政府正处于被要求放弃1比索兑1美元固定汇率制度的压力之下时，无本金交割远期市场就已报出比索实际贬值的第二年远期汇率价格，1.05比索/美元和1.10比索/美元，从而导致对比索的投机压力大增（激起阿根廷政府的强烈不满）。

然而，无本金交割远期合约似乎已成为传统远期合约一个不完美的替代品。无本金交割远期的典型问题包括用于结算的"固定日期的固定即期汇率"——合约到期日的即期汇率。在金融危机时期，例如2003年的委内瑞拉玻利瓦尔，标的货币所在国政府可能会暂停现货市场的外汇交易。如果没有固定汇率，那么无本金交割远期合约就无法结算。就委内瑞拉的例子而言，政府虽然宣布了一个新的官方"贬值的玻利瓦尔"，但市场还没有交易，从而使结算问题变得更加复杂。

学与思5-4 定义下列各类外汇交易：

  a.即期交易；

  b.直接远期交易；

  c.远期—远期掉期交易。

5.4 外汇市场规模

国际清算银行（Bank for International Settlements，BIS）会同世界各国的中央银行每3年对货币交易活动进行一次调查。最近**在2013年4月进行的调查显示，外汇市场的每日全球净成交额为5.3万亿美元**。图表5-3列示了1989年至2013年的国际清算银行调查数据。

图表5-3中的全球外汇成交额按照前述货币工具（即期交易、远期交易和掉期交易）被分为三类，再加上第四类的期权和其他可变价值外汇衍生品。自1989年以来，外汇市场平均每年以9.6%的速度增长。

截至2013年（4月份每日交易），外汇市场每天的交易额达到5.3万亿美元的历史新高。尽管2000—2001年全球经济衰退明显抑制了市场交易，但2008—2009年的全球金融危机并没有导致同样的情况发生。根据国际清算银行的数据，收集和分析这些数据的机构或个人是越来越多的投机客，他们是快速增长的外汇市场的主要推动力量，使用电子化平台进行交易并进入更大的市场。

5.4.1 地理分布

图表5-4列示了1992年至2013年间全球最重要的国家市场的外汇交易比例（请注意，虽然数据的收集和报告以国家为单位，但"美国"和"英国"主要是指"纽约"和"伦敦"，因为大部分外汇交易都发生在各国的主要金融城市）。

图表 5-3　　　　　1989—2013 年全球外汇市场成交额（4 月份的日均成交额）

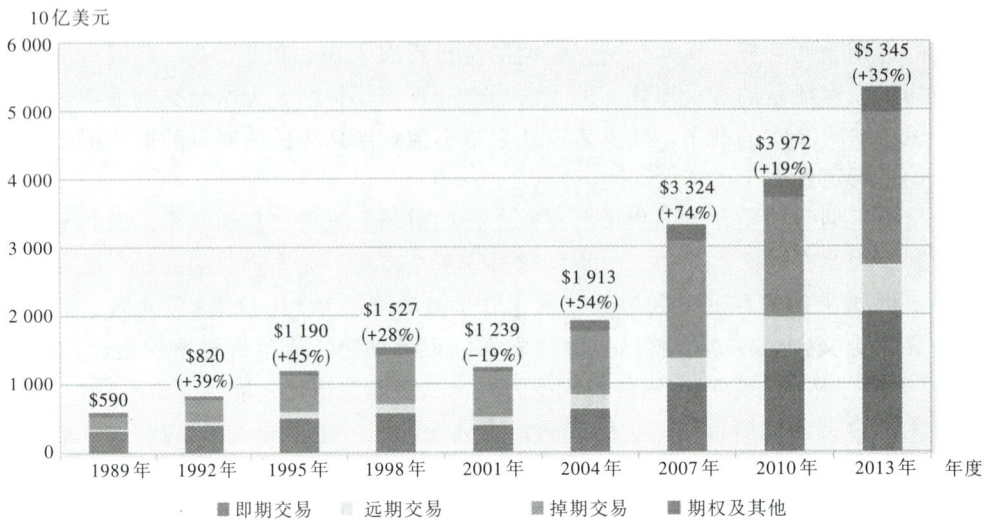

10亿美元

资料来源：国际清算银行："Triennial Central Bank Survey： Foreign Exchange and Derivatives Market Activity in April 2013：Preliminary Results，" 2013 年 12 月，www.bis.org.

图表 5-4　　　　　1992—2013 年外汇市场前十大地理交易中心（4 月份平均每日成交量）

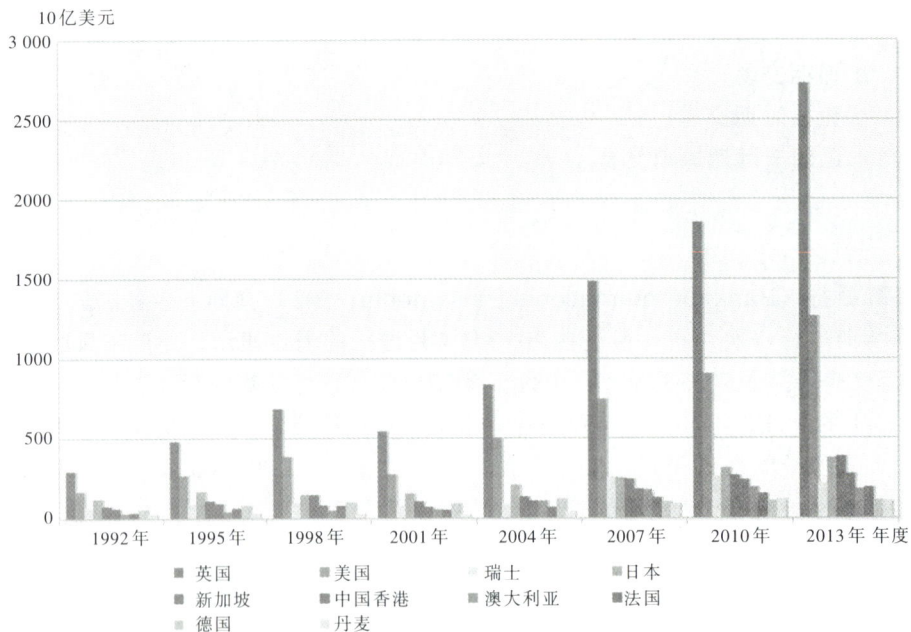

10亿美元

资料来源：国际清算银行："Triennial Central Bank Survey： Foreign Exchange and Derivatives Market Activity in April 2013：Preliminary Results，" 2013 年 12 月，www.bis.org.

　　英国（伦敦）继续成为全球外汇市场的中心，其传统外汇交易占全球市场的40.9%。其次是美国，上述比重为18.9%，新加坡，上述比重为5.7%，日本，上述比重为5.6%，瑞士，上述比重为3.2%，中国香港的外汇交易现在占全球交易的4.1%。事实上，**英国和美国的外汇交易合计约占总日常外汇交易的60%**。过去15年间，**亚洲市场的外汇交易相比欧洲市场增长得更为明显**，因为亚洲经济和市场的发展加上欧元的引入，使外汇交易活动在地理位置上发生转移。

请回答下列问题：

　　a.外汇市场的地理位置在哪里？

　　b.两种主要的交易系统类型是什么？

　　c.外汇市场如何与交易活动相联系？

5.4.2　货币构成

　　如图表 5-5 所示，2001—2013 年间全球外汇市场的货币构成发生了重大转变。由于所有货币都是和其他货币进行交易的——货币对（currency pairs），所以图表 5-5 中所示的所有百分比都是针对一货币对另一货币的。美元继续主导全球外汇交易，其占所有货币交易的 85.9%。美元/欧元占总交易量的 24.1%，其次是美元/日元，占比为 18.3%，美元/英镑占 8.8%，美元/澳元占 6.8%。根据国际清算银行的统计，"三大货币"（美元、欧元和日元）继续在全球外汇交易中占据主导地位，其约占所调查交易的 92%。

　　然而，几种主要的新兴市场货币，即墨西哥比索、中国人民币和俄罗斯卢布等也在快速发展。这其中的一些货币（大多数分析人士打赌人民币）也许很快就会成为全球市场上的主要货币。

图表 5-5　　　　　　　　　按货币对计算的每日外汇交易（占总额的百分比）

货币对	兑美元	2001 年	2004 年	2007 年	2010 年	2013 年
美元/欧元	欧元	30.0	28.0	26.8	27.7	24.1
美元/日元	日元	20.2	17.0	13.2	14.3	18.3
美元/英镑	英镑	10.4	13.4	11.6	9.1	8.8
美元/澳元	澳元	4.1	5.5	5.6	6.3	6.8
美元/加元	加元	4.3	4.0	3.8	4.6	3.7
美元/瑞士法郎	瑞士法郎	4.8	4.3	4.5	4.2	3.4
小计		73.8	72.2	65.5	66.2	65.1
美元/墨西哥比索	墨西哥比索	—	—	—	—	2.4
美元/人民币	中国人民币	—	—	—	0.8	2.1
美元/新西兰元	新西兰元	—	—	—	—	1.5
美元/卢布	俄罗斯卢布	—	—	—	—	1.5
小计		73.8	72.2	65.5	67.0	72.6
其他/美元	美元对其他	16.0	15.9	16.7	18.8	13.3
美元合计		89.8	88.1	82.2	85.8	85.9
货币对	兑欧元					
欧元/日元	日元	2.9	3.2	2.6	2.8	2.8
欧元/英镑	英镑	2.1	2.4	2.1	2.7	1.9
欧元/瑞士法郎	瑞士法郎	6.1	1.6	1.9	1.8	1.3
欧元/瑞典克朗	瑞典克朗	—	—	0.7	0.9	0.5
其他	其他对其他	4.1	4.7	11.2	6.9	8.1
非美元合计		10.2	11.9	17.8	14.2	14.1
全球合计		100.0	100.0	100.0	100.0	100.0

资料来源：作者整理。

学与思 5-6 参考 2001 年的外汇交易额：

　　a.按交易规模对 2001 年的即期交易、远期交易和互换交易排序；

　　b.按交易额顺序列出五个最重要的外汇市场；

　　c.按顺序列出三种最重要的标价货币。

5.5　外汇汇率和汇率标价

　　汇率（foreign exchange rate）是以另一种货币表示的一种货币的价格。外汇标价（或标价）是愿意以一定的价格买进或卖出货币的声明。在深入研究外汇交易的更多标价方式前，要记住一个基本的标价方式。比如说橙子的价格，如果是 1.20 美元/橙子，那么"价格"是 1.20 美元，"单位"是 1 个橙子。

5.5.1　货币符号

　　标价可以由传统货币符号或 ISO 代码[1]来指定。这些代码是为了电子通信而开发的。本章使用的主要代码如下：

货币	传统符号	ISO 4217 代码
美国美元	$	USD
欧盟欧元	€	EUR
英国英镑	£	GBP
日本日元	¥	JPY
墨西哥比索	Ps	MXN

　　当今全球市场上机构之间的所有电子交易都使用三个字母的 ISO 代码。尽管零售市场和商业期刊没有硬性规定，但欧美期刊有使用传统货币符号的倾向，亚洲和中东的许多出版物都采用 ISO 代码。大多数国家的纸币（钞票）仍然使用该国的传统货币符号。正如"全球财务管理实务5-3"所示，一些诸如俄罗斯这样的国家正试图回归传统符号。

5.5.2　汇率标价

　　外汇标价遵循一些原则，乍看起来有点混乱或者不直观。每种货币兑换涉及两种货币，即货币 1（CUR1）和货币 2（CUR2）：

CUR1/ CUR2

　　斜线左侧的货币称为**基准货币**（base currency）或**单位货币**（unit currency），斜线右侧的货币称为**计价货币**（price currency）或**标价货币**（quote currency）。汇率标价表示基准货币的计价货币数量，即兑换 1 单位基准货币 CUR1 所需的标价货币 CUR2 的单位数。

　　例如，最常用的货币兑换是美元和欧元之间的兑换，以欧元（EUR）为基准货币，美元（USD）为计价货币，则标价如下：

欧元/美元 1.2174

　　汇率为 1.2174 美元 = 1.00 欧元。只要记住在斜线左边标价的货币总是基准货币并且是 1 个单位，就可以避免混淆。图表 5-6 通过欧元和美元的例子简要介绍了世界各地常用的货币标价

---

　　① ISO（国际标准化组织）是世界上最大的自愿性国际标准开发商。ISO 4217 是货币代码的国际标准。最近的版本是 ISO 4217：2008。

术语。

全球财务管理实务5-3 俄罗斯符号主义

学与思5-7 定义并对下列每种报价各举一例。

  a.买价；
  b.卖价。

5.5.3 市场惯例

  国际货币市场虽然是世界上最大的金融市场，却沉浸在历史和惯例中。

欧式标价

  欧式标价（European terms），即每1美元的特定国家货币数量的标价，**在过去60多年的大部分时间里，其都是市场惯例**。在全球范围内，用来标价货币价值的基准货币通常是美元。所谓欧式标价，就是每当进行外汇标价时，是以等于1美元的外币数量来标价的。

  例如，如果本国货币为瑞士法郎（CHF）的苏黎世交易商要求一家奥斯陆贸易商以挪威克朗（NOK）标价，那么挪威贸易商将标明1美元的挪威克朗价值，而不是用瑞士法郎标价。其结果是，**大多数货币是按货币/美元的方式标价的**——日元/美元、挪威克朗/美元、墨西哥比索/美元、巴西雷亚尔/美元、马来西亚林吉特/美元、中国人民币/美元，等等。

美式标价

  使用欧式标价的规则有两个主要的例外：欧元和英镑。二者通常都用美式标价（American terms）——1欧元的美元价格和1英镑的美元价格。此外，澳元和新西兰元通常也使用美式标价。

  几个世纪以来，1英镑等于20先令，1先令等于12便士。与非十进制货币的相乘和相除是困难的，但伦敦当时是世界上无可争议的金融之都，按照当时的习惯，外汇价格是用每英镑的外汇单位来表示的。即使在1971年英镑换成十进制，这种做法仍然被保留了下来。

图表5-6 外汇标价

欧式标价 1美元（USD）的外币价格	美式标价 1欧元（EUR）的美元价格
美元/欧元 0.8214 或 1美元=0.8214欧元	欧元/美元 1.2174 或 1欧元=1.2174美元
美元是基准或单位货币 欧元是标价或计价货币	欧元是基准或单位货币 美元是标价或计价货币

$$\frac{1}{0.8214欧元/美元} = 1.2714美元/欧元$$

  欧元最初是作为德国马克和法国法郎等国内货币的替代品引入的。为了让居民和用户简单过渡，在这些历史货币中，所有标价均以"国内货币/欧元"为基础，对美元的标价也是如此。因此，"美元/欧元"就是今天常用的标价方式。

美式标价也用于大多数外汇期权和期货的标价，以及游客和个人汇款的零售市场。再次强调一下，这主要是由于长期存在的惯例而不是一些基本的自然法或金融法。

货币昵称

外汇交易商也可能使用主要货币的昵称。"电缆"是指美元与英国英镑的汇率，这个名称可以追溯到跨越大西洋的电报电缆进行美元和英镑交易的那段历史。加拿大元是"潜鸟"，以加拿大1元硬币上的水禽命名。"无翼鸟"代表新西兰元，"袋鼠"代表澳元，"瑞郎"代表瑞士法郎，"新元"代表新加坡元。

直接和间接标价

直接标价是以本币为单位的外币价格。间接标价是以外币为单位的本币价格。

在许多国家的零售交易中（如宾馆或机场货币兑换），通常的标价方式是将本国货币作为价格，将外国货币作为单位。一个女人在巴黎香榭丽舍大道上散步，可能会看到下面的标价：

$$0.8214 欧元 = 1.00 美元$$

由于在法国，**本国货币**（home currency）是欧元（计价货币），**外币**（foreign currency）是美元（单位货币），所以在巴黎这个标价是美元的直接标价或美元的标价。在口头上，她可能会自言自语道："每美元 0.8214 欧元"，或者"换 1 美元就花费我 0.8214 欧元"，这些都是欧式标价。

与此同时，在纽约百老汇的一位男士在银行窗口可能会看到下面的标价：

$$1.2174 美元 = 1.00 欧元$$

因为在美国，本币是美元（计价货币），外币是欧元（单位货币），在纽约这是欧元的直接标价（一种外币的本国货币价格）和美元间接标价（一种本国货币的外币价格）。这个男士可能会自言自语："我将为 1 欧元支付 1.2174 美元"。这些都是美式标价。

这两个等式显然是等价的（至少是 4 位小数），且一个是另一个的倒数：

$$\frac{1}{0.8214 欧元/美元} = 1.2174 美元/欧元$$

学与思 5-8 将下列间接报价转换为直接报价，直接报价转换为间接报价：

   a. 欧元：1.442 澳元/欧元（间接报价）；

   b. 加元：0.9812 加元/澳元。

买入汇率和卖出汇率

尽管报纸或杂志上的文章使用一个汇率价格，但买卖货币的市场，无论是零售还是批发，都使用两个不同的汇率价格，一个是买入汇率，一个是卖出汇率。图表 5-7 是在美元/欧元市场上可能看到的标价的例子。

买入汇率（bid）**是交易商将以一种货币购买另一种货币的价格**（即汇率）。**卖出汇率**（ask）**是交易商将卖出其他货币的价格**（即汇率）。**交易商以一个价格买入**（购买），以较高的价格卖出（出售），**从买卖价差中获利**。对于不常交易、小额交易，或两者兼而有之的货币，买卖价差可能相当大。

外汇市场中的买入汇率和卖出汇率似乎有些复杂，因为**对一种货币的买入汇率也是对另一种货币的卖出汇率**。希望用欧元购买美元的交易商同时也是为了美元而卖出欧元。

图表 5-8 显示了《华尔街日报》上 47 种货币（加上特别提款权）的收盘汇率价格。

图表 5-7   出价、询价和中间标价

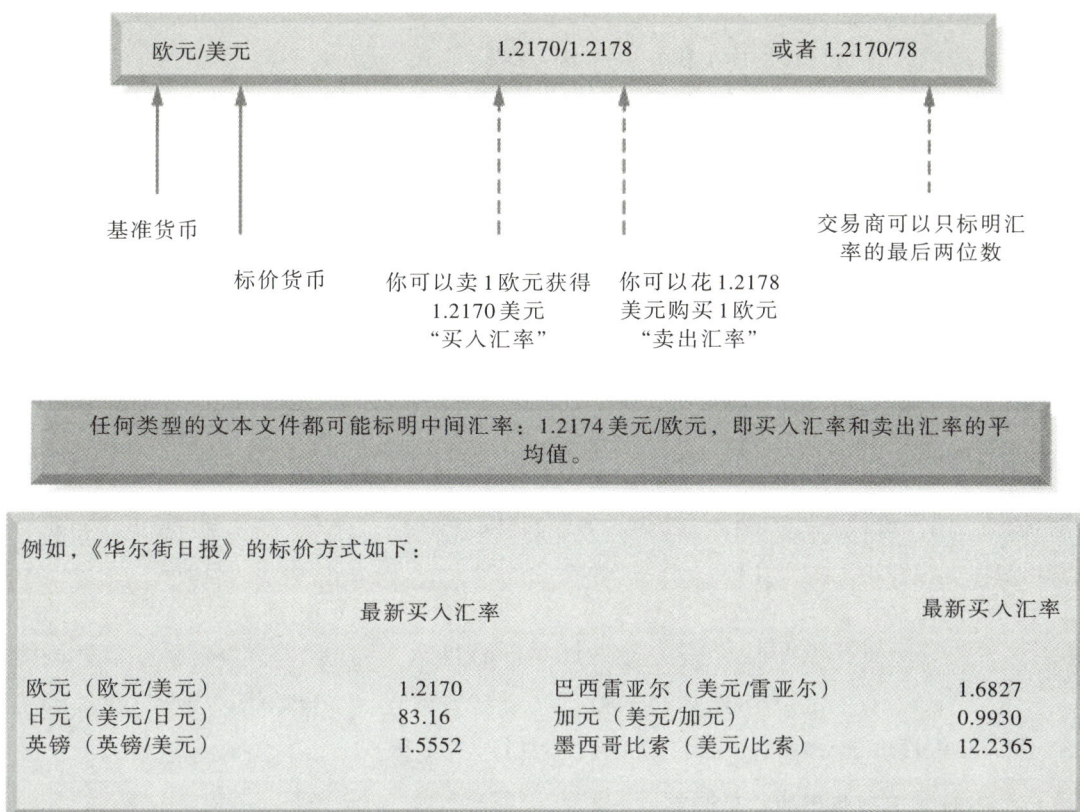

| 欧元/美元 | 1.2170/1.2178 | 或者 1.2170/78 |

基准货币

标价货币

你可以卖1欧元获得
1.2170美元
"买入汇率"

你可以花 1.2178
美元购买1欧元
"卖出汇率"

交易商可以只标明汇
率的最后两位数

任何类型的文本文件都可能标明中间汇率：1.2174美元/欧元，即买入汇率和卖出汇率的平均值。

例如，《华尔街日报》的标价方式如下：

	最新买入汇率		最新买入汇率
欧元（欧元/美元）	1.2170	巴西雷亚尔（美元/雷亚尔）	1.6827
日元（美元/日元）	83.16	加元（美元/加元）	0.9930
英镑（英镑/美元）	1.5552	墨西哥比索（美元/比索）	12.2365

《华尔街日报》在"美元等价"标题下给出美式标价，在"每美元货币"标题下给出欧式标价。标价来自即期交易和部分货币1、3、6个月的远期交易。银行间交易的标价是路透社东部时间下午4点100万美元起的标价。《华尔街日报》没有说明这些是买入汇率、卖出汇率，还是中间汇率（买入汇率和卖出汇率的平均值）。

外汇标价所使用的顺序可能会令人困惑（至少我们是这么认为的）。正如一个主要的国际银行出版物所指出的那样：欧元/美元是交易员使用的方法，尽管从数学的角度来看，用相反的方式来表达汇率也是正确的，其表示需要支付多少美元才能获得1欧元。

这就是为什么企业以及本书后面章节中使用图表 5-7 中——类似欧元/美元、美元/日元或者英镑/美元——例如 1.2170 美元/欧元，83.16 日元/美元和 1.5552 美元/英镑等标价方式的原因。

5.5.4 交叉汇率

许多货币对的汇率非常少用，所以它们的汇率是通过它们与广泛交易的第三种货币的关系来确定的。 例如，墨西哥进口商需要日元来支付在东京的采购货款。墨西哥比索（MXN 或旧比索标志，Ps）和日元（JPY 或 ¥）通常以美元（USD 或 $）标价。使用图表 5-8 中的如下标价：

		1美元兑换的货币
日元	USD/JPY	104.85
墨西哥比索	USD/MXN	13.1073

墨西哥进口商可以用13.1073墨西哥比索购买1美元，而1美元可以兑换104.85日元。**交叉汇率**（cross rate）计算如下：

$$\frac{日元=1美元}{比索=1美元} = \frac{¥104.85/\$}{Ps13.1073/\$} = ¥7.9994/Ps$$

交叉汇率也可以用倒数计算，即用美元/墨西哥比索汇率除以美元/日元汇率，得出0.1250比索/日元。

为简化计算，交叉汇率经常以矩阵的形式出现在各种财经出版物中。图表5-8是根据图表5-8中的汇率标价计算的一些主要货币的交叉汇率，包括上述的墨西哥比索/日元（0.1250比索/日元的汇率）。

图表5-8　　　　　　　　　　　　**2014年1月3日主要货币交叉汇率计算表**

	美元	欧元	英镑	瑞士法郎	墨西哥比索	日元	加元
加元	1.0635	1.4452	1.746	1.1746	0.0811	0.0101	—
日元	104.8503	142.4790	172.140	115.8055	7.9994	—	98.5898
墨西哥比索	13.1073	17.8113	21.5191	14.4768	—	0.1250	12.3247
瑞士法朗	0.9054	1.2303	1.4865	—	0.0691	0.0086	0.8513
英镑	0.6091	0.8277	—	0.6727	0.0465	0.0058	0.5727
欧元	0.7329	—	1.2082	0.8128	0.0561	0.007	0.692
美元	—	1.3589	1.6418	1.1045	0.0763	0.0095	0.9403

注：交叉汇率根据图表5-8中的"美元"栏的标价计算。

学与思5-9 计算下列货币的交叉汇率：

a计算日元/加元的交叉汇率，假设即期汇率为：108.4日元/美元和1.06加元/美元；

b.计算墨西哥比索/巴西雷亚尔的交叉汇率，假设即期汇率为：2.81墨西哥比索/美元和0.42美元/巴西雷亚尔。

5.5.5　跨市场套利

交叉汇率可以用来检查跨市场套利的机会。假设汇率标价如下：

花旗银行每欧元标价	1.3297美元/欧元
巴克莱银行每英镑标价	1.5585美元/英镑
德累斯顿银行每英镑标价	1.1722欧元/英镑

花旗银行和巴克莱银行的交叉汇率是：

$$\frac{1.5585美元/英镑}{1.3297美元/欧元} = 1.1721欧元/英镑$$

请注意，**计算得出的交叉汇率与德累斯顿银行1.1722欧元/英镑的标价不一样，所以有机会从3个市场之间的套利中获利，**即所谓的三角套利，如图表5-9所示。

纽约花旗银行的一位市场交易员，可以按1 000 000美元÷1.5585美元/英镑=641 643英镑的价格将这笔资金出售给巴克莱银行。同时，这些英镑可以按641 643英镑×1.1722欧元/英镑=752 133欧元的价格卖给德累斯顿银行，然后交易员可以立即将这些欧元卖给花旗银行，得到：752 133欧元×1.3297美元/欧元=1 000 112美元。

图表 5-9　　　　　　　　　　　市场交易商的三角套利

纽约花旗银行

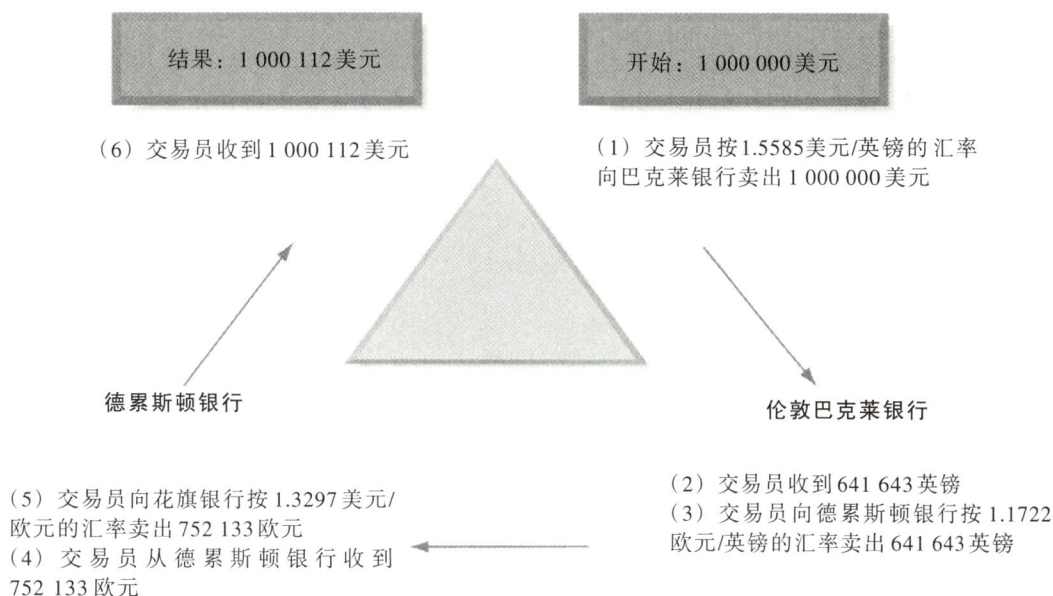

结果：1 000 112 美元　　　　　　　　开始：1 000 000 美元

（6）交易员收到 1 000 112 美元　　　　（1）交易员按 1.5585 美元/英镑的汇率
　　　　　　　　　　　　　　　　　　　　向巴克莱银行卖出 1 000 000 美元

德累斯顿银行　　　　　　　　　　　　**伦敦巴克莱银行**

（5）交易员向花旗银行按 1.3297 美元/　　（2）交易员收到 641 643 英镑
欧元的汇率卖出 752 133 欧元　　　　　（3）交易员向德累斯顿银行按 1.1722
（4）交易员从德累斯顿银行收到　　　　　欧元/英镑的汇率卖出 641 643 英镑
752 133 欧元

　　一轮这样的交易可获得 112 美元无风险收益（1 000 112 美元 - 1 000 000 美元，虽然不是很多，但也是一笔钱）。这种三角套利可以继续下去，直到重新建立汇率均衡，即扣除所有少量的交易成本后，计算的交叉汇率等于实际标价。

5.5.6　即期汇率的变动比例

　　假设墨西哥比索对美元的汇率从"美元/10.00 比索"变为"美元/11.00 比索"，本币是美元，那么，墨西哥比索的价值变动比例是多少？具体计算取决于所指定的本国货币。

外币方式

　　如果使用本币（单位货币，美元）的外币价格（计价货币，比索），这个例子中是 1 美元的墨西哥比索，那么外币变动百分比的计算公式如下：

$$\%\triangle = \frac{期初汇率 - 期末汇率}{期末汇率} \times 100\% = \frac{10.00 比索/美元 - 11.00 比索/美元}{11.00 比索/美元} \times 100\% = -9.09\%$$

墨西哥比索兑美元汇率下跌 9.09%。请注意，兑换 1 美元需要更多的比索，和负值的计算结果，两者都表示墨西哥比索的价值下跌。

本币方式

　　如果使用本币价格（计价）表示外币（单位）价格——上述数字的倒数——那么**外币变动百分比的计算公式为**：

$$\%\triangle = \frac{期末汇率 - 期初汇率}{期初汇率} \times 100\% = \frac{0.09091 美元/比索 - 0.1000 美元/比索}{0.1000 美元/比索} \times 100\% = -9.09\%$$

　　计算结果一样，比索下降了 9.09%。很多人发现第二种计算方式，即本币方式计算方法更为"直观"，因为计算公式中直接体现了外币的汇率变动。所以必须牢牢记住这些都是货币兑换货币的汇率，指定哪种货币为本国货币才是更重要的。

5.5.7　远期标价

尽管即期汇率通常是直接标价的（用所有数字表示），但**不同货币的远期汇率一般是以点数的方式标价**，即货币标价的最后几位数。1年或1年以下的远期利率被称为现钞汇率；超过1年的远期汇率称为掉期汇率。**以点数表示的远期标价不是外汇汇率，而是远期汇率和即期汇率之差**。因此，即期汇率本身不可能以点数为基础（见图表5-10）。

图表 5-10　　　　　　　　欧元和日元即期和远期汇率标价

	期限	欧元：即期与远期汇率（$/€）				日元：即期与远期汇率（¥/$）			
		买入		卖出		买入		卖出	
		点数	汇率	点数	汇率	点数	汇率	点数	汇率
现钞汇率	即期		1.0897		1.0901		118.27		118.37
	1周	3	1.0900	4	1.0905	-10	118.17	-9	118.28
	1个月	17	1.0914	19	1.0920	-51	117.76	-50	117.87
	2个月	35	1.0932	36	1.0937	-95	117.32	-93	117.44
	3个月	53	1.0950	54	1.0955	-143	116.84	-140	116.96
	4个月	72	1.0969	76	1.0977	-195	116.32	-190	116.47
	5个月	90	1.0987	95	1.0996	-240	115.87	-237	116.00
	6个月	112	1.1009	113	1.1014	-288	115.39	-287	115.50
	9个月	175	1.1072	177	1.1078	-435	113.92	-429	114.08
	1年	242	1.1139	245	1.1146	-584	112.43	-581	112.56
掉期汇率	2年	481	1.1378	522	1.1423	-1150	106.77	-1129	107.08
	3年	750	1.1647	810	1.1711	-1748	100.79	-1698	101.39
	4年	960	1.1857	1039	1.1940	-2185	96.42	-2115	97.22
	5年	1129	1.2026	1276	1.2177	-2592	92.35	-2490	93.47

观察在图表5-10中的即期标价和远期标价。即期买入和卖出标价是直接标价，但是远期汇率是基于即期汇率的点数来标价的。例如，日元的3个月点数标价是-143点买入，-140点卖出。第一个数字（-143）是远期买入汇率的点数，第二个数字（-140）是远期卖出汇率的点数。由于即期买入汇率是118.27，即期卖出汇率是118.37，因此3个月的远期汇率计算如下：

	买入汇率	卖出汇率
即期汇率	日元 118.27	日元 118.37
加点数（3个月）	1.43	1.40
远期汇率	日元 116.84	日元 116.97

图表5-10中两年期及以上的远期买入汇率和卖出汇率称为掉期汇率。如前所述，银行间市场的许多远期外汇交易涉及一个日期同时买入和另一个日期卖出（反转交易）。这种"掉期"是在一定时间内借入一种货币，同时放弃使用另一种货币的方式。换句话说，就是短期借入一种货币，再借出金额相当的另一种货币。如果他们愿意的话，双方可以按照每种货币的期间利率各自收取利息。然而，有着相对较高利率的一方只向另一方支付净利差显然更加容易。掉期汇率以点数为基础表示这种净利差，而不是用利率表示。

5.5.8 远期标价的百分比方式

远期汇率相对即期汇率每年的变动百分比称为**远期溢价**（forward premium）。然而，与计算即期汇率变动百分比一样，远期溢价（可能是正数（溢价）或负数（折价））取决于指定的本国（或基础）货币。假设即期汇率和3个月的远期汇率如下：

	外币（计价）/本币（单位）	本币（计价）/外币（单位）
即期汇率	118.27日元/美元	0.0084552美元/日元
3个月远期汇率	116.84日元/美元	0.0085587美元/日元

外币标价

使用外币作为本币（本单位）的价格，给出日元/美元的即期和远期汇率，则90天的日元的远期溢价计算如下：

$$f^{JPY} = \frac{即期汇率 - 远期汇率}{远期汇率} \times \frac{360}{90} \times 100\% = \frac{118.27 - 116.84}{116.84} \times \frac{360}{90} \times 100\% = +4.90\%$$

这是积极的信号，表明日元对美元的溢价为4.90%。

本币标价

使用本币（美元）作为外币（日元）的价格，计算上面即期和远期汇率的倒数，日元的远期汇率（f^{JPY}）计算如下：

$$f^{JPY} = \frac{即期汇率 - 远期汇率}{远期汇率} \times \frac{360}{90} \times 100\% = \frac{\dfrac{1}{116.84} - \dfrac{1}{118.27}}{\dfrac{1}{118.27}} \times \frac{360}{90} \times 100\%$$

这样：

$$f^{JPY} = \frac{即期汇率 - 远期汇率}{远期汇率} \times \frac{360}{90} \times 100\% = \frac{0.0085587 - 0.0084552}{0.0084552} \times \frac{360}{90} \times 100\% = +4.90\%$$

结果与之前的溢价计算结果相同：日元对美元的正溢价为4.90%。

划重点

- 外汇市场的三大功能是转移购买力，提供信贷，最大限度降低外汇风险。
- 外汇市场在过去十年中发生的最大变化之一就是从两级市场（同业或批发市场、客户或零售市场）向单一市场转变。电子平台和先进的交易算法的发展促进了各种规模的交易者进入市场。
- 外汇市场遍布全世界，价格在时刻变动，每个工作日的每个小时都有外汇交易。
- 汇率是用另一种货币表示一种货币的价格。外汇标价是以公布价格买入或卖出货币的意愿声明。
- 外汇市场内的交易或者是即期交易，要求在交易后两个工作日结算；或者是远期或掉期交易，需要在某个指定的未来到期日结算。
- 欧式标价是1美元的外币价格。美式标价是1外币的美元价格。
- 标价可以是直接或间接的。直接标价是1个外币单位的本国货币价格，而间接标价是1个本国货币单位的外币价格。
- 直接和间接不是美式和欧式的同义词，因为本国货币将随着谁在做计算而改变，而欧式标价总是1美元的外币价格。

● 交叉汇率是两种货币根据它们与第三种货币的共同关系计算的汇率。当交叉汇率与两种货币之间的直接汇率不同时，跨市场套利是可能的。

秒懂本章

外汇交易分为即期交易、远期交易、掉期交易，根据汇率变动情况进行标价以套利，可最大限度降低外汇风险。

计算分析题

1.危地马拉格查尔。Isaac Diez Peris居住在里约热内卢，上学时遇到了来自危地马拉的Juan Carlos Cordero。今年暑假，Isaac决定去危地马拉探访Juan，并游玩几周。Isaac的父母给了他4 500巴西雷亚尔，他想兑换成危地马拉格查尔（GTQ）。这一过程中，他获得了如下标价信息：

危地马拉格查尔/欧元交叉汇率的即期汇率	10.5799 GTQ/€
欧元/巴西雷亚尔交叉汇率的即期汇率	0.4462€/R$

a.巴西雷亚尔/危地马拉格查尔的交叉汇率是多少？

b.Isaac的雷亚尔能兑换多少格查尔？

2.日元的远期溢价。使用下列表格中的即期和远期日元/美元（¥/＄）汇率买价和卖价，回答下列问题：

a.计算各种期限的中间汇率。

b.计算各种期限的年远期溢价。

c.哪种期限的远期溢价最小？哪种期限的远期溢价最大？

时期	¥/$买入汇率	¥/$卖出汇率
即期	109.30	109.32
1个月	109.05	109.09
2个月	108.80	108.90
3个月	107.97	108.34
6个月	107.09	107.40
12个月	103.51	104.19
24个月	96.82	97.35

3.莫尼黑到莫斯科。作为你的毕业之旅，你决定离开德国慕尼黑，前往俄罗斯的莫斯科。离开慕尼黑时，你的钱包中有15 000欧元。你想把所有钱都换成俄罗斯卢布，并获得如下报价信息：

美元/欧元交叉汇率的即期汇率	$1.3214/€
卢布/美元交叉汇率的即期汇率	Rbl30.96/$

a.俄罗斯卢布/欧元的交叉汇率是多少？

b.你的欧元能换到多少卢布？

4.温哥华出口公司。一家加拿大的出口商，温哥华出口公司，将从现在起12个月内收到6笔价值12 000欧元的货款。由于该公司既保有加元现金余额，也保有美元现金余额，因此可以选择在各期期末将何种货币转换为欧元。在远期市场上，哪种货币能为其提供更优的汇率？

时期	远期天数	加元/欧元	美元/加元
即期	—	1.3360	1.3221
1个月	30	1.3368	1.3230
2个月	60	1.3376	1.3228
3个月	90	1.3382	1.3224
6个月	180	1.3406	1.3215
12个月	360	1.3462	1.3194

5.亚洲金融危机。开始于1997年7月的亚洲金融危机造成了整个东亚货币市场的大浩劫。下列哪种货币在7-11月期间贬值幅度最大？哪种货币收到的冲击最小，挺过了为期5个月的危机？

国家和地区	货币	1997年7月（每美元）	1997年11月（每美元）
中国大陆	元	8.4	8.4
中国香港	港元	2.75	7.73
印度尼西亚	卢比	2 400	3 600
韩国	韩元	900	1 100
马来西亚	林吉特	2.5	3.5
菲律宾	比索	27	34
新加坡	新加坡元	1.43	1.60
中国台湾	新台币	27.8	32.7
泰国	泰铢	25	40

6.彭博社的交叉汇率。使用下面彭博社的汇率表回答下列问题：

a.每美元合多少日元？

b.每日元合多少美元？

c.每欧元合多少美元？

d.每美元合多少欧元？

e.每欧元合多少日元？

f.每日元合多少欧元？

g.每美元合多少加元？

h.每加元合多少美元？

i.每美元合多少澳元？

j.每澳元合多少美元？

k.每美元合多少英镑？

l.每英镑合多少美元？

M.每瑞士法郎合多少美元？

n.每美元合多少瑞士法郎？

货币	USD	EUR	JPY	GBP	CHF	CAD	AUD	HKD
HKD	7.7736	10.2976	0.0928	12.2853	7.9165	7.6987	7.6584	—
AUD	1.015	1.3446	0.0121	1.6042	1.0337	1.0053	—	0.1306
CAD	1.0097	1.3376	0.0121	1.5958	1.0283	—	0.9948	0.1299
CHF	0.9819	1.3008	0.0117	1.5519	—	0.9725	0.9674	0.1263
GBP	0.6328	0.8382	0.0076	—	0.6444	0.6267	0.6234	0.0814
JPY	83.735	110.9238	—	132.3348	82.2751	82.9281	82.4949	10.7718
EUR	0.7549	—	0.009	1.193	0.7688	0.7476	0.7437	0.0971
USD	—	1.3247	0.0119	1.5804	1.0184	0.9904	0.9852	0.1286

7.美元/欧元的远期溢价。使用下列表格中的即期和远期美元/欧元汇率买价和卖价，回答下列问题：

时期	$/€买入汇率	$/€卖出汇率
即期	1.3231	1.3232
1个月	1.3230	1.3231
2个月	1.3228	1.3229
3个月	1.3224	1.3227
6个月	1.3215	1.3218
12个月	1.3194	1.3198
24个月	1.3147	1.3176

a.计算各种期限的中间汇率。

b.计算各种期限的年远期溢价。

c.哪种期限的远期溢价最小？哪种期限的远期溢价最大？

8.瑞士法郎的无风险利润。你可以获得下列汇率（你可以下列汇率买入或卖出）：

富士银行	￥92.00/ $
罗斯摩尔银行	SF1.02/ $
布兰克银行	￥90.00/SF

假设你开始时有12 000 000瑞士法郎。你能通过三角套利获利吗？如果可以，写出操作步骤并计算用瑞士法郎表示的利润金额。

9.澳元的远期溢价。使用自2010年12月10日起的下面表格里的美元/澳元（US$/A$）即期牌价和远期牌价，回答下列问题：

a.计算各种期限的中间（平均）汇率。

b.计算各种期限的年远期溢价。

c.哪种期限的远期溢价最小？哪种期限的远期溢价最大？

时期	US$/A$买入汇率	US$/A$卖出汇率
即期	0.98510	0.98540
1个月	0.98131	0.98165
2个月	0.97745	0.97786
3个月	0.97397	0.97441
6个月	0.96241	0.96295
12个月	0.93960	0.94045
24个月	0.89770	0.89900

10.跨大西洋套利。一家在纽约有业务的维也纳公司的财务主管同时给纽约花旗银行和伦敦巴克莱银行有关人员打电话，并在同一时间收到了下列报价：

纽约花旗银行	伦敦巴克莱银行
$ 1.2624-25/€	$ 1.2622-23/€

请以 100 万美元或等值欧元为例，解释公司财务主管通过两种不同的汇率报价进行套利的方法。

11.委内瑞拉玻利瓦尔（A）。2002 年 2 月，委内瑞拉政府正式准许委内瑞拉玻利瓦尔（Bs）浮动。几周内，其价值就从浮动前的固定汇率 778 玻利瓦尔/美元下跌到 1 025 玻利瓦尔/美元。

a.这是贬值还是跌价？

b.玻利瓦尔的价值变动百分比是多少？

12.委内瑞拉玻利瓦尔（B）。2002 年末至 2003 年初，委内瑞拉的政治与经济危机日益加重。2003 年 1 月 1 日，玻利瓦尔的交易价格为 1 400 玻利瓦尔/美元。2 月 1 日，玻利瓦尔的价格跌到了 1 950 玻利瓦尔/美元。许多货币分析师和预测师预测，从 2003 年 2 月 1 日到 2003 年初夏，玻利瓦尔的价格还将下跌 40%。

a.2003 年 1 月，玻利瓦尔的价值变动百分比是多少？

b.如果货币预测家是正确的，那么 2003 年 6 月，玻利瓦尔对美无的价格将是多少？

13.美元的间接报价。如果即期汇率为 1.3300 欧元/美元，3 个月远期汇率为 1.3400 欧元/美元，试计算美元的远期溢价（美元为本币）。

14.美元的直接报价。如果即期汇率为 1.5800 美元/英镑，6 个月远期汇率为 1.5550 美元/英镑，试计算美元的远期折价（美元为本币）。

15.墨西哥比索—欧元交叉汇率。根据下列两个即期汇率：11.43 墨西哥比索/美元；0.6944 欧元/美元，计算墨西哥比索（Ps）和欧元（€）的交叉汇率。

16.绕道而行。假设汇率报价如下，一位花旗银行市场交易商拥有 1 000 000 美元，试计算这位交易商如何通过市场间套利获利：

花旗银行报出的美元/英镑价格	$ 1.5900/ £
英国国民威斯敏斯特银行报出的欧元/英镑价格	€1.2000/ £
德意志银行报出的美元/欧元价格	$ 0.7550/€

网络练习题

1.国际清算银行。国际清算银行（BIS）发布了一套实际汇率财富指标。运用其数据库，分析确定当前美元、欧元和日元（"三大货币"）被高估或低估的程度。

国际清算银行：bis.org/statistics/eer/index.htm

2.加拿大银行汇率指数（CERI）。加拿大银行定期发布加元价值指数，CERI。CERI 是一种多边贸易加权指数，反映了加元对与加拿大经济和商业环境有关的其他主要全球货币的价值。用加拿大银行网站上的 CERI 评估近年来加元相对于其他主要货币的币值升降情况。

加拿大银行汇率：www.bank of canada.ca/en/rates/ceri.html

3.远期报价。OzForex 外汇交易服务商提供大量货币的代表性远期汇率在线数据。用下列网站找出各种货币的远期汇率报价（注意报价屏幕上列出的伦敦、纽约和悉尼时间）：

OzForex：ozforex.com.au/fxoptions/optiondynamics.htm

4.美联储发布的统计信息。美联储的网站每日更新主要交易货币对美元的价值。用美联储的网站确定其决定美元价格指数时所用的相对权数。

美联储：www.federalreserve.gov/releases/hl0/update/

5.每日市场评论。许多在线货币交易与咨询服务商都提供对全球货币市场活动的每日评估。用GCI网站找到市场当前对欧元与美元和加元交易情况的评估。

GCI金融有限公司：www.gcitrading.com/fxnews/

6.太平洋汇率服务。太平洋汇率服务网站是英属哥伦比亚大学的沃纳·安特威勒（Werner Antweiler）教授创办的，网站上有大量关于当前货币汇率与相关统计数据的信息。利用该服务，描绘经历了重大贬值或跌价的货币（例如阿根廷比索、委内瑞拉玻利瓦尔、土耳其里拉和埃及镑）的近期走势。

太平洋汇率服务：fx.sauder.ubc.ca/plot.html

本章逻辑框架图

图表5-12 本章逻辑框架图

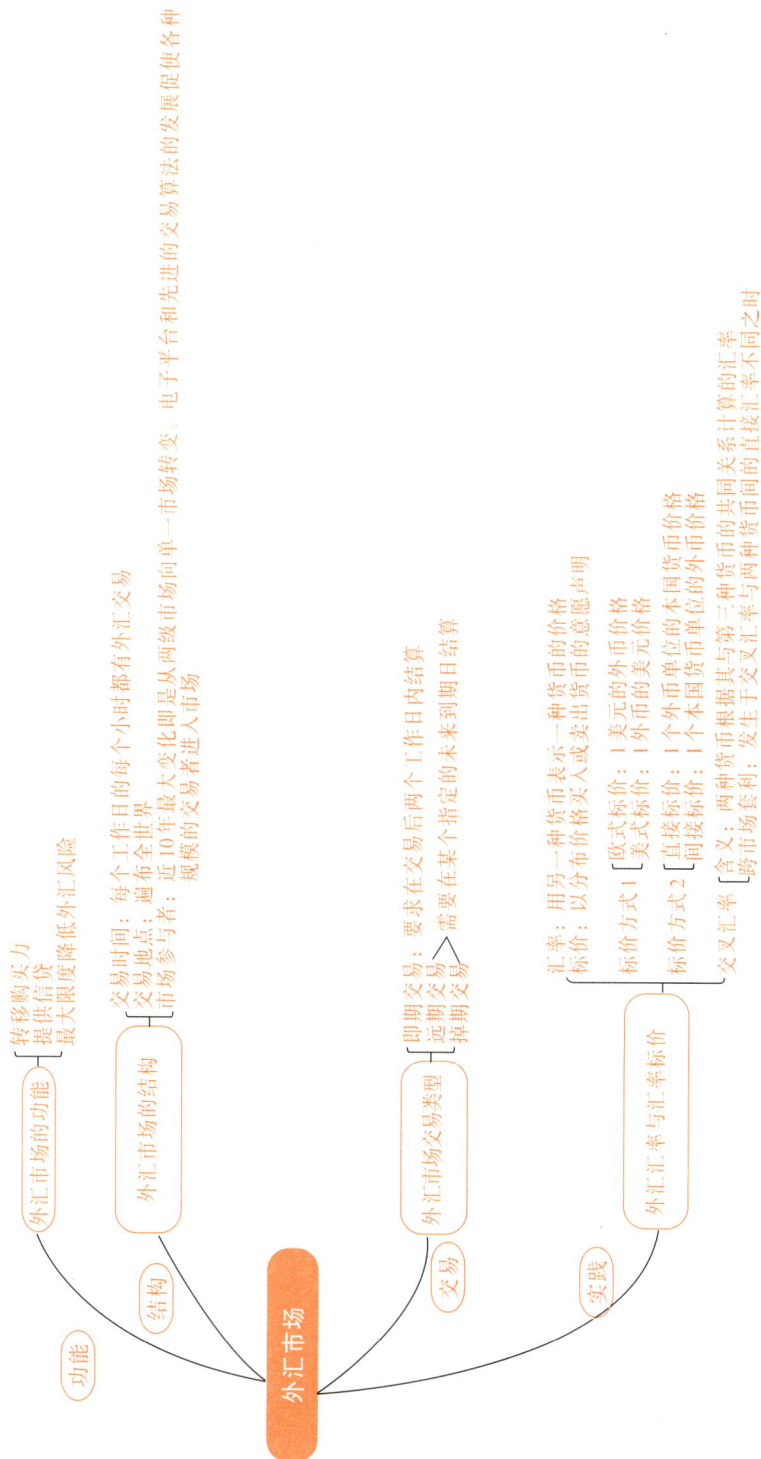

外汇市场

- 功能 — 外汇市场的功能
  - 转移购买力
  - 提供信贷
  - 最大限度降低外汇风险

- 结构 — 外汇市场的结构
  - 交易时间：每个工作日的每个小时都有外汇交易
  - 交易地点：遍布全世界
  - 市场参与者：近10年最大变化即是从两级市场向单一市场转变。电子平台和先进的交易算法的发展促使各种规模的交易者进入市场

- 交易 — 外汇市场交易类型
  - 即期交易：要求在交易后两个工作日内结算
  - 远期交易 / 掉期交易：需要在某个指定的未来到期日结算

- 实践 — 外汇汇率与汇率标价
  - 汇率：用另一种货币表示一种货币的价格
  - 标价：以分布价格买卖产品的意愿声明
  - 标价方式1
    - 欧式标价：1美元的外币价格
    - 美式标价：1外币的美元价格
  - 标价方式2
    - 直接标价：1个外币单位的本国货币价格
    - 间接标价：1个本国货币单位的外币价格
  - 交叉汇率
    - 含义：两种货币根据其同第三种货币的共同关系而计算的汇率
    - 跨市场套利：发生于交叉汇率与两种货币间的直接汇率不同之时

第6章

国际平价条件

如果资本自由流向能够获利最多的那些国家，那么利润率就不会有任何差别，商品的实际价格或劳动力价格也不会有差别，并把它们转移到它们要被出售的各个市场中。

——大卫·李嘉图，《政治经济学及其赋税原理》，1817年，第7章。

学习目标

- ■ 研究各国的价格水平及其变化（通货膨胀）如何决定其货币交易的汇率
- ■ 展示利率如何反映各个国家和货币的通货膨胀力量
- ■ 解释远期货币市场如何反映市场参与者对未来即期汇率的期望
- ■ 分析现货和远期货币市场在均衡情况下如何与预期通货膨胀中的利差相一致

课前阅读与思考

汇率的决定因素是什么？汇率变动是否可以预测？跨国公司的经理、国际证券投资者、进出口商和政府官员每天都必须处理这些根本性的问题。**本章介绍了关于汇率决定的核心金融理论。**第8章将介绍另外两种关于货币估值的重要理论流派，并将这三种不同的理论结合起来应用于现实世界。

连接汇率、价格水平和利率的经济理论被称为国际平价条件（international parity conditions）。在许多人看来，这些国际平价条件构成了跨国公司财务管理领域独有的财务管理理论的核心。就现实世界中的学生和从业者的观察，**这些理论并不总是"真实的"**，但其却是理解当今跨国企业如何运营的核心。而且，事实往往是这样的，错误并不总出在理论本身，而是出在实践中其被解释或应用的方式。

本章以引导案例"渡边夫人与日元套利交易"开篇，它展示了国际平价条件的理论和实践有时是如何结合起来，为愿意承担风险的人们提供不同寻常的获利机会的！请带着你的思索和疑问，开启本章的学习和探索之旅吧！

渡边夫人（Mrs. Watanabe）与日元套利交易

　　超过150万亿日元（约合16.8万亿美元）的储蓄，被认为是世界上最大的可投资财富池，其中大部分被储存在普通的日本银行账户中，还有大量的现金被存放在家里，这被称为"橱柜储蓄"，以人们储存其财产的传统木制橱柜来命名。但是从21世纪初开始，日本的家庭主妇们——通常被称为"渡边夫人"，一个普遍的日本姓氏——开始寻求更高的回...。[1]

　　　　　——"购物，烹饪，清洁……进行日元交易"，《金融时报》，2009年，2月21日。

　　以全球标准看，日元利率过去20年一直都很低。多年来，日本银行货币当局不断努力应对股市崩盘、通缩压力、流动性陷阱和经济衰退，而所有这些，都是通过让日元的年利率始终徘徊在1%或更低的水平上来达到的。加上金融业巨大的规模和复杂的需求，这些低利率催生了一种被称为日元套利交易的国际金融投机。

　　在教科书中，这种交易策略会被更正式地归类为非抵补套利（UIA），它是一个非常简单的投机头寸：从利率更低的国家借入资金并将其投资于利息收益更高的不同货币市场。其唯一的秘诀是在正确的市场时机，将高收益市场的货币兑换回原始货币，比如在汇率保持不变或者朝有利于投机者方向变化的时候，"有利于"即意味着高收益货币相对于借入的货币走强了。正如莎士比亚所说："唉，不妙了！"

日元可获得性

　　但是为什么把焦点放在日本呢？难道其他主要货币市场的利率不会周期性地低迷吗？对于追求套利交易活动的投资者或投机者而言，日本以及日元被证明有许多独特且诱人的特征。

　　首先，近几十年来，日本一直被证明是世界上储蓄率最高的国家之一，这意味着私人储蓄者手里累积了一个巨大的资金池，这些储蓄者是非常保守的。这些资金，要么被塞在床垫中，要么被存放在仅赚取一点点利息的储蓄账户中（实际上，考虑到极低的利率，塞在床垫和存放在银行中几乎没有多少差异）。

　　其次，促进日元套利交易的另一个因素是，日本金融业的庞大规模和复杂程度。日本不仅仅是世界上最大的工业经济体之一，而且其已经发展成为世界经济最重要的组成部分之一，人们只需想想丰田和索尼的规模和全球影响力，就可以知晓日本商业和国际金融基础设施的发达程度。然而，日本银行业一直在寻求新的多样化的投资，以平衡其时常低迷的国内经济，也就是说，其一直在寻找对自身而言有吸引力的外国投资者和外国借款人。而跨国公司可以随时获得为期多年的日元债务，而且这些债务可以极低的利率获得。

　　最后，日元套利交易的第三个促进因素是日元的自身价值。日元长期以来一直被认为是最国际化的亚洲货币，并且被广泛交易。然而，随着时间的推移，它常常极不稳定。这说的并不仅仅是波动性，虽然波动性本身也会在一夜之间摧毁利率套利，但关键在于用日元兑换其他主要货币时，如美元，或在下面的例子中，兑换澳元，其价值变化的趋势如何。

澳元/日元汇率

　　图表6A描述了日元/澳元汇率从2000年到2013年13年间的变化情况，即期汇率的这种变化及其长期运行的周期趋势提供了非常多高回报的利率套利期间。

---

[1] 雷鸟国际工商管理学院版权所有，2014年。这个案例是迈克尔·莫菲特教授（Michael Moffett）准备的，仅仅用于课堂讨论，不表明任何有效或者无效的管理。

澳元升值的两个时期是很明显的，在这样的期间内，一个做空日元并做多澳元（同时享有澳元相对较高的利息）的投资者，可以而且也确实享受了可观的回报，至少事后来看这是显而易见的。

图表 6A 日元和澳元即期汇率变化趋势

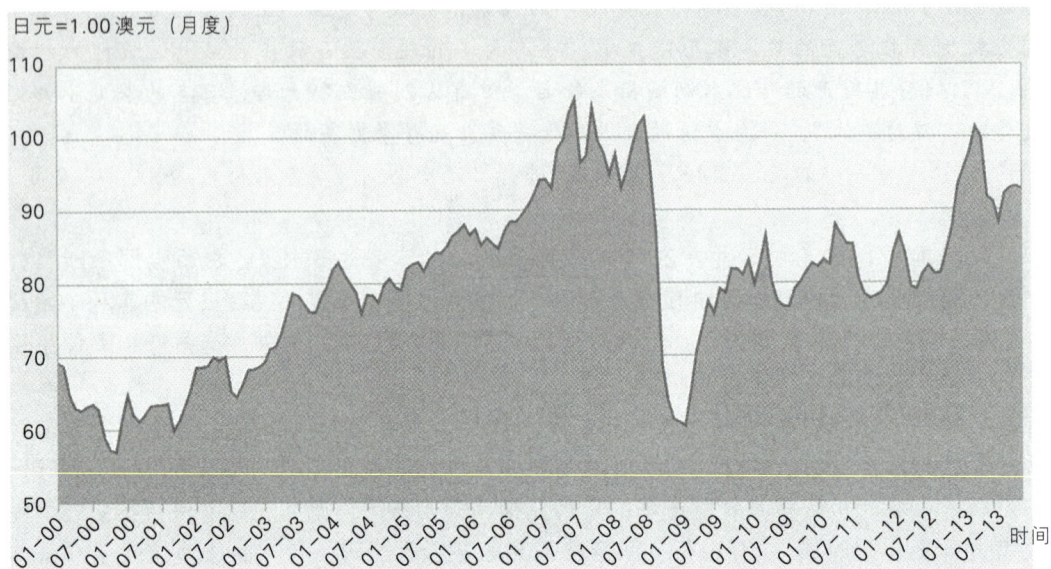

如果是更短的持有期，比如1年，结果又会怎么样呢？投机者没有预测即期汇率长期走势的方法，能仅仅靠猜测吗？思考图表6B中详述的1年期的投机活动。当看到2009年1月的汇率时，投资者会发现日元已经到了近期的历史"最低点"——其价值相对澳元处于一个强有力的位置。押注日元可能反弹，并会相对于澳元再次贬值，则投资者可以1%的年利率借入50 000 000日元，期限为1年；然后，再以60.91¥/A$的即期汇率将50 000 000日元兑换成澳元；接下来，再将换回的820 883澳元以4.50%的年利率存入银行，期限为1年。投资者甚至可以合理地认为，即使汇率没有变化，其每年也能赚取3.50%的利息差。

图表 6B 澳元-日元套利交易

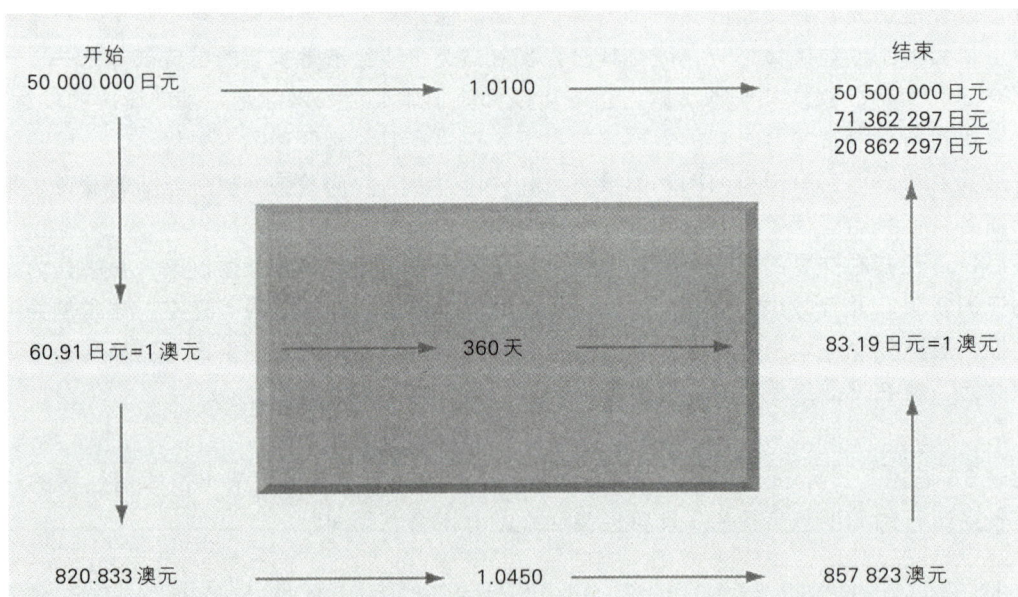

结果表明，2010年1月，1年后的即期汇率显示，日元相对于澳元更加疲软了，汇率变成83.19¥/A\$。购买这个1年期的澳元-日元套利交易头寸获得了非常可观的利润，50 000 000日元的上述投资其1年期投资收益为20 862 296.83日元，也就是说，其有着高达41.7%的回报率。

2009年金融危机之后

2008—2009年的全球金融危机使美联储和欧洲央行都执行了宽松的货币政策，中央银行为了维持高流动性以及支持脆弱的商业银行系统，将利率保持在接近零的水平上。在失去活力的全球经济中看到获利机会的全球投资者，正在使用美国和欧洲低成本的资金进行非抵补套利交易活动。但是，使这个"新兴的市场套利交易"看起来如此独特的并不是利率，而是投资者们正在卖空两个世界核心货币（美元和欧元）的事实。

思考图表6B中提及的策略，一个投资者以极其低的利率借入20 000 000欧元，如年利率1.00%或者180天利率0.50%，然后把20 000 000欧元兑换成印度卢比（INR），即期汇率为60.4672INR=1.00EUR，则其将得到1 209 344 000INR，作为印度吸引资本的众多银行中的一家的有息存款。虽然获得的利率2.50%不是特别高，但是仍旧比在美元、欧元，甚至日元市场可获得的利率高。这个策略的关键不是赚取比卢比更高的利率（尽管它确实可以），而是投资者对1欧元可以兑换多少卢比的汇率变化情况的预期。

问题

1. 为什么美元和欧元这些传统核心市场的利率这么低？
2. 是什么让"新兴的市场套利交易"与传统的非抵补套利形式大不相同？
3. 为什么很多投资者正在做空美元和欧元？

6.1 价格和汇率

如果相同的产品或服务可以在两个不同的市场销售，并且在两个市场之间销售和运输产品没有限制，则产品的价格应该是相同的。这就是所谓的一价定律（law of one price）。

竞争性市场的一个主要原则是，如果在市场之间转移产品或服务的摩擦或成本不存在，价格将在市场之间保持平衡。**如果两个市场在两个不同的国家，产品的价格可以用不同的货币来表示，那产品的价格应该是相同的。比较价格只需要从一种货币转换到另一种货币。**例如：

$$P^\$ \times S = P^¥$$

这里，我们用产品的美元价格乘以即期汇率（用日元兑换美元），就得到了产品的日元价格。**相反，如果两种产品的价格是用当地货币表示的，而且市场能够有效地竞争，从而使一个市场能够得到相对于另一个市场的较高价格，则汇率可以从相对的当地产品价格中推导出来：**

$$S = \frac{P^¥}{P^\$}$$

6.1.1 购买力平价与一价定律

如果一价定律对所有商品和服务都是正确的，那么购买力平价（purchasing power parity，PPP）汇率就可以从任何一套价格中找到。通过比较以不同货币计价的相同产品的价格，可以确定市场有效时应该存在的"实际"或购买力平价汇率。这是购买力平价的绝对版本。绝对购买力平价理论（absolute purchasing power parity）指出，即期汇率由相似的商品篮子的相对价格决定。

《经济学人》（如图表6-1所示）所命名的"巨无霸指数"，自1986年以来定期计算，是一价定律最好的例子。假设上述所有国家的巨无霸确实是相同的，它是比较货币目前是否以市场利率进行交易的一种形式，该市场利率与当地货币由巨无霸暗示的汇率相接近。

图表 6-1   从巨无霸指数中选择的利率

国家(地区)和货币		(1)巨无霸在当地的价格	(2)2013年7月实际的美元汇率	(3)巨无霸的美元价格	(4)隐含的美元的购买力平价汇率	(5)美元**被低估的百分比
美国	$	4.56	—	4.56	—	—
英国	£	2.69	1.4945*	4.02	1.695*	−11.8%
加拿大	C $	5.53	1.0513	5.26	1.213	15.4%
中国	Yuan	16.0	6.1341	2.61	3.509	−42.8%
丹麦	DK	28.5	5.8006	4.91	6.250	7.7%
欧盟	€	3.62	1.2858*	4.66	1.258*	2.2%
印度	₹	90.0	59.9800	1.50	19.737	−67.1%
日本	¥	320	100.11	3.20	70.175	−29.9%
挪威	kr	46.00	6.1281	7.51	10.088	64.6%
秘鲁	Sol	10.0	2.7830	3.59	2.193	−21.2%
俄罗斯	p	87.0	32.9389	2.64	19.079	−42.1%
瑞士	SFr	6.50	0.9674	6.72	1.425	47.3%
泰国	Baht	89.0	31.2750	2.85	19.518	−37.6%

*这些汇率表示每单位当地货币可以兑换的美元数，$/£和$€。

**美元被高估/低估的百分比，除了欧元区和英国用 $\dfrac{\text{实际汇率}-\text{隐含汇率}}{\text{隐含汇率}}$ 计算以外，其他国家均用 $\dfrac{\text{隐含汇率}-\text{实际汇率}}{\text{实际汇率}}$ 来计算。

资料来源：(1)列和(2)列数据摘自"巨无霸指数"，《经济学人》，2013年7月。

例如，使用图表6-1，在中国，巨无霸售价为16.0元（当地货币），而在美国，同一个巨无霸的售价为4.56美元。实际即期汇率为6.1341元/美元。因此，以美元计价的在中国售卖的巨无霸的价格是：

$$\frac{\text{巨无霸的人民币价格}}{\text{人民币/美元的即期汇率}} = \frac{16.0元}{6.1341元/美元} = 2.61美元$$

这是图表6-1中第3栏以美元计价的在中国售卖的巨无霸的价格。然后，我们将在中国售卖巨无霸的实际价格（16.0元）除以在美国售卖巨无霸的价格（4.56美元）来计算隐含的购买力平价汇率（purchasing power parity rate of exchange）：

$$\frac{\text{巨无霸的人民币价格}}{\text{巨无霸的美元价格}} = \frac{16.0元}{4.56美元} = 3.509元/美元$$

这是图表6-1第4栏中的购买力平价汇率。原则上，这就是巨无霸指数所提出的，即人民币与美元的汇率应该符合此理论。

现在，比较这个隐含的购买力平价汇率 3.509 元/美元，与当时的实际市场汇率 6.1341 元/美元，则人民币被低估（－%）或美元被高估（+%）的程度计算如下：

$$\frac{隐含汇率 - 实际汇率}{实际汇率} = \frac{3.509 - 6.1341}{6.1341} \times 100\% = -42.8\%$$

这种情况下，巨无霸指数显示人民币兑换美元的汇率被低估了 42.8%，正如图表 6-1 第 5 栏中的数据所示。《经济学人》也很快注意到，尽管这表明人民币对美元的**管理价值**被大幅低估，但购买力平价理论应该表明货币价值的长期走向，而不一定是今天的价值。

理解为什么巨无霸会是适用于验证一价定律和购买平价理论的理想对象，这一点很重要。首先，每个市场的产品本身几乎是一样的。这是产品一致性、流程卓越以及麦当劳品牌形象和自豪感带来的结果。其次，同样重要的是，该产品是当地主要材料和投入成本的结果。这意味着它在每个国家的价格是国内成本和价格的代表，而不是将受到汇率本身影响的进口产品的成本价格的代表。但是，该指数仍然存在局限性。巨无霸不能跨境贸易，成本和价格也受到各个国家市场的各种其他因素的影响，如房地产租金和税收。

这个原则的一个不那么极端的形式是，在相对有效率的市场中，一篮子商品的价格在每个市场上是相同的。用价格指数代替单一产品的价格，可以使两国之间的购买力平价汇率变为：

$$S = \frac{PI^{\yen}}{PI^{\$}}$$

其中，$PI^{\yen}$ 和 $PI^{\$}$ 分别是以日本和美国的当地货币表示的价格指数。例如，如果相同的一篮子货物在日本的成本是 1 000 日元，在美国是 10 美元，那么购买力平价的汇率就是：

$$\frac{1000日元}{10美元} = 100日元/美元$$

以防你觉得购买力平价理论只与数字有关，全球财务管理实务 6-1 将提醒你其等式人性化的一面。

课堂延展阅读

全球财务管理实务 6-1　　　　　　**朝鲜人民的困扰——朝鲜圆的"重估"**

6.1.2 相对购买力平价

如果对购买力平价理论绝对版本的假设放宽一点，我们观察所谓的**相对购买力平价**（relative purchasing power parity）。相对购买力平价理论认为，**购买力平价对于确定当前的即期汇率没有什么特别的帮助，但是一段时间内两国之间价格的相对变化决定了这一时期汇率的变化**。更具体地说，如果两国之间的即期汇率处于均衡状态，它们之间的差别通货膨胀率的任何变化趋于在长期内抵消即时汇率相等但相反的变化。

图表 6-2 显示了相对购买力平价的一般情况。纵轴表示外汇即期汇率变化百分比，横轴表示预期通货膨胀率（国外相对于本国）的百分比差异。对角线的平价线显示了汇率变动与相对通货膨胀率之间的均衡状况。例如，P 点代表了一个平衡点，在这个平衡点，外国的（日本）通货膨胀比美国本土低 4%。因此，相对购买力平价预测，日元对美元每年将升值 4%。如果目前的市场预期导致图表 6-2 中的 W 或 S 点，则本币将被认为是弱点（W 点）或强点（S 点），市场将不会达到平衡。

应用购买力平价改变即期汇率的逻辑是，如果一个国家的通货膨胀率高于其主要贸易伙伴的通货膨胀率，并且其汇率不变，其货物和服务的出口与其他产品相比就会变得没有竞争优势。来自国外的进口产品与国内价格较高的产品相比价格更具竞争力。这些价格变动导致经常账户在国际收支上出现赤字，除非被资本和资金流动抵消。

图表 6-2 　　　　　　　　　　　　　相对购买力平价

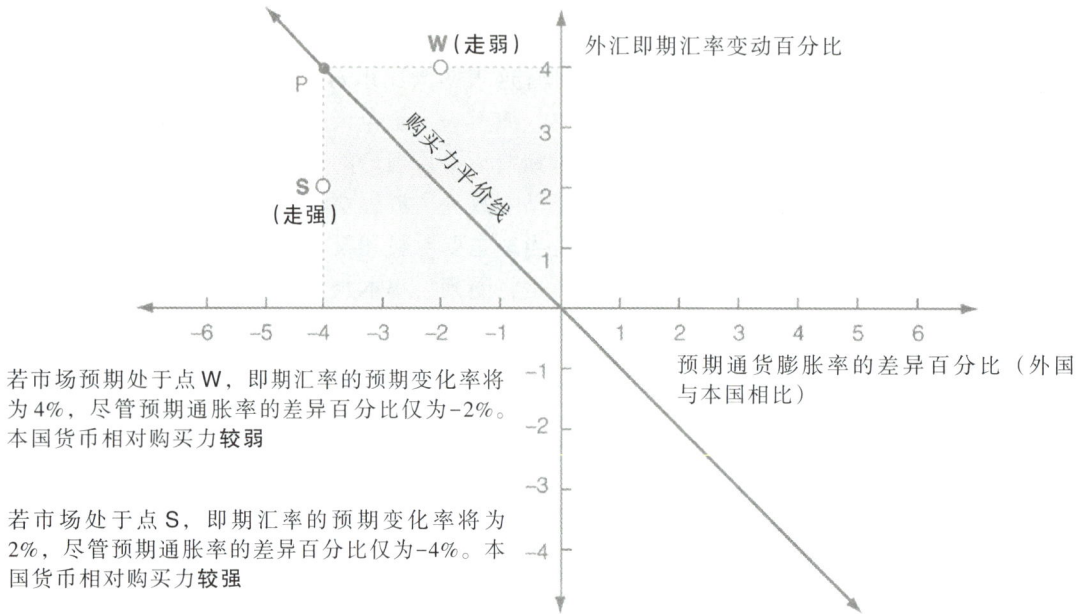

W（走弱）
外汇即期汇率变动百分比
P
购买力平价线
S（走强）
预期通货膨胀率的差异百分比（外国与本国相比）

若市场预期处于点 W，即期汇率的预期变化率将为 4%，尽管预期通胀率的差异百分比仅为-2%。本国货币相对购买力较弱

若市场处于点 S，即期汇率的预期变化率将为 2%，尽管预期通胀率的差异百分比仅为-4%。本国货币相对购买力较强

学与思 6-1 定义下列术语：
　　　　　a. 一价原理；
　　　　　b. 绝对购买力平价；
　　　　　c. 相对购买力平价。

6.1.3　购买力平价的实证检验

有关学者对购买力平价的绝对和相对版本以及一价定律进行了广泛的测试。[1]在大多数情况下，这些测试没有证明购买力平价在预测未来汇率方面是准确的。货物和服务实际上并不是以零成本在各国之间转移，实际上许多服务并不是"可交易的"，例如，理发。各国的许多商品和服务质量不尽相同，这反映了各国在制造和消费方面的能力和资源的差异。

从这些测试中，可以得出两个一般性的结论：1）购买力平价长期保持良好，但在较短时间内效果不佳；2）对于通货膨胀率较高，资本市场不发达的国家来说，这个理论更加准确。

6.1.4　汇率指数：真实和名义

由于任何一个国家都与众多合作伙伴进行交易，我们需要跟踪和评估其货币价值与所有其他货币价值，以确定相对购买力。目的是要发现它的汇率在购买力平价方面是被"高估"还是"低估"了。处理这个问题的主要方法之一就是计算汇率指数（exchange rate index）。这些指数是通过贸易加权本国与其贸易伙伴之间的双边汇率形成的。

---

[1]　例如参见 Kenneth Rogoff，"The Purchasing Power Parity Puzzle，"*Journal of Economic Literature*，Vol.34，No.2，1996，p.647−668；Barry K.Goodwin，Thomas Greenes，and Michael K.Wohlgenant，"Testing the Law of One Price When Trade Takes Time，""*Journal of International Money and Finance*"，1990，p.21−40.

名义有效汇率指数（nominal effective exchange rate index）使用实际汇率来建立一个按加权平均值计算的标的货币价值随时间变化的指数。这并没有真正表明货币的真正价值或与购买力平价相关的任何事情。名义指数简单地说明了货币价值如何与任意选择的基期相关，但却被用于形成实际有效汇率指数。**实际有效汇率指数**（real effective exchange rate index）表示货币的加权平均购买力相对于某些任意选择的基期的变化情况。图表6-3列示了1980—2012年日本、欧元区和美国的实际有效汇率指数。

学与思6-2 说明如何构建名义有效汇率指数。

图表6-3　　　　　　　　　　　美国、日本和欧元区的实际有效汇率指数

指数价值（2005年=100）

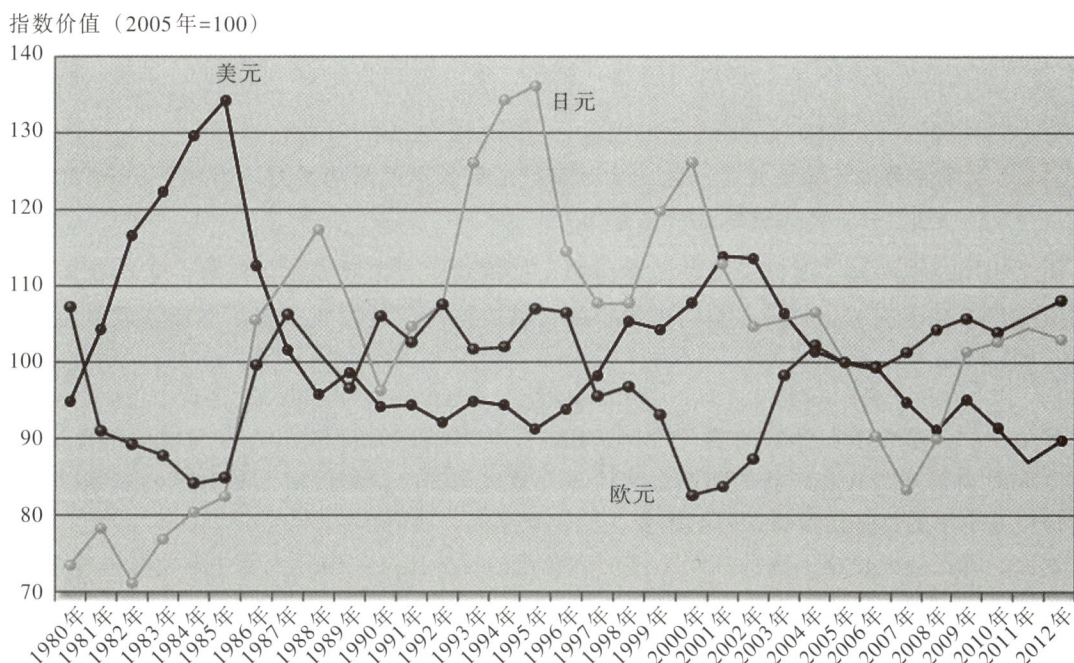

资料来源：《国际财务统计》，IMF，消费价格指数加权为实际有效汇率，RECZF系列。

美元的实际有效汇率指数 $E_R^\$$ 是将名义有效汇率指数 $E_N^\$$ 乘以美元成本 $C^\$$ 与外币成本 C^{FC} 的比率得到的：

$$E_R^\$ = E_N^\$ \times \frac{C^\$}{C^{FC}}$$

如果汇率的变化恰好抵消了差别通货膨胀率（如果购买力平价准确的话），那么所有的实际有效汇率指数都将保持在100。如果汇率的上涨超过了差异通货膨胀，那么它的指数就会超过100。实际有效汇率指数在100以上，从竞争的角度来看，货币会被"高估"。低于100的指数值意味着货币"被低估"。

图表6-3列示了1980—2012年美元、日元和欧元的实际有效汇率的变化情况。20世纪80年代早期，美元的指数值远远超过100（被高估），在1988—1997年期间，其跌破了100（被低估），然后再次升至100以上。根据这个指数，美元自2006年以来一直被低估。2006年后，欧元的指数值一直在100以上，而日元则从近年来一直被大幅低估反弹到被轻微高估。

除了衡量与购买力平价的偏差之外，一个国家的实际有效汇率是预测国家国际收支和汇率上行压力或下行压力的重要管理工具，也是衡量该国出口生产能力是否极具竞争力的一个指标。

学与思 6-3 将名义有效汇率指数转换为实际有效汇率指数需要用哪个公式?

学与思 6-4 图表6-3比较了日本和美国的实际有效汇率。如果相对实际有效汇率是主要的决定因素,那么具有出口竞争优势的是日本,还是美国?具有进口竞争优势的又是哪个国家?请解释原因。

6.1.5 汇率转嫁

不完整的汇率转嫁是一个国家的实际有效汇率指数与其购买力平价均衡水平100长期偏离的一个原因。进出口商品价格因汇率变化而变化的程度被称为汇率转嫁(exchange rate pass-through)。尽管购买力平价意味着所有的汇率变动都通过价格的同等变化传递给贸易伙伴,但是20世纪80年代的实证研究对此提出了质疑。例如,美国在20世纪80年代和90年代的巨额往来账户赤字没有对美元价值变化做出反应。

学与思 6-5 不完整的汇率转嫁是一国的实际有效汇率长期偏离购买力均衡水平——100——的原因之一。汇率转嫁是什么意思?

为了说明汇率转嫁,假设宝马公司在德国生产汽车,并用欧元支付所有的生产费用。当公司将汽车出口到美国时,宝马在美国市场上的价格应该简单地按照即期汇率换算成美元的欧元价值,即:

$$P_{BMW}^\$ = P_{BMW}^\euro \times S^{\$/\euro}$$

其中,$P_{BMW}^\$$ 是以美元计算的宝马价格,$P_{BMW}^\euro$ 是宝马的欧元价格,$S^{\$/\euro}$ 是每欧元的即期汇率。如果欧元对美元升值10%,新的即期汇率应该导致宝马在美国的价格上涨10%。如果以美元计算的价格按汇率的百分比增加,则汇率变化的转嫁完成(或100%)。

然而,如果美元价格上涨的幅度小于汇率变化的百分比(在国际贸易中通常是这样的),则转嫁是部分的,如图表6-4所示。71%的转嫁(当欧元升值20%时,美元的价格仅上涨了14.29%)意味着宝马正在吸收一部分汇率的不利变化。这种吸收可能是由于利润率较低,或成本降低,或两者兼而有之。

例如,当欧元升值时,进口到德国的零部件和原材料成本较低。所有的汇率变化最终都反映在交易货物的价格中,包括以前签订的合同。保持欧元升值的主要出口市场的汽车价格显然符合宝马公司的利益。

需求价格弹性(price elasticity of demand)的概念在确定期望的转嫁水平时是有用的。回想一下,任何商品的需求价格弹性都是商品价格百分比变化导致的商品需求量的百分比变化:

$$需求的价格弹性 = e_p = \frac{\%\triangle Q_d}{\%\triangle P}$$

其中,Q_d 是需求量,P 是产品价格。如果 e_p 的绝对值小于1.0,则该商品需求相对价格"缺乏弹性";如果其大于1.0,则该商品需求相对价格"富有弹性"。

德国商品需求相对价格缺乏弹性,这意味着所需数量对价格变化相对不敏感,可能经常表现出高度的转嫁。这是因为美国市场上美元价格上涨对消费者所需产品的数量影响不大。美元收入将增加,但欧元收入将保持不变。然而,需求相对价格富有弹性的商品会以相反的方式做出反应。如果20%的欧元升值导致美元价格上涨20%,美国消费者会减少购买宝马的数量。如果美

国宝马的需求价格弹性大于1，那么宝马以美元计价的总销售收入就会下降。

图表 6-4　　　　　　　　　　　汇率转嫁

汇率转嫁是进出口产品价格对汇率变动的反应。假定在德国生产并在美国以即期汇率出售的宝马汽车的美元和欧元价格计算如下：

$$P_{BMW}^{\$} = P_{BMW}^{€} \times S^{\$/€} = €35\,000 \times \$1.00/€ = \$35\,000$$

如果欧元相对美元升值20%，从1.00美元涨到1.20美元，那么宝马在美国市场的价格理论上应该上涨到42 000美元。但是，如果美国的宝马价格不上涨20%，例如上涨到4万美元，那么汇率的转嫁只是部分的。

$$\frac{P_{BMW,2}^{\$}}{P_{BMW,1}^{\$}} = \frac{\$40\,000}{\$35\,000} = 1.1429, 或者上升14.29\%$$

汇率的转嫁程度是根据最终价格中反映出来的汇率变化的比例来衡量的，在这种情况下是指宝马最后的美元价格。在这个例子中，宝马的美元价格仅上涨了14.29%，而不是20%，导致71%的转嫁。这意味着只有71%的汇率变化转嫁到了美元的价格上，其余29%的汇率变化被宝马公司吸收了。

6.2　利率和汇率

我们已经看到，不同国家的货物价格通过汇率关联起来。现在，我们考虑利率如何与汇率挂钩。

6.2.1　费雪效应

以经济学家Irving Fisher命名的**费雪效应（Fisher effect）**指出，每个国家的名义利率等于所需的实际收益率加上预期通货膨胀的补偿。更正式地说，这是从$(1+r)(1+\pi)-1$得出的，即：

$$i = r + \pi + r\pi$$

其中，i是名义利率，r是实际利率，π是资金借出期间的预期通货膨胀率。最后的复合词$r\pi$由于其相对较小的价值而经常被忽略。费雪效应可简化为（近似形式）：

$$i = r + \pi$$

费雪效应被以如下形式运用于美国和日本：

$$i^{\$} = r^{\$} + \pi^{\$}; i^{¥} = r^{¥} + \pi^{¥}$$

上标$和¥分别与以美元和日元计价的金融工具的名义（i）、实际（r）和预期通货膨胀（π）成分有关。我们需要预测未来的通货膨胀率，而不是通货膨胀率。预测未来是困难的。

用事后国家通货膨胀率进行的实证检验表明，费雪效应通常存在于短期成熟的政府证券之中，如国库券和票据。基于较长期限的比较受到债券市场价值在到期前波动中固有的增加的财务风险的影响。私人部门证券的比较受到发行人不同信誉的影响。所有的测试结果都是不确定的，因为最近的通货膨胀率并不是衡量未来预期通货膨胀的标准。

学与思6-6 定义费雪效应。实证检验在多大程度上证实了在实际中存在费雪效应？

6.2.2　国际费雪效应

现货汇率随时间变化的百分比变化，与不同国家资本市场可比利率之间差异的关系，被称为**国际费雪效应（international Fisher effect）**。正如人们常说的那样，"费雪敞口"表明，即期汇率应该发生等量变化，但与两国利率差异的方向相反。更正式地说：

$$\frac{S_1 - S_2}{S_2} = i^{\$} - i^{¥}$$

其中，$i^{\$}$和$i^{¥}$是各自国家的利率，S是在期初（$S_1$）和期末（$S_2$）使用间接报价的即期汇率

（例如，对美元的间接报价是¥/$）。这是工业中常用的近似形式。其精确的表述如下：

$$\frac{S_1 - S_2}{S_2} = \frac{i^\$ - i^¥}{1 + i^¥}$$

国际费雪效应的立足点是投资者必须得到奖励或惩罚，以抵消预期的汇率变化。例如，如果一个以美元为基础的投资者买入一个10年期日元债券以赚取4%的利息，而不是10年期美元债券以赚取6%的利息，该投资者则会期望日元相对于美元在10年内每年至少升值2%。如果不是这样，那么以美元为基础的投资者的收益将会更高。如果日元在10年期间升值3%，那么以美元为基础的投资者将获得1%的高回报。然而，**国际费雪效应预测，在资本流动不受限制的情况下，投资者应该对其债券是美元还是日元漠不关心，因为全球投资者将会看到相同的机会，并通过竞争将套利机会消除。**

实证检验为国际费雪效应假设的关系提供了一些支持，尽管对于短期的预测仍有偏差。然而，最近的一些研究表明，大多数主要货币都存在外汇风险溢价，这引发了更严重的批评。此外，无息的利率套利投机造成了货币市场的扭曲。因此，汇率的预期变化可能始终大于利率的差异。

学与思6-7 定义国际费雪效应。实证检验在多大程度上证实了在实际中存在国际费雪效应？

6.2.3 远期汇率

远期汇率（forward rate）（或第5章所述的远期汇率）是从今天着眼的未来某个时候的汇率。货币之间的远期交换协议指明在未来某个特定日期（通常是30、60、90、180、270或360天之后）外币将被"买入"或"卖出"的汇率。

远期汇率是通过调整当前即期汇率和两种标的货币相同到期日的欧元货币利率的比率来计算的。例如，瑞士法郎/美元汇率（$F_{90}^{SF/\$}$）的90天远期汇率是通过将当前即期汇率（$S^{SF/\$}$）乘以90天瑞士法郎存款利率（$i^{SF}$）除以90天的美元存款利率（$i^\$$）得到的，即：

$$F_{90}^{SF/\$} = S^{SF/\$} \times \frac{[1 + (i^{SF} \times \frac{90}{360})]}{[1 + (i^\$ \times \frac{90}{360})]}$$

假设即期汇率为1.4800瑞士法郎/美元，90天瑞士法郎存款年利率为4.00%，90天美元存款年利率为8.00%，则90天的远期利率为1.4655瑞士法郎/美元，即：

$$F_{90}^{SF/\$} = SF1.4800/\$ \times \frac{\left[1 + \left(0.0400 \times \frac{90}{360}\right)\right]}{\left[1 + \left(0.0800 \times \frac{90}{360}\right)\right]} = SF1.4655/\$$$

远期溢价或折价是即期汇率与远期汇率之间的百分比差异，用百分比表示。当使用本币的外币价格时，如在这种情况下的SF/$，年百分比溢价或折价的公式为：

$$f^{SF} = \frac{即期汇率 - 远期汇率}{远期汇率} \times \frac{360}{天数} \times 100$$

替换SF/$的即期和远期汇率，以及90天的远期利率：

$$f^{SF} = \frac{1.4800\,SF/\$ - 1.4655\,SF/\$}{1.4655\,SF/\$} \times \frac{360}{90} \times 100 = +3.96\%\,/年$$

这一迹象是好的，**表明瑞士法郎以每年3.96%的幅度溢价（以90天的远期汇率获得瑞士法郎需要增加3.96%的美元）**。

如图表6-5所示，欧元远期溢价是由于欧元美元利率与瑞士法郎利率之间存在差异而产生的。由于任何特定到期利率的远期汇率都利用了该期限的特定利率，因此货币的远期溢价或折价是显而易见的——具有较高利率的货币（在这种情况下是美元）将折价卖出，具有较低利率的货币（这里是瑞士法郎）将溢价出售。

远期汇率是从三个可观察的数据项目，即即期汇率、外币存款利率和本币存款利率计算出来的，而不是通过对未来即期汇率的预测。然而，管理人员经常将其用于预测，结果不尽相同，如下节所述。

图表6-5 **货币收益率曲线和远期溢价**

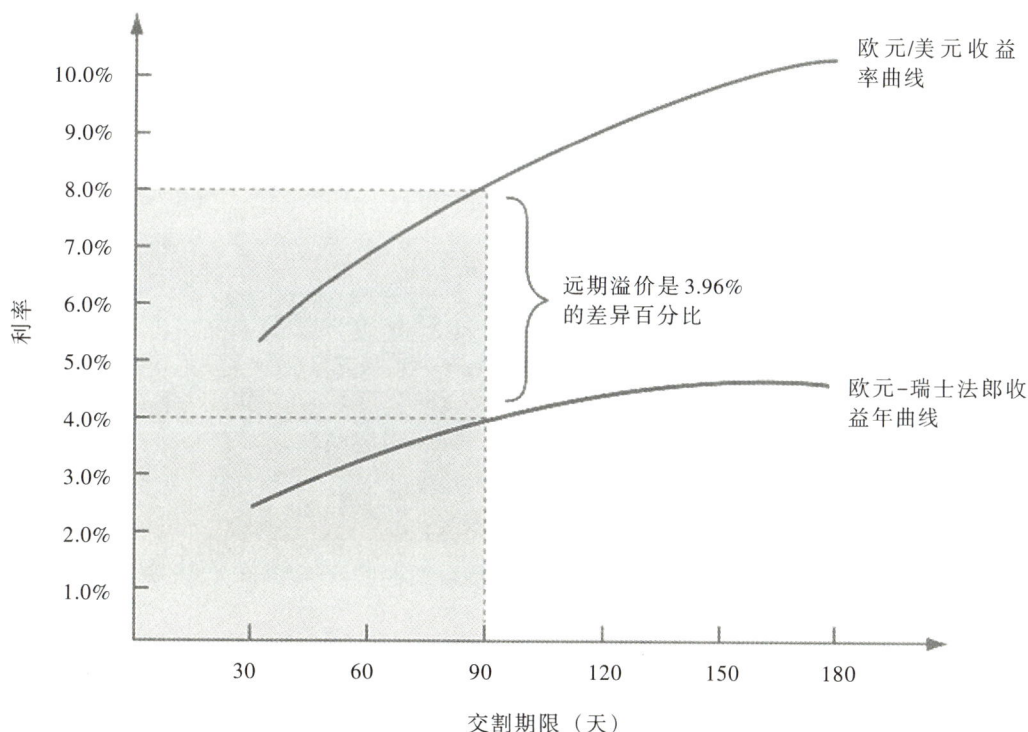

6.2.4 利率平价（IRP）

利率平价（interest rate parity，IRP）理论提供了外汇市场和国际货币市场之间的联系。该理论认为：除了交易成本之外，类似风险和期限的国家证券的利率差异应与外币远期折价或溢价相等，但符号相反。

图表6-6列示了利率平价理论是如何工作的。假设一个投资者有1 000 000美元和几个可供选择的，但可比的瑞士法郎（SF）货币投资。如果投资者选择投资美元货币市场工具，投资者将获得美元利率。这导致在期末发生 $(1 + i^s)$，其中 i^s 是十进制形式的美元利率。

然而，投资者可能选择投资同期风险和期限相同的瑞士法郎货币市场工具。这一行动将要求投资者以即期汇率兑换法郎，将法郎投资于货币市场工具，将法郎卖出（为了避免汇率发生变化的风险），并在该期间将所得收益转换成美元。

一个以美元为基础的投资者将从左上角开始评估投资美元市场（直接穿过盒子的顶部）与投资瑞士法郎市场（下降，然后围绕右上角）的相对回报。回报的比较如下：

$$(1 + i^\$) = S^{SF/\$} \times (1 + i^{SF}) \times \frac{1}{F^{SF/\$}}$$

其中，S =即期汇率，F =远期汇率。用图表 6-6 中的即期汇率（1.4800 $SF/\$$）、远期汇率（1.4655 $SF/\$$）和利率代替，利率平价条件如下：

$$(1 + 0.02) = 1.4800 \times (1 + 0.01) \times \frac{1}{1.4655}$$

等式的左边是投资者通过投资美元赚取的总收益。右边是投资者通过以即期汇率兑换瑞士法郎，将瑞士法郎投资于瑞士法郎货币市场，同时将瑞士法郎的本金和利息以当前 90 天的远期汇率兑换为美元而获得的总收益。

图表 6-6　　　　　　　　　　　　利率平价

i$=8.00%/年
（2.00%/90天）

期初
$1 000 000　　　　　　×1.02　　　　　　　　　　期末

$1 020 000
$1 019 993

美元货币市场

S=SF1.4800/$　　　　　90天　　　　　F₉₀=SF1.4655/$

瑞士法郎货币市场

SF1=1 480 000　　　　　×1.01　　　　　SF1 494 800

i^SF=4.0%/年
（1.00%/90天）

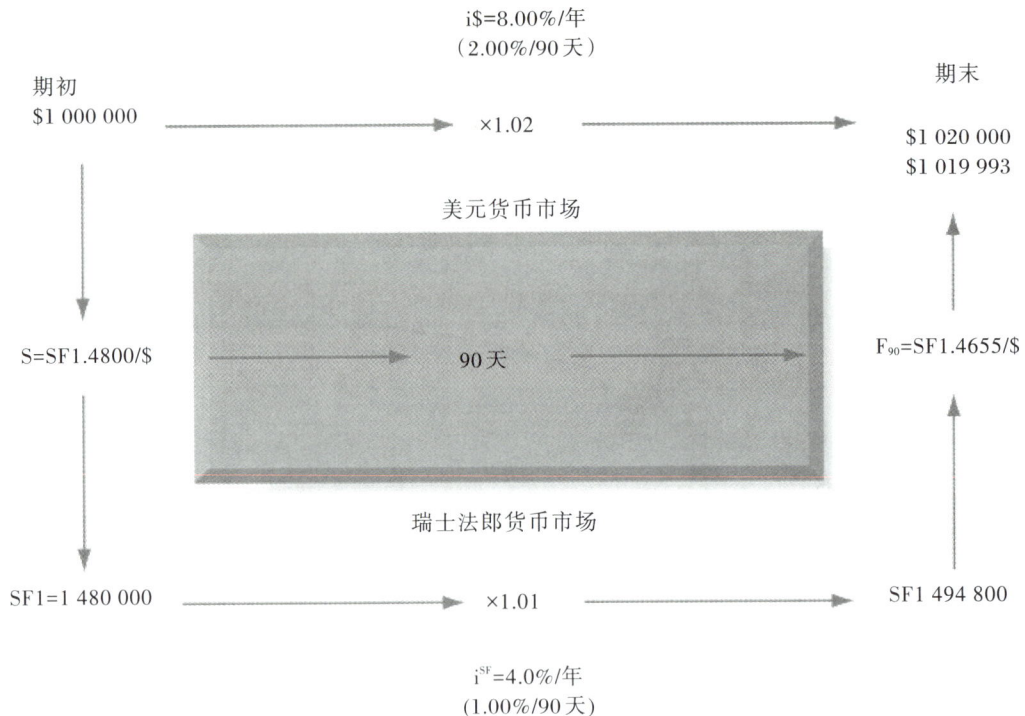

忽略交易成本，如果两种另类货币市场投资的美元回报相等，现货和远期汇率就被认为是利率平价的。这个交易是"被涵盖"的，因为在 90 天期间，如图表 6-6 所示，为了使两种方法相同，任何利率差异都必须由现货和远期汇率之间的差额抵消（近似形式），即：

$$\frac{F}{S} = \frac{(1 + i^{SF})}{(1 + i^\$)}，\text{或者}\ \frac{SF1.4655/\$}{SF1.4800/\$} = 0.9902 \approx 1\%$$

学与思 6-8 定义利率平价。利率平价和远期汇率的关系是什么？

6.2.5 隐藏利率套利（CIA）

即期和远期外汇市场并不总是处于利率平价所描述的均衡状态。当市场不均衡时，存在"无风险"或套利收益的可能性。意识到存在这种不均衡的套利者将会通过投资任何一种能提供更高回报的货币来利用这种不均衡。这被称为隐藏利率套利（covered interest arbitrage，CIA）。

图表6-7描述了一个货币交易者在一家大型国际银行的衍生品部门工作时最有可能执行的隐藏利率套利交易的步骤。货币交易者 Fye Hong 可以利用其银行持有的多种主要货币进行套利投资。当天上午的情况显示，对于 Fye Hong 来说，一个交换100万美元为日元的隐藏利率套利，投资6个月的日元账户，然后卖回美元，将会获得4 638美元（1 044 638美元—1 040 000美元）的收益。但是交易所市场和欧元市场变化很快，所以如果 Fye Hong 迟疑了几分钟，盈利的机会就可能消失了。

Fye Hong 现在执行以下交易程序：

第一步：以106.00 ¥/$的现货价格兑换1 000 000$为106 000 000¥（参见图表6-7中的"期初"）。

第二步：将募集的资金106 000 000日元用于欧元日元账户，并投资6个月，年利率为4.00%，或者180天的利率为2%。

第三步：以180日远期汇率103.50 ¥/$出售未来的日元收益（108 120 000日元）。这个行动"锁定"了1 044 638美元的总收入（见图表6-7中的"期末"）。

第四步：以每年8.00%的欧元利率或180天的4%的利率计算所用资金的成本（机会成本），本金和利息共计1 040 000美元。隐藏利率套利收益为4 638美元（1 044 638美元—1 040 000美元）。

图表 6-7   隐藏利率套利

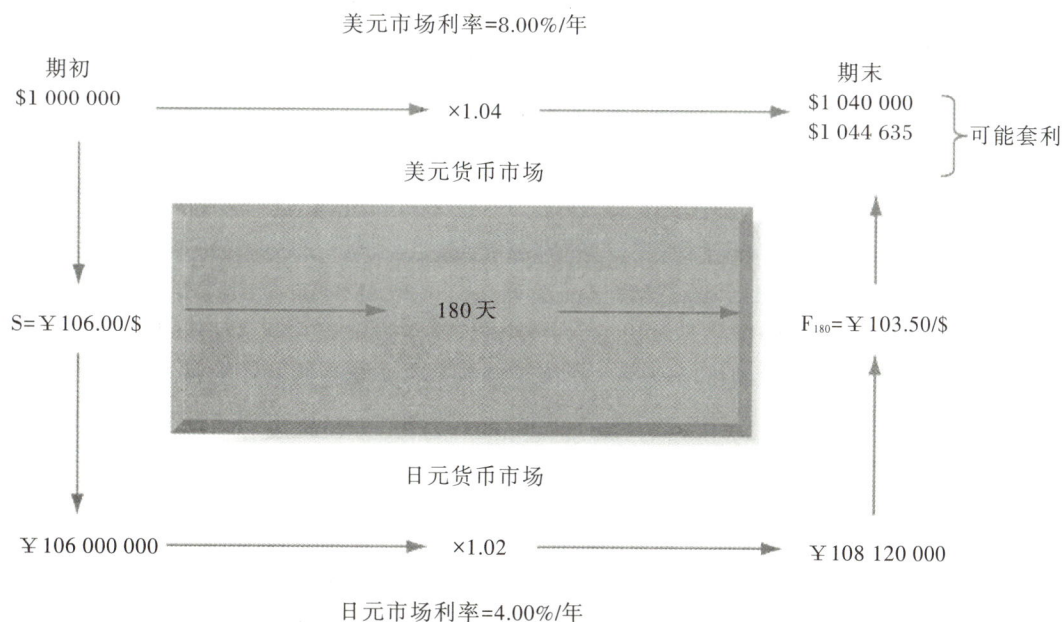

请注意，所有利润均以交易初始化货币计算，但交易者可使用美元、日元或其他任何主要的货币进行投资。

经验法则

所有需要进行套利的利差套利都是为了保证套汇利率不变。根据相对利率和远期溢价，Fye Hong 会以日元开始投资美元，并将美元卖出获得日元。利润最终将以日元计价。但是，如何看待 Fye Hong 在图表6-7中的交易步骤呢？

决定是以美元还是日元开始的关键是，将利率的差异与日元的远期溢价进行比较。例如，在图表6-7中，180天利率的差别是2.00%（美元利率高了2.00%）。180天的日元溢价如下：

$$f^Y = \frac{即期汇率 - 远期汇率}{远期汇率} \times \frac{360}{180} \times 100 = \frac{¥106.00/\$ - ¥103.50/\$}{¥103.50/\$} \times 200 = 4.8309\%$$

换句话说，通过投资日元和以远期汇率卖出日元收益，与他继续投资美元相比，Fye Hong 在综合利率套利和远期溢价上赚得更多。

套利经验法则：如果利率差异大于远期溢价（或即期汇率的变动），则应投资于利息收益较高的货币。如果利率差异小于远期溢价（或即期汇率的预期变动），则应投资于利息收益较低的货币。

使用这个经验法则可以让 Fye Hong 选择图表6-7中的交易步骤。这也保证了，如果他选对方向，他总是会获利的。这条法则假定利润大于任何交易成本。

隐藏利率套利的这一过程将国际货币和货币市场推向利率平价所描述的均衡。轻微偏离均衡为套利者提供了无风险利润的机会。这种偏离提供了将市场推向平价（均衡）的支撑和需求力量。

涵盖的利率套利机会一直持续到利率平价重新建立，因为套利者能够通过尽可能频繁地重复周期来获得无风险的利润。他们的行为将使得外汇和货币市场重新回到均衡状态：

1.在现货市场购买日元，并在远期市场出售日元，使日元下跌。这是因为对现货日元的额外需求增强，并且由于额外的出售，导致远期日元疲软。远期日元溢价减少是由于以前投资于日元已获得外汇收益。

2.对日元计价证券的需求导致日元利率下降，美国借贷水平上升导致美元利率上升。最终的结果是有利于投资美元的利差更大。

6.2.6　裸露利率套利（UIA）

隐藏利率套利的偏差是裸露利率套利（uncovered interest arbitrage，UIA），其中投资者会选择介入有着相对较低利率的国家及其货币，并将其转换为能提供高得多的利率的货币，因此交易"被揭露"不卖出更高收益的货币收益，并接受在期末将有着更高收益的货币转换成有着更低收益的货币的货币风险。图表6-8展示了无风险利差套利者在进行所谓的"日元套利交易"时采取的步骤。

"日元套利交易"是 UIA 的一个古老应用。来自日本国内外的投资者利用日元极低的利率（0.40%/年）来筹集资金。投资者将其筹集的资金换成美元或欧元等其他货币。然后，他们将这些美元或欧元收益再投资于美元或欧元货币市场，因为这些资金的收益率相当高（图表6-8中为每年5.00%）。在这个时期的最后一年，在这种情况下，他们把美元转换成现货市场上的日元。结果是利润远远高于最初借款的成本。

图表 6-8　　　　　　　　　　　　　裸露利率套利（UIA）：日元套利交易

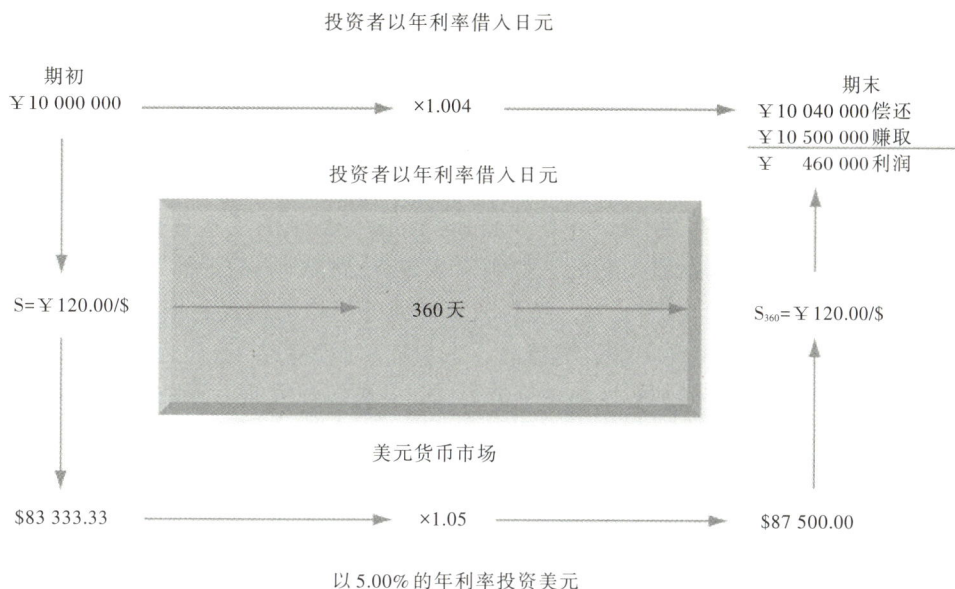

投资者以年利率借入日元

期初			期末
¥ 10 000 000	→ ×1.004 →		¥ 10 040 000 偿还
			¥ 10 500 000 赚取
			¥ 　 460 000 利润

投资者以年利率借入日元

$S = ¥120.00/\$$　　　　　　360 天　　　　　$S_{360} = ¥120.00/\$$

美元货币市场

$\$83\ 333.33$　　　　→ ×1.05 →　　　　$\$87\ 500.00$

以 5.00% 的年利率投资美元

　　其诀窍在于，今年年底的即期汇率与今年年初的汇率相比不会有太大的变化。如果日元对美元大幅升值，就像在 1999 年年底那样，从 120 日元兑换为 105 日元，那么这些"被揭露"的投资者在将美元兑换成日元以偿还他们借的日元时将蒙受相当大的损失，即高风险高回报。

学与思 6-9 定义隐藏利率套利和裸露利率套利。两种交易的区别是什么？

　　全球财务管理实务 6-2 描述了外币房屋抵押贷款如何将无辜的房主变成外汇投机者。

课堂延展阅读

全球财务管理实务 6-2　　　　　　　　　　　**匈牙利抵押贷款**

　　没有人比匈牙利房主更了解利率和货币之间的联系。他们可以当地货币（匈牙利福林）或外币（例如瑞士法郎）选择抵押贷款，许多人选择法郎是因为利率较低。

　　但不管实际利率本身如何，福林的价值下跌幅度超过了 40%，导致抵押贷款偿债额度急剧增加。这些借款人现在试图让自己的抵押贷款宣布"违宪"，以摆脱债务负担。

匈牙利福林=1.00 瑞士法郎（月度，2000 年 1 月—2014 年 1 月）

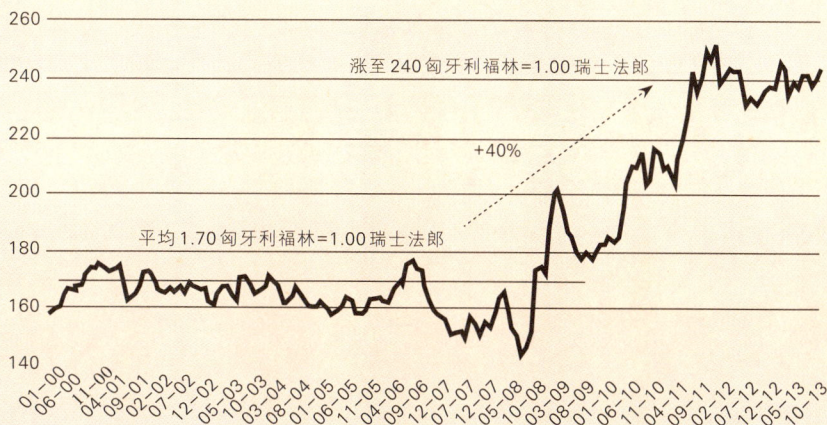

涨至 240 匈牙利福林=1.00 瑞士法郎

+40%

平均 1.70 匈牙利福林=1.00 瑞士法郎

6.2.7 利率与汇率的均衡

图表6-9说明了利率和汇率之间均衡所需的条件。纵轴表示利率的差异而支持外币，横轴表示该货币的远期溢价或折价。利率平价线表示均衡状态，但交易成本使线条成为一条细带，而不是一条细线。

交易成本来自于买卖证券的外汇和投资经纪成本。典型的电价成本近年来一直占年度基准的0.18%至0.25%。对于个别交易，如图表6-7中所示的Fye Hong的隐含利息套利（CIA）活动，每笔交易没有明确的交易成本；相反，银行支持Fye Hong的活动的成本是交易成本。图表6-9中的X点显示了一个可能的均衡状态，日元证券利率下降4%将被4%的远期日元溢价抵消。

图表6-7中的隐藏利率套利例子中，鼓励利率套利的不均衡情况在图表6-9中以U点表示。U点位于利率平价线之外，因为日元利率较低，为4%（年度基准），而远期日元的溢价略高于4.8%（按年计算）。使用前面提供的远期溢价的公式，我们可以发现日元的溢价如下：

$$\frac{¥106.00/\$ - ¥103.50/\$}{¥103.50/\$} \times \frac{360}{180} \times 100 = 4.83\%$$

U点所描述的情况是不稳定的，因为所有的投资者都有动力去执行相同的隐藏利率套利。除了银行倒闭外，套利收益实际上是无风险的。

一些观察人士认为，政治风险确实存在，因为其中一个政府可能会采取资本管制，阻止执行远期合约。这种风险对于世界主要金融中心之间的套利利差来说相当遥远，因为用于隐藏利率套利的大部分资金都以欧元计。这个关注可能没有注意到国家政治和财政稳定是否匹配。

不均衡的最终结果是资金流动将缩小利率差距和/或降低远期日元的溢价。换句话说，市场压力将导致图表6-9中的U点滑向利率平价区。在Y点或X点和Z点之间的任何其他位置上都可能达到均衡，这取决于远期市场溢价是否比利率差异轻微偏移。

图表 6-9　　　　　　　　　　　　**利率平价和均衡**

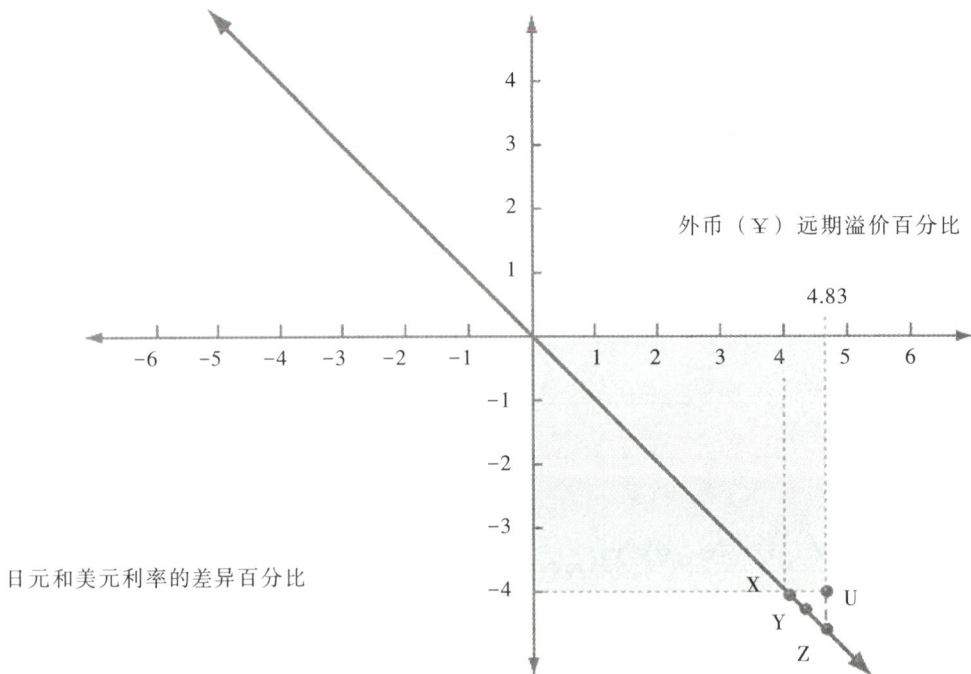

6.3 远期利率是未来现货利率的无偏预测因子

一些预测人士认为,主要浮动货币的外汇市场是"有效的",远期汇率是未来即期汇率的无偏预测因子。

图表6-10显示了"无偏预测"在远期汇率如何估计未来即期汇率方面的意义。如果远期利率是未来即期利率的无偏预测因子,那么在时点2的未来即期利率的期望值等于现在可用的时点2的当前远期利率,即$E_1(S_2) = F_{1,2}$。

图表 6-10　　　　　　　　　　远期汇率是未来即期汇率的无偏预测因子

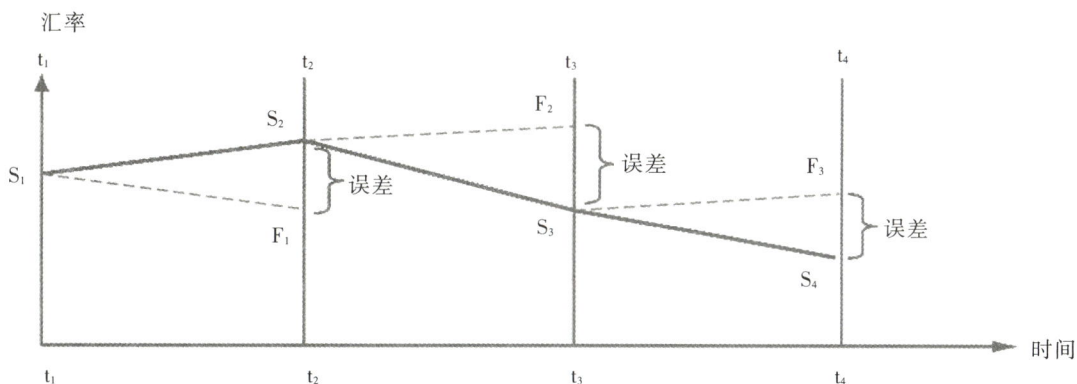

今天可用的远期汇率($F_t, t+1$),时点t,在未来时点$t+1$交付,被用作未来当天存在的即期汇率的"预测器"。因此,时点S_{12}的预测点数为F_1,实际即期汇率为S_2,预测与实际即期汇率的垂直距离为预测误差。

当远期汇率被称为"未来即期汇率的无偏预测"时,这意味着远期汇率以相对相同的频率和数量高估或低估了未来即期汇率。因此,它是"有规律的,有序的",错误的总和等于零。

直观地说,这意味着未来可能的实际即期汇率的分布以远期汇率为中心。然而,这是一个无偏的预测指标,**并不意味着未来即期汇率实际上等于远期汇率预测值。无偏预测就是说远期汇率平均高估和低估实际未来即期汇率的频率和程度相同。实际上,远期汇率从未等于未来的即期汇率。**

这种关系的基本原理是其基于外汇市场合理有效的假设。**市场效率假设:1)现货市场和远期市场均快速反映所有相关信息;2)交易成本低;3)以不同货币计价的工具是完美的替代品。**

有关有效的外汇市场假说的实证研究产生了相互矛盾的结果。然而,一个共识就是人们日益否定有效的市场假说。看起来,远期汇率并不是对未来即期汇率的无偏预测,而是利用资源来试图预测汇率。

如果有效的市场假说是合理的,那么财务主管不能期望以任何一致的方式从预测未来汇率中获利,因为远期市场中的当前报价反映了目前关于可能的未来利率的所有现行报价。虽然未来的汇率可能与目前的远期市场报价中隐含的预期值有很大的不同,但今天我们不可能知道未来的实际汇率与今天的远期汇率有什么不同。期望的偏差平均值为零。因此,远期汇率是对未来即期汇率的"无偏"估计。

外汇市场效率测试使用较长时间的分析,得出的结论是:无论交易所市场效率可预测与否,市场效率都不高。此外，外汇预测服务的存在和成功表明，管理者愿意为预测信息付出代价，尽管他们可以免费使用远期汇率进行预测。购买这些信息的"成本"在很多情况下是财务经理的"保险溢价"，如果预测结果不正确，他们可能会因为使用自己的预测和远期汇率而被解雇。如果他们"已买"的专业意见是错误的，那么错误就不在他们的预料之内！

如果外汇市场效率不高，则公司花费资源预测汇率是明智的。这与交易所市场被认为有效的观点是相反的。

学与思6-10 有些预测者认为，主要浮动货币的外汇市场是"有效的"，且远期汇率是未来即期汇率的无偏预测值。从远期汇率预测未来即期汇率的效果来看，"无偏预测值"是什么意思？

6.4 价格、利率和汇率均衡

图表6-11用美元和日元同时说明了所有的均衡关系。日本和美国的预测通货膨胀率分别为1%和5%，差为4%。美元市场名义利率（1年期政府担保）为8%，比日本4%的名义利率高4%。其即期汇率为104日元/美元，1年远期汇率为100日元/美元。

关系A：购买力平价（PPP）

根据购买力平价的相对版本，从现在起1年的即期汇率S_2预计为100日元/美元：

$$S_2 = S_1 \times \frac{1 + \pi^\yen}{1 + \pi^\$} = \yen104/\$ \times \frac{1.01}{1.05} = \yen100/\$$$

这是一个4%的变化，**与预期的通胀率（1%-5%或-4%）的差异相等**，但却相反。

关系B：费雪效应

真实的收益率是名义利率减去预期的通货膨胀率。假设它是有效和开放的市场，不同货币真实的收益率应该是相同的。这里，美元市场（$r = i - \pi = 8\% - 5\%$）和日元市场（$4\% - 1\%$）的实际利率为3%。请注意，3%的实际收益率不在图表6-11中，而是费雪效应关系——名义利率差异等于预期通货膨胀率差异，即-4%。

关系C：国际费雪效应

在这种情况下，**即期汇率的预测变化为4%，与名义利率之间的差异相等**，但符号相反：

$$\frac{S_1 - S_2}{S_2} \times 100 = i^\yen - i^\$ = -4\%$$

关系D：利率平价（IRP）

根据利率平价理论，**名义利率的差额与远期保费相等**，但符号相反。在这个数值例子中，名义日元利率（4%）比名义美元利率（8%）低4%：

$$i^\yen - i^\$ = 1\% - 5\% = -4\%$$

远期溢价$f^\yen$为正值4%：

$$f^\yen = \frac{S_1 - F}{F} \times 100 = \frac{\yen104/\$ - \yen100/\$}{\yen100/\$} \times 100 = 4\%$$

关系E：远期利率作为无偏预测器

最后，如果假设日元的1年**远期汇率F是对未来即期汇率的无偏预测**，则预测其为100日元/美元。

图表 6-11　　　　　　　　　　国际平价条件

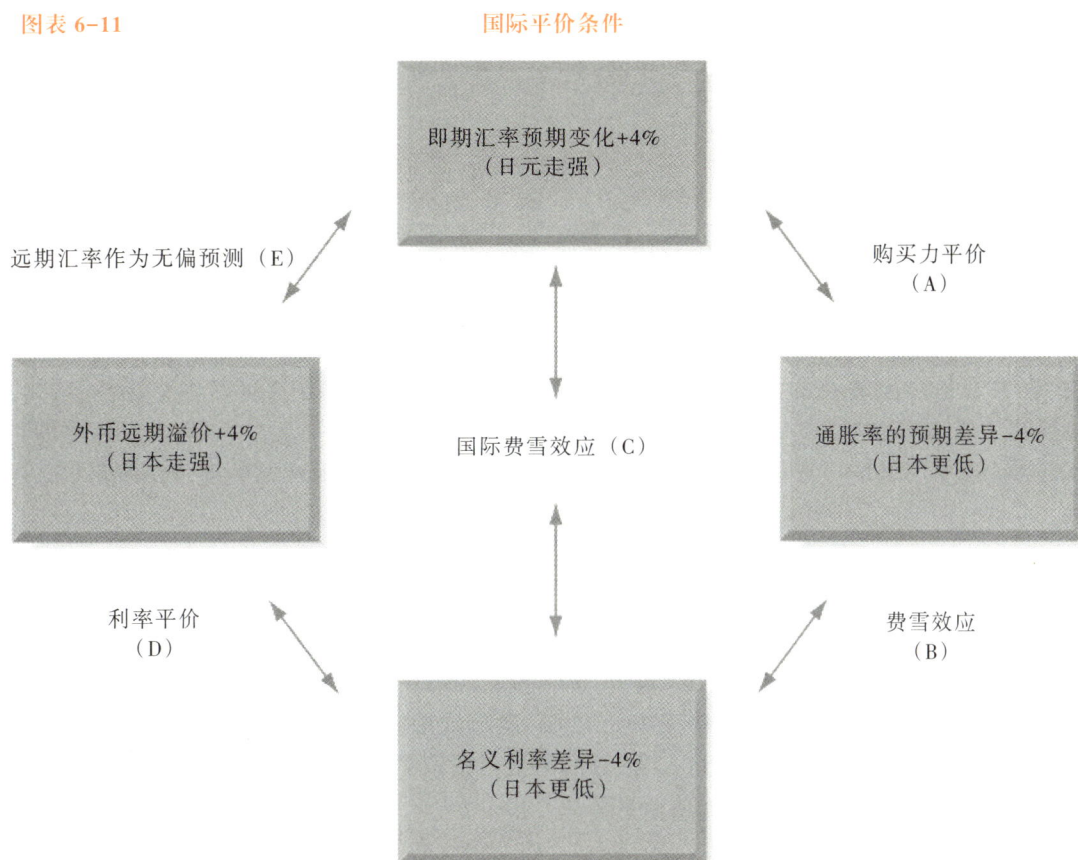

划重点

● 传统上，经济学家使用平价条件来解释汇率的长期趋势。

● 在浮动利率的条件下，即期汇率变动的预期变化率、国内通货膨胀率和利息率的差别以及远期折价或溢价都是相互成正比，相互决定的。这些变量之一的变化倾向于改变所有其他变量，并首先对变化的反馈进行改变。

● 如果相同的产品或服务可以在两个不同的市场上销售，并且在市场之间移动产品没有限制，则两个市场中的产品价格应该是相同的。这就是所谓的一价定律。

● 购买力平价的绝对版本指出，即期汇率由类似商品篮子的相对价格决定。

● 购买力平价的相对版本指出，如果两国之间的即期汇率处于均衡状态，它们之间的差别通货膨胀率的任何变化趋于在长期内抵消即时汇率相等但相反的变化。

● 以经济学家 Irving Fisher 命名的费雪效应指出，每个国家的名义利率等于所需的实际收益率加上预期通货膨胀的补偿。

● 国际费雪效应，常称为"费雪敞口"，提出即期汇率与两国之间的利率差异应该等量变化，但方向相反。

● 利率平价理论（IRP）指出，交易成本除外的情况下，有着类似风险和期限的国家证券在利率上的差异应等于外汇远期折价或溢价，但符号相反。

● 当利率平价所描述的现货和远期外汇市场不平衡时，存在"无风险"或套利收益的可能性。这被称为隐藏利率套利（CIA）。

●一些预测人士认为，对于主要的浮动货币，外汇市场是"有效的"，远期汇率是未来即期汇率的无偏预测因子。

秒懂本章

在浮动利率的条件下，价格与汇率、利率均衡，即其变动相互成正比，相互决定。

计算分析题

1. 槟城度假村。特蕾莎·纳恩（Theresa Nunn）计划1年后去马来西亚槟城度假30天。假设槟城的豪华套房加上餐费的现价是1 000林吉特/天，马来西亚林吉特目前的汇率为5.2522林吉特/英镑，特蕾莎预计30天的住宿费用约为6 000英镑。酒店通知她，房间费用的增加将仅限于其生活成本的增加。马来西亚的通货膨胀率预计为每年3%，而英国的通货膨胀率预计为每年1%。

a. 特蕾莎可能需要多少英镑以1年后支付30天的假期费用？

b. 英镑预计将上涨多少个百分点？为什么？

2. 阿根廷比索与购买力平价。20世纪90年代，货币局制度将阿根廷比索汇率固定为1.00阿根廷比索/美元。2002年1月，阿根廷比索开始浮动，2003年1月29日，比索的交易价格为3.20比索/美元。当年，阿根廷的年通货膨胀率为20%。美国同期的年通货膨胀率为2.2%。

a. 如果购买力平价成立，那么2003年1月的阿根廷比索汇率应为多少？

b. 按年度计算，阿根廷比索被低估的百分比是多少？

c. 币值被低估的可能原因是什么？

3. 日本/澳元的平价条件。威廉·利昂（William Leon）试图确定日元和澳元是否处于平价的金融状况。当前即时汇率为108.33日元/澳元，而1年期远期汇率为106.50日元/澳元。根据预测，日本的通货膨胀率为5.00%，澳大利亚的通货膨胀率为6.80%。1年期的日元存款利率为7.85%，而澳元1年期的存款利率为9.70%。

a. 用上述数据绘制图表，并通过计算说明日元和澳元之间的国际平价条件是否成立。

b. 据此，1年后的日元/澳元汇率变化预测值是多少？

4. 往返旅游。Terry Lamoreaux在澳大利亚的悉尼和亚利桑那的凤凰城都拥有房产，他每年都要往返这两个城市至少两次。因为旅行频繁，他想添置一些优质的行李箱。经过一番研究，他决定购买Briggs & Riley牌子的三件套行李箱，其在悉尼和凤凰城都有零售店。Terry是金融专业出身，因此想确定一下这两个城市的行李箱售价是否符合购买力平价。

a. 如果三件套行李箱在凤凰城的售价是850美元，在悉尼的售价是930澳元，并且汇率是1.094澳元/美元，那么这两个价格是否满足购买力等价？

b. 假设1年后，上述三件套在凤凰城仍然保持原有的售价，购买力平价成立，并且美国和澳大利亚的通货膨胀率分别是1.15%和3.13%，请计算这三件套1年后在悉尼的售价。

5. 克罗地亚的星巴克咖啡。2010年10月，星巴克在克罗地亚萨格勒布市的第一家咖啡店开业，中杯香草拿铁的售价为25.70库纳（Kn）/杯，同样的咖啡在纽约的售价是2.65美元，克罗地亚库纳和美元之间的汇率是5.6288库纳/美元。根据购买力平价理论，克罗地亚库纳被高估还是低估了？

6. 卡罗拉（Corolla）的出口与转嫁。假设日本丰田卡罗拉的出口价为2 150 000日元。汇率为

87.60日元/美元。预计美国的年通货膨胀率为2.2%，日本的年通货膨胀率为0.0%。使用这些信息回答以下问题：

a.卡罗拉的年初出口价用美元表示是多少？

b.假设购买力平价成立，其年末汇率应为多少？

c.假设汇率转嫁率不再为100%，那么年末卡罗拉的美元价格应为多少？

d.假设汇率转嫁率为75%，那么年末卡罗拉的美元价格应为多少？

7.Takeshi Kamada——日本抛补利息套利（A）。Takeshi Kamada是瑞士信贷集团（东京）的外汇交易员，他正在研究抛补利息套利的可能性。他希望投资500万美元或等值日元，在美元和日元之间进行抛补利息套利。其抛补利息套利可行吗？如果可行，应如何套利？他面临如下汇率和利率报价：

可用套利资金	5 000 000美元
即期汇率	118.60日元/美元
180天远期汇率	117.80日元/美元
180天美元利率	年利率为4.800%
180天日元利率	年利率为3.400%

8. Takeshi Kamada——日本未抛补利息套利（B）。Takeshi Kamada是瑞士信贷集团（东京）的外汇交易员，他观察到日元/美元的即期汇率保持稳定，而美元利率和日元利率在上星期保持固定。Takeshi Kamada想知道他是否应该尝试未抛补息套利（UIA）交易，从而省下远期抛补的成本。其诸多研究助理——以及他们的电脑模型——都预测即期汇率将在未来180天内维持在118.00日元/美元左右的水平上。用上题中的数据分析进行未抛补利息套利的可能性。

9.哥本哈根抛补利息套利（A）。詹森（Jensen）是JP摩根大通银行的一名外汇交易员，他可以投资500万美元或等值外币的银行短期资金，进行丹麦克朗抛补利息套利。根据下列报价，詹森能否获得抛补利息套利利润？

套利可用资金	5 000 000美元
即期汇率	6.1720丹麦克朗/美元
3个月远期汇率	6.1980丹麦克朗/美元
3个月美元利率	年利率为3.000%
3个月丹麦克朗利率	年利率为5.000%

10.哥本哈根抛补利息套利（B）。现在，詹森（Jensen）正在评估利率变化后，在相同市场上获得套利利润的可能性（记住：任何时候的利差都不会等同于远期溢价，所以只能通过其中一种方式获取套利利润）。

套利可用资金	5 000 000美元
即期汇率	6.1720丹麦克朗/美元
3个月远期汇率	6.1980丹麦克朗/美元
3个月美元利率	年利率为4.000%
3个月丹麦克朗利率	年利率为5.000%

11.哥本哈根抛补利息套利（C）。现在，詹森（Jensen）再次评估利率变化后，在相同市场上获得套利利润的可能性（记住：任何时候的利差都不会等同于远期溢价，所以只能通过其中一种方式获取套利利润）。

套利可用资金	5 000 000美元
即期汇率	6.1720丹麦克朗/美元
3个月远期汇率	6.1980丹麦克朗/美元
3个月美元利率	年利率为4.000%
3个月丹麦克朗利率	年利率为6.000%

12. Casper Landsten——抛补利息套利（A）。Casper Landsten是纽约一家银行的外汇交易员。他有一笔1 000 000美元（或等值瑞士法郎）的短期货币市场投资，并想知道他应该投资于3个月的美元，还是进行瑞士法郎抛补利息套利投资。他面临如下利率：

可用资金	1 000 000美元
即期汇率	0.9502瑞士法郎/美元
3个月远期汇率	0.9410瑞士法郎/美元
3个月美元利率	年利率为3.800%
3个月瑞士法郎利率	年利率为5.300%

13. Casper Landsten——抛补利息套利（B）。数值和假设与上题相同，Casper Landsten现在决定不抛补远期美元收入，而是获取全部的3.800%美元收益——通过未抛补利息套利（UIA）交易。请评价这一决定。

14. Casper Landsten——30天后。上题所述事件发生1个月后，Casper Landsten又得到100 000美元（或等值瑞士法郎）可进行为期3个月的投资。现在，他面临如下利率。他是否应再次进行抛补利息套利投资？

可用资金	1 000 000美元
即期汇率	0.9452瑞士法郎/美元
3个月远期汇率	0.9410瑞士法郎/美元
3个月美元利率	年利率为6.800%
3个月瑞士法郎利率	年利率为4.300%

15. 挪威斯塔托尔（Statoil）公司的套利。挪威国家石油公司，斯塔托尔公司，无论在货币市场还是石化市场都属于经验丰富、交易活跃的大型市场参与者。尽管该公司是一家挪威公司，但其营业活动遍及全球石油市场，因此它将美元而不是挪威克朗作为功能货币。阿里·卡尔森（Ari Karlsen）是斯塔托尔公司的货币交易员，他可以随时动用300万美元或等值挪威克朗。他面临如下市场利率，并想知道他是否能在未来90天中通过某种套利获利。

套利可用资金	300万美元
即期汇率	6.0312挪威克朗/美元
3个月远期汇率	6.0186挪威克朗/美元
美元3个月利率	年利率为5.000%
挪威克朗3个月利率	年利率为4.450%

16. 被大西洋隔开。伦敦和纽约相隔3 000多海里和5个时区，但它们的货币市场与外汇市场都非常有效率。假设有关信息如下：

假设	伦敦	纽约
即期汇率	1.3264美元/欧元	1.3264美元/欧元
1年期国债利率	3.900%	4.500%
预期通货膨胀率	未知	1.25%

a.金融市场显示明年欧洲的通货膨胀率是多少？

b.估计当前美元与欧元的1年期远期汇率。

17.在夏蒙尼租赁别墅。你计划在未来1年中前往法国夏蒙尼的勃朗峰进行滑雪之旅。你正在和出租方商议别墅的租金事宜。别墅业主希望在通货膨胀率和汇率变化的情况下还能维持实际收入不变，因此，当前9 800欧元的周租金（圣诞季）将随时根据法国生活成本的变化上调或下调。请你根据购买力平价（PPP）做出预算。预计来年法国的通货膨胀率为3.5%，而美国的通货膨胀率为2.5%。当前即期汇率为1.3620美元/欧元。按美元计算，你的周租金成本预算应为多少？

18.宝隆轮船公司——泰国。宝隆轮船公司（EAC）是一家在亚洲各地都有子公司的丹麦公司，考虑到美元资本相对于泰铢（B）资金的成本与可得性，该公司主要以借入美元债务的方式为曼谷子公司融资。宝隆轮船公司（泰国）的财务主管正在考虑一笔250 000美元的1年期银行贷款。当前，即期汇率为32.06泰铢/美元，1年期美元利率为6.75%。

a.假设根据购买力平价，明年泰国和美国的预期通货膨胀率分别为4.53%和1.25%，则用泰铢表示的实际资金成本是多少？

b.如果宝隆轮船公司的外汇顾问坚信泰国政府希望在明年将泰铢对美元贬值5%（以提高泰国产品在美元市场上的出口竞争力），那么最后用泰铢表示的实际资金成本是多少？

c.如果宝隆轮船公司能以13%的年利率借入泰铢，那么这一资金成本是否低于a问或b问中的资金成本？

19.马耳他之鹰。著名的实心金鹰最初是马耳他骑士为感谢西班牙国王于1530年赐予其马耳他岛而向其进献的贡品。最近，这尊金鹰重新现身。金鹰高14英寸，实心、纯金，重约48磅。最近，由于国际政治气氛趋于紧张，金价上升到440美元/盎司。现在，这尊金鹰由1位伊斯坦布尔的私人投资者所拥有。他正积极地与马耳他政府协商，希望马耳他政府能购买这尊金鹰，让它回到祖国。交易将于1年后进行，双方就价格和付款货币进行了协商。投资者决定，为了表达善意，仅将金鹰的售价定为其金属价值——金价。

当前，即期汇率为0.39马耳他里拉（ML）/美元。明年，马耳他的通货膨胀率预计为8.5%左右，而美国在连续经历两次经济衰退之后，明年的通货膨胀率预计仅为1.5%。如果投资者以美元为计价基础，那么他在未来1年中选择下列哪种收款方式更好？

a.收取马耳他里拉——假设购买力平价成立；

b.收取有保证的美元付款——假设金价为420美元/盎司。

20.马来西亚风险。Clayton Moore是一家总部在伦敦之外的国际货币市场基金的经理。和许多向投资者保证投资接近无风险、利息收益可变的基金公司不同，Clayton Moore所在的基金公司是一家非常进取的基金公司，该基金公司在全球范围内寻求利息收益相对较高，但也要承担一些风险的投资机会，且该基金公司以英镑标价。现在，Clayton Moore正在评估一个很值得研究的马来西亚投资机会。

自1997年爆发亚洲金融危机以来，马来西亚政府定期加强对货币与资本的实质性限制，以保护和维持马来西亚林吉特（RM）的币值。1997年年底以来，马来西亚林吉特的当前即期汇率一直维持在3.80林吉特/美元，很少出现偏离。2005年，马来西亚政府允许本国货币对一些主要货币进行浮动。当前即期汇率是3.13485林吉特/美元，本国货币的180天存款年利率为8.900%，而伦敦欧元市场上的英镑180天的存款年利率为4.200%，当前英镑即期汇率是1.5820美元/英镑，180天远期汇率为1.5561元/英镑。

21.啤酒标准。1999年，《经济学人》杂志报道称，一种评价非洲货币价值的指数或标准问世。由于麦当劳尚未进入南非以外的非洲国家，因此啤酒被选为用来比较的产品，而且啤酒在很多方面都具备构建适当的货币指数所需的相同产品和市场特征。

非洲投资银行天达（Invesrec）按照与《经济学人》建立巨无霸指数类似的过程，创建了非洲购买力平价指标。该指标比较了非洲撒哈拉以南地区 375 毫升大瓶清啤的成本。作为一种购买力平价指标，各国啤酒的质量应大致相同，并应拥有当地制造、分销、服务等重要环节，以实际提供相对购买力指标。

啤酒首先以当地货币定价（当地人在酒馆中，而不是高价的旅游中心和服务设施内购买啤酒），然后被兑换为南非兰特。接着，比较以兰特表示的啤酒价格，形成指标以表示当地货币对南非兰特是被低估（−%）还是被高估（+%）了。

根据下表中的数据，计算所列出的各种非洲货币是被高估还是被低估了。

啤酒价格

国家	啤酒	当地货币	价格（当地货币）	价格（兰特）	隐含的购买力平价汇率	即期汇率
南非	城堡	兰特	2.30	—	—	—
博茨瓦纳	城堡	普拉	2.20	2.94	0.96	0.75
加纳	星牌	塞地	1200.00	3.17	521.74	379.10
肯尼亚	长牙象	先令	41.25	4.02	17.93	10.27
马拉维	嘉士伯	瓦查	18.50	2.66	8.04	6.96
毛里求斯	凤凰	卢比	15.00	3.72	6.52	4.03
纳米比亚	温特和克	纳米比亚元	2.50	2.50	1.09	1.00
赞比亚	城堡	瓦查	1200.00	3.52	521.74	340.68
津巴布韦	城堡	津巴布韦元	9.00	1.46	3.91	6.15

网络练习题

1.最新的巨无霸指数。在《经济学人》的网站上，找出最新的货币高估与低估巨无霸指数（你需要搜索"巨无霸货币"）。建立一张工作表，比较英镑、欧元、瑞士法郎和加元的最新巨无霸指数与本章中的巨无霸指数有何不同。

《经济学人》：www.economist.com/markets/Bigmac/Index.cfm

2.购买力平价估计。经济合作与发展组织（OECD）公布了成员国价格与购买力的详细指标。访问经合组织的网站，并下载载有成员国购买力历史数据的电子表格文件。

OECD 的购买力平价统计：www.oecd.org/std/prices-ppp/

3.国际利率。不少网站都按币种和期限公布当前利率。在《金融时报》网站上找出美元、英镑和欧元各种期限（最长为 1 年）的利差。

《金融时报》市场数据：www.ft.com/markets

《金融时报》列出的数据：

● 国际货币利率（主要货币存款的银行买入利率）。

● 货币利率（LIBOR 和 CD 利率等）。

● 10 年期利差（单个国家货币与欧元和美元的 10 年期国债利差）。注意：哪个国家的 10 年期政府证券利率实际上比美国和欧元区更低？可能是瑞士与日本。请检验。

● 丹麦政府证券（取样自主要国家发行的代表性政府债券和近期价格变化）。注意：哪个国家表现出更长期限的基准利率？

● 新兴市场债券（政府发行的债券、布雷迪债券等）。

说明：欧元区利率是指各类欧洲公司的各种债券利率，包括穆迪和标准普尔的债权评级。

4.世界银行的国际比较项目。世界银行正在进行一项研究项目，主要研究内容是全球107个不同经济体的相对购买力，尤其是以家庭消费衡量的相对购买力。下载最新的数据表，并标出近年来相对购买力增长最多的国家。

本章逻辑框架图

图表 6-12 本章逻辑框架图

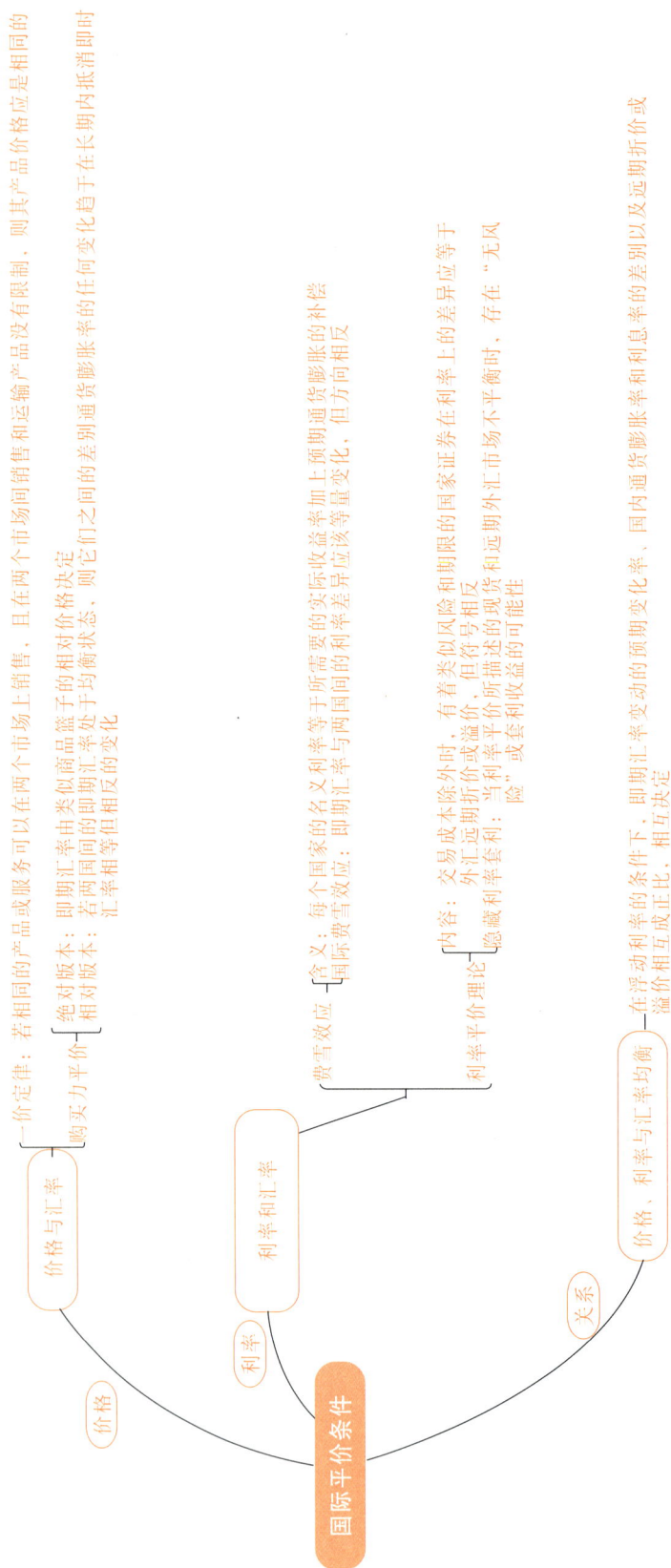

国际平价条件

- 价格 —— 价格与汇率
  - 一价定律：若相同的产品或服务可以在两个市场上销售，且在两个市场间销售和运输产品没有限制，则其产品价格应是相同的
  - 购买力平价
    - 绝对版本：即期汇率由两类似商品篮子的相对价格决定
    - 相对版本：即期两国间的即期汇率处于均衡状态，则它们之间的差别通货膨胀率的任何变化趋于在长期内抵消即时汇率相等但即期汇率的变化

- 利率 —— 利率和汇率
  - 费雪效应
    - 含义：每个国家的名义利率等于投资者所需的实际收益率加上预期通货膨胀的补偿
    - 国际费雪效应：即期汇率与两国间的利率差异应该等量变化，但方向相反
  - 利率平价理论
    - 内容：交易成本除外，有着类似风险和期限的同类证券在利率上的差异应等于外汇远期折价或溢价，但符号相反
    - 隐藏利率套利：当利率平价所描述的现货与远期外汇市场不平衡时，存在"无风险"或套利收益的可能性

- 关系 —— 价格、利率与汇率
  - 利率与汇率均衡：在浮动利率的条件下，即期汇率变动的预期变化率、国内通货膨胀率和利率的差别以及远期折价或溢价相互成正比，相互决定

第 7 章

外汇衍生品及外汇互换

对衍生品合约而言，除非附有抵押或担保，否则其最终价值还取决于交易对手的信誉。同时，尽管在合同交割之前，交易对手往往在当期利润表中记录了数额庞大的盈利和亏损，但却没有一分钱换手。衍生品合约的范围仅仅受限于人（有时似乎是些疯子）的想象。

——沃伦·巴菲特，《伯克希尔·哈撒韦年报》，2002年。

学习目标

- 解释外汇期货如何报价、估值和用于投机目的
- 说明外汇期货与远期合约的区别
- 分析外汇期权如何报价和用于投机目的
- 考虑在收益和损失有限或无限的情况下买入和卖出期权的区别
- 解释外汇期权如何估值
- 定义利率风险并展示如何管理该风险
- 解释利率互换以及如何利用它来管理利率风险
- 分析利率互换和交叉货币互换如何同时用于管理外汇风险和利率风险

课前阅读与思考

21世纪，跨国企业的财务管理当然包括金融衍生品的使用。衍生品，顾名思义，其价值来源于像股票或货币这样的标的资产。衍生品是现代商业的强大工具，应用于两个截然不同的管理目标——**投机和套期保值**。跨国公司的财务经理可能会购买金融衍生品以期获利——投机，或者使用这些工具来降低与日常管理公司现金流相关的风险——套期。但是，要想有效使用这些金融工具，**财务经理必须先了解关于其结构和定价的一些基本知识**。

在本章中，我们介绍了当今跨国公司财务管理中使用的主要外汇金融衍生品：**外汇期货、外汇期权、利率互换和交叉货币利率互换**。我们关注其估值和用于投机目的的基本原理。第9章将介绍这些外汇衍生工具如何被用于商业交易的套期保值。

本章以引导案例"麦当劳公司的英镑风险"展示了著名跨国公司麦当劳是如何成功应用其货币衍生工具的。请带着你的思索和疑问，开启本章的学习和探索之旅吧！

在正式开始本章的学习之前，先提醒大家：**金融衍生品对谨慎、杰出的财务经理而言是强有力的工具。但如果使用时有所疏忽，它们也可能是破坏性的存在**。历史上，不乏财务管理者有意或无意地大量持仓导致公司遭受重大损失，甚至彻底破产的案例。然而，在适当的控制下，金融衍生工具能为管理层带来提高和维持其公司财务业绩的机会。使用者切记要谨慎。

麦当劳公司的英镑风险

麦当劳公司先后在 100 多个国家投资。它认为其在外国子公司的股权投资是否有风险，取决于个别国家、货币和市场的实际对冲情况。

麦当劳母公司有三种不同的英镑计价风险，这三种外汇风险源自其对英国子公司的所有权和运营：

1. 英国子公司拥有股权资本，这是母公司的一项以英镑计价的资产。

2. 除了向英国子公司投资的股权资本，母公司还有以 4 年 1.25 亿英镑的贷款形式提供的公司内部债务，该贷款以英镑计价，每年需支付 5.30% 的固定利息。

3. 英国子公司按销售总额的一定比例向母公司支付特许权使用费。它也是以英镑计价的。

这三种不同的风险敞口导致了麦当劳的一个重大外汇风险问题。

此外，还有一个技术细节使情况变得更加复杂。在母公司向英国子公司提供内部贷款前，它必须指定——根据美国会计和税法实践——贷款是否永久用于该国投资（尽管表面上看似乎不合逻辑，毕竟 4 年时间远谈不上"永久"，但贷款本身可由母公司不断循环提供，即其从来没有被真正偿还）。如果不是永久性的，根据《财务会计准则第 52 号》（FAS#52），与贷款有关的外汇损益将直接计入相关公司的利润表。然而，如果该贷款被指定为永久性贷款，则与公司内部贷款相关的外汇损益要计入合并资产负债表上的累计折算调整 （CTA）。迄今为止，麦当劳选择一直将这笔贷款定为永久性贷款。用于合并目的的英国子公司的功能货币是当地货币，即英镑。

Anka Gopi 既是金融市场/财务部经理，也是麦当劳的股东。她目前正在评估麦当劳针对英镑风险采取的现有对冲策略。该公司一直在通过一项美元兑英镑的互换交易对冲英镑风险。目前的货币互换是 7 年期的货币互换，接受美元并支付英镑。与所有跨货币互换一样，该协议要求麦当劳（美国母公司）定期支付以英镑计价的利息，并在掉期协议结束时偿还大额本金（名义本金）。麦当劳认为，巨额名义本金支付是对冲其英国子公司股权投资风险的一种手段。

根据会计惯例，公司可以选择将外币贷款的利息直接计入母公司的利润表。过去已经这样做了，麦当劳也从这一利息支付中受益。

衍生工具和对冲业务的财务会计准则 FAS#133，于 1998 年 6 月发布，其最初的发布意图是在 1999 年 6 月 15 日之后的财政年度的所有财政季度生效（对大多数公司来说，这意味着 2000 年 1 月 1 日起生效）。然而，新标准如此复杂，对美国跨国公司可能会产生潜在的重大影响。美国财务会计准则委员会（Financial Accounting Standards Board）已与数十家大型审计公司接触，要求推迟强制执行。该标准的复杂性，再加上与 2000 年风险控制相关的大量工作量，促使财务会计准则委员会无限期推迟了对 FAS#133 的强制执行。

不过，Anka Gopi 仍希望充分考虑《财务会计准则第 133 号》对当前对冲策略的影响。按照《财务会计准则第 133 号》的规定，公司必须按市值确认整个跨货币互换头寸，包括本金，并将其计入其他综合收益（OCI）。然而，OCI 实际上是一般公认会计原则（GAAP）要求的一种收入形式，应在财务报表脚注中报告，但它不是用于每股收益报告的收入衡量标准。尽管麦当劳一直将互换的利息支付计入收益，但此前它并未将互换本金的现值计入 OCI。在 Anka Gopi 看来，这对 OCI 构成重大实质性风险。

Anka Gopi 也希望重新考虑目前的战略。她首先列出了当前战略的优缺点，并将其与其他战略进行比较，然后决定在这个时候是否应该对此采取措施。

问题

1.跨货币互换如何有效对冲麦当劳英国子公司的三种主要外汇风险？

2.跨货币互换如何对冲外国子公司的长期股权头寸？

3.Anka和麦当劳应该担心其他综合收益（OCI）吗？

7.1 外汇期货

外汇期货合约（foreign currency futures contract）是外汇远期合约的替代品，要求在固定的时间和地点，以固定的价格交付某一标准量的外汇。它与商品（猪、牛和木材等）、附息存款以及黄金的期货合约类似。

大多数世界货币中心都建立了外汇期货市场。**在美国，最重要的外汇期货市场是芝加哥商品交易所（Chicago Mercantile Exchange，CME）旗下的芝加哥国际货币市场（International Monetary Market，IMM）。**

7.1.1 合约规格

合约规格由期货交易所确立。以芝加哥商品交易所为例，标准化期货交易的主要特点可以通过墨西哥比索期货进行说明，如图表7-1所示。

图表 7-1　　　　　　　　墨西哥比索 （CME） （MXN 500 000； $/10MXN）

交割月份	开盘	高	低	结算价	变动	历史 高	历史 低	未平仓合约数
3月	0.10953	0.10988	0.10930	0.10958		0.11000	0.0977	34.481.00
6月	0.10790	0.10795	0.10778	0.10773		0.10800	0.0973	3.405.00
9月	0.10615	0.10615	0.10610	0.10573		0.10615	0.0993	1.481.00

所有合约的交易单位都是500 000墨西哥比索。"开盘"（Open）是指当日的开盘价格。"高"（High）代表当天的最高价格。"低"（Low）代表当天的最低价格。"结算价"（Settle）是当天的结算价格。"变动"（Change）表示结算价与前一天的收盘价相比发生的变动。变动右边的"高"和"低"表示该特定合约（按其到期日定义）在其交易历史中曾达到的最高和最低价格。"未平仓合约数"（Open Interest）是指未平仓合约的数量。

每份期货合约50万墨西哥比索，这是**名义上的本金（notional principal）**。每种货币的交易必须以货币单位的整数倍完成。汇率以美元的形式标示，即标示每单位外币的美元成本（价格），CME将美元的符号与比索的ISO 4217代码MXN混合在一起，即$ / MXN。在图表7-1中，这表示美元/墨西哥比索。合约在1月、3月、4月、6月、7月、9月、10月或12月的第三个星期三交割。合约最后交易日为交割月第三个星期三往回数的第二个工作日。除非遇上了节假日，否则最后交易日就是交割日之前的星期一。

期货定义的特征之一是要求买方将一笔款项作为初始**保证金（margin）**或抵押品（collateral）。这一要求与履约保证（Performance Bond）相似，它可以是银行的信用证、国库券或现金。另外，其还要求一定的**维持保证金（Maintenance Margin）**。合同的价值逐日盯市，每天所有的价值变化都以现金支付。**逐日盯市（Marked to Market）**意味着合约价值使用当天的投资价格进行重估。支付金额被称为**追加保证金（Variation Margin）**。

所有期货合约中，只有约 5% 是通过买卖双方实物交割的方式结算的。更多的时候，买家和卖家在交货日期之前通过相反的头寸来互相抵消。也就是说，投资者通常会通过出售相同交割日期的期货合约来平仓。完整的买/卖或卖/买被称为一个"交易回合"（Round Turn）。

客户向经纪商支付佣金以执行交易，并给出单一报价。这种做法与银行间市场的做法有所不同，在银行间市场，经销商买卖报价不收佣金。所有的合约都在客户与票据交换所之间履行，而非在客户之间。因此，客户不必担心对于市场上的特定交易，对手无法履行协议（交易对手风险（Counterparty Risk））。票据交换所由所有交易所成员拥有并提供担保。

7.1.2　使用外汇期货

任何希望通过墨西哥比索对美元汇率走势投机的投资者都可以采用以下期货策略：买入期货合约（多头）的投机者锁定了未来的买入价格，到期时他必须以该价格买入；卖出期货合约（空头）的投机者是在锁定其未来的卖出价格，到期时他必须以该价格卖出。

空头

如果国际货币投机者安布尔·麦克莱恩（Amber McClain）预期 3 月的墨西哥比索对美元的价格将会下跌，那么她可以卖出 3 月的期货合约来做空。通过出售 3 月的合约，她锁定了以固定价格出售 500 000 墨西哥比索的权利。如果合约到期时，比索价格的确如预期般下跌，安布尔就会在现货市场上以高于当前价格的价格出售比索。那么，她便可赚得利润。

以图表 7–1 中墨西哥比索（MXN）期货的报价为例，安布尔以 \$0.10958/ MXN 的结算价格卖空一份 50 万比索、3 月到期的期货合约。那么 3 月该期货合约到期时，该头寸的价值为：

到期时的价值（空头头寸）＝ –名义本金×（即期价 – 期货价）

请注意，空头头寸以负的名义本金的形式计入价值。如果到期的即期汇率为 \$0.09500/MXN，那么该头寸的结算价值为：

价值＝ –MXN 500 000 ×（\$0.09500 / MXN – \$0.10958/MXN）＝ \$7 290

如果事实证明安布尔的预测正确，墨西哥比索对美元价格下跌，那么我们可以说："安布尔最终以 0.09500 美元/比索的价格买进，并以 0.10958 美元/比索的价格售出。"

也就是说，安布尔需要预测墨西哥比索的价值，以建立她对墨西哥比索未来相对于美元交换价值走势的预期。在这个例子中，她认为在 3 月期货合约到期之前，比索价值会下跌。

多头

如果安布尔·麦克莱恩预期近期比索对美元的汇率会上涨，那么她可以通过买入 3 月的墨西哥比索期货合约来做多。买入 3 月的期货意味着安布尔锁定了未来到期日墨西哥比索的买价，到期时他必须以该买价买入。其期货合约到期时，价值为：

到期时的价值（多头头寸）＝名义本金×（即期价 – 期货价）

再次以图表 7–1 中墨西哥比索期货的 3 月结算价 \$0.10958/ MXN 为例。如果到期时的即期汇率为 \$ 0.1100 / MXN，安布尔确实猜对了。那么其头寸的价值为：

价值＝ MXN 500 000 ×（\$0.11000 / MXN – \$ 0.10958 / MXN）＝ \$ 210

在这种情况下，安布尔该期货合约盈利210美元。我们可以说，"安布尔以0.10958美元/比索的价格买进，并以0.11000美元/比索的价格售出。"

但是，如果安布尔对墨西哥比索的未来价值的预期是错误的呢？假设墨西哥政府宣布墨西哥的通货膨胀率突然急剧上升，比索在3月到期时下跌至$0.08000 / MXN，则其期货合约的结算价值为：

价值= MXN 500 000 ×（$ 0.08000 / MXN − $0.10958 / MXN）=$ 14 790

在这种情况下，安布尔·麦克莱恩将承受投机损失。

显然，我们可以组合使用期货合约，形成各种更复杂的头寸。当我们组合使用合约时，它们的价值也可以清晰明了地组合相加。

7.1.3　外汇期货与远期合约

在很多重大方面，外汇期货合约都与远期合约有所不同。个人投资者寻找用于投机的期货合约，是因为他们通常无法获取远期合约。但对于企业而言，它们通常认为期货合约低效且繁复，因为期货头寸在合约期限内需要逐日盯市。虽然其不至于每天都要支付或收取现金，但是金融服务提供商的确会频繁地追加保证金，而企业往往不愿应付这些。

学与思7-1 查阅《华尔街日报》，找出美国外汇期货合约的交易地点。

学与思7-2 解释下列合约条款在国际商务中的含义和重要性：
　　　　a.名义本金；
　　　　b.保证金；
　　　　c.盯市。

学与思7-3 一份报纸登出了前一天美元货币期货交易的下列价格：

月份：	12月
开盘价：	0.9124
结算价：	0.9136
价格变化：	+0.0027
最高价：	0.9147
最低价：	0.9098
估计交易量：	29 763
未平仓合约数量：	111 360
合约规模：	€125 000

以上术语表示什么意思？

学与思7-4 使用期货合约对冲风险的劣势是什么？

7.2　外汇期权

外汇期权（foreign currency option）是赋予期权买方在特定时间段（在到期日之前）以固

定价格购买或出售给定数量外汇的权利（而非义务）的合约。这个定义中的一个关键词是"非义务"，这意味着期权的所有者拥有有价值的选择权。

在很多方面，购买期权就好比买音乐会门票。买方有权参加音乐会，但没有义务。音乐会门票的购买者所承担的风险不外乎是他支付的票价。同样，期权买方的损失不会超过他所支付的期权价格。在音乐会开始之前，如果买票的人决定不去参加，那么他的音乐会门票还可以卖给其他想去的人。

7.2.1 期权的基本要素

期权分为两种类型：看涨期权和看跌期权。**看涨期权（Call）**是买入外汇的选择权，**看跌期权（Put）**是卖出外汇的选择权。**期权买方被称为持有人（Holder）**，而**期权卖方被称为立权者（writer）或授予人（grantor）**。

期权有三个价格要素：1）**执行价格（exercise price，或strike price）**，即可以购买或卖出外汇的汇率；2）**权利金（Premium）**，即期权本身的成本、价格或价值；3）市场上的实际即期汇率。

美式期权（American option）的买方有权在买入后至到期日之间（含到期日当天）随时行使期权。**欧式期权（European option）**只能在到期日行权，而不能在到期前行权。尽管如此，美式和欧式期权的定价几乎是相同的，因为期权持有者通常会在期满之前自行出售期权。如果行权（在本章后面解释），那么期权除"内在价值"外，仍然会有一些"时间价值"。

权利金或期权价格是期权的成本，通常由买方向卖方支付。在**场外交易市场（over-the-counter market）**（银行提供的期权）中，权利金以交易金额的百分比形式报价。交易所买卖期权的权利金以每单位外币所需支付的本币金额报价。

期权执行价格与标的货币的即期汇率相同的情况称为"平值"（at-the-money，ATM）。如果期权立即行权即可获利（不计权利金），则称为"价内"（in-the-money，ITM）。如果立即行权无法获利（同样不考虑权利金），则称为"价外"（out-of-the-money，OTM）。

7.2.2 外汇期权市场

在过去的30年中，利用外汇期权对冲和投机已经发展成为一项重大的外汇交易活动。美国和其他资本市场的一些银行为100万美元以上的交易提供灵活的外汇期权。银行市场或场外交易市场可以为所有主要交易货币提供定制的期权，期限可长达1年，在某些情况下甚至可达两到3年。

1982年，费城证券交易所在美国引入了标准化的外汇期权合约交易。芝加哥商品交易所和其他美国及海外的交易所也纷纷效仿。场内市场合约能吸引那些通常不具有场外市场交易资格的投机者和个人。银行也在交易所进行交易，因为这么做能抵消与客户或其他银行进行交易的风险。

外汇期权使用的增加反映了使用其他种类期权的爆炸式增长以及由此推动的期权定价模型的改进。费希尔·布莱克（Fischer Black）和迈伦·斯科尔斯（Myron Scholes）1973年[①]开发的原始期权定价模型已被以数百种形式扩展、改进和商业化。人们不禁要问，布莱克和斯科尔斯是否

---

① Fischer Black and Myron Scholes， "The Pricing of Options and Corporate Liabilities， "*Journal of Political Economy*， Vol. 81. No. 3，1973，pp. 637-654.

真正了解他们创造的这一"怪物"呢？

场外交易市场的期权

场外交易（over-the-counter，OTC）的主要优势在于，其是根据公司的具体需求量身定做的。金融机构愿意买卖金额（名义本金）、执行价格和到期日不同的期权。尽管早期场外市场的流动性相对较差，但这些市场发展到现在其流动性已经相当不错。另一方面，买方必须评估卖方银行履行期权合约的能力。**交易对手风险（Counterparty Risk）**，是指与交易对手相关的金融风险，随着越来越多的期权和互换等金融合约受到跨国公司的青睐，在国际市场上，交易对手风险越来越受到关注。场内交易市场可以说更像是个人和金融机构而非商业公司的"领土"。

如果投资者希望在场外市场购买期权，投资者通常会向主要货币中心银行的货币期权服务台提出买卖要求，指定货币、到期日和执行利率，并要求给出指令（买卖报价）。银行通常会在几分钟到几个小时的时间内为期权定价并回复该要求。

组织化交易所的期权

实物（基础）货币期权在全球的组织化交易所进行交易，包括费城证券交易所（Philadelphia Stock Exchange，PHLX）和芝加哥商品交易所。场内交易的期权通过票据交换所进行结算，以便买方无须与卖方进行交易。票据交换所是每份期权合约的交易对手，它保证履约。票据交换所的义务也是包括大量银行在内的所有交易所成员的义务。就费城证券交易所而言，票据交换所服务由期权清算公司（Options Clearing Corporation，OCC）提供。

7.2.3　外汇期权的报价和价格

图表7-2展示了《华尔街日报》上瑞士法郎期权的典型报价。该报价是前一天在费城证券交易所完成的交易价格。虽然其给出了大量的执行价格和到期日期（如图表7-2所示），但并非全部在前一个交易日进行交易，因此没有显示权利金。外汇期权执行价格和权利金通常以美元直接报价并以外币间接报价（$/SF，$/¥等）。

图表7-2给出了描述外汇期权的3种不同价格。描述"8月58.5看涨期权"的3个价格（在图表7-2中突出显示）为：

1.即期汇率。图表7-2中"期权和基础货币"一栏表示：前一交易日收盘时，1瑞士法郎的现货美元价格为58.51美分或0.5851美元。

2.执行价格。执行价格（即"行权价"）表示执行期权时必须为每单位法郎支付的价格。8月58.5瑞士法郎看涨期权即表示0.5850美元/瑞士法郎，图表7-2列出了9个不同的执行价格，从$0.5600/SF到$0.6000/SF，实际上该日期的执行价格还不止这些。

3.权利金。权利金是期权的成本或价格。8月58.5瑞士法郎看涨期权的价格为每瑞士法郎0.50美分，即$0.0050/SF。当天没有9月或10月58.5瑞士法郎看涨期权的交易。权利金是期权的市场价值，可以说期权的权利金、费用、价格和价值是可以互相替代的概念。

8月58.51看涨期权的权利金为每瑞士法郎0.50美分，在这种情况下，8月58.51看跌期权的权利金也是每瑞士法郎0.50美分。由于费城证券交易所的1份期权合约包含62 500瑞士法郎，因此一份期权合约的总费用为SF62 500×$0.0050/SF = $312.50。

图表 7-2　　　　　　　　　　　瑞士法郎期权报价（美分/瑞士法郎）

期权和基础货币	执行价格	看涨期权			看跌期权		
		8月	9月	12月	8月	9月	12月
58.51	56.0	—	—	2.76	0.04	0.22	1.16
58.51	56.5	—	—	—	0.06	0.30	—
58.51	57.0	1.13	—	1.74	0.10	0.38	1.27
58.51	57.5	0.75	—	—	0.17	0.55	—
58.51	58.0	0.71	1.05	1.28	0.27	0.89	1.81
58.51	58.5	0.50	—	—	0.50	0.99	—
58.51	59.0	0.30	0.66	1.21	0.90	1.36	—
58.51	59.5	0.15	0.40	—	2.32	—	—
58.51	60.0	—	0.31	—	2.32	2.62	3.30

每份期权=62 500瑞士法郎。8月、9月和12月是期权的到期时间。

学与思 7-5 当你决定让期权到期而不执行时，你所支付的期权费会受到什么影响？当你决定执行期权时，该期权费又会受到什么影响？

7.2.4　看涨期权买方

期权与其他类型的金融工具在风险模式上有所不同。期权拥有人（持有者）可以选择行使期权或者直到过期也不行使。**期权拥有人只有当有利可图时才会行权，即当期权为价内时。比如看涨期权，随着基础货币即期汇率的上涨，持有者有可能获得无限的利润。另一方面，若基础货币下跌，持有者可以放弃行权，其损失仅限于所支付的权利金。**

汉斯·施密特（Hans Schmidt）是苏黎世的货币投机者。图表7-3说明了汉斯作为看涨期权买方的损益情况。假设他购买了之前描述的8月瑞士法郎看涨期权，执行价格为\$0.585，权利金为\$0.005/SF。图表7-3中，纵轴度量的是到期时瑞士法郎的不同即期汇率对应的期权买方的利润或损失。

若即期汇率低于执行价\$0.585，汉斯将选择不行使期权。这是显而易见的，因为以\$0.580的即期汇率为例，他宁愿在现货市场上以\$0.580的价格买入瑞士法郎，而不是行使以\$0.585的价格买入瑞士法郎的期权。如果即期汇率维持在\$0.580或以下，直到8月期权到期，汉斯都不会行使该期权，他的全部损失仅为他为期权所支付的\$0.005/SF的购买价格。无论即期汇率跌多少，他的损失都仅限于原本\$0.005/SF的成本。

反之，若即期汇率高于执行价\$0.585，汉斯将行使期权，仅以执行价格来购入瑞士法郎。例如，如果到期日的即期汇率为每法郎0.595美元，他将行使看涨期权，以每股\$0.585的价格购买瑞士法郎，而不是在现货市场上以每瑞士法郎0.595美元的价格购买。他可以立即在现货市场上以\$0.595的价格卖出瑞士法郎，在扣除\$0.005/SF的期权原始成本之后，其可以赚取0.010美元/SF的毛利或\$0.005/SF的净利润。如果即期汇率大于执行价格\$0.585，权利金为0.005美元，即期汇率为0.595美元，那么：

$$利润＝即期汇率－（执行价格＋权利金）$$
$$＝\$0.595/SF－（\$0.585/SF＋\$0.005/SF）$$
$$＝\$0.005/SF$$

图表 7-3 看涨期权买方的损益

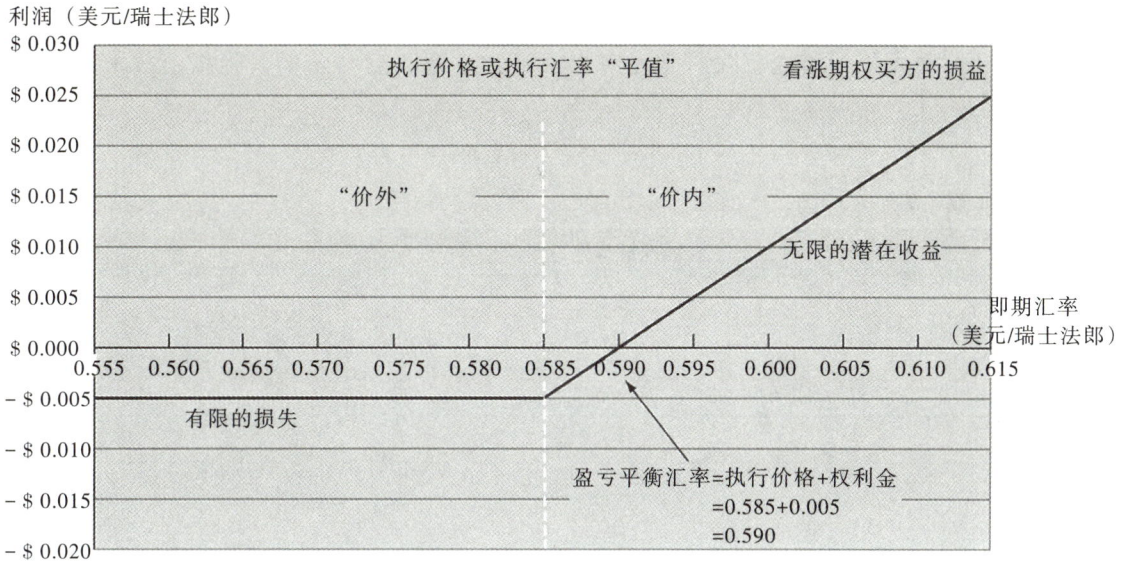

利润（美元/瑞士法郎）

执行价格或执行汇率"平值" 看涨期权买方的损益

"价外" "价内"

无限的潜在收益

即期汇率
（美元/瑞士法郎）

有限的损失

盈亏平衡汇率=执行价格+权利金
=0.585+0.005
=0.590

看涨期权买方享有无限的潜在收益（价内），及有限的潜在损失，即权利金金额（价外）。

很可能，汉斯会通过在期权交易所执行一份抵销合同来实现利润而非真的购买货币。因为瑞士法郎的美元价格可能无限上涨（如图表 7-3 右上方所示），最大利润是无上限的。因此，看涨期权的买方拥有一个有吸引力的结果组合：有限的损失和无限的潜在利润。

请注意，**盈亏平衡价（break-even price）**$0.590 / SF 是汉斯在行使期权时既没有收益也没有损失的价格。0.005 美元的权利金费用加上 0.585 美元的期权执行价格恰好等于现货市场卖出法郎的收益 0.590 美元。汉斯将以收支平衡价格行使看涨期权。这是因为通过行使期权，他至少可以收回为期权所支付的溢价。在即期汇率高于行权价格但低于盈亏平衡价格的情况下，行使期权和卖出相关货币所赚取的毛利将覆盖部分（但不是全部）权利金费用。

7.2.5 看涨期权卖方

图表 7-4 展示了同样的看涨期权的卖方的损益情况。如果期权到期时，基础货币的即期汇率低于 0.585 美元的执行价格，则期权持有者（买方）不会行权。**期权买方损失的也就是卖方所赚取的**，卖方赚得 $ 0.005 / SF 的权利金。若执行价格为 $0.585 而法郎的价值在 0.585 美元以上，则卖方必须以 $0.585 / SF 的价格交付基础货币。**如果期权卖方"空手"（不拥有货币）沽出看涨期权，那么卖方就需要在现货市场上购买货币，在这种情况下，卖方将承担损失。这种损失的金额是无限的，且随着基础货币价格的上涨而增加。**

同样地，期权买方赚取的，也就是卖方所损失的。**即使卖方已经持有了这种货币，他也要承担机会损失**，要不是因为卖出了期权，他所持有的货币本可以在公开市场上卖出更高的价钱。

例如，执行价格为 0.585 美元，权利金为 0.005 美元，即期汇率为 0.595 美元/瑞士法郎的期权卖方的获利为：

$$利润=权利金 -（即期汇率 - 执行价格）$$
$$= \$ 0.005 / SF -（\$ 0.595 / SF - \$ 0.585 / SF）$$
$$= \$ 0.005 / SF$$

但这种算法只存在于即期汇率大于或等于执行汇率的情况下。在即期汇率低于执行价格的情况下，期权到期时将变得毫无价值，看涨期权卖方将保留所赚取的权利金。看涨期权卖方可以赚取的最大利润仅限于权利金。看涨期权卖方的潜在结果组合相对不那么有吸引力：有限的潜在利润和无限的潜在损失。但是有办法通过本章稍后讨论的其他抵消技术来控制这种损失。

图表 7-4　　　　　　　　　　　　看涨期权卖方的损益

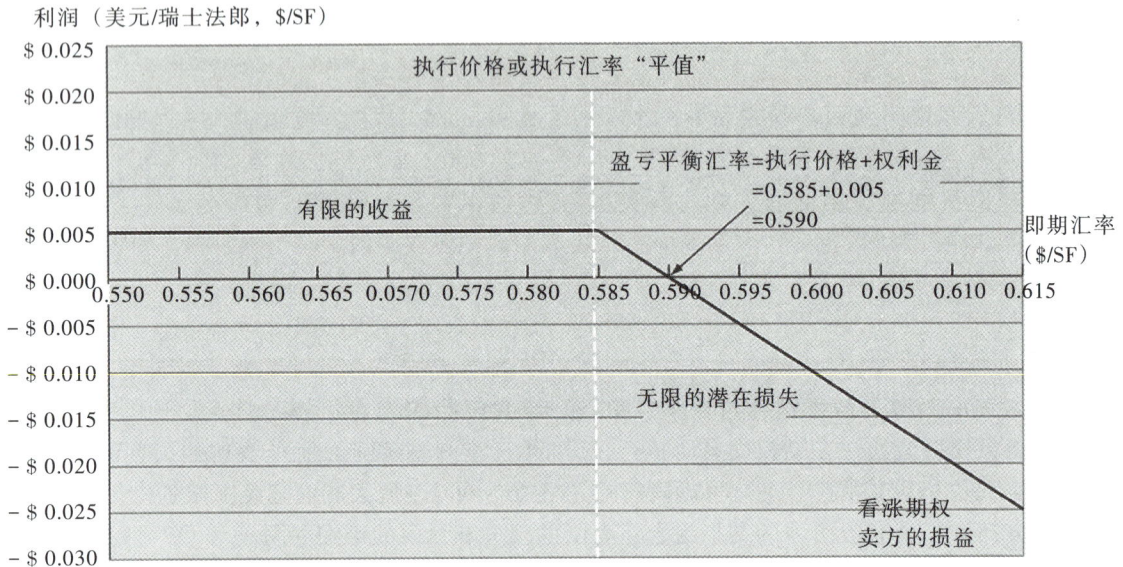

看涨期权的卖方拥有无限的潜在损失及有限的潜在收益，即权利金金额。

7.2.6　看跌期权买方

图表 7-5 列示了汉斯作为看跌期权买方的损益情况。看跌期权的基本条款与看涨期权类似。不过，**看跌期权的买方希望能在该货币的市场价格下跌时**（而不是像看涨期权那样上涨时）**以执行价格出售相关货币**。如果 1 个法郎的即期价格下降到 \$0.575 /SF，汉斯将向该看跌期权卖方以 \$0.585 / SF 的价格提供法郎。法郎现在可以在现货市场上以 \$0.575 /SF 的价格购买，期权的成本为 \$ 0.005 / SF。所以他将获得 \$ 0.005 / SF 的净收益。

显然，如果即期汇率低于执行价格 \$0.585 / SF，权利金为 \$ 0.005 / SF，即期汇率为 \$ 0.575 / SF，则看跌期权持有者的利润为：

$$利润 = 执行价格 - （即期利率 + 权利金）$$
$$= \$ 0.585 / SF - （\$ 0.575 / SF + \$ 0.005 / SF）$$
$$= \$ 0.005 / SF$$

看跌期权的盈亏平衡价格为执行价格减去权利金，在这种情况下也就是 \$ 0.580 / SF。随着即期价格进一步跌破执行价格，盈利潜力将不断增加，当法郎的价格为零时，汉斯的利润最高可达 \$ 0.580 / SF。在任何高于执行价格 \$ 0.580 的汇率下，汉斯都不会行权，因此只会损失为看跌期权所支付的 \$ 0.005 / SF 的权利金。**看跌期权的买方几乎拥有无限的潜在利润，而潜在损失有限。就像看涨期权买方一样，看跌期权买方的损失永远不会超过预付的权利金。**

图表 7-5 看跌期权买方的损益

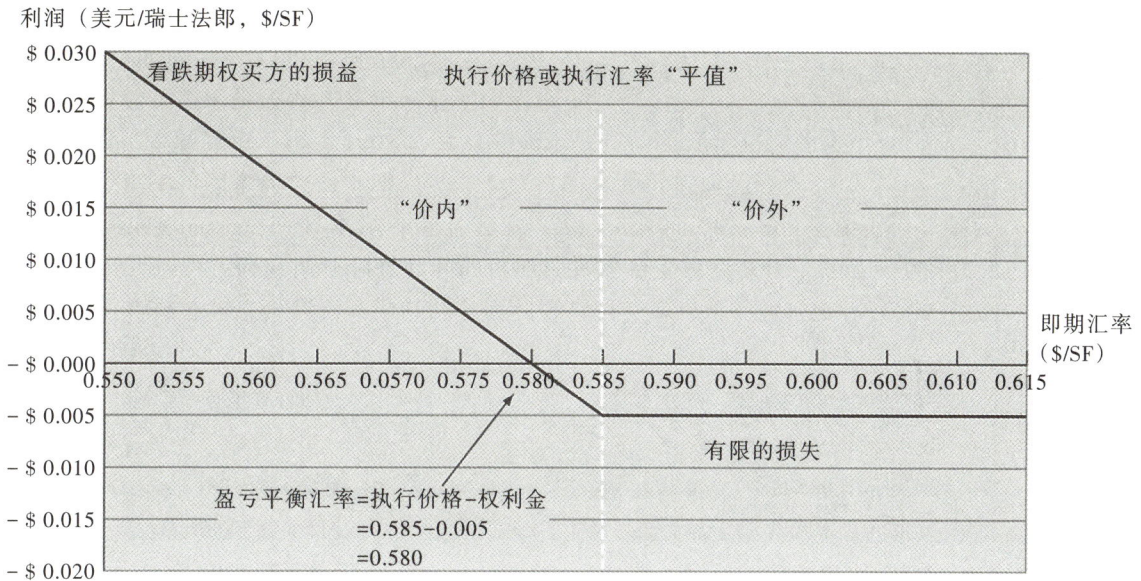

利润（美元/瑞士法郎，$/SF)

看跌期权买方享有无限的潜在收益（价内）以及有限的潜在损失，即权利金的金额（价外）。

学与思 7-6 芝加哥商品交易所（CME）交易的美式看跌期权的合约规模为 125 000 欧元；交割价格为 1.2900 的 12 月看跌期权的当前报价为 0.0297。如果你是一位潜在买方，这些数字意味着什么？

7.2.7 看跌期权卖方

图表 7-6 展示了将该看跌期权出售给汉斯的卖方的损益情况。可以看出看跌期权买方和卖方之间的收益/损失、执行价格以及盈亏平衡价具有对称性。**如果法郎的即期价格跌到每法郎 0.585 美元以下，那么汉斯将行权。若即期价格低于每法郎 0.585 美元，卖方的损失将高于卖出期权收到的权利金（$0.005/SF)，无法实现盈亏平衡。**即期价格介于$0.580/SF 和$0.585/SF 之间时，卖方将损失收取的部分（但不是全部）权利金。**若即期价格高于$0.585/SF，则汉斯不会行权，期权卖方可将所有权利金收入囊中。**

即期汇率为$0.575 时，该执行价格为$0.585、权利金为$0.005 的看跌期权卖方的收益（损失）为：

$$收益（损失）= 权利金 - （执行价格 - 即期汇率）$$
$$= \$0.005/SF - （\$0.585/SF - \$0.575/SF)$$
$$= \$0.005/SF$$

该算法仅适用于即期汇率低于等于执行价格的情况。若即期汇率高于执行价格，期权在价外的情况下到期，则卖方赚取权利金。看跌期权卖方的损益结果组合与看涨期权卖方相同：有限的潜在收益和无限的潜在损失。

图表 7-6　　　　　　　　　　看跌期权卖方的损益

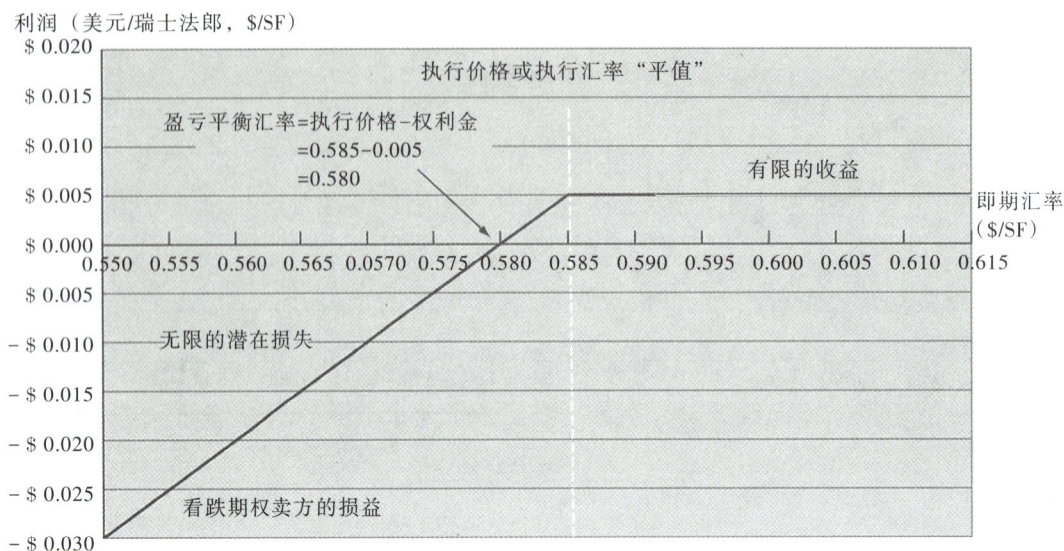

利润（美元/瑞士法郎，$/SF）

看跌期权卖方享有有限的潜在收益以及无限的潜在损失。

全球财务管理实务 7-1 描述了一次规模最大，也是最成功的外汇期权投机——安德鲁·克里格对新西兰元的投机。

课堂延展阅读

全球财务管理实务 7-1　　　　　　　　　　新西兰元和克里格

1987 年，安德鲁·克里格（Andrew Krieger）是纽约信孚银行（Bankers Trust of New York，BT）31 岁的货币交易员。继 1987 年 10 月美国股市大跌之后，全球货币市场迅速抛弃美元。世界上许多其他货币，包括稳定、开放的工业化市场的小型货币，如新西兰元，成为了利益的主题。当全球货币交易者抛售美元买入新西兰元时，新西兰元的价值大幅上涨。

克里格认为市场反应过度，于是做空新西兰元，押注其最终会下跌。他大规模地做空，把现货、期货和期权头寸结合在一起（据说克里格被获批了将近 7 亿美元规模的头寸，而所有其他 BT 交易员都被限制在 5 000 万美元以内）。据称，克里格代表 BT 做空了 2 亿新西兰元——超过了当时整个新西兰的货币供应量。事实证明他的想法是对的。新西兰元下跌，克里格为 BT 赚取了数百万的货币收益。然而讽刺的是，仅仅几个月之后，克里格在拿到年度奖金时辞去了其在 BT 的职务，因为从这笔超过 3 亿美元的利润中他的想法仅仅分得了 300 万美元的奖金。

最终，新西兰央行对 BT 的举动表示不满。报道中，BT 当时的 CEO 小查尔斯·斯坦福先生的发言似乎使矛盾更加激化："对信孚银行而言，我们的头寸并不算太大，但是对那个市场而言，我们的头寸可能是过大了些。"

学与思 7-7 解释外币期权与外币期货的差异，什么时候进行外币期权交易最合适？什么时候进行外币期货交易最合适？

学与思 7-8 芝加哥商品交易所交易的美式看跌期权的合约规模为 125 000 欧元；交割价格为 1.2900 的 12 月看跌期权的当前报价为 0.0297。如果 12 月的即期汇率为 1.3501 美元/欧元，那么该美式看跌期权的持有者行使期权的收益是多少？

学与思 7-9 为什么在期权费收益固定，但标的资产价格变化方向相反并可能产生巨额损失的情况下，还会有人愿意卖出期权？

7.3 期权定价与估值

图表 7-7 展示了英镑的欧式看涨期权的损益情况。看涨期权的持有者可以 1.70 美元/英镑的执行价格购买英镑。期限为 90 天。这个看涨期权的价值实际上是两部分价值的总和：

$$总价值（权利金）=内在价值+时间价值$$

任何外汇期权的定价都包含 6 个要素。 例如，即期汇率为 1.70 美元/英镑时，该英镑的欧式看涨期权的权利金为 0.033 美元/英镑（3.3 美分/英镑）。这笔权利金的计算基于以下假设：即期汇率为 \$1.70 / £，期限为 90 天，远期汇率为 \$1.70 / £，美元和英镑的年利率都是 8.00%，以及 90 天期的期权波动率为每年 10.00%。

如果立即行权，则期权的内在价值（intrinsic value）就是财务收益。 内在价值在图表 7-7 中用实线表示，在即期汇率达到执行价格前，内在价值为零，随后线性上升（即期汇率每增加 1 美分，内在价值也增加 1 美分）。**当期权为价外（out-of-the-money）时，内在价值将是零，** 因为当执行价格高于市场价格时，行权不会获得收益。当即期汇率上升到执行价格以上时，内在价值变为正值，也就是如果行权至少能赚取的收益。**在到期日，期权的价值等于其内在价值（剩余时间为零意味着时间价值为零）。**

图表 7-7 说明了在期末即期汇率的三种不同情况下，执行价格为 1.70 美元/英镑的看涨期权的内在价值和时间价值：

■ 当即期汇率为 1.74 美元/英镑时，期权为价内，其内在价值为（1.74 – 1.70）美元/英镑，即每英镑 4 美分。

■ 当即期汇率为 1.70 美元/英镑时，期权为价内，其内在价值为（1.70–1.70）美元/英镑，即每英镑零美分。

图表 7-7   **期权的内在价值、时间价值和权利金（总价值）**

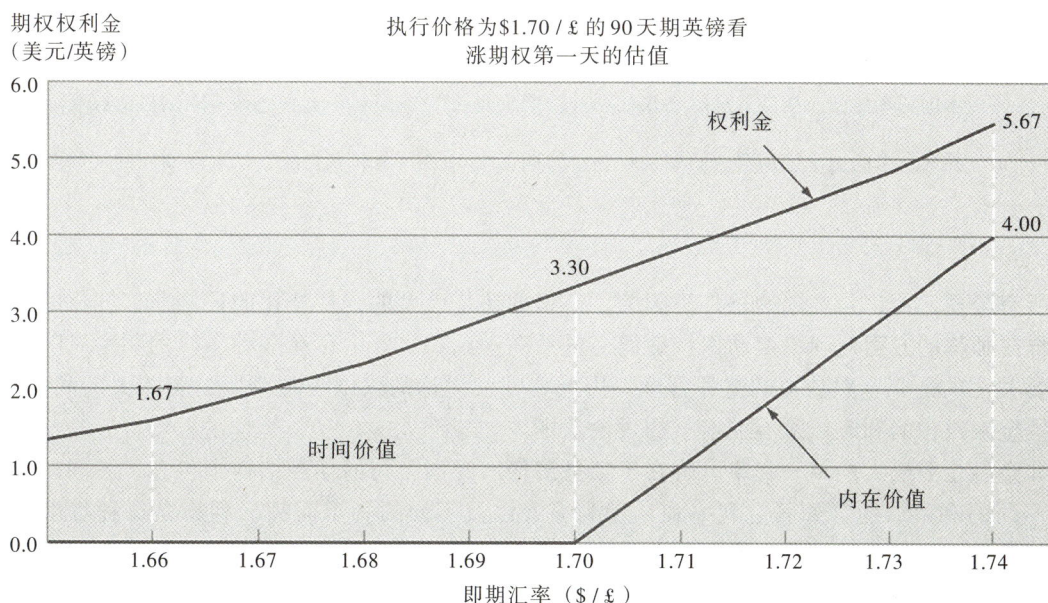

期权权利金
（美元/英镑）

执行价格为 \$1.70 / £ 的 90 天期英镑看涨期权第一天的估值

即期汇率（\$ / £）

■ 当即期汇率为1.66美元/英镑时，期权为价外，内在价值为零。这表现为内在价值线与横轴重合。只有傻瓜才会在这种即期汇率下行使看涨期权，而不直接在现货市场上更便宜地买入英镑。

期权的时间价值存在，是因为基础货币的价格（也就是即期汇率）可能在期权到期之前进一步变动。如图表7-7所示，时间价值是期权总价值与其内在价值之间的区域。投资者愿意在现期为价外期权（内在价值为零的期权）支付一定的价格，因为在到期日之前，即期利率可能产生足够大的变动从而使期权变为价内。因此，期权的价格总是比它的内在价值高一些，因为在到期日前内在价值总存在上升的可能。

学与思 7-10 期权价值是内在价值与时间价值之和。解释这些术语的含义。

无论是为了投机还是风险管理（第9章和第10章），如果想有效地使用外汇期权，个人交易者就需要知道期权价值（权利金）如何随其组成部分的变动而变动。图表7-8总结了基本的敏感因子。

虽然很少提到，但标准外汇期权的定价是围绕着远期汇率进行的，因为当前的即期汇率以及本国和外国的利率（本币和外币汇率）均包含在期权费用的计算中。无论具体选择和标定的执行价格如何，远期汇率都对估值至关重要。期权定价公式计算的是以远期汇率为中心的主观概率分布。这种做法并不意味着市场预期远期汇率等于未来的即期汇率，其仅仅是期权套利定价结构的结果。

远期汇率也为管理头寸的交易者提供了有用的信息。市场给外汇期权定价时，对外汇相对本币的价值走向并不带任何看涨或看跌的倾向。如果交易者对未来的即期汇率的方向有特定的预期，那么这种预期便可起作用。交易者不会随意反市场而行。

图表 7-8 期权权利金的组成部分概览

希腊字母	定义	解释
Delta	即期汇率的微小变动造成的期权权利金的期望变动	Delta值越高，期权越有可能变为价内
Theta	剩余期限的微小变动造成的期权权利金的期望变动	权利金直到大约最后30天内才变得相对敏感
Lambda	波动性的微小变动造成的期权权利金的期望变动	权利金随波动性的增加而增加
Rho	本国利率的微小变动造成的期权权利金的期望变动	本国利率上涨，则看涨期权的权利金提高
Phi	外国利率的微小变动造成的期权权利金的期望变动	外国利率上涨，则看涨期权的权利金降低

7.4 利率风险

所有公司，无论是本国的还是跨国的，小型的还是大型的，杠杆化的还是非杠杆化的，**都会在这样或那样的方面对利率变动保持敏感**。虽然在理论和实务中存在多种多样的利率风险，但本书主要关注的是非金融公司的财务管理。因此，我们讨论的仅限于与跨国公司相关的利率风险。银行等金融机构的利率风险不在本书的讨论范围内。

非金融企业最大的单一利率风险在于债务清偿。跨国公司的债务结构中包含了不同的债务期限、不同的利率结构（如固定利率和浮动利率）以及不同的货币面额。利率是每种货币所特有的。每种货币都有其特有的利率收益曲线和借款方信用利差。因此，**利率风险的多币种维度是跨国公司所面临的重大问题**。如图表7-9所示，即使是利率计算，有时也会因货币和国家而异。全球财务管理实务 7-2 给出了在当今市场上使用固定利率或浮动利率工具的额外证据。

跨国公司利率风险的第二大来源在于其持有的利息敏感型证券。与记录在公司资产负债表右侧的债务不同，公司的有价证券组合展示在左侧。有价证券代表公司潜在的收益或利息流入。不断增加的竞争压力促使财务经理们加强对公司资产负债表左右两侧的管理。

图表 7-9　　　　　　　　　　　　　国际利率计算

国际利率的计算会随计算时所使用的期限天数以及对 1 年天数的定义（用于财务目的）的不同而不同。图表中的例子体现了对于一项 1 000 万美元、年利率 5.500%、28 天期的贷款而言，不同的计算方法会得出不同的月利息支付金额。

			1 000 万美元，年利率 5.500%	
实务	算入的期限天数	1 年的天数	占用天数	利息支付
国际	确切的天数	360	28	$42 777.78
英国	确切的天数	365	28	$42 191.78
瑞士（欧洲债券）	假设 30 天/月	360	30	$45 833.33

课堂延展阅读
全球财务管理实务 7-2　　　　　　　　　　　固定利率还是浮动利率？

信用风险和重新定价风险

在介绍最常见的利率定价风险管理之前，有必要区分信用风险和重新定价风险。**信用风险（credit risk），有时被称为展期风险（rollover risk），是指借款人在展期时，信用等级被贷方重新分类的可能性。**这可能会导致费用、利率以及信用额度的变化，甚至可能遭到拒绝。**重新定价风险（repricing risk）是指重置金融合同利率时收取（赚取）的利率变化的风险。**

假设一家公司正在考虑以下债务策略，旨在获取为期 3 年、100 万美元的融资。

策略 1：以固定利率借入 3 年期 100 万美元的债务。

策略 2：以浮动利率借入 3 年期 100 万美元的债务，每年以 LIBOR + 2% 定息。

策略 3：以固定利率借入 1 年期 100 万美元的债务，逐年展期。

尽管资金成本最低一直是主要选择标准，但它并不是唯一的选择标准。如果公司选择了策略 1，它将以已知的利率确保整整 3 年的资金。它最大限度地提高了债务现金流量的可预测性。在一定程度上，它牺牲了在利率下降的情况下享受较低利率的可能性。当然，它也消除了期限内利率上涨导致偿债成本增加的风险。

策略 2 提供了策略 1 所没有的灵活性（重新定价风险）。它也保证了公司能够获得为期 3 年的资金，消除了信用风险。然而，重新定价风险在"策略 2"中依然存在。如果 LIBOR 在第二年或第三年发生显著变化，则该变化将完全传递到借款人身上。然而，息差仍然是固定的（反映已经在 3 年内锁定了的信用状况）。在这种情况下，承担利率可能上涨或下降的风险是获得灵活性所需要付出的代价。

策略 3 的灵活性和风险更大。首先，公司在收益率曲线较短的一端进行借款。如果收益率曲线斜率为正——工业市场通常如此，这么做的基准利率应该较低。但收益率曲线短端的波动较大。相对于长期利率，它会更明显地对短期事件做出反应。该策略也使得公司可能面临信用评级在展期时发生重大变化的情况（无论是好是坏）。由于信用评级通常是建立在公司能够在恶化的经济条件下履行其偿债义务的前提下，因此具有较高信誉（投资级别）的公司更可能认为策略 3

是可行的，而信誉较差（投机等级）的公司则不然。该策略不适用于财务上较薄弱的公司。

虽然前例只描述了公司内部资金决策复杂性的一小部分，但是它体现了与信用风险和重新定价风险密切相关的多种方式。"利率风险"是一个复杂的概念，在管理风险之前，对其进行适当的衡量是至关重要的。我们现在着手描述最常见的公司债务形式——浮动利率贷款的利率风险。

学与思 7-11 站在借款公司的角度，什么是信用和重新定价风险？说明公司应如何最小化这两种风险。

7.5 利率衍生品

和外汇一样，利率也有衍生品，如期货、远期和期权，还有可能包括更为重要的利率互换。

7.5.1 利率期货

与外汇期货不同，**利率期货被非金融公司的财务经理和财务人员广泛使用**。利率期货市场流动性相对较高、使用简单，且大多数企业的利率风险都相对标准化。两种使用最为广泛的期货合约是芝加哥商品交易所的欧洲美元期货（Eurodollar futures）和芝加哥期货交易所（CBOT）的美国国债期货。为了说明期货在利率风险管理中的运用，我们将重点关注3个月的欧洲美元期货合约。图表7-10展示了两年期的欧洲美元期货（实际上它们在未来10年内交易）的价格。

图表 7-10 　　　　　　　　　　　　　　　欧洲美元期货价格

到期日	开盘价	高	低	结算价	收益率（%）	未平仓量
2010年6月	94.99	95.01	94.98	95.01	4.99	455 763
9月	94.87	94.97	94.87	94.96	5.04	535 932
12月	94.60	94.70	94.60	94.68	5.32	367 036
2011年3月	94.67	94.77	94.66	94.76	5.24	299 993
6月	94.55	94.68	94.54	94.63	5.37	208 949
9月	94.43	94.54	94.43	94.53	5.47	168 961
12月	94.27	94.38	94.27	94.36	5.64	130 824

《华尔街日报》的典型介绍。只显示了普通的期限为一季的合约。所有合同金额都是100万美元。未平仓量是指未平仓合约的数量。

期货合约的收益率是由结算价格（该交易日的收盘价）**计算而来的**。例如，一位财务经理在图表7-10中查看2011年3月的欧洲美元报价，可以看到前一天的结算价格为94.76，年化收益率为5.24%：

$$收益率=（100.00\%-94.76\%）=5.24\%$$

由于每份合约为期3个月（一季度），名义本金为100万美元，因此每个基点实际上价值2 500美元（0.01×1 000 000美元×90/360）。

如果一位财务经理有意对冲2011年3月到期的浮动利率付息，他将需要出售期货，构建空头头寸。这种策略被称为**空头头寸（short position）**，因为管理者正在出售一些他并未真正拥有的东西（像做空普通股时一样）。如果利率在3月上涨——正如经理所担心的那样，那么期货价格将下跌，她将能够有所盈利地平仓。这笔利润将大致抵消债务利息上涨带来的损失。然而，如果经理预期错误，到期日利率实际上是下降的，导致期货价格上涨，那么他将蒙受损失，与由于浮动利率较低而"节省的费用"相抵消。因此通过出售2011年3月的期货合约，管理层将锁定

5.24% 的利率。

　　显然，利率期货头寸可以也经常是出于投机的目的而构建的。虽然这不是管理的焦点，但是这个例子显示了，任何一个对利率走向有看法的投机者都能够通过建仓而预期获利。

　　如前所述，非金融公司最常见的利率风险在于债务应付利息，但这种风险并不是唯一的利率风险。随着越来越多的公司积极管理整个资产负债表，来自其左侧的利息收益正受到越来越严格的审查。如果财务管理者被要求通过有息证券赚取更高的利息，那么他们最好找到利率期货市场的第二个用途——锁定未来的利息收入。图表 7-11 概述了这两种基本的利率风险以及管理利率期货所需的策略。

图表 7-11　　　　　　　　　　　**利率期货常见风险管理策略**

仓位或头寸	期货操作	利率	持仓结果
未来支付利息	卖出期货（空头头寸）	如果利率上涨	期货价格下跌；空头获利
		如果利率下跌	期货价格上涨；空头损失
未来收取利息	买入期货（多头头寸）	如果利率上涨	期货价格下跌；多头损失
		如果利率下跌	期货价格上涨；多头获利

学与思 7-12　一份报纸登出一份 6 月的欧洲美元期货合约的结算价是 93.55，该合约代表多少美元，其年化收益率是多少？

7.5.2　远期利率协议

　　远期利率协议（Forward rate agreement，FRA）是一种同业买卖的合约，用于买卖基于名义本金的利息支付。这种合约以现金结算。FRA 的买方具有锁定未来某个特定期限利率的权利。合同规定，**如果利率上升到约定利率以上，FRA 的卖方将向买方支付名义金额（名义本金）因此增加的利息费用**；但如果利率低于约定利率，买方将向卖方支付利息费用差额。可选的期限通常包括 1、3、6、9 和 12 个月，与传统的货币远期合约非常相似。

　　与外汇远期合约一样，FRA 也能用于个人风险敞口。它们是公司的契约承诺，通过很小的灵活性来享受有利的变动，例如前文例子中当 LIBOR 下跌时。如果企业计划在未来投资证券，但担心利率可能会在投资日期之前下降，其也会使用 FRA。然而，由于期限和货币的限制，FRA 只被广泛应用于最大型的一些工业经济体和货币中。

学与思 7-13　一家按照浮动利率借入资金的企业如何使用远期利率协议来降低利率风险？

7.5.3　利率互换

　　互换是指用于交换一系列现金流量的合约协议。这些现金流通常是与偿债（例如上一节所述的浮动利率贷款）有关的利息支付。以下三个重要概念阐明了互换协议之间的区别：

　　■　如果协议使一方的固定利率支付与另一方的浮动利率支付相交换，则称为利率互换（interest rate swap）。

　　■　如果协议交换的是具有偿债义务的货币，例如以瑞士法郎利息支付交换美元利息支付，这就是所谓的货币互换（currency swap）。

　　■　一次互换可以同时结合利率和货币互换的要素。

在所有情况下，互换都有助于改变公司的现金流量义务，如将与现有偿债义务相关的浮动利率支付变为固定利率支付。互换本身并不是资金的一种来源，而是与付款相关的现金流量的转换。双方就固定利率与浮动利率的金融债务进行交换的协议通常称为"普通互换"（Plain vanilla swap）。这种互换形成了世界上最大的单一金融衍生品市场。

双方可能有不同的动机来达成协议。例如，一种非常普遍的情况是：信誉良好的企业借款人现有浮动利率债务需要支付。借款人在回顾了当前的市场状况并形成对未来的预期后，可能会得出利率即将上涨的结论。为避免付息额不断上升，公司的财务部可以签订互换协议，以支付固定利息，收取浮动利息。这意味着公司现在将进行固定利率支付，并从交换对手那里获得浮动利率支付。公司收到的浮动利率支付可用于偿付公司的债务，所以公司现在相当于在进行固定利率支付。通过使用衍生工具，该公司整体上将浮动利率债务转化为固定利率债务。它这么做无须承担为现有债务再融资的成本和复杂性。

同样，预期利率下降、负有固定利率债务的公司也可以将固定利率债务转为浮动利率债务。在这种情况下，该公司将签订互换协议，以支付浮动利息，收取固定利息。图表7-12给出了持有固定利率债务或浮动利率债务的企业的推荐利率互换策略汇总表。

图表7-12　　　　　　　　　　　　利率互换策略

所负债务	利率走势预期	互换策略
固定利率债务	利率上升	不采取措施
	利率下降	支付浮动利息，收取固定利息
浮动利率债务	利率上升	支付固定利息，收取浮动利息
	利率下降	不采取措施

利率互换的现金流量来自适用于一定数额资本（名义本金）的利率。因此，它也被称为息票利率互换（Coupon Swap）。签订利率互换协议的公司设定名义本金，以使利率互换产生的现金流量满足其利率管理的需要。

利率互换是公司与互换交易商之间的契约承诺，完全独立于公司的利率敞口。也就是说，公司可以任何看似合理的理由进行互换，可以确定小于、等于，甚至大于被管理总头寸的名义本金。例如，一家拥有各种浮动利率贷款的公司，如果愿意的话，可以仅以现有本金的70%进行利率互换。进行互换的原因以及互换的头寸纯粹由公司管理层自行决定。还应该指出的是，利率互换市场正好弥补市场效率的不足。如果所有的公司都能自由平等地进入资本市场——无论利率结构或货币面额如何，那么互换市场很可能不存在。互换市场不仅存在而且繁荣发展，为各方提供利益，可以说它是"免费的午餐"。

学与思7-14 斯密斯公司和琼斯公司签订了一份利率互换协议，斯密斯公司向琼斯公司支付固定利率，而琼斯公司向斯密斯公司支付浮动利率。但现在斯密斯公司陷入破产，因此无法支付剩下的利息，这将给琼斯公司带来哪些损失？

7.5.4　货币互换

由于所有互换利率均由各主要货币的收益率曲线产生，因此利用各种货币的固定利率-浮动利率互换能够使企业进行跨币种的互换。图表7-13列出了欧元、美元、日元和瑞士法郎的典型互换利率。这些互换利率以各个货币市场的政府证券收益率为基础，再加上适用于各个市场投资级借款人的信贷利差。

请注意，图表7-13中的互换利率并未按信用评级进行评级或分类。这是因为互换市场本身并不会体现与个别借款人相关的信用风险，而是按个别借款人负债的 LIBOR 加上利差的定价来保持价差。固定价差，也就是信用风险溢价，仍然由公司自己承担。例如，评级较低的公司可能在 LIBOR 以外支付 3% 或 4% 的利差，而世界上一些规模最大、财务状况最好的跨国公司实际上可能仅以 LIBOR 的利率来募集资本。互换市场不会区分参与者的利率，全部都以相应货币的固定利率加上 LIBOR 来交换。

　　货币互换的通常动机是重置现金流量币种，以需要的币种替换不需要的币种。需要的币种可能是公司未来产生营业收入的货币币种。公司常以不具有重大收入或其他自然现金流量的货币币种筹集资金。这样做的原因是：成本——特定公司可能会在特定条件下发现某种货币的资本成本对其颇具吸引力。但是在筹集资金后，公司可能希望将其还款支付转换为未来产生营业收入的币种。

　　货币互换市场对跨国公司而言作用重大。当跨国公司希望换出 10 年期固定利率 6.04% 的美元现金流时，它可以选择将其换成固定利率为 4.46% 的欧元、固定利率为 3.30% 的瑞士法郎或固定利率为 2.07% 的日元。除了将其转换为固定利率的其他货币，它还可以选择将其转换为有着浮动利率（LIBOR）的其他货币。这些都可以按照图表 7-13 中所列的价格进行。

图表 7-13　　　　　　　　　　　　　　利率和货币互换行情

年数	欧元 买	欧元 卖	瑞士法郎 买	瑞士法郎 卖	美元 买	美元 卖	日元 买	日元 卖
1	2.99	3.02	1.43	1.47	5.24	5.26	0.23	0.26
2	3.08	3.12	1.68	1.76	5.43	5.46	0.36	0.39
3	3.24	3.28	1.93	2.01	5.56	5.59	0.56	0.59
4	3.44	3.48	2.15	2.23	5.65	5.68	0.82	0.85
5	3.63	3.67	2.35	2.43	5.73	5.76	1.09	1.12
6	3.83	3.87	2.54	2.62	5.80	5.83	1.33	1.36
7	4.01	4.05	2.73	2.81	5.86	5.89	1.55	1.58
8	4.18	4.22	2.91	2.99	5.92	5.95	1.75	1.78
9	4.32	4.36	3.08	3.16	5.96	5.99	1.90	1.93
10	4.42	4.46	3.22	3.30	6.01	6.04	2.04	2.07
12	4.58	4.62	3.45	3.55	6.10	6.13	2.28	2.32
15	4.78	4.82	3.71	3.81	6.20	6.23	2.51	2.56
20	5.00	5.04	3.96	4.06	6.29	6.32	2.71	2.76
25	5.13	5.17	4.07	4.17	6.29	6.32	2.77	2.82
30	5.19	5.23	4.16	4.26	6.28	6.31	2.82	2.88
LIBOR	3.0313	3.0938	1.3125	1.4375	4.9375	5.0625	0.1250	0.2188

《金融时报》的典型介绍。系伦敦的交易收盘时的买卖差价。美元报价基于 3 个月期的 LIBOR；日元基于 6 个月期的 LIBOR；欧元和瑞郎基于 6 个月期的 LIBOR。

学与思 7-15 一家公司为什么要通过货币互换协议使用美元支付应付英镑利息？

学与思 7-16 互换协议如何消除交易对手无法完成协议的风险？

7.5.5　审慎实践

　　在下面的章节中，我们将说明如何使用衍生工具来降低与跨国财务管理相关的风险。然而，任何金融工具或技术（包括金融衍生工具）的使用者都应遵循合理的原则，这一点至关重要。许多公司因为滥用衍生工具而倒闭了。一点忠告：不要混淆了才能与运气，而成为所谓赌徒困境的牺牲品。

在全球商业中，与金融衍生品相关的企业重大财务灾难仍然无法解决。正如现代社会的众多问题，技术是无辜的，错就错在使用不当。

划重点

● 外汇期货合约是标准化的远期合约。不过，与远期合约不同的是，外汇期货合约的交易发生在有组织的交易所而非银行与客户之间。期货也需要抵押品，并且通常通过购买抵消头寸来结算。

● 出于易于使用和维持头寸的考虑，公司财务经理通常更倾向于使用外汇远期而非期货。而由于期货市场所具有的流动性，期货更受到金融投机者的青睐。

● 外汇期权是一种金融合约，它赋予持有人在指定的到期日之前以预先约定的价格买入（在看涨期权的情况下）或卖出（在看跌期权的情况下）特定数额的外汇的权利（没有义务）。

● 期权买方购买货币期权作为投机工具的原因在于，随着基础货币的上涨（对于看涨期权而言）或下跌（对于看跌期权而言），期权会产生价值。而当基础货币的涨跌与期望的方向相反时，损失的金额仅限于期权权利金。

● 期权卖方将货币期权作为投机工具的原因是能够收取期权权利金。如果期权（无论是看跌期权还是看涨期权）在价外的情况下过期，那么期权卖方就可以赚取并保留全部权利金。

● 投机指的是：试图基于对未来价格的预期来进行交易而获利。在外汇市场上，人们通过建立外汇头寸进行投机，然后平仓；只有当利率向投机者预期的方向移动时，他才能够获利。

● 货币期权的估值、期权权利金的确定，取决于当前即期汇率、具体执行利率、远期汇率（其本身取决于当前的即期汇率和利差）、货币波动率以及距离到期日的剩余时间。

● 期权的总价值是其内在价值和时间价值的总和。内在价值取决于期权的执行价格与当前即期汇率在任何一个时点的关系，而由时间价值估计的内在价值可能会在成熟之前改变。

● 非金融企业最大的单一利率风险来源于偿债。跨国公司的债务结构具有不同的债务到期日、不同的利率结构（如固定利率和浮动利率）和不同的货币面额。

● 世界利率的波动加剧，加上世界各地的企业越来越多地使用短期和浮息债务，促使许多企业积极地进行利率风险管理。

● 跨国非金融公司利率风险的主要来源是短期借款、短期投资和长期负债的偿还。

● 在很多方面，利率风险管理中使用的技术和工具与货币风险管理中所使用的类似。用于利率风险管理的主要工具包括远期利率协议（FRAs）、远期互换、利率期货和利率互换。

● 利率和货币互换市场使那些难以获取特定货币和利率结构的企业得以较低的成本进入这个市场。这又反过来使这些公司能够更有效地管理货币和利率风险。

● 交叉货币利率互换使公司能够改变偿债现金流量的面额（币种）和固定或浮动的利率结构。

秒懂本章

外汇期货/期权等外汇衍生品使持有者在固定到期日以固定的价格买卖外汇或交易有关现金流量以获利或降低有关风险。

计算分析题

1. 安伯·麦克莱恩（Amber McClain）。安伯·麦克莱恩是我们在本章前面认识的货币投机商，现在他以图表7-1中的收盘价卖出了8份6月份期货合约，价值500 000墨西哥比索。

a. 如果期末即期汇率为0.12000美元/墨西哥比索，那么她的头寸到期价值是多少？

b. 如果期末即期汇率为0.09800美元/墨西哥比索，那么她的头寸到期价值是多少？

c. 如果期末即期汇率为0.11000美元/墨西哥比索，那么她的头寸到期价值是多少？

2. Peleh的卖出期权。Peleh卖出了一笔执行价格为0.9100美元/澳元的澳元卖出期权，期权费为0.0025美元/澳元，从现在起6个月后到期。期权价值10万澳元。如果期末汇率分别为0.8500美元/澳元、0.8800美元/澳元、0.9100美元/澳元、0.9400美元/澳元、0.9700美元/澳元，那么到期时Peleh的利润或损失是多少？

3. Ventosa投资公司。Jamie Rodriguez是芝加哥Ventosa投资公司的货币交易员，正在使用下表中的英镑期货合约报价对英镑进行投机交易。

a. 如果Jamie Rodrigue买入5份6月份的期货合约，并预期6个月后的即期汇率为1.3980美元/英镑，那么合约头寸的价值是多少？

b. 如果Jamie Rodrigue卖出12份3月份的期货合约，并预期3个月后的即期汇率为1.4560美元/英镑，那么合约头寸的价值是多少？

c. 如果Jamie Rodrigue买入3份3月份的期货合约，并预期3个月后的即期汇率为1.4560美元/英镑，那么合约头寸的价值是多少？

d. 如果Jamie Rodriguez卖出12份6月份的期货合约，并预期6个月后的即期汇率为1.3980美元/英镑，那么合约头寸的价值是多少？

英镑期货，美元/英镑（芝加哥商品交易所）　　　　　　　　合约价值=62 500英镑

期限	开盘价	最高价	最低价	结算价	价格变化	最高价	最低价	未平仓合约
3月份	1.4246	1.4268	1.4214	1.4228	0.0032	1.4700	1.3810	25 605
6月份	1.4164	1.4188	1.4146	1.4162	0.0030	1.4550	1.3910	809

4. Sallie Schnudel。Sallie Schnudel是雅加达凯石基金公司（Keystone Fund）的货币交易员，她最近的投机头寸主要集中于美元和新元（新加坡元）的交叉汇率。当前即期汇率为0.600美元/新元。经过一番详细研究，她预期新元对美元在未来的90天后将会升值，预计会升至0.700美元/新元，她可以在下列的新元期权之间进行选择：

期权	执行价格	期权费
新元看跌期权	0.6500美元/新元	0.00003美元/新元
新元看涨期权	0.6500美元/新元	0.00046美元/新元

a. Sallie Schnudel应该买入新元看跌期权还是看涨期权？

b. 根据问题a的答案，Sallie Schnudel的盈亏平衡价格是多少？

c. 根据问题a的答案，如果90天后即期汇率实际为0.700美元/新元，那么Sallie Schnudel的利润总额与净利润（包括期权费）是多少？

d. 根据问题a的答案，如果90天后即期汇率实际为0.800美元/新元，那么Sallie Schnudel的利润总额与净利润（包括期权费）是多少？

5.Blade 资本公司（A）。Christoph Hoffeman 是日内瓦格 Blade 资本公司的货币交易员。Christoph 开始时拥有 1 000 万美元，他必须在投机结束时用美元表示所有利润。欧元的即期汇率为 1.3558 美元/欧元，而 30 天远期汇率为 1.3550 美元/欧元。

a.如果 Christoph 认为欧元将继续对美元升值，并预期 30 天后的即期汇率为 1.3600 美元/欧元，那么他应该怎么做？

b.如果 Christoph 认为欧元将对美元贬值，并预期 30 天后的即期汇率为 1.2800 美元/欧元，那么他应该怎么做？

6.Blade 资本公司（B）。Christoph Hoffeman 认为接下来 3 个月瑞士法郎将对美元升值。他有 100 000 美元可以投资。当前即期汇率为 0.5820 美元/瑞士法郎，3 个月远期汇率为 0.5640 美元 / 瑞士法郎，他预期 3 个月后即期汇率将达到 0.6250 美元/瑞士法郎。

a.假设 Christoph 采用纯粹的即期市场投机策略，计算预期利润。

b.假设 Christoph 买入或卖出 3 个月瑞士法郎远期，计算预期利润。

7.查韦斯 S.A 公司。委内瑞拉的查韦斯 S.A（Chavez S.A）公司计划借款 1 000 万美元，期限为 18 周。潜在的贷款人来自纽约、瑞士和伦敦，他们分别使用国际、瑞士（欧洲债券）和英国利率确定（日计数惯例）报价利率，分别为每年 8.25%，8.30% 和 8.35%。查韦斯应该从谁那里借钱？

8.博特尼湾公司。澳大利亚的博特尼湾（Botany Bay）公司寻求在欧洲美元市场借款 5 000 万美元，期限为两年。有 3 种可能的方案：

a.借 5 000 万美元，按 5.5% 的固定利率借两年；

b.以 LIBOR+0.50% 的利率借入 5 000 万美元，利率将每 6 个月调整一次；

c.以 5.25% 的利率借 5 000 万美元 1 年，在第一年结束时，博特尼湾公司将不得不谈判一个新的 1 年期贷款。

假设当前所有期限的伦敦银行同业拆借利率（LIBOR）为 5.00%。比较上述三种方案并提出建议。

9.Vatic 资本公司。Cachita Haynes 是洛杉矶 Vatic 资本公司的货币交易员。她最近投机头寸是为了从对美元对日元显著升值的预期中获利。当前即期汇率为 120.00 日元/美元。她必须在下列 90 天日元期权之间进行选择：

期权	执行价格	期权费
日元看跌期权	125 日元/美元	0.00003 美元/日元
日元看涨期权	125 日元/美元	0.00046 美元/日元

a.Cachita 应该买入日元看跌期权还是日元看涨期权？

b.根据问题 a 的答案，Cachita 的盈亏平衡价格是多少？

c.根据问题 a 的答案，如果 90 天后即期汇率实际为 140 日元/美元，那么 Cachita 的利润总额与净利润（包括期权费）是多少？

10.看涨期权利润。假设欧元买入期权的执行价格为 1.25 美元/欧元，期权费为 3.80 美分/欧元（$0.0380/€），从现在起 3 个月后到期。期权价值为 100 000 欧元。当欧元交易即期汇率如下时，计算你的利润或损失，以及是否应在到期之前执行期权：

a.1.10 美元/欧元；

b.1.15 美元/欧元；

c.1.20 美元/欧元；

d.1.25 美元/欧元；

e.1.30 美元/欧元；

f.1.35 美元/欧元；

g.1.40 美元/欧元。

11.贝克（Baker）街的 Mystery 公司。Arthur Doyle 是伦敦一家名为贝克街公司的货币交易员。贝克街公司的顾客是一些富有的私人投资者，他们每人有至少 250 000 英镑可进行货币投机。投资者预期年收益率超过 25%。尽管贝克街公司的办公地点在伦敦，但所有账户和预期都以美元为基础。

Arthur 确信，英镑将显著下跌——可能在未来 30 至 60 天跌到 1.3200 美元/英镑。当前即期汇率为 1.4260 美元/英镑。Arthur 希望买入英镑看跌期权，这样将获得投资者所期望的 25% 的收益率。你推荐他买入下列哪种卖出期权？证明你的选择是最优的执行价格、期限与封顶期权费的组合。

执行价格	到期日	期权费
1.36 美元/英镑	30 天	0.00081 美元/英镑
1.34 美元/英镑	30 天	0.00021 美元/英镑
1.32 美元/英镑	30 天	0.00004 美元/英镑
1.36 美元/英镑	60 天	0.00033 美元/英镑
1.34 美元/英镑	60 天	0.00150 美元/英镑
1.32 美元/英镑	60 天	0.00060 美元/英镑

12.反对者 Calandra。Calandra Panagakos 在多伦多的 CIBC 货币基金工作。从某方面讲，Calandra 是一名反对者——他反对大多数预测，认为接下来 90 天中加元（C$）将对美元升值。当前即期汇率为 0.6750 美元/加元。Calandra 可以选择下列加元期权：

期权	执行价格	期权费
加元看跌期权	0.7000 美元	0.00003 美元/加元
加元看涨期权	0.7000 美元	0.00049 美元/加元

a.Calandra 应该买入加元看跌期权还是加元看涨期权？

b.根据问题 a 的答案，Calandra 的盈亏平衡价格是多少？

c.根据问题 a 的答案，如果 90 天后即期汇率实际为 0.7600 美元/加元，那么 Calandra 的利润总额与净利润（包括期权费）是多少？

d.根据问题 a 的答案，如果 90 天后即期汇率实际为 0.8250 美元/加元，那么 Calandra 的利润总额与净利润（包括期权费）是多少？

13.高卢 Raid 公司。高卢 Raid 公司是一家快速成长的法国体育用品和冒险赛车装备制造商。公司决定通过欧元–欧元浮动利率贷款 2 000 万欧元，为期 4 年。Raid 必须在两家相互竞争的银行提供的贷款中做出选择。

巴黎银行（Banque de Paris）已提供了 1.8% 的 4 年期债务的预付启动费。然而，索邦银行（Banque de Sorbonne）提供了更高的息差，但没有预先支付相同期限和本金的贷款启动费。两家银行都在每年年底重新调整利率。

当前欧元的伦敦银行间拆借利率是4%，Raid公司的经济学家预计伦敦银行间拆借利率将每年上升0.5个百分点。然而，索邦银行官方预测，欧元-LIBOR将以每年0.25个百分点的速度上升。Raid公司的资本成本是11%。你对Raid公司的贷款建议是什么？

14. Schifano汽车公司。意大利的Schifano汽车公司最近按浮动利率获得一笔为期4年的500万欧元贷款。然而，公司现在担心的是不断上升的利息成本。尽管公司最初认为欧元区利率在发放贷款时将呈下降趋势，但近期的经济指标显示了日益增长的通胀压力。分析人士预测，欧洲央行将放缓货币增长的速度，这将推高利率水平。

Schifano公司目前正在考虑是否寻求对冲欧元-LIBOR上升风险的方案，并正在考虑与一家保险公司签订一项远期利率协议（FRA）。根据协议，Schifano公司将在每年年底向保险公司支付按初始利率（6.5%）计算的利息成本与由于LIBOR下降导致的任何利息成本下降之间的差额。相反，保险公司将向Schifano公司支付初始利息成本与LIBOR上升导致的利息成本上升之间差额的70%。

购买浮动利率协议将花费10万美元，在贷款发放时支付。如果LIBOR上升，Schifano公司每年的融资成本是多少？如果LIBOR下降呢？Schifano公司使用12%的加权平均资本成本，你对公司签订远期利率协议有何建议？

15. 克莱斯勒有限责任公司（Chrysler LLC.）。克莱斯勒汽车公司被戴姆勒克莱斯勒公司出售，并成为一家私人持有的公司。公司现在需要为一笔3个月期的贷款支付浮动利率的利息成本，因此计划通过利率期货合约锁定利息支出。当前3个月期的利率期货结算价为96.77，即3.23%的年化收益率。

a. 克莱斯勒公司是否应该买入和卖出利率期货合约？

b. 如果3个月期的浮动利率分别是3.00%和3.50%，那么克莱斯勒公司的收益或损失分别是多少？

16. CB解决方案公司。CB解决方案公司（CB Solutions）的财务主管希瑟·奥莱利（Heather O'Reilly）认为利率将会上升，因此她想把未来的浮动利率与固定利率互换。目前，在未来两年内她每年要偿还500万美元的债务，每半年支付一次。伦敦银行同业拆借利率（LIBOR）目前为每年4.00%。希瑟今天刚刚付了利息，下一笔付款将在6个月之后。

希瑟发现，她可以将目前的浮动利率支付方式与7.00%的固定利率支付方式进行互换（CB解决方案公司的加权平均资本成本为12%，希瑟的计算是每半年6%，半年复利一次）。

a. 如果从明天开始，伦敦银行间同业拆借利率以每6个月50个基点的速度上涨，希瑟做这样的互换交易是降低还是增加公司的融资成本？

b. 如果从明天开始，伦敦银行同同业拆借利率以每6个月25个基点的速度下跌，互换交易对公司的影响又是什么？

17. Lluvia和Paraguas。Lluvia公司和Paraguas公司都希望以尽可能低的成本寻求融资。Lluvia公司更喜欢浮动汇率带来的灵活性，而Paraguas公司则喜欢固定利率借款的安全性。Lluvia是信誉更好的公司，Lluvia公司的信用评级更高，两种类型的借贷成本也更低。

Lluvia希望发行浮动利率债券，这样它就可以按LIBOR+1%的利率借款。不过，它可以按8%的固定利率借款，并与浮动利率债券互换。Paraguas公司则希望借入固定利率债务，借款利率为12%。不过，它也可以按LIBOR+2%的浮动利率借款，并与固定利率债券进行互换。两家公司应该怎么做？

18.三叉戟公司的跨货币互换：瑞士法郎与美元。三叉戟公司签订了一项为期3年的跨货币利率互换协议，收取美元并支付瑞士法郎。然而，三叉戟决定在1年之后解除该互换协议，因此在1年之后，公司将面临解除剩余两年期互换协议的结算成本。假设以下的相关信息，请计算三叉戟公司的结算成本：

假设		数值
名义本金		10 000 000美元
即期汇率，瑞士法郎/美元		1.5000
即期汇率，美元/欧元		1.1200
互换利率	3年期买入价	3年期卖出价
美元	5.56%	5.59%
瑞士法郎-SFr	1.93%	2.01%

19.三叉戟公司的货币互换：日元和欧元。使用本章的互换利率信息（图表7-13），并假定三叉戟公司签订一份收取欧元与支付日元的互换协议，名义本金为500万欧元，签订互换协议时的即期汇率是104日元/欧元。

a.计算互换协议期限内的所有本金和利息，包括欧元和日元；

b.假定1年以后三叉戟公司计划解除该互换协议，并以欧元进行结算。现在日元2年期固定利率是0.80%，欧元的2年期固定利率是3.60%，当期即期汇率为114日元/欧元。那么，该互换协议的净现值是多少？

20.猎鹰公司。猎鹰公司（Falcor）是于2000年从通用汽车分拆出来的一家美国汽车零部件供应商。公司年销售额为260亿美元，为了追求更多元化的销售，公司已将市场拓展到远超传统汽车制造商的领域。作为通用汽车努力多元化的一部分，公司也希望分散其债务的货币组合风险。假设猎鹰公司签订5 000万美元的7年期的跨货币利率互换协议，支付欧元并收取美元，且使用图表7-13中的数据。

a.计算互换期间以两种货币支付的所有本金和利息。

b.假设3年后，猎鹰公司决定解除掉期协议。如果4年期欧元固定利率现在上升到5.35%，4年期美元固定利率跌至4.40%，目前即期汇率为1.02美元/欧元，互换协议的净现值是多少？解释双方的付款义务。

网络练习题

1.金融衍生工具与ISDA。国际互换与衍生产品协会（ISDA）发布了大量关于金融衍生工具及其估值与应用的信息，还提供了供合约各方使用的主控文档。从下列ISDA的网站上找到对31种基本金融衍生工具问题与术语的定义：

ISDA：www.isda.org/educat/faqs.html

2.风险管理与金融工具。如果你认为这本书太长，那么就看看与金融工具的管理和应用有关的可自由下载的《美国货币监理官风险管理手册》吧！

货币监理官：www.occ.gov/publications/publications-by-type/comptrollers-handbook/deriv.pdf

3.期权定价。OzForex外汇服务公司是一家私人企业，该公司开设了一个功能强大的外币衍生工具网站。用下列网站评估被称为"Greeks"的各种与货币期权定价有关的衍生工具的价值。

QzForex：www.ozforex.com.au/forex-tools/fx-options-calculator.

4.加曼–科尔哈根期权公式。对于那些勇敢而擅长计量分析的人，请查看下列网站对当今商务与金融领域广泛应用的加曼–科尔哈根期权公式的详细介绍：

Riskglossary.com：www.riskglossary.com/link/garman_kohlhagen_1983.htm

5.芝加哥商品交易所。芝加哥商品交易所交易各种货币的期货和期权，包括巴西雷亚尔。用下列网址评价这些货币衍生工具的作用：

芝加哥商品交易所：www.cmegroup.com/trading/fx/

6.隐含货币波动率。在货币期权定价中，唯一一个不可观测的变量是波动率，因为波动率数值是期权到期前的预期每日即期汇率标准差。从纽约联邦储备银行的网站上获得当前主要交易交叉货币对的隐含货币波动率。

纽约联邦储备银行：www.ny.frb.org/markets/impliedvolatility.html

7.蒙特利尔交易所。蒙特利尔交易所是加拿大一家专门交易加拿大金融衍生工具的交易所。在该交易所的网站上浏览最近交易时间和交易日的最新MV波动率——蒙特利尔交易所指数本身的波动率。

蒙特利尔交易所：www.m-x.ca/marc_options_en.php

本章逻辑框架图

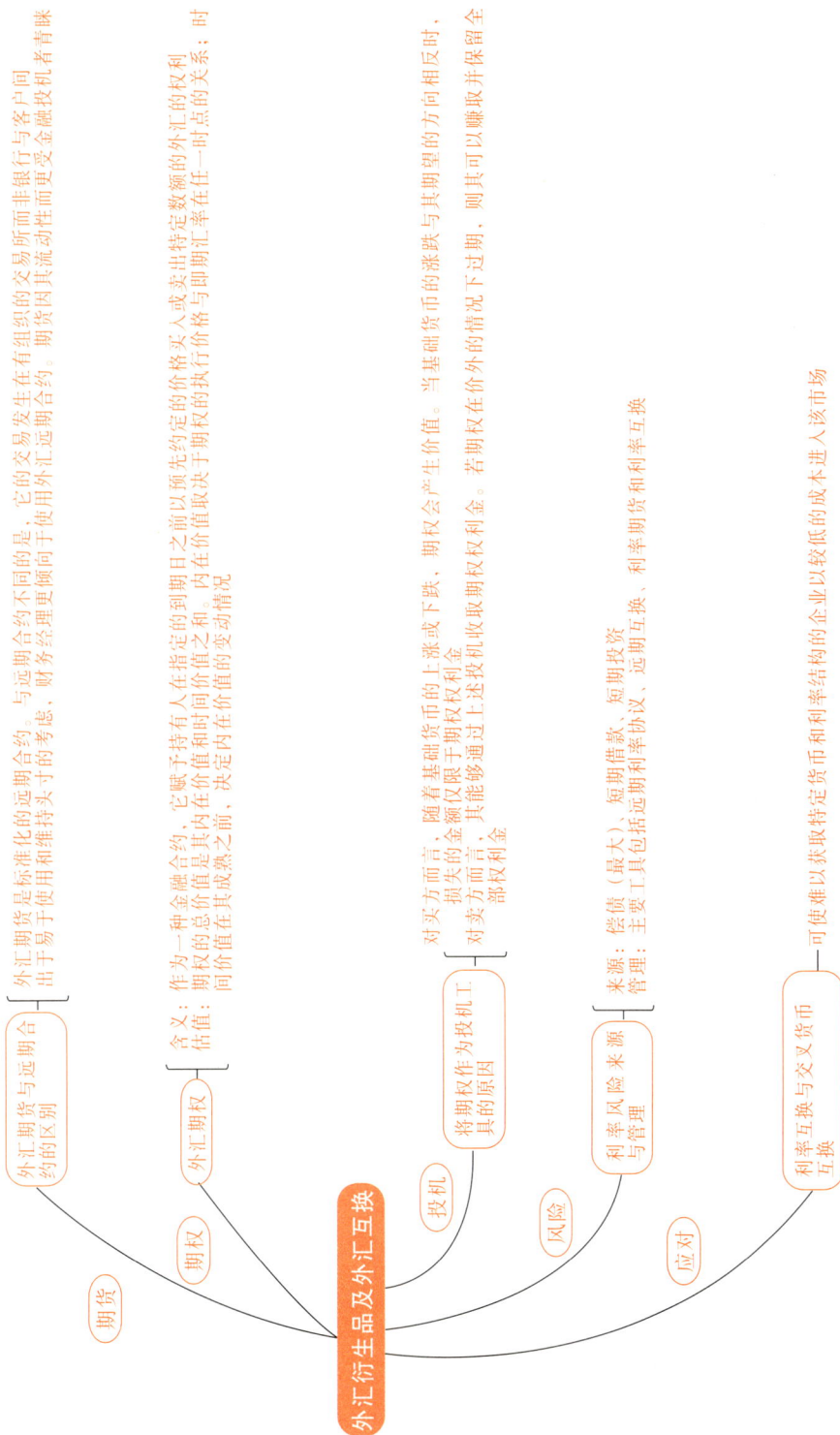

图表 7-14　本章逻辑框架图

外汇衍生品及外汇互换

- **期货** — 外汇期货与远期合约的区别
  - 外汇期货是标准化的远期合约，与远期合约不同的是，它的交易发生在有组织的交易所而非银行与客户间
  - 出于易于使用和维持头寸的考虑，财务经理更倾向于使用外汇远期合约 期货因其流动性而更受金融投机者青睐

- **期权** — 外汇期权
  - 含义：作为一种金融合约，它赋予了持有人在某个到期日之前以预先约定的价格买入或支出特定数额的外汇的权利
  - 估值：期权的总价值是其内在价值和时间价值之和，内在价值的执行取决于期权与即期汇率在任一时点的关系；时间价值在其成熟之前，决定内在价值的变动情况

- **投机** — 将期权作为投机工具的原因
  - 对买方而言，随着基础货币的上涨或下跌，期权会产生价值。当基础货币的涨跌与其期望的方向相反时，损失的金额仅限于期权权利金
  - 对卖方而言，其能够通过上述投机收取期权权利金。若期权在价外的情况下过期，则其可以赚取并保留全部权利金

- **风险** — 利率风险来源与管理
  - 来源：偿债（最大）、短期借款、短期投资
  - 管理：主要工具包括远期利率协议、远期互换、利率期货和利率互换

- **应对** — 利率互换与交叉货币互换
  - 可使难以获取特定货币和利率结构的企业以较低的成本进入该市场

第 8 章

汇率的决定

> 预测者们的羊群效应，使"羊儿们"看起来像一个个独立思考者。
>
> ——埃德加·R.费德勒（Edgar R. Fiedler）

学习目标

- 研究如何将任一货币的供给和需求视为投资者资产组合中资产的选择问题
- 探讨汇率决定的三种主要方法（平价条件说、国际收支说和资产市场说）如何结合起来解释为何许多新兴市场爆发货币危机
- 详细介绍中央银行如何进行直接和间接的外汇市场干预
- 观察预测者如何将技术分析与三种主要理论方法结合起来进行汇率预测

课前阅读与思考

什么决定着货币之间的汇率？事实证明这是个非常难以回答的问题。公司和代理商需要外币来购买进口货物，或者它们可能通过出口赚取外汇。投资者需要外币来投资外国的有息工具、货币、债券等固定收益证券，上市公司股票或其他新型国外市场混合工具。游客、移民工人、货币价值变动的投机者——所有这些经济代理人每天都在买卖和供求货币。本章提供了一个基本的理论框架来组织这些要素、力量和原则。

第 6 章描述了将汇率与通货膨胀和利率相结合的国际平价条件，为全球金融市场和国际金融业务管理提供了理论框架。第 3 章详细分析了个别国家的国际经济活动及其国际收支如何影响汇率。本章则基于汇率决定理论的各个学派的讨论，并着眼于第三种思想学派——资产市场说。本章还将介绍政府对外汇市场的干预。在第三节也就是最后一节中，我们讨论了一些实践中的外汇预测方法。

图表 8-1 概述了汇率的多个决定因素。这幅路径图首先基于**三大思想学派（平价条件说、国际收支说和资产市场说）**进行架构，其次考虑这些学说中的个别驱动因素。**三种理论**可能会令人望而生畏，但一定要记住，这些理论**并非竞争性的，而是互补的。若非结合各种理论的深度和广度，我们无法捕捉全球货币市场的复杂性。**

最后要注意的是，即期汇率的大部分决定因素也受到即期汇率变动的影响。也就是说，它们不仅相关，而且相互决定。

图表 8-1   汇率的决定因素

平价条件说
1. 相关的通货膨胀率
2. 相关的利率
3. 远期汇率
4. 利率平价

该货币是否具有发达的、流动的货币和资本市场？

即期汇率

是否有安全可靠的银行系统来支持货币的交易活动？

资本市场说
1. 相关的实际利率
2. 经济增长的前景
3. 资产供求
4. 政治稳定的展望
5. 投机和流动性
6. 政治风险和控制

国际收支说
1. 经常账户收支
2. 投资组合
3. 海外直接投资
4. 汇率制度
5. 官方货币储备

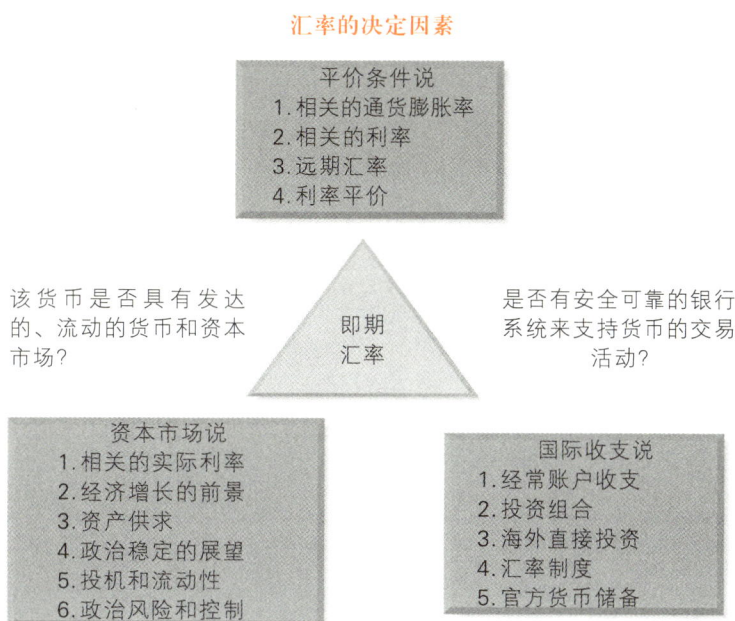

本章以引导案例"2010年日本政府对日元的干预"开篇，其研究的是日本政府如何试图干预外汇市场。请带着你的思索和疑问，开启本章的学习和探索之旅吧！

引导案例

2010年日本政府对日元的干预

如果有必要，我们将果断采取措施，包括干预，同时从现在起，继续密切关注外汇市场走势。

——日本财务大臣野田佳彦（Yoshihiko Noda），2010年9月13日。

近20年来，日本一直因频繁干预外汇市场而饱受批评。贸易伙伴指责它操纵市场。但日本也一直辩称，它是一个经济结构本身即具有全球性的国家和经济体，依靠其国际竞争力来维持生计，货币价值稳定是其唯一的愿望。

2010年9月，日本近6年来首次干预外汇市场，重新引发了争论。据报道，为了阻止日元持续升值，日本购买了近200亿美元以换取日元。日本财务省官员曾公开表示，1美元兑82日元可能是他们对日元升值的容忍限度。

如图表8A所示，日本央行在9月13日干预外汇市场，当时日元汇率逼近82日元/美元（日本央行在执行日本货币政策方面是独立的，但作为日本财务省的下属机构，它必须代表日本政府进行外汇操作）。据报道，日本官员向美国和欧盟当局通报了他们的行动，但指出他们没有请求许可或支持。

此次干预引发了从中国北京到华盛顿再到伦敦的公众对"汇率干预新时代"的强烈抗议。尽管市场干预总是被自由市场的支持者所轻视，但日本的举动被认为尤其令人沮丧，因为此时美国正继续向中国施压，要求人民币升值。正如经济学家努里埃尔·鲁比尼（Nouriel Roubini）所言，"我们处在一个人人都希望货币疲软的世界"，在这个市场上，所有国家都希望通过超低利率和相应的货币贬值来刺激本国经济——"一场全球性的逐底竞赛"。

图表 8A   **2010 年日元汇率走势**

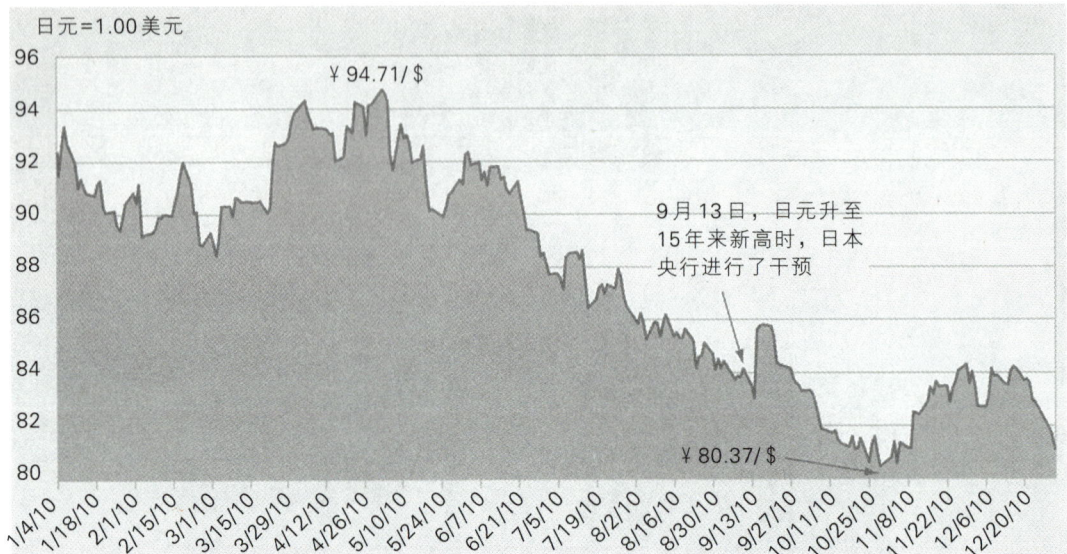

具有讽刺意味的是，如图表 8A 所示，干预似乎在很大程度上是不成功的。当日本央行开始在日元不断升值的市场上购买美元时——这一"逆风而行"的策略影响甚广——它希望要么阻止日元升值，要么改变即期汇率走势，要么两者兼而有之。这两种"追求"似乎都失败了。正如一名分析师所评论的，它最终被证明是"一个长期问题的短期解决方案"。尽管日元连续几天大幅下跌（日元对美元汇率进一步下跌），但在一周内其再次回到了升值轨道。

日本对日元汇率的频繁干预，如图表 8B 所述，已成为许多研究的主题。IMF 2005 年 8 月的一项研究指出，1991 年至 2005 年间，日本央行（Bank of Japan）干预外汇市场 340 天，美联储干预外汇市场 22 天，欧洲央行仅干预外汇市场 4 天（自其 1998 年成立以来）。尽管国际货币基金组织从未发现日本的干预是官方的"货币操纵"，但伊藤隆俊（Takatoshi Ito）从 2004 年的一份分析报告中得出的结论是，随着时间的推移，日本的干预导致日元对美元的市场汇率变动幅度约为 1%。

图表 8B   **日本干预汇率的历史**

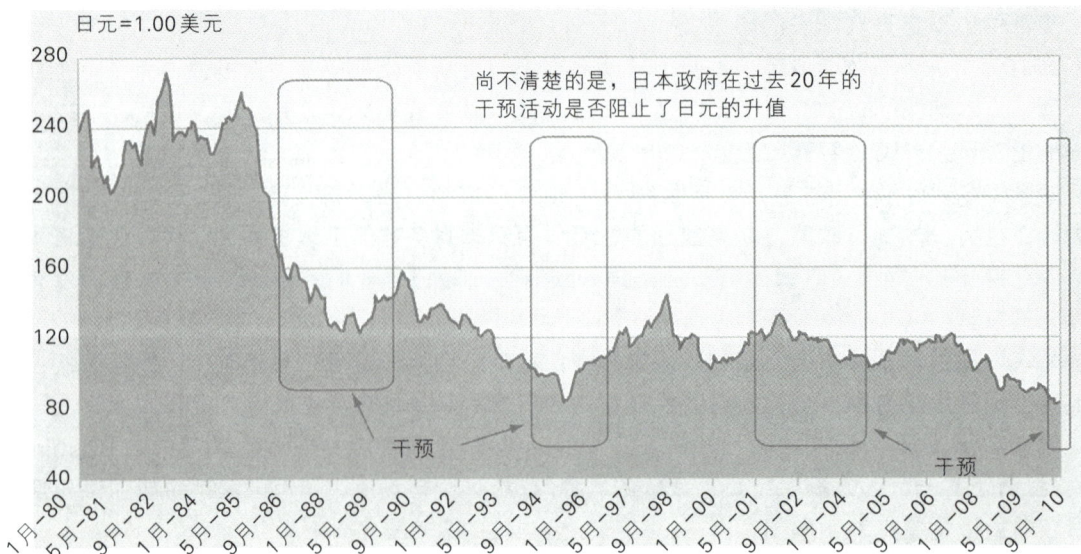

目前，尚不清楚日本是否会"严厉"干预外汇市场，即通过国内购买债券来抵消日元升值对货币供应的影响。尽管从历史上看，这是一种趋势，但考虑到日本目前的通缩压力，这种趋势可能没有必要。

然而，日本并不是企图操纵市场的唯一例子。2009年，瑞士央行（Swiss National Bank）曾多次干预外汇市场，以阻止瑞士法郎对美元和欧元的升值，最近更是如此。2011年1月，智利对美国大举抛售智利比索并兑换美元以阻止其继续升值。

历史上没有任何事例表明，（日元）卖出干预措施能够立即阻止日元此前存在的长期上涨趋势。

——摩根大通外汇策略分析师 Tohru Sasaki。

问题

1.日本央行能否继续干预汇率市场以试图阻止日元升值？它的干预能力有什么限制吗？

2.为什么日元走强对日本如此不利？货币升值不正是全球市场对一国经济和政策信心的体现吗？

3.如果汇率干预的记录如此糟糕，你认为日本、瑞士或智利等国为何会继续干预外汇市场？

8.1 汇率的决定：理论主线

基本上有三种关于汇率的观点。第一种将汇率视为货币的相对价格（货币说）；第二种将其视为商品的相对价格（购买力平价说）；第三种则将其视为债券的相对价格。

——鲁迪格·多恩布什（Rudiger Dornbusch），"汇率经济学：我们的立场？"《布鲁金斯经济活动论文1》，1980年，143-194页。

多恩布什教授概括汇率理论的三个分类方法是个很好的起点，但以我们的愚见，上述分类方法在某些方面，还不足以概括为数众多的各种理论和方法。因此，本着传统和完整的精神，我们在下面的讨论中对多恩布什的三种分类方法进行了改进，补充了一些其他的思想。下一节将简要概述关于汇率的决定的许多不同但相关的理论，以及它们在商业目的的预测中的相对实用性。

8.1.1 购买力平价说

国际经济学家对PPP汇率理论的一些引理深信不疑。

——保罗·克鲁格曼（Paul Krugman），1976年。

所有汇率决定理论中，认可度最高的是购买力平价理论（Purchasing power parity，PPP），该理论指出：长期均衡汇率由国内价格相对于国外价格的比率决定，如第6章所述。**PPP是汇率理论中最古老、最广受认可的理论，大多数汇率决定理论都将PPP要素嵌入其框架之中。**

有许多不同版本的PPP：一价定律、绝对购买力平价和相对购买力平价（详见第6章）。其中，相对购买力平价理论被认为最可能解释汇率价值的驱动因素。实质上，该理论认为，是国家间相对物价的变化推动了汇率随着时间变化。

例如，如果日元和美元之间当前的即期汇率是￥90.00=\$1.00，而日本和美国在未来一段时间的物价变化分别为2%和1%，则下一期的即期汇率将是￥90.89/\$。

$$S_{t+1} = S_t \times （1+ \triangle 日本物价）/（1+\triangle 美国物价）=¥90.00/\$ \times 1.02/1.01 = ¥90.89/\$$$

虽然 PPP 的核心要素看似是常识性的，但事实证明它在预测汇率方面是相当不准确的。它既有理论上的问题，也有实证上的问题。理论问题主要集中于其基本假设认为唯一重要的是相对物价的变化。然而，大量货币供需受到其他因素的驱动，如投资激励和经济增长。实证问题主要集中于如何决定使用哪些度量指标来衡量各国物价，以及如何用选定指标得出"预期价格的变化值"。

8.1.2 国际收支（流量）说

关于汇率决定的理论方法中，除了 PPP 外，最常用的可能就是涉及外汇市场货币供求关系的国际收支说了。汇率变动反映了国家的国际收支平衡表中记录的经常账户和金融账户的交易，如第 3 章所述。**国际收支说（balance of payments approach）的基本观点认为，经常项目活动产生的外汇净流入（流出）与金融账户活动产生的外汇净流出（流入）相匹配时的汇率即为均衡汇率。**

国际收支说之所以被持续广泛关注，是因为**国际收支交易是国际经济活动中最常被捕捉和报告的。**贸易顺差和逆差、经常账户中服务活动的增长和近期国际资本流动的增长及其重大意义都使这一理论保持热度。

对国际收支说的批评源于，该理论强调的是货币和资本的流动，而非货币或金融资产的存量。在该理论中，货币或金融资产的相对存量对汇率的决定不起任何作用，这是在下文关于货币和资产市场说的讨论中会探讨的一个弱点。奇怪的是，**虽然国际收支说在很大程度上被当今学术界所忽视，但公开市场从业者——包括外汇交易员本身在内的参与者仍然依赖于这一理论的各种引理来做出决策。**

8.1.3 货币说

货币说（monetary approach）用最简单的形式来表述就是：**汇率是由国家货币供需以及对其未来水平和增长率的预期所决定的。其他金融资产（如债券）与汇率决定不相关，因为国内和国外债券都被视为完美的替代品。**货币说中只考虑货币。

货币说关注货币供求变化，认为它是通货膨胀的主要决定因素，并预期相对通货膨胀率的变化将通过购买力平价效应改变汇率。货币说假设价格在短期和长期都是灵活的，所以通货膨胀压力的传导机制会立即产生作用。

汇率决定的货币说模型存在一个弱点，即认为实际的经济活动只能通过货币需求的变化来影响汇率。货币说还因忽略了区域专家普遍认为对汇率的决定十分重要的一些因素而受到诟病，这些因素包括：1）PPP 在短期到中期无法成立；2）随着时间的推移，货币需求似乎是相对不稳定的；3）经济活动水平和货币供应似乎是相互依存而非相互独立的。

8.1.4 资产市场说（债券相对价格）

资产市场说（asset market approach）（有时又称为**债券相对价格（relative price of bonds）或组合平衡说（portfolio balance approach）**）认为汇率由各种金融资产的供求决定。金融资产供求的变动会改变汇率。货币和财政政策的变化会改变金融资产的预期收益率和相对风险，从而改变利率。

近年来，许多宏观经济理论的发展集中在货币和财政政策的变化如何改变对金融资产回报和风险的相对认知，从而推动汇率变动。蒙代尔-弗莱明被高频引用的作品就在此列。**货币替代理论（currency substitution）**，即个人和商业投资者改变其投资组合的能力，**遵循与投资组合平衡**

和再平衡框架相同的基本前提。

不幸的是，过去 50 年来所有作品和研究预测短期至长期汇率价值的能力——用下面作者的话来说——令人遗憾。虽然学者和从业者都同意，从长期来看，是购买力和外部平衡等基本原则驱动着货币价值，但是没有一个基础理论被证实在中短期内是非常有用的。

……汇率的宏观经济决定因素的研究情况处于一个令人遗憾的状态。结果表明，没有一个基于货币供应量、实际收入、利率、通货膨胀率和经常账户收支等标准基本要素的模型能成功解释或预测汇率变化的高百分比，至少在短期或中期是如此。

——杰弗里·A.弗兰克尔和安德鲁·K.罗斯，"名义汇率的实证研究纵览"，《NBER 工作论文第 4865 号》1994 年。

8.1.5　技术分析

基础理论预测能力的不足推动了技术分析的发展和普及，**技术分析认为：对过去价格行为的研究能为预判未来价格走势提供参考。技术分析的主要特点是：假设汇率或所有市场驱动的价格都遵循一定的规律**。而这些规律可以被分析和预测，以预判未来短期和中期的价格变动。

大多数技术分析理论都把**公允价值**（fair value）和**市场价值**（market value）区分开来。公允价值是能最终留存下来的、真正的长期价值。而市场价值受到广大市场参与者当时的看法和信念引起的诸多变化和行为的影响。

8.1.6　资产市场说之预测

资产市场说假定外国投资者是否愿意持有货币形式的债权取决于以下一系列投资考虑因素或驱动因素（如图表 8-1 所示）：

- **相对实际利率**是外国债券和短期货币市场工具投资者的主要考虑因素。
- **经济增长和盈利前景**是以证券和跨国直接投资形式进行跨境股权投资的重要决定因素。
- **资本市场流动性**对外国机构投资者尤为重要。跨国投资者不仅关心购买资产的便利性，而且还希望如果需要的话，能够快速地以公平市场价格出售这些资产。
- **一国的经济和社会基础设施**是重要的指标，可以衡量该国在外部冲击下幸存以及在瞬息万变的世界经济环境中蓬勃发展的能力。
- **政治安全**对外国的间接和直接投资者来说十分重要。政治安全的前景通常反映在一国证券或跨国直接投资所评估的政治风险溢价中。
- **公司治理实践**的可靠性对于跨境证券投资者来说很重要。糟糕的公司治理可能会降低外国投资者的影响力，导致公司对股东财富目标重视不足。
- **"传染"**（Contagion）指的是一个国家的危机在其邻国和其他具有类似特征的国家蔓延——至少在跨境投资者的眼中如此。"传染"可能导致"无辜"的国家遭受资本外逃，并导致货币贬值。
- **投机**可能导致外汇危机或使现有危机恶化。我们将通过本章后面讨论的三个说明性案例（亚洲危机、俄罗斯危机和阿根廷危机）来观察该效应。

外国投资者愿意在高度发达的国家持有证券和进行跨国直接投资，这种投资主要参考相对实际利率、经济增长和盈利前景。假设图表 8-1 中描述的其他所有驱动因素都得到了满足。

例如，在 1981—1985 年期间，尽管经常账户赤字日益增加，但美元却日益强势。一个重要原因在于美国的实际利率相对较高。然而，另一个原因是外国资本大量流入美国股市和房地产行业，这是由美国经济长期增长和盈利的前景所驱动的。

美国在 1990 年至 2000 年间也出现了同样的状况。尽管经常账户收支情况持续恶化，但由于受到股市大热、房地产价格上涨、通货膨胀率低、实际利率回报高以及未来经济前景看似无止境的"非理性繁荣"等因素的驱动，大量外国资本流入，美元的名义和实际汇率均有所上涨。但这一次，随着 2001 年 9 · 11 恐怖袭击的发生，"泡沫"破裂了。袭击事件及它的一系列后果造成对美国长期增长和盈利前景（以及新形成的美国本身的政治风险水平）的评估转向负面。预期收益降低造成美国股市急剧下跌，又使前景预期进一步恶化。一些大公司失败的公司治理（包括高估收益、内幕交易和高管自利行为），使其经济进一步受创。

对美国经济失去信心导致大量外资从美国证券市场撤出。如国际收支说和资产市场说所预测的那样，美元贬值了。事实上，仅仅是 2002 年 1 月中旬至 7 月中旬期间，美元相对于欧元的名义汇率就贬值了 18%。

美国和其他高度发达国家的经验解释了为什么一些预测者认为汇率受经济前景的影响甚于受经常账户的影响。一位学者用一则有趣的轶事对其进行了总结：

许多经济学家反对这样一种观点：汇率的短期行为是由流动市场决定的。汇率是在有效的金融市场中交易的资产价格。事实上，汇率是两种货币的相对价格，因此它由持有货币者的意愿决定。和其他资产的价格一样，汇率由对未来的预期决定，而非当前的贸易量。

与其他资产价格相联系，可以说明这种理念。我们考虑在波尔多证券交易所交易的一家酒庄的股价。春末的霜冻造成了葡萄的歉收。收获后，出售葡萄酒的收入远远低于上一年。在销售的最后一天，股票价格不会受到任何影响。首先，几个月内，糟糕的收入已经使酒庄股票价格有所下降。其次，股价除了受当下情况的影响，还受未来前景的影响。股票价格基于对未来收益的预期，股价变化的主要原因是对这些预期进行修正。

类似的推论也适用于汇率：同期的国际资本流动对汇率的影响甚微，因为汇率应该已经达到了预期的水平。只有关于未来经济前景的消息才会影响汇率。由于经济预期具有潜在的波动性，并受到许多变量的影响（尤其是政治性变量），所以汇率在短期内是波动的。

——布鲁诺 · 索尔尼克（Bruno Solnik），《国际投资》，第 3 版。

资产市场说的预测方法也适用于新兴市场。然而，在这种情况下，一些其他的变量也会影响汇率的确定。如前所述，这些变量是：低流动性的资本市场、薄弱的经济和社会基础、政治不稳定性、公司治理、传染效应以及投机。本章后面主要货币危机的详细介绍中将对这些变量加以说明。

学与思 8-1 市场上有许多汇率预测服务机构，它们根据历史上的预测准确度向客户收取费用。绝大多数的交易者会将投资组合分散到不同的金融工具和金融市场。如果你希望将一半以上的资金配置于新兴市场金融工具，你在选择汇率预测机构时会考虑哪些因素？

8.2 货币市场干预

汇率的一个基本问题是，没有一个广为认可的方法可以用于估计官方对外汇市场干预的效果。许多相互关联的因素随时影响着汇率，因为有如此多相互关联的变量同时发挥作用，所以定量模型无法推出干预和汇率之间因果关系的强弱。

> ——"日本货币干预：政策问题"，迪克·K.南托，
> 国会研究处报告，2007 年 7 月 13 日。

对个别政府的经济和政治政策和目标而言，国家货币的价值意义重大。这种利害关系有时超出个别国家的范畴，但可能实际上反映了某种形式的国家共同利益。虽然许多国家很久以前就已经不再采用固定汇率制了，但多数采用浮动汇率制国家的政府和央行当局仍私下或公开声明该国的货币在其看来应具有的价值——无论当时的货币市场是否持相同意见。**外汇干预（foreign currency intervention）——主动管理、操纵或干预市场对一国货币的估值**——是货币估值与预测的组成部分之一，不容忽视。

8.2.1 干预的动机

长时间来，都有说法认为：银行家担心通货膨胀，但选举官员担心的是失业问题。这个原则十分有助于理解货币市场干预的各种动机。取决于一国央行是独立机构（例如美联储）还是附属于当届政府（英格兰银行曾多年如此），**银行可能会采取政策以对抗通货膨胀或经济增速放缓，但很少能二者兼顾。**

从历史上看，政府推动货币价值变化的主要动机是保持本国货币的低价，以便能以低价出口海外。多年来，这所谓"让邻居贫穷"的政策引起了很多竞争性的货币贬值。然而，它并未过时。2012 年和 2013 年，许多国家经济增长缓慢、失业问题持续，导致一些政府（美国和欧盟就是主要的例子）努力使其货币价值维持在低位。

另一方面，本国货币价值的下降将大大降低人民的购买力。如果出于各种原因而被迫继续购买进口产品（例如，由于国内没有替代品而进口石油），货币贬值可能会导致高度的通货膨胀，极端情况下，还会导致这个国家的人民陷入贫困（如委内瑞拉）。

大多数国家常常提出希望看到稳定的汇率，并力求避免与操纵货币价值相关的纠葛。不幸的是，这意味着它们对目前的汇率对国家竞争力的影响感到满意。我们只需看看引起高度关注的持续于美国和中国之间的人民币价值之争。美国认为人民币价值被低估，使得中国对美国的出口价格过于低廉，从而导致了日益增长的美国经常账户逆差和中国经常项目顺差。

国际货币基金组织鼓励成员国避免用"操纵货币"的手段来争取相对于其他成员国的竞争优势，这是其基本原则之一（第四条）。国际货币基金组织将操纵定义为"在交易市场上朝一个方向长期、大规模地进行干预"。许多政府往往选择忽视国际货币基金组织的建议。

学与思 8-2 一国央行为什么以及何时会对货币市场进行干预？

8.2.2 干预方法

个别或数个集体行动的政府和中央银行可以通过多种方式改变其货币的价值。但是，应该指出的是，**其所使用的市场干预方法，很大程度上取决于国家的经济规模、全球货币交易的规模以及国内金融市场的深度和广度。**简要说来，其干预方法包括：直接干预（direct intervention）、间接干预（indirect intervention）和资本管制（capital controls）。

直接干预

这指的是主动买卖本币兑外币。传统上，这要求中央银行像货币市场上的其他交易者那样行事，尽管央行是个交易巨头。如果目标是提高本国货币的价值，中央银行将在其可承受的外汇储备消耗规模内，用外汇储备购买本国货币。

如果目标是降低货币的价值，即为了抵挡其货币在外汇市场上的升值，其就会出售自己的货币以换取外汇（通常是美元和欧元等主要硬通货）。尽管其出售本国货币的能力实际上不受到限制（理论上可以"无休止地印制钞票"），但央行在通过干预而改变其货币供应量的力度方面持谨慎态度。

直接干预是多年来使用的主要方法，但从20世纪70年代开始，世界货币市场发展得十分庞大，以至于任何一个个体（甚至是央行）的资源都不足以撬动市场。正如一位交易者多年前所说的那样，"我们发现，我们对市场而言不过是沧海一粟。"

应对市场规模挑战的一个解决办法是偶尔采用协调干预，也就是若干主要国家或一个集体如八国集团（G8）都认为特定货币的价值与其集体利益不一致，在这种情况下，这些国家可以共同干预并推动货币的价值向一个理想的方向发展。1985年9月的"广场协议"（由十国集团成员在纽约市广场饭店签署），就是这样一个协调干预协议。成员们共同认为，如果货币价值变得过于动荡或过于极端，就会导致无法实行合理的经济管理。协调干预的问题自然是如何使各国达成一致。这已经被证实是其应用中的一个主要障碍。

间接干预

这指的是改变经济或金融的基本面，即资本流入和流出特定货币的驱动因素。考虑到全球货币市场规模相对于中央银行财政资源的增长，这是市场操纵的一种合理发展。

这里最显而易见、广为使用的要素是利率。遵循此前关于平价条件的讨论中所述的财务原则，较高的实际利率能吸引资本。例如，如果中央银行想"捍卫本国货币"，可能会采取紧缩的货币政策，从而推高实际利率。因此，这种方法不再受限于国家持有的外汇储备量。为了吸引资本流入，而拉高对本国货币的需求，一国需要承受提高利率对国内造成的影响，因此间接干预的方法仅仅受限于国家承受这种影响的意愿。

另一方面，在希望货币贬值的国家，特别是在面临其货币相对于主要贸易伙伴货币不断升值的情况下，中央银行可能会努力降低实际利率和资本回报率。

由于间接干预使用的是货币政策工具，这是经济政策的一个基本维度，其影响的程度和范围可能远远超过货币价值。过度刺激经济活动，或使货币供应增长超出实际经济活动的需要，可能会导致通货膨胀。利用利率这样影响广泛的工具来操纵货币价值需要确定孰轻孰重，在某些情况下可能会选择以牺牲国内经济政策目标为代价来实现国际经济目标。

2014年土耳其危机

一定要记住的是，干预可能（而且常常）会失败。2014年的土耳其货币危机就是个大规模间接干预的典型例子，这种干预最终也只是减缓了资本外逃和货币崩溃的速度。土耳其在2012年和2013年期间保持了币值的相对稳定，但是当时的土耳其（其与南非、印度、印度尼西亚和巴西并称"脆弱五国"）经常账户逆差扩大、通胀水平上升。随着2013年第四季度美联储宣布放缓债券购买（"锥化计划"，本质上是一个紧缩的货币政策），新兴市场对其的担忧日甚，资本开始退出土耳其。如图表8-2所示，土耳其里拉承受着越来越大的下行压力。

图表 8-2　　　　　　　　　　**2014 年的土耳其里拉危机**

土耳其里拉=1.00 美元

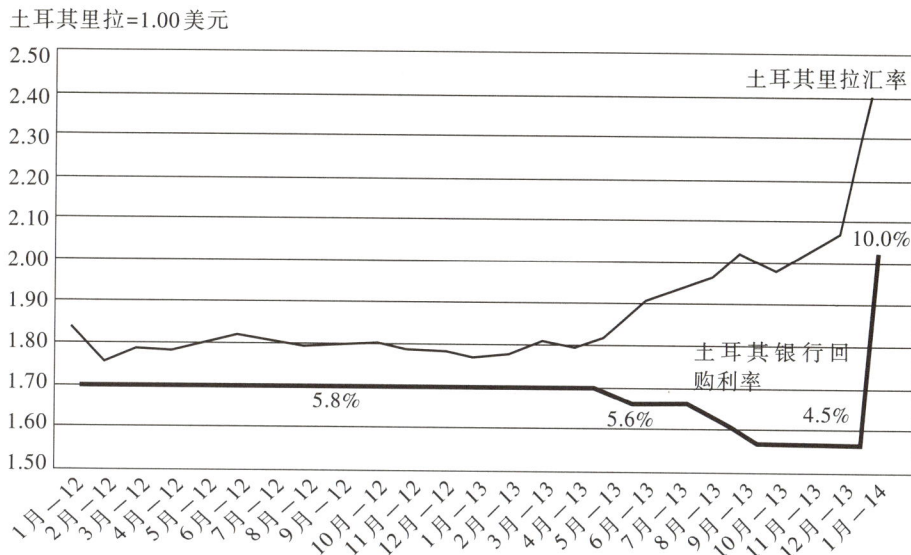

　　然而，土耳其还处于激烈的国内政治冲突之中，因为土耳其总统认为央行应该通过降息来刺激土耳其经济。较低的利率刺激了短期资本外逃。2014 年 1 月初，压力加剧，导致土耳其一周内的银行回购利率从 4.5% 突然上升至 10.0%。尽管前几个小时中里拉相对美元（和欧元）的价值恢复得高了一些，但是其在几天之内就再度走弱。这次的间接干预不仅以失败告终，而且可能会最终导致土耳其近期的政治和经济不稳定性进一步加剧。[①]

资本管制

　　这指的是政府对外汇使用加以限制。这涉及对以外币兑换本币行为的限制。 通常只有以政府或中央银行的官方委托机构为交易对手，并且按照指定的汇率进行交易，外汇的使用和交换才会获批。

　　政府通常会限制将外汇用于商业贸易，例如，只允许使用硬通货进行进口贸易。将外汇用于投资目的（特别是投资者操作有息账户内的资金，买卖证券或其他基金的短期投资组合）通常会被禁止或限制。**中国对人民币获取和交易的监管就是对货币价值进行资本管制的一个典型例子。** 除了由政府设定每日汇率之外，交易仅限于商业交易。

　　对分析未来任何汇率的决定而言，了解外汇市场干预的动机和方法至关重要。尽管基本上不可能确定那些细微的干预最终能否成功，但这似乎是一个市场活动日益活跃的领域，特别是对那些试图"新兴"至更高的经济收入和财富水平的国家而言。全球财务管理实务 8-1 简要列出了一些可能是最佳实践的有效干预法则。

课堂延展阅读

全球财务管理实务 8-1　　　　　　　**有效干预的经验法则**

　　根据许多货币交易者的经验，一些因素、特点和策略决定了干预措施的有效性。

　　■ **不要逆风而行。** 如果市场正向着一个方向发展，例如 2010 年秋季日元升值，那么它是非常难以扭转的。所谓"逆风而行"，即在强劲的市场波动中进行干预很可能导致惨痛的失败。货币交易者认为，中央银行应该非常小心地选择交易量小、走势平稳的时刻进行干预。再强调

　　① 最著名的失败案例之一发生在 1992 年，当时的英国试图捍卫英镑的价值。为了在欧洲货币体系内捍卫英镑的价值，英国银行在 6 个小时内 3 次提高主要利率，但却以退出欧洲货币体系告终。据说英国这一役遭受了"耻辱的失败"，尽管这是一场货币战争，而不是军事战争。

一遍，不要逆风而行。

■ **协调时间和活动。** 如果可能的话，利用各地市场和交易中心，甚至是其他中央银行的交易员或同事。市场更可能受到影响，如果其认为干预活动反映的是基层运动，而非单一交易实体或银行的单独行动。

■ **使用好消息。** 特别是当试图制止货币下跌时，干预时机应该与一国货币市场密切相关的正面经济、金融或商业新闻相配合。交易者常说"市场希望为好消息庆祝，"货币市场也不例外。

■ **不要舍不得，压倒他们。** 交易者担心错失时机，而一次规模宏大、协调各方、时机合适的干预可能使交易者担心他们选择了错误的方向。一次成功的干预在许多方面是一场心理战，利用的是人的不安全感。如果干预措施正逐渐产生预期的影响，那么应投入更多的资产去战斗。不要舍不得。

8.3 不均衡：新兴市场的汇率

尽管前文描述的汇率决定的三种不同的思想流派（平价条件说、国际收支说和资产市场说）使汇率看似很好理解，但事实并非如此。庞大、具有高流动性的资本和货币市场在中长期内相对较遵循这些到目前为止所概述的原理，但流动性较差的市场却往往表现出与理论相矛盾的行为。**问题不在于理论，而在于理论背后假设的相关性。** 分析新兴市场危机能部分解释为何存在这些看似矛盾之处。

20世纪90年代前的许多年，全球经济都相对平静，但20世纪90年代后半期遭遇了一系列货币危机，影响了所有新兴市场。1997年7月的亚洲危机、1998年8月俄罗斯卢布的崩溃，以及2002年阿根廷比索的贬值，对新兴市场的经济造成了一系列重创，这些货币危机各有其复杂的成因和未知的前景。这些危机也说明货币和证券市场中资本外逃和短期国际投机问题日益严重。我们将逐个分析上述危机，关注它们的原因和后果。

8.3.1 1997年亚洲危机

在由米尔肯研究所主办的1998年会议上，一位发言者指出，全世界对印度尼西亚经济问题的关注是不可理解的，因为"印度尼西亚的国内生产总值大致与北卡罗莱纳州相当"。然而，其后别有发言者指出，他上次核实时，"北卡罗莱纳州可没有2.2亿人口"。

亚洲货币危机的根源在于，该地区的经济发生了一项根本性变化——亚洲许多国家从净出口国转变为了净进口国。 早在1990年，远东地区迅速扩张的经济体就开始进军泰国，使泰国的进口超过了出口，其需要大量的净资本流入来支持本国货币。只要资本继续流入制造工厂、大坝项目、基础设施建设，甚至房地产投机，该国的盯住汇率就能得以维持。而当投资资本不再流入时，危机也就无可避免了。

这次危机最明显的根源是资本过度流入泰国。 在经济高速增长、利润提高的背景下，泰国公司、银行和金融公司得以在国际市场上融资，获取低成本的离岸美元债。泰国银行不断地在国际上筹集资金，将信贷扩张到泰国经济可能支持的各种国内投资和企业上。**随着泰国市场的资本流入创下历史新高，资金流入各类投资。随着投资"泡沫"的变大，一些市场参与者开始质疑泰国偿还债务的能力。泰铢遭到了攻击。**

货币崩溃

1997年5月和6月，越来越多的谣言传至全球各地的货币交易者耳中：泰铢疲软，一些主要投资者正在利用其下跌进行投机。**泰国政府和中央银行迅速进行了对外汇市场的直接干预（用尽硬通货储备）和间接干预（通过提高利率来阻止外流）。** 泰国这几年源源不断的外国资本终于停止了流入。

图表 8-3　　　　　　　　　　　　　**泰铢和亚洲危机**

泰铢=1.00美元

随着诸多亚洲货币在7月和8月贬值，泰铢在市场压力下持续贬值

7月2日，官方允许泰铢浮动，泰铢对美元汇率1小时内从25泰铢/美元下跌到29泰铢/美元

5月和6月，泰国政府大力干预以阻止泰铢下跌

亚洲危机和泰铢的贬值显示了国际市场是何等的短视，其竟无视泰国多年来严重的经常账户赤字

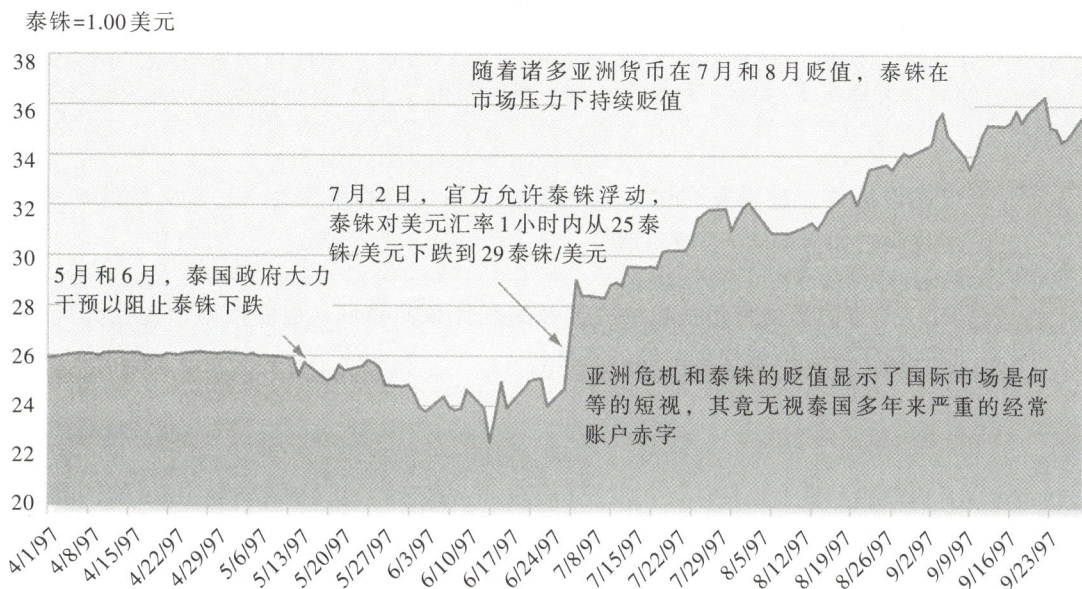

6月下旬和7月初发生的**第二轮投机攻击事件超出了泰国当局的承受能力。1997年7月2日，泰国中央银行终于允许泰铢浮动**（或者可以说是任其沉沦）。泰铢对美元在几个小时内下跌了17%，对日元下跌了12%以上。到了11月，泰铢已经从25泰铢/美元下降到40泰铢/美元，降幅达38%左右，如图表8-3所示。

在几天之内，在亚洲版的所谓"**龙舌兰酒效应（tequila effect）**[①]"中，一些邻近的亚洲国家（无论与泰国有没有相似的特征）也受到了货币交易者和资本市场的投机攻击。**7月泰铢贬值后的几个月里，菲律宾比索、马来西亚林吉特和印度尼西亚卢比全部贬值。**

1997年10月下旬，中国台湾以15%的惊人竞争性贬值造成了市场失衡。台币贬值似乎延续了危机的势头。虽然中国港元幸免于难（付出了高昂的外汇储备作为代价），但韩元却没有这么幸运。1997年11月，历来稳定的韩元也成为了受害者，汇率从每美元900韩元下降到1 100多韩元。除了港元之外，唯一没有贬值的货币是中国人民币，因为人民币不可自由兑换。

因果复杂性

使货币崩溃的亚洲金融危机，除了传统的国际收支困难之外，它还有许多根源。 每个国家的原因各不相同，但有一些相似之处可以进行比较：**企业社会主义、公司治理和银行稳定性。**

■ **快速增长的出口使一些亚洲国家只知稳定。** 由于政府和政治对商业领域的影响，即使在失败的情况下，大家也坚信政府不会允许企业破产、工人失业或银行倒闭。几十年来，它们一直采取着不具任何挑战性的做法，如终身雇用，但现在已不可持续。

---

① "龙舌兰酒效应"描述的是1994年12月墨西哥比索危机如何迅速蔓延到其他拉美货币和股票市场，它带来了一种会"传染"的金融恐慌。

■ 在远东商业环境中经营的许多公司往往很大程度上受到与执政党或国家机构有关的家族或集团的控制。这种倾向被称为**任人唯亲（Cronyism）**。任人唯亲意味着中小股东和债权人的利益在企业管理的主要动机中往往最多只排在第二位。

■ 银行业落后。世界各地的银行监管结构和市场几乎毫无例外地放松了管制。银行在经营业务方面发挥的核心作用在很大程度上被忽视了。随着亚洲企业的倒闭，政府储备用尽，银行倒闭。没有了银行，商业活动的通道被封锁了。

亚洲金融危机的影响是全球性的。**从货币危机开始，其很快就演变成了地区性的萧条。**该地区经济发展放缓，很快又导致许多产品（尤其是大宗商品）的世界需求大幅下降。世界石油、金属和农产品市场收入下跌，大宗商品出口收入下降，其他新兴经济体的增长前景也随之变得黯淡。

学与思 8-3 基础设施薄弱是导致 1997 年泰国新兴市场危机的原因之一。定义基础设施薄弱，并说明它如何影响一国的汇率。

学与思 8-4 1997 年泰国爆发货币危机的主要原因是什么？我们从中能得到什么教训？泰国最终采取了哪些措施使自身经济正常化？

8.3.2　1998 年俄罗斯危机

1998 年 8 月的危机是俄罗斯整体经济状况持续恶化的高潮。从 1995 年到 1998 年，**俄罗斯的借款人（无论是政府的，还是非政府的）都在国际资本市场上大量借款。**贷款的偿还成了日益严重的问题，因为偿还美元债务需要赚取美元。俄罗斯的经常账户，出人意料地，呈现健康的顺差，但其并未流向内部投资和偿还外债。随着硬通货收益的快速流出（就像当初快速流入一样），资本外逃也加速了。最后，在 1998 年春天，连俄罗斯出口收入也开始下滑。俄罗斯的出口主要以大宗商品为基础，自 1997 年亚洲金融危机爆发以来，全球大宗商品价格就一直在下降。

俄罗斯货币卢布（RUB）实行有管理的浮动制。这意味着俄罗斯中央银行设置了一个交易区间，然后不断调整。从理论上讲，其**允许汇率以每个月 1.5% 的幅度波动。**自动地，中央银行每天宣布一个正式的汇率，它愿意以此汇率买卖卢布，这个汇率总是在官方规定的区间内变动。如果卢布汇率在有限的交期区间内受到压力，中央银行会通过买卖卢布来**干预市场**，且通常是买入（使用国家的外汇储备）。

8 月的崩溃

1998 年 8 月 7 日，俄罗斯央行宣布其 7 月份最后一周的外汇储备减少了 8 亿美元。基里延科总理表示，**俄罗斯将另外发行 30 亿美元的外债（比计划多了整整 10 亿美元），以帮助偿还不断上涨的债务。**8 月 10 日，俄罗斯股市下跌超过 5%，因为投资者担心中国货币（人民币）贬值。中国的货币是 1997 年和 1998 年仅有的没有贬值的亚洲货币。全球分析人士猜测，国际市场正等着看俄罗斯政府是否会在这一年中增加税收，正如它向国际货币基金组织承诺的那样。1998 年，俄罗斯的月平均税收为 10 亿美元——低于纽约市。

接下来的几天，其透过一连串的新闻向世界许诺，一切尽在政府掌握中。政府表示，"恐慌"是心理上的，而不是财政上的。时任总统叶利钦承诺："不会出现贬值——这是确定的。贬值意味着灾难、一切的崩溃。相反，现在一切如常。"

最终，"如常"变成了贬值。8 月 17 日星期一，俄罗斯中央银行宣布，将允许**卢布贬值 34%**，即从 6.30 卢布每美元贬值到 9.50 卢布每美元。随后政府宣布延期 90 天偿还所有外债、俄罗斯银行和所有私有借款人欠下的债务，以避免银行倒闭。货币贬值仍在继续，如图表 8-4 所示。俄罗斯中央银行为了应对外界对卢布贬值的批评，透露它在过去的 8 个星期里，花费了 88 亿美元来捍卫卢布的价值。8 月 28 日，由于卢布持续贬值，莫斯科的货币兑换在开市 10 分钟后就关闭了。

后果

很难说危机在何时开始或结束，但对俄罗斯人民和俄罗斯经济来说，经济状况的恶化还在继续。更令人关切的是俄罗斯社会遭受的损失。对许多人来说，卢布的崩溃和俄罗斯进入国际资本市场的失败，引发了对长期以来被西方民主主义倡导者所鼓吹的自由市场经济的好处的质疑。

图表 8-4　　　　　　　　　　　俄罗斯卢布的贬值

俄罗斯卢布=1.00 美元

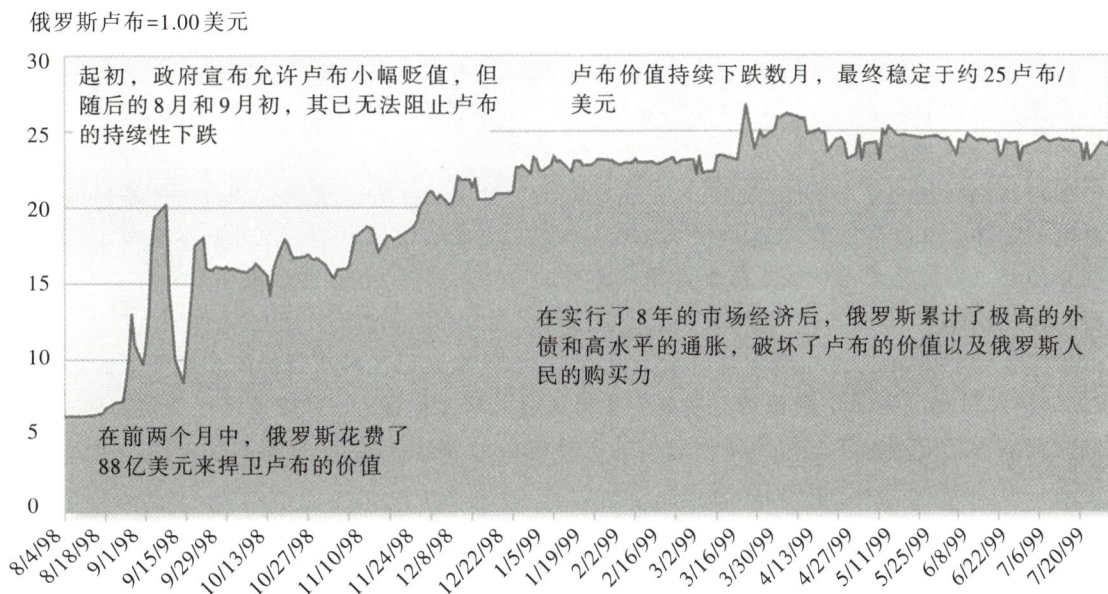

起初，政府宣布允许卢布小幅贬值，但随后的 8 月和 9 月初，其已无法阻止卢布的持续性下跌

卢布价值持续下跌数月，最终稳定于约 25 卢布/美元

在实行了 8 年的市场经济后，俄罗斯累计了极高的外债和高水平的通胀，破坏了卢布的价值以及俄罗斯人民的购买力

在前两个月中，俄罗斯花费了 88 亿美元来捍卫卢布的价值

学与思 8-5　1998 年爆发俄罗斯货币危机的主要原因是什么？我们从中能得到什么教训？其最终采取了哪些措施使俄罗斯经济正常化？

8.3.3　2002 年阿根廷危机

现在，大多数阿根廷人都在谴责腐败政客和外国恶魔的种种弊病。但却少有人考虑内在的主流社会观念，如阿根廷文化中褒扬"克利奥尔人式的聪明"的怪癖——他们认可能狡猾地快速开溜的人。这是大规模逃税背后的原因之一：每三个阿根廷人中就有一个逃税，而且很多人都喜欢以此吹嘘。

——"一度傲慢的民族，他们的吹嘘令货币贬值"，安东尼·法奥拉（Anthony Faiola），《华盛顿邮报》，2002 年 3 月 13 日。

历史上，阿根廷的经济起伏与阿根廷比索的健康状况息息相关。20 世纪 80 年代，南美洲最南端的居民（他们往往自认比拉丁美洲人更具欧洲气质）曾因为恶性通货膨胀、国际债务和经济崩溃而饱受苦难。到1991年，阿根廷人民已经受够了。经济改革是阿根廷人民的共同目标。他们对快速修复不感兴趣，他们想要的是持久的变化和稳定的未来。他们几乎就要实现这些了。

货币局制度

1991年，阿根廷比索以1∶1的汇率与美元挂钩。这个政策与传统的固定货币价值的方法背道而驰。**阿根廷采用了货币局制度——一个架构而不仅仅是一个承诺，**来限制经济中货币的增长。在货币局制度下，中央银行只有在增加硬通货储备的情况下才能增加银行体系的货币供应量。这里的储备指的是美元。通过消除政府扩大货币供应增长率的能力，**阿根廷认为它正在根除破坏其生活水平的导致通货膨胀的源头。**

这个想法很简单：将国家货币供应量的增长率限制在由于贸易增长而接受美元净流入的比率。这既是一个保守而谨慎的财务管理方法，也是一个消除政治家权力的决定（无论这些政治家是否当选，也无论他们做出的判断是好是坏）。这是一个自动的、不可修改的规则。

虽然恶性通货膨胀是个问题，但"解药"是使经济增长放缓的紧缩性货币政策。经济增长放缓的首要代价就是失业。该国1994年失业率升至（并保持在）两位数，1998年底经济陷入衰退，到2000年经济持续萎缩。

阿根廷银行允许存户以比索或美元持有他们的资金。这是为了给银行和政治体系提供以市场为基础的纪律，并且表明政府坚定不移地维持比索与美元的价值平衡。虽然其本意在于为这个制度建立信心，但最终还是造成了阿根廷银行体系的灾难。

2001年经济危机

事实证明1998年开始的经济衰退是无止境的。**3年半之后，阿根廷经济仍处于衰退之中。到2001年，危机状况揭示了阿根廷经济3个非常重要的根本问题：1）阿根廷比索被高估；2）货币局制度消除了宏观经济政策中货币政策的选择权；3）阿根廷政府预算赤字失控。**通货膨胀并未消除，世界市场仍在观望中。

南美大部分主要经济体正陷入衰退。随着经济活动的放缓，其进口出现下降。现在大多数南美货币相对美元价格下跌，但是因为阿根廷比索仍然与美元挂钩，阿根廷出口定价过高的问题正变得日益严重。

货币局制度与货币政策

许多政策制定者认为，阿根廷经济日益低迷，需要扩张性的经济政策。但是，货币局制度的基本前提是，金融体系的货币供给不能比经济体获得美元储备的能力更进一步或者更快地扩大，即排除了货币政策。

然而，政府支出并没有放缓。随着失业率上升、贫困和社会动荡的加剧，无论是在阿根廷的文化中心布宜诺斯艾利斯还是在外围的省份，政府都面临越来越多的扩张性支出需求，以弥补经济和社会差距。政府支出持续增加，但税收却未提高。阿根廷转向国际市场为政府的赤字支出融资。该国的外债总额开始急剧上升。最终国际货币基金组织的大量注资，才阻止了该国外债总额的猛增。然而到了20世纪90年代末，该经济体的盈利能力没有翻番，外债总量却翻了一番。

随着经济状况的持续恶化，银行遭遇日益严重的挤兑。存款人担心比索贬值，在银行排队取出阿根廷比索和美元现金余额。人们将比索兑换成美元，这对货币危机而言无疑是火上浇油。政府担心日益增加的银行资金流失将导致银行倒闭，因此下令关闭银行。消费者每周不能提取超过250美元的现金，购物和社会所需日常交易须使用借记卡和信用卡。

贬值

2002年1月6日星期天，爱德华多·杜阿尔德（Eduardo Duhalde）总统上任的首个举措就是将1.00阿根廷比索/美元的汇率下调至1.40比索/美元。但经济受到的创伤还在。贬值两周后，**银行仍然关闭着**。2002年2月3日，阿根廷政府宣布比索浮动，如图表8-5所示。政府将不再试图将其价值固定或管理到任何特定的水平，而允许市场来寻找或设定汇率。[①]

图表 8-5　　　　　　　　　　　　　　　阿根廷比索的崩溃

阿根廷比索=1.00美元

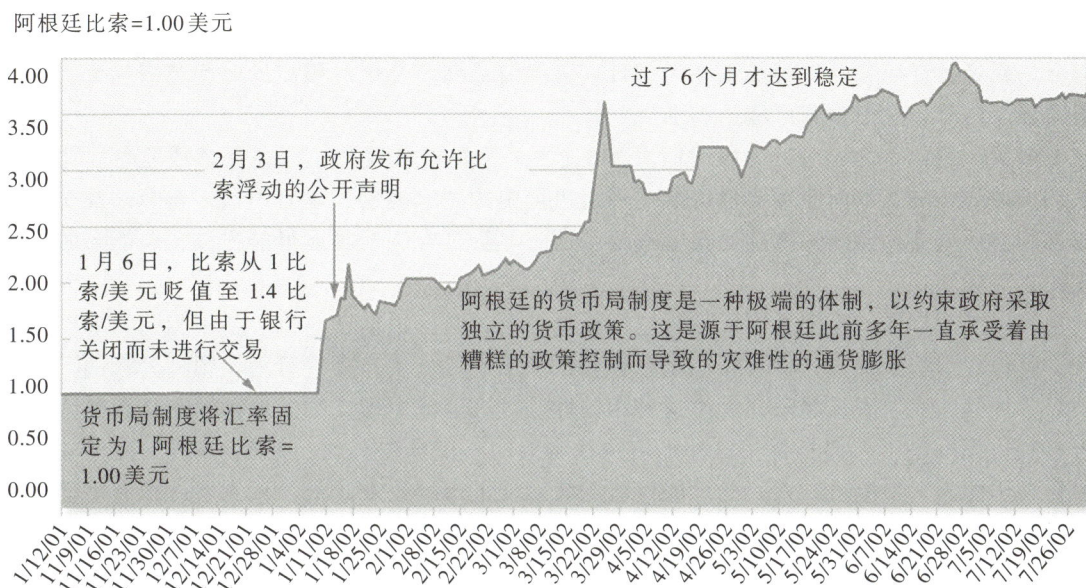

哈佛大学前教授，美国总统经济顾问委员会成员马丁·费尔德斯坦（Martin Feldstein）总结了阿根廷危机的深刻教训：[②]

事实上，阿根廷人对他们所承担的风险的知晓不比IMF的工作人员少。这是种可能会产生好的结果的风险。不过，IMF的工作人员确实曾鼓励阿根廷继续实行固定汇率和货币局制度。虽然IMF和几乎所有外部经济学家都认为，浮动汇率制比"固定但可调整的"制度（政府已认识到不得不偶尔贬值）更可取，但IMF（以及一些外部经济学家）还是相信，固定汇率的货币局制度（国际金融术语中将其称为"硬盯住"）是种可行的长期政策。阿根廷的经验证明这种观点是错误的。

学与思 8-6 1997—2002年新兴市场危机由于投机猖獗而恶化。是投机者引起了此类危机，还是说他们只是根据市场脆弱信号做出反应？政府应该如何管理外汇投机？

学与思 8-7 国外直接投资在新兴市场上的进进出出是导致汇率波动的原因之一。请举出一个过去10年中出现此类现象的实例。

[①]　不幸的是，这并不是阿根廷最后一次货币危机。阿根廷在2013—2014年再次遭遇资本外逃和货币公认价值急剧下降。第2章描述了这场危机，强调了资本管制和黑市（"蓝市"）交易。

[②]　"阿根廷的堕落"，马丁·费尔德斯坦（Martin Feldstein），《外交事务》，2002年3月/4月。《外交事务》许可转载，（81，2002）。2002年外交事务委员会版权所有，www.ForeignAffairs.com。

学与思 8-8 2001—2002年爆发阿根廷货币危机的主要原因是什么？我们从中能得到什么教训？其最终采取了哪些措施使阿根廷经济正常化？

8.4 实践中的预测

市场上提供大量的外汇预测服务，其中许多是由银行和独立顾问提供的。另外，一些跨国公司自己也有内部预测人员。预测可以基于计量经济模型、技术分析、直觉以及胆识。

图表 8-6 总结了各种预测期、制度和最常用的方法论（请记住，如果作者能够有规律地预测汇率变动，那么我们一定不会写书）。预测服务是否能够抵消成本，取决于预测的动机以及所要求的准确性。例如，长期预测可能是由于一个跨国公司希望在日本进行对外投资或以日元筹集长期资金，或者投资组合经理可能正在考虑日本证券的长期多元化。**预测的时间范围越大，预测就越不准确**。同时，这种预测可能也不那么重要。

短期预测通常是为了对冲一段时间（如3个月）后的应收账款、应付账款或股息。在这种情况下，长期的经济基本面的重要性可能比不上市场中的技术因素、政府干预、新闻以及交易者和投资者的心血来潮。预测的准确性至关重要，因为尽管日常波动幅度可能很大，但汇率的变化幅度往往相对较小。

预测服务通常通过经济基本面分析进行长期预测，有的短期预测也会基于相同的基础模型来进行。其他的则基于技术分析（类似于证券分析中所用的方法）来进行短期预测。其试图将汇率变动与各种其他变量联系起来，无论这种相关性是否有经济原理支撑。这种预测是否持续有用或是否有利可图取决于人们是否相信外汇市场是有效的。市场越有效，汇率"随机游走"（过去的价格行为不能为未来提供线索）的可能性就越大。外汇市场效率越低，预测者就越有机会走运地找到一种关键的关系（至少在短期内）。但是，如果这种关系是始终一致的，那么其他人很快就会发现它，市场对这一信息又将变得有效率。

图表 8-6   实践中的汇率预测

预测期	制度	推荐的预测方法
短期	固定汇率	1.假设维持固定汇率 2.固定汇率的压力指标 3.资本管制；黑市比率 4.政府能否维持固定汇率的指标 5.官方外汇储备的变化
	浮动汇率	1.捕捉趋势的技术方法 2.预测远期汇率 　（a）<30天，假设随机行走 　（b）30～90天，远期汇率 　（c）90～360天，结合趋势和基本面分析 3.通货膨胀的基本面分析 4.有关汇率目标的政府声明和协议 5.与其他国家的合作协议

长期	固定汇率	1.基本面分析
		2.BOP管理
		3.控制国内通货膨胀的能力
		4.产生硬通货储备用于干预的能力
		5.产生贸易顺差的能力
	浮动汇率	1.关注通胀基本面和购买力平价
		2.经济增长和稳定性等总体经济健康的指标
		3.长期趋势的技术分析；新研究提出长期中有用技术分析"波动"的可能性

8.4.1 技术分析

技术分析师（传统上称为**图表分析师（chartists）**）专注于价格和交易量数据，以确定哪些过去的趋势会持续到未来。技术分析中最重要的一条原理就是：未来的汇率是以现在的汇率为基础的。汇率变动与股票价格变动类似，都可以细分为3个时期：1）逐日变动，这似乎是随机的；2）短期走势，即从几天到持续几个月的走势；3）长期走势，以上下起伏的长期趋势为特征。由于近期研究发现：浮动汇率制度下，货币长期走势有"波动"的可能性，因此长期的技术分析开始了新一轮的流行。

预测的时间范围越大，预测可能越不准确。**长期预测必须依赖于经济基本面的汇率决定因素，而企业的许多预测需求则是在短期到中期的时间范围内，可以用较少的理论方法来处理的。**时间序列技术并不能推断出理论或因果关系，只能简单地利用短期历史来预测未来价值。预测者自由地将基本面分析和技术分析混在一起，大概是因为预测就像玩掷马蹄铁游戏一样——只要接近就行。全球财务管理实务8-3简要分析了著名货币预测机构摩根大通（JPMorgan Chase）3年多来的预测准确度。

学与思8-9 对于固定汇率和浮动汇率，短期预测与长期预测的主要区别分别是什么？

学与思8-10 说明如何用资产市场方法预测未来即期汇率。在预测时，资产市场方法和国际收支方法（BOP）有何不同？

学与思8-11 说明如何用技术分析预测未来即期汇率。在预测时，技术分析方法与国际收支方法和资产市场方法有何不同？

课堂延展阅读

全球财务管理实务8-2　　　　　　　　　**摩根大通对美元/欧元的预测**

有许多不同的外汇预测服务和服务提供商。摩根大通（JPMC）是其中最负盛名和被广为采用的服务提供商之一。下面的图表中回顾了2002年至2005年期间，JPMC对美元/欧元（$ /€）即期汇率的预测（以90天为单位）的准确性。*该图表显示了该期间的实际即期汇率以及JPMC对同期即期汇率的预测值。

有好消息，也有坏消息。好消息是，JPMC 在 2002 年 5 月和 11 月都准确地预测了实际即期汇率。坏消息是，在那之后其便再也没有预测准确。预测的方向性错误令人担忧。例如，在 2004 年 2 月，JPMC 预测即期汇率将从当时的 $1.27/€ 变动到 $1.32/€，但实际上，在接下来的 3 个月内美元大幅升值，收于 $1.19/€。这实际上差异巨大。同样，在 2004 年 11 月，JPMC 预测即期汇率将从当时的 $1.30/€ 变动至 $1.23/€，事实上，实际的即期汇率达到了 $1.32/€。需要从中汲取的教训可能是：无论预测师多么专业和著名，无论他们过去的准确度如何，任何人对未来任何事物的预测都是颇具挑战性的。

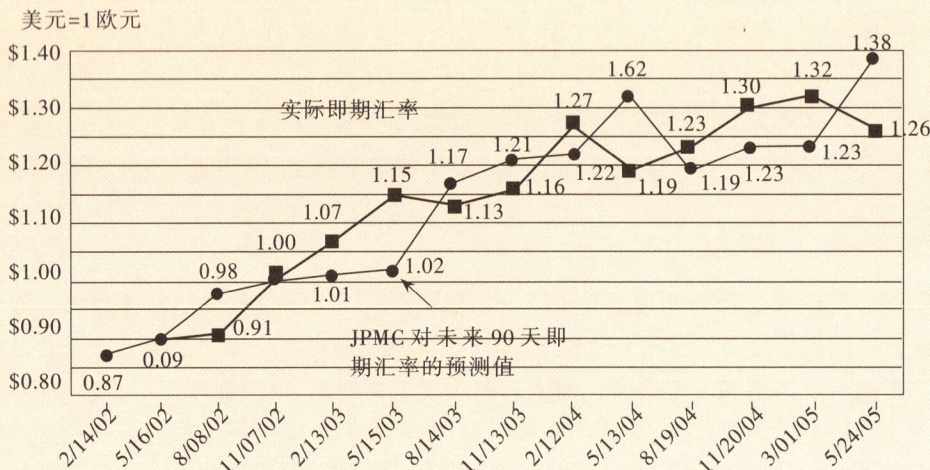

*这一分析采用了《经济学人》季刊中的汇率数据。《经济学人》所标注的汇率预测值由摩根大通提供。

8.4.2　预测中交叉汇率的一致性

　　跨国公司财务管理人员必须经常预测其公司经营所在国家的本国货币汇率，无论是为了做出对冲或投资的决策，还是为了完成跨国经营预算制定中的本国货币部分。经营预算是海外子公司经理绩效考核的标准之一。检查交叉汇率的一致性（个别预测中隐含的交叉汇率的合理性）能起到核实现状的作用。

学与思 8-12 解释跨国企业所用的"交叉汇率一致性"一词的含义。跨国企业如何在实际中运用交叉汇率进行一致性检查？

8.4.3　预测：考虑什么？

　　显然，虽然有各种理论和实践，但预测未来的汇率走向仍是一项艰巨的任务。以下内容综合了我们的思考和经验：

■ **从数十年的理论和实证研究来看，汇率的确符合前几节所述的基本原则和理论。基本面分析在长期中的确适用。**因此，货币价值的确遵循一条基本的均衡路径。

■ **短期看来，各种随机事件、制度摩擦和技术因素也可能导致货币价值显著偏离其长期的基本路径。**有时，我们称之为噪音。因此，我们显然可以预期，偏离长期路径的情况不仅会出现，而且还会伴随着规律性和相对持久性。

　　图表 8-7 综合说明了这种预测思路。货币的长期均衡路径，尽管在回顾中相对明确，但在短期内并不总是显而易见的。汇率本身可能会以某种循环或波动的方式偏离长期路径。

如果市场参与者就总体的长期路径达成一致并具有**稳定的预期**（stabilizing expectations），那么货币的价值就会周期性地回到长期路径上。当货币价值高于长期路径时，大多数市场参与者认为它被高估了，并卖出货币来应对，从而导致货币价格下跌，这一点至关重要。同样，当货币价值低于长期路径时，市场参与者通过购买货币来应对，从而推动货币价格上涨。这就是稳定的预期的意义：市场参与者不断通过买入或卖出的方式来应对偏离长期路径的情况，从而推动货币回到长期路径上。

图表 8-7   **短期噪声与长期趋势**

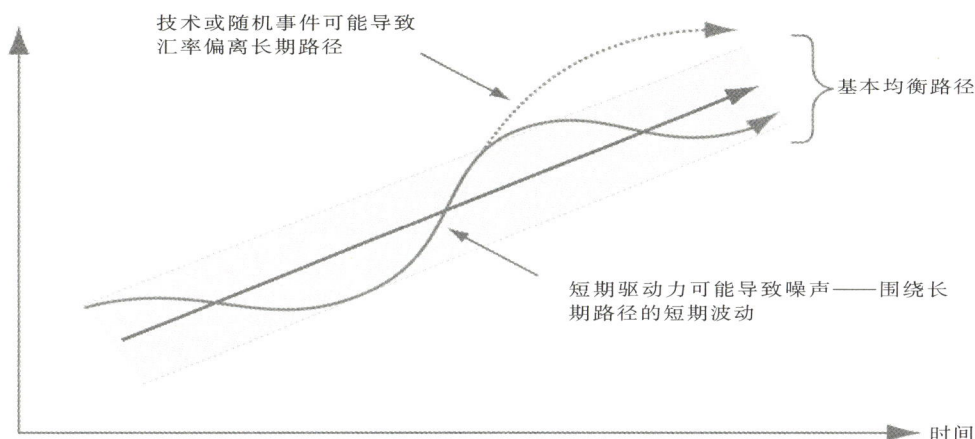

每单位本国货币对应的外国货币

技术或随机事件可能导致汇率偏离长期路径

基本均衡路径

短期驱动力可能导致噪声——围绕长期路径的短期波动

时间

如果出于某种原因，市场变得不稳定，如图表 8-7 中虚线的偏差路径所示，汇率可能会在较长时间内偏离长期路径。使市场不稳定的原因往往是投机者的行动和市场的非有效性，包括基础设施（例如银行体系）薄弱和发生影响经济行为的政治或社会事件。

学与思 8-13 币值的"基本均衡路径"是什么意思？什么是"噪声"？

8.4.4 汇率动态：使市场的运动有意义

尽管关于汇率决定的各种理论是清楚而合理的，但是可能的情况是：日常的货币市场并不重视这些理论。难点在于理解哪些基本面在哪些时点驱动市场。

汇率动态相对混乱的一个例子是"超调"（overshooting）现象。如图表 8-8 所示，假设美元和欧元之间现在的即期汇率为 S_0。美联储实行扩张性的货币政策以降低美元利率。如果欧元利率保持不变，则交易市场基于利差预期形成的新的即期汇率为 S_1。汇率立即发生的变化通常体现了市场对可观测到的新闻、清楚的经济和政治事件所做出的反应。因此，美元/欧元价值的即时变化正是基于利差所形成的。

但随着时间的推移，货币政策调整的价格影响开始在经济中起作用。随着中长期价格发生变化，购买力平价的力量驱动着市场动态化，即期汇率从 S_1 向 S_2 移动。尽管 S_1 和 S_2 都是由市场决定的汇率，但它们由不同的理论原则主导。最终，较低的美元初始价值 S_1 被称为长期均衡价值 S_2 的超调。

当然，这只是一种可能出现的事件和市场反应。货币市场每天、每小时都会有新的消息，因此很难预测汇率在短时间内的变动。长期来看，如图表 8-8 所示，市场通常习惯于回到汇率决定的基本面。

图表 8-8 汇率动态：超调

即期汇率，\$/€

如果美联储调整货币政策，提高货币供应增速，则可能导致汇率"超调"。

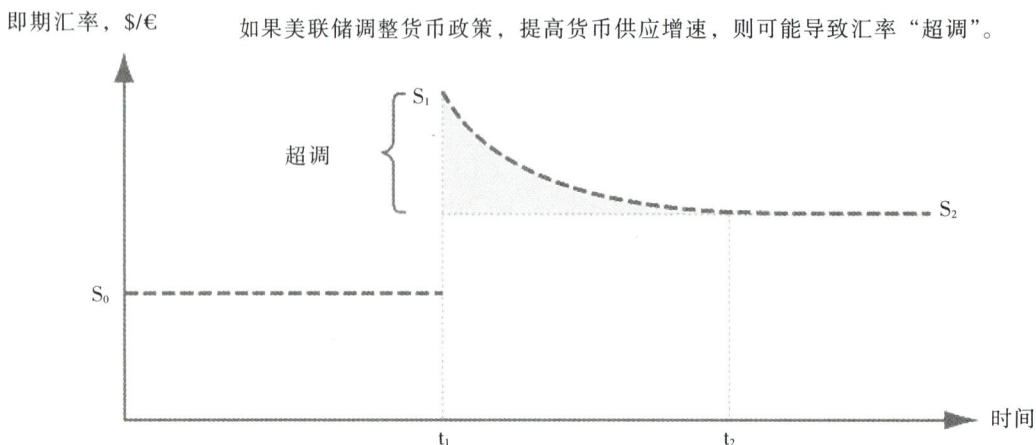

美联储在 t_1 时宣布货币扩张政策。这导致汇率立即降低。外汇市场即时对美元汇率调低做出反应——使美元价值从 S_0 变为 S_1。新汇率是基于利差形成的。但是，在随后的几天至几周，随着货币政策的基本面价格效应在经济中发生作用，购买力平价占据主导地位，市场向美元的长期估值移动，即 t_2 时，美元价格变为 S_2（比 S_0 弱势，但没有最初的市场调整结果 S_1 弱势）。

划重点

● 在解释汇率的经济决定因素方面，有三个主要的思想流派：平价条件说、国际收支说和资本市场说。

● 汇率决定的资本市场说表明，外国人是否愿意持有货币形式的债券，部分取决于相对实际利率，部分取决于一国的经济增长和盈利前景。

● 汇率危机的再度发生不仅表明货币价值对经济基本面（通货膨胀和经济增长等）依然敏感，而且还表明在不断扩大的全球金融网络中，许多新兴市场货币仍是那么的脆弱。

● 汇率预测是全球业务的一部分。所有类型的业务都必须形成对未来的预期。实践中，汇率的短期预测往往侧重于时间序列趋势和当前即期汇率。一年以上的长期预测则需要回到对国际收支、相对通货膨胀率、相对利率和购买力平价的长期性质等汇率基本面的基本分析。

● 在短期内，各种随机事件、体制摩擦和技术因素可能会导致货币价值显著偏离其长期的基本路径。从长期来看，汇率确实遵循基本的均衡路径，与汇率决定的基础理论相一致。

秒懂本章

国家间相对物价的变化推动了汇率的变化，从长期看，汇率遵循基本的均衡路径。

计算分析题

1.计算交叉汇率。2015 年 5 月 1 日，日元/美元和欧元/美元的汇率分别是 120.15 日元和 0.8929欧元，那么欧元/日元的交叉汇率是多少？

2.交叉汇率的大幅波动。2011 年 1 月爆发埃及革命后，埃及镑（EGP）的价值大幅下跌，埃及镑与阿联酋迪拉姆的交叉汇率从 2011 年 1 月 25 日的 1.584EGP/AED 跌至 2015 年 5 月 1 日的2.0803EGP/AED，计算埃及镑的贬值幅度。

3.韩元。100韩元（KRW）对日元的汇率从2014年5月的9.7730升至2015年5月1日的11.1710，韩元价值的变动幅度是多少？

4.新兴市场经济体的货币。印度卢比（INR）是世界上20种交易最活跃的货币之一，其价值相对多数的主要货币例如英镑等已下跌了不少。根据下图中1980年至2015年底共35年的英镑/卢比的汇率变化，计算下列时期内卢比对英镑的汇率变化百分比。

a.1980—1985年；

b.1985—1990年；

c.1990—1995年；

d.1995—2000年；

e.2000—2005年；

f.2005—2010年；

g.2010—2015年。

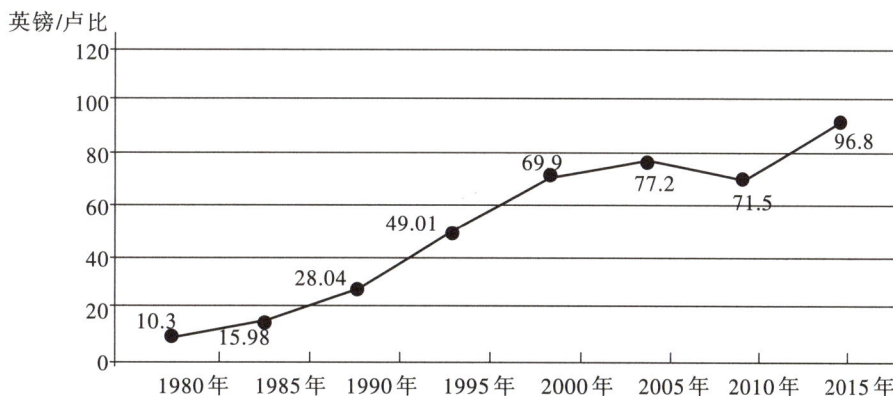

5.欧元与日元。日元—欧元交叉汇率是全球商业贸易中非常重要的货币价值之一。下图列示了欧元启动时的1999年1月至2010年底的交叉汇率计算结果。请估计日元在下列3个时期内的变化：

a.1999年1月—2001年8月；

b.2001年9月—2008年6月；

c.2008年7月—2010年12月。

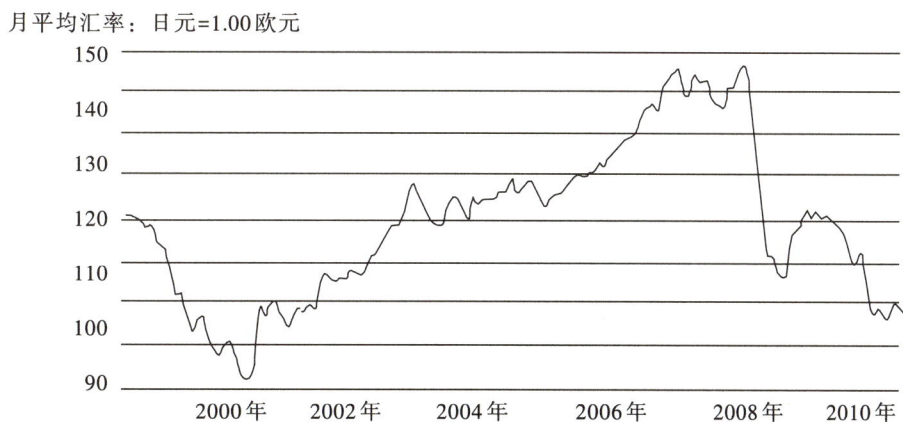

资料来源：Pacific Exchange Rate Service 2010 by Prof.Werner Antweiler, University of British Columbia, Vancouver, BC, Canada.

6. 兰特究竟发生了什么？自 1961 年成立以来，南非兰特（ZAR）的价值受到不断变化的政治和经济条件的影响。政治动荡和种族歧视导致许多国家对南非实施制裁，导致兰特逐渐贬值。到 1994 年第一个土著政府掌权时，兰特对英镑（GBP）的汇率达到 5.41。最严重的影响出现在 2002 年，在发生 9·11 恐怖袭击和颁布土地改革法案之后。全球金融危机也使兰特严重贬值。从那以后，兰特就一直在贬值，这表明兰特不再是交易员们有兴趣购买的货币。正因为这个原因，南非兰特是世界上最超卖的货币之一。

a. 从兰特的创立直到土著政府掌权，兰特的贬值幅度（百分比）是多少？

b. 兰特从 1994 年到 2015 年的变化幅度（百分比）是多少？

年度	南非兰特/英镑
1961—1982	2
1982—1985	1.95
1985	2.99
1986—1988	3.47
1989—1993	4.51
1994	5.41
1999	9.07
2001	21.3
2002	13.85
2005	10.2
2008	17.82
2010	12.01
2015	18.27

7. Cada Seis Anos。墨西哥由于每 6 年（西班牙语为 cada seis anos）就发生两件事而举世闻名——或饱受诟病：总统选举和货币贬值。1976 年、1982 年、1988 年和 1994 年都是如此。在 1994 年 12 月 20 日的最后一次贬值中，墨西哥比索（MXN）的官方汇率从 5.08 墨西哥比索/英镑变为 8.46 墨西哥比索/英镑。贬值百分比是多少？

自那时起，墨西哥比索又经历了两个 6 年（2000 年和 2006 年），现在墨西哥比索对所有主要货币（包括美元）的汇率都非常稳定。

8. 破产。2012 年，阿根廷政府采取一系列措施防止破产。在 2002 年 1 月阿根廷比索（ARS）

实行浮动汇率制度以后，阿根廷比索对英镑的汇率大幅贬值，从 2002 年 1 月 2 日的 1.4464 比索/英镑跌至 2002 年 12 月 30 日的 5.3629 比索/英镑。阿根廷比索的贬值幅度是多少？

9．预测阿根廷比索的汇率。如下图所示，在 2002 年 1 月初的几天之内，阿根廷比索汇率就从固定的 1.00 阿根廷比索/美元跌到了 2.00 阿根廷比索美元。经过短期的大幅波动后，汇率稳定在 2.0~2.5 阿根廷比索/美元的区间内。如果你也在预测阿根廷比索汇率的未来变化，你将如何运用本题图中的信息——贬值后几周自由浮动的比索汇率——预测其未来汇率？

预测"泛太平洋金字塔"汇率

根据《经济学人》（印刷版）2007 年 10 月 20 日刊登的含有下列经济、金融和商业指标的表格，回答习题 10~15。

国家	国内生产总值				工业产值	失业率
	上一季度	季度	2007 年预测值	2008 年预测值	最近一季度	最新
澳大利亚	4.3%	3.8%	4.1%	3.5%	4.6%	4.2%
日本	1.6%	−1.2%	2.0%	1.9%	4.3%	3.8%
美国	1.9%	3.8%	2.0%	2.2%	1.9%	4.7%

国家	零售价			利率	
	一年前	最近	2007 年预测值	3 个月利率（最新）	1 年期政府债券利率（最新）
澳大利亚	4.0%	2.1%	2.4%	6.90%	6.23%
日本	0.9%	−0.2%	0.0%	0.73%	1.65%
美国	2.1%	2.8%	2.8%	4.72%	4.54%

国家	贸易余额	经常账户		当期汇率（货币/美元）	
	过去 12 个月（10 亿美元）	过去 12 个月（10 亿美元）	2007 年预测值（占 GDP 的百分比）	10 月 17 日	一年前
澳大利亚	−13.0%	−47.00%	−5.7%	1.12	1.33
日本	98.1%	197.5%	4.6%	117	119
美国	−810.7%	−793.2%	−5.6%	1.00	1.00

说明：百分比为 1 年中的变化百分比，除非另有说明，2007 年的值为估计值或预测值。

资料来源：数据取自 *The Economist*，October 20，2007，print edition.

10. 当前即期汇率。下列交叉汇率的当前即期汇率是多少？

a. 日元/美元

b. 日元/澳元

c. 澳元/美元

11. 购买力平价预测。利用购买力平价理论，以预期零售价格变化率为预期通货膨胀率的最佳指标，预测1年以后的下列即期汇率：

a. 日元/美元

b. 日元/澳元

c. 澳元/美元

12. 国际费雪预测。利用国际费雪效应，以最新的政府债券利率为应用国际费雪效应的最适合利率，预测1年后的下列即期汇率：

a. 日元/美元

b. 日元/澳元

c. 澳元/美元

13. 隐含的实际利率。用最新的政府债券利率和零售价格的预计变化预测下列货币的实际利率：

a. 澳元

b. 日元

c. 美元

14. 远期汇率。用列出的即期汇率和3个月市场利率，计算下列汇率的3个月远期汇率：

a. 日元/美元

b. 日元/澳元

c. 澳元/美元

15. 实际经济活动与悲惨指数。一种常见的国民经济健康一般性指标有时被称为"悲惨指数"，即该国的通货膨胀率与失业率之和。根据之前计算的交叉汇率（习题10），计算该国的悲惨指数，并将其作为预测指标（方式与用通货膨胀率之差或利差进行预测相同）。

a. 日元/美元

b. 日元/澳元

c. 澳元/美元

网络练习题

1. 近期经济与金融数据。从下列网站获得近期的经济与金融数据，并按本章提供的所有预测方法用这些数据进行汇率预测：

Economist.com：www.economist.com/market-data

FT.com：www.ft.com

EconEdLink：www.econedlink.org/economic-resource/focus-on-economic-data.php

2. OzForex每周评论。OzForex外汇服务网站每周都对影响当前市场的主要政治与经济因素与事件进行评论。浏览该网站，了解其：3种主要全球货币——美元、日元、欧元——在接下来一周将发生什么变化。

OzForex：www.ozforex.com.au/news-commentary/weekly

3.彭博——汇率、利率与全球市场。有时候，市场数据的规模是很可观的。利用彭博网站的下列市场页面，组织你的想法和你的全球数据：

彭博金融新闻：www.bloomberg.com/markets

4.加拿大银行的汇率统计。加拿大银行是最全面的免费汇率统计与分析网站之一。利用该银行网站上的最新指标，分析相对利率变化将如何影响加元与美元和欧元等所有重要汇率。

加拿大银行——汇率：www.bankofcanada.ca/rates/exchange/

本章逻辑框架图

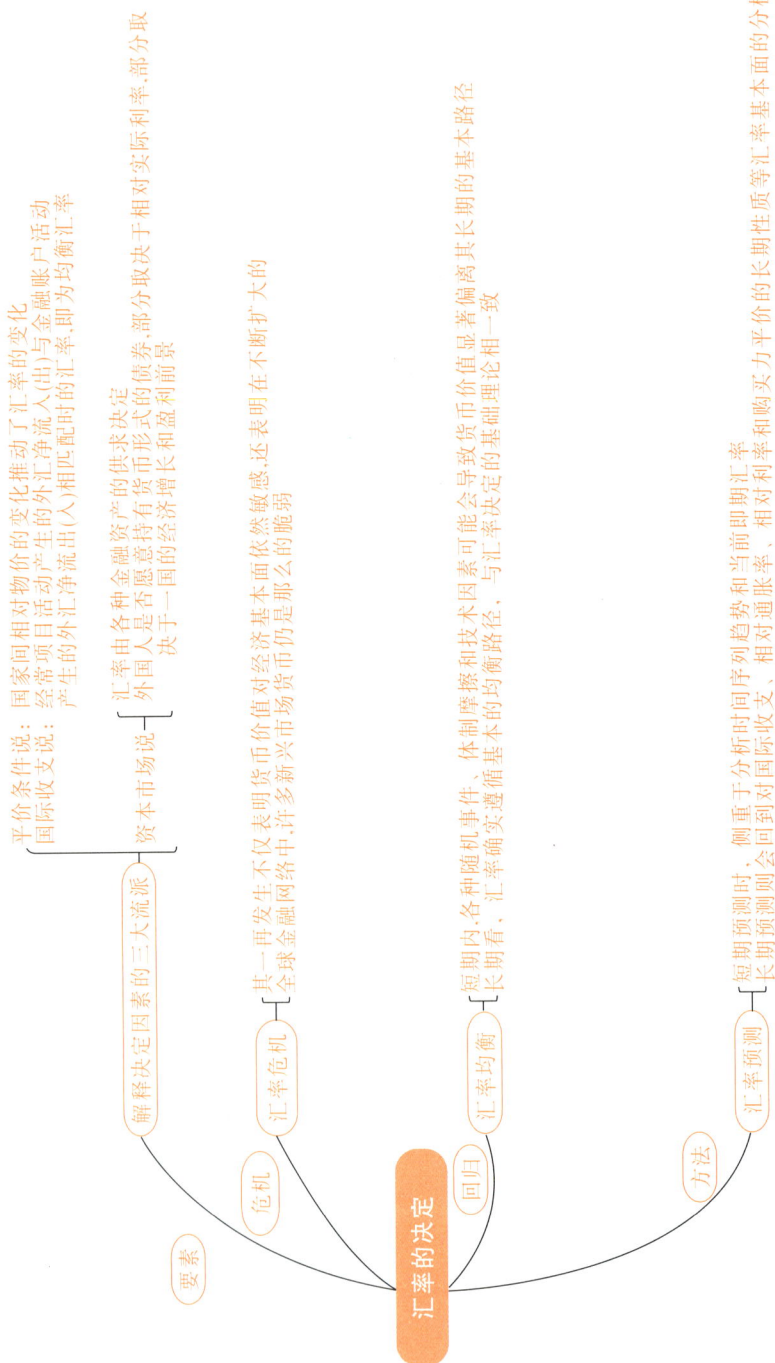

图表 8-10　本章逻辑框架图

汇率的决定

要素 — 解释决定汇率因素的三大流派
- 平价条件说：国家间相对物价的变化推动了汇率的变化
- 国际收支说：经常项目活动产生的外汇流入(出)与金融账户活动产生的外汇净流出入相应配明了汇率,即为均衡汇率
- 资本市场说
  - 汇率由各种金融资产的供求决定
  - 外国人是否愿意持有货币形式的债务,部分取决于相对实际利率,部分取决于一国的经济增长和盈利前景

危机 — 汇率危机
- 其一再发生不仅表明货币价值相对经济基本面依然敏感,还表明在不断扩大的
- 全球金融网络中,许多新兴市场货币仍是那么的脆弱

回归 — 汇率均衡
- 短期内,各种随机事件,体制摩擦和技术因素可能会导致货币价值显著偏离其长期的基本路径
- 长期看,汇率确实遵循基本的均衡路径,与汇率决定的基础理论相一致

方法 — 汇率预测
- 短期预测时,侧重于分析时间序列趋势和当前即期汇率
- 长期预测则会回到对国际收支、相对通胀率、相对利率和购买力平价的长期性质等汇率基本面的分析

外汇风险敞口

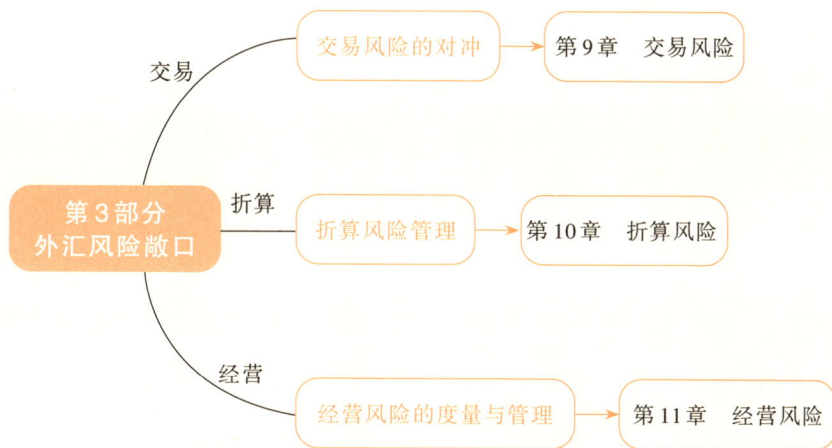

交易 —— 交易风险的对冲 → 第9章 交易风险

第3部分 外汇风险敞口

折算 —— 折算风险管理 → 第10章 折算风险

经营 —— 经营风险的度量与管理 → 第11章 经营风险

第3部分逻辑框架图

第**9**章　交易风险

> 人的一生中，有两次他不应该进行投机：一次是他不能承受之时，另一次是他能够承受之时。
> —— "Following the Equator，" *Pudd'nhead Wilson's New Calendar*，Mark Twain.

学习目标

- 区分企业面临的三大外汇风险
- 分析对冲外汇交易风险的利与弊
- 比较企业管理重大交易风险的几种方法
- 评价外汇风险管理的具体事务和关键点

课前阅读与思考

外汇风险敞口（foreign exchange exposure）是企业利润、净现金流量和市场价值因为汇率变动而变动的度量指标。财务经理的一个重要任务就是评估外汇风险并进行管理，从而实现企业利润、净现金流量和市场价值的最大化。本章深入讨论交易风险——两种主要会计风险的第一类风险；后面两章将分别讨论折算风险——第二类会计风险，以及经营风险。

本章以引导案例"班伯里进出口公司（印度）"开篇，其有关最近在印度发生的一个风险管理问题"。请带着你的思索和疑问，开启本章的学习和探索之旅吧！

引导案例

班伯里进出口公司（印度）

2010 年 11 月末，印度纺织品公司班伯里进出口私人有限公司（Banbury Impex Private Limited）首席执行官阿德什·拉普拉（Aadesh Lapura）独自坐在办公室里，查看公司的财务报表。2010 年似乎将以公司销售额的小幅增长和利润的小幅下滑而告终。虽然班伯里的利润是正的，但 1.5% 的销售利润率的前景并不乐观。现在，他有两个问题：一个问题是与一家土耳其公司谈判短期的潜在销售，另一个则是如何提高公司整体盈利能力，这是一个更大的长期问题。拉普拉的结论是，公司总体盈利能力——或者说缺乏盈利能力——是两种价格交互较量的结果。首先是棉花价格的快速上涨。作为纺织业成本的主要驱动因素，棉花价格在 2010 年大幅上涨。第二个显然是印度卢比对美元的升值。班伯里的销售都是在美国开具美元发票，而美元在下跌。利润率下降了，他需要迅速采取行动。

班伯里进出口私人有限公司

班伯里进出口私人有限公司成立于1997年，是一家生产和出口服装面料的家族企业。如图表9A所示，该公司预计2010年的销售额将接近2.428亿（crore 或 cr，是印度编号系统中的一个单位，等于1 000万）印度卢比，合540万美元。其销售持平，营业利润下降，而且老实说，其前景黯淡。

图表9A　　　　　　　　　　　班伯里进出口私人有限公司利润表

	2006年	2007年	2008年	2009年	2010年 （期望值）	2011年 （预测值）
销售收入（美元）	5 000 000	5 100 000	5 202 000	5 306 040	5 412 161	5 520 404
平均汇率	44.6443	41.7548	43.6976	46.8997	44.8624	45.2500
销售收入（卢比）	223 221 500	212 949 480	227 314 915	248 851 684	242 802 523	249 798 282
营业成本（卢比）	151 790 620	144 805 646	159 120 441	216 500 965	235 518 447	242 304 333
棉花成本	57 680 436	55 026 146	60 465 767	84 435 376	124 824 777	128 421 297
直接人工	19 732 781	28 961 129	38 188 906	47 630 212	49 458 874	48 460 867
织布费用	44 019 280	40 545 581	31 824 088	47 630 212	32 972 583	33 922 607
变动成本	30 358 124	20 272 790	28 641 679	36 805 164	28 262 214	31 499 563
营业利润	71 430 880	68 143 834	68 194 475	32 350 719	7 284 076	7 493 948
净利润	11 161 075	10 647 474	11 365 746	7 465 551	3 642 038	3 746 974
销售利润率（%）	5.0	5.0	5.0	3.0	1.5	1.5
销售成本率（%）	68	68	70	87	97	97
棉花成本占比（%）	38	38	38	39	53	53
直接人工占比（%）	13	20	24	22	21	20

班伯里的销售几乎全部依赖出口，其产品主要销往中东（50%）、南美（30%）和欧洲（10%）。班伯里的产品包括一系列由黏胶、棉花和羊毛制成的混纺织物。该公司在印度经营着两家织布厂。

过去5年，该公司的销售增长一直比较缓慢，平均每年增长2.5%左右。然而，在竞争激烈的商业环境中，管理层对2006年和2007年5%的利润率感到满意。拉普拉通过远期合约管理外汇风险，现金流一直相对稳定，容易预测。由于国际棉花价格是以美元计价的，选择用美元开具所有国际销售发票有助于进一步稳定降低原材料成本。综合考虑所有因素，班伯里对其2011年利润的预测看起来低得惊人。

印度纺织业

过去几年，印度纺织业一直是印度GDP的主要贡献者。在2005年取消配额制度后，其政府曾希望到2012年，其纺织品出口额能达到500亿美元，但截至2010年，这个数字仅为220亿美元。

这个行业既是资本密集型，又是劳动密集型，监管也非常严格。在竞争激烈的市场中，企业的利润率很低，而且2008年至2009年的全球经济衰退进一步打击了印度的各个产业。印度纺织业面临着一系列挑战，包括原材料和劳动力成本的上涨，来自中国和其他亚洲国家的竞争，以及卢比的升值。

原材料和劳动力成本上涨

在纺织品中使用的主要原料是棉花和其他天然的和以聚酯为原料的纱线。不稳定的季风，再加上近年来棉花出口的增加，导致棉花价格大幅上涨。在过去的 12 个月中，棉花价格上涨了 75% 以上。政府的各种计划和限制也导致了纺织业熟练工人的日益短缺。

来自中国和其他亚洲国家的竞争

印度和中国所生产的纺织品占全球纺织品产量的大多数。由于劳动力成本低、政府大力支持和基础设施建设，中国在与其他金砖国家（巴西、俄罗斯、印度）的竞争中一直处于领先地位。其结果是，中国纺织品在全球市场上的定价更具竞争力，而这阻止了印度公司推动价格上涨。印度企业目前正遭受着利润率下降和订单流向其他国家的痛苦。由于孟加拉国的成本比印度低 50%，许多印度的低价值市场已经转移到了孟加拉国。

卢比升值

近年来，卢比对美元的汇率变得越来越不稳定，在过去两年中，卢比升值了近 20%。这种升值使孟加拉国和越南等国在全球舞台上更具竞争力。2010 年 11 月初，卢比对美元的汇率升至 1 美元兑 44 卢比，为 3 年多来的最高水平。现在它徘徊在 45 卢比/美元。如果卢比对美元进一步走强，很可能会让许多印度纺织企业破产。

棉花价格高企的奇怪现象

最近，棉花市场简直是"疯了"。印度的季风促使许多农民种植更多的棉花来满足其日益增长的需求。但是，尽管产量增加了，棉花价格在过去的一年里还是一路飙升，达到了每磅 1.50 美元，如图表 9B 所示。中国需求的增加和美国库存的减少共同推高了棉花的价格。

图表 9B　　　　　　　　棉花价格走势图

尽管大多数市场分析人士依旧认为，棉花价格高得不正常，而且必须尽早下跌，但棉花价格仍然居高不下，而且似乎还会继续走高，就像预言家预测它会下跌一样。令拉普拉更为惊恐的是

市场分析师的说法，他们现在辩称，棉花价格已永久性地升至较高水平。

拉普拉正在考虑使用棉花期货，他的一些竞争对手已经在使用这种做法。最近对美国棉花期货价格的调查为他提供了一些数据，他明年可能锁定的棉花价格为：113.09美分（2011年3月）；102.06美分（2011年7月）；95.03美分（2011年10月）。尽管期货将消除棉花价格进一步上涨的风险，但他仍担心自己会锁定棉花的高位价格。

发票计价货币

作为一家印度纺织品出口商，拉普拉从来没有选择过发票的计价货币——基本是美元。但也许时代变了？美元对卢比已经下跌了一段时间（如图表9C所示），因此，出口销售产生的卢比越来越少。问题在于，作为一个来自被世界称为"新兴市场"的出口国的公民，他选择的硬通货是美元、欧元和日元。卢比对所有这些货币都在升值！

图表9C   **印度卢比/美元即期汇率走势图**

Rp/$（月均）

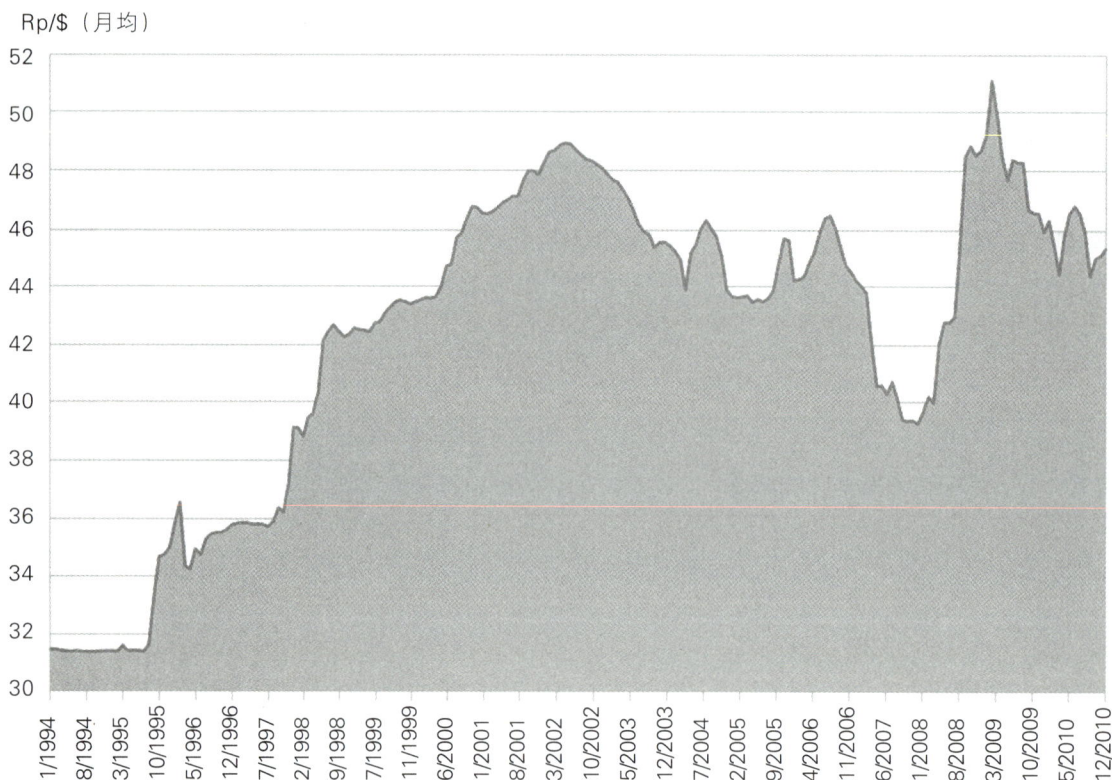

但是，其未来会带来什么呢？这三种硬通货的收益率都处于历史最低水平——名义收益率——而且预计近期不会有太大变化。它们受到各自央行的密切关注，在2008年至2009年的金融危机之后，这三家央行都向各自的货币体系注入了流动性。最直接的可能性是这三个市场的通胀压力都在增加。不幸的是，这不会有什么帮助，因为通胀率的上升可能只会驱动美元、欧元和日元对卢比汇率进一步下跌。

土耳其的销售

拉普拉当前面临的一个问题是，他向一位土耳其客户出售了价值25万美元的纺织品。根据合同，他可以把发票上的货币从里拉换成美元或欧元，但他必须在工作日结束前做出决定。

发票预计结算时间为2011年1月30日，但无论他选择哪种货币（卢比不在其中），他都必须决定如何对冲。拉普拉从当地银行收集了美元、欧元和土耳其里拉的各种远期利率信息，如图表9D所示。他发现美元的报价是最接近的，远期合约将锁定卢比汇率，而这汇率略高于目前的即期汇率。当然，如果远期合约被视为利率未来变动的指示信号，它们确实反映了卢比对美元的长期升值预期。

图表9D　　　　　　　　　　远期汇率报价表

汇率	符号	即期汇率	远期汇率的银行报价		
			20天	60天	90天
卢比/美元	USD/INR	45.8300	46.12	46.70	46.11
卢比/欧元	EUR/INR	60.9611	61.70	61.90	62.20
日元/卢比	INR/JPY	1.8250	1.81	1.81	1.80
卢比/里拉	TRY/INR	30.7192	30.96	30.95	30.87
里拉/美元	USD/TRY	1.4793	1.49	1.48	1.48

他还考虑过以某种形式的货币市场对冲——用应收账款来借入土耳其里拉。尽管他在土耳其已经销售了5年多，但他从未在那里借过钱，而且在安卡拉只和一家银行有业务关系。如果他向这家土耳其银行提供销售记录，他或许可以用自己25万美元的应收账款作为抵押。据银行人员表示，在土耳其，同类信用级别的公司的贷款利率约为14%。但该银行人员也告诉他，作为一家小型外国企业，土耳其市场将向他额外收取300个基点的信贷息差。但如果他真的想尽早拿到钱，印度国内的存款利率平均为10.4%。

在印度，外汇期权最近已成为一种对冲工具。2010年10月，位于孟买的印度国家证券交易所（National Stock Exchange of India）开设了一个外汇期权市场。由于没有期权方面的经验，拉普拉想知道期权是否会比远期合约提供更好的保护。期权市场，至少目前，仅限于卢比/美元的外汇期权。虽然拉普拉能看到期权合约将带来的上行潜力，但他想知道，如果他不得不行使期权，合约会对他微薄的利润率造成多大的伤害。拉普拉考虑的美元看跌期权和看涨期权报价如图表9E所示。

图表9E　　　　　　　　　　卢比/美元的外汇期权报价

执行价格	看跌期权费（卢比/美元）	看涨期权费（卢比/美元）
44.00	0.005	1.890
45.00	0.035	0.440

期权期限：60天，每份期权的合约标的金额：1 000美元。
资料来源：印度国家证券交易所，nseindia.com。

当务之急

拉普拉收起他的笔记，他知道是时候召开家庭会议了。时局艰难，一家人的生计正受到威胁。有两件事需要尽快解决。第一，对于2010年最后一笔大额销售——在土耳其的销售——他知道他需要保护这笔销售金额免受货币风险的影响。第二，他需要带领公司实现可持续发展。随着印度经济的持续发展，许多分析师预测，在可预见的未来，印度卢比对美元的汇率将走强。竞争是激烈的。拉普拉想知道他在印度的业务——家庭生计——是否还能盈利。

问题

1.你认为哪个因素对班伯里的盈利能力威胁更大，棉花价格还是卢比升值？

2.你认为拉普拉应该用棉花期货来对冲棉花成本吗？你有什么推荐吗？

3.你认为拉普拉在土耳其销售时应该选择哪种发票货币？

4.在对冲土耳其销售收入的外汇风险方面，你会提出什么建议？

9.1 外汇风险的类型

外汇汇率的变动将对企业产生什么影响？有两种主要的外汇风险分类方法，其分别基于会计和基于经济竞争能力。会计风险特指交易风险和折算风险，是因为合同和会计核算中以外汇计价产生的风险。我们将经济风险称为经营风险，其衡量一家企业因为外汇汇率变动导致其全球竞争能力改变而引起的价值波动。图表9-1列示了三类主要的外汇风险：交易风险、折算风险和经营风险。

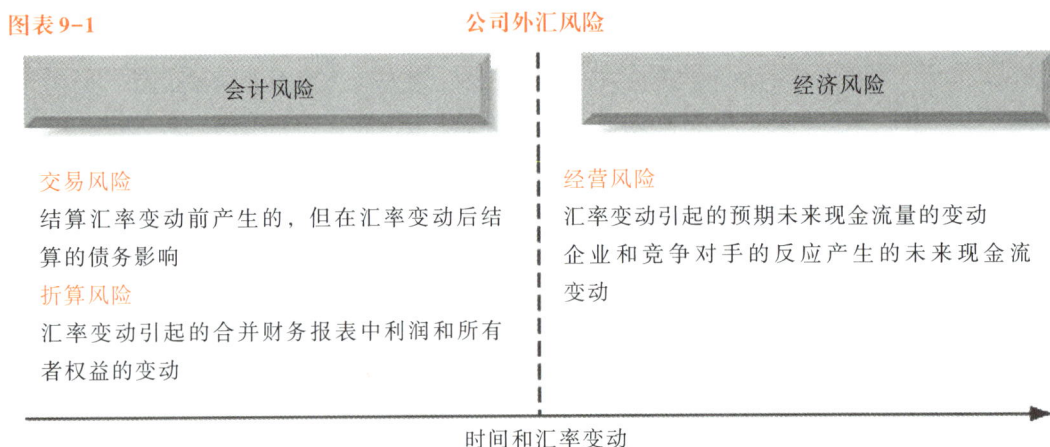

图表9-1　　　　　　　　　　　　　**公司外汇风险**

会计风险	经济风险

交易风险
结算汇率变动前产生的，但在汇率变动后结算的债务影响

折算风险
汇率变动引起的合并财务报表中利润和所有者权益的变动

经营风险
汇率变动引起的预期未来现金流量的变动
企业和竞争对手的反应产生的未来现金流变动

时间和汇率变动

■ **交易风险**（transaction exposure）衡量在汇率变动之前发生，但在汇率变动时尚未结算的未偿债务的价值变动。因此，它应对的是现有债务合同产生的现金流变动。

■ **折算风险**（translation exposure）衡量公司在编制全球合并财务报表时，将海外子公司外币财务报表折算为用单一报告货币的财务报表而导致所有者权益账面价值发生变动的风险。

■ **经营风险**（operating exposure），又称**经济风险**（economic exposure）、**竞争风险**（competitive exposure）或**战略风险**（strategic exposure），它衡量外汇汇率预期外的变动（unexpected change）导致企业未来经营现金流量现值的变动风险，其取决于汇率变动对企业未来销售数量、价格和成本的影响。

之所以存在交易风险和经营风险，是因为未来现金流量有可能发生意外变动。二者之间的区别是，交易风险与已签订合同的未来现金流有关；而经营风险则是由于汇率变动改变了国际竞争力，从而可能引起预期（尚未签订合同）未来现金流量的变化。

学与思9-1 定义下列术语：
　　　　　a.外汇风险
　　　　　b.三种类型的外汇风险

学与思9-2 一家企业能否通过只使用和交易本国货币来规避外汇风险？

学与思9-3 解释为什么持有外币现金余额不会导致交易风险？

9.2 为什么要进行对冲？

跨国企业有许多现金流对汇率、利率和商品价格变动相当敏感。第9、10、11章集中探讨个体企业的价值与未来现金流的外汇风险。我们首先讨论是否应该管理汇率风险。

9.2.1 对冲的定义

许多企业都试图通过对冲来管理货币风险。对冲（hedging）需要一家企业买入将升值（或贬值）的资产、合约或衍生品头寸，以抵消现有头寸的贬值（或升值）风险。因此，对冲可以保护现有资产的所有者免受损失。然而，对冲也消除了因被对冲资产升值而获利的可能。因此有这样一个问题：企业在对冲交易中会得到什么收益？

根据金融理论，企业价值是所有预期未来现金流量的净现值。事实上，预期现金流量中的**"预期"二字意味着：关于未来，没有什么是确定的**。如果汇率变动使这些预期现金流量的报告货币币值发生变动，那么对冲其货币风险的企业就降低了未来预期现金流价值的方差。因此，货币风险（currency risk）可以定义为汇率的预期外变动产生的预期现金流量的方差。

图表9-2举例说明了个体企业预期净现金流的概率分布。对冲这些现金流的货币风险，可使现金流量集中分布在均值周围。换言之，对冲交易降低了这些现金流的风险，但同时也减少了企业价值或收益率提升的可能性。只有当对冲交易使分布均值向右移动时，图表9-2中的企业价值才会增加。实际上，如果对冲交易不是"免费的"，即企业必须花费资源来进行对冲，那么只有当向右移动的程度足以弥补对冲成本时，对冲才会增加价值。

图表9-2　　　　　　　　　　对冲对企业预期现金流的影响

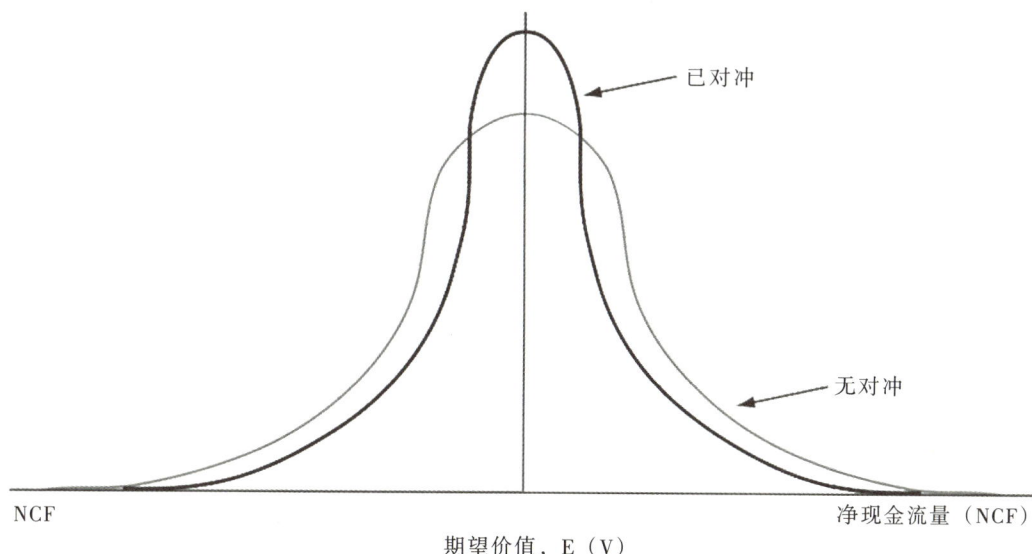

对冲交易降低了分布在期望值附近的预期现金流的波动幅度，从而降低了风险。

学与思9-4 定义下列术语：

　　　a. 对冲

　　　b. 货币风险

学与思 9-5 对冲和投机的区别是什么？

9.2.2 对冲的支持者和反对者

降低现金流波动率是企业进行货币风险管理的充足理由吗？

支持者

对冲的支持者提出下列观点：

1.可降低未来现金流的风险，**提高企业的规划能力**。如果企业能够更准确地预测未来现金流，它就可以进行一些特定的投资活动，这些投资活动在平时可能是不被考虑的。

2.可降低未来现金流的风险，**也降低了企业现金流量低于偿付持续经营所要求的债务偿付水平的可能性**。这一最低现金流量点，通常被称为财务困境临界点（point of financial distress），位于预期现金流分布中心的左侧。对冲交易降低了企业现金流降至该临界点的可能性。

3.相对于个人股东，**管理层企业在了解企业实际货币风险上具有比较优势**。无论企业对公众投资者的披露程度如何，管理层对于企业实际风险的认识在广度和深度上都具优势。

4.由于结构和制度的不完善，以及意外的外部冲击（例如石油危机或战争），市场经常处于非均衡状态。**管理层所处的位置使其能比股东更好地识别非均衡条件**，并能利用一些单一性机会，通过**选择性对冲**（selective hedging）来提升企业价值。"选择性对冲"是指对异常风险的对冲，或者是管理层对于汇率变动方向有明确预期时偶然使用的对冲。

学与思 9-6 描述支持货币风险对冲的 4 个主要观点。

反对者

货币风险对冲的反对者通常会提出下列观点：

1.**股东比管理层更有能力分散货币风险**。如果股东不愿意接受特定企业的货币风险，他们可以分散投资组合来管理风险，直至符合其个人偏好和风险容忍度。

2.**货币风险对冲不会增加企业的预期现金流**，通常还会消耗企业资源，因此会减少企业现金流。货币风险管理对企业价值的综合影响是：既减少现金流（减少企业价值），又降低方差（增加企业价值）。

3.**管理层经常会进行对自己有利的对冲交易**，从而损害股东的利益。金融学领域中的*代理理论*（agency theory）通常认为，管理层总体上比股东更加厌恶风险。

4.**管理层也无法猜透市场**。当市场在平价状态处于均衡时，对冲的预期净现值为零。

5.管理层降低波动率有时是出于会计原因。管理层可能认为，在财务报表中出现外汇损失，会比为避免外汇损失而发生类似甚至更高的现金成本受到更严厉的批评。外汇损失在利润表中是作为一项很明显的表内项目或脚注出现的，而更高的保护成本却隐藏在营业成本或利息费用中。

6.有效市场理论者认为，投资者可以看穿"会计面纱"（accounting veil），其在公司估值中已经考虑了外汇影响，因此对冲只会增加成本。

学与思 9-7 描述货币风险对冲的反对者们通常会提出的 6 个观点。

9.2.3 交易风险的衡量

交易风险衡量的是结算现有外币金融债务产生的损益，以下任何一种情况都会产生交易风险：

- 赊购或赊销以外币计价的商品或服务；
- 需要用外币偿付的借入或贷出资金；
- 作为尚未履行的外汇远期合约的一方；
- 购买以外币计价的资产或发生用外币标价的负债。

当企业拥有以外币计价的应收账款或应付账款时，便产生了交易风险，这也是最常见的一个例子。图表9-3显示了交易风险是如何发生的。总交易风险包括*报价风险*、*积压风险*和*提单风险*。

图表9-3　　　　　　　　　　　　　交易风险周期图

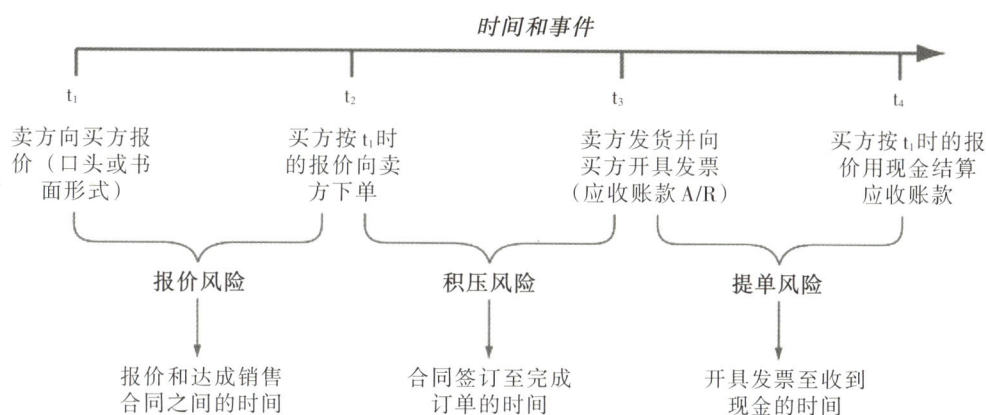

在卖方向潜在买方报出外币价格的第一时间（t_1）就产生了交易风险。可以口头报价，如电话报价；也可以书面报价；还可以是打印的价格清单。这是**报价风险**（quotation exposure）。下订单时（t_2）就将报价时（t_1）产生的潜在风险变成实际风险，也称为**积压风险**（backlog exposure），因为货物在这个时候还没有被装运或开提单。积压风险持续到货物装运和开提单时（t_3），此时积压风险变成了**提单风险**（billing exposure）。提单风险持续到卖方收到货款时为止（t_4）。

赊销或赊购

假定美国Trident公司向比利时买家赊销1 800 000欧元的商品，账期为60天。销售时的即期汇率为1.1200美元/欧元，因此Trident公司预计收到货款时可将欧元兑换为1 800 000欧元×1.1200美元/欧元=2 016 000美元，这也是会计师登记在公司账簿上的销售价值。会计准则规定外币业务要按照交易日期的即期汇率确认并记账。

当Trident公司收到的货款可能不是预期和入账的2 160 000美元时，就产生了交易风险。如果收到货款时欧元贬值到1.1000美元/欧元，Trident公司将只能得到1 800 000欧元×1.1000美元/欧元=1 980 000美元，比在销售时预计的美元收入少了180 000美元。

交易结算价值：1 800 000欧元×1.1000美元/欧元 =1 980 000 美元

交易账面价值：1 800 000欧元×1.12000美元/欧元=2 160 000 美元

外币汇兑损益　　　　　　　　　　　　　　　　　　　=（180 000美元）

但如果欧元升值到1.3000美元/欧元，Trident公司将得到1 800 000×1.3000美元/欧元=2 340 000美元，比预期多180 000美元收入。因此，交易风险就是销售结算价值与账面价值的差异产生的汇兑损益。

Trident公司可以向比利时买家出具美元发票，这样就可以规避交易风险。当然，如果Trident公司希望用美元结算，就可能不会以最优先的位置获得销售订单。即使比利时买家同意用美元支付货款，交易风险也没有消除，而是转嫁给了比利时买家，这笔美元应付账款会给其带来60天不确定的欧元汇兑损益。

外币借贷

企业发生的以外币计价的资金借贷行为也会产生交易风险，这是产生交易风险的第二种情形。例如，1994年，百事公司（PepsiCo）在美国以外最大的罐装厂是墨西哥公司Grupo Embotellador de Mexico（Gemex）。1994年12月中旬，Gemex共有2.64亿美元的债务。当时，墨西哥新比索（"Ps"）的汇率为3.45墨西哥比索/美元，新货币单位自1993年1月1日诞生起，就一直维持着这一盯住汇率，其间只有小幅波动。1994年12月22日，由于墨西哥国内的经济和政治事件，墨西哥政府放开新比索的浮动幅度，仅仅一天时间墨西哥比索的汇率就贬值到4.65墨西哥比索/美元。随后在1995年1月的大部分时间里，墨西哥比索的汇率都在5.50墨西哥比索/美元左右。这笔美元债务的比索价值如下所示：

1994年10月中旬：264 000 000×3.45 比索/美元= 910 800 000 比索

1995年1月中旬： 264 000 000×5.50 比索/美元=1 452 000 000 比索

美元债务的比索价值增加额：   = 541 200 000 比索

偿还这些美元债务所需的墨西哥比索金额增加了59%！墨西哥比索对美元的汇率贬值导致Gemex公司偿债时需要多支付相当于98 400 000美元的墨西哥比索。

未履行的外汇合约

企业在买入远期汇率合约的同时，创造了交易风险。这种交易风险，通常是为了对冲现有的交易风险。例如，一家美国企业需要购买日元合约，以抵消90天后向日本进口商支付1亿日元货款的汇率风险。抵消风险的一种方法是买入90天后交割的1亿日元的远期合约。在这种方式下，企业对冲了日元相对于美元的任何币值变动。因此，潜在的日元应付账款的汇兑损失（或收益）将被远期合约的交易收益（或损失）所抵消。

合约对冲

外汇交易风险可以通过合约对冲、经营对冲和金融对冲进行管理。主要的合约对冲（Contractual hedge）是在远期市场、货币市场、期货市场和期权市场上进行的。经营对冲（operation hedge）利用经营现金流——企业经营活动产生的现金流量——包括各种风险分担协议和提前或延期支付策略等。金融对冲则利用融资现金流——企业融资活动产生的现金流量——包括特定类型的债务、外币衍生品等，例如互换产品。在后面的章节中，将讨论这些经营对冲和金融对冲。

自然对冲（natural hedge）是指经营现金流对冲，例如企业经营过程中自发形成的应付账款。金融对冲（financial hedge）是指债务（例如贷款）或某种金融衍生工具对冲，例如利率互换。值得注意的是，公司财务中将现金流分为经营现金流与融资现金流，这里用同样的方法区分经营对冲和金融对冲。下面的例子将说明如何使用合约对冲技术管理交易风险。

学与思9-8 解释一家新加坡公司如何使用远期合约对冲英镑应收账款的外汇风险，这种对冲的成本是什么？

学与思9-9 什么是自然对冲，请举一个企业自然对冲的例子。

学与思9-10 财务主管最后必须在各种交易风险的对冲策略中进行选择，说明两种常用的决策标准。

9.3 Trident公司管理交易风险的例子

Gonzalez是Trident公司的首席财务官。她刚刚结束了与英国Regency公司就1 000 000英镑的涡轮发动机销售合同的谈判。这对Trident公司当前的业务而言是一笔大单交易。此外，Trident公司目前还没有其他海外客户，因此这份销售合同产生的外币风险也是特有的风险。该销售合同在3月份签订，货款将在3个月以后即6月份支付。为了分析该外币交易风险，Maria Gonzalez已经收集了金融与市场方面的信息，具体详见图表9-4。

图表9-4   **Trident 公司的交易风险**

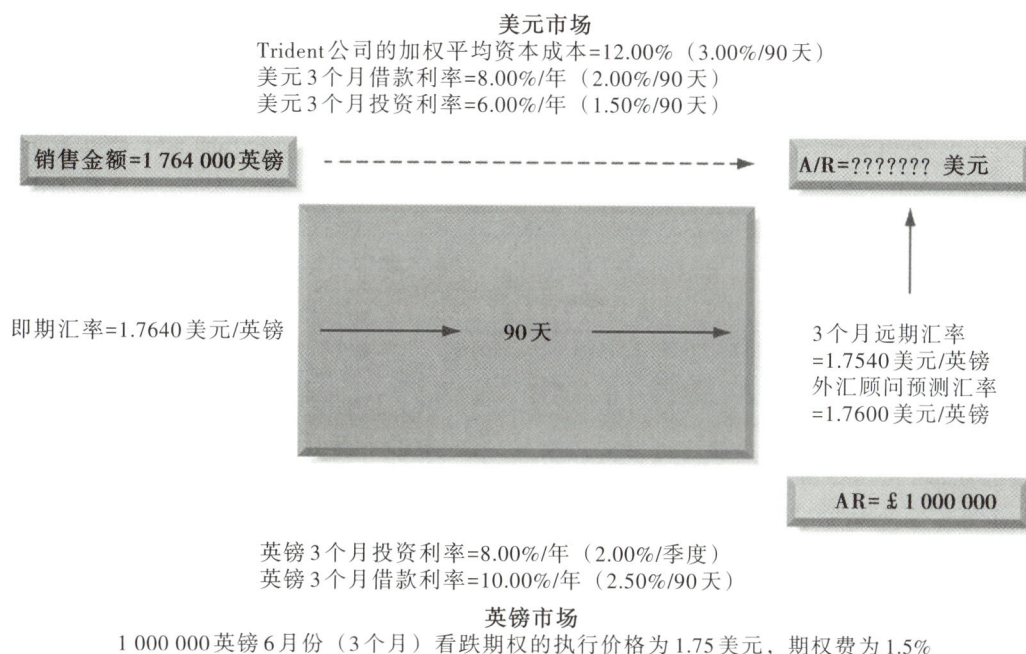

美元市场
Trident公司的加权平均资本成本=12.00%（3.00%/90天）
美元3个月借款利率=8.00%/年（2.00%/90天）
美元3个月投资利率=6.00%/年（1.50%/90天）

销售金额=1 764 000英镑 ----------→ A/R=??????? 美元

即期汇率=1.7640美元/英镑   90天

3个月远期汇率
=1.7540美元/英镑
外汇顾问预测汇率
=1.7600美元/英镑

AR= £ 1 000 000

英镑3个月投资利率=8.00%/年（2.00%/季度）
英镑3个月借款利率=10.00%/年（2.50%/90天）

英镑市场
1 000 000英镑6月份（3个月）看跌期权的执行价格为1.75美元，期权费为1.5%

Trident公司的营业利润率较低。虽然Maria Gonzalez和Trident公司希望英镑相对美元能够升值，但其分析的重点还是英镑下跌的可能性。Trident公司对这份销售合同确定价格和编制预算时，设定了最低可接受的售价：1 700 000美元；公司希望这笔交易可以实现财务和战略目的。因此，预算汇率，即最低可接受的英镑对美元汇率，被定为1.70美元/英镑。只要实际汇率低于该预算汇率，就会导致Trident公司无法从这笔交易中获利。

Trident公司管理这笔交易风险时有下列四种可选择的方法：1）保持不对冲的状态；2）在远期市场上对冲；3）在货币市场上对冲；4）在期权市场上对冲。

9.3.1 未对冲头寸

Maria Gonzalez可能决定承担交易风险。如果她相信外汇顾问，那么她预期在3个月后将得到1 000 000英镑×1.76美元/英镑=1 760 000美元。然而，这一款项是有风险的。比如，如果汇率跌到1.65美元/英镑，那么她只能得到1 650 000美元。但汇率风险不是单边的，如果采取不对冲策略，且英镑走势比顾问预测的还要强，那么Trident公司有可能获得远高于1 760 000美元的金额。不对冲方案的主要内容如下所示：

现在　　　　　　　　　　　　　　　　　　　　3个月后

不对冲　　　　　　　　　　　　　　　得到 1 000 000 英镑
　　　　　　　　　　　　　　　　　　按即期汇率卖出 1 000 000
　　　　　　　　　　　　　　　　　　英镑并得到美元

9.3.2　远期市场对冲

"远期对冲（forward hedge）"方案涉及远期（或期货）合约以及履行合约的资金来源。在交易风险产生时就签订远期合约。在 Trident 公司的例子中，合约签订的时间是 3 月份，当时 Trident 公司对 Regency 公司的销售形成会计账簿上的英镑应收账款。

当此类外币业务发生时，会计上将按照记账日的即期汇率记账。在这个例子中，记账日期的即期汇率是 1.7640 美元/英镑，因此在 Trident 公司的账簿上，这笔销售业务被记为 1 764 000 美元应收账款。公司履行合约所需的资金将在 6 月份取得，届时其将得到 Regency 公司支付的 1 000 000 英镑货款。如果 Trident 公司账上现在就有履行远期合约的资金，或者通过经营活动即将获得这笔资金，那么对冲就被视为**抛补对冲（covered hedge）、完美对冲（perfect hedge）**或**方口对冲（square hedge）**，因为不存在剩余外汇风险敞口。账上现金或即将收到的资金刚好匹配这笔应付资金。

在某些情况下，公司并未有履行远期外汇合约的足够资金，或者要在稍晚时候才能收到，那就必须在将来的特定日期从现货市场上买入这些资金。这种对冲被称为敞口对冲（open hedge）或未抛补对冲（uncovered hedge）。它涉及较高的风险，因为公司为履行远期合约必须按照不确定的未来即期汇率购买外汇。公司在签订合约之后再买入这些资金被称为"抛补"（covering）。

Trident 公司要在远期市场上对冲交易风险，现在需以 3 个月远期汇率 1.7540 美元/英镑卖出 1 000 000 英镑远期合约。这笔抛补交易使公司不再承担任何外汇风险。3 个月后，Trident 公司将从英国买家收到 1 000 000 英镑，并将其汇给远期合约交易对手银行，同时获得 1 754 000 美元。在 Trident 公司的账簿上，会计师将确认一笔 10 000 美元的外汇损失（账面金额为 1 764 000 美元，交割金额为 1 754 000 美元）。

远期对冲的主要内容如下所示：

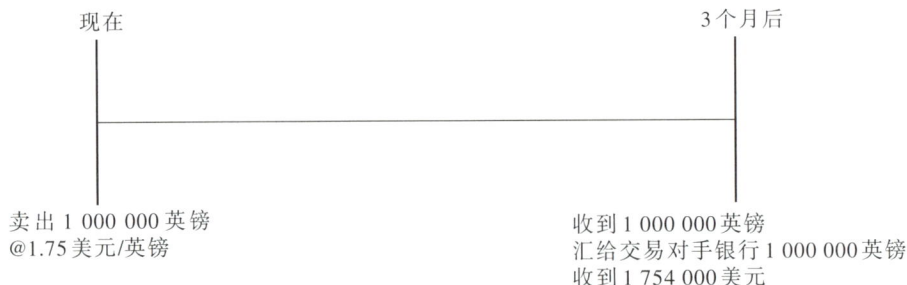

现在　　　　　　　　　　　　　　　　　　　　3个月后

卖出 1 000 000 英镑　　　　　　　　　收到 1 000 000 英镑
@1.75 美元/英镑　　　　　　　　　　汇给交易对手银行 1 000 000 英镑
　　　　　　　　　　　　　　　　　　收到 1 754 000 美元

Maria Gonzalez 如果对未来汇率的预测价格与远期报价相同，即 1.7540 美元，那么不论企业是否进行对冲，都将收到的相同的金额。然而，公司在未对冲方案下的收款金额可能与对冲方案下的确定性金额存在很大差异。永远不要低估可预测结果的价值（还有90个夜晚的安稳觉可睡）。

9.3.3 货币市场对冲

同远期市场对冲一样，**货币市场对冲**（money market hedge）也涉及合约签订和履行该合约的资金来源。在货币市场对冲中，合约是一份贷款协议。企业从货币市场借入一种货币，并将借入的货币兑换为另外一种货币。履行合约所需的资金——偿还贷款的资金，是企业经营活动所产生的现金流，在这个例子中，则是应收账款。

货币市场对冲可以抛补单笔交易，例如Trident公司1 000 000英镑的应收账款，也可以抛补重复交易。对冲重复交易称为*匹配*（matching）。它需要企业匹配预期的外币现金流入和外币现金流出的币种和期限。例如，如果Trident公司长期以来向英国客户销售产品，并收到大量的英镑货款，那么公司的英镑现金流入就相对容易预测。合适的货币市场对冲方案是借入与预期英镑流入的特定规模和期限相匹配的英镑。英镑汇率的升值或贬值对于英镑现金流入的汇兑损益，将与偿还英镑贷款本息产生的英镑现金流出的汇兑损益相对冲。

货币市场对冲的结构与远期对冲的结构类似。区别在于，货币市场对冲的成本是由各种不同的利率决定的，而不是远期利率市场上使用的各种利率。这种差异导致一家私人企业在相互独立的两国市场上借款的利差可能并不是这两国市场上的无风险国库券利差或在这些相同市场上的欧洲货币利差。在有效市场上，利率平价会促使这些成本几乎相近，但并不是所有的市场在任何时候都是有效的。

为了在货币市场上进行对冲，Maria Gonzalez将立刻在伦敦市场借入英镑，并马上将其兑换为美元，并在3个月后用收到的涡轮发动机货款偿还英镑贷款，只要销售货款足以偿还借款的本金和利息即可。假设借款年利率为10%，则3个月利率为2.5%。因此，为了在3个月后偿还贷款，现在应借入的金额为：

1 000 000英镑/（1+0.025）=975 610英镑

Maria Gonzalez将借入975 610英镑，并在3个月后收到应收账款后偿还该本金加上24 390英镑的利息费用。同时，Trident公司应该按照1.7640美元/英镑的即期汇率将975 610英镑的借入资金兑换成1 720 976美元。

如果Trident公司选择货币市场对冲，公司将产生英镑债务，即用英镑银行贷款抵消英镑资产——应收账款。公司通过匹配资产与负债的币种，从而实现货币市场的对冲效果。我们用简单的T形账户来表示Trident公司的资产负债表，从中可以看到英镑贷款（应付本金和利息）抵消了英镑应收账款。

资产		负债和股东权益	
应收账款	1 000 000英镑	银行借款（本金）	975 610英镑
		应计利息	24 390英镑
	1 000 000英镑		1 000 000英镑

银行贷款发挥了对英镑应收账款的**资产负债表对冲**（balance sheet hedge）作用。

为了比较远期市场对冲与货币市场对冲，需要分析Trident公司在接下来3个月中如何利用这笔贷款。如前所述，贷款资金是现在收到的，而远期合约资金3个月以后才能收到。为方便比较，我们必须计算贷款资金在3个月后的终值或远期合约资金的现值。这里主要的不确定因素是3个月后的美元价值，因此我们使用终值进行比较。

由于远期合约资金和贷款资金都是相对确定的，因此可以比较容易地根据两种方案下的美元收益情况选择较多的一种，而这又取决于贷款资金的假设投资收益率。

对于接下来3个月的贷款资金的投资收益，至少存在三种可能的投资收益率假设。第一，如果Trident公司现金充裕，那么贷款资金可以投资美元货币市场工具，预计有6%的年收益率。第二，Maria Gonzalez可以简单地用英镑贷款偿还美元贷款，后者当前的年资金成本是8%。第三，Maria Gonzalez可以将贷款资金投资于企业的经营活动，这时12%的资本成本可以作为合适的假设收益率。金融领域通常使用公司资本成本概念及时调整资本结构，我们也因此使用年化12%（3%的90天收益率）的加权平均资本成本（WACC）计算货币市场对冲方案下的美元收益的终值。

$$1\ 720\ 976\ 美元 \times 1.03 = 1\ 772\ 605\ 美元$$

我们还可以计算Trident公司进行远期市场对冲和货币市场对冲的盈亏平衡投资收益率。假设r为未知的3个月投资收益率（用小数表示），它将使远期市场对冲和货币市场对冲的美元收益相等。于是有：

$$贷款资金 \times (1+投资收益率) = 远期对冲资金$$
$$1\ 720\ 976\ 美元 \times (1+r) = 1\ 754\ 000\ 美元$$
$$r = 0.0192$$

假设1年为360天，我们可以将3个月（90天）的投资收益率转化为相应的年收益率，如下：

$$0.0192 \times 360/90 \times 100 = 7.68\%$$

换言之，如果Maria Gonzalez能以高于7.68%的年收益率投资贷款资金，她更愿意使用货币市场对冲方案。如果她只能以低于7.68%的年收益率投资，则远期市场对冲是更优的方案。

货币市场对冲的主要内容如下所示：

现在 | 3个月后

借入975 610英镑
按照1.764美元/英镑的汇率
兑换成1 720 976美元

收到1 000 000英镑
支付975 610英镑贷款加上24 390英镑的利息，合计1 000 000英镑

货币市场对冲可以让公司预先（期初）就收到现金，因此在与其他对冲方案进行比较时，需要将这笔资金在时间上往后推移。

9.3.4 期权市场对冲

Maria Gonzalez也可以买入看跌期权抛补1 000 000英镑的风险头寸。这种技术——**期权对冲**——可以让她获得英镑升值带来的收益，同时将下行风险限制在一个确定的数额上。假设Maria Gonzalez按1.75美元/英镑的平价（at the money，ATM）执行价格和1.50%的期权费从银行买入1 000 000英镑的3个月看跌期权，那么该期权成本（期权费）为：

期权规模×期权费×即期汇率=期权成本

1 000 000英镑×0.015×1.7640美元/英镑=26 460美元

由于我们使用终值比较各种对冲方案，因此需要估计期权费在3个月后的终值。我们仍然使用12%的年化资本成本或3%的季度资本成本。因此，6月份看跌期权的期权费成本将为26 460美元×1.03=27 254美元。这相当于0.0273美元/英镑（27 254美元÷1 000 000英镑）。

当公司在6月份收到1 000 000英镑时，其美元价值取决于当时的即期汇率。汇率的上行空间可能是无限的，这与未对冲方案相同。只要汇率价格在1.75美元/英镑之上，Trident公司都会让期权到期而放弃行权，并按即期汇率将英镑换成美元。例如，如果预期汇率是1.76美元/英镑，那么Trident公司将在即期市场上将1 000 000英镑兑换成1 760 000美元。净收益为1 760 000美元减去期权费27 254美元，即1 732 746美元。

和未对冲方案的情况相反，期权方案的下行风险是有限的。如果英镑贬值到1.75美元/英镑以下，那么Maria Gonzalez就会以1.75美元/英镑的执行价格卖出1 000 000英镑，并收到1 750 000美元，但净额为1 722 746美元，因为还要减去27 254美元的期权费。尽管该下行结果低于远期市场对冲或贷币市场对冲方案下的美元价值，但期权方案的上行空间并不像其他方案那样受到限制。

平价（ATM）期权市场对冲的主要内容如下所示：

现在   3个月后

买入看跌期权，行权价格为1.75美元/英镑
支付26 460英镑的期权费

收到1 000 000英镑
按照行权价格卖出1 000 000英镑，收到1 750 000美元
或者，当即期汇率>1.75美元/英镑时，按照即期汇率卖出1 000 000英镑

我们可以计算无差别点下的英镑交易区间，用于比较期权对冲方案与其他对冲策略。其中，通过比较远期汇率可确定区间上限。具体而言，英镑必须升值到1.7540美元/英镑的远期汇率以上，并足以补偿0.0273美元/英镑的期权费。因此，盈亏平衡上限的英镑即期汇率必须为1.7540美元+0.0273美元=1.7813美元。如果即期汇率在1.7813美元/英镑以上，那么期权方案下的收益将高于远期市场对冲的收益。如果即期汇率低于1.7813美元/英镑，那么远期市场对冲方案更优。

无差别点的区间下限是通过比较未对冲策略来确定的。如果即期汇率跌到1.75美元/英镑以下，那么Maria Gonzalez将卖出期权，并以1.75美元/英镑的汇率卖出英镑。每英镑的净收益为1.75美元/英镑减去期权费0.0273美元，即1.7227美元/英镑。如果即期汇率跌到1.7227美元/英镑以下，那么行使期权的净收益将高于在即期市场上卖出未对冲英镑取得的净收益。如果即期汇率高于1.7227美元/英镑，未对冲方案的即期收益就会更高。

9.3.5 比较对冲方案

图表9-5列示了各种方案下Trident公司1 000 000英镑应收账款的期末美元价值区间，该图表有助于公司针对汇率的可能变动明确应选择的对冲方案。

图表9-5　　　　　　　　　　　　几种对冲方法下的现金流价值

1 000 000英镑应收账款的美元价值

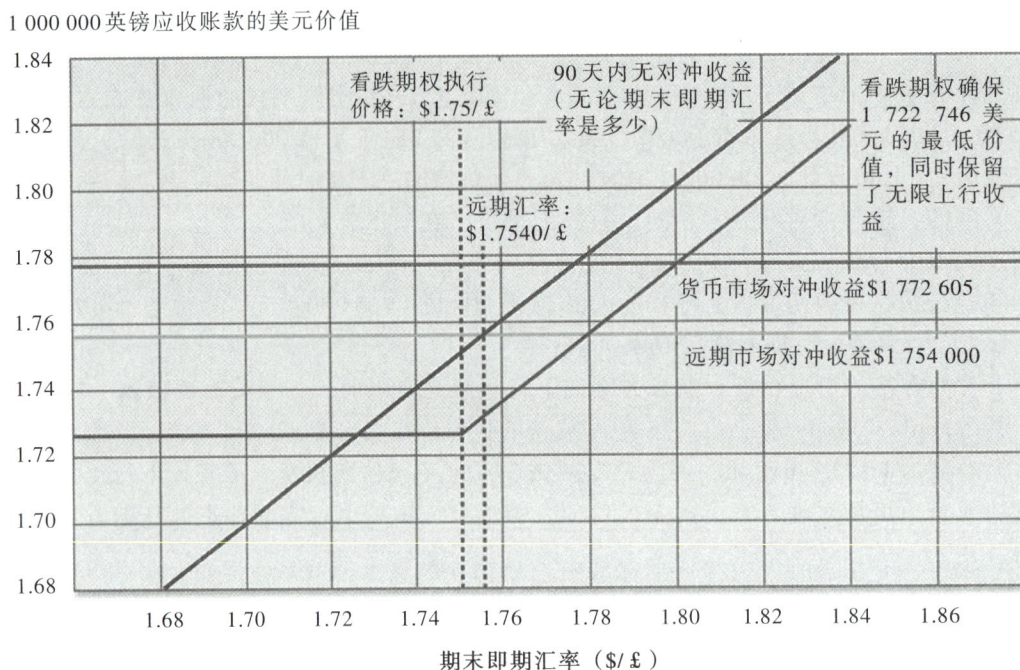

期末即期汇率（$/£）

● 如果预期汇率往不利于公司的方向移动，移至1.76美元/英镑的左边，货币市场对冲方案显然是最优的，其确定的价值为1 772 605美元。

● 如果预期汇率往有利于公司的方向移动，移至1.76美元/英镑的右边，对冲方案的选择就比较复杂，具体将在无对冲、货币市场对冲，以及看跌期权三种方案中选择。

无对冲最有可能是不被接受的方案。如果Maria Gonzalez对未来的即期汇率的预测被证明是错误的，例如即期汇率跌至1.70美元/英镑以下，她就无法实现预算汇率。看跌期权提供了一种独特的选择，如果汇率向有利于Trident公司的方向移动，那么除了期权费，期权方案的上行收益与未对冲方案几乎相同。如果汇率向不利于Trident公司的方向移动，那么看跌期权将下行风险限制在1 722 746美元的水平上。

9.3.6　策略选择与结果

同所有想对冲交易风险的企业一样，Trident公司必须在汇率发生变动之前确定对冲策略。Trident公司的Maria Gonzalez应该如何在这些对冲方案中进行选择呢？她必须根据两条决策标准进行选择：（1）Trident公司的**风险容忍度（risk tolerance）**，通常会在公司政策中列示；（2）她自己对汇率在今后90天内的移动方向（和幅度）的*判断*和预期。

Trident公司的风险容忍度既包括管理层对交易风险的认识，也包括具体的财务目标。不少企业认为货币风险只是经营国际业务的一部分，因此以未对冲方案为基础开始分析。但另一些企业则认为货币风险是不可接受的，它们要么从完全远期合约抛补的基础上开始分析，要么只是强行要求用远期合约完全抛补所有交易风险，不论其他对冲策略的价值是多少。在绝大多数的企业中，财务部门就像企业的*成本中心*或*服务中心*。另一方面，如果企业的财务部门像*利润中心*一样运作，它可能会容忍更多风险。

最终选择的对冲策略——如果Maria Gonzalez的确预期英镑会升值——综合考虑企业的风险

容忍度、对汇率的观点，以及对该观点的信任程度。总而言之，带有合约对冲的交易风险管理需要管理层的审慎判断。

9.3.7 应付账款管理

当企业需要在将来某一日期支付外币时，也要对该应付账款的交易风险进行管理。应付账款的风险管理和应收账款类似，但不完全相同。

如果Trident公司有90天后的1 000 000英镑应付账款，其对冲方案如下所示：

1.保持未对冲状态

Trident公司可以等待90天，到时将美元兑换为英镑，并进行付款。如果Trident公司预期90天后即期汇率为1.76美元/英镑，那么预计付款金额就为1 760 000美元。但这一金额并不是确定的，90天后的即期汇率可能与预期大相径庭。

2.远期市场对冲

Trident公司可以购买1 000 000英镑远期合约，锁定在1.7540美元/英镑的汇率上，美元总成本为1 754 000美元。这比未对冲策略的预期成本少6 000美元，而且风险更低，显然是更优的策略。

3.使用货币市场对冲

应付账款的货币市场对冲策略与应收账款的货币市场对冲策略有区别。在这个例子中，Trident公司为了执行货币市场对冲策略，要按照即期汇率将美元兑换成英镑，并投资于90天的英镑付息账户，之后将在90天的期末取出英镑本金和利息，并支付1 000 000英镑的应付账款。

为确保90天后的本金和利息刚好等于1 000 000英镑，Trident公司使用8%的英镑投资收益率折现1 000 000英镑，折现天数为90天（2%），以计算现在所需的英镑：

$$\frac{1\,000\,000英镑}{\left[1+\left(0.08\times\dfrac{90}{360}\right)\right]}=980\,392.16英镑$$

按当前即期汇率1.7640美元/英镑，980 392.16英镑相当于1 729 411.77美元：

$$980\,392.16英镑\times1.7640美元/英镑=1\,729\,411.77美元$$

最后，为了比较货币市场对冲的结果与其他对冲方案的结果，必须计算1 729 411.77美元成本在90天后的终值，才能与其他对冲策略的日期保持一致。如果使用Trident公司12%的加权平均资本成本（WACC），那么货币市场对冲成本的终值总额为1 781 294.12美元。

$$1\,729\,411.77美元\times\left[1+\left(0.12\times\dfrac{90}{360}\right)\right]=1\,781\,294.12美元$$

该成本高于远期市场对冲的成本，因此并非更优的方案。

4.使用期权对冲

Trident公司可以购买1 000 000英镑的看涨期权，抛补1 000 000英镑的应付账款。假定执行价格为1.75美元/英镑（接近平价）的6月份英镑看涨期权的期权费为1.5%，那么：

$$1\,000\,000英镑\times0.015\times1.7640美元/英镑=26\,460英镑$$

无论看涨期权是否行权，该期权费都要事先支付。和应收账款的例子一样，我们以12%的加权平均资本成本（WACC）计算终值，这将使期权费提高到27 254美元。

如果90天后的即期汇率低于1.75美元/英镑，那么可以放弃行权，并在即期市场上买入

1 000 000英镑支付应付账款。如果没有行权，那么看涨期权对冲策略的总成本在理论上将低于任何其他策略的总成本（保持未对冲状态的情况除外，因为期权费已经支付而且无法收回）。如果90天后的即期汇率超过1.75美元/英镑，看涨期权将被行权，则看涨期权对冲策略的总成本如下所示：

执行看涨期权	1 750 000美元
看涨期权费	27 254美元
看涨期权对冲策略的总最大费用	1 777 254美元

应付账款对冲策略选择

图表9-6总结了Trident公司管理1 000 000英镑应付账款交易风险的四种对冲方法。远期对冲和货币市场对冲的成本是确定的。看涨期权对冲策略的成本最大，而维持未对冲状态的期末支付成本是高度不确定的。

图表9-6　　　　　　几种对冲方法下的应付账款价值

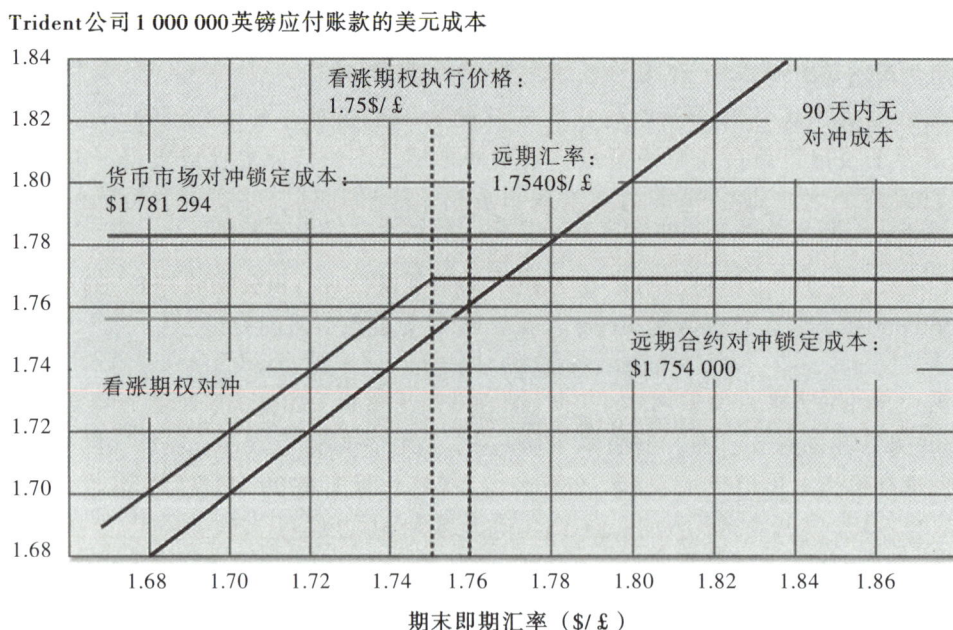

Trident公司1 000 000英镑应付账款的美元成本

期末即期汇率（$/£）

和Trident公司管理应收账款一样，最终的对冲策略选择取决于Maria Gonzalez对汇率预期的信心和她的风险容忍度。远期市场对冲是固定应付账款支付成本的最低成本策略。如果美元对英镑走强，最终的即期汇率低于1.75美元/英镑，那么看涨期权对冲可能是成本最低的策略。然而，如果预期的即期汇率为1.76美元/英镑，那么远期市场对冲方法就是更优的选择。

9.4　风险管理实务

有多少企业，就有多少种不同的风险管理方法。近年来，美国、英国、芬兰、澳大利亚和德国等国关于企业风险管理实务的大量调查表明，公认的最佳风险管理实务并不存在。在下文中，我们尽可能吸收这些调查的基本结论，并结合我们的个人经验。但正如全球财务管理实务9-1表明的那样，有许多不同的风险管理方法。

全球财务管理实务 9-1　　　　　　　　　　　　　　**德国汽车工业和风险对冲**

　　长期以来，德国主要汽车制造商一直是全球最大的外汇风险对冲倡导者之一。宝马（BMW）、奔驰（Mercedes）、保时捷（Porsche）以及保时捷的股东大众（Volkswagen）等公司，由于它们的结构性风险敞口，多年来一直在积极对冲外币收入的汇率风险。虽然它们在欧元区生产，但它们越来越依赖于美元、日元或其他外国（非欧元）货币市场上的销售。然而，各个公司的对冲策略却大相径庭。宝马等公司清楚地表明了这一点，它们"对冲以保护收益"，但不投机。其他公司，比如保时捷和大众，过去的利润中有时超过 40% 来自他们的"对冲"交易。

　　对冲交易的赚钱效应却给全球的监管机构、审计机构和投资者带来困难。如何定义对冲交易？对冲的目的是否只是降低"成本"，而不应追逐"利润"？这些难题导致 2008 年后金融危机时代美国和欧洲许多新的监管政策迟迟难以实施。如果一家上市公司——例如汽车制造商——通过风险对冲持续盈利，那么其核心竞争力究竟是汽车制造和装配，还是对冲/投机汇率变动？

9.4.1　哪个目标？

　　多数私人企业的财务部门，即通常负责管理交易风险的职能部门，通常被认为是一个成本中心。企业并不指望它为企业增加利润（这并不意味着企业不期望它为企业增加价值）。在企业现金管理中，外汇风险经理们宁可选择保守却错误的做法。

9.4.2　哪种风险？

　　当存在以外汇计价的应收款项和外币应付款项时，交易风险在未实际入账之前就已经存在了。然而，**许多企业是不允许对冲报价风险或积压风险的。**其原因是显而易见的：只有当交易出现在企业会计账簿上时，公司才会意识到发生风险的概率。保守的风险管理政策规定，只能对现有风险进行合约对冲。

　　然而，**越来越多的企业不仅积极对冲积压风险，而且有选择地对冲报价风险和预期风险。**预期风险针对目前双方还没有签订的合同或协议，但根据历史趋势和持续业务关系，预期会签订此类合同。尽管从表面上看，对冲预期风险的行为对于这些企业而言有很强的投机性，但对冲未来时期的预期外币应付账款和外币应收账款，可能是保护企业未来经营收入免受意外汇率变动冲击最保守的方法了。

9.4.3　哪种合同对冲？

　　正如所预料的那样，交易风险管理计划通常以期权为界，分为使用期权的交易风险管理计划和不使用期权的交易风险管理计划。不使用货币期权的企业几乎只依靠远期合约对冲和货币市场对冲。全球财务管理实务 9-2 给出了金融市场状况改变企业选择风险对冲的不同方法。

全球财务管理实务9-2　　　　　　　　　**2009年次贷危机和期权波动率**

2008年末至2009年初，全球次贷危机持续对企业外汇风险的对冲交易产生一系列的影响。货币波动率飙升至数年来的最高水平，并一直保持在高位。这导致期权费用大幅上升，以至于许多公司在风险管理中使用外汇期权时更加挑剔。

美元对欧元的波动率就是一个很好的例子。就在2007年7月，交易最广泛的外汇期权（期限从1周到3年）的隐含波动率还低于7%。2008年10月31日，1个月期限的期权隐含波动率已达29%。虽然这似乎是峰值，但到2009年1月30日，1个月期限的期权隐含波动率仍然超过20%。

这使得期权费非常高昂。例如，2009年1月底，当波动率为20%，而不是7%时，1个月期的欧元看涨期权的期权费从0.0096美元/欧元升至0.0286美元/欧元。名义本金为100万美元，意味着价格从9 580美元上涨到了28 640美元。对任何一家公司的财务部门的预算而言，这无疑是挖了一个无底洞。

许多跨国公司都制定了相当严格的交易风险管理政策，强制要求按比例对冲。这些政策通常要求对一定比例（例如，50%、60%或70%）的现有交易风险使用远期合约对冲。风险的期限越长，需要进行远期抛补的比例就越低。剩下的风险将根据企业的风险容忍度、对汇率变动的观点和信心水平有选择地进行对冲。尽管这些企业很少会承认，但选择性对冲本质上就是投机行为。一家企业或财务经理能否持续有效地预测汇率的变动方向，这确实是个非常关键的问题。

学与思9-11 许多跨国公司都制定了相当严格的交易风险管理政策，强制要求按比例对冲。请解释并举例说明如何实施按比例对冲交易风险。

划重点

● 跨国企业面临着三种货币风险：（1）交易风险；（2）经营风险；（3）折算风险。

● 交易风险衡量的是结算外币金融债务时产生的收益或损失。

● 折算风险是由于需要将国外子公司的外币财务报表折算为用一种报告货币表示的财务报表，以编制全球合并财务报表，而使所有者权益账面价值发生变化的风险。

● 经营风险，也称经济风险，衡量的是意外汇率变动引起的企业未来经营现金流的变动导致的企业现值变动。

● 关于企业是否应该对冲货币风险，存在大量争论。理论上，对冲风险降低了企业现金流的波动性，但这并不会增加企业的现金流。实际上，对冲成本还可能减少企业现金流。

● 可以用远期合约、期货、货币市场和期权产品等合约技术管理交易风险。

● 选择何种合约对冲方法取决于企业的货币风险容忍度及其对汇率在交易风险期内是否会发生变化的预期。

● 通常，如果预期汇率将向对企业有利的方向移动，那么可以让企业从有利的汇率变动中受益，又能免受重大不利汇率变动影响的合约对冲方法可能是更优的。

● 通常，如果预期汇率将向对企业不利的方向移动，那么更优的合约对冲是锁定在某个汇率价格上的合约对冲方法，例如远期合约对冲或货币市场对冲。

● 风险管理实务要求企业的财务部门确定目标。财务部门究竟是成本中心，还是利润中心？

● 财务部门还必须选择希望使用的合约对冲方法以及货币风险的对冲比例。此外，财务部门必须决定企业是否应该购买和/或出售货币期权，对一些企业和银行而言，这在之前是高风险的策略。

秒懂本章

可采用多种合约技术来对冲结算外币金融债务时产生损失的风险。

计算分析题

1.**宝洁（印度）公司**。宝洁（P&G）的印度分支机构宝洁（印度）从一家越南公司采购大部分化妆品生产线。由于印度缺少营运资本，印度进口商的付款期通常为180天或更长。宝洁（印度）希望对冲1 000万越南盾的应付账款。尽管没有印度卢比（Rs）期权产品，但有印度卢比对越南盾的远期汇率。此外，在印度像宝洁（印度）这样的公司通常采用的做法是与一家货币代理商合作。在这个例子中，锁定当前的即期汇率的费用率为3.85%。请根据下列汇率与利率数据，推荐一种对冲策略。

即期汇率	346.49越南盾/卢比
180天远期汇率	318.49越南盾/卢比
预期180天后的即期汇率	318.49越南盾/卢比
卢比180天的投资收益率	6%
越南盾180天的投资收益率	1.80%
代理商费率	3.85%
宝洁印度公司的资本成本	10%

2.**暹罗水泥公司**。暹罗水泥公司（Siam Cement）是一家位于曼谷的水泥制造商，它在1997年的亚洲金融危机中遭受了巨额损失。该公司在20世纪90年代中期采取非常激进的增长战略，欠下大量外币（主要是美元）债务。当泰铢（B）从1997年7月的盯住汇率25.0铢/美元贬值时，暹罗公司的未偿还美元债务利息一项就超过了9亿美元（当时其美元债务的平均利率为8.40%）。假设1997年6月暹罗水泥公司以8.40%的利率借入5 000万美元的债务，并在1年后即期汇率稳定在42.0铢/美元时必须偿还该笔债务，那么该笔交易产生的外汇损失是多少？

3.**Bio Tron医药公司**。布伦特·布什（Brent Bush）是一家中等规模的制药设备制造商Bio Tron公司的首席财务官。最近，他主要的日本顾客之一，沼田公司（Numata）提出一项新的付款建议。通常沼田公司每个月都会订购1 000万日元的产品，并使用日元付款。沼田公司当前的付款期限是90天，没有折扣。沼田公司建议，如果能有5%的折扣，公司愿意用现金（日元）支付。布伦特·布什从银行收集了下列当前货币即期汇率和远期汇率报价，并估计了沼田公司的资本成本。布伦特·布什是否应该接受沼田公司的建议？

即期汇率	107.91日元/美元
30天远期汇率	107.66日元/美元
90天远期汇率	106.81日元/美元
180天远期汇率	105.89日元/美元
沼田公司的资本成本	9.38%
Bio Tron公司的资本成本	7.85%

4.**巴西航空工业公司**。巴西航空工业公司（Embraer of Brazil）是全球最大的两家支线飞机制

造商之一（另一家是加拿大庞巴迪公司）。支线飞机比空中客车和波音公司的传统客机小，座位数平均为50～100个。巴西航空工业公司已经与一家美国支线航空公司达成协议，为其生产4架飞机，价格为8 000万美元，1年后交货。尽管巴西航空工业公司将收取美元货款，但它也有投入品货币风险——从现在起的1年中，它必须支付给国外供应商2 000万美元购买投入品（供应商将在1年中陆续将零件交货）。巴西雷亚尔（R$）的当前即期汇率为1.8240雷亚尔/美元，但在过去3年中雷亚尔对美元稳定地升值。远期合约很难买到，并且价格昂贵。花旗银行（巴西）没有向巴西航空工业公司明确提供远期汇率报价，但表明它可能会根据当前4.00%的美元欧洲货币利率和10.50%的巴西政府债券利率为远期定价。请就巴西航空工业公司的货币风险向其提出建议。

5. **维佐尔制药公司**。维佐尔（Vizor）是一家美国的跨国制药公司，该公司正在评估一笔向印度尼西亚分销商出口降胆固醇药品的交易。该笔交易价值18亿印度尼西亚卢比（Rp），当前即期汇率为12 215卢比/美元，约合135 000美元。尽管按照公司标准，这笔交易并不算大，但公司政策规定销售交易必须至少以最低总利润结算，在本例中为133 000美元。当前的90天远期汇率为12 472卢比/美元。尽管该汇率看上去并不具吸引力，但维佐尔公司在找到卢比的远期报价之前必须联系几家大银行。然而，此时货币预测家们一致认为卢比汇率将保持相对稳定，可能在未来90天至120天跌至12 400卢比/美元。请分析这笔交易并推荐一种对冲方法。

6. **美泰玩具公司**。美泰玩具公司（Mattel Toys）是一家美国公司，它销售的产品中，约2/3用美元标价（亚洲和美洲），约1/3用欧元标价（欧洲）。9月，美泰公司向比利时安特卫普的一家主要分销商交运一大批玩具（主要是芭比娃娃和风火轮）。3 000万欧元应收账款将在90天后收取，这是欧洲玩具业的标准条款。美泰公司的财务团队收集到下列货币与市场报价。公司的外汇顾问认为，90天后欧元汇率将为1.4200美元/欧元。美泰公司的管理层在货币风险管理活动中没有使用货币期权。请向美泰公司推荐一种较好的对冲策略。

即期汇率（美元/欧元）	1.4158
瑞士信贷的90天远期汇率（美元/欧元）	1.4172
巴克莱银行的90天远期汇率（美元/欧元）	1.4195
美泰玩具公司的资本成本	9.600%
欧洲美元的90天利率	4.000%
欧元的90天利率	3.885%
欧洲美元的90天借款利率	5.000%
欧元的90天借款利率	5.000%

7. **山猫公司**。山猫公司（Bobcat）是一家总部设在美国的工业设备制造企业，刚刚收购了一家为重型设备生产塑料零件的韩国公司。收购价格为78亿韩元。公司已经支付了15亿韩元，剩下的63亿韩元将在6个月后支付。当前即期汇率为1 071.95韩元/美元，6个月远期汇率为1 103.28韩元/美元。6个月期的韩元利率为12%，6个月期的美元利率为5%。6个月期的执行价格1 100韩元/美元的韩元看涨期权的期权费为2.83%，同样执行价格的6个月期的韩元看跌期权的期权费是2.48%。

山猫公司可以按上述利率投资，或者以高于这些利率1%的年利率借款。山猫公司的加权平均资本成本为9%。比较山猫公司可以管理外汇风险的各种方法。你推荐哪一种？为什么？

8. **阿奎特公司**。阿奎特公司（Aquatech）是一家美国公司，其生产、销售并安装水净化设施。4 月 11 日，该公司向日本长崎市销售了一套净水系统，安装在长崎市著名的哥拉巴公园（Glover Gardens，普契尼的歌剧《蝴蝶夫人》中蝴蝶夫人等待平克顿上尉的地方）里。该笔交易的价格为 20 000 000 日元，3 个月后付款。在销售日《金融时报》刊登了下列日元中间汇率：

即期汇率	118.25 日元/美元（收盘中间价）
1 个月期的远期汇率	117.760 日元/美元，年期权费为 5.04%
3 个月期的远期汇率	116.830 日元/美元，年期权费为 4.88%
1 年期的远期汇率	112.450 日元/美元，年期权费为 5.16%

利率	美国	日本	息差
1 个月	4.8750%	0.09375%	4.78125%
3 个月	4.9375%	0.09375%	4.84375%
1 年期	5.1875%	0.31250%	4.87500%

注意：由于报价的时间差异，利差与日元远期折价有少许差异。例如，即期汇率 118.255 日元/美元为中点汇率。4 月 11 日，在伦敦交易的即期日元汇率从 118.30 日元/美元至 117.550 日元/美元不等。

其他信息：阿奎特公司的日本竞争者现在从日本银行以高于日本货币利率两个百分点的利差借入日元。阿奎特公司的加权平均资本成本为 16%，该公司希望保证该应收账款的美元价值。

九洲银行（Kyushu Bank）的 3 个月期权：

● 执行价为 118.00 日元/美元的 20 000 000 日元看涨期权，期权费为 1%。
● 执行价为 118.00 日元/美元的 20 000 000 日元看跌期权：期权费为 3%。

a.两种对冲的成本和收益各是多少？你推荐使用哪种对冲？为什么？

b.比较远期对冲策略和货币市场对冲策略时的盈亏平衡的再投资收益率是多少？

9.**玫瑰罗盘公司**。玫瑰罗盘公司（Compass Rose）是一家加拿大雨衣制造商，该公司没有选择性地对冲其交易风险。相反，如果交易日期确定已知，那么对所有外币现金流必须运用下列强制性远期合约抛补公式：

玫瑰罗盘的强制远期抛补	0～90 天	91～180 天	180 天以上
支付远期点数	75%	60%	50%
收到远期点数	100%	90%	50%

玫瑰罗盘公司预期明年将收到多笔丹麦克朗（Dkr）货款。90 天后将收到一笔 3 000 000 丹麦克朗的货款；180 天后将收到一笔 2 000 000 丹麦克朗的货款；1 年后将收到一笔 1 000 000 丹麦克朗的货款。根据下列即期和远期汇率，计算公司各期政策要求的远期抛补金额。

即期汇率（丹麦克朗/美元）	4.70
3 个月远期汇率（丹麦克朗/美元）	4.71
6 个月远期汇率（丹麦克朗/美元）	4.72
12 个月远期汇率（丹麦克朗/美元）	4.74

10.朴朴乐旅行社。朴朴乐旅行社（Pupule Travel）是夏威夷火奴鲁鲁的一家100%私有的旅行公司，这家公司签订了一项协议，将收购中国台中旅行社50%的股权，后者是一家中国台湾私有旅行社，专门为美国和加拿大旅客前往台湾旅游提供服务。收购价格为700万新台币（7 000 000T$），这笔应付账款将于3个月后用现金支付。

朴朴乐旅行社的所有者托马斯·卡森（Thomas Carson）认为新台币在接下来3个月中，要么维持稳定，要么轻微下跌。在目前的即期汇率35元/美元的水平上，只需支付200 000美元的现金，但即使是这一相对较低的金额也需要托马斯·卡森个人去借款，目前年利率被定为1.5%。他在夏威夷银行的信贷额度为200 000美元，当前的借款年利率为8%。由于公司没有在外流通的股票，他的竞争者也都是私有企业，不公布财务业绩，因此他不认为能计算出可靠的加权平均资本成本。由于收购交易会用掉他全部的可用信贷额度，她想知道她是否应该对冲该交易风险。她从夏威夷银行得到的报价见下表。请分析各种策略的成本和风险，并向托马斯·卡森推荐一种可选方案。

即期汇率（台币/美元）	33.40
3月期的远期汇率（台币/美元）	32.40
3个月期的新台币存款利率	1.500%
3个月期的美元借款利率	6.500%
3个月期的看涨期权	无

11.光阴公司。波士顿光阴公司（Chronos Time Pieces）向许多国家出口手表，以当地货币计价，出售给商店和分销商。光阴公司以奉行保守的财务理念而自豪。每笔交易中，至少75%的交易风险都被对冲了，主要是利用远期市场对冲，但偶尔也用期权对冲。按照光阴公司的外汇政策，如果贬值或升值幅度很大，那么对冲比例可能会从75%增至125%。

光阴公司刚刚向一家主要的北美分销商发货。它向买家开出了价值180万欧元的90天发票。当前即期汇率为1.2628美元/欧元，90天远期汇率为1.2615美元/欧元。光阴公司的财务总监曼尼·赫南德兹（Manny Hernandez）擅于预测汇率变动。现在，他认为在未来90~120天内欧元对美元将走弱，汇率可能会达到1.2600美元/欧元左右。

a.如果曼尼的预测正确（情况1：1.2600美元/欧元），或者预测错误（情况2：1.2700美元/欧元），请评估各种对冲策略。你推荐采用哪种对冲策略？

b.对冲125%的交易风险意味着什么？

c.企业会认为哪种政策是最保守的交易风险管理政策？光阴公司如何比较这些政策？

12.幸运13吉恩斯公司。得克萨斯州圣安东尼奥的幸运13吉恩斯公司（Lucky 13 Jeans）是邻近危地马拉城的一家新组装工厂。8 400 000格查尔的竣工款项将在6个月后支付（"Q"是危地马拉格查尔的货币符号）。幸运13吉恩斯公司使用20%的年加权平均资本成本。现在的外汇报价和利率报价如下表所示：

竣工工程应付账款（格查尔）	8 400 000
即期汇率（格查尔/美元）	7.0000
6个月远期汇率（格查尔/美元）	7.1000
格查尔的6个月期利率（每年）	14.000%
美元的6个月期利率（每年）	6.000%
幸运13吉恩斯的加权平均资本成本	20.000%

幸运 13 吉恩斯公司的财务经理关心危地马拉的经济情况，他想知道幸运 13 吉恩斯公司是否应该对冲其外汇风险。这位经理自己的预测如下：

预期 6 个月后的即期利率（格查尔/美元）：

最大预期值（反映最大幅度的贬值）	8.0000
期望汇率	7.3000
最小预期值（反映格查尔的坚挺）	6.4000

幸运 13 吉恩斯公司付款时，可选择的现实策略有哪些？你会选择哪种方法？为什么？

13. 伯顿制造公司。 杰森·斯特德曼是伯顿制造公司（Burton Manufacturing）的财务总监，伯顿制造公司是位于美国的一家掌上电脑系统制造商。伯顿公司的存货管理系统结合了存货中用到的低成本活动条形码（条形码标签发出极低频的电波）与定制硬件和软件，这些硬件与软件追踪条形码发出的低频电波以进行存货控制。伯顿公司将一套条形码系统卖给了一家名为佩格大都会（Pegg Metropolitan）（U.K.）的英国企业，售价总额为 1 000 000 英镑。就这笔出口交易而言，伯顿公司在下列日期可以获得下列汇率。假设每个月为 30 天。

日期	事件描述	即期汇率 （美元/英镑）	远期汇率 （美元/英镑）	远期天数
2 月 1 日	向佩格公司报价	1.7850	1.7771	210
3 月 1 日	签订销售合同； 合约金额	1.7465 100 万英镑	1.7381	180
6 月 1 日	装运	1.7689	1.7602	90
8 月 1 日	收到产品	1.7840	1.7811	30
9 月 1 日	佩格公司支付账款	1.7290	—	

a. 这笔销售金额在支付时的潜在外汇收益（损失）是多少？

b. 现在假设杰森决定使用远期合约对冲风险。如果用远期合约对冲，销售的潜在外汇收益（损失）是多少？

14. 米卡金属公司。 米卡金属公司（Micca Metals，Inc.）是位于密歇根州底特律的一家专业材料与金属公司。这家公司专门生产特种贵金属和材料，供许多工业品，包括化妆品、仪器、各种高织金属纤维制造设备等着色用。米卡公司刚从摩洛哥购买了价值 600 万迪拉姆的磷酸盐，6 个月后付款。

从摩洛哥银行可以获得执行价格为 10.00 迪拉姆/美元的 600 万迪拉姆 6 个月看涨期权，期权费为 2%。执行价格为 10.00 迪拉姆/美元的 600 万迪拉姆 6 个月看跌期权的期权费为 3%，其他信息如下表所示。比较米卡公司对冲外汇交易风险的可能策略。你推荐哪种策略？

假设	数值
磷酸盐的应付账款（迪拉姆）	6 000 000
米卡金属公司资本成本	14.00%
即期汇率（迪拉姆/美元）	10.00
6 个月远期汇率（迪拉姆/美元）	10.40

15. **玛丽亚·贡扎雷兹和三叉戟公司。** 三叉戟公司——本章中讨论的那家美国公司，已经和雷真斯（英国）公司达成了第二笔大规模电信设备销售交易。货款总额为 300 万英镑，在 90 天后付款。玛丽亚·贡扎雷兹（Maria Gonzalez）还了解到，三叉戟公司在英国只能以 14% 的年利率借款（由于英国银行对该公司信用的担心）。给定下列汇率和利率，现在最符合三叉戟公司利益的交易风险对冲是什么？

假设	数值
90 天应收账款（英镑）	3 000 000
即期汇率（美元/英镑）	1.7620
90 天远期汇率（美元/英镑）	1.7550
3 个月期美元投资利率	6.000%
3 个月期美元借款利率	8.000%
3 个月期英镑投资利率	8.000%
3 个月期英镑借款利率	14.000%
英镑看跌期权：执行汇率，美元/英镑	
执行价格（美元/英镑）	1.75
看跌期权费	1.500%
执行价格（美元/英镑）	1.71
看跌期权费	1.000%
三叉戟公司资本成本	12.000%
玛利亚预期 90 天后的即期汇率	
美元/英镑	1.7850

16. **拉金液压公司。** 5 月 1 日，卡特彼勒（美国）的一家全资子公司，拉金液压公司（Larkin Hydraulics）向荷兰的 RT 公司出售了 12 兆瓦的涡轮发动机，价值 400 万欧元，在 8 月 1 日收取 200 万欧元，11 月 1 日收取 200 万欧元。拉金液压公司在 4 月 1 日时是用通常的美元售价 432 万美元除以当时的即期汇率 1.0800 美元/欧元，得出 400 万欧元。

直至收到订单，并于 5 月 1 日入账时，欧元已经升至 1.1000 美元/欧元，因此该笔交易实际上价值 400 万欧元×1.1000 美元/欧元=440 万美元。拉金液压公司已经从有利的汇率变化中多获得了 8 万美元！然而，现在拉金液压公司的财务总监想知道该企业是否应该对冲近期欧元的逆转趋势。有四种可能的方法：

（1）在远期市场中对冲。3 个月远期汇率报价为 1.1060 美元/欧元，6 个月远期报价为 1.1130 美元/欧元；

（2）在货币市场中对冲。拉金液压公司可以从美国银行的法兰克福分行中以 8.00% 的年利率借入欧元；

（3）用外汇期权对冲。现有执行价格为 1.1000 美元/欧元，年期权费为 2.0% 的 8 月份看跌期权，以及执行价格为 1.1000 美元/欧元，年期权费为 1.2% 的 11 月份看跌期权。执行价格为 1.1000

美元/欧元的8月份看涨期权的期权费为3.0%，执行价格为1.1000美元/欧元的11月份看涨期权的期权费为2.6%。

（4）什么也不做。拉金液压公司可以等待，直到8月份和11月份收到货款，希望近期欧元继续走强，并在即期市场上卖出收到的欧元，兑换为美元。

拉金液压公司估计其年权益资本成本为12%。作为一家小公司，拉金液压公司无法通过借入长期债务的方式筹集资金。美国国库券的年利率为3.6%。拉金液压公司该如何做？

网络练习题

1.外币波动率。 你希望为自己的期权定价，但是你需要知道当前的欧元、英镑与日元波动性。用下列网站收集即期汇率与波动性数据，确定期权定价分析中远期平价卖出期权的价格：

纽约联邦储备银行：www.newyorkfed.org/markets/foreignex.html

RatesFX.com：www.ratesfx.com/

2.对冲的目的。 所有跨国公司都会在年报中写明货币风险管理活动的目标和目的。从下列企业开始，收集样本，讨论公司进行对冲的原因，并对讨论的内容进行比较：

雀巢：www.nestle.com

迪士尼：www.disney.com

诺基亚：www.nokia.com

BP：www.bp.com

3.FASB：不断变化的会计实践。 财务会计准则委员会颁布美国公司财务报告的标准做法。然而，它也常常在世界各地的新做法和新问题的发展中起引领作用。现今的一个主要问题是金融衍生品和公司衍生品协议的估值和报告。请使用财务会计准则委员会的主页和一些大型会计师事务所以及世界各地的其他相关组织的网页，查看最新的会计准则和相关机构对准则的反应。

FASB主页：www.fasb.org

纽约财务管理：www.tmany.org/

本章逻辑框架图

本章逻辑框架图

图表 9-7

交易风险：结算外币金融债务时产生的收益或损失

折算风险：由于需要将国外子公司的外币财务报表折算为用一种报告货币表示的财务报表，来编制合并财务报表，而使所有者权益账面价值发生变化的风险

经营风险：意料汇率变动引起的企业未经营现金流的变动导致的企业现值变动

利：降低企业现金流的波动性

弊：可能减少企业现金流

可采用远期合约、期货、货币市场和期权产品等合约技术

选择何种方法，取决于企业的货币风险容忍度，及其对汇率在交易风险期内是否会发生变化的预期

若预期汇率将向有利于企业的方向移动，应选择可以使企业从有利的汇率变动中受益，又免受重大不利汇率变动影响的合约对冲方法

若预期相反，则应选择锁定某个汇率价格上的合约对冲方法

财务部门要确定目标，并选择适宜的合约对冲方法以及货币风险的对冲比例

类型

对冲

应对

实务

三大外汇风险

对冲货币风险

对冲交易风险

外汇风险管理

交易风险

第10章

折算风险

> 笔杆的力量胜过刀剑，但这并不适用于会计。
>
> ——Jonathan Glancey

学习目标

■ 解释国外子公司"功能货币"的含义
■ 说明两种主要外币计价财务报表折算方法的理论和实际差异
■ 理解折算等会计概念对跨国公司估值的影响
■ 分析管理折算风险的成本和收益

课前阅读与思考

折算风险，也被称为第二类会计风险，国外子公司以国外货币编制子公司财务报表，在母公司编制合并报表时，子公司要将其报表转换为以母公司记账本位币编制的财务报表，在此过程中发生的风险为折算风险。比如，美国公司的国外子公司必须将其以当地货币（如欧元、英镑、日元）编制的财务报表折算成以美元编制的财务报表，该种情况下，国外子公司的价值才能被加入母公司以美元计价的资产负债表和利润表中。该会计过程被称为"折算"。折算风险是指折算中汇率变动对母公司净值以及报告净收入可能产生的增减变动影响。

即使折算的主要目的是供母公司编制合并财务报表使用，管理层也可使用折算报表来分析国外子公司的经营表现。虽然以外币编制的财务报表有利于相关的经营评估，但将各国外子公司报表统一折算成母公司计价本位币报表有利于管理层对各国外子公司进行比较。

学与思 10-1 什么是折算风险？折算风险和外汇风险的区别是什么？

学与思 10-2 跨国企业如何对冲折算风险和外汇风险？

学与思 10-3 合并国外子公司财务报表时的中心问题是什么？

本章介绍了目前常用的折算方法，并且通过引导案例"拉荷亚工程服务公司"具体阐述了折算如何产生并影响跨国公司的财务表现。请带着你的思索和疑问，开启本章的学习和探索之旅吧！

拉荷亚工程服务公司[①]

Meaghan O'Connor 接手了工程设备部门一系列棘手的问题。在2004年3月接任部门CFO以后，Meaghan发现拉荷亚公司工程设备拉丁美洲子公司是导致公司近期利润下滑和收入增长乏力的源头。这种不寻常的利润下滑和收入增长乏力是货币折算导致的。

拉美子公司

拉荷亚公司是以出色的电力系统设计和建造能力而著称的跨国工程服务公司。拉荷亚公司的大部分业务以"服务"为主，因此该部分业务板块很少使用或拥有实物资产。而工程设备部门则不同，其拥有并运营高成本的特殊重型设备，包括电力运输和配送系统。Meaghan负责公司里"重型钢铁"业务的咨询工作。

拉荷亚公司近年的业务主要集中在阿根廷、牙买加、委内瑞拉和墨西哥这四个国家。不幸的是，最近几年这四国货币对美元的汇率并不坚挺。拉荷亚公司在这四个国家设立的子公司均使用当地货币作为功能货币。每一个子公司的收入主要来源于当地的服务合同，运营成本也来源于当地。但是每一个子公司都有部分设备投资——所谓的"重型钢铁"——拉荷亚公司每年对各国外分部进行报表合并时，这些设备会形成净风险暴露资产。这种汇兑折算收益和损失（主要是阿根廷比索、牙买加元、委内瑞拉玻利瓦尔和墨西哥比索对美元汇率疲软带来的损失）被计入公司合并报表折算调整科目中。然而事实上，问题比账面情况显示的更为严重。

通常情况下，这种折算损失不会对拉荷亚公司和Meaghan造成严峻的管理问题，2003年秋季，管理层仅将其定义为一项账务处理错误。像许多其他跨国公司一样，在阿根廷"后危机"严重萧条时期，拉荷亚公司暂停了其在阿根廷的业务，2003年夏天公司关闭了其所有的当地店铺。然而，其在布宜诺斯艾利斯（阿根廷首都）的法律顾问却犯了一个错误。他们没有中止运营并封存阿根廷公司现存资产，而是递交文件声称，拉荷亚公司正在对阿根廷的业务进行清算。虽然在一般公认会计原则和FAS52准则下，拉荷亚公司的货币折算损失只是一个小问题，但是拉荷亚公司必须将过去年份在阿根廷计提的累计汇兑折算损失转入当期损益中。该笔转入将导致公司2003年4季度700万美元的实质性损失，拉荷亚公司的管理层对此感到非常不悦。

拉荷亚2004

鉴于该经验，拉荷亚公司开始关注旗下所有海外公司的汇兑折算收益和损失。拉美地区的经营再次成为其关注焦点。由于拉美区货币对美元以及欧元的疲软，阿根廷、牙买加、委内瑞拉和墨西哥都呈现出各自的问题和挑战，这些汇兑调整威胁最终都直指拉荷亚公司。

牙买加地区

公司在一开始就十分关注牙买加地区的业务开展。最初，公司使用牙买加元来确认收入（牙买加元为该业务的功能货币），但在2003年年初，牙买加元贬值以后，公司重新协商了一个风险共担协议。这份协议重构了合同双方的关系，协议中指出，拉荷亚公司必须继续使用当地货币进行结算，但是发票开出后合同双方必须共同承担2003年第4季度以后汇率变化带来的风险。尽管如此，牙买加元的持续贬值（如图表10A所示）已经给拉荷亚公司造成了实质性的汇兑损失。

---

① 版权申明：雷鸟环球管理学院版权所有。本案例由Michael Moffett教授编写，仅供课堂讨论之用，并不表示有效或无效的管理。本案涉及一家真实的公司；为了保密，名字和国家已经更改。

图表 10A　　　　　　　　　　美元对牙买加元汇率

牙买加元＝1美元，每月平均值

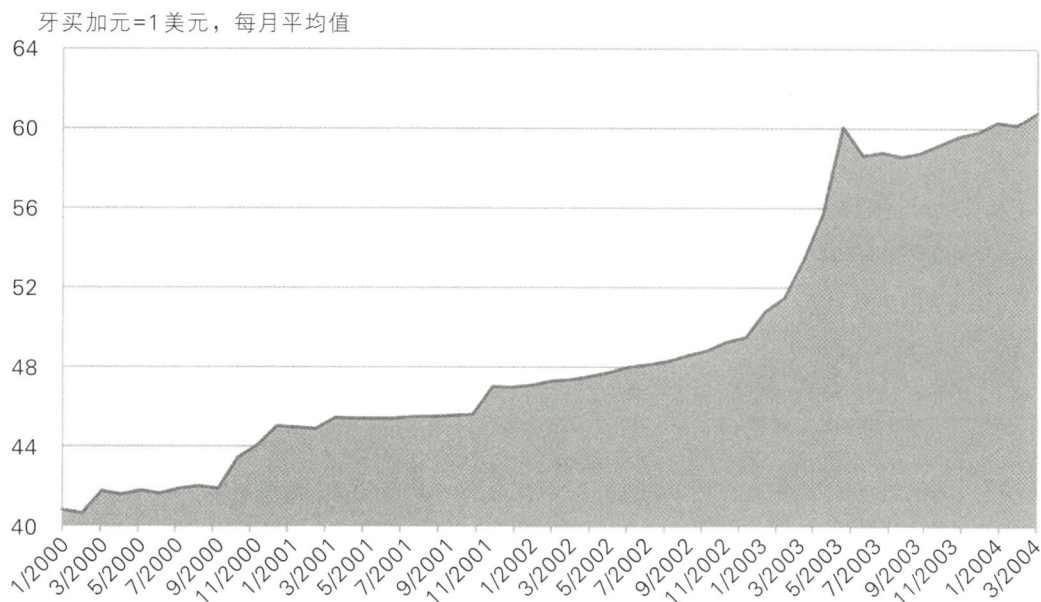

墨西哥地区

　　墨西哥比索汇率在 2002 年前处于较稳定的状态，2002—2003 年开始出现明显下降（如图表 10B 所示）。在进一步了解了墨西哥地区的情况以后，Meaghan 变得越发失望。拉荷亚公司墨西哥子公司于 2000 年开始运营，当前报告出来的汇兑损失远超她的预期。

图表 10B　　　　　　　　　　美元对墨西哥比索汇率

墨西哥比索＝1美元，每月平均值

　　在意识到本季度财报中汇兑损失可能被墨西哥办公室"篡改"时，她开始变得十分警觉。她通过电话（后来甚至是当面）提出了一些问题，墨西哥财务主管仅仅是放下手中的工作，淡淡地表示没有理解她提出的问题。Meaghan 多年从事国际财务管理工作，她深知墨西哥板块的财务报表确实是按照当地政府对外币计价账户的要求在附注中列报了相关货币资产的价值。她只是好奇这些附注是否会带来汇兑损失。

委内瑞拉地区

2000—2004年委内瑞拉周边不断爆发政治危机，并且危机已经影响至委内瑞拉玻利瓦尔的汇率（如图表10C所示）。

图表10C　　　　　　　　　　　　**美元对委内瑞拉玻利瓦尔汇率**

玻利瓦尔=1美元，每月平均值

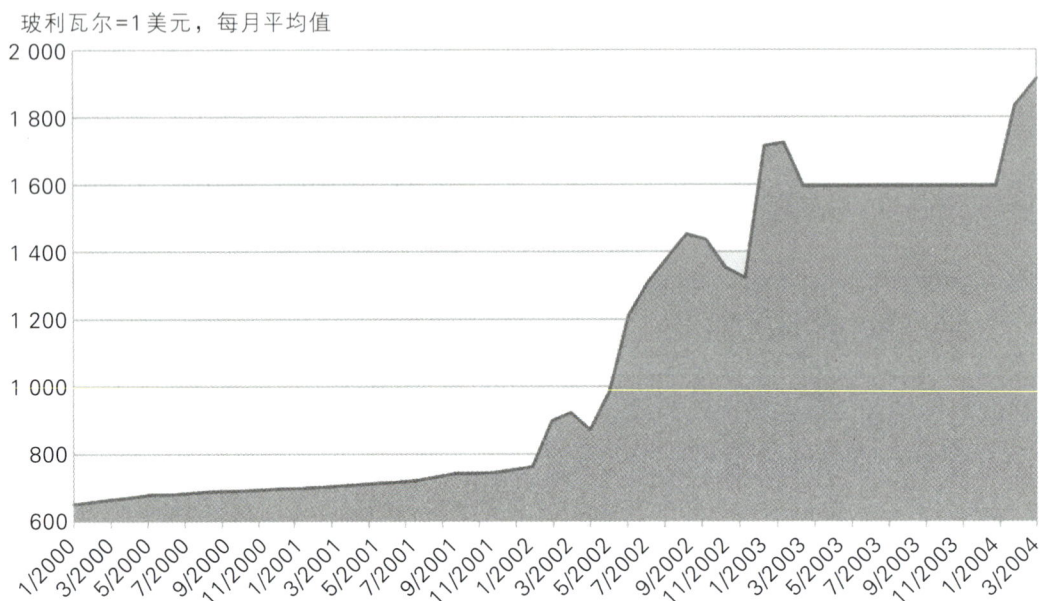

除了玻利瓦尔贬值，其重要客户委内瑞拉政府还延迟支付发票，拉荷亚公司面临严重的困境。委内瑞拉政府的每笔发票需要多花180天才能变现，且玻利瓦尔的贬值加重了公司的损失。因使用当地货币作为功能货币，汇兑损失的累积又给公司带来风险。委内瑞拉当地的主管已经传真给 Meaghan 一份方案书，建议将委内瑞拉地区公司的计价货币由玻利瓦尔换为美元，同时也建议出于会计和合并报表的目的，将公司转移（离开委内瑞拉），他建议选择开曼群岛或者荷属安的列斯群岛。

总而言之，Meaghan 开始思考她接任拉美工程部门 CFO 是不是一个错误的决定。她一次又一次地望向太平洋，思考着该选择什么方法去管理这些暴露风险，以及当下她应该立即采取什么行动来改变困境。

问题

1.你相信 Meaghan 会花费时间和精力去解决在很多人看来仅仅是单纯会计层面的汇兑损失问题吗？

2.你如何分析拉荷亚公司在各个国家面临的风险？这些风险中哪些特征与货币问题有关？

3.你对 Meaghan 有何建议？

10.1　折算介绍

为编制母公司合并报表，每个子公司必须对利润表和资产负债表进行折算。现金流量表不需要进行折算。合并现金流量表根据合并资产负债表和合并利润表编制而成。因为跨国公司的合并结果由各分部（包括子公司）经营结果汇总而成，因此期间内汇率的变化对合并净收入和合并净值的影响较大。

对于单一个体的财务报表来说，如果使用相同的汇率对财务报表（利润表、资产负债表）进行折算，折算后报表项目仍能配平。但若使用不同的汇率对财报各项目进行折算，将出现折算后报表项目无法配平的情况。因为在选择折算汇率时需要权衡考虑历史汇率和现行汇率，因此不同项目可能使用不同的汇率进行折算。那么接下来的问题就是，如何处理报表项目无法配平的情况？

10.1.1 子公司特征

大多数公司根据子公司的商业模式确定其使用的折算方法。比如，可将国外子公司分为综合性实体或自给自足性实体。**综合性实体**（integrated foreign entity）作为母公司的延伸，与母公司的现金流和业务部门高度相关。**自给自足性实体**（self-sustaining foreign entity）是指独立于母公司而在当地经济环境中经营的实体。不同实体差异对折算的处理至关重要。国外子公司应使用经济运行的基础货币进行估值。

通常，一家公司会同时拥有两种国外子公司——综合性和自给自足性子公司。比如，一家美国的制造商，在美国境内生产零部件，然后将零部件运往西班牙子公司进行组装，并在欧盟成员国内转售。该经济运行的主导货币为美元。同样是这家美国制造商，还可能在委内瑞拉拥有农业营销业务子公司，该子公司仅有少量的现金流和经营业务与美国的母公司或者说美元相关。该子公司所有的投入和产出均使用委内瑞拉玻利瓦尔进行交易。因委内瑞拉子公司的经营独立于母公司，其功能货币为委内瑞拉玻利瓦尔，因此该子公司应该被认定为自给自足性国外实体。

10.1.2 功能货币

国外子公司的**功能货币**（functional currency）是指，子公司经营和产生现金流的经济环境中的主要货币。也就是说，功能货币是子公司日常经营中的主导货币。需要特别说明的是，**子公司的地理位置和功能货币可能并不一致**。美国公司的新加坡子公司可能使用美元（综合性实体）、新加坡元（自给自足性实体）或者其他货币如英镑（自给自足性实体）作为其功能货币。

无论该子公司是综合性实体还是自给自足性实体，美国母公司均需要确定其子公司的功能货币。管理层需要评估每个国外子公司的存在实质和目的，从而进一步确定每个子公司所使用的功能货币。如果母公司管理层决定该国外子公司使用美元作为其功能货币，则实质上将该子公司视为母公司的延伸（相当于综合性国外实体）。若母公司管理层决定该国外子公司不使用美元作为其功能货币，则实质上将该子公司视为独立于美国母公司而存在的经营实体（相当于自给自足性国外实体）。

`学与思 10-4` 国外子公司为什么更喜欢使用当地货币作为功能货币？功能货币什么时候应该作为财务报告货币？

10.2 折算方法

国际上使用的两种主要折算方法为现行汇率法和时态法。无论使用哪种折算方法，都必须指定资产负债表和利润表折算时需使用的折算汇率，以及报表配不平的金额是体现在当期损益中，还是资产负债表的权益储备科目中。

`学与思 10-5` 解释母公司在合并财务报表时所使用的折算方法的两个决定因素。

10.2.1 现行汇率法

目前，国际上最常使用的折算方法是现行汇率法（current rate method）。在该方法下，财务报表科目几乎毫无例外地使用现行汇率进行折算。

■ 资产和负债。所有的资产和负债科目都以现行汇率进行折算，即按资产负债表日的汇率进行折算。

■ 损益项目。所有的科目包括折旧、产品销售成本等，均选择下列两种汇率之一进行折算，第一种为不同收入、成本、利得和损失实际发生日的汇率，第二种为产生损益区间内以合理权重计算的加权平均汇率。

■ 分红。股利支付的折算汇率为支付当天的实际汇率。

■ 权益项目。股本和实收资本科目以历史汇率进行折算，年终留存收益为年初留存收益加上或减去当年的收入或亏损。

折算调整所产生的利得和损失，并不计入当期合并收入的计算中，而是单独或累积记入一个（合并资产负债表中列示的）权益储备账户中，并且子科目注明诸如"累积折算调整"（CTA）等名称，具体情况视国家而异。如果该国外子公司之后被出售或者清算，CTA账户中过去年份所有累积的利得和损失将被列入出售或清算的总利得和损失中，一同转入出售或清算发生当期的损益中。

10.2.2 时态法

在时态法（temporal method）下，特定的资产和负债以科目创建之时的汇率进行折算。时态法假设一系列的资产科目如存货、厂房和设备等以公允价值进行计价，如果这些科目没有被重新计价，而是以历史成本进行列示，则时态法将转换为货币或非货币折算方法（monetary/nonmonetary method），该折算方法目前仍被大多数国家使用。不同科目的折算方法如下：

■ 货币资产（主要包括现金、有价证券、应收款和长期应收款）和货币负债（主要包括短期负债和长期借款），以现行汇率进行折算。非货币资产和负债（主要包括存货和固定资产），以历史汇率进行折算。

■ 损益项目。折旧和产品销售成本等与非货币资产和负债相关的损益科目，以历史汇率进行折算，其他科目均以当期平均汇率进行折算。

■ 分红。股利支付以支付当天的汇率进行折算。

■ 权益项目。股本和实收资本以历史汇率进行折算，年终留存收益为年初留存收益加上或减去当年的收入或亏损，再加上或减去折算所产生的利得或损失。

学与思 10-6 用现行汇率法和时态法折算资产的主要区别是什么？

学与思 10-7 用现行汇率法和时态法折算负债的主要区别是什么？

在时态法下，折算所产生的利得或损失，直接记入当期合并收入，而不用记入权益储备账户。因此折算过程中汇率的波动将直接引起当期合并损益的波动。

10.2.3 美国适用的折算步骤

美国母公司以子公司功能货币而不是子公司特性对其进行区分。需要注意的是：在美国会计和折算实践中，使用现行汇率法被视为"折算"，而使用时态法被视为"调整"。在美国适用的主要折算原理概括如下：

■ 如果美国母公司的国外子公司使用美元进行财务报表编制，则不需要进行折算。

■ 如果国外子公司使用当地货币进行财务报表编制，并且该货币为功能货币，则该公司使用现行汇率法进行折算。

■ 如果国外子公司使用当地货币进行财务报表编制，但是美元为功能货币，则该子公司使用时态法进行调整。

■ 如果国外子公司使用当地货币进行财务报表编制，但是美元和该当地货币均不是功能货币，则必须使用时态法将财务报表调整至使用功能货币编制，然后再使用现行汇率法将财务报表折算成使用美元编制。

■ 图表 10-1 总结了在美国实际适用的折算方式，当国外子公司在恶性通货膨胀国家经营时，折算方式存在例外情况。恶性通货膨胀国家是指累计通货膨胀率超过 100% 或者累计通货膨胀长达 3 年以上的国家。在该种情况下，子公司必须使用时态法。

图表 10-1　　　　　　　　　　　　　美国折算实践流程图

目的：将外币财务报表折算成美元财务报表。

如果国外子公司的财务报表以外币进行编制，需要进行以下判定：

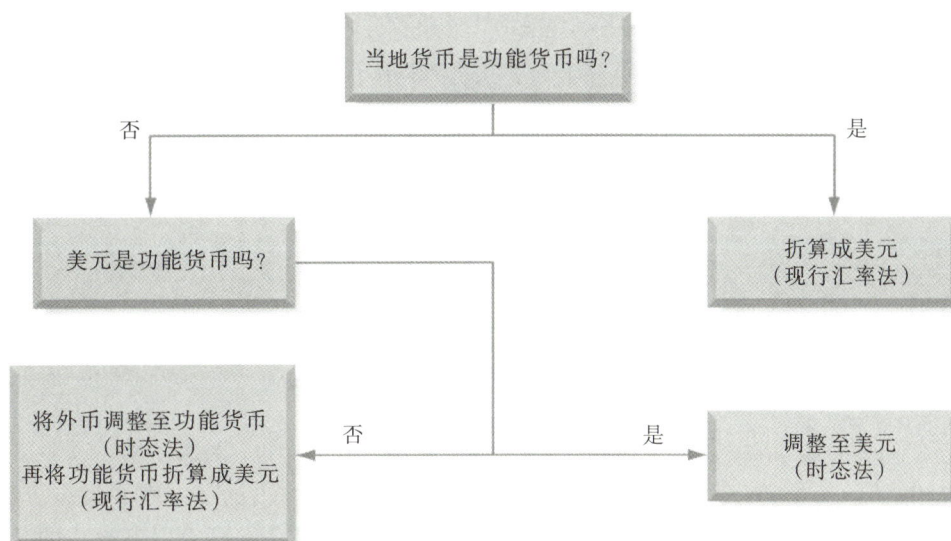

学与思 10-8 跨国公司是否会担心业务所在国的通货膨胀和恶性通货膨胀？它们应该如何对冲通货膨胀的风险？

最后值得注意的是：子公司功能货币的选择取决于其经营的经济实质，而不是管理层根据特定程序酌情决定，或者通过投票选择。因为许多美国的跨国公司有很多国外子公司，这些子公司有使用美元作为功能货币的，也有使用外币作为功能货币的，因此货币折算产生的利得和损失可能同时出现在当期合并收入以及计提的权益储备账户中。

10.2.4　国际折算实践

全球许多工业大国均遵循国际会计准则（IASC），因此具有相似的折算程序。国外子公司可能是综合性国外实体，也可能是自给自足性国外实体。综合性国外实体主要使用时态法进行调整

（可能会有微小差异），**自给自足性国外实体主要使用现行汇率法进行折算，这也被称为收盘汇率法**。

10.3　Trident集团折算披露

本书在第 1 章介绍了 Trident 集团，如图表 10-2 所示，其母公司设在美国，并同时拥有设在美国的子公司以及设在欧洲和中国的国外子公司。该公司已公开上市，其股票在纽约证券交易所（NYSE）交易。

图表 10-2　　　　　　　　　　　Trident 集团：美国跨国公司

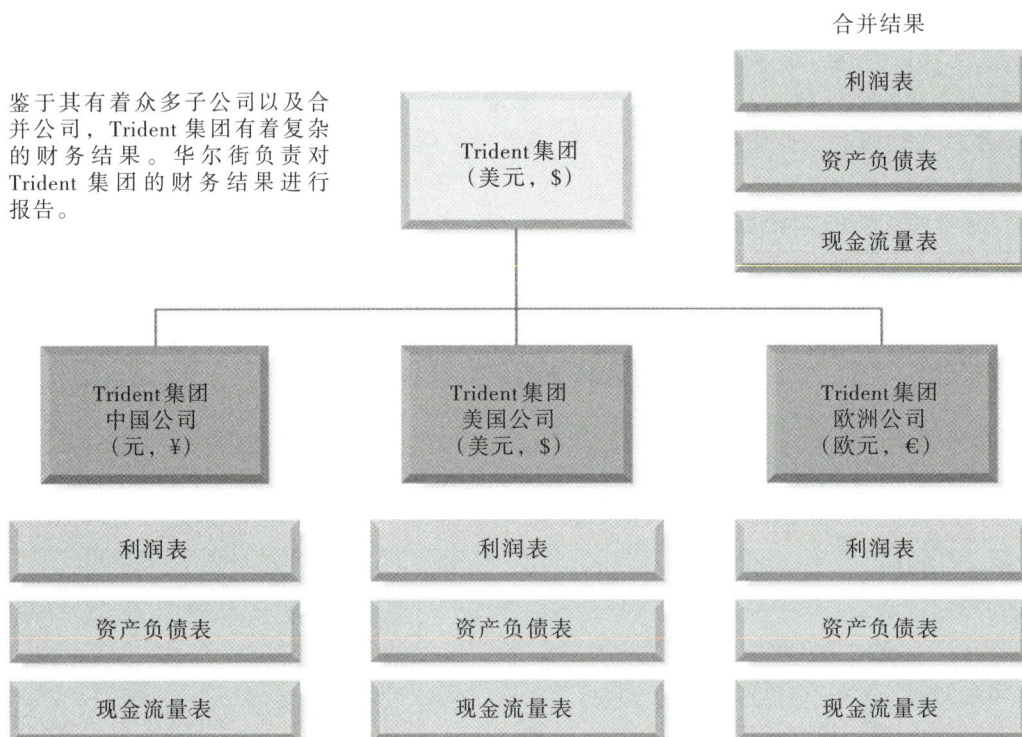

Trident 集团的每个子公司（包括美国、欧洲和中国）都有自己的一套财务报表。每套财务报表都以当地货币（美元、欧元和人民币）进行编制，因为美元为公司合并和报告的基础货币，所以需要将子公司利润表和资产负债表中的金额折算成美元编制。Trident 集团的母公司设在美国，并且其股票在纽交所上市交易，因此其需要以美元报告其最终经营成果。

10.3.1　Trident集团折算披露：收入

图表 10-3 列示了 Trident 集团经营分部 2009 至 2010 年的销售收入和利润情况。

■ **合并收入**。2010 年，公司美国分部的销售额达到 3 亿美元，欧洲子公司的销售额达到 1.584 亿美元（1.2 亿英镑以 \$1.32/€ 的汇率进行折算），中国子公司的销售额达到 0.896 亿美元（6 亿元人民币以 ¥6.70/\$ 的汇率进行折算）。公司 2010 年总收入为 5.48 亿美元，销售同比增长率为 2.8%。

■ **合并利润**。Trident 集团 2010 年的利润为 0.531 亿美元，相较于 2009 年的 0.532 亿美元有所下滑。虽然利润不是大幅下滑，但是华尔街并不会对此做出积极反应。

图表 10-3　　　　　　　　　Trident 集团财务结果摘录，2009—2010 年

	销售收入 (百万，当地货币)			平均汇率 ($/€以及¥/$)			销售收入 (百万美元)		
	2009年	2010年	变化百分比	2009年	2010年	变化百分比	2009年	2010年	变化百分比
美国	$280	$300	7.1%	—	—		$280.0	$300.0	7.1%
欧洲	€118	€120	1.7%	1.400	1.3200	−5.71%	$165.2	$158.4	−4.1%
中国	YUN600	YUN600	0.0%	6.8300	6.7000	1.94%	$87.8	$89.6	1.9%
总计							$533.0	$548.0	2.8%

	利润 (百万，当地货币)			平均汇率 ($/€以及¥/$)			利润 (百万美元)		
	2009年	2010年	变化百分比	2009年	2010年	变化百分比	2009年	2010年	变化百分比
美国	$28.2	$28.6	1.4%	—	—		$28.2	$28.6	1.4%
欧洲	€10.4	€10.5	1.0%	1.4000	1.3200	−5.71%	$14.6	$13.9	−4.8%
中国	¥71.4	¥71.4	0.0%	6.8300	6.7000	1.94%	$10.5	$10.7	1.9%
总计							$53.2	$53.1	−0.2%

具体分国家来看公司的销售和利润，可以发现一些有趣的现象。美国分部的销售和利润均有所增加，其中销售收入增长 7.1%，销售利润增长 1.4%。美国分部贡献了总公司超过一半的收入和利润，因此其收入和利润的增长十分重要。中国子公司 2010 年以人民币表示的收入和利润与 2009 年相比均无变化。但是在人民币升值的背景下，美元对人民币汇率由 2009 年的 6.83 变为 2010 年的 6.70，使得 2010 年中国分部以美元表示的收入和利润相较于 2009 年有所增加。

欧洲子公司的财务表现更加引人注目。欧洲子公司 2010 年以欧元表示的收入和利润相对于 2009 年有所增加，其中销售收入增加 1.7%，利润增加 1.0%。在欧元贬值的背景下，欧元对美元的汇率由 2009 年的 1.40 变为 2010 年的 1.32。欧元对美元 5.7% 的贬值使得欧洲子公司 2010 年以美元表示的收入和利润相较于 2009 年有所下滑。可以想象，华尔街报告中 Trident 集团的利润下滑引起了 Trident 集团内部以及分析师之间多大的争论。

10.3.2　折算披露：资产负债表

接着看 Trident 集团欧洲子公司的资产负债表，下面将说明采用现行汇率法和时态法折算产生利得和损失的随意性。Trident 集团欧洲子公司的功能货币为欧元，母公司的报告货币为美元。

我们的分析基于以下假设，即 Trident 集团欧洲子公司获得厂房和设备以及发行股票时点的历史汇率为 $1.2760/£。现有存货为前一季度购买或者生产，当时汇率为 $1.2180/£。年底结束营业时（2010 年 12 月 31 日），其现行汇率为 $1.2000/£，元旦假期后重新营业时（2011 年 1 月 3日），现行汇率已经跌到 $1.0000/£。

现行汇率法

图表 10-4 列示了使用现行汇率法折算所产生的损失。贬值前资产负债表的资产和负债以 $1.2000/£ 的现行汇率进行折算，股本以历史汇率 $1.2760/£ 进行折算，留存收益按复合汇率折算，相当于每一年的留存收益按当年汇率进行折算。

图表 10-4　　　　Tridant 集团欧洲子公司在欧元贬值后的折算损失：现行汇率法

欧元表示 (€)		2010年12月31日		2011年1月2日	
		汇率 ($/€)	折算金额 ($)	汇率 ($/€)	折算金额 ($)
资产					
现金	1 600 000	1.2000	$1 920 000	1.0000	$1 600 000
应收账款	3 200 000	1.2000	3 840 000	1.0000	3 200 000
存货	2 400 000	1.2000	2 880 000	1.0000	2 400 000
厂房和设备净值	4 800 000	1.2000	5 760 000	1.0000	4 800 000
总计	12 000 000		$14 400 000		$12 000 000
负债和所有者权益					
应付账款	800 000	1.2000	$960 000	1.0000	$800 000
短期借款	1 600 000	1.2000	1 920 000	1.0000	1 600 000
长期借款	1 600 000	1.2000	1 920 000	1.0000	1 600 000
股本	1 800 000	1.2000	2 296 800	1.2760	2 296 800
留存收益	6 200 000	1.2000	(a)7 440 000	1.2000	(b)7 440 000
累积折算调整	——		$(136 800)		$(1 736 800)
总计	12 000 000		$14 400 000		$12 000 000

（a）欧元贬值前的美元留存收益余额为历年留存收益的累计值，以每年的汇率进行折算。

（b）与欧元贬值前折算成美元的汇率相同。

留存收益和 CTA 账户金额应使得负债和所有者权益金额与资产金额相等。我们以 2010 年 12 月 31 日资产负债表为例，如图表 10-4 所示，贬值前报表前期累计美元折算损失为 136 800 美元。该账户余额表示过去年份对欧元报表进行折算所产生的累计利得或损失。

贬值后，Tridant 集团资产和负债以 $1.0000/£ 的新汇率进行折算。留存收益等权益账户跟贬值前的折算汇率相同，折算后最终产生的累计折算损失增加至 1 736 800 美元。在现行汇率法下，贬值后折算损失增加 1 600 000 美元（贬值前 136 800 美元的折算损失变为贬值后 1 736 800 美元的折算损失）。

折算损失使得母公司以美元编制的报告中权益数额减少，该损失被称为"净暴露资产"。"净暴露资产"是一种资产，其价值随功能货币贬值而贬值，随功能货币升值而升值。本书中的"净暴露资产"为暴露资产（汇率折算后的资产）减暴露负债（汇率折算后的负债）后的余额。当暴露资产多于暴露负债时，净暴露资产为正（多头）；相反，当暴露资产少于暴露负债时，净暴露资产则为负（空头）。

时态法

相同账户余额下采用时态法进行折算的结果有别于上述方法，说明了折算产生利得和损失的随意性。如图表 10-5 所示，贬值前以欧元编制的报表中货币资产和负债以现行汇率进行折算，但是其他资产和权益科目以历史汇率进行折算。对于 Trident 集团欧洲子公司来说，存货比厂房及设备的获得时间更晚，因此存货和厂房及设备净值科目折算时使用的历史汇率不同。

图表 10-5   **Trident 集团欧洲子公司在欧元贬值后的折算损失：时态法**

	欧元表示 (€)	2010 年 12 月 31 日		2011 年 1 月 2 日	
		汇率 ($/€)	折算金额 ($)	汇率 ($/€)	折算金额 ($)
资产					
现金	160 000	1.2000	$1 920 000	1.0000	$1 600 000
应收账款	3 200 000	1.2000	3 840 000	1.0000	3 200 000
存货	2 400 000	1.2180	2 923 200	1.2180	2 923 200
厂房和设备净值	4 800 000	1.2760	6 124 800	1.2760	6 124 800
总计	12 000 000		$14 808 000		$13 848 000
负债和所有者权益					
应付账款	800 000	1.2000	$960 000	1.0000	$800 000
短期借款	1 600 000	1.2000	1 920 000	1.0000	1 600 000
长期借款	1 600 000	1.2000	1 920 000	1.0000	1 600 000
股本	1 800 000	1.2760	2 296 800	1.2760	2 296 800
留存收益	6 200 000	1.2437	(a)7 711 200	1.2437	(b)7 711 200
累积折算调整	—				(c)$(160 000)
总计	12 000 000		$14 808 000		$13 848 000

（a）欧元贬值前的美元留存收益余额为历年留存收益的累计值，以每年的现行汇率进行折算。

（b）与欧元贬值前折算成美元的汇率相同。

（c）在时态法下，160 000 美元的折算损失直接通过利润表计入留存收益中，而不是如此处单独设置科目列示。最终留存收益为 $7 711 200-$160 000=$7 551 200。

在时态法下，折算损失并不计提在权益账户中，而是直接计入当季的利润表中。因此在贬值前，使用美元对资产负债表进行折算时，留存收益为过去期间以历史汇率进行折算的利润加上过去期间折算产生的利得和损失。如图表 10-5 所示，贬值前使用美元对资产负债表进行折算时并未列示折算损失，因为相关损失已经被转到留存收益中了。

欧元贬值使得报表折算产生 160 000 美元的损失，为显著起见，图表 10-5 对折算损失进行了单独列示。在时态法下，160 000美元的折算损失将被计入当期的利润表中，从而降低了当期的利润和留存收益。最终的留存收益实际上为7 551 200美元（即7 711 200美元–160 000美元）。时态法下折算利得或损失是否计入利润表中视各国规定而异。

10.3.3 对管理的影响

在Trident集团这个案例中，相较于使用时态法折算，使用现行汇率法折算所产生的利得或损失较大，主要原因为公司存货、厂房和设备、货币资产均被暴露在汇率风险中。当净暴露资产增加时，折算所产生的利得或损失也随之增加。如果管理层预期国外货币将贬值，其可以通过减少净暴露资产来降低折算风险。如果管理层预期国外货币将升值，则可以通过增加净暴露资产来获取收益。

管理层在选择增加或减少的资产和负债时，要考虑到公司所采用的会计方法。因此"真正"的投融资决策可能来自其使用的会计方法，而总体上看会计影响是中性的。

如全球财务管理实务10-1所示，交易、折算以及经营风险对业务单元（本案例指国外子公司）的估值产生交互影响。

课堂延展阅读

全球财务管理实务10-1　　　　　　　　　　　　　　**国外子公司的估值**

子公司对跨国公司整体价值的贡献在跨国公司中引起热议。大多数跨国公司单独或者分地区报告对合并公司利润产生显著影响的国外经营实体的利润情况。

汇率变化对子公司价值的影响可被分解为子公司特定收入和资产的变化，即：

$$子公司价值变化=资产价值变化+利润价值变化$$

子公司利润

子公司的利润一旦使用母公司本国货币进行调整，将直接作用于公司的合并收入。汇率的波动将导致子公司对跨国公司收入贡献的波动。如果个别子公司对合并收入构成相对重要或者重要的影响，那么折算将对跨国公司的报告收入（以及每股盈余，EPS）产生显著影响。

子公司资产

报告货币汇率变化对子公司净资产的影响将计入合并收入或者权益中。

■ 如果国外子公司使用美元作为功能货币，那么调整将产生交易风险，企业应将调整计入当期合并收入中。

■ 如果国外子公司使用当地货币作为功能货币，那么折算将产生折算调整，企业应将折算调整计入合并权益中。这种折算调整并不会改变企业当期的合并净利润。

10.4 折算风险的管理

降低折算风险的主要方法被称为资产负债表对冲法。目前，一些公司尝试在远期市场中对冲折算风险。公司寄希望于在远期市场上获得现金收益以弥补折算所产生的非现金损失。对冲的成功与否取决于公司对未来汇率预期的准确度，如果未来的即期汇率在一定范围内波动，那么对冲可能并不起作用。而且对冲（投机）所产生的利润需要缴税，而折算所产生的损失并不能抵减应税收入。

10.4.1 资产负债表对冲法

资产负债表对冲法下，对冲金额应与公司合并资产负债表中暴露在外币风险下的资产和负债金额相等。如果每种外币的对冲金额均能符合上述要求，则对冲后的净折算风险为0。汇率的变化对负债价值的影响与对资产价值的影响金额相等且方向相反。**如果公司采用时态法进行折算，那么净暴露资产为0的情况被称为"货币均衡"。**现行汇率法下无法实现完全的货币均衡，因为资产负债表中权益科目仍使用历史汇率进行折算，使得总资产折算数额不等于总负债及所有者权益折算数额。

资产负债表对冲成本取决于相应的借贷成本。如果外汇风险调整后的外币借贷成本高于本币借贷成本，那么资产负债表对冲需要支付成本，反之亦然。然而正常的经营需要确定特定资产账户余额的金额和计价货币。因此为实现一定程度的外汇管理，资产负债表对冲决策是在资产负债表计价货币选择和利息费用或经营效率之间的权衡。

为实现资产负债表的对冲，Trident集团需实现以下二者之一：（1）减少暴露的欧元资产，但同时不等量减少欧元负债；（2）增加欧元负债，但同时不等量增加欧元资产。实现上述目的的一个方法是将现有欧元现金兑换成美元。如果Trident集团没有大额的欧元现金，则可以选择借入欧元，同时将其兑换成美元。也就是说，母公司或者任何一个子公司进行对冲的实质就是增加欧元债务，并将其兑换成美元。

现行汇率法

在现行汇率法下，第一步，Trident集团欧洲子公司需要借入8 000 000欧元。第一步的行为将使得Trident集团欧洲子公司资产负债表中暴露资产（现金）和暴露负债（应付票据）增加，其并没有对净暴露资产产生直接影响。第二步，Trident集团可以采取以下行为之一：（1）Trident集团欧洲子公司可以将欧元兑换成美元并选择自己持有；（2）Trident集团欧洲子公司可以将欧元移至Trident集团，可以收取利息或者将其作为集团内借款处理。Trident集团再将欧元兑换成美元。这种做法的原因是，部分国家的货币机构不允许货币的自由兑换。

另外，Trident集团或者其姐妹公司也可以借入欧元，因此而持有表外欧元资产。然而，仍然需要采取上述第二步的行为来消除欧元风险，借入欧元的实体需要将借入的欧元转化为美元或者其他非暴露资产。子公司借贷行为应该协调一致，以避免出现一家子公司借入欧元来降低折算风险而另一家子公司偿还欧元债务的情况（注意，此处欧元可以通过延迟支付现有欧元债务的方式"借入"，我们的主要目的是增加欧元债务，并不是账面意义的借入）。

时态法

采用时态法进行折算只需要借入800 000欧元。跟前文所述一致，Trident集团欧洲子公司需要将借入的欧元转换为美元。同时，欧洲子公司也可以增加欧洲境内的存货或者固定资产。在时态法下，这些资产并不是暴露资产，当欧元贬值时，其美元价值并不会降低。

10.4.2 何时使用资产负债表对冲法？

如果公司的子公司使用当地货币作为功能货币，则**可以在下列情形下使用资产负债表对冲法：**
- 国外子公司将要清算，CTA账户余额将会转入利润表中。
- 公司债务合约或银行协议中规定，公司债务/股权比率必须保持在特定的范围内。
- 折算损益对利润表和资产负债表特定账户的影响将计入管理层业绩评估中。
- 国外子公司经营地处于存在恶性通货膨胀的国家。

如果子公司使用母公司本币作为功能货币，所有交易产生的利得/损失将直接计入利润表中。对冲合并收入因减少汇率波动风险而对于投资者和债券评级机构显得十分重要。

最后，如何控制会计风险是所有跨国公司应重点关注的课题。正如案例"全球财务管理实务10-2"所示，尽管具有良好的对冲意图和结构，业务本身也可能影响对冲结果。

课堂延展阅读

全球财务管理实务10-2　　　　　　　　　　　**业务影响对冲结果**

通用汽车亚洲公司是通用汽车在亚洲的子公司，其美国母公司享有大多数国家和公司的主要经济利益，包括韩国大宇汽车公司（大宇汽车）。通用汽车公司于2001年获得了对大宇汽车业务的控制权。大宇汽车在接下来的几年业绩表现优异，截至2009年，通用汽车大宇子公司的汽车零部件以及整车已经销往100多个国家。

大宇汽车的成功意味着公司将获取来自全球各地消费者的销售收入（即应收账款）。需要注意的是，全球汽车产业目前更多地使用美元作为其跨境交易合同的交易货币。也就是说，大宇汽车不需要管理很多种外币，而只需要管理美元。因此，大宇汽车在2007年年底和2008年年初，签订了一系列远期外汇合同。这些合同锁定了大宇汽车未来年度回收全球汽车销售收入，即以美元计价的应收款价值。在大多数人眼里，这是非常保守并且有效的货币对冲方法，而这当然是指在全球金融危机以及接下来的全球汽车市场崩溃之前。

大宇汽车的问题并不是源于韩元对美元汇率戏剧性的变化，而是大宇汽车的销售状况，正如汽车行业中其他公司一样，整个行业的销售收入大幅下降。潜在风险的发生使得大宇汽车销售收入无法实现，大宇汽车并没有收到以美元计价的应收账款。但是大宇汽车必须支付23 000亿韩元来进行远期合同交割。通用汽车大宇子公司的权益随着货币对冲成本的支付而消失不见，子公司因此而破产。出售亚洲和印度表现优异的业务成为通用汽车亚洲子公司快速获得现金的唯一出路。

划重点

●汇率风险产生于为编制母公司合并报表而将子公司外币编制报表折算为母公司报告货币编制报表的过程中。折算风险主要是指折算过程中可能产生的利得或损失。

●国外子公司的功能货币是指，子公司经营和产生现金流的经济环境中的主要货币。也就是说，功能货币是子公司日常经营中的主导货币。

●目前，大多数国家采用的折算方法为现行汇率法和时态法。

●折算过程的主要问题包括：何时在利润表中确认折算的利得和损失；功能货币和报告货币的区别；子公司在恶性通货膨胀国家的经营处理方式。

●折算产生的损益有别于经营产生的损益，对折算损益的关注不止有金额，还有方向。管理层在管理折算风险前要先评估其重要性。

●管理折算风险的主要方法是资产负债表对冲法。对冲金额等于暴露的外币资产和负债金额。

●即使管理层积极对冲折算风险，同时消除交易风险和折算风险也是不可能的。如果必须选择其一，大多数的管理层会选择消除交易风险，因为该风险会带来现金损失，而折算风险带来的是非现金损失。

秒懂本章

可采用资产负债表对冲法来对冲由于编制合并报表，而使有关科目账面价值发生变化的风险。

计算分析题

1.Trident（欧洲）（A）。据本章中介绍的 Trident（欧洲）的情况，假设图表 10-4 中 2006 年 1 月 2 日的汇率从 1.2000 美元/欧元跌到 0.9000 美元/欧元，而非 1.0000 美先/欧元。用现行汇率法/根据新汇率重新计算 Trident（欧洲）2006 年 1 月 2 日的折算后资产负债表。

a.折算损益的金额为多少？

b.该折算损益应出现在财务报表中的哪个位置？

2.Trident（欧洲）（B）。根据本章中介绍的 Trident（欧洲）的情况，假设同 Trident（欧洲）（A）情况一样，图表 10-4 中 2006 年 1 月 2 日的汇率从 1.2000 美元/欧元跌到 0.9000 美元/欧元，而非 1.0000 美元/欧元。用时态法，根据新汇率重新计算 Trident（欧洲）2006 年 1 月 2 日的折算后资产负债表。

a.折算损益的金额为多少？

b.该折算损益应出现在财务报表中的哪个位置？

c.根据时态法计算的折算损益为何与根据现行汇率法计算的损益不同？

3.Trident（欧洲）（C）。根据本章中介绍的 Trident（欧洲）的情况，图表 10-4 中 2006 年 1 月 2 日的汇率从 1.2000 美元升到 1.5000 美元/欧元，用现行汇率法，根据新汇率重新计算 Trident（欧洲）2006 年 1 月 2 日的折算后资产负债表。

a.折算损益的金额为多少？

b.该折算损益应出现在财务报表中的哪个位置？

4.Trident（欧洲）（D）。根据本章中介绍的 Trident（欧洲）的情况，假设同 Trident（欧洲）（C）情况一样，图表 10-4 中 2006 年 1 月 2 日的汇率从 1.2000 美元/欧元升到 1.5000 美元/欧元，用时态法，根据新汇率重新计算 Trident（欧洲）2006 年 1 月 2 日的折算后资产负债表。

a.折算损益的金额为多少？

b.该折算损益应出现在财务报表中的哪个位置？

5.意大利 S.A.公司（A）。S.A 公司是一家英国汽车配件公司的意大利子公司。该公司 12 月 31 日的资产负债表如下。12 月 31 日欧元与英镑的汇率为 1.3749 欧元/英镑。假设所有意大利账户都与年初时相同，请使用现行汇率法确定 S.A 公司在母公司 12 月 31 日的折算风险中所占份额。

S.A. 公司资产负债表，12 月 31 日（单位：千欧元）

现金	€95 000	流动负债	€60 000
应收账款	180 000	长期负债	110 000
存货	125 000	股本	350 000
厂房和设备净值	250 000	留存收益	130 000
合计	€650 000	合计	€650 000

6.意大利 S.A.公司（B）。如果 12 月 31 日的汇率为 1.4 欧元/英镑，使用现行汇率法计算 S.A.公司在母公司 21 月 31 日的折算亏损中所占份额。假设该子公司的所有欧元账户在过去半年中没有发生变化。

7.意大利 S.A.公司（C）。如果 9 月 30 日的汇率为 1.2 欧元/英镑，使用现行汇率法计算 S.A.公司在母公司折算损益中所占份额。假设该子公司的所有欧元账户在过去 9 个月中没有发生变化。

8.**曼谷仪器有限公司（A）**。曼谷仪器有限公司（Bangkok Instruments，Ltd.）是一家美国公司的泰国子公司，该公司是一家地震仪器生产商。曼谷仪器公司生产的仪器主要用于全球的石油和天然气业，尽管最近所有商品——包括铜——的价格都上涨了，但该公司的业务开始迅速增长。该公司的销售对象主要是美国和欧洲的跨国公司。曼谷仪器公司在3月31日的资产负债表如下：

曼谷仪器有限公司的资产负债表，3月31日（单位：千泰铢）

现金	B24 000	流动负债	B18 000
应收账款	36 000	长期负债	60 000
存货	48 000	普通股股本	18 000
厂房和设备净值	60 000	留存收益	72 000
合计	B168 000	合计	B168 000

将曼谷仪器公司的资产负债表折算为美元资产负债表所用的汇率如下：

40.00泰铢/美元	贬值25%后，4月1日的汇率
30.00泰铢/美元	贬值25%前，3月31日的汇率，所有存货都按这个汇率采购
20.00泰铢/美元	购买厂房和设备的汇率

在3月31日至4月1日间，泰铢对美元汇率从30泰铢/美元跌至40泰铢/美元。假设这两天内资产负债表账目没有发生变化，请分别用现行汇率法和时态法计算折算损益。根据风险账户价值的变化，说明折算损益。

9.**曼谷仪器有限公司（B）**。根据曼谷仪器公司提供的原始数据，假设泰铢对美元汇率在3月31日至4月1日之间从30泰铢/美元升至25泰铢/美元，且这两天内资产负债表账目没有发生变化，请分别用现行汇率法和时态法计算折算损益。根据风险账户价值的变化，说明折算损益。

10.**卡罗因格有限公司**。卡罗因格有限公司（Cairo Ingot）是跨地中海铝业公司的埃及子公司，跨地中海铝业公司是一家用铝制造汽车发动机组的英国公司。跨地中海铝业公司的财务报告本币为英镑。卡罗因格公司12月31日的资产负债表见下表。在资产负债表日，埃及镑与英镑之间的汇率为5.50埃及镑/英镑。

卡罗因格有限公司的资产负债表，12月31日（单位：埃及镑）

资产		负债与股东权益	
现金	£E16 500 000	流动负债	£E24 750 000
应收账款	33 000 000	长期负债	49 500 000
存货	49 500 000	实收资本	90 750 000
厂房和设备净值	66 000 000		
合计	£E165 000 000	合计	£E165 000 000

用现行汇率法计算，卡罗因格公司在12月31日跨地中海公司的折算风险中所占份额为多少？如果下一季度末的汇率为6.00埃及镑/英镑，请计算跨地中海公司的折算风险亏损。假设季度末所有资产负债表账户均与期初时相同。

网络练习题

1.国外收入来源。如果你是美国公民，并且收到来自美国之外的一笔收入——国外收入来源——你将如何报告这笔收入？使用美国国税局（IRS）的网址了解计税时收入申报的最新规定。

美国国税局：www.irs.gov/individuals/international-Taxpayers/foreign-Currency-and-Currency-Exchange-rates.

2.英国的折算实务。英国公司折算财务报表的最新规定和程序是什么？请使用以下网址开始你的研究。

英格兰和威尔士特许会计师协会：

www.icaew.com/en/technical/financial-reporting/uk-gaap/uk-gaap-standards/ssap-20-foreign-currency-tranlation

3.折算实务：财务会计准则委员会。财务会计准则委员会公布了美国公司报告财务业绩的标准做法。该委员会也经常引领世界会计实务和新型会计问题的发展方向。当前的一个主要问题是，企业的金融衍生工具和衍生工具协议的估值与报告。利用财务会计准则委员会的主页，追踪最新会计准则和相关专业机构对这些准则的反应状况。

财务会计准则委员会的主页：www.fasb.org/

4.年度平均汇率。在美国申报收入并纳税时，应该使用哪一个平均汇率将外币折算成美元？使用下面的网址搜索当前的平均汇率。

美国国税局：

www.irs.gov/individuals/international-Taxpayers/Yearly-Average-Currency=Exchange-rates.

本章逻辑框架图

图表 10-6　本章逻辑框架架图

功能货币 —— 子公司经营和产生现金流的经济环境中的主要货币，即其日常经营中的主导货币

折算方法
- 现行汇率法：所有的财务报表科目几乎都使用现行汇率进行折算
- 时态法：特定的资产、负债科目以其创建之时的汇率进行折算

折算实践
- 主要问题：何时在利润表中确认折算的利得和收益等
- 对折算损益的关注不止有金额，还有方向

折算风险管理
- 方法：资产负债表对冲法（对冲金额等于暴露的外币资产和负债净额）
- 鉴于不可能同时消除交易风险与折算风险，管理层更倾向于消除交易风险，因其会带来现金损失，而折算风险不会

归因　比较　实践　应对

折算风险

第11章

经营风险

> 风险管理的本质在于最大化结果可控的领域，并最小化结果不可控的领域，而其中的因果关系往往是我们难以预测的。
>
> ——Peter Bernstein，Against the Gods，1996.

学习目标

- 考查经营活动现金流和融资活动现金流的意外变动如何引发经营风险
- 分析汇率变动如何通过销售量、价格、成本或其他关键指标影响企业的经营业绩
- 评估进行经营风险管理的不同战略
- 详细分析企业进行经营风险管理可采取的前瞻性策略

课前阅读与思考

本章将分析企业面临的经营风险。**经营风险用以度量未预期的汇率变动将在多大程度上改变企业的未来现金流，从而导致企业价值的变化。**经营风险分析旨在评估汇率变动对企业自身未来经营活动和企业市场竞争地位的影响，并帮助企业采取适当的战略或措施减少汇率变动对企业价值的不利影响，甚至利用汇率变动提升企业价值。

经营风险与交易风险有着紧密的联系，均与汇率变动对企业未来现金流的影响相关，只是在管理层所考虑的现金流类型和汇率变动导致现金流变动的原因等方面有所不同。本章将首先回顾Trident集团的组织结构，并分析Trident集团的组织结构如何导致其面临汇率经营风险。接下来，本章将提出用于管理汇率经营风险的一些战略或措施。

本文以引导案例"丰田欧洲的经营风险"作为开篇，请带着你的思索和疑问，开启本章的学习和探索之旅吧！

引导案例

丰田欧洲的经营风险

2012年1月，丰田汽车欧洲生产厂（以下简称"丰田欧洲"）面临一个问题。准确地说，是丰田欧洲的新任董事长Toyoda Shuhei面临一个棘手的问题。他正在前往丰田汽车集团日本办公室的路上，希望向总部解释丰田欧洲持续亏损和销售业绩下滑问题。丰田汽车集团CEO Hiroshi Okuda希望Toyoda Shuhei提交一个能够减少并最终消除丰田欧洲长期亏损的方案。由于丰

田欧洲是丰田集团唯一处于亏损状态的主要子公司，情况对于 Toyoda Shuhei 来说显得格外紧急。

丰田汽车集团

　　丰田汽车集团是日本销量最大、全球销量第三大的汽车生产商（销量为 550 万辆/年，平均每 6 秒钟销售一辆汽车），但在欧洲大陆，丰田汽车的销量仅仅排在第八位。与其他行业一样，由于毛利的持续下跌、规模经济和范围经济等问题，全球范围内的汽车销量持续下跌，全球汽车制造业近年来正经历持续的收缩。

图表 11A　　　　　　　　　　　　　　　　　　**丰田欧洲的运营结构**

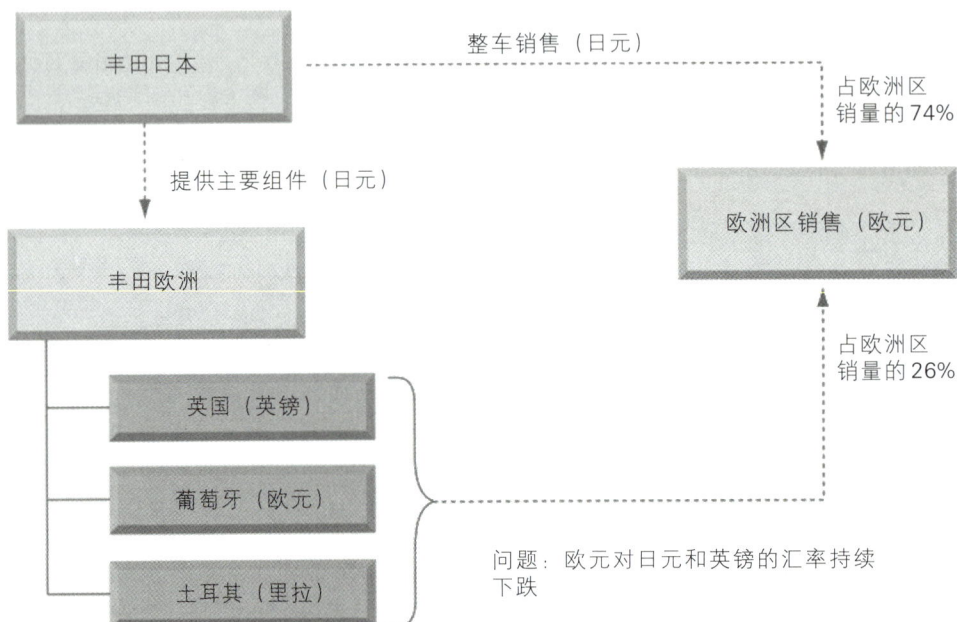

　　丰田汽车集团也不例外。丰田汽车集团正不断优化其全球生产线，增大在北美地区的生产量。在 2011 年，丰田在北美销售的汽车中，超过 60% 是在北美当地生产的。但是，丰田在欧洲的销售数据与此相比相差甚远，丰田在欧洲销售的汽车和卡车绝大多数仍是在日本生产的。在 2011 年，其在欧洲销售的汽车中，只有 24% 是在欧洲生产的，剩下的均从日本进口。

　　丰田欧洲 2000 年实现了 634 000 辆汽车的销售。欧洲是丰田汽车集团国外第二大主要销售地区，仅次于北美。丰田欧洲预期其在欧洲的销售量将会显著增长，并预计 2005 年将达到 800 000 辆的销售量。然而 2001 年度，丰田欧洲却净亏损 98.97 亿日元（以 120 日元/欧元的汇率计算，折合 8 250 万欧元）。丰田欧洲在欧洲共有英国、土耳其和葡萄牙三处生产基地。2000 年 11 月，丰田欧洲不得不宣布，由于欧元贬值，预计公司未来两年仍会亏损。

　　丰田汽车集团将在近期引入一款新车型 Yaris 到欧洲，这一车型在其他市场上已取得成功。作为一款微型车，Yaris 的排量只有 1 000 毫升，2000 年该车型销售了超过 18 万辆。尽管 Yaris 专为欧洲市场设计，但其生产仍被安排在日本本土。

汇率风险

　　丰田欧洲亏损的主要原因是欧元的贬值。在过去两年中，欧元相对日元和英镑都经历了不同程度的贬值。正如图表 11A 所示，在欧洲大陆实现的销售，其成本的计算基础仍是日元。图表 11B 展示了欧元相对于日元的贬值趋势。

　　随着日元相对于欧元的升值，折算为欧元的成本大幅上升。如果其想要维持在欧洲市场上的价格优势，丰田汽车集团就不得不承受汇率变动所带来的损失，从而导致整车和关键零部件的毛利大幅下降。Yaris在日本本土生产的决定只会使上述情况进一步恶化。

管理层的应对

丰田管理层并未选择坐以待毙。2001年，丰田开始在法国瓦朗谢纳进行部分零部件的装配。尽管其只占欧洲地区销售量的很小一部分，丰田汽车集团计划继续提高欧洲地区的产能，并希望在2004年欧洲地区能够实现25%的汽车在本地生产的目标。Yaris的装配也计划在2002年转移至瓦朗谢纳。目前仍存在的问题是，瓦朗谢纳只进行装配，高附加值的零部件生产仍在日本和英国进行。

图表11B 　　　　　　　　　　　　**日元对欧元汇率走势图**

日元=1.00欧元

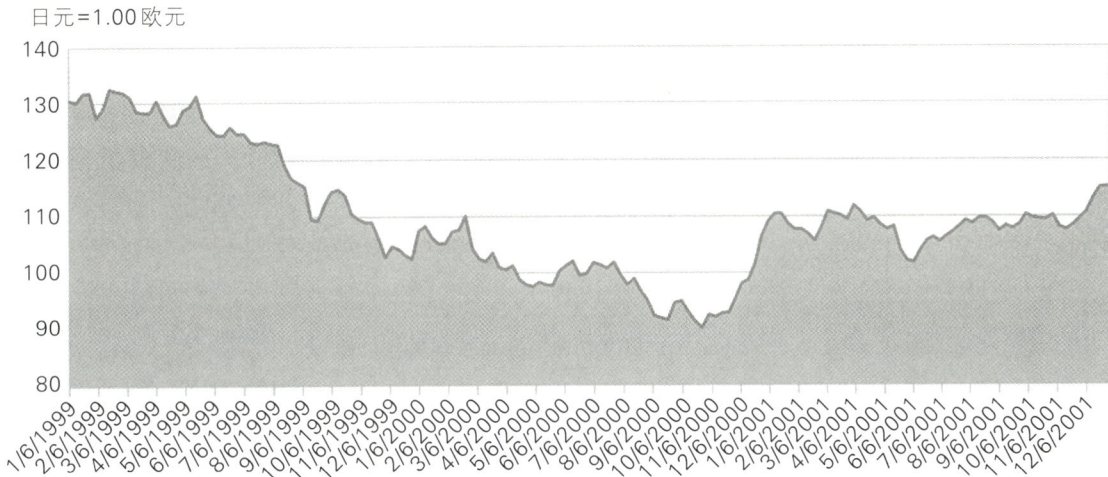

在 Hiroshi Okuda 的授权下，Toyoda Shuhei 提出了一项在英国进行本地采购生产的计划。丰田欧洲希望能够减少从日本进口关键零部件的数量，从而降低英国所面临的汇率风险。但是，正如图表11C所示，英镑对欧元汇率的走势，再次降低了上述提案解决汇率风险的有效性。

图表11C 　　　　　　　　　　　　**英镑对欧元汇率走势图**

英镑=1.00欧元

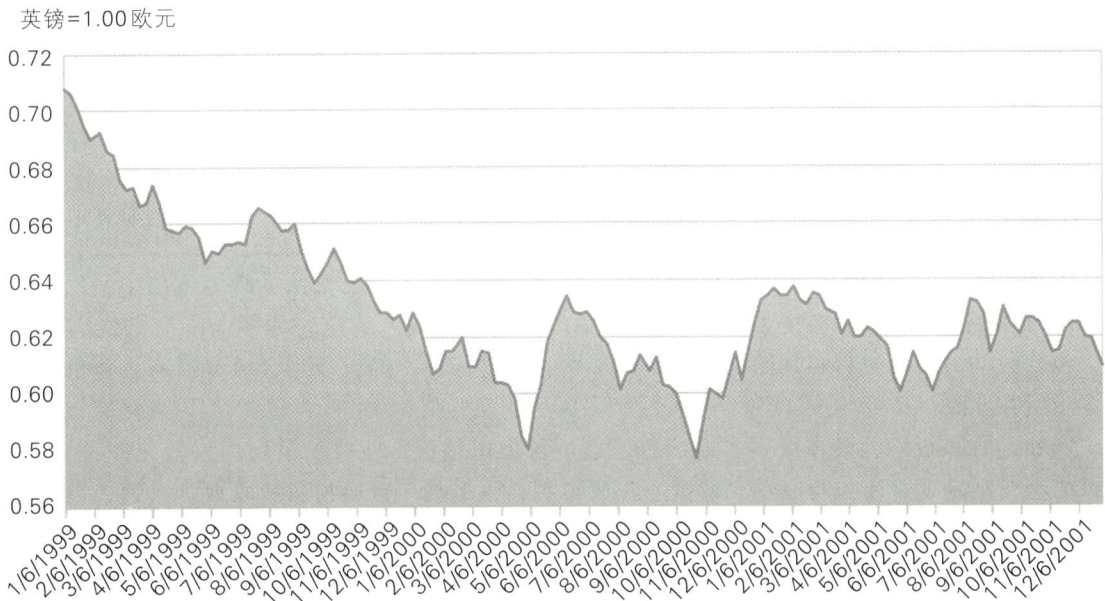

问题

1.为什么丰田汽车集团在等待了很久之后，才慢慢将在欧洲地区销售的汽车转移至欧洲本地生产？

2.如果英镑加入欧洲货币联盟，丰田汽车集团面临的上述问题能否得到解决？为什么？

3.如果你是 Toyoda Shuhei，你会如何分析你所面临的问题？这是一个短期问题，还是一个长期问题？

4.请问你有什么建议可供 Toyoda Shuhei 解决上述问题时作为参考？

11.1 跨国公司的经营风险

跨国公司的组织结构和经营活动性质决定了其所面临的汇率经营风险。Trident 集团的基本组织结构和经营活动所使用的货币如图表 11-1 所示。**作为一家美国上市公司，Trident 集团的所有财务指标和财务数据均须折算为美元。**汇率折算风险已经在本书第 10 章中进行了详细阐述。本章将重点阐述各子公司所使用的不同货币是如何影响集团公司所面临的汇率经营风险的。

图表 11-1　　　　　　　Trident 集团的组织结构和经营活动

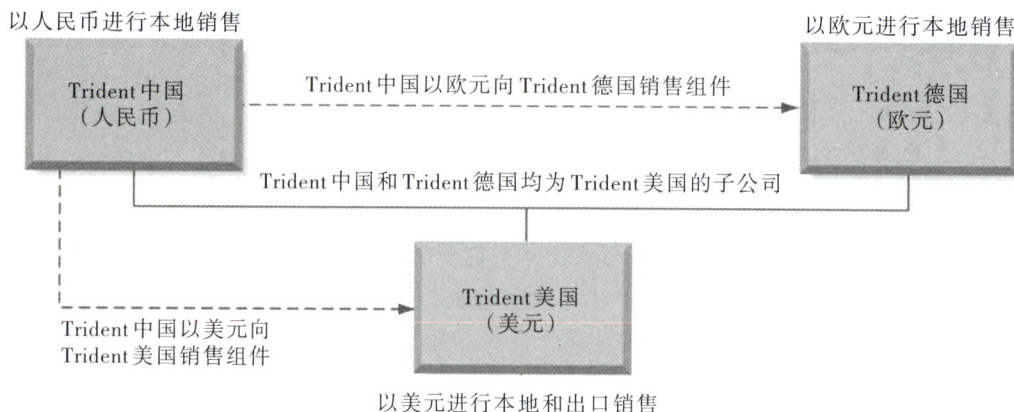

Trident 中国	原材料和人工成本以人民币计量。50% 为本地销售（人民币），50% 为出口销售（美元和欧元）	人民币为实际使用货币
Trident 德国	原材料和人工成本以欧元计量。50% 为本地销售（欧元），50% 为出口销售（欧元）	欧元为实际使用货币
Trident 美国	原材料和人工成本以美元计量。50% 为本地销售（美元），50% 为出口销售（美元）	美元为实际使用货币

各子公司所面临的*净经营风险*体现在其经营活动现金流入与经营活动现金流出中，反映了企业在市场中的竞争地位。应收账款是销售活动产生的现金流入，应付账款与所有的经营成本相关，包括劳动力、原材料和其他投入要素的采购。通常来说，经营净现金流是所有企业价值创造的本质所在。

例如，Trident 德国既在德国本地销售，也进行出口销售，所有的销售均以欧元开票。因此，所有的经营活动现金流入均以欧元计量。在成本端，人工与多数原材料投入取自当地，以欧元计量。此外，Trident 德国还从 Trident 中国采购部分组件，但仍以欧元开票。因此，Trident 德国以欧元为记账货币，现金流入与现金流出均以欧元计量。

Trident 美国的情况与 Trident 德国类似。包括美国本地销售和出口销售在内的所有销售活动产生的现金流入均以美元计量。无论是人工成本还是原材料采购，无论采购自本地还是采购自国外，所有的成本投入均以美元计量，也包括采购自 Trident 中国的组件。因此，Trident 美国以美元为记账货币。

Trident 中国的情况相对复杂。包括人工成本和原材料采购在内的所有现金流出均以人民币计量。但是销售活动产生的现金流入却以三种不同的货币进行计量：国内销售以人民币计量，出口到德国的销售以欧元计量，出口到美国的销售以美元计量。总体来看，虽然包括以欧元和美元计量出口销售，但占主导作用的现金流仍以人民币计量。

11.1.1　静态经营风险与动态经营风险

当分析跨国公司（如 Trident 集团）所面临的经营风险时需要结合企业的现有竞争对手和全球范围内潜在竞争对手的情况，预测和分析集团中各子公司所面临的交易风险。汇率变动在短期内会影响当期及之后一段时间内企业相关合同的签署。但从长期来看，随着价格变动和竞争对手作出应对，反映经济实质和企业竞争力的因素将会在更大程度上改变每个企业的现金流。Trident 集团的案例将很好地解释这一现象。

假设 Trident 集团的三个经济实体规模相当。2012 年，美元对欧元汇率开始下跌。与此同时，中国政府继续对人民币汇率进行渐进式改革。评估 Trident 集团三个经济实体所面临的汇率经营风险时，既需要对企业当前已签署的合同进行静态分析，又需要对企业未来将要签署的合同进行动态分析。

■ **Trident 中国**：以美元计量的销售收入折算为人民币的金额在中短期内将会有所减少。以欧元计量的销售收入变化取决于人民币相对欧元的汇率变动，在中短期内预计将维持稳定。整体而言，Trident 中国的盈利能力在短期内将有所下降。从长期来看，Trident 中国将根据其产品的市场情况和市场竞争力，提高其出口产品的销售价格。

■ **Trident 德国**：由于 Trident 德国的现金流入与现金流出均以欧元计量，短期来看，汇率变动对 Trident 德国的影响有限。如果 Trident 中国在未来逐步提高其出口产品的销售价格，那么 Trident 德国从 Trident 中国采购部件的成本将会有所上升。但是，从短期来看，汇率变动对 Trident 德国的影响有限。

■ **Trident 美国**：和 Trident 德国类似，Trident 美国的现金流入与现金流出均以美元计量，美元贬值在短期内对其影响有限。从中长期来看，如果 Trident 中国提高组件出口销售价格，Trident 美国的采购成本将有所上升。但是，从短期来看，汇率变动对 Trident 美国的影响有限。

综合来看，美元贬值将降低 Trident 中国的盈利能力，Trident 集团的整体盈利能力也将因而下降。但是，美元贬值将会使以人民币和欧元计量的收入折算为美元的收入有所增长。华尔街会在短期内看好这一变化。

11.1.2　经营活动现金流和融资活动现金流

跨国集团的现金流可以分为经营活动现金流和融资活动现金流。

经营活动现金流（operating cash flows）包括集团与外部非关联方的往来款项和集团内部的往来款项，涵盖应收款项、应付款项、工厂设备租金、技术类无形资产的特许使用费、服务费等。

融资活动现金流（financing cash flows）包括集团外部与集团内部的债务活动现金流（本金和利息）和权益活动现金流（股权融资和股利支付）。每一项现金流的期间、金额和币种均可能有所不同，发生的可能性也各不相同。Trident 中国和 Trident 美国的各项现金流总结如图表 11-2 所示。

图表 11-2　　**Trident 集团母子公司之间的经营活动现金流与融资活动现金流**

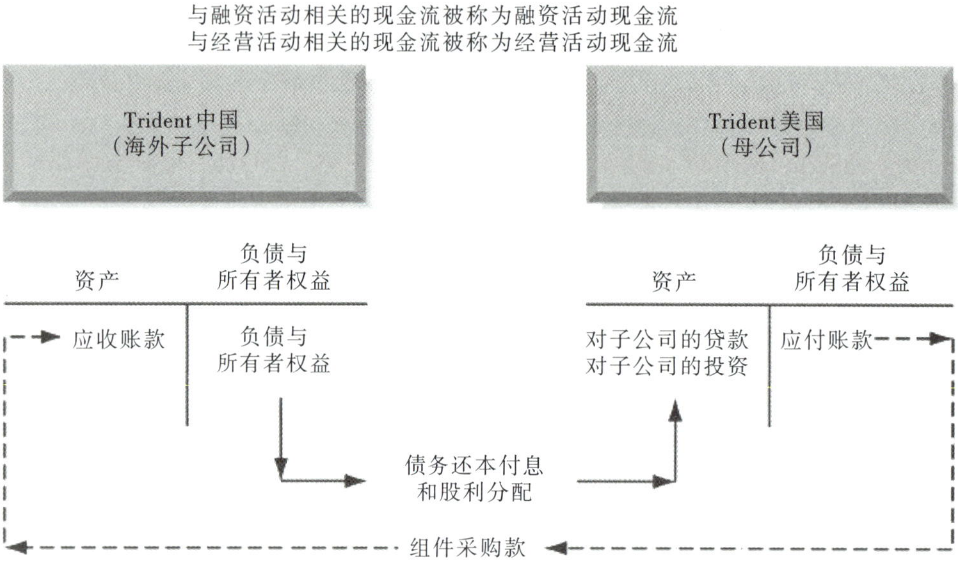

与融资活动相关的现金流被称为融资活动现金流
与经营活动相关的现金流被称为经营活动现金流

11.1.3　预期汇率变动与未预期汇率变动

与交易风险或折算风险相比，经营风险对企业的长期影响更为重要。经营风险在更大程度上取决于管理层对未来一段时间内企业现金流的预测，因此更具主观性。经营风险的管理需要综合考量企业的融资决策、营销决策、采购决策和生产决策。

通常所谓的经营风险并不包括预期内的汇率变动，因为管理层和投资者均会在企业现金流预测和价值评估中将预期内的汇率变化考虑在内，这可以通过以下几个方面来理解：

■ 管理层：管理层编制的预算财务报表已经反映了预期内的汇率变动的影响。

■ 债务：计算债务摊余成本时所使用的利率已经考虑了预期内的汇率变动的影响，折现利息支出和本金支付的利率不再是即期利率，因此，债务预期现金流已经将国际费雪效应考虑在内了。

■ 投资者：如果市场是有效的，那么有关预期内的汇率变动将会反映在公司的市场价值中。只有未预期的汇率变动，或者市场无效时预期内的汇率变动，才会对企业价值产生影响。

■ 宏观经济：汇率经营风险并不仅仅是企业现金流对未预期汇率变动的反映，其也包括企业现金流对其他宏观经济变量的反映。这些因素被统称为宏观经济的不确定性。我们将在全球财务管理实务 11-1 中对此作进一步的分析。本书第 6 章已经分析了汇率、利率和通货膨胀率之间的关系。然而，这些变量经常处于不均衡状态中。因此，未预期的利率和通货膨胀率的变动同时也会对企业的未来现金流产生不同的影响。

课堂延展阅读

全球财务管理实务11-1   预期汇率贬值——福特汽车集团与委内瑞拉

理解汇率经营风险的关键在于明白为什么预期内的汇率变动不会导致企业面临汇率经营风险。上述假设的前提是投资者已经在对企业作价值评估时考虑了预期内的汇率变动。那么这个假设是否合理呢？

考虑福特汽车集团的案例。2013年12月，福特汽车集团公开表达了其对委内瑞拉货币未来贬值预期的看法，并且说明了委内瑞拉货币的贬值将对福特汽车集团造成怎样的影响。在提交给美国证券交易委员会的报告中，福特汽车集团披露其在委内瑞拉拥有8.02亿美元的投资，预期未来委内瑞拉玻利瓦尔对美元的汇率将从6.3调整至12，这将使得福特汽车集团蒙受3.50亿美元的投资损失。这样的情况并非头一次发生。本年度早先时候，由于委内瑞拉玻利瓦尔兑美元汇率从4.3调整至6.3，导致福特汽车集团蒙受了1.86亿美元的损失。

学与思11-1

（1）请解释为什么跨国公司管理层总是很难去量化并对冲汇率经营风险。

（2）请解释为什么汇率的不确定性可能并不会给企业带来汇率风险。

11.1.4 度量经营风险

根据所考虑期间的长短，未预期的汇率变动对企业现金流的影响可以分为以下四类：

短期

汇率变动对企业的影响首先体现在一年内的经营预算。汇率变动对企业利大于弊还是弊大于利，主要取决于企业现金流所使用的主要货币，这既包括企业已签署的销售合同，也包括企业即将签署的销售合同。在短期内，企业并不能改变其销售活动所使用的主要货币，也不能改变产品销售价格或者产品要素成本。然而，随着时间的推移，汇率变动将导致不同企业的市场竞争力发生变化，进而导致产品价格和成本也有所变化。

中期：均衡

汇率变动对企业的影响其次体现在2~5年的中期，并且汇率、利率和通货膨胀率仍维持在均衡状态。在均衡状态下，企业能够调整产品价格和成本，以维持其现金流不变。此时，经营活动所使用的货币并不影响企业的预期现金流。国家的货币政策、财政政策将会在某种程度上决定这一均衡状态能否持续，及企业是否能够调整产品价格和成本。

如果均衡状态得以持续，并且企业能够自由调整产品价格和成本，那么企业所面临的汇率经营风险将为零，企业的预期现金流和市场价值将不会受到影响。但是，即使宏观经济的均衡状态得以持续，企业仍有可能没有意愿或者没有能力对产品价格或产品成本进行调整以适应新的竞争环境。在这种情况下，企业将面临一定程度的经营风险，企业的预期现金流和市场价值将受到一定程度的影响。

中期：非均衡

汇率变动对企业影响的第三个层次体现在中期的非均衡状态。在这种情况下，由于竞争对手的反应，企业不能根据汇率变动完全调整产品价格或成本以适应新的竞争环境。此时，企业将面临一定程度的汇率经营风险，企业的预期现金流和市场价值也将受到一定程度的影响。

长期

汇率变动对企业的影响最后体现在5年及以上的长期。在这种情况下，企业的预期现金流将会受到行业中现有竞争对手和潜在竞争对手对汇率变动所做出反映的影响。事实上，无论是国内企业还是跨国企业，所有的企业从长期来看都会面临一定程度的汇率经营风险。

图表11-3 经营风险对企业影响的四个阶段

阶段	时间	价格变动	销量变动	市场结构变化
短期	<1年	不变	不变	无
中期：均衡	2~5年	随汇率同比率变动	销量随价格变化而变化	现有竞争对手做出部分反应
中期：非均衡	2~5年	随汇率变动做部分调整	销量随价格变化而变化	现有竞争对手做出部分反应
长期	>5年	完全可变	完全可变	潜在竞争对手和现有竞争对手做出反应

学与思 11-2

（1）经营风险与汇率交易风险之间的区别是什么？

（2）如何度量经营风险？

（3）为什么度量经营风险总是十分困难？

学与思 11-3

拥有多种经营货币的跨国集团公司面临着最高的汇率风险，那么这种风险是否只有跨国集团才会面对，或者说纯本土企业是否也面临汇率风险？

11.2　衡量 Trident 德国所面临的经营风险

图表11-4展现了汇率变动对 Trident 集团的影响。Trident 集团的主要盈利来自 Trident 德国。那么，欧元贬值将会对 Trident 德国的生产经营产生什么影响呢？

在财务管理中，企业的价值取决于未来现金流的折现。我们可以通过估计汇率变动对 Trident 德国经营活动现金流的影响，来评估汇率变动对 Trident 德国的影响。本节之后的部分将会分析欧元贬值在短期或中期内将会对 Trident 德国的产品销售价格、成本、销售量产生怎样的影响。

11.2.1　基本情形

Trident 德国在德国国内生产，产品既在德国本土销售，也进行出口销售，但所有的销售收入均以欧元计量。图表11-5是 Trident 德国2014—2018年的现金流预测。假设销量为每年100万套，价格为12.80欧元/套，成本为9.60欧元/套，企业所得税税率为29.50%，欧元兑美元汇率为1.20美元/欧元。[①]

在这一假设前提下，Trident 德国每年的销售收入为 12 800 000.00 欧元，每年的净利润为 1 205 550.00 欧元，考虑折旧摊销及营运资本变动后，Trident 德国每年经营活动现金流量净额为 1 805 550.00 欧元，当欧元对美元汇率为 1.20 美元/欧元时，每年经营活动现金流量净额即为 2 166 660.00 美元。Trident 集团采用未来5年经营活动现金流量净额的折现现值评估子公司的价值，所采用的折现率为15%。在这种情况下，Trident 德国的折现现值为 7 262 980.00 美元。

---

① 为简化问题，本章假设 Trident 德国没有债务借款，因此不存在利息支出。我们还假设 Trident 德国在未来5年没有资本支出。此外，我们只考虑了 Trident 德国未来5年现金流的折现，而未考虑5年后的永续期。由于在基本情形中 Trident 德国的销售价格、成本和销量均维持不变，通过应收账款+存货-应付账款计算的净营运资本在预测期内保持不变。在之后的分析中，我们假设应收账款周转天数为45天（以销售收入计算），存货周转天数为10天（以产品成本计算），应付账款周转天数为38天（以销售收入计算）。

图表11-4　　　　　　　　　　　　**Trident 集团和 Trident 德国**

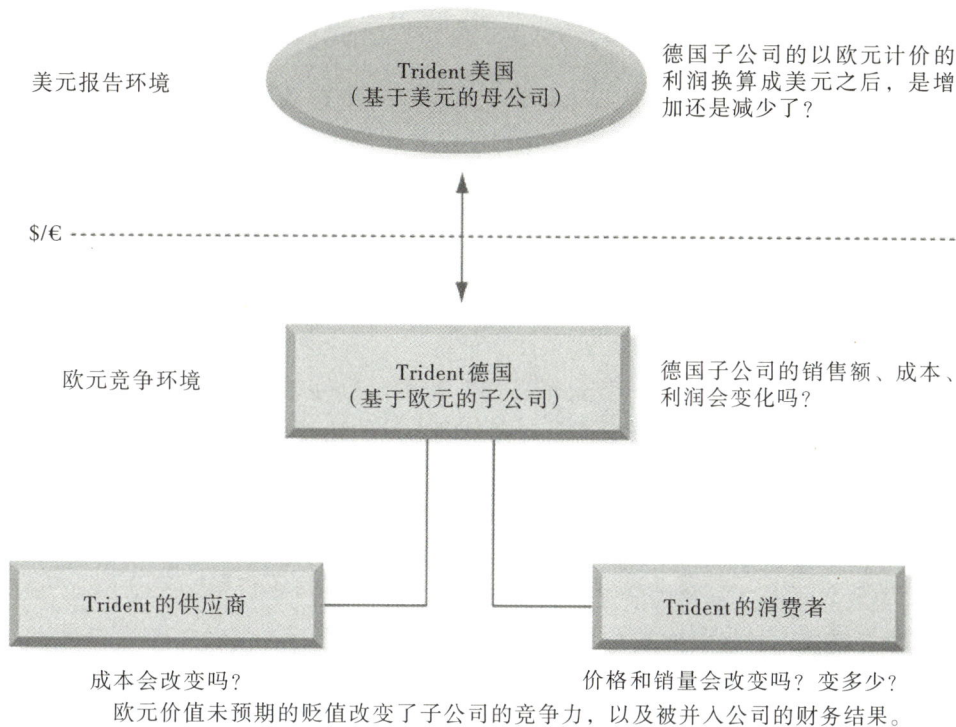

美元报告环境

Trident美国
（基于美元的母公司）

德国子公司的以欧元计价的利润换算成美元之后，是增加还是减少了？

$/€

欧元竞争环境

Trident 德国
（基于欧元的子公司）

德国子公司的销售额、成本、利润会变化吗？

Trident 的供应商

Trident 的消费者

成本会改变吗？　　　　　　　　　　　　　价格和销量会改变吗？变多少？

欧元价值未预期的贬值改变了子公司的竞争力，以及被并入公司的财务结果。

图表11-5　　　　　　　　　　　　**Trident 德国的基本情形**

假设	2014 年	2015 年	2016 年	2017 年	2018 年
销量（套）	1 000 000	1 000 000	1 000 000	1 000 000	1 000 000
单价（欧元/套）	12.80	12.80	12.80	12.80	12.80
成本（欧元/套）	9.60	9.60	9.60	9.60	9.60
德国所得税税率	29.50%	29.50%	29.50%	29.50%	29.50%
汇率（美元/欧元）	1.2000	1.2000	1.2000	1.2000	1.2000
利润表	**2014 年**	**2015 年**	**2016 年**	**2017 年**	**2018 年**
营业收入（欧元）	12 800 000	12 800 000	12 800 000	12 800 000	12 800 000
营业成本（欧元）	-9 600 000	-9 600 000	-9 600 000	-9 600 000	-9 600 000
现金营运费用（欧元）	-890 000	-890 000	-890 000	-890 000	-890 000
折旧（欧元）	-600 000	-600 000	-600 000	-600 000	-600 000
税前利润（欧元）	1 710 000	1 710 000	1 710 000	1 710 000	1 710 000
所得税（欧元）	-504 450	-504 450	-504 450	-504 450	-504 450
净利润（欧元）	1 205 550				
现金流量表（欧元）	**2014 年**	**2015 年**	**2016 年**	**2017 年**	**2018 年**
净利润（欧元）	1 205 550	1 205 550	1 205 550	1 205 550	1 205 550
加：折旧（欧元）	600 000	600 000	600 000	600 000	600 000
净营运资本变动（欧元）	0	0	0	0	0
自由现金流（欧元）	1 805 550	1 805 550	1 805 550	1 805 550	1 805 550
自由现金流（美元）	2 166 660	2 166 660	2 166 660	2 166 660	2 166 660
净现值（折现率为15%）	7 262 980美元				

2014年1月1日，在未召开任何财经会议的前提下，欧元对美元的汇率出人意料地由1.20美元/欧元调整至1.00美元/欧元。企业所面临的汇率经营风险取决于汇率变动将在多大程度上影响企业的产品销售价格、产品成本和产品销量。

当欧元贬值后，针对国内销售，Trident德国可以选择维持其国内销售价格不变，也可以选择提高国内销售价格，因为此时进口厂商在德国国内折算为欧元的销售价格将有所提高。针对出口销售，Trident德国可以选择维持欧元价格不变，也可以选择维持出口国价格不变，还可以选择介于这两者之间的某一价格。Trident德国管理层将采取何种定价策略在很大程度上取决于管理层对产品价格弹性的评估，而在产品价格弹性的评估中管理层需要考虑竞争对手可能作出的反应。此外，在成本端，进口原材料或组件价格的上升，以及德国国内物价上涨所推动的人工成本的上升，都可能迫使Trident德国不得不提高产品价格。

欧元贬值也可能通过影响客户对产品的需求，影响Trident德国在德国国内产品的销售价格和产品成本。随着欧元贬值，在与进口产品的竞争中，以欧元计价的产品和出口产品的价格竞争优势将会凸显出来，使得德国国内的居民收入水平有所上升。这将在一定程度上抵消欧元贬值所带来的通货膨胀的影响。因此，欧元贬值所带来的价格效应和收入效应，可能能够提升Trident德国在德国本土的产品销量。

本章将欧元贬值对Trident德国的影响总结为以下4种情形：

情形1：欧元贬值（其他因素不变）

情形2：销量提升（其他因素不变）

情形3：价格上升（其他因素不变）

情形4：价格、成本和销量同时上升

我们使用未来5年Trident德国的经营活动现金流折现现值，比较不同情形下汇率变动对Trident德国的影响大小。

11.2.2　情形1：欧元贬值（其他因素不变）

假设在未来5年中，Trident德国产品的销售价格、成本和销量均维持不变。因此，预测期内Trident德国的净利润和经营活动现金流量净额仍维持不变，每年的经营活动现金流量净额仍为1 805 550.00欧元。此外，净营运资本也维持不变。由于汇率的变动，经营活动现金流量净额折算为美元后的金额变为1 805 550.00美元，Trident德国的现金流折现现值相应变为6 052 483.00美元，与基本情形相比减少1 210 497.00美元。

11.2.3　情形2：销量提升（其他因素不变）

假设在未来5年中，Trident德国每年的销售量增长40%至1 400 000.00套。欧元贬值使得Trident德国的产品与进口产品相比具有一定的价格优势。此外，与汇率未贬值的国家相比，Trident德国的出口产品也具有一定的价格优势。这都使得Trident德国的产品销售量在欧元贬值的情况下有所增长。Trident德国的管理层并未采取提高产品销售价格的策略，因为在短期内，德国国内的生产成本并未相应上升，管理层将汇率贬值视为提升市场份额的一个良好机遇。

在这种情况下，Trident德国每年的净利润增至2 107 905.00欧元。扣除第一年新增的203 397.00欧元净营运资本，Trident德国第一年的经营活动净现金流量增至2 504 553.00欧元，往后4年的经营活动净现金流量增至2 707 950.00欧元/年。Trident德国的现金流折现现值相应变为

8 900 601美元，与基本情形相比增加1 637 621.00美元。

11.2.4　情形3：价格上升（其他因素不变）

假设Trident德国的产品销售价格由12.80欧元/套上升至15.36欧元/套，以维持折算为美元后的价格不变，除此之外的其他因素保持不变，销量仍维持在1 000 000套/年，产品成本也维持不变。

Trident德国的经营情况将由于价格的提高而有所改善。每年的净利润增至3 010 350.00欧元，第一年的经营活动现金流量净额增至3 561 254.00欧元（第一年需增加净营运资本49 096欧元），往后4年则增至3 610 350.00欧元。Trident德国的现金流折现值相应变为12 059 761.00美元。

项目	汇率变动前	汇率变动后
单价（欧元）	12.80欧元	15.36欧元
汇率	1.20美元/欧元	1.00美元/欧元
单价（美元）	15.36美元	15.36美元

11.2.5　情形4：价格、成本和销量同时上升

最后一种情形中，我们假设Trident德国的产品价格增加10%至14.08欧元/套，产品成本增加5%至10.00欧元/套，产品销量增加10%至1 100 000.00套/年。由于收入增长多于成本，净利润增至2 113 590.00欧元/年，第一年的经营活动现金流量净额增至2 623 683.00欧元（扣除增加净营运资本金额），往后4年则增至2 713 590.00欧元。Trident德国的现金流折现值相应变为9 018 195.00美元。

11.2.6　其他可能的情形

当Trident德国的销售收入存在以其他货币计量的情形时，情况将变得有所不同。Trident德国可以选择保持外币价格不变的定价策略，此时，折算为欧元的价格将有所上升；Trident德国也可以选择保持以欧元计价不变，此时外币价格将有所下降，出口销量也将在一定程度上有所上升。当然，Trident德国也可以根据产品的价格弹性和出口销售金额占其销售收入的比重，在上述两种极端情况之间选择一个居中策略。因此，Trident德国的销售收入既可能上升，也可能下降。

如果Trident德国部分或者全部的原材料和组件均为国外进口，那么以欧元计量的产品成本将随着欧元的贬值而有所上升。此外，本地采购成本也可能因为欧元的贬值而有所上升。

11.2.7　损失的衡量

图表11-7总结了当欧元对美元汇率由1.20美元/欧元下降至1.00美元/欧元时，上述各种情形下Trident德国公司价值的变化。Trident德国的公司价值为未来5年经营活动现金流量的折现值。

图表 11-6 　　　　　　　Trident 德国情形 4：价格、成本和销量同时上升

假设	2014 年	2015 年	2016 年	2017 年	2018 年
销量（套）	1 100 000	1 100 000	1 100 000	1 100 000	1 100 000
单价（欧元/套）	14.08	14.08	14.08	14.08	14.08
成本（欧元/套）	10.00	10.00	10.00	10.00	10.00
德国所得税税率	29.50%	29.50%	29.50%	29.50%	29.50%
汇率（美元/欧元）	1.0000	1.0000	1.0000	1.0000	1.0000
利润表	2014 年	2015 年	2016 年	2017 年	2018 年
营业收入（欧元）	15 488 000	15 488 000	15 488 000	15 488 000	15 488 000
营业成本（欧元）	-11 000 000	-11 000 000	-11 000 000	-11 000 000	-11 000 000
现金营运费用（欧元）	-890 000	-890 000	-890 000	-890 000	-890 000
折旧（欧元）	-600 000	-600 000	-600 000	-600 000	-600 000
税前利润（欧元）	2 998 000	2 998 000	2 998 000	2 998 000	2 998 0000
所得税（欧元）	-88 410	-88 410	-88 410	-88 410	-88 4100
净利润（欧元）	2 113 590	2 113 590	2 113 590	2 113 590	2 113 5900
现金流量表	2014 年	2015 年	2016 年	2017 年	2018 年
净利润（欧元）	2 113 590	2 113 590	2 113 590	2 113 590	2 113 5900
加：折旧（欧元）	600 000	600 000	600 000	600 000	600 000
净营运资本变动（欧元）	-89 907	0	0	0	0
自由现金流（欧元）	2 623 683	2 713 590	2 713 590	2 713 590	2 713 5900
自由现金流（美元）	2 623 683	2 713 590	2 713 590	2 713 590	2 713 5900
净现值（折现率为 15%）	9 018 195 美元				

图表 11-7 　　　　　　　欧元贬值时 Trident 德国价值变动汇总

情形	汇率（美元/欧元）	单价（欧元）	销量	成本（欧元）	企业价值（美元）	价值变动（美元）	价值变动比率
基本情形	1.20	12.80	1 000 000	9.60	7 262 980	—	—
情形 1：欧元贬值	1.00	12.80	1 000 000	9.60	6 052 483	-1 210 497	-16.70%
情形 2：销量提升	1.00	12.80	1 400 000	9.60	8 900 601	1 637 621	22.50%
情形 3：价格上升	1.00	15.60	1 000 000	9.60	12 059 761	4 796 781	66.00%
情形 4：价格、成本和销量上升	1.00	14.08	1 100 000	10.00	9 018 195	1 755 215	24.20%

在情形 1 下，除了欧元汇率降低外，其他变量保持不变，Trident 德国的价值减少 16.70%，与汇率贬值幅度相等。在情形 2 下，欧元贬值使得 Trident 德国的产品具有一定的价格优势，Trident 德国的销量得以增加 40%，并最终使得 Trident 德国的公司价值增加 22.5%。在情形 3 下，产品销

售价格的上升使得Trident德国的公司价值增加66%。情形4与现实情况更为接近，在产品价格、成本和销售量同时变动的情况下，Trident德国的公司价值增加24.2%。值得注意的是，产品价格、成本和销量的同时变化使得欧元贬值所导致的情况存在无数种可能，虽然很难对汇率经营风险进行准确度量，但上述分析对企业的经营决策仍是有价值的。[①]

11.3　经营风险的战略管理

对经营风险进行管理的目标是有效预测和分析汇率的未预期变动对企业未来现金流造成的影响。为了实现这一目标，管理层可以使其经营活动和融资活动多元化。此外，管理层也可以根据汇率变动适时调整其经营决策和融资决策。全球财务管理实务11-2中介绍了新兴市场国家的固定汇率制度是否增加了企业的汇率风险。

课堂延展阅读

全球财务管理实务11-2　　新兴市场国家的固定汇率制度是否增加了企业的汇率风险？

长期以来人们一直认为，当企业意识到汇率将保持不变时，企业将认为其面临的汇率风险为零，且不会主动改变其经营活动。但正如印度的一项汇率研究所指出的，汇率维持不变反而会引发道德风险，使企业财务更加脆弱。

道德风险是指当一方相信另一方将会处理、协调或者减少企业风险或因冒险行为而产生的不利后果时，一方将采取更为冒险的行为。换句话说，当有人为企业的行为买单时，企业将采取更为冒险的决策。在汇率变动的场景中，这个"兜底方"即为以中央银行为代表的外汇管理机构，它告诉所有面临汇率风险的机构或个人，汇率将维持不变。

尽管目前对于新兴市场汇率风险的实务研究并不多见，但可以预见，随着资本流动的全球化，在未来的几年，汇率风险将成为新兴市场企业必须面临的一个重要话题。如果这些新兴市场国家的金融机构还没有意识到资本流动的全球化带来的风险，并忽视它们对其国家汇率变动的影响，那么未来的几年中，这些新兴市场国家的企业将不得不踏上毫无安全保障的全球资本市场之旅。

资料来源：（1）"Does the currency regime shape unhedged currency exposure？"，by lla Patnaik and Ajay Shah，Journal of International Money nand Finance，29，2010，pp 760-769.（2）"Moral Hazard，Financial Crises，and the choice of Exchange Rate Regime"，Apanard Angkinand and Thomas Willett，June 2006.（3）"Exchange Rate Regimes for Emerging Markets：Moral Hazard and International Borrowing"，by Ronald l.Mckinnon and Huw Pill，Oxford Review of Economic Policy，Vol. 15，No. 3，1999.

对经营风险进行有效管理的关键在于管理层能够识别当汇率发生未预期变化时企业所处的不均衡状态，并提前采取有效措施，以最大程度地减少汇率变动对企业的影响。将经营活动和融资活动适当地在全球进行多元化布局，能够有助于管理层实现这一目标。**经营活动多元化包括销售、生产设备和原材料采购在全球范围内的分散布局，而融资活动多元化是指企业活跃在全球多个资本市场以多种货币筹集资金。**

多元化策略使得企业既可以被动地降低汇率变动的影响，也可以利用汇率变动给企业带来的机遇，采取主动措施，并利用外汇市场、资本市场和产品市场的不均衡状态，为企业创造价值。这一策略不需要企业提前预测到汇率市场的变动，只需要企业能够在汇率变化发生时，根据竞争对手提前采取的措施，结合自身的经营活动和所面临的汇率经营风险，采取适当的措施。掌握这一策略能够帮助我们识别哪些企业将会在汇率变动中受益，而哪些企业将会在汇率变动中受损。

[①]　值得注意的是，在预测期的第一年，净营运资本需要随着销售收入的变动而有所调整。

11.3.1 经营活动多元化策略

经营活动多元化策略使得企业管理层能够提前预防汇率经营风险。假设企业所面临的采购均衡状态被汇率变动所打破。尽管提前预测这一非均衡状态是困难的，但是管理层可以在均衡状态被打破时将其快速识别出来。比如，管理层可能很快意识到在不同国家和地区的厂房租金出现了显著的差异，由于产品的价格弹性和收入弹性不同，不同地区的产品毛利或销售量开始出现分化。

识别全球范围内的不均衡状态使得企业管理层能够对其经营决策进行适时调整。管理层可以将原材料和组件的采购转移至成本较低的地区，将生产转移至具有闲置生产能力的地区，在因汇率变化使得企业产品具有相对价格弹性的地区加大产品的营销力度。

即使管理层没有采取积极措施应对汇率变动，多元化经营仍能够帮助企业在组合效应中获益。汇率变动给企业在一些地区带来不利影响的同时，也在其他地区给企业带来了积极影响。在这种情况下，汇率变动对企业的影响将会得到一定程度的中和。

与进行多元化经营的跨国企业相比，一个本土企业虽然没有境外的现金流入与现金流出，但其不得不面对汇率变动带来的更大的影响。例如，当汇率发生变动时，本土企业不得不在本国市场应对来自汇率低估国家或地区企业更有力的竞争。

与跨国企业相比，当汇率发生变动时，一家纯本土企业并不能像跨国企业那样做出经营决策的调整。事实上，由于其投入全部来自于本国，纯本土企业甚至不能及时发现汇率变动所导致的不均衡状态。当获得外部的数据后，企业再做出调整可能为时已晚。即使纯本土企业意识到了生产经营均衡状态已被打破，与跨国企业相比，本土企业也可能无法迅速将其生产经营转移至其从未涉足的国外市场。

同样，企业对生产地进行分散布局也可能面临不少限制。某些产业的生产技术可能需要较大规模才能实现规模经济。高科技企业，比如英特尔，倾向于将其生产基地布局在供应商周边，并要求该地区拥有高素质的劳动力和一流的高校。

11.3.2 融资活动多元化策略

如果企业在全球多个资本市场以多种货币进行融资，那么当汇率发生变动时，企业能够提前做出反应，从国际费雪效应中获益。如果利率并未随两国之间货币汇率的变动而成比例变动，那么企业就有机会降低其资本成本。当然，要想获得上述降低资本成本的机会，企业首先得融入全球资本市场中，与金融机构建立牢固的业务联系。同样的，一个纯本土企业可能没有这样的机会利用汇率变动降低其资本成本。

本书将在第 12 章中阐述融资活动多元化是如何降低企业资本成本、提高企业外部融资可得性的。对于新兴市场中的企业而言，获得海外资本的能力对其发展尤为重要。

学与思 11-4

应对汇率经营风险的战略管理已经成为企业长期决策的重要组成部分。公司内部何种层级的管理层负责管理和消除汇率风险？请阐述管理层可用于管理汇率风险的不同政策。

学与思 11-5

管理汇率风险的关键在于当均衡状态被打破时，管理层能够及时识别不均衡状态，并提前采取恰当的措施加以应对。请说明为什么这一任务看起来容易，实际执行时却非常困难。

（1）跨国集团如何进行经营活动多元化？

（2）跨国集团如何进行融资活动多元化？

11.4 经营风险的主动管理措施

通过采取恰当的经营决策和融资决策，企业可以在一定程度上管理其所面临的经营风险和交易风险。5种常见的主动管理措施包括：（1）现金流匹配；（2）风险共担协议；（3）平行贷款；（4）货币互换；（5）契约方法。

企业可以采取合适的经营决策和融资决策消除汇率波动给企业带来的经营风险和交易风险。请列举五种最常见的应对汇率风险的主动管理措施。

11.4.1 现金流匹配

消除某一货币长期汇率风险的一项有效措施是获取以该货币计量的债务。图表11-8展示了一家长期向加拿大进行出口销售的美国企业是如何管理其所面临的汇率风险的。为了获取在加拿大市场上的竞争力，这家美国企业将其所有的销售均以加元计量。这使得这家美国企业每月都能获得持续不断的加元现金流入。如果这家美国企业与其加拿大客户之间具有较为稳定的供应关系，那么美国企业的加元现金流入在较长时间内都是稳定、可预测的。正如本文第9章所述，美国企业可以通过远期合约或对冲协议应对上述加元现金流入所导致的交易风险。

图表11-8 作为财务对冲工具的债务融资

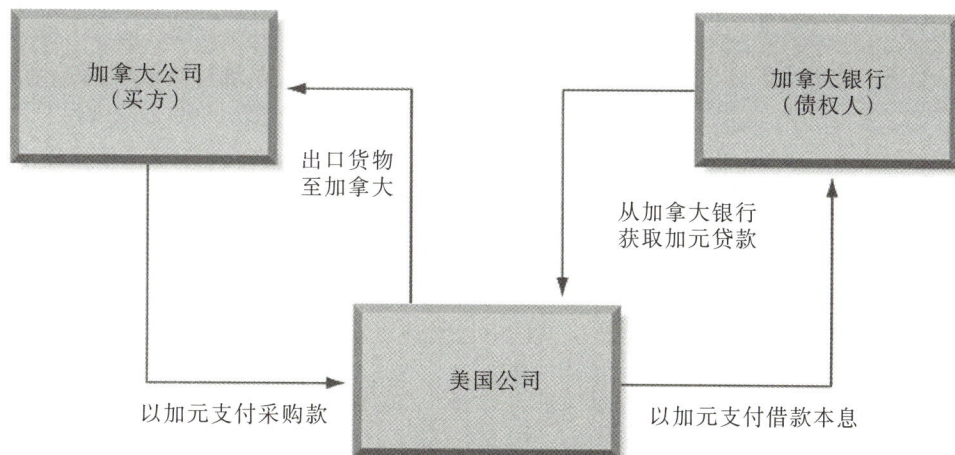

风险敞口：对加拿大客户的销售收入，产生了加元现金流入
风险对冲：向加拿大银行取得的加元借款，产生了加元现金流出

那么，美国企业能否通过寻找一项长期、稳定的加元现金流出，来对冲其加元现金流入呢？如果美国企业取得了一笔加元债务，其可以以其持续的加元销售收入偿还加元债务的利息和本金，使得企业的加元现金流入和加元现金流出得以匹配。如果美国企业可以通过构造一笔加元融资现金流出来匹配其加元现金流入，企业就不需要通过远期合约或对冲协议应对汇率风险了。这种形式的对冲常被称为*现金流匹配*。当企业的现金流敞口持续、稳定、可预测时，现金流匹配是

企业应对汇率风险的有效手段之一。

除上述措施外，企业可以采取的现金流匹配措施还有很多。美国企业可以寻找加拿大的原材料和组件供应商，以替代其美国国内或其他国家的供应商，这样美国企业就可以同时获得加元经营现金流入和加元经营现金流出。**如果上述现金流入和现金流出发生的时间和金额互相匹配，那么上述策略可称为自然对冲。**"自然"是指上述现金流入与现金流出均为经营活动现金流。

此外，美国企业还可以通过向其供应商支付加元来适应现金流匹配，这一策略被称为**"货币转换"**（currency switching）。例如，美国企业从墨西哥进口原材料，该墨西哥企业为加元现金净流出，通过获得加元现金流入可以对冲其汇率风险，那么美国企业可以与墨西哥企业约定以加元支付其原材料采购款。

学与思 11-8

（1）请阐述为什么现金流匹配能够消除汇率风险。

（2）请列举一个现金流匹配的实例。

11.4.2 风险共担协议

风险共担协议是另一种可供具有长期稳定供应关系的企业管理其所面临的汇率风险的有效措施。**风险共担协议约定了由买方和卖方共同承担汇率变动所导致的彼此间的现金收支变动。**如果双方希望巩固长期供应关系，保证产品质量和供应稳定，而不是在外汇市场上一时受益，那么签订上述风险共担协议将使双方的合作关系更进一步。

如果福特北美公司长期从马自达日本进口汽车零部件，那么汇率变动在使一方受益的同时，会使另一方利益受损（事实上，福特一直是马自达的主要股东之一，但福特并不参与马自达的经营管理。因此，风险共担协议能够巩固双方的合作关系，对双方的合作发展都是有必要的）。一种可能的解决措施是**福特与马自达签订一项有关汇率的风险共担协议，约定当结算日美元对日元汇率介于115日元/美元至125日元/美元之间时，双方按照当期汇率进行货款结算。当结算日美元对日元汇率变动超出上述约定区间时，由双方共同分担上述汇率变动带来的影响。**

假如福特3月份应付马自达25 000 000.00日元采购款，在结算日，美元对日元的汇率为110日元/美元，那么日元对美元的升值将提高福特的采购成本。由于结算日美元对日元的汇率超出了双方签订的风险共担协议所约定的汇率区间，马自达同意与福特平均分担汇率变动带来的影响。**因此，福特需要支付的美元为：**

$$\left[\frac{¥25\,000\,000}{¥115/\$ - \dfrac{¥5/\$}{2}} \right] = \frac{¥25\,000\,000}{¥112.50/\$} = \$222\,222.22$$

福特的采购款采用112.50日元/美元的汇率进行结算，为福特节约了5 050.51美元的采购成本。当结算汇率为110日元/美元时，福特需要支付227 272.73美元的采购款。在上述风险共担协议下，福特只需要支付222 222.22美元采购款，相比之下，福特可少支付5 050.51美元。当美元对日元汇率超出双方约定的汇率区间时，双方在上述风险共担协议下将共担汇率变动所带来的成本与收益。**值得注意的是，当美元对日元汇率调整至130日元/美元时，上述风险共担协议将使马自达受益。**

风险共担协议旨在缓解汇率变动对双方的影响。当然，当汇率长期单边变动时，双方需要重新谈判并签订新的风险共担协议，但风险共担协议的最终目标仍是降低汇率变动对双方的影响。风险共担协议在实务中已使用将近50年。20世纪60年代时，在布雷顿森林体系下，国际主要货币间的汇率呈稳定状态，风险共担协议的使用并不普遍。20世纪70年代随着浮动汇率的回归，企业开始广泛使用这一古老的方式以维护长期稳定的供应关系。

为什么供应商愿意与跨国集团达成汇率风险共担协议？风险共担协议是如何影响协议签署双方的？

11.4.3 平行贷款

平行贷款（back-to-back loan），又被称为信用互换（parallel loan，credit swap），是指来自两个国家的企业分别获得的一定期间内以对方国家货币计量的贷款。在约定的时点，双方将归还上述借款。虽然外汇市场现货行情可用于决定平行贷款的金额，但平行贷款的操作不需要在外汇交易市场上进行。平行贷款能够形成对交易性外汇敞口的对冲。此外，平行贷款也可用于一国的外汇管制对企业投资活动外汇现金流入流出进行限制的情形。

常见的平行贷款结构如图表11-9所示。一家英国母公司希望投资其荷兰子公司，一家荷兰母公司希望投资其英国子公司。在这种情况下，英国母公司可以借款给荷兰母公司的英国子公司，荷兰母公司可以借款给英国母公司的荷兰子公司，从而完全规避了外汇交易市场风险。这两笔贷款在当前的外汇市场现货行情和期限下，具有相同的价值。当债务到期时，只需要分别在英国和荷兰将这两笔借款归还至相应的债权人，同样不需要通过外汇交易市场。平行贷款的两笔贷款不需要承担汇率波动风险，也不需要政府部门的批准，可以规避外汇管制的影响。

图表11-9 作为财务对冲工具的债务融资

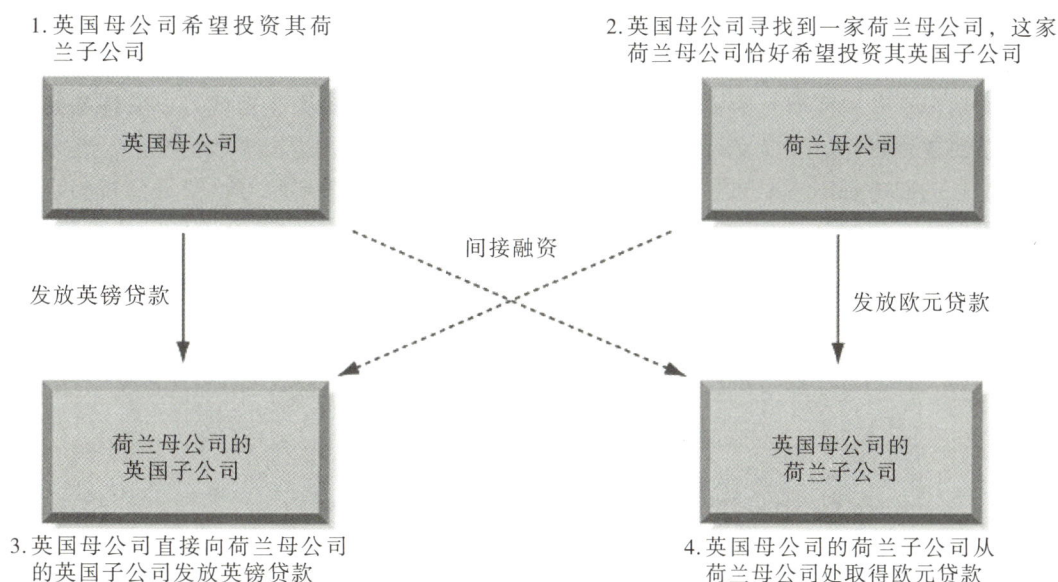

1. 英国母公司希望投资其荷兰子公司
2. 英国母公司寻找到一家荷兰母公司，这家荷兰母公司恰好希望投资其英国子公司

英国母公司　　荷兰母公司

间接融资

发放英镑贷款　　发放欧元贷款

荷兰母公司的英国子公司　　英国母公司的荷兰子公司

3. 英国母公司直接向荷兰母公司的英国子公司发放英镑贷款
4. 英国母公司的荷兰子公司从荷兰母公司处取得欧元贷款

母公司不需要额外为平行贷款提供担保，因为两笔平行贷款之间互相具有担保属性，当一笔贷款出现违约时，另一笔贷款可以消除这一影响。双方可以签署进一步的协议，约定当汇率变动时如何维持本金的均等。例如，当英镑连续30天贬值超过6%时，英国公司需要根据合同约定补充额外的本金给荷兰公司，以维持平行贷款之间本金的均等。当欧元贬值时，上述条款也可以保护英国公司。尽管上述条款将会改变本币贷款的本金，但并不会给双方带来汇率风险，因为当债务到期时，双方需要支付的仍为所收到贷款金额的本金。

平行贷款的实施面临两项常见限制：一是由于需要匹配币种、金额和时间，经常难以找到一个合适的对手方（counterparty）；二是虽然平行贷款在理论上是100%担保，且币种并不一致，但平行贷款仍存在一方在债务到期时未归还借款本金的风险。上述两项限制在某种程度上反倒促进了货币互换的快速发展和广泛运用。

学与思 11-10

请阐述为什么平行贷款能够对冲汇率风险。

11.4.4　货币互换

货币互换（cross-currency swap）与平行贷款类似，区别在于货币互换不体现在企业的资产负债表中。正如本书第5章所阐述的，互换（swap）一词在国际财务管理学中拥有多种用途，需要格外注意其在某一特定用途中的具体含义。

在货币互换中，企业需要与互换交易商或互换交易行达成协议，约定在一定期间内交换等额的两种货币金额。货币互换的期限多种多样，最长可达30年。互换交易商或互换交易行主要扮演的是中间商的角色，以撮合互换交易。货币互换的基本结构在本书第7章中已经进行了阐述。

一个典型的货币互换需要两家企业在产品市场和外汇市场具有一定的知名度。例如，一家日本公司通常在日本国内举借日元债务。当这家日本企业将产品出口至美国，并获得美元销售收入后，其希望能够获得美元债务来对冲其美元现金流入。如果这家日本公司在美国金融市场中并不知名，那么它将很难在美国获得债务融资。

一种可能的解决方法是这家日本企业参与到如图表11-10所示的货币互换协议中。这家日本企业可以将自己的日元债务与另一家美国企业的美元债务进行互换。这笔互换将使得这家日本企业获得日元，但在偿还债务本息时只需要支付美元。这样，这家日本企业就可以在没有实际获得美元债务的情况下获得实质性的美元债务收益。与此同时，上述美国企业就可以获得美元，在偿还债务本息时支付日元。互换交易商此时扮演了中间商的角色。在绝大多数情况下，互换交易商使得互换交易的双方都不需要知道交易对手的具体情况。一方只需要将互换交易商视为自己的交易对手即可。由于互换市场中占主导地位的为中央银行，这一模式的风险是可以接受的。此外，互换交易商的主要职责就是匹配各方货币互换的需求，匹配互换的币种、金额和时间。

图表 11-10　　　　　　　　　　货币互换

日本公司与美国公司均希望能够达成货币互换协议，以利用其外币销售收入偿还本币债务。

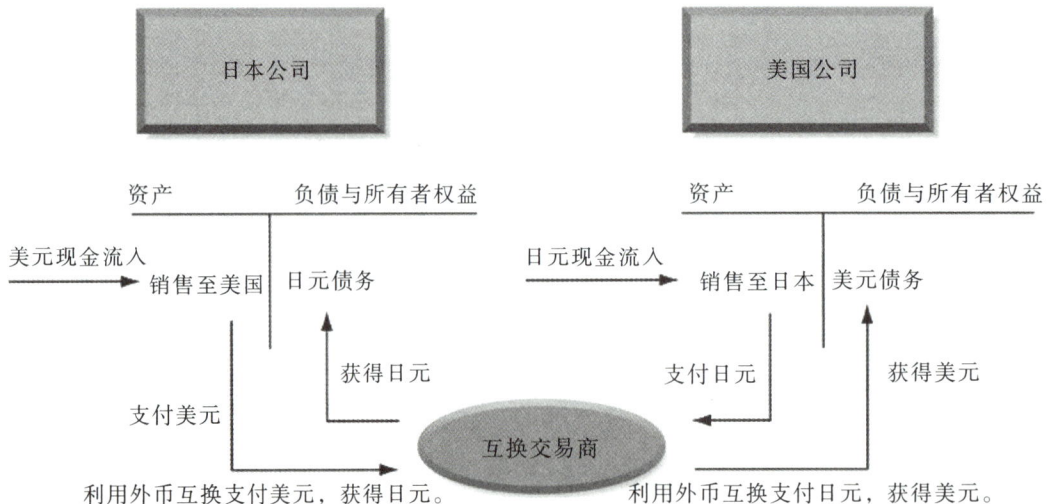

美国的会计师常将货币互换视为外汇交易而非企业债务，并将日后货币互换的了结视为一项远期外汇合同。远期外汇合同可以与资产匹配，但在资产负债表中只会出现在附注中，而不是作为资产负债表项目。结果是，通过货币互换，企业可以规避汇率的交易风险和运营风险，同时在资产负债表里不增加长期应收款和长期借款。

学与思 11-11

请阐述为什么货币互换能够对冲汇率风险，并指出货币互换在会计上的优点。

11.4.5　契约方法

一些跨国公司正寻求通过契约安排来对冲其经营风险。不少公司（例如默克公司）通过构建长期货币期权的形式对冲其在汇率变动中所承受的损失。这种汇率风险的对冲策略看上去与传统理论背道而驰。

企业应对这类通常认为不可对冲的风险时，其能力的强弱主要取决于以下几点：（1）企业未来现金流的可预测性；（2）企业竞争对手对汇率变动的反应。很多企业的管理层相信自己能够准确预测自身的未来现金流，但事实上很少有企业能够准确预测其竞争对手对汇率变动的反应。因此，及时衡量汇率风险对企业来说可谓十分困难。

默克公司是相信自己能够准确预测上述两点的公司之一。由于药物生产行业有很高的进入壁垒，默克公司的未来现金流相对容易预测。默克公司的出口销售产量相对具有可预测性，同时药品价格往往受到政府管制，因此，默克公司未来 5～10 年的现金流具有一定的可预测性。此外，默克公司的经营结构相对集中，研发和产品生产都高度集中。这使得默克公司的管理层相信其并没有实际的可替代者，公司可以对冲汇率变动带来的不利影响。默克公司已经在场外交易市场构建了外币对美元的长期看跌期权，以对冲汇率变动可能给企业带来的损失。

对汇率经营风险的对冲策略仍然存在很多问题。即使汇率变动和看跌期权在未来都实现了，企业的竞争力仍可能在汇率变动后有所下降。用于购买上述大量看跌期权的资金并未用于使企业的生产经营分散化，而多元化的战略才能够更有效地巩固企业的全球市场份额，增强企业的全球竞争力。

学与思 11-12

默克公司是一家采取契约方法对冲汇率风险的跨国公司。

（1）默克公司是如何完成上述对冲的？

（2）为了实现上述对冲，默克公司做出了哪些假设？

（3）你认为这种对冲策略的效果如何？为什么？

划重点

●经营风险可用于度量未预期的汇率变动将在多大程度上改变企业的未来现金流，从而导致企业价值的变化。

●未预期汇率变动对企业未来现金流的影响可以分为四个层面：（1）短期；（2）中期（均衡状态）；（3）中期（非均衡状态）；（4）长期。

●管理经营风险的经营策略强调企业匹配外汇的现金流入与现金流出，这一策略被称为自然对冲。

●经营风险的管理旨在预测和改变未预期的汇率变动对企业未来现金流的影响，而不是如

Trident 德国的案例中所展示的那样采取被动措施。通过在全球范围内分散分布其生产活动和融资活动，企业可以通过多元化战略实现上述目的。

● 企业应对汇率经营风险可采取的应对措施包括：（1）现金流匹配；（2）风险共担协议；（3）平行贷款；（4）货币互换。

● 契约方法（例如期权和远期）常被用于对冲汇率的经营风险，但其往往成本高昂，且可能并不能从根本上解决问题。

秒懂本章

企业可以通过在全球范围内采用多元化战略来对冲未预期的汇率变动对企业现金流的影响。

计算分析题

1.DeMagistris Fashion 公司。

DeMagistris Fashion 坐落于美国纽约，其从 Acuña Leather Goods 进口皮革上衣。Acuña Leather Goods 坐落于阿根廷的布宜诺斯艾利斯。双方具有长期稳定的合作关系。2002 年 1 月，比索突然贬值。到 2002 年 12 月，比索对美元的汇率跌至 4.0 比索/美元。外界预期比索将继续贬值。DeMagistris 和 Acuña 致力于维护双方长期稳定的合作关系，双方同意并签署了风险共担协议。协议约定，当比索的汇率介于 3.5 比索/美元至 4.5 比索/美元之间时，DeMagistris 将根据结算日的即期汇率进行货款结算。当比索的汇率超出上述区间时，双方约定平均分摊汇率变动。上述风险共担协议有效期为 6 个月，6 个月届满后双方将重新约定汇率区间。DeMagistris 已与 Acuña 签订协议，在未来 6 个月内，DeMagistris 将从 Acuña 采购 800 万比索（按照即期汇率折算为 200 万美元）的皮革上衣。

（1）如果比索的汇率立即跌至 6 比索/美元，DeMagistris 未来 6 个月的采购成本将变更为多少？

（2）当比索的汇率为 6 比索/美元时，Acuña 向 DeMagistris 的出口销售额将为多少？

2.Mauna Loa 公司。

Mauna Loa 是 Hershey 旗下一家销售夏威夷果的子公司，产品销往世界各地。Mauna Loa 在夏威夷拥有一片坐落于火山山坡上的种植地。日本市场是 Mauna Loa 最大的市场，年均销售额为 12 亿日元。在当前 125 日元/美元的汇率下，上述销售额折合为 960 万美元。各年的销售金额基本相等。Mauna Loa 的资产负债表中存在一笔 2 500 万日元的应收账款。Mauna Loa 给予客户的信用期为 60 天，每月的现金流入约为 1 亿日元。

Mauna Loa 希望能够对冲其日元应收账款，但是由于客户较为分散，交易较为频繁，Mauna Loa 出售应收款项期权的成本过高，使得这一策略并不可行。因此，Mauna Loa 决定采用匹配现金流的方式对冲上述风险。

（1）Mauna Loa 需要借入多少日元来对冲上述风险？

（2）日元借款的期限应该是多久？

3.Murray Exports 公司（A）。

Muray Export 向中国码头设备商出口大型起重设备。每年的销量约为 1 万台，每台的价格约为 2.4 万美元。人民币对美元的当期汇率为 8.2 元人民币/美元，但是中国香港一家咨询机构预计，下周人民币对美元汇率将调整至 9.0 元人民币/美元，之后汇率将维持这一水平至少一个季度。面对这一即将发生的人民币贬值，Muray Export 面临两种定价选择：（1）保持人民币价格不变，此时折算为美元的收入将下降，销量保持不变；（2）保持美元价格不变，此时折算为人民币的价格将上升，销量也将下降 10%。产品的直接成本是折算为美元的销售收入的 75%。

（1）每一种定价策略在短期内（1 年）将会对 Muray Export 造成什么影响？

（2）你建议选择哪种定价策略？

4.Murray Exports 公司（B）。

与上题的假设条件保持一致。Muray Export 的管理层认为，当公司保持人民币价格不变时，未来 8 年公司销量将保持 12% 的年增长率；以美元计价的成本维持不变；8 年后，Muray Export 的专利将会到期，公司将停止对中国的出口；人民币汇率在调整至 9.2 元人民币/美元后，将不会继续贬值。而如果公司保持美元价格不变，未来 8 年公司销量的年增长率将只有 1%，基数也将更低，为 9 000 台；同样的，以美元计价的成本将维持不变，在第 8 年年末公司将停止对中国的出口。此外，Muray Export 的加权平均资本成本是 10%。请问 Muray Export 的管理层应该选择哪种定价策略？

5.迈凯轮汽车公司。

迈凯轮汽车公司生产的部分英国跑车将会出口到新西兰，并以英镑结算。新西兰的经销商在当地销售时以新西兰元结算。新西兰的经销商没有能力去承担所有的汇率风险，除非迈凯轮汽车公司同意承担部分汇率风险，否则新西兰的经销商将不再经销迈凯轮跑车。迈凯轮汽车公司同意，以新西兰元与英镑之间的即期汇率作为中间汇率，当结算日的汇率在上述中间汇率的 [-5%，+5%] 区间内时，由经销商自行承担汇率风险；当结算日的汇率波动超出 [-5%，+5%] 的区间时，由迈凯轮公司与经销商按照相同比例共同承担超出上述区间的汇率风险。当前，新西兰元与英镑之间的基准汇率为 1.64 新西兰元/英镑。

（1）计算新西兰经销商需要按照结算日汇率进行货款结算的汇率区间。

（2）假如迈凯轮汽车公司将 10 辆跑车销售给新西兰经销商，新西兰元兑英镑的汇率为 1.70 新西兰元/英镑，每辆跑车的开票金额为 3.2 万英镑，那么此时新西兰经销商的采购成本是多少？迈凯轮公司将获得多少英镑的收入？与 3.2 万英镑每辆的开票金额相比，其变化是多少？

（3）如果销售时的汇率是 1.65 新西兰元/英镑，新西兰经销商的采购成本将是多少？迈凯轮公司将获得多少英镑收入？

（4）上述风险共担协议是否会将汇率风险从一方转移至另一方？

（5）为什么上述风险共担协议对迈凯轮公司和新西兰经销商都是有利的？

6.Trident 德国——竞争对手均来自本土。

请使用图表 11-5 和图表 11-6 的分析模式，假如 Trident 德国所面对的市场为纯国内市场，其竞争对手全部来自本土，分析当欧元贬值时，Trident 德国的产品销售价格、成本和销量会有什么变化。

7.Trident 德国——竞争对手均来自国际。

请使用图表 11-5 和图表 11-6 的分析模式，假如 Trident 德国所面对的市场为国际市场，其竞争对手全部来自国际市场，分析当欧元贬值时，Trident 德国的产品销售价格、成本和销量会有什么变化，其面临的汇率风险将如何变化？

8.Harley Davidson 的风险共担协议。

据报道，Harley Davidson 与其海外子公司和经销商签订了一系列汇率风险共担协议。因为这些海外机构往往将货物在当地商场销售，并获得当地货币。Harley Davidson 希望通过允许海外机构采用当地货币支付从 Harley Davidson 采购货物的款项，从而降低这些机构面临的汇率风险。

当前澳元对美元的汇率为 1.3052 澳元/美元。假设 Harley Davidson 以此为基础，确定了 1.30 澳元/美元的基准汇率。Harley Davidson 同意，只要汇率在 ［-2.5%，+2.5%］的区间内变动，双方采用结算日的即期汇率结算，当汇率在 ［-5%，+5%］的区间内变动时，双方按照相同比例共同承担超出上述区间的汇率风险。

（1）请作图并说明在不同汇率区间双方结算所使用的实际汇率。

（2）如果 Harley Davidson 以 8 500 美元的价格出口一辆摩托车至澳大利亚，当时的汇率为 1.3442 澳元/美元，那么澳大利亚客户需要支付的价格是多少？

（3）如果 Harley Davidson 以 8 500 美元的价格出口一辆摩托车至澳大利亚，当时的汇率为 1.2940 澳元/美元，那么澳大利亚客户需要支付的价格是多少？

9.惠普公司（A）。

惠普公司位于美国，其出口电脑打印机至巴西。巴西使用的货币为里拉，当前里拉对美元的汇率为 3.40 里拉/美元。惠普每年出口至巴西的打印机数量约为 5 万台，价格约为 200 美元/台。根据传闻，未来两周，巴西政府将使里拉的汇率跌至 4.00 里拉/美元。此时，惠普公司需要在汇率贬值前作出定价决策：（1）维持里拉价格不变，公司在巴西的销量将保持不变，但折算为美元的收入将有所下降；（2）维持美元价格不变，此时折算为里拉的价格将有所上升，并导致公司在巴西的销量降低 20%。打印机的成本为美元销售价格的 60%。请问上述两种定价策略短期（1 年内）对惠普会产生什么影响？你将选择哪一种定价策略？

10.惠普公司（B）。

与第 9 题的假设条件保持一致。惠普公司的管理层认为，当公司保持里拉价格不变时，未来 6 年公司销量将保持 10% 的年增长率；以美元计价的成本维持不变；6 年后，惠普公司的专利将会到期，公司将停止对巴西的出口；里拉汇率在跌至 4.00 里拉/美元后，将不会继续贬值。而如果公司保持美元价格不变，未来 6 年公司销量的年增长率将只有 4%，销量也将更低，为 4 万台；同样的，以美元计价的成本将维持不变，在第 6 年年末公司将停止对巴西的出口。此外，惠普公司的加权平均资本成本是 12%。请问惠普公司的管理层应该选择哪种定价策略？

网络练习题

1.汇率风险：最新的案例。

阅读下列主要期刊，寻找一家最近面临巨大汇率风险的公司。为了更好地寻找合适的案例，你可以格外关注那些业务集中分布在近年来发生过货币危机的国家的企业（货币大幅贬值和升值均可）。

Financial Times	www.ft.com/
The Economist	www.economist.com/
The Wall Street Journal	www.wsj.com/

2.SEC Edgar 数据库。

为了更好地分析企业所面临的汇率风险，在企业年度报告之外，我们还需要获得更多、更详细的信息。选择一家具有大量国际业务的公司，比如可口可乐和百事可乐，通过美国证券交易管理委员会数据库（SEC Edgar）寻找更多有关其国际业务的数据。

美国证券交易管理委员会数据库（SEC Edgar）www.sec.gov/cgi-bin/srch-edgar

本章逻辑框架图

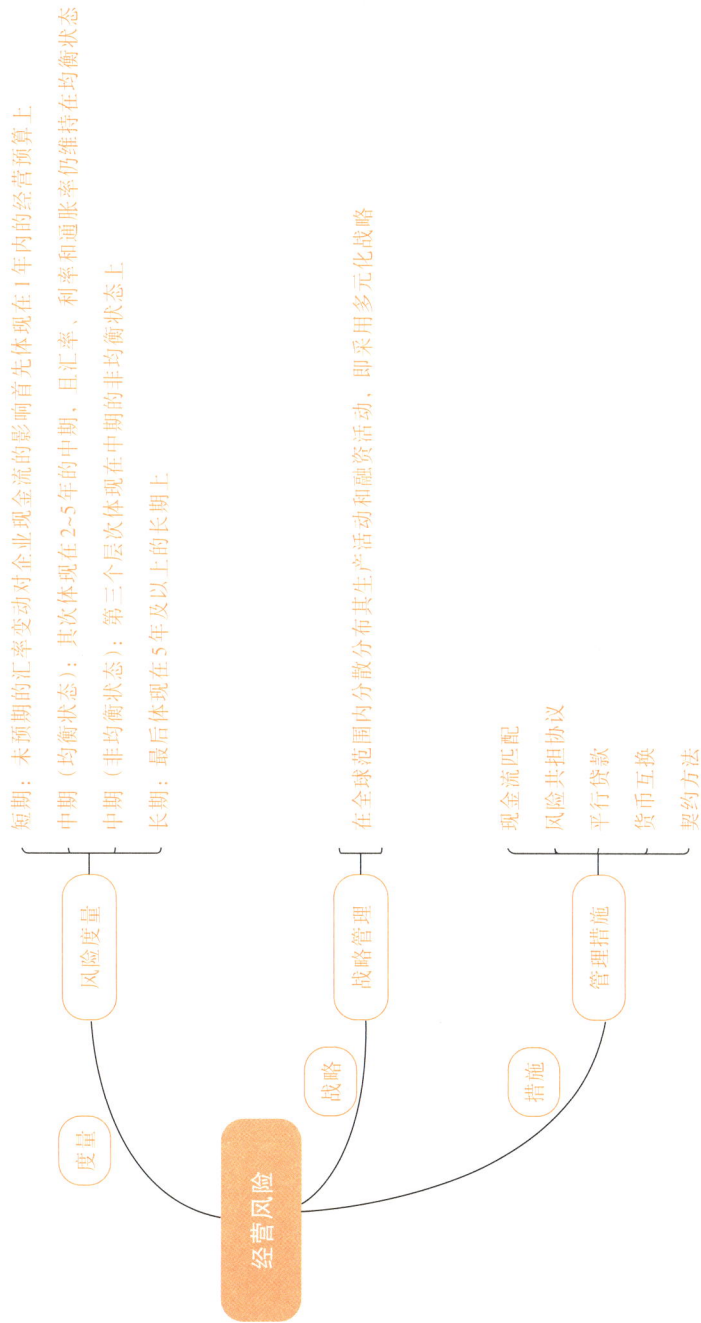

图表 11-11

本章逻辑框架图

经营风险

- 度量 — 风险度量
  - 短期：未预期的汇率变动对企业现金流的影响首先体现在 1 年内的经营预算上
  - 中期（均衡状态）：其次体现在 2~5 年的中期，且汇率、利率和通胀率仍维持在均衡状态
  - 中期（非均衡状态）：第三个层次体现在现在中期的非均衡状态上
  - 长期：最后体现在 5 年及以上的长期上

- 战略 — 战略管理
  - 在全球范围内分散分布其生产活动和融资活动，即采用多元化战略

- 措施 — 管理措施
  - 现金流匹配
  - 风险共担协议
  - 平行贷款
  - 货币互换
  - 契约方法

全球公司财务管理

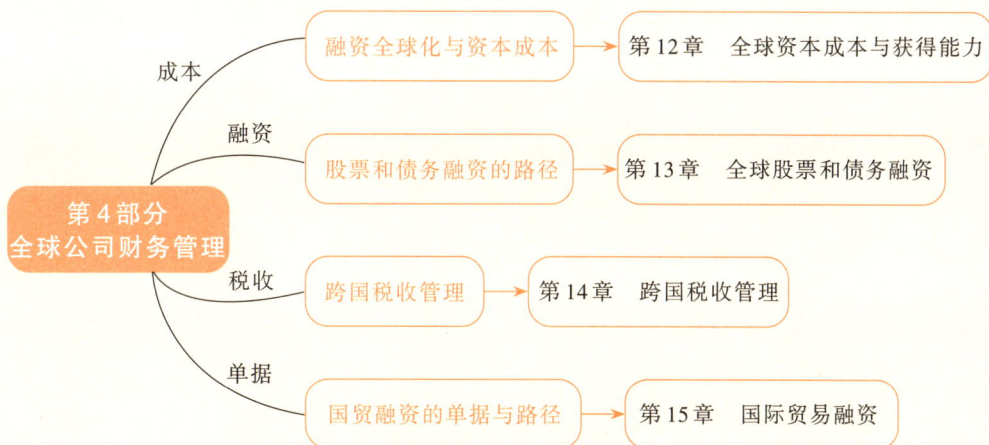

成本 ── 融资全球化与资本成本 ──→ 第 12 章　全球资本成本与获得能力

融资 ── 股票和债务融资的路径 ──→ 第 13 章　全球股票和债务融资

第 4 部分
全球公司财务管理

税收 ── 跨国税收管理 ──→ 第 14 章　跨国税收管理

单据 ── 国贸融资的单据与路径 ──→ 第 15 章　国际贸易融资

第 4 部分逻辑框架图

第 **12** 章　全球资本成本与获得能力

> 资本必定逐利，不会以慈悲为怀。
>
> ——Walter Bagehot，1826—1877.

学习目标

■ 讨论一家公司总部在流动性差的分割的资本市场上，如何降低全球资本成本以及如何提高资本获得能力

■ 分析资本成本与资本获得能力之间的关系

■ 评价市场流动性和市场分割对资本成本的影响

■ 比较跨国企业国际与国内的加权平均资本成本

课前阅读与思考

跨国公司应如何利用全球资本市场，从而最大限度地获得资本并使其融资成本最小化？为什么应该这么做？全球资本市场更便宜吗？本章将讨论这些问题。

本章以引导案例"诺和工业公司"开篇，其与最有影响力的公司的财务战略有关。请带着你的思索和疑问，开启本章的学习和探索之旅吧！

引导案例

诺和工业公司[①]

诺和公司是一家丹麦跨国企业，生产工业酶和药剂（主要是胰岛素）。1977年，诺和公司的管理层决定对资本结构和资金来源进行"国际化"。这一决策是根据观察到的以下情况做出的：丹麦证券市场既缺乏流动性，又与其他资本市场相分割。尤其是在丹麦很难筹集到股票资本，且股票资本的成本很高，这让诺和公司的资本成本高于其主要的跨国竞争对手，例如美国礼来公司（Eli Lilly）、美国麦尔斯实验室（Miles Laboratories，德国拜尔公司的子公司）和荷兰吉斯特·布罗卡德斯公司（Gist Brocades）。

---

① 诺和公司的例子是以下文献的简约版：Arthur Stonehill and Kare B.Dullim，Internationalizing the Cost of Capital in theory and practice：The Novo Experience and National Policy Implications（Copenhagen：Nyt Nordisk Forlag Arnold Busck，1982；and New York：Wiley，1982.）Reprinted with permission.

除了资本成本，诺和公司的预计增长机会显示，最终需要在流动性较差的丹麦市场以外筹集新的长期资本。由于诺和公司是其行业内的技术领导者，因此厂房、设备和研发方面的资本投资计划不能延迟，直到可以从现金流中获得内源融资。诺和公司的竞争者会抢先占领诺和公司尚未进入的市场。

即使能够在丹麦发行股票筹集到所需资金，其必要收益率也将高得令公司无法接受。例如，诺和公司的市盈率通常为5倍左右，而其国外竞争者的市盈率在10倍以上。然而，诺和公司的商业风险和金融风险仍然和竞争者大致相同。只有在丹麦国内环境中，当诺和公司与商业风险和金融风险相当的其他国内企业相比较时，市盈率为5倍看来对诺和公司才是适当的。

如果丹麦的证券市场与世界市场实现一体化，那么可以想象国外投资者将一拥而入，购买被"低估"的丹麦证券。此时，和国外竞争者相比，诺和公司这类企业就可以享受国际资本成本。然而奇怪的是，丹麦政府并没有出台限制国外投资者持有丹麦证券的规定。因此，我们必须把投资者的预期作为当时丹麦市场分割的主要原因。

至少有如下六项特征成为丹麦股票市场市场分割的原因：（1）丹麦投资者和国外投资者的信息不对称；（2）税收；（3）其他可行性投资组合；（4）金融风险；（5）外汇风险；（6）政治风险。

不对称信息

丹麦的一些制度特征使丹麦和国外投资者无法了解彼此的权益证券信息。最重要的信息障碍是一条丹麦的监管规定，这条规定禁止丹麦投资者持有国外私有机构的证券。因此，丹麦投资者没有动机跟踪国外证券市场的发展情况，或者将该信息作为评价丹麦证券价值的考虑因素。结果，考虑到丹麦的信息基础，丹麦证券相对于其他国家的证券而言，在有效市场意义上的定价是正确的，但结合国外和丹麦的信息基础考虑，其定价是错误的。该项监管规定的另一个不利影响是，国外证券企业没有在丹麦设立办事处或工作人员，因为它们没有产品可卖。由于在丹麦没有实体存在，这降低了国外证券分析师跟踪分析丹麦证券走势的能力。

第二个信息障碍是，缺乏足够的丹麦证券分析师来跟踪丹麦证券。在丹麦，只有一种专业性丹麦证券分析服务（Borsinformation）是公开出版的，而且是丹麦文的。有些丹麦机构投资者雇用内部分析师，但公众无法获得他们的研究结果。几乎没有国外证券分析师跟踪丹麦证券，因为他们没有产品可卖，而且丹麦的市场太小了（小国偏差）。

另一个信息障碍是语言原则和会计原则。财务信息通常是根据丹麦的会计原则用丹麦文发布的，这是很自然的。少数企业，例如诺和公司，发布英文财务信息，但几乎没有公司使用美国或英国的会计准则，或试图表现出与这些准则接轨。

税收

丹麦的税收政策限制了个人投资普通股。直到1981年7月税法变更以前，持有两年以上股票的资本利得都被课以税率为50%的税。持有少于两年，或为"投机目的"而持有的股票，则被课以个人所得税的最高边际税率，即75%。相反，债券的资本收益是免税的。这种情况导致债券以高折价发行，因为到期时以平价赎回被视为得到了资本利得。因此，多数个人投资者会持有债券而非股票。和债券相比，税收这一因素降低了股票市场的流动性，而提高了股票的必要收益率。

可行的投资组合

由于被禁止持有国外证券，丹麦投资者可以选择的证券很有限。实际上，丹麦的机构投资组合是由丹麦股票、政府债券和抵押债券组成的。由于丹麦的股价变化彼此密切相关，因此在丹麦投资组合的系统性风险相当高。此外，在对通货膨胀进行调整后，政府政策为政府债券提供了相对较高的实际收益率。税收政策对个人以及有吸引力的政府债券实际收益率的综合影响是，按照国际标准，股票的必要收益率相对较高。

从投资组合的角度来看，丹麦股票为国外投资者提供了一个国际分散投资的机会。如果丹麦股份的变动不与世界股价的变动密切相关，那么将丹麦股票加入国外投资组合应能降低这些投资组合的系统性风险。此外，国外投资者不用缴纳有着高税率的丹麦所得税，因为他们通常受到税收协定的保护，税收协定通常将他们的股利和资本收益税率限制在15%。作为可能的国际分散投资的结果，在其他条件相同时，国外投资者可能比丹麦投资者对丹麦股票的收益率要求更低。然而，其他条件并不相同，因为国外投资者认为，丹麦股票与其本国国内的证券相比有着更高的金融风险、外汇风险和政治风险。

金融风险、外汇风险和政治风险

按照英美标准，丹麦企业所用的财务杠杆相对较高，但对于北欧国家、德国、意大利或日本而言，这一指标并不高。此外，丹麦企业的多数债务都是短期可变利率债务。国外投资者如何看待丹麦企业的金融风险，取决于他们在本国遵循的常规。我们从诺和公司1978年试水欧洲债券市场的经验可以得知，诺和公司的英国投资银行摩根建富（Morgan Grenfell）建议其维持更接近50%的债务比率（债务/资本总额），而非丹麦国内传统的65%～70%的债务比率。

丹麦证券的国外投资者要承担外汇风险。这是加分因素还是减分因素，取决于投资者所在国的本币、对丹麦未来走势的看法以及对企业经营风险的影响。通过与国外投资者和银行的私下接触，诺和公司的管理层认为外汇风险不是决定诺和公司股价的因素，因为诺和公司的经营被认为国际分散化程度很高，超过90%以上的商品被出口给丹麦国外的消费者。

至于政治风险，丹麦被认为是一个政治稳定的西方民主国家，但国外投资者也可能偶尔会遇到一些问题。尤其是，丹麦的国债被认为估价过高了，尽管这一判断尚未在丹麦的欧洲货币辛迪加贷款中以风险溢价的形式显现。

全球化之路

尽管1977年诺和公司的管理层希望摆脱丹麦因分割而缺乏流动性的资本市场的限制，但其仍然有许多障碍需要克服。这里有必要介绍其中部分障碍，因为它们通常也是分割市场中的其他企业希望从国际上融资所面临的障碍。

填补信息鸿沟

20世纪20年代彼得森兄弟创建诺和公司时，该公司是一家家族企业，直到1974年，公司发行的"B"股在哥本哈根证券交易所上市交易，"A"股由诺和基金持有，并且足以维持其投票控制权。

然而，诺和公司在丹麦以外的投资圈市场基本无人知晓。为了克服这种信息基础的不对等，诺和公司提高了丹麦文和英文的财务指标与技术指标披露水平。1978年，摩根建富成功地组织了一个辛迪加，为诺和公司承销并卖出了2 000万美元的可转换欧洲债券。与这一交易相呼应，诺和公司的股票在伦敦证券交易所上市，以方便转换，并使其为公众所知。这些类似的举动是冲破信息壁垒的关键。当然，它也以优厚的条件筹集了大量长期资本，而这在丹麦是无法做到的。

不管发行欧洲债券对资本可得性的影响如何有利，当丹麦投资者对转换权的潜在稀释影响做出负面反应时，诺和公司的资本成本实际上增加了。1979年，诺和公司股价从每股300丹麦克朗左右跌到接近220丹麦克朗。

生物科技热潮

1979 年，发生了一个偶然事件。生物科技开始吸引美国投资者，遗传技术研究公司（Genentech）和塞塔斯公司（Cetus）等创业公司发行股票时，人们争先认购，认购额均超过预计水平。但由于上述国内信息鸿沟的缘故，丹麦投资者并不知道这些事件，并继续将诺和公司的市盈率估计为 5 倍的低水平。相比之下，该公司现有竞争对手的市盈率超过 10 倍，而新的潜在竞争对手的市盈率甚至为 30 或更高。

为了将自己描述成一家有可靠历史记录的生物科技企业，诺和公司于 1980 年 4 月 30 日在纽约组织了一场研讨会。在研讨会后不久，一些富有经验的美国个人投资者开始在伦敦证券交易所买入诺和公司的股票和可转换证券。丹麦投资者非常乐于满足这种来自国外的需求。因此，尽管英美投资者的需求相对较强，但诺和公司的股价只是稳步上升，在仲夏回升至每股 300 丹麦克朗的水平。然而，在接下来的几个月中，国外投资者的兴趣开始滚雪球般增加。1980 年底，诺和公司的股价达到了每股 600 丹麦克朗的水平。此外，国外投资者将持有股票比例从零增加到 30% 左右。诺和公司的市盈率也提高到 16 倍左右，现在这一水平与国际竞争者相当了，但与丹麦市场不相称。此时，人们一定会得出结论，诺和公司的资本成本国际化很成功。其他丹麦证券仍然受困于分割的资本市场。

在美国直接发行股票

1981 年上半年，在高盛公司的指导和摩根建富与哥本哈根商业银行的协助下，诺和公司编制了一份供证券交易委员会登记用的在美募股说明书，并最终在纽约证券交易所上市。在这一过程中，其遇到的主要障碍在于公司需要根据美国会计准则和证券交易委员会要求的更高披露水平，编制与之相符的财务报表，这种障碍也具有一般性。尤其是，行业分部报告在披露方面与会计方面都存在问题，因为从内部无法获得这种格式的会计数据。最后，事实证明，美国的投资障碍相对容易克服，尽管克服起来的成本更高，所需时间也更长。

丹麦的各种制度监管规定和政府监管规定导致了更严重的障碍。这些规定本来就不是为了让企业能以市场价值发行股票而设计出来的，因为丹麦企业通常是按照面值附带优先认购新股的股利发行股票的。然而，此时被持续的国外购买力推动的诺和公司股价已经过高，以至于实际上，丹麦没有人认为它值外国投资者愿意支付的价格。实际上，在 1981 年 7 月发行股票之前，诺和公司的股价已经升到 1 500 丹麦克朗以上，后来又稳定在 1 400 丹麦克朗左右，国外投资者的持股比例已经增加到诺和公司流通股的 50% 以上。

股票市场的反应

市场分割的最后一个证据，来自丹麦投资者和国外投资者对 1981 年 5 月 29 日诺和公司公告发行 6 100 万美元股票的不同反应。在哥本哈根交易所，诺和公司股价在公告日的第二天下跌了 156 点，相当于市值的 10% 左右，当纽约证券交易所开始交易时，股价立即弥补了全部亏损。哥本哈根交易所的反应是对流动性差的市场的典型反应。投资者担心新股发行的稀释效应，因为这会增加约 8% 的流通股。他们认为诺和公司会以稀释未来每股收益的收益率来换取新的投资资金。他们也担心，如果生物科技不再热门，在美国交易的股票最终将流回哥本哈根。

美国投资者对宣布发行新股的反应与人们预期在流动性较强的一体化市场上的反应一致。美国投资者将新股发行视为创造更多的股票需求，这是因为在大型辛迪加的力推之下，诺和公司变得众所周知。此外，推销对象被定位为机构投资者，之前它们在诺和公司的美国投资者中所占份额不高。之所以它们所占份额不高，是因为美国的机构投资者希望确保股市的高流动性，这样它们才能随时退出，且不会对股价形成压制。新股发行的广泛性，加上美国证券交易委员会（SEC）的注册制和纽约证券交易所的上市，都增加了流动性和资本成本的全球化。

对诺和公司加权平均资本成本的影响

在1981年的大部分时间以及之后的几年里，诺和公司的股价是由在纽约、伦敦和哥本哈根交易的国际证券投资者推动的。这降低了公司的加权平均资本成本，也降低了其边际资本成本。诺和公司的系统性风险较之前的水平——由非多元化（国际）丹麦机构投资者和诺和基金会决定——有所降低。不过，公司的负债率水平也降到了符合在美国、英国和其他重要市场进行交易的国际证券投资者所期望的标准。实质上，在国际投资者评估公司时，美元已经成为诺和公司的功能货币。从理论上讲，修正后的加权平均资本成本应该作为评估丹麦或国外的新资本投资时所参考的最低要求收益率。

追随诺和公司战略的其他公司，其加权平均资本成本也可能与国际证券投资者的要求息息相关。一些新兴市场国家的企业已经经历了贸易和流动资本融资的"美元化"。这种现象可以扩展到长期融资和加权平均资本成本。

诺和公司可以成为其他希望逃离分割且流动性差的国内股票市场的公司的榜样。尤其是总部位于新兴市场的跨国公司，可能和诺和公司一样面对各种障碍，并缺乏存在感。它们应该向诺和公司学习，采取积极主动的国际化融资策略，吸引国际投资者的注意。但是，值得注意的是，诺和公司有优异的经营业绩记录，并且在两个重要的行业中都有着很强的全球范围的细分市场统驭力，这个记录持续吸引着丹麦以及国外的投资者。其他公司要想实现类似诺和公司的结果，则必须像诺和公司一样具有良好的可以吸引国外投资者的业绩记录。

证券市场全球化

在20世纪80年代，许多北欧公司和其他欧洲公司都以诺和公司为榜样。它们在伦敦和纽约等主要证券交易所交叉上市，在全球主要证券市场发行股票和债券。大多数公司成功地降低了加权平均资本成本，并增强了资本获得能力。

在20世纪80年代和90年代，在经济合作与发展组织（OECD，简称"经合组织"）的压力下，各国政府逐渐放松了对跨国证券投资的限制。经合组织是一个由世界上大多数工业化国家组成的联合体。欧洲证券市场的自由化进程之所以加快，是因为欧盟努力发展一个没有障碍的单一欧洲市场，新兴国家市场也紧随其后，前东欧集团国家在苏联解体后也是如此。新兴国家市场往往需要从外国资本中获得资金，并为大规模私有化提供资金。

如今，虽然个别国家市场的流动性仍然有限，但市场分割已大大减少。多数观察人士认为，不管怎样，我们已经实现了一个全球证券市场。好消息是，许多公司已经成为跨国公司，因为它们现在可以使用全球市场成本和可用资本。坏消息是，证券市场之间的相关性已经增强，从而减少了（但不是消除了）国际市场投资组合多样化的好处。证券市场的全球化也导致了更多的波动和投机行为，正如1995—2001年这段时期新兴市场危机爆发时那样。

问题

1.分割的证券市场对诺和公司的经营有什么影响？

2.证券市场分割的主要原因是什么？

3.最终，诺和公司采取了哪些行动来逃离分割的证券市场？

学与思12-1 为什么诺和公司认为其资本成本与竞争者相比过高？诺和公司相对较高的资本成本为何会使其产生竞争劣势？

学与思12-2 诺和公司认为，丹麦资本市场是与世界资本市场相分割的，试说明造成丹麦股票市场分割的六个市场特征。

学与思12-3

　　a.诺和公司的资本成本国际化战略是什么？

　　b.诺和公司战略取得成功的证据是什么？

12.1　融资全球化与战略

　　资本市场的全球一体化，为许多公司在本国资本市场之外提供了新的以及成本更低的资金来源。这些公司因此可以接受更多的长期项目，并在资本改良与公司扩张上进行更多的投资。如果一家公司面临一个流动性差和（或）分割的本国资本市场，那么可以通过设计并实施合适的跨国融资策略来获得更多以及成本更低的资金。图表12-1显示了本国资本市场与国际资本市场在资本成本与资本获得能力方面的差异。

图表12-1　　　　　　　　**资本成本与资本获得能力策略**

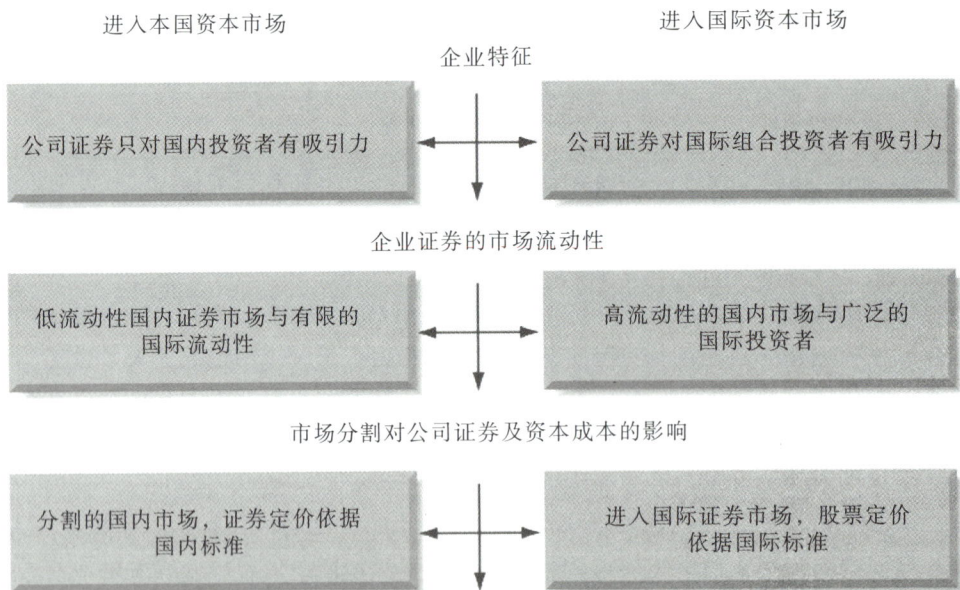

进入本国资本市场　　　　　　　　　　　　　　　进入国际资本市场

企业特征

公司证券只对国内投资者有吸引力　↔　公司证券对国际组合投资者有吸引力

企业证券的市场流动性

低流动性国内证券市场与有限的国际流动性　↔　高流动性的国内市场与广泛的国际投资者

市场分割对公司证券及资本成本的影响

分割的国内市场，证券定价依据国内标准　↔　进入国际证券市场，股票定价依据国际标准

　　一家企业如果只能在低流动性的国内证券市场上获得长期债务和股权资本，那么它将可能面临更高的资本成本以及有限的资本获得能力，这反过来将使其无论在国际上，还是相对于本国市场中的外国公司，都不具有竞争力。这类企业包括处于资本市场还不发达的新兴国家的企业，以及规模太小以至于无法进入本国证券市场的企业，许多家族企业都属于此类，因为它们不愿意在证券市场上募集长期资金。

　　资本市场规模较小的工业国的企业通常会在有部分流动性的国内证券市场上发行长期债务和股票。尽管这些企业的资本成本和资本获得能力会优于那些资本市场流动性差的国家的企业，但如果这些企业能够利用高度流动性的全球资本市场，则能进一步增强融资竞争优势。

资本市场分割的国家的企业必须为其长期债务和股权的资金需求设计一种策略,以减少对该市场的依赖。如果一国市场上证券的必要报酬率不同于其他市场上预期收益和风险可比的证券的必要报酬率,那么该国的资本市场就是分割的。资本市场分割的原因包括:过度监管、政治风险、预期外汇风险、缺乏透明度、信息不对称、裙带关系、内幕交易和许多其他的市场不完美因素。不管因为上述何种因素导致融资约束,企业都必须制定策略避开有限的本国资本市场,并在国外市场上获得稳定的资金来源。

12.1.1 资本成本(cost of capital)

企业通常使用股权资本成本与债务资本成本按其各自在企业最优长期资本结构中的相对权重,计算**加权平均资本成本**(weighted average cost of capital,WACC)。具体公式如下:

$$k_{WACC} = k_e + \frac{E}{V} + k_d(1-t)\frac{D}{V}$$

其中,k_{WACC}=加权平均税后资本成本

   k_e=风险调整后的股权资本成本

   k_d=税前债务成本

   t=边际税率

   E=股票的市场价值

   D=债务的市场价值

   V=企业总价值(D + E)

12.1.2 股权资本成本

资本资产定价模型(capital asset pricing model,CAPM)是目前使用最为广泛的估计股权资本成本的方法。根据CAPM,股权资本成本等于无风险收益率加上系统性风险所对应的风险收益率,具体公式如下:

$$k_e = k_{rf} + \beta_j(k_m - k_{rf})$$

其中,k_e=股票的预期(必要)收益率

   k_{rf}=无风险债券(例如,国债)利率

   β_j=企业系统性风险系数(贝塔系数)

   k_m=证券市场投资组合的预期(必要)收益率

β_j(贝塔系数)是CAPM模型的关键部分,是系统性风险(systematic risk)的度量指标。系统性风险衡量企业股票的预期收益率相对于市场投资组合收益率的波动幅度。具体公式如下:

$$\beta_j = \frac{\rho_{jm}\sigma_j}{\sigma_m}$$

其中,β_j(beta)=证券j的系统性风险指标

   ρ(rho)=证券j与市场的相关系数

   σ_j(sigma)=企业证券j收益率的标准差

   σ_m(sigma)=市场组合收益率的标准差

如果股票收益率的波动幅度小于市场指数收益率，则贝塔系数小于1.0；如果股票收益率和市场指数收益率的波动性相同，则贝塔系数等于1.0；如果股票收益率比市场收益率的波动性大——或者说风险更高——则贝塔系数大于1.0。CAPM模型分析假设，只有当股票预期收益率高于CAPM模型决定的必要收益率时，投资者才会将资本投入该股票。如果股票收益率无法达到该预期收益率，那么根据资本资产定价模型，投资者将卖出其持有的股票。

CAPM模型面临的一个最大的挑战是，贝塔系数应该反映企业未来的风险程度，而不是过去的风险程度。 一个潜在的投资者关心的是公司预期的收益率。遗憾的是，未来是未知的，因此在估计公司股权资本成本中所使用的贝塔系数只能利用历史信息进行估计。

12.1.3　债务资本成本

企业债务资本主要包括商业银行贷款——最常见的债务形式，以及在债券市场上公开发行证券——例如票据和债券。计算债务资本成本时，通常需要预测未来几年的利率、企业将使用的各类型债务的比例以及企业所得税税率。**然后，根据不同债务组成部分在债务资本结构中所占的比重，对其利息成本进行加权平均，就是税前债务资本成本** k_d。最后，使用企业所得税税率对税前债务资本成本进行调整，方法是用税前平均值乘以（1-税率），得到 $k_d(1-t)$，即税后加权平均债务资本成本。

当企业的新项目的风险与现有项目的风险相当时，则通常使用加权平均资本成本作为新项目的风险调整后的折现率。但是，如果新项目与现有项目的经营风险或财务风险不同，应使用新项目风险对应的必要收益率作为折现率。

12.2　国际投资组合理论与分散化

公司在全球市场进行融资的潜在好处是国际投资分散化。在讨论资本成本和全球市场融资能力之前，我们简要介绍一下国际投资组合理论。

12.2.1　投资组合与风险分散

投资组合的风险大小是用投资组合收益率的标准差相对于市场整体收益率的标准差的比率来衡量的，即投资组合的贝塔系数β。随着投资者在投资组合中不断增加证券数目，刚开始时，投资组合的风险会迅速降低，然后会逐渐接近市场整体的系统性风险水平。任何投资组合的总风险都包括*系统性风险*（市场风险）和*非系统性风险*（公司特有风险）。增加投资组合的证券数目可以分散非系统性风险，但并不会改变投资组合的系统性风险。一个完全分散化的国内投资组合的β系数等于1.0，这也是标准的——本国的——财务管理理论。

图表12-2显示了国内分散化和国际分散化的增量收益。在图表12-2中，最低的那条线（国际股票投资组合）代表投资组合中包含了外国公司证券。这条线与美国投资组合线形状相似，但它的组合贝塔系数更小。这意味着，国际投资组合的市场风险低于国内投资组合的市场风险，因为国外股票的收益率和美国股票收益率不完全相关。

在分散化的投资组合中，组合收益率的方差相对市场收益率的方差（贝塔系数）会降低至只有系统性风险的水平——市场风险。国际分散化的投资组合的贝塔系数更低。

图表 12-2　　　　　　　　　　国际投资分散化降低组合风险

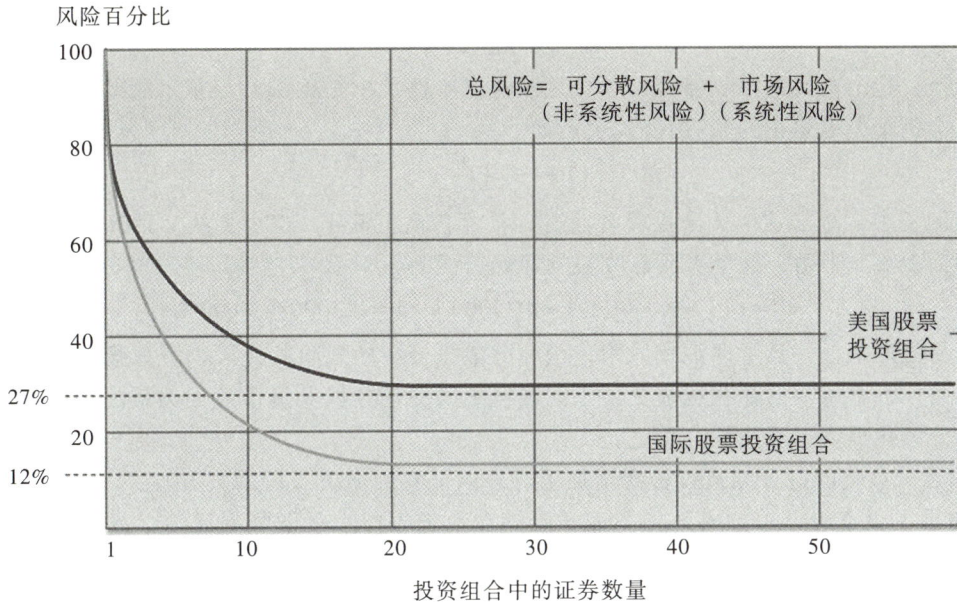

学与思 12-4 国内投资组合管理者和国际投资组合管理者都是资产配置者。

　　a. 投资组合管理者的目标是什么？

　　b. 和只能在国内配置资产的投资组合管理者相比，国际投资组合管理者的主要优势是什么？

学与思 12-5 根据投资组合管理者的投资目标，可以用多种方法进行投资组合资产配置。请列举这些方法。

12.2.2　外汇风险

　　不管是证券投资组合，还是跨国企业（MNE）的多业务组合，都能够通过投资分散化来降低组合的外汇风险。构建分散化的国际投资组合与构建传统的国内投资组合有相同之处，也有不同的地方。在原理上，分散化的国际投资组合也是由于组合中的各资产收益率之间不完全相关，投资者可以通过资产组合降低总风险水平。此外，在传统的国内投资组合基础上加入外国市场的资产，意味着投资者拥有一个更大的潜在投资资产池。

　　但不同之处在于，当投资者购买本国市场外的以外币计价的外国资产时，就意味着投资者同时购买了两种资产：先是计价外币，接着是使用该外币购买外国资产，即一种资产，两个预期的收益与风险。

日本股票的例子

　　许多例子都能够说明关于国际组合分散化与规避汇率风险的种种困难。假设一位美国的投资者于 1 月 1 日投资东京股票交易所（Tokyo Stock Exchange，TSE）的股票，投资金额为 $1 000 000，即期汇率是 130 日元兑 1 美元，因此，这 1 000 000 美元可兑换 130 000 000 日元。该投资者使用 130 000 000 日元在东京股票交易所按每股 20 000 日元的价格买入 6 500 股股票并持有 1 年。

　　至 12 月 31 日时，该股票价格涨至 25 000 日元/股，即每股上涨 5 000 日元，该投资者按此价格出售股票取得收入 162 500 000 日元。如果此时的即期汇率是 125 日元兑 1 美元，那么该投资者可兑回 1 300 000.00 美元。因此，这笔投资的总收益率为：

$$\frac{\$1\,300\,000 - \$1\,000\,000}{\$1\,000\,000} = 30.00\%$$

实际上，这个美元的总收益包括了日元收益（本例子中是正的）与东京股票交易所中股票投资收益（本例子中也是正的），用公式表示如下：

$$R^\$ = \left[\left(1 + r^{¥/\$} \right) \left(1 + r^{share,¥} \right) \right] - 1$$

在该例子中，对于这个美国投资者而言，日元价值上涨了 4.00%（从 ¥130/$至 ¥125/$），而股价涨幅为 25%。于是，这个美元总收益的计算公式为：

$$R^\$ = \left[\left(1 + 0.0400 \right) \left(1 + 0.2500 \right) \right] - 1 = 0.3000 或 30.00\%$$

显而易见的是，一旦考虑汇率风险，国际分散投资中的风险相比国内分散投资的风险要复杂得多。然而，汇率风险的存在也改变了不同国家之间的证券以及货币的相关系数，从而为新的投资组合和分散化提供了可能性。总之：

■ 国际分散化的好处导致投资者增加了对外国证券的需求（所谓买方）。

■ 如果在投资组合中加入某外国证券能够在给定收益水平下降低风险，或在给定风险水平下增加预期收益，那么该外国证券就增加了上述投资组合的价值。

因为增加了投资组合的价值，投资者会相应增加对该外国证券的需求，如果该证券的潜在供给是有限的，那么需求的增加会抬高证券的价格，从而导致资本成本的降低。换言之，发行该证券的企业（卖方）可以更低的成本募集资金。

12.2.3　国际资本资产定价模型（ICAPM）

传统形式的 CAPM 模型，如上所述的国内 CAPM 模型，假定企业的证券只在国内市场上交易。在权益资本成本估计中所使用的贝塔系数和市场风险收益率（$k_m - k_{rf}$）也仅仅基于国内的证券市场。但如果国际化打开了全球市场，投资者得以在全球投资组合中配置资产，那么其结果又会如何呢？

国际资本资产定价模型（ICAPM）假定存在一个全球资本市场，并假定一家企业的股票在其中交易，该股票的贝塔系数和市场风险收益率分别用 β_j^g 和（$k_m^g - k_{rf}^g$）表示，那么：

$$k_e^{全球} = k_{rf}^g + \beta_j^g \left(k_m^g - k_{rf}^g \right)$$

无风险收益率 k_{rf}^g 可保持不变（$k_{rf}^g = k_{rf}$），例如，对于美国投资者而言，不管是国内投资组合还是国际投资组合，都可将美国短期国债收益率视为无风险收益率。市场组合的收益率 k_m^g 将发生变化，以反映全球市场平均的预期收益率。**企业股票的贝塔系数 β_j^g，相应地也会发生变化**，以衡量该股票相对于全球市场组合的变动幅度，至于如何变化，则视具体情况而定。

学与思 12-6 定义下列术语：

　　　　　　a.资本资产定价模型（CAPM）和国际资本资产定价模型（ICAPM）；

　　　　　　b.无风险利率。

12.2.4　例子：Trident公司的资本成本

Maria Gonzalez 是 Trident 公司的首席财务官，她使用传统的 CAPM 和 ICAPM 分别计算 Trident

公司的加权平均资本成本。

Maria使用美国10年期的政府债券利率作为无风险利率k_{rf}，即4%，并假定市场组合的预期收益率k_m为9%，Trident公司股票相对国内市场组合的系统性风险——β为1.2。那么，**Trident公司的权益资本成本就是：**

$$k_e = k_{rf} + \beta(k_m - k_{rf}) = 4.00\% + 1.2 \times (9.00\% - 4.00\%) = 10.00\%$$

Maria综合使用公司流通在外的债券的当期收益率和银行贷款利率，估计Trident公司的税前债务资本成本k_d为8%，使用美国公司所得税税率35%，那么，**Trident公司的税后债务资本成本就是：**

$$k_d(1-t) = 8.00\% \times (1-0.35) = 8.00\% \times 0.65 = 5.2\%$$

Trident公司的长期资本结构是60%的股权资本（E/V）和40%的债务资本（D/V），这里 V 是Trident公司的总市场价值。**Trident公司的加权平均资本成本就是：**

$$k_{WACC} = k_e \frac{E}{V} + k_d(1-t)\frac{D}{V} = 10.00\% \times 0.60 + 5.20\% \times 0.40 = 8.08\%$$

在上述计算过程中，Maria使用传统的国内CAPM模型估计Trident公司的权益资本成本。但Maria不知道这种传统方法对Trident公司是否合适，Trident公司的业务遍布全球，持有Trident公司股票的投资者也是全球化的分散投资者。除了在本国的纽约证券交易所上市之外，Trident公司的股票还在伦敦和东京上市交易。超过40%的公司股票被国外的组合投资者持有，作为其全球分散投资组合的一部分。此外，Trident公司股票的美国投资者通常也持有全球分散化的投资组合。

因此，Maria这一次使用ICAPM估计Trident公司的权益资本成本。相对于一个更大的包括外国市场和外国投资者的全球资本市场指数，公司贝塔系数为0.90；全球资本市场的预期收益率也更低，为8.00%，那么**使用ICAPM估计的Trident公司的权益资本成本为7.60%。**

$$k_e^{全球} = k_{rf}^g + \beta^g(k_m^g - k_{rf}^g) = 4.00\% + 0.90 \times (8.00\% - 4.00\%) = 7.60\%$$

Maria接着使用上述的长期资本结构和债务资本成本估计的Trident公司的加权平均资本成本为6.64%，低于之前的8.08%，即：

$$K_{WACC}^{ICAPM} = k_e^{全球}\frac{E}{V} + k_d(1-t)\frac{D}{V} = 7.60 \times 0.60 + 5.20 \times 0.40 = 6.64\%$$

Maria认为使用ICAPM的方法更加合理，Trident公司与全球电信硬件行业领域的主要对手完全竞争，这些竞争对手的总部多数设在美国、英国、加拿大、芬兰、瑞典、德国、日本和荷兰。Trident公司之所以拥有有利的全球成本和资本获得能力，是因为其有着吸引和留住持有公司股票的国际组合投资者的能力。

12.2.5　关于ICAPM的讨论

理论上，使用国际版本的CAPM估计权益资本成本的主要差别在于对"市场"的定义以及相对于该"市场"的股票贝塔系数的重新计算。因此，需要对CAPM的三个基本组成部分进行重新审视。

雀巢公司是一家总部位于瑞士的跨国公司，生产并分销多种糖果类产品，以该公司为例可以很好地说明国际投资者与国内投资者对全球资本成本的看法有何不同，以及在估计雀巢公司权益资本成本上的实际应用。图表12-3详细列示了雀巢公司估计资本成本的计算过程。

图表 12-3　　　　　　　　　　　　**估计雀巢公司（瑞士）的权益资本成本**

瑞士投资者的国内投资组合	瑞士投资者的全球投资组合
k_{RF}=3.3%（瑞士债券指数收益率）	k_{RF}=3.3%（瑞士债券指数收益率）
k_M=10.2%（以瑞士法郎表示的瑞士市场投资组合）	k_M=13.7%（以瑞士法郎表示的《金融时报》全球指数）
$\beta_{Nestlé}$=0.885（雀巢公司与瑞士市场投资组合）	$\beta_{Nestlé}$=0.585（雀巢公司与FTA-Swiss指数）
	$k_{Nestlé} \times k_{RF}+(k_M-k_{RF})\beta_{Nestlé}$
雀巢公司的预期收益率：	雀巢公司的预期收益率：
$k_e^{Nestlé}$=9.4065%	$k_e^{Nestlé}$=9.3840%

资料来源：René Stulz，"The Cost of Capital in Internationally Integrated Markets：The Case of Nestlé," *European Financial Management*，March 1995，Vol.1，No.1，pp.11-22.

在该例子中，瑞士投资者假定无风险收益率为3.3%——瑞士政府债券指数的投资收益率；瑞士股票市场投资组合的预期收益率为10.2%——《金融时报》瑞士指数（*Financial Times* Swiss Index）；β_{Nestle}为0.885，因此，瑞士投资者预期雀巢公司明年的收益率为9.4065%。

$$k_e^{全球}=k_{rf}+(k_m-k_{rf})\beta_{Nestle}=3.3\%+(10.2\%-3.3\%)\times0.885=9.4065\%$$

但是，如果瑞士投资者持有国际化的分散投资组合，而不仅仅是国内的分散投资组合，那么预期市场收益率（k_m）和雀巢公司的贝塔系数（β_{Nestle}）的定义与数值就不一样了。假定与之前同一时期，在雀巢公司的例子中，用瑞士法郎表示的《金融时报》指数（FTA-Swiss）全球投资组合指数的收益率为13.7%（不同于10.2%的国内瑞士法郎指数收益率）。此外，根据雀巢公司收益率与全球投资组合指数估计的雀巢公司贝塔系数将小得多，为0.585（也不同于之前的0.885）。那么，对于一个全球分散投资的瑞士投资者而言，雀巢公司的预期收益率为：

$$k_e^{Nestle}=k_{RF}+(k_M-k_{RF})\beta_{Nestle}=3.3\%+(13.7\%-3.3\%)\times0.585=9.3840\%$$

尽管两种方法计算的最后结果并没有多少不同，然而，给定市场平均收益率与企业贝塔值的变化幅度，最终结果相差几百个基点也很有可能。合理地构建投资组合，并准确地描绘投资者对风险与机会成本的认识，显然对理解公司权益资本的全球投资组合非常重要。

在此，我们根据实践需要将国际分散投资组合称为*全球投资组合*，而不是世界投资组合。两者的区别是很重要的，*世界投资组合*是指世界上所有证券的指数。然而，即使放松监管和金融一体化的趋势不断加深，仍有许多证券市场是分割的，或存在准入限制。全球投资组合则是投资者实际上可获得的那些证券。

事实上，有许多不同的公式可以用来计算国际资本成本，但随着分析被逐渐拓展至快速增长或新兴市场，无论是计算公式还是数据方面的问题都会被急剧放大。有兴趣的读者可参考 Harvey（2005）[①]。

12.2.6　国际贝塔系数

国际投资组合理论的一个重要结论就是在国内投资组合中加入国际证券会降低组合的风险。尽管这是大多数跨国金融理论中的一个基本观点，但它仍取决于特定市场的特定证券。当使用全球股票组合计算雀巢公司的贝塔系数时，其确实降低了，但这并非放之四海而皆准，而是取决于公司的具体情况。例如公司产品线、公司母国、国内行业状况，以及国际上竞争的激烈程度。总之，国际贝塔系数可能上升，也可能下降。

---

① "12 Ways to Calculate the International Cost of Capital," Campbell R. Harvey，Duke University，unpublished.

Petrobrás是巴西的一家全国性石油公司，虽然是国有控股公司，但同时也是一家上市公司，该公司股票在圣保罗和纽约上市交易。该公司在全球石油市场上开展经营活动，其价格与价值是以美元标价的。结果是，该公司的国内贝塔系数是1.3，国际贝塔系数提高到了1.7，[①]而这绝非个案。

随着市场范围的扩大，一家公司股票的收益率与市场指数的相关度似乎会明显降低，这在多数实证研究中得到证明，而并不仅仅是先入为主得出的观点。

12.2.7 股票风险溢价

在实务中，如何计算公司股票风险溢价颇具争议。**尽管资本资产定价模型（CAPM）已被广泛接受，但在实际应用中应采用哪个数值，尤其是股票风险溢价应采用哪个数值，争论越来越多。股票风险溢价**（equity risk premium）是投资者预期市场平均年收益率高于无风险收益率的部分，即（$k_m - k_{rf}$）。

股票风险溢价的历史

金融理论认为股票资本成本的计算应该是前瞻性的，这意味着计算公式中的输入值应该是预期的数值。但在实践中，多数人使用历史数据作为前瞻性预测的基础。于是，历史数据究竟能否预测未来就有了争论。

在 Dimson、Marsh 和 Stanton（2001）的一份大型研究中，他们估计了 1900—2002 年间 16 个不同发达国家的股票风险溢价（在 2003 年进行了数据更新）。研究表明，各国的股票风险溢价在不同的时期有显著的差异。例如，意大利最高（10.3%），德国（9.4%）和日本（9.3%）紧随其后，丹麦最低，仅为 3.8%。

实务中关于如何使用股权风险溢价一直存在争论，这份研究也重点调查了美国市场上的股权风险溢价的不同估计方法。在图表 12-4 中，使用不同的方法时，一个假想的公司（贝塔系数为 1.0，即估计市场风险与市场组合相当）的股权资本成本可能低至 9.000%，也可能高达 12.800%。要特别指出的是，在这份研究中，研究人员使用的是几何平均值，而不是代数平均值。Fernandez 和 Campo（2010）调查了分析师和学术界使用哪个市场风险溢价，多数研究发现，美国和加拿大的分析师使用 5.1%，欧洲分析师使用 5.0%，而英国投资者使用 5.6%。[②]

图表 12-4　　　　　　　　　　美国公司股权资本成本估计值，假设 $\beta = 1, k_{rf} = 4\%$

来源	股票风险溢价 （$k_m - k_{rf}$）	股权资本成本 $k_{rf} + \beta（k_m - k_{rf}）$	差异率
Ibbotson	8.800%	12 800%	3.800%
金融教科书	8.500%	12.500%	3.500%
投资者调查	7.100%	11.100%	2.100%
Dimson等人	5.000%	9.000%	4.000%

准确估计股权资本成本对于一家公司究竟有多重要？公司每年都要做资本预算，以合理配置有限的资本。如果公司错误估计了股权资本成本，就不能准确估计公司总体的资本成本，进而导

---

① *The Real Cost of Capital*，Tim Ogier. John Rugman and Lucinda Spicer. Financial Times. Prentice Hall，Pearson Publishing，2004，P.139.
② "Market Risk Premium Used in 2010 by Analysts Companies：A Survey with 2 400 Answers，"Pablo Fernandez and Javier Del Campo Baonza，IESE Business School，May 21，2010.

致在计算潜在投资项目的净现值（NPV）时出现偏差。

学与思 12-7

a. 股票风险溢价对于投资者而言为何重要？

b. 使用一种与风险溢价相一致的度量方法为何必要？

12.3 对外国证券的需求：国际证券投资者的角色

过去30年间逐渐放松监管的股票市场不仅引起了国内市场参与者日益激烈的竞争，也为国外竞争者打开了市场。国际证券组合投资以及公司股票在国内外证券市场交叉上市变得越来越普遍。

组合投资者在投资组合中购买和持有国外证券的原因是什么？答案就在于对"国内"投资组合理论的理解，以及如何将其扩展至全球投资组合。更确切地说，**这需要理解投资组合降低风险、组合收益率以及外汇风险等基本原理。**

无论是国内投资组合管理者还是国际投资组合管理者，他们都是资产配置者，目标是在给定风险水平最大化投资组合收益率，或在给定收益率的情况下最小化风险。和仅限于配置国内资产的投资组合管理者相比，国际投资组合管理者可以从更多的资产中选择。因此，**国际分散投资组合通常预期收益率较高而风险水平较低，**因为不同国家的证券市场彼此之间是不完全相关的。

投资组合的资产配置方法有许多种，这取决于投资组合管理者的投资目标。例如，可以根据证券种类分散投资组合。投资组合可以股票或债券，也可以既包括股票，又包括债券，还可以根据行业或资本化规模分散投资组合（小盘股、中盘股和大盘股票组合）。

就我们的目的而言，最相关的方法是国别分散化、地理区域分散化、发展阶段分散化或多种分散化的结合（全球分散化）。国别分散化的一个例子是韩国基金，它曾是国外投资者持有韩国公司证券的唯一途径，但最近韩国政府放松了对国外投资者持股比例的限制。许多亚洲基金都是典型的地理区域分散化的例子，这些基金在20世纪90年代后期的日本和东南亚的"泡沫"破裂前，一直有着优异的业绩表现。由新兴市场证券组成的投资组合是发展阶段分散化的例子，这些投资组合包括来自不同国家、地区和发展阶段的证券。

12.3.1 资本成本与资本可得性之间的联系

在计算Trident公司的加权平均资本成本时，假定公司总能以相同的必要报酬率获得股权资本和债务资本，即使公司将大幅增加资本预算。考虑到Trident公司的股票若在纳斯达克上市，可以很方便地供全球资本市场的国际证券投资者投资，这个假设并无不妥之处。然而，对于在流动性差或分割的资本市场中的企业、小型国内企业和家族企业，这种假设就会导致问题。我们现在就来分析市场流动性和市场分割如何影响企业的资本成本。

学与思 12-8 全球一体化使许多企业可以获得比本国市场上来源更丰富、更便宜的资金。获得这种更低成本、具有更高可得性的资本的策略内容是什么？

12.3.2 提高市场流动性

尽管关于**市场流动性（market liquidity）**的定义还存在争议，但**我们可以通过一家公司增发**

股票的发行价格相对现行股票市价的折价率来观测市场流动性。以国内市场为例,一个隐含的基本假设是,企业在任何时候可以获得的资金是由国内资本市场的供给与需求决定的。

无论何时,企业在为其扩张的资本预算融资时,都应该按最优资本结构的相同比例筹集股权和债务资本。然而,随着资本预算绝对数量的不断增加,公司的边际资本成本也会上升。换言之,即使企业保持不变的最优资本结构,在资本供给方没能提供更多资金之前,其短期内也只能从资本市场上获得有限的资金。而在长期,其资本供给可能不会受到限制,这取决于市场流动性。

跨国企业可以通过在欧洲市场(货币、债券和股票市场)上筹集资金来提高市场流动性,具体做法是在国外发行股票,并通过海外子公司进入当地资本市场。相比那些只能依赖本国资本市场的国内企业,这种做法能够大大提升跨国企业的短期融资能力。在这里,我们假定企业一直保持最优资本结构。

学与思 12-9

a.定义"市场流动性"。

b.位于低流动性市场中的企业的主要劣势是什么?

c.如果企业只能在本国资本市场上筹集资金,那么当企业扩张时,边际资本成本会发生什么变化?

d.如果企业可以从国外筹资,那么当企业扩张时,边际资本成本会发生哪些变化?

12.3.3 市场分割

如果所有资本市场都完全一体化,那么预期收益和风险可比的证券在调整外汇风险和政治风险后,在各国市场上的必要报酬率应该相同。该定义适用于股票市场和债务市场,尽管通常的情况是,其中一种市场的一体化程度可能高于另一种市场。

资本市场分割(market segmentation)导致产生一种不完美的金融市场,它主要是由政府约束、制度因素和投资者认知造成的。导致金融市场不完美的最重要的原因包括:

● 国内外投资者之间的信息不对称;
● 缺乏透明度;
● 高额的证券交易成本;
● 外汇风险;
● 政治风险;
● 公司治理差异;
● 监督壁垒。

市场不完美并不意味着一国的证券市场是无效的。一国证券市场可以在国内意义上是有效的,但在国际意义上却是分割的。根据财务管理理论,如果市场上的证券价格反映了全部可获得的相关信息,并能对新的相关信息迅速作出调整,那么这个市场就是有效的。因此,单只证券的价格反映了其"内在价值",任何价格波动都是围绕内在价值的"随机游走"。有效市场假说理论假定,交易成本很低,市场上有许多参与者,这些参与者有足够的财务实力改变证券价格。关于市场有效性的实证研究表明,多数主要国家的证券市场都是合理有效的。

一国有效的证券市场能够基于市场参与者可获得的信息对市场上的所有证券准确定价。然而,如果市场是分割的,国外投资者就无法参与。

资本可得性取决于企业是否能够为其债券和股票提供流动性，这些证券的价格应基于国际标准，而非国家标准。在实践中，这意味着企业必须制定吸引国际组合投资者的合理战略，从而摆脱本国低流动性或分割的市场的约束。

学与思 12-10

　　a.定义市场分割。

　　b.导致市场分割的六个主要原因是什么？

　　c.位于分割市场中的企业的主要劣势是什么？

12.3.4　市场流动性与市场分割的影响

资本市场低流动性或分割的程度对企业的边际资本成本以及加权平均资本成本有重要影响。边际资本成本是企业新增货币资本的加权平均资本成本。图表12-5列示了企业从国内市场向全球市场转移过程中的边际资本成本变化情况。

如图表12-5所示，在不同的资本预算水平上，跨国企业有不同的边际资本收益率，用MRR线表示。该需求曲线是企业对潜在项目按净现值或内含报酬率进行排序而确定的。图表中，纵轴是资本使用者的成本和资本供给者的收益率。如果企业只能在国内市场上筹集资金，那么MCC$_D$线表示不同预算水平（横轴）上的国内边际资本成本（纵轴）。如前所述，假定企业在扩大资本预算时，维持一个相同的债务比率，因此企业的财务风险不变。在国内市场情况下，最优资本预算水平为4 000万美元，其边际资本收益率（MRR）恰好等于边际资本成本（MCC$_D$）。在该预算水平，国内边际资本成本 K$_D$ 等于20%。

图表12-5　　　　　　　　　　流动性、市场分割和边际资本成本

边际资本成本和投资收益率（%）

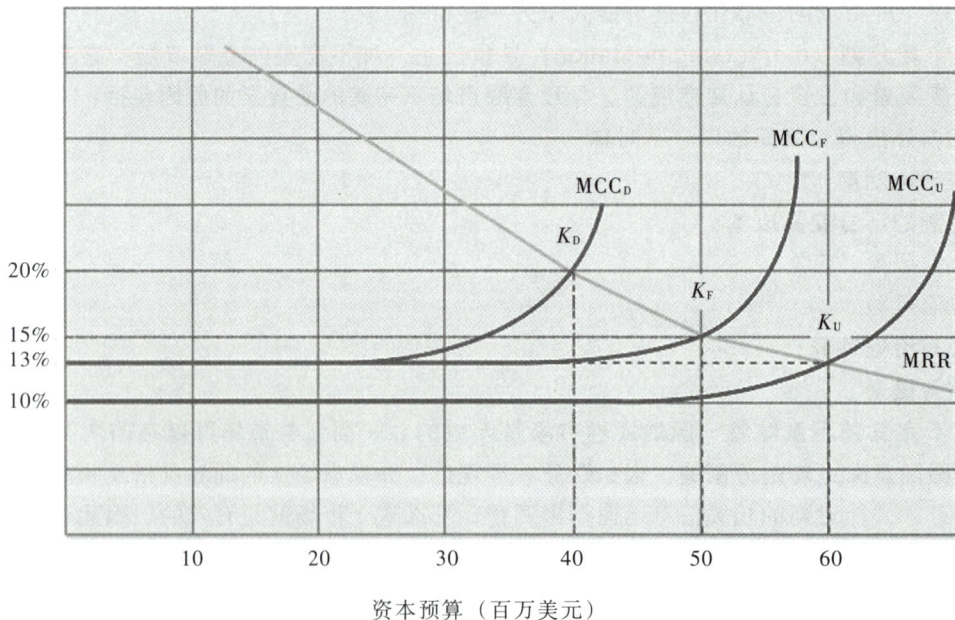

资本预算（百万美元）

如果跨国企业可以在流动性较差的国内资本市场以外获得其他资本来源，那么其边际资本成本将向右移动（MCC$_F$线）。换言之，当国内市场由于其他借款人或股票发行人的过度使用而饱

和，或无法在短期内吸收跨国企业新发行的股票时，其可以偶尔利用国外市场以获得长期资金。如图表12-5所示，即使企业新增了1 000万美元的融资，但通过国外资本市场，企业将国际边际资本成本 k_f 降低至15%。这里我们假定可从国外市场筹集2 000万美元左右的资金，因为在国内市场能够以15%的边际资本成本筹集的资金只有3 000万美元左右。

如果跨国企业位于既缺乏流动性又分割的资本市场上，那么 MCC_U 线便表示当企业能够进入其他股票市场时降低的边际资本成本。在资本可得性提高和企业证券国际定价的综合影响下，边际资本成本 k_U 降至13%的水平，且最优资本预算规模扩大至6 000万美元。

大多数关于市场分割的实证检验都遇到了一般性的模型问题，即需要对现实加以抽象，以建立可检验的模型。我们的观点是，一个可行的检验应该能够观测到一只证券从只在国内市场交易到国外市场上交易后的价格变化。套利力量会使得同一只证券在两个市场上的定价相同。但是，当一只证券从国内市场转移至国外市场交叉上市后，如果能够观测到定价的显著变化，以及同一标的证券在两个市场上的价格走势缺乏相关性，那就可以推断国内市场是分割的。

在学术界中，基于案例研究的实证检验通常被认为是"随意经验研究"，因为缺乏可以解释所观察到的现象的理论或模型。然而，从这些案例中也能学习到一些东西，比如科学家们在不可控环境中观测自然现象。此外，保留了现实世界复杂情况的案例研究有助于发现市场一体化过程中的具体障碍，以及克服这些障碍的可行方法。遗憾的是，鲜有案例研究一家企业从分割的国内市场"逃脱"至海外市场。在实务中，"逃脱"通常表示在纽约或伦敦这样的国外股票市场上市，并/或在国外资本市场上发行证券。

学与思 12-11 说明市场非流动与市场分割为什么会导致市场不完美。跨国企业能否应对市场不完美？

12.3.5　证券市场全球化

20世纪80年代，许多欧洲的公司在几个主要国外证券市场交叉上市，例如在伦敦和纽约这些主要证券市场发行股票和债券。其中，绝大多数的公司成功地降低了资本成本（WACC），并提高了资本的获得能力。

到了90年代，许多国家迫于经济合作与发展组织（由多个发达国家组成的国际经济组织，OECD）的压力，逐渐放松了对跨境组合投资的限制。此外，欧盟致力于建立一个统一的欧洲自由市场，导致欧洲证券市场加速自由化。新兴国家也跟着效仿，例如苏联解体后的东欧国家。推动新兴国家市场全球化的一个重要原因是，其要为国内大规模私有化寻求海外融资。

现在，市场分割程度已经明显降低，但个别国家的市场流动性依然较差。许多观察家认为，当今世界已经拥有一个全球化的证券市场，这是好消息，也是坏消息。好消息是，许多企业得益于全球化的资本市场成为跨国公司，它们现在可以在全球范围获得资本，并降低资本成本。坏消息是，不同证券市场之间的联动性也越来越强，因此会减少（但不会消除）国际组合分散化的好处。证券市场全球化已经导致更剧烈的市场波动，以及更投机的市场行为，1995—2001年间的新兴市场危机和2008—2009年的全球金融危机就是很好的证明。

公司治理和资本成本

国际投资者是否愿意为有着良好公司治理的公司的股票支付溢价？在最近一份关于挪威和瑞

典公司的国外董事会成员（英美）是否影响公司价值的研究中，作者的研究结论如下：[1]

"我们以总部设在挪威和瑞典的公司为样本，在控制一系列的公司特征以及公司治理相关因素后，研究发现，董事会有英美人士成员的公司明显具有更高的公司价值。我们认为，这些公司之所以有着更为优异的业绩表现，是因为它们通过'引进'英美公司治理机制摆脱了相对分割的国内资本市场。这种'引进'向市场传递了公司愿意提升公司治理水平的积极信号，也为公司在金融市场上赢得了声誉。"

12.3.6 战略联盟

战略联盟通常由希望从一种或更多下列合作中获得协同效应的企业组成。例如，这些企业可以分摊技术开发的成本，或者开展互补市场营销活动，它们可能会实现规模经济、范围经济，或者取得其他一些商业优势。但还有一个经常被忽略的协同效应，这就是财务能力强的企业可以提供有价格吸引力的股票融资或债务融资以帮助财务能力差的企业降低其资本成本。

12.4 比较跨国公司与国内企业的资本成本

跨国公司的加权平均资本成本相比国内的同类企业会更高，还是更低呢？回答这个问题需要综合分析边际资本成本、税后债务成本、最优负债率、股权资本成本。

12.4.1 资本获得能力

本章前面部分讨论了跨国公司的国际资本获得能力，以及一些大型企业通过吸引国际组合投资者来实现比国内其他多数企业更低的股权和债务融资成本。此外，具有国际资本获得能力可使跨国公司维持一个理想的负债比率，即使公司需要募集大量的资金。换言之，一家跨国公司的边际资本成本在较大的资本预算规模内是相对固定的。但对多数的国内企业来说，未必如此。这些企业必须依赖内部资金，或者中短期银行借款。

12.4.2 资本结构、系统性风险和跨国企业资本成本

跨国企业在理论上可以比国内同行企业具有更高的负债比率，因为它们的现金流量是国际分散化的。在变化的产品、金融、外汇等市场环境中，一家企业的偿债能力是随着现金流波动率的降低而上升的。

就像组合投资者可通过国际化分散股票投资降低投资组合的方差，跨国企业也可以通过国际化分散现金流量降低其波动幅度。分散化的投资组合之所以具有更小的组合方差，是因为不同国家之间的证券收益率不完全相关。这个原理同样适用于现金流量的国际分散化。例如，2000 年时日本处于衰退期，而美国还在快速增长。因此，不管是基于现金流量还是基于收益率计算的预期收益率，都会反映日美两国冰火两重天的景象。而在这两个国家都有业务的跨国企业就可以利用美国分支机构的强劲现金流偿还债务，即使其日本的分支机构经营惨淡。

尽管这个理论假设看似完美，实证研究的结论却大相径庭[2]。虽然跨国企业具有明显占优的现金流国际分散化效果，但破产风险对于跨国企业和国内企业而言都是一样的。而且，跨国企业

---

① Lars Oxelheim and Trond Randøy，"The impact of foreign board membership on firm value," *Journal of Banking and Finance*，Vol. 27，No. 12，2003，p. 2369.

② Lee，Kwang Chul and Chuck C.Y. Kwok，"Multinational Corporations vs. Domestic Corporations：International Environmental Factors and Determinants of Capital Structure," *Journal of International Business Studies*，Summer 1988，pp. 195–217.

还面临更高的代理成本、政治风险、外汇风险和信息不对称程度。这些因素可以解释跨国企业为何有着更低的负债比率以及更高的长期债务资本成本。国内企业更大程度地依赖中短期借款，其债务成本也处在收益率曲线的更底部。

更令人大跌眼镜的是，有份研究表明，跨国企业的系统性风险比国内同行企业高，[1]导致这一现象的原因和上述低负债率的原因是一样的。该研究的结论是，现金流分散化降低了相关系数并不能抵消国际化所带来的标准差的增加。

如前所述，系统性风险指标β_j的公式如下：

$$\beta_j = \frac{\rho_{jm}\sigma_j}{\sigma_m}$$

其中，ρ_{jm}是证券j和市场的相关系数，σ_j是证券j收益率的标准差，σ_m是市场收益率的标准差。公式表明，如果ρ_{jm}的增加大于σ_j的降低，或者σ_j的增加大于ρ_{jm}的降低，都会提高跨国企业的系统性风险β_j。一些调查也发现跨国企业使用更高的最低必要报酬率贴现海外投资项目的预测现金流量，与这份研究的结论是一致的。跨国企业实质上接受了比国内投资项目更好的海外投资项目，因此导致更高的系统性风险。至少，跨国企业必须获得比国内同类项目更高的收益率才能维持公司的市场价值。

我们研究发现，新兴市场的跨国企业的国际化实际上降低了系统性风险，从而使其具有更高的负债比率。这是因为新兴市场的跨国企业在更稳定的海外经济体投资，该投资策略降低了企业的经营、财务、外汇以及政治风险。风险的降低足以抵消代理成本的上升，因此其比美国的跨国公司具有更低的风险和更高的财务杠杆。

学与思12-12 跨国公司为什么能够比国内企业具有更低的成本和更强的资本获得能力？

学与思12-13 跨国企业有效实现国际化资本成本的关键因素是什么？请说明这种战略为什么对于全球和国家经济都是有益的，跨国企业也是如此。

12.5　跨国企业资本成本之谜

跨国企业有着全球资本获得能力及低国际成本，所以其边际资本成本在理论上应该比国内企业更低。但上述实证研究却表明跨国企业的加权平均资本成本（WACC）实际上高于国内可比公司，原因包括：代理成本、汇率风险、政治风险、信息不对称，以及其他国外经营的复杂情况。因此就有了上述跨国企业资本成本之谜，跨国企业的资本成本究竟是更高，还是更低？

谜底就在于跨国企业的资本成本、资本获得能力、投资机会集这三者之间的关系。随着项目投资机会的增加，跨国企业的资本预算也会不断提高，从而最终提高了边际资本成本。当新增投资的边际投资收益率等于边际资本成本时，企业资本预算规模是最优的。然而，这可能会导致更高的加权平均成本。

为说明这个关系，图表12-6列示了不同最优资本预算规模下的边际资本成本，我们假定有两条不同的需求曲线，分别对应于跨国企业（MNE）与国内企业（DC）的最优投资集。

---

① Reeb，David M. Chuck C.Y Kwok，and H .Young Baek，"Systematic Risk of Multinational Corporation," *Journal of International Business Studies*，Second Quarter 1998，pp. 263–279.

图表 12-6　　　　　　　　跨国企业与国内同行企业的资本成本

边际资本成本和投资收益率（%）

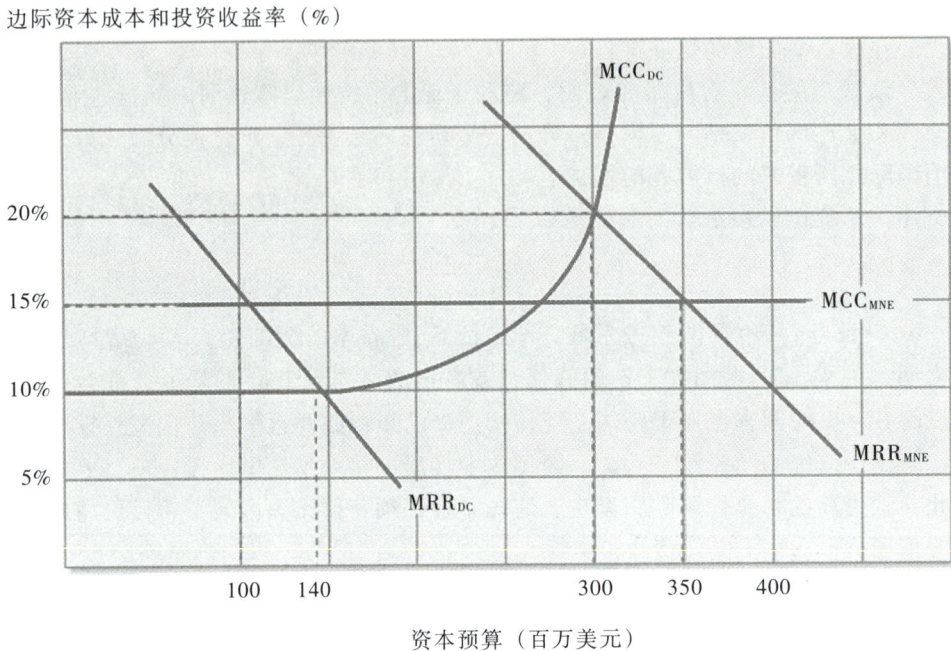

资本预算（百万美元）

如图表12-6所示，MRR_{DC}线代表一个适中的投资机会集，它和MCC_{MNE}在15%和10 000万美元预算水平处交叉，同时和MCC_{DC}在10%和4 000万美元预算水平处交叉。在这些更低的预算水平上，MCC_{NME}的MCC更高，因此也可能导致MNE的加权平均资本成本比国内同行企业（DC）高，就如最近的一些实证研究所发现的那样。

MRR_{MNE}线代表跨国企业和国内同行企业的大量投资机会集，它和MCC_{MNE}在15%和35 000万美元预算水平处交叉，同时和MCC_{DC}在20%和30 000万美元预算水平处交叉。在这些更高的预算水平上，MCC_{NME}的MCC更低，因此也可能导致MNE的加权平均资本成本比国内同行企业（DC）低，如本章之前所预测的那样。为得出一般意义上的结论，我们需要弄清国内企业会在什么条件下执行这个最优资本预算，即使会导致企业边际资本成本增加。在某个点上，跨国企业也会增加MCC的最优资本预算水平。

实证研究表明，无论跨国公司还是成熟的国内企业，都不一定有由更高的代理成本、边际资本成本产生的破产风险，以及资本预算规模。事实上，多数成熟企业的投融资行为在某种程度上符合公司价值最大化的目标。这些公司规避风险，不去金融市场上增发新股，它们更愿意将资本预算限制在自由现金流量可以满足的规模上。这些公司的确有所谓的融资优序，即按照内部资金、债务、股票的优先顺序为投资机会募集资金。这些行为也激励了股东更积极地监督管理层，他们将管理层薪酬与股票业绩挂钩，例如股票期权，或者其他形式的减少代理成本的薪酬契约。

总之，如果跨国企业和国内企业确实都将资本预算限制在不会增加边际资本成本的水平上，实证研究就会发现跨国企业有着更高的加权平均资本成本。如果国内企业有很好的投资机会，它们宁愿增加边际资本成本也不愿意放弃这个增长机会，那么，跨国企业就会有更低的WACC。图表12-7概括了这个结论。

图表 12-7　　　　　　　　　跨国企业的资本成本比国内企业高吗？

$$MNE_{WACC} > 或 < Domesitc_{WACC}?$$

$$k_{WACC} = k_e \left[\frac{股权价值}{公司价值} \right] + k_d(1-t) \left[\frac{债务价值}{公司价值} \right]$$

实证研究发现跨国企业相对国内同行企业有着更低的负债/资本比率，导致其有着更高的资本成本

实证研究发现跨国企业相对国内同行企业有着更低的平均债务资本，导致其有着更低的资本成本

投资者要求跨国企业的股权收益率高于国内企业，可能的原因是：跨国经营环境下有着更高的政治风险、外汇风险、代理成本。但在一个相对高水平的最优资本预算规模下，跨国企业的资本成本更低。

学与思 12-14 理论上，跨国企业应该比国内企业更好地运用高债务比率，因为跨国企业的现金流在国际上是分散的。然而，近期的研究却得出了相反的结论。这些研究还认为，跨国企业的贝塔值高于国内企业。

　　a. 根据这些实证研究，跨国企业的债务比率为何低于国内企业？

　　b. 根据这些实证研究，跨国企业的贝塔值为何高于国内企业？

学与思 12-15 这个难题是，说明在什么条件下，跨国企业的债务比率和贝塔值高于或低于国内企业。解释并画图予以说明。

学与思 12-16 除提高流动性，逃离分割的本国市场以外，新兴市场的跨国企业为什么能够通过在国外上市和销售股票进一步降低资本成本？

划重点

● 进入全球资本市场应能使企业降低资本成本，这可以通过提高股票的市场流动性以及避开分割的本国资本市场实现。

● 资本成本与资本可得性同市场的流动性与分割程度直接相关。能进入具有高流动性、低分割程度的市场的企业的资本成本较低，其筹集新资本的能力更强。

● 企业可以通过在欧洲市场上发行债务来提高市场流动性，具体做法是在某个国家的资本市场上发行欧洲证券，以及通过国外子公司利用当地资本市场。市场流动性提高，可使边际资本成本曲线"越向右越平坦"。这一结果使企业能以相同的低边际资本成本筹集更多资本，从而使投资于更多资本项目变得可行。关键是能够吸引国际组合投资者。

● 如果一国资本市场上证券的必要收益率不同于其他国家证券市场上的预期收益率和风险可比的证券的必要收益率，那么该国市场就是分割的。

● 资本市场分割是政府约束和投资者认知导致的金融市场不完美。最重要的金融市场不完美包括：（1）信息不对称；（2）交易成本；（3）外汇风险；（4）公司治理差异；（5）政治风险；（6）监管壁垒。

● 市场分割导致资本成本提高，资本可得性降低。

● 如果企业位于分割的资本市场中，那么它仍然可以通过从国外进行债务与股权融资逃离该市场。结果是其边际资本成本降低，股票流动性和资本预算增加。

● 跨国企业的资本成本是否低于国内企业，取决于其最优资本结构、系统性风险、资本获得能力与最优资本预算规模。

秒懂本章

进入没有市场分割、具有高流动性的全球资本市场进行融资，可使企业降低资本成本，并提高资本获得能力。

计算分析题

1.库拉索制药公司。库拉索制药公司（Curacao Pharmaceuticals）的债务资本成本为7%。无风险利率为3%。市场投资组合的预期收益率为8%。税后，库拉索公司的实际税率为25%。其最优资本结构为60%的债务和40%的权益。

a.如果库拉索公司的贝塔估计值为1.1，那么其加权平均资本成本为多少？

b.如果由于全球能源部门的持续盈利前景，库拉索公司的贝塔估计值显著降低至0.8，那么其加权平均资本成本为多少？

2.英国石油公司。英国石油公司（Petro-U.K.）是英国的一家能源公司，该公司为进一步扩张需要筹集1.5亿英镑。公司希望维持"30%债务和70%权益"的资本结构。公司在英国的所得税税率为21%。英国石油公司发现，公司在英国市场上只能按5 000万英镑的倍数（30%的债务和70%的权益）发行股票和债券。对于股票和债券，在英国市场上融资的成本分别为8%和6%，而在拉美市场上的融资成本分别是10%和8%。

一家咨询公司向英国石油公司建议，公司可以按5 000万英镑的倍数募集新增资本（维持70/30的资本结构），每次新增资本的融资成本取决于融资总规模。

具体而言，对于股票和债券，首次募集5 000万英镑（70%的股权和30%的债务）的成本分别是10%和8%（英国市场），以及12%和10%（拉美市场）；第二次募集5 000万英镑的成本分别是12%和10%（英国市场），以及16%和14%（拉美市场）。

a.计算每增加1.5亿英镑新资本的最低平均资本成本，其中1.05亿英镑在股票市场上筹得，另4 500万英镑同时在债务市场上筹得；

b.如果公司扩张仅需7 500万美元，应该如何为这次扩张融资？扩张的加权平均资本成本是多少？

3.Trident公司的资本成本。玛利亚·贡扎雷思（Maria Gonzalez）现在估计无风险利率为3.60%，公司信用风险溢酬为4.40%，国内贝塔系数估计值为1.05，国际贝塔系数估计值为0.85，公司现在的资本结构是30%的债务和70%的股权。其他信息和本章的"Trident公司资本成本计算示例"一样。请分别使用国内CAPM和国际CAPM计算下列资本成本：

　　a.Trident公司的股票成本；

　　b.Trident公司的债务成本；

　　c.Trident公司的加权平均资本成本。

　4.Trident公司股权风险溢酬。使用本章"Trident公司资本成本计算示例"中的加权平均资本成本数据，分别使用CAPM和ICAPM计算下列几种不同的股权风险溢酬情况下的加权平均资本成本：

　　a.8.00%

　　b.7.00%

　　c.5.00%

　　d.4.00%

　5.Mobi-S.A.公司。Mobi-S.A.公司是南非的一家大型移动电话供应商，公司尚未进入尼日利亚市场，但正在考虑通过全资子公司在尼日利亚建立制造厂和分销厂。该公司已经联系了两家不同的投资银行顾问，分别为渣打银行南非分行和尼日利亚第一银行，为其估计当该公司计划将尼日利亚子公司在尼日利亚的证券交易所上市时，其未来几年的资本成本。根据两位顾问的下列假设，计算公司的预计债务资本成本、股权资本成本和加权平均资本成本。

假设	符号	渣打银行南非分行	尼日利亚第一银行
估计的公司收益率与市场的相关系数	ρ_{jm}	0.75	0.7
公司收益率的标准差	σ_j	20.0%	25.0%
市场收益率的标准差	σ_m	15.0%	18.0%
无风险利率	K_{rf}	10.0%	10.0%
公司在尼日利亚的债务融资成本	K_d	15.0%	15.0%
预期市场收益率	K_m	11.0%	12.0%
公司税率	t	30%	30%
债务资本比例	D/V	40%	50%
股权资本比例	E/V	60%	50%

　6.小米手机公司的资本成本。小米手机公司在过去5年中发展迅速，已经成为全球最大的智能手机制作商之一。公司大部分销售业务发生在中国，过去5年平均年销售额超过1 000亿元人民币。小米手机公司现在计划将业务拓展至海外全球市场，公司需要详细分析其加权平均资本成本，并对新的投资项目进行审慎决策。假设无风险利率为4.375%，则小米手机的两家竞争对手ChiFoSmart和ChinaFone的加权平均资本成本分别是多少？你如何为小米手机估计一个可比的WACC？

	ChiFoSmart	ChinaFone	小米手机
销售收入	100亿元人民币	150亿元人民币	1 000亿元人民币
公司贝塔系数	0.75	0.67	?
信用评级	A	A	AA
债务平均成本	7%	6.625%	6.5%
债务占总资本的比重	30%	38%	22%
国际销售占比	5%	15%	20%

7.**托姆酒吧。**你参加了你的朋友在当地一家名为托姆（The Tombs）的酒吧举行的每周国际金融辩论。本周的题目是，股票成本是否比债务成本低。这个小组选择20世纪90年代中期的巴西作为讨论的题目。一位小组成员撕下了下列表格数据，作为分析的对象。

巴西的经济绩效	1995年	1996年	1997年	1998年	1999年
通货膨胀率（IPC）	23.20%	10.00%	4.80%	1.00%	10.50%
银行贷款利率	53.10%	27.10%	24.70%	29.20%	30.70%
汇率（雷亚尔/美元）	0.972	1.039	1.117	1.207	1.700
股市指数（São Paulo Bovespa）	16.0%	28.0%	30.2%	33.5%	151.9%

拉里（Larry）认为，"这个问题有关预期与实际的分配情况。你可以讨论股票投资者的预期是什么，但他们经常发现几年一次的分配太少了——有时甚至是负分配——因此实际上股票成本比债务成本低。"

莫尔（Moe）打断了她："但你漏掉了最重要的一点。资本成本是投资者要求对投资风险做出的补偿。如果他最后没有得到这种补偿，也就是此处发生的情况，那么他会撤出资本走掉。"

克里（Curly）是位理论家。"女士们，这不是关于实证结果的问题；这是关于风险调整后收益的基本概念的问题。股票投资者知道，只有在公司补偿了债权人以后，他才能获得收益。因此，他的风险收益率水平总是高于债务工具的风险收益率水平，就像资本资产定价模型所示，股票投资者将预期收益率定义为高于无风险工具收益率的风险调整后因素。"

这时，拉里和莫尔只是看着克里，沉默着，两个人都又要了一杯啤酒。根据这里提供的巴西数据，评价本周在托姆酒吧举行的这场辩论。

嘉妮达克-霍根公司

根据下表中的信息回答习题8~10。嘉妮达克-霍根公司（Genedark Hogan）是一家美国综合性大公司，有关人员正就经营国际分散化对资本结构和资本成本的影响展开激烈辩论。该企业正计划进行分散化以减少合并债务。

假设	符号	分散化前	分散化后
债务/资本比率	D/V	38%	32%
权益/资本比率	E/V	62%	68%
企业的所得税税率	t	35%	35%
公司的收益率与市场收益率的相关系数	ρ_{jm}	0.88	0.76
公司收益率的标准差	σ_j	28.0%	26.0%
市场收益率的标准差	σ_m	18.0%	18.0%
市场风险溢价	$K_m - K_{rf}$	5.50%	5.50%
企业债务成本	K_d	7.20%	7.00%
无风险利率	K_{rf}	3.00%	3.00%

8.**嘉妮达克-霍根公司的股权资本成本。**公司的高层管理者正就分散化对股权资本成本的意义展开激烈辩论。尽管大家都同意未来公司的收益率与市场收益率相关性会降低，但金融顾问们认为，由于进行了"国际化"，市场对公司进行评估时将在基本的 CAPM 股票成本上加上 3.0% 的

风险溢价。计算嘉妮达克–霍根公司在经营国际分散化前后，有或没有假设的额外风险溢价时的股权资本成本，并评价这场辩论。

9.嘉妮达克–霍根公司的加权平均资本成本。计算该公司国际分散化前后的加权平均资本成本。

a.债务资本成本的降低是否降低了该企业的加权平均资本成本？你如何描述国际分散化对其资本成本的影响？

b.在习题8中的股权资本成本的基础上加上假设风险溢价（由于国际分散化，在股票成本上加3.0%），该企业的加权平均资本成本是多少？

10.嘉妮达克–霍根公司的加权平均资本成本和实际税率。许多跨国企业在扩展国际业务时，控制和降低有效税率的能力都更强。如果嘉妮达克–霍根公司能将合并有效税率从35%降低到32%，那么这对其加权平均资本成本的影响是什么？

网络练习题

1.通过共同基金进行国际分散化。如今所有大型的共同基金公司都会发行国际分散化的共同基金产品。但是，不同基金的国际化构成存在显著差异。

a.使用下列网址区分：国际基金、全球基金、世界基金、海外基金等。

b.对比国内投资组合，分析国际基金在过去几年中的业绩表现（用美元表示）。

富达投资：www.fidelty.com/funds/

T.Rowe Price：www.troweprice.com/

美林证券：www.ml.com/

Kemper：www.kempercorporation.com/

2.诺和工业公司。诺和工业公司和诺德公司（Nordisk Gentofte）于1989年进行合并。诺德公司是诺和公司主要的欧洲竞争对手。合并后的公司现在名为诺和诺德公司，该公司已经成为世界上主要的胰岛素制造商。其主要竞争对手是美国的礼来公司。利用标准的投资者信息以及诺和诺德公司和礼来公司的网站，确定最近五年中诺和诺德公司是否保持了可与礼来公司竞争的资本成本。请着重分析市盈率、股价、债务比率和贝塔值。试计算每家公司的实际资本成本。

诺和诺德公司：www.novonordisk.com

礼来公司：www.lilly.com

BigCharts.com：www.bigcharts.com

雅虎金融：www.finance.yahoo.com

3.资本成本计算器。晨星（Morningstar）旗下的 Ibbotson and Associates 是对全球市场资本成本进行定量估计的领先提供商之一。使用以下网站——特别是资本成本中心——来概述 Ibbotson and Associates 估计跨国资本成本所使用的主要理论和数值估计方法。

Ibbotson and Associates：corporate.morningstar.com

本章逻辑框架图

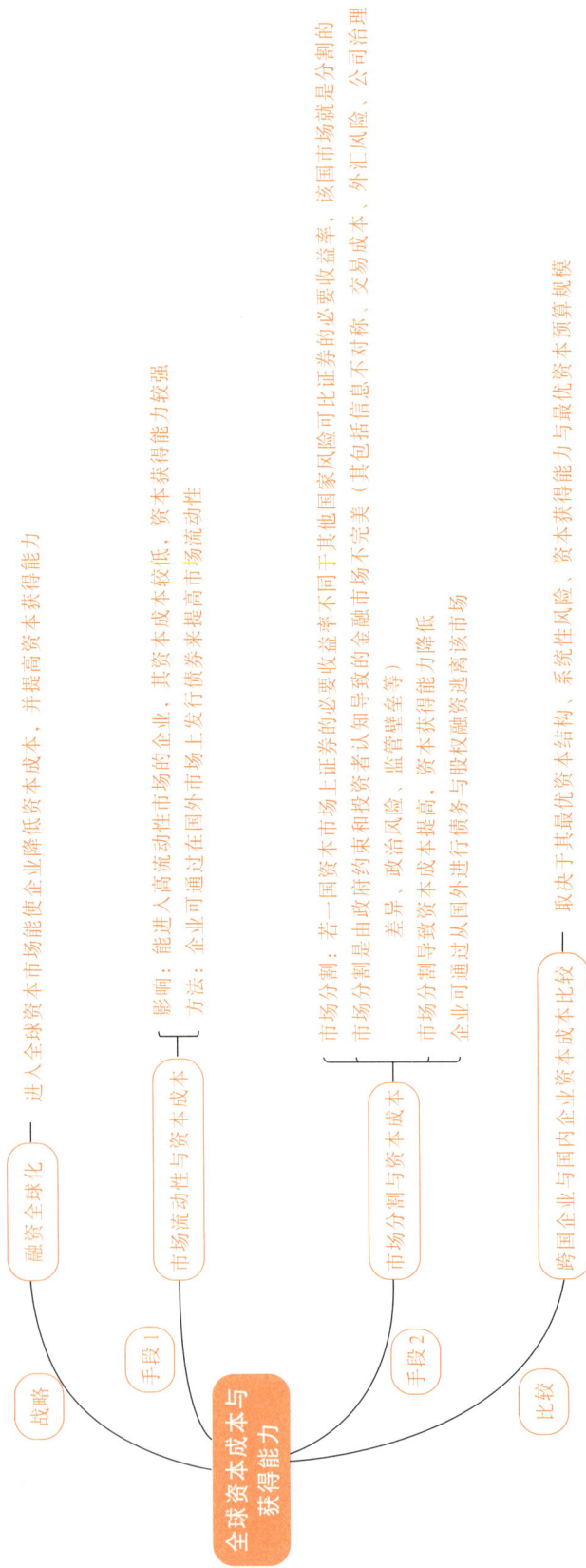

图表 12-8 本章逻辑框架图

```
                                                 ┌── 进入全球资本市场能使企业降低资本成本，并提高资本获得能力
战略 ── 融资全球化 ───┘

                                  ┌── 影响：能进入高流动性市场的企业，其资本成本较低，资本获得能力较强
手段1 ── 市场流动性与资本成本 ──┤
                                  └── 方法：企业可通过在国外市场上发行债券来提高市场流动性

全球资本成本与
获得能力

                              ┌── 市场分割：若一国资本市场上证券的必要收益率不同于其他国家风险可比证券的必要收益率，该国市场就是分割的
                              ├── 市场分割是由政府约束和投资者认知导致的金融市场不完美（其包括信息不对称、交易成本、政治风险、外汇风险、公司治理
手段2 ── 市场分割与资本成本 ──┤    差异、政治风险、监管垄断等）
                              └── 市场分割导致资本成本提高，资本获得能力降低
                                  企业可通过从国外进行债务与股权融资逃离该市场

比较 ── 跨国企业与国内企业资本成本比较 ── 取决于其最优资本结构、系统性风险、资本获得能力与最优资本预算规模
```

第13章

全球股票和债务融资

> 做你想做的事，资本总处于危险之中。对于受托人而言，最重要的就是忠实地履行自己的职责，行使合理的自由裁量权。他要观察那些审慎、有智慧的人如何管理自己的事务，不是关于投机，而是关于他们资金的永久处置，还要考虑可能的收入，以及要投资的资本可能面临的风险。
>
> ——Prudent Man Rule，Justice Samuel Putnam，1830.

学习目标

- 设计全球股票融资战略
- 分析国内企业股票在国外股票市场交叉上市的动机和目标
- 分析企业在国外股票市场上发行新股的动机和目标
- 理解通过交叉上市和在国外出售股票有效进入国外股票市场的多种障碍
- 了解可以用来在全球股票市场上进行股票融资的各种金融工具
- 将最优资本结构理论扩展至跨国企业（MNE）
- 分析实务中跨国企业国外子公司资本结构的影响因素
- 评估国外子公司可以获得的各种内部与外部资金来源
- 识别跨国企业本身及其各个国外附属企业融资时所用的不同国际债务工具的有关特征

课前阅读与思考

第12章分析了企业进入全球资本市场为何可以降低资本成本，提升资本获得能力，并通过克服市场分割提高股票的流动性。**要实现这一宏伟目标，尤其是对于那些来自分割的新兴市场的企业，首先必须设计一个可以有效地吸引国际投资者的融资战略，包括如何选择进入全球市场的各种路径。**

本章讨论的重要对象是位于流动性较低的市场或新兴市场中的企业。它们需要进入流动性高、无分割的市场，以获取全球资本成本并提升全球资本获得能力。高度工业化国家的企业已经可以进入本国高度流动性和一体化的资本市场。尽管它们也会从国外进行股票融资和债务融资，但这对其资本成本和资本可得性不一定会产生重大影响。实际上，这些企业之所以在国外融资，通常是出于在国外进行大型并购的需要，而非现有的国内业务的需要。

本章从设计全球股票和债务资本融资战略开始，然后分析跨国企业及其子公司的最优资本结构，即最小资本成本的资本结构，最后探讨企业在全球市场上可使用的各种融资方式。

本章以引导案例"巴西国家石油公司的资本成本"开篇，请带着你的思索和疑问，开启本章的学习和探索之旅吧！

巴西国家石油公司的资本成本

巴西国家石油公司（Petrobuás），遇到了一个在新兴市场中常见的问题——高而无竞争力的资本成本。尽管被广泛认为具有全球领先的深水技术（能够在海洋表面以下超过1英里的地方钻探和开发油气田），但除非它能想出一个策略来降低其资金成本，否则它将无法真正利用组织的竞争优势。

许多市场分析师认为，这家巴西公司应该遵循一些墨西哥公司采用的策略，即通过收购来摆脱困境。如果巴西国家石油公司收购北美众多独立的石油和天然气公司其中的一家，则在资本市场上，它可能会从完全的"巴西公司"转变为部分的"美国公司"，并可能将其加权平均资本成本（WACC）降低到介于6%和8%之间。

巴西国家石油公司是巴西政府于1954年成立的综合性石油天然气公司。该公司于1997年在圣保罗上市，2000年在纽约证券交易所上市（NYSE：PBR）。尽管进行了股票上市，巴西政府仍然是其控股股东，并拥有总资本的33%，以及55%的投票权。作为巴西国家石油公司，该公司的唯一目标是减少巴西对进口石油的依赖。然而，这种集中持股的一个副作用是缺乏国际多样化。该公司的许多批评者认为，"巴西的"和缺乏国际多元化导致其资本成本缺乏竞争力。

需要多元化

2002年，巴西国家石油公司是巴西最大的公司，也是拉丁美洲最大的石油上市公司。但是，它的业务不是国际性的。对国际投资者来说，这种内在的缺乏国际分散化是显而易见的，他们把巴西的风险因素和溢价分配给了该公司，与他们分配给其他所有巴西公司的风险因素和溢价相同。结果是，该公司在2002年的资本成本，如图表13A所示，比其他公司高出6%。

巴西国家石油公司开始实施全球化战略，几笔重大交易都是在这一过程中完成的。2001年12月，阿根廷的Repsol-YPF与巴西国家石油公司达成了价值5亿美元的营运资产交易。在该交易中，巴西国家石油公司获得了99%的Eg3 S.A.连锁加油站的股权，而Repsol-YPF则获得了一家炼油厂30%的股权，一座海上油田10%的股权，以及巴西230家加油站的燃油转售权。该交易包括8年的货币风险担保。

2002年10月，巴西国家石油公司收购了阿根廷的佩雷斯公司（Pecom）。2002年1月阿根廷爆发金融危机后，佩雷斯公司很快就受到影响。尽管佩雷斯公司具有很强的国际储备和生产能力，但各种不利因素正在一起发酵，包括阿根廷比索贬值，债务组合多以美元计价，和众多的阿根廷政府管制，从而使佩雷斯公司无法充分发挥自身的种种能力。因此，公司只能迅速找到买家然后偿还债务。巴西国家石油公司抓住了这个机会。其家族所有者及其基金会持有佩雷斯公司58.6%的股权，剩余41.4%的股权则由公众持有。巴西国家石油公司直接从该家族手中购买了全部58.6%的股权。

在接下来的3年里，巴西国家石油公司专注于进行债务重组（包括收购佩雷斯公司而增加的债务）和增长投资，但调整资本结构的速度变得越来越慢。到2005年，其又多了一场增发股票是否增加公司的股权资本的大讨论。其在讨论什么是成本，公司的资本成本是多少。

国家风险

图表13A列示了世界上一些大型石油和天然气公司的资本成本，其中包括2002年的巴西国家石油公司。只有在所有资本成本都以一种共同货币计算的情况下，这种比较才有意义，在本例

中该共同货币是美元。长期以来，全球石油和天然气市场一直被认为是"以美元计价的"，在这些市场上经营的任何公司，无论其实际在世界何处经营，都被认为以美元作为其功能货币。一旦上述公司在美国股票市场上市，其资本成本的美元化就更容易被接受。

图表13A　　　　　　　　　　大型石油公司资本成本

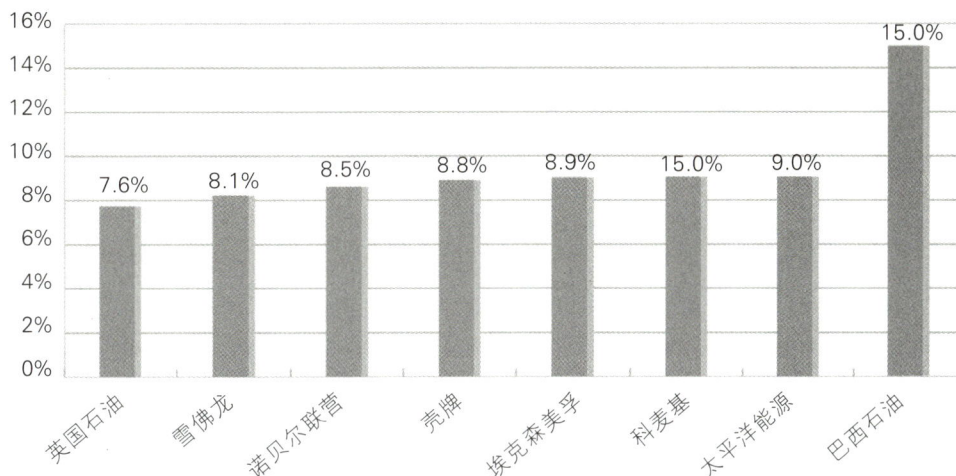

资料来源：摩根斯坦利研究报告，2002年1月18日，5页。

但是，对于一家巴西企业，以美元计算的资本成本是多少呢？巴西有着高通胀、经济不稳定、货币贬值（取决于法律制度）的历史。衡量全球市场对巴西国家风险看法的主要指标之一是主权债务息差——巴西美元国债利率与美国国债利率之差。如图表13B所示，巴西主权债务息差在过去10年间既高又不稳定，有时甚至低至400个基点（4.0%），例如最近几年；但在2002年的金融危机期间，先是雷亚尔贬值，然后又是采用浮动汇率制，其主权债务息差高达2 400基点（24%）。而这仅仅是巴西政府的债务成本，对于巴西国家石油公司这样的巴西公司来说，主权债务息差该如何反映在债务和股权成本上？

图表13B　　　　　　　　　　巴西主权债务息差

基点（与美国国债利率之差）

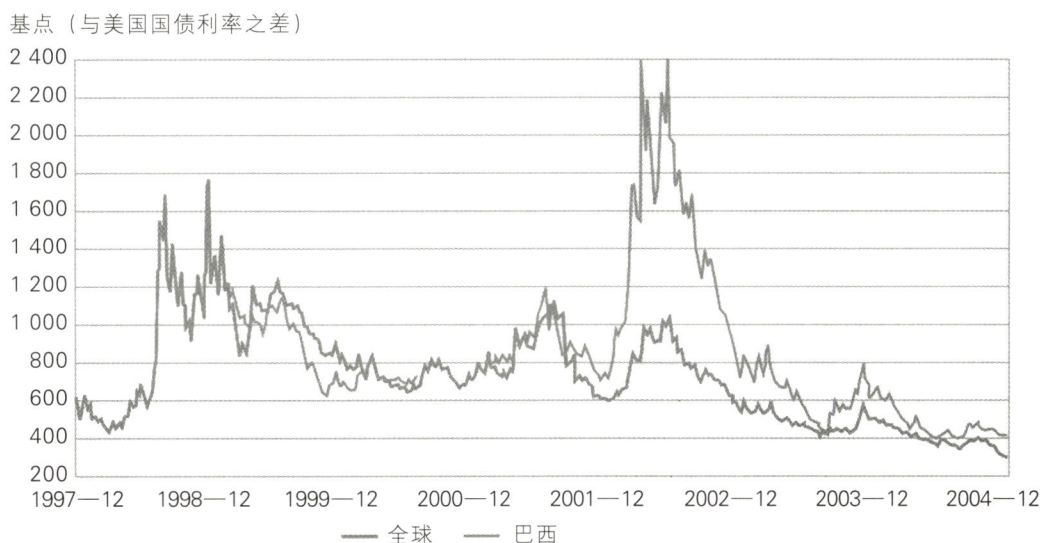

资料来源：www.latin-focus.com/latinfocus/countries/brazilbisprd.htm，2005年8月。

估计巴西国家石油公司以美元计算的债务资本成本的一个方法是风险溢价调整法，即将巴西美元国债利率加上公司信用风险溢价：

$$k_d^\$ = 美国国债无风险利率 + 巴西主权债务息差 + 巴西石油公司风险溢价$$

$$k_d^\$ = 4.00\% + 4.00\% + 1.00\% = 9.00\%$$

如果使用美国10年期国债利率来估计美国国债的无风险利率，那么在2005年8月时，该基准利率是4%。图表13B显示，巴西主权债务息差为400个基点，或4%。如果巴西国家石油公司的信用风险溢价为1.00%，则该公司的债务资本成本等于9.00%。该债务资本成本明显高于世界上其他大型石油公司，它们在2005年年底支付的平均债务资本成本只有5.00%。

同样地，可以使用国家风险调整法估计巴西石油公司权益资本成本。根据资本资产定价模型（CAPM）：

$$k_e^\$ = 无风险利率 + \beta_{巴西石油公司} \times 市场风险溢价$$

$$= 8.00\% + 1.10 \times 5.50\% = 14.05\%$$

在这里，我们使用和前面债务资本成本的估计中一样的无风险利率，并假设1.10的贝塔系数（基于纽交所的巴西石油股票数据），以及5.50%的市场风险溢价。基于这些相对保守的假设（许多人可能会认为该公司的贝塔值实际更高或更低，市场风险溢价为6.0%或更高），该公司的股权资本成本为14%。

最后，企业的资本成长WACC可以按如下方法计算：

$$WACC = （债务/资本）\times K_d^\$（1-税率） + （权益/资本）\times K_e^\$$$

假设长期目标资本结构为1/3的债务和2/3的权益，且实际企业所得税的税率为28%（扣除特别退税、附加税以及对巴西石油与天然行业的鼓励性优惠后），则巴西国家石油公司的加权平均资本成本的估计值稍高于11.5%：

$$WACC = 0.333 \times 9.000\% \times 0.72 + 0.667 \times 14.050\% = 11.529\%$$

那么，在进行了企业国际分散化、资本成本国际化后，为何巴西国家石油公司的成本仍然比全球同类企业高得多呢？不只是该公司的加权平均资本成本高于全球其他主要同类企业，作为评估许多潜在投资和收购交易价值的基本折现率，其资本成本同样很高。

许多和巴西国家石油公司有来往的投资银行都注意到，该公司的股价与EMBI+巴西主权债务息差（如图表13B所示）显示出非常高的相关性，多年来该相关系数都在0.81左右。类似的，历史上巴西国家石油公司的股价也和巴西雷亚尔/美元汇率相关——负相关。该相关系数在2000—2004年间，平均为-0.88。最后，关于巴西国家石油公司应该被视为石油公司，还是巴西公司，仍然存在如下争议：

根据历史交易模式，巴西国家石油公司的股票表现与巴西股市和信贷息差的相关性似乎更高。这表明，一个人对巴西大盘走向的看法，对其投资公司股票的决策非常重要。如果这一历史趋势持续下去，对巴西风险认知的改善应该会提振巴西国家石油公司的股价表现。

——《巴西石油：一颗未经雕琢的钻石》，摩根大通拉丁美洲股票研究，2004年6月18日，第26～27页。

问题

1. 你认为为什么巴西国家石油公司资本成本高？有没有更好的方法，或其他方法来计算其加权平均资本成本？

2. 这种使用主权债务息差的方法也反映了货币风险吗？

3. 最后引用的那句人们对巴西股市大盘的观点表明，潜在的投资者在做出投资决策时会考虑巴西的相对吸引力。这种看法如何体现在该公司资本成本的计算中？

4. 资本成本真的与巴西国家石油公司的竞争力和战略相关吗？一家公司的资本成本是否真的影响其竞争力？

13.1 设计全球融资战略

设计融资战略要求管理层就长期金融目标达成一致，然后在各种路径之中进行选择。图表 13-1形象地说明了实现按全球市场的成本水平筹措资本的最终目标的各种路径。

图表13-1　　　　　　　　　　　　　全球化成本和资本获得的各种路径

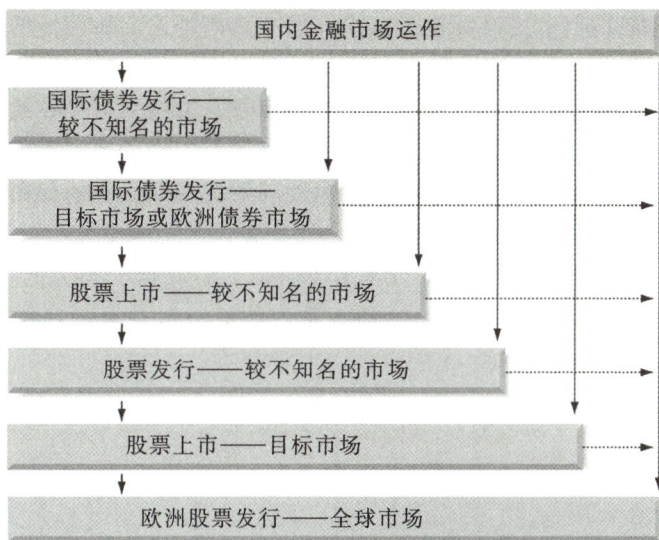

```
┌─────────────────────────────────────────────┐
│            国内金融市场运作                     │
└─────────────────────────────────────────────┘
  ┌──────────────────────────┐
  │  国际债券发行——            │
  │  较不知名的市场            │
  └──────────────────────────┘
    ┌──────────────────────────┐
    │  国际债券发行——          │
    │  目标市场或欧洲债券市场    │
    └──────────────────────────┘
      ┌──────────────────────────┐
      │  股票上市——较不知名的市场 │
      └──────────────────────────┘
        ┌──────────────────────────┐
        │  股票发行——较不知名的市场 │
        └──────────────────────────┘
          ┌──────────────────────────┐
          │    股票上市——目标市场     │
          └──────────────────────────┘
            ┌──────────────────────────┐
            │  欧洲股票发行——全球市场   │
            └──────────────────────────┘
```

资料来源：Oxelhiem，Stonehill，Randoy，Vikkula，Dullum and Modén，*Corporate Strategies in Internationalizing the Cost of Capital*，Copenhagen：Copenhagen Business School Press，1998，p.119.

融资路径的选择和执行通常要借助于企业之前聘请的投资银行。作为企业的正式顾问，投资银行与潜在国外投资者接触，以了解他们当前的需求。**投资银行也能帮助企业达到各种制度的要求并绕过各种障碍。**投资银行提供的服务包括：对是否进行境外上市以及境外上市的时间和地点提出建议；编制招股或债券发行说明书；帮助为发行的证券定价；以及进行发行后的市场维护，以防止股价跌破初始发行价。

多数企业在本国市场上筹集初始资本（见图表13-1）。接下来，它们试图跳过所有中间步骤，直接实现最终目的，即在全球市场上发行欧洲股票。这正是优秀的投资银行顾问提供"现实评估"的时候。**多数只在本国市场融资的企业并不是很了解如何吸引国外投资者。**在第12章中，诺和公司的投资银行建议公司首先发行可转换欧洲债券，并同时将其股票（和债券）在伦敦交叉上市。这还没提到一个事实，即诺和公司有着非常出色的财务与经营业绩。

图表13-1表明，**多数企业应该从发行国际债券开始进行国外融资**，这可以在较不知名的国外市场上进行。其后，其可以在目标市场或欧洲债券市场上发行国际债券。下一步是在较不知名的市场上境外上市并发行股票，以吸引国际投资者的注意。再下一步可以在具有高流动性的著名国外证券交易所，如伦敦证券交易所、纽约证券交易所或纳斯达克交叉上市。最后一步将是在著名的目标市场上直接发行股票或在全球股票市场上发行欧洲股票。

学与思13-1 用于全球债务和股票市场融资的战略顺序是什么？一家企业是否应该一开始就进行全球股票或债务融资？

学与思13-2 在全球市场上可以用于权益融资的其他五种工具是什么？

学与思 13-3 子公司"内部"融资与"外部"融资的区别是什么？列出国外子公司可获得的三类内部融资与三类外部融资。

13.2 最优资本结构

经历了多年的争论后，现在多数金融理论家就企业是否存在最优资本结构，以及如果存在，应如何确定最优资本结构的问题已经形成了共识。资本结构理论的所谓传统学派和莫迪格利安尼与米勒（Modigliani 和 Miller）学派之间的著名争论最终以折中的方式结束：**如果考虑税收和破产成本，企业存在最优资本结构，它是特定比例的债务与权益的组合，并在给定的经营风险水平上使企业的资本成本最小。如果新项目的经营风险与现有项目的经营风险不同，那么债务与权益的最优组合将发生变化，而这体现了决策者在经营风险与财务风险之间的权衡。**

图表 13-2 说明了资本成本如何随债务的变化而变化。当债务比率（被定义为总债务除以总资产的市场价值）提高时，税后加权平均资本成本（K_{WACC}）降低，因为低成本债务 [$K_{d(1-t)}$] 相对于高成本权益（K_e）的比重增加了。当然，债务资本的低成本是由于利息费用可以在税前抵扣 [用（1-t）项表示]。

图表 13-2 　　　　　　　　　　　　**资本结构与资本成本**

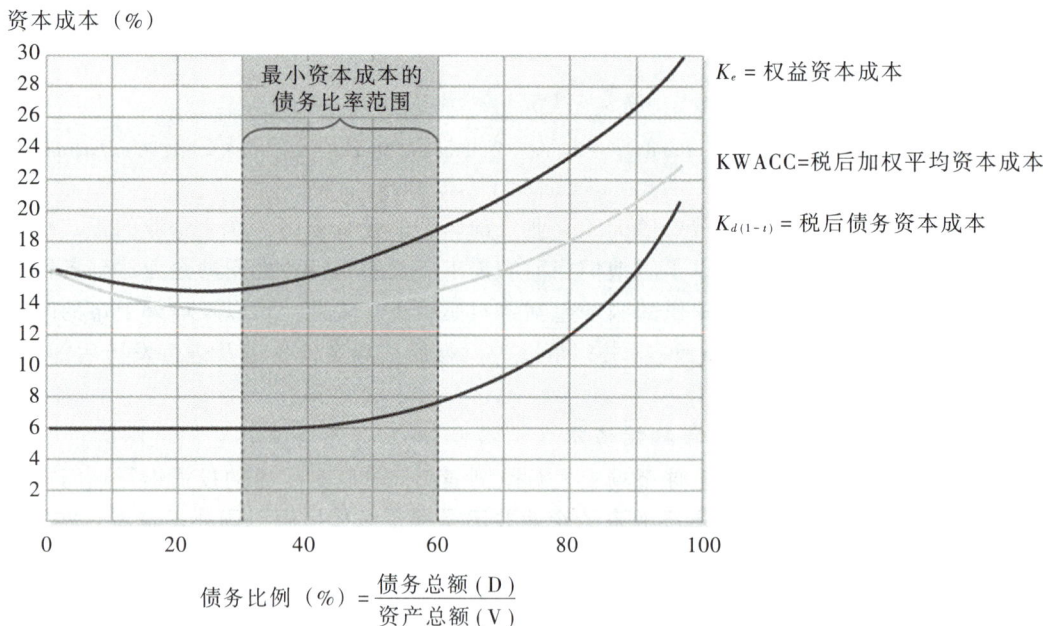

K_e = 权益资本成本

KWACC=税后加权平均资本成本

$K_{d(1-t)}$ = 税后债务资本成本

$$债务比例（\%）=\frac{债务总额（D）}{资产总额（V）}$$

权益成本（K_e）的提高部分抵消了增加债务的有利影响，因为投资者认为财务风险提高了。然而，当债务比率继续提高时，整体加权平均税后资本成本（K_{WACC}）会继续下降，直到投资者和管理者等认为财务风险会导致企业破产时。这时，新债务和权益的成本将大幅增加，因而提高了加权平均资本成本。在图表 13-2 中，加权平均资本成本的 U 型曲线的低点（14%），确定了最小资本成本的债务比率范围。

多数学者认为，这个低点实际上代表一个相当广泛且平坦的区间，如图表 13-2 中从 30% 至 60% 的债务比率范围，在这个范围内，综合资本成本几乎没有差异。学者们还认为，至少在美国，平坦区域的范围和该范围内企业特定债务比率的位置是由如下变量决定的：（1）企业竞争所在的行业；（2）企业销量和经营收入的波动性；（3）资产抵押品的价值。

学与思13-4 简述最优资本结构的目标。

学与思13-5 当企业资本结构中的债务从无负债增加到债务占很大比例（假设为60%）时，债务成本、权益成本和整体加权平均资本成本将产生什么变化？

学与思13-6 定义"边际的"加权平均资本成本。

13.3　最优资本结构和跨国企业

国内企业的最优资本结构理论还需要加入四个变量，以适应跨国企业的情况，这些变量按出现顺序排序，依次为：（1）资本获得能力；（2）现金流的国际分散化；（3）外汇风险；（4）国际证券投资者的期望。

13.3.1　资本获得能力

如前所述，从全球市场获得资本的能力，可使跨国企业的股票与债务成本低于多数国内企业，也使跨国企业即使需要筹集巨额增量资金，也能维持一个理想的债务比率。换言之，在相当大的资本预算范围内，跨国企业的边际资本成本都是固定的。但是，对于国内多数的小型企业而言，这种说法基本不成立，因为它们无法进入国内股票市场或债务市场，只能依赖内部产生的资金，以及商业银行的借款。

在资本市场流动性差的国家中，除非跨国企业能按全球市场的成本水平获得资本，否则它们面临的情况和国内小型企业几乎相同，其必须依赖内部产生的资金和银行借款。如果它们需要为实现增长机会筹集大量的新资金，那么要借入的金额就可能超过最低资本成本下的最优债务额，也就是说，边际资本成本将随着预算规模的扩大而上升。

学与思13-7 资本可获得性如何影响跨国企业的最优资本结构理论？

13.3.2　现金流的国际分散化

第12章还表明，跨国企业在理论上可以比国内企业有更高的债务比率，因为跨国企业的现金流是国际分散化的。如果企业将现金流的波动幅度降到最小，那么面对产品、金融和外汇市场的各种变动情况，企业现金流覆盖固定费用的可能性也将大大提高。

通过现金流的国际分散化，跨国企业或许能够降低现金流波动性，就像投资者在国际上分散持有证券可降低现金流波动性一样，各国的收益率并不完全相关。相反，国内企业——例如一家德国企业，却无法获得现金流国际分散化的好处，而必须完全依赖自身从国内经营产生的净现金流。在投资者眼中，这家德国企业的财务风险将高于跨国企业，因为德国国内现金流的波动性无法被世界上其他地方的正现金流抵消。

如第12章所介绍的，分散化的依据受到了实证研究的挑战，研究表明，美国跨国企业的债务比率实际上低于国内同类企业。跨国企业的债务代理成本更高，原因包括：政治风险、外汇风险和信息不对称。

学与思13-8 如果跨国企业能够从多个国家获得多种货币的现金流，那么你认为这会增加还是减少其加权平均资本成本？

13.3.3 外汇风险

如果企业发行外币债务，其实际成本等于用企业本国货币偿还本金和利息的税后成本。这笔金额包括调整外汇损益以后的外币本金和利息的名义成本。

例如，一家美国企业以5.00%的利率借入1年期的1 500 000瑞士法郎，且在这1年中，瑞士法郎汇率从最初的1.5000瑞士法郎/美元升值为1.4400瑞士法郎/美元，那么这笔债务的美元成本（$K_d^\$$）是多少？按当前即期汇率1.5000瑞士法郎/美元计算，初始借入的美元为：

$$\frac{1\,500\,000瑞士法郎}{1.500瑞士法郎/美元} = 1\,000\,000美元$$

1年后，美国企业必须偿还1 500 000瑞士法郎的本金加上5.00%的利息，总计1 575 000瑞士法郎。然而，这笔款项必须以期末即期汇率1.4400瑞士法郎/美元计算：

$$\frac{1\,500\,000瑞士法郎 \times 1.05}{1.4400瑞士法郎/美元} = 1\,093\,750美元$$

偿还贷款的实际美元成本不是用瑞士法郎支付利息的名义利率5.00%，而是9.375%：

$$\left(\frac{1\,093\,750美元}{1\,000\,000美元}\right) - 1 = 0.09375 = 9.375\%$$

美元成本高于预期，这是由瑞士法郎相对美元升值造成的。本币总成本实际上是债务成本率和外币价值变化率相加的结果。我们会发现，美国企业的瑞士法郎借款总成本$K_d^\$$等于1加瑞士法郎利率K_d^{SF}之和乘以1加瑞士法郎/美元汇率的变化率s之和，再减去1，即：

$$K_d^\$ = (1 + K_d^{SF}) \times (1 + s) - 1$$

其中，$K_d^{SF} = 5.00\%$，$s = 4.1667\%$。当本币为美元时，瑞士法郎对美元价值的变化率为：

$$\frac{S_1 - S_2}{S_2} \times 100 = \frac{1.5000瑞士法郎/美元 - 1.4400瑞士法郎/美元}{1.4400瑞士法郎/美元} \times 100 = 4.1667\%$$

综合名义利率和汇率变化率，得到总费用为：

$$K_d^\$ = (1 + 0.0500) \times (1 + 0.041667) - 1 = 0.09375 = 9.375\%$$

总资本成本率为9.375%，而不只是5%的外币名义利率。如果美国的所得税税率为34%，那么这笔瑞士法郎债务的税后成本为：

$$K_d^\$(1 - t) = 9.375\% \times 0.66 = 6.1875\%$$

企业的该项债务按美元计增加了4.1667%的成本，这将被报告为一项外汇交易损失，可在税前抵扣。

学与思 13-9 不少公司在许多国家按某一名义利率借款，其与之后的事实成本显然不同。例如，德意志银行最近以年利率为9.59%的名义成本借入资金，但后来这笔债务出售时，收益率却为7.24%。与此同时，泰国以利率8.70%的名义成本借入资金，但后来债务在市场上出售时，收益率为11.87%。是什么原因导致这些变化？管理层应该怎么做才能获益（如德意志银行）而非受损（如泰国）？

13.3.4 国际证券投资者的期望

我们在第12章中强调了这样一个事实：**按全球市场的成本水平筹措资本的关键是吸引并留住国际证券投资者。**国际证券投资者对企业债务比率和整体资本结构的期望是基于过去30年建立的全球标准。由于大部分国际证券投资者都位于流动性最高、分割程度最低的资本市场中，例如美国和英国，他们的期望往往高于其他国家的投资者。**因此，不管其他因素是什么，如果企业希望在全球市场上筹资，就必须采用接近于英美标准的全球标准。** 企业可以被接受的债务比率最高为60%，如果比这个比率更高的话，就很难向国际证券投资者发售证券了。

学与思 13-10 跨国企业的国外子公司是否应符合东道国或母国的资本结构标准？请讨论。

13.4　全球股票融资

　　跨国公司一旦确立了融资战略，并明确了目标资本结构，就可以利用各种筹资途径和手段在国外市场筹集资金，包括债务和股权。

　　图表13-3描述了任何企业在进行股权资本融资时必须考虑的三个关键要素。尽管财经媒体经常将其混为一谈，但股票发行（equity issuance）和股票上市（equity listing）之间还是有着根本性的区别。企业募集股权资本终究是希望将来可以发行股票——IPO或再融资（SEO），为业务发展筹集所需要的资金，如图表13-3所示。但在发行股票之前，其通常必须先上市，即股票在交易所交易，因此才能在特定国家的股票市场上受到认可、赢得声誉，并为将来的股票发行做好准备。

图表 13-3　　　　　　　　　　股权融资的渠道、活动与属性

- **股票发行**
  - 首次公开发行（IPO）——非上市公司首次向公众出售股票。IPOs通常借助承销商募集资金
  - 增发股票（SPO）——上市公司增发新股募集增量股权资本
  - 欧洲股票——同时在两个或多个市场上发行股票
  - 定向发行——上市公司向特定目标的投资者或市场出售股票，发行对象经常是其他国家的公众公司和私有企业
- **股票上市**
  - 公开上市的股票可以在交易所买卖，通常需要一家投资银行作为股票做市商
  - 交叉上市——公司股票在境外市场上市，使公司股票拥有更多样化的投资者群体以及更大的交易市场
  - 存托凭证——由银行发行的可转让凭证，代表在外国托管银行以信托方式持有的基础股票，包括在美国销售的美国存托凭证和在全球销售的全球存托凭证
- **私募**
  - 向私人投资者出售股权或债务，私募对象通常是机构投资者，如养老基金、保险公司、高净值私人单位
  - 144A规则私募——允许合格机构投资者交易私募证券，也需要在证券交易委员会注册。合格机构投资者是拥有并投资至少1 000万美元的非银行企业
  - 私募股权——机构投资者或由富有私人投资者组成的有限合伙投资企业的股权投资，经常会将目标公司私有化，并进行业务重组，在1至5年的时间内重新上市或出售给其他私人单位

　　也就是说，股票发行不一定是公开的，不管是国有的还是私营的，企业都可以向私人投资者发行股票，即**私募**（private placement，注：私募可以指股权或债务）。私募可以采取各种不同的形式，投资者的意图可以是被动的（例如，规则144A的投资者）或主动的（例如私募股权，投资者有意控制和改变公司）。

　　公开发行股票除了可以募集股权资本，还能提升公司知名度，并吸引越来越多的潜在投资

者。随着时间的推移，不断增加的投资者群体有望推动股价的上涨，从而增加企业所有者的收益。私募发行股票的目标比较单一：以尽可能低的成本筹集更多的股权资本。如第4章所述，工业化国家市场中的上市公司所有权呈现私有化的趋势，而许多来自新兴市场国家的跨国企业对于公开上市则趋之若鹜。

图表13-4概括了跨国公司的四种股权融资选择。希望从国外市场筹集股权资本的公司可以采取公开途径或私人途径。公开途径包括**定向公开发行股票**（directed public share issue）或**欧洲股票发行**（euroequity issue）。私人途径包括私募，或为实现战略联盟而定向发行股票。

图表13-4 **全球市场上的股权融资选择**

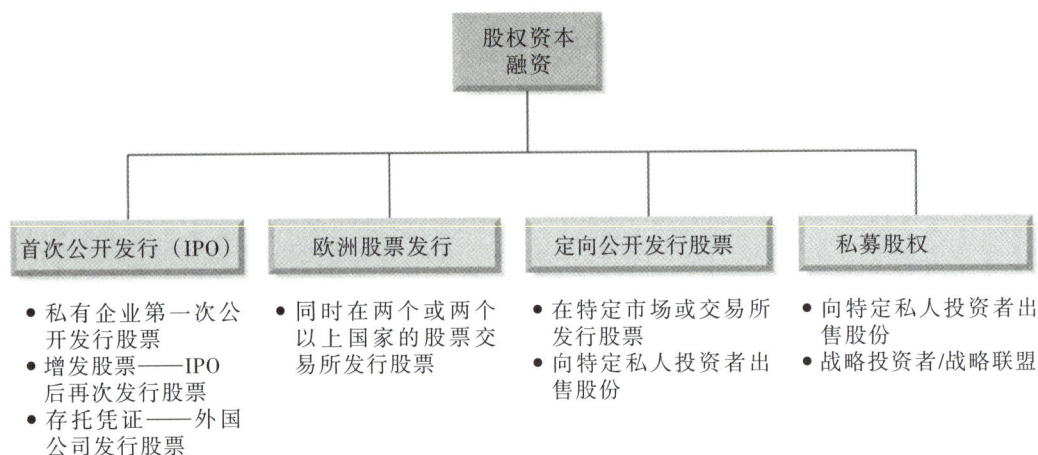

```
                        股权资本
                         融资
        ┌──────────┬──────────┼──────────┬──────────┐
   首次公开发行（IPO）  欧洲股票发行   定向公开发行股票    私募股权
   • 私有企业第一次公开  • 同时在两个或两个  • 在特定市场或交易所  • 向特定私人投资者出
     发行股票          以上国家的股票交     发行股票          售股份
   • 增发股票——IPO      易所发行股票    • 向特定私人投资者出  • 战略投资者/战略联盟
     后再次发行股票                      售股份
   • 存托凭证——外国
     公司发行股票
```

首次公开发行（initial public offering，IPO）

一家私人企业或公司第一次将它的股份向公众出售，大部分的IPO通过一家或由几家投资银行组成的辛迪加集团承销发行。投资银行根据国家和证券交易所的要求，帮助公司准备相应的监管文件和披露材料。**公司将在IPO前几个月公布一份招股说明书**（prospectus），招股说明书会描述公司的历史、业务、经营和财务绩效，相关的经营、财务或政治风险，以及公司未来的业务规划。所有这些都将有助于潜在的投资者对该公司进行评估。

公司首次发行的股票通常占公司所有股权的15%至25%（尽管近年来这一范围一度缩减到6%至8%）。在首次公开募股之后，公司可能会出售更多的股票，这被称为增发股票。公开市场交易的所有股票或部分股票通常称为流通股。

一家公司一旦"上市"，就要接受更高层次的公众监督，因为一国政府的证券监管机构和证券交易所会要求公司定期提交详细的公开披露和财务档案。这种持续的信息披露无论在成本还是在竞争层面都不容小觑，上市公司的财务披露意味着泄露了大量的客户、供应商、合作伙伴和竞争对手的相关信息。在这方面，非上市公司具有明显的竞争优势。

上市公司股票的另一个区别是，它们只在发行时为公司筹集资金。尽管股价的涨涨跌跌会影响股东们的投资收益，但股价变动并不会改变公司的股权资本。

欧洲股票发行

欧洲股票发行是指在多个国家的多个交易所同时进行的首次公开发行。几乎所有的欧洲股票发行都由国际财团承销。**在这里，"欧洲"一词并不意味着发行人或投资者位于欧洲，也不意味着股票是以欧元计价的。它是国际证券发行的一般术语**，即在世界各地出售公司股票。欧洲股票发行试图通过接触尽可能多的不同的投资者来筹集更多的资本。两个备受瞩目的欧洲股票发行的例子是英国电信公司和意大利著名的奢侈品生产商古奇（Gucci）。

这个最大的、最引人注目的发行是伴随国有企业的私有化浪潮而出现的，1984年12月，英国政府在将英国电信公司私有化时创造了这种模式。因为发行规模巨大，所以除了向国内投资者出售股票之外，还有必要向外国投资者配售股票（**配售（tranche）**是指股票的配额销售，配售对象通常是公司指定的一些区域市场上的承销商）。其目标是筹集资金，并确保发行后的全球流动性。

欧洲股票的私有化发行受到了国际证券投资者的热烈追捧，因为大多数公司在私有化时规模都很大，信用评级优良，而且是盈利的准政府垄断企业。英国的私有化模式非常成功，所以追随者众多，例如1996年德意志电信公司首次公开发行130亿美元的股票。

也有来自新兴市场的国有企业成功地通过海外配售股票实施了大规模的私有化计划。墨西哥电信巨头Telefonos de Mexico于1991年完成了20亿美元的欧洲股票发行，并在纽约证交所上市。

1993年，阿根廷国有石油公司（YPF Sociedad Anónima）出售了30亿美元的股票，这是新兴市场国家最大规模的欧洲股票发行之一。大约75%的股份在阿根廷境外配售，仅美国就有46%。它的承销财团实际上是世界领先投资银行中的"名人堂"。

定向公开发行股票

定向公开发行股票（directed public share issue）或**定向发行（directed issue）**是指以单个国家的投资者为目标，由该国的投资机构全部或部分承销的股票发行。发行的股票可按目标市场的货币计价，也可不按目标市场的货币计价，其通常与目标市场的证券交易所交叉上市相结合。

定向发行的动机可能是收购或通过目标外国市场的大型资本投资项目募集资金。对于那些位于较小资本市场，并且体量已经超过这个市场的公司来说，这是特别重要的股权资本来源。

Nycomed公司，一家小型但备受尊重的挪威制药公司，就是一个很好的例子，它的例子说明了这种直接发行与交叉上市相结合的动机。Nycomed公司的增长战略是通过收购其他有前景的公司使其特定市场细分领域的丰富知识和制药领域的领先技术得以充分利用。收购目标主要是欧洲和美国的公司，其拥有相关技术、人员、细分市场，收购的支付方式是部分现金加上部分股票。Nycomed公司在海外两次定向发行股票为其收购战略提供资金。1989年，公司在伦敦证券交易所（LSE）上市，并从外国投资者那里募集了1亿美元的股权资本，随后又在纽约证券交易所交叉上市并发行股票，从美国投资者那里筹集了7 500万美元。

全球财务管理实务13-1提供了定向发行的另一个例子，位于瑞典和挪威的一家上市公司发行了欧洲股票，以为其最近一次的石油资产收购筹集部分资金。

课堂延展阅读

全球财务管理实务13-1　　　　　　　　　　**瑞典PA资源公司计划定向股权发行**

学与思13-11

　a.什么是定向公开募股？

　b.定向公开募股的主要动因是什么？

学与思13-12　什么是欧洲股票公开发行？

13.5　存托凭证

存托凭证（depositary receipts，DRs）是由银行发行的可转让凭证，代表在外国托管银行以信托方式持有的基础股票。全球存托凭证（GDRs）是指在美国以外交易的存托凭证。美国存托凭证（ADRs）是指在美国交易，以美元计价的存托凭证。对于一家在美国境外注册并希望在美国股票交易所上市的公司而言，其主要的方式是发行美国存托凭证。对于一家在世界任何地方注册的公司，若其希望在国外市场上市，也都可以通过全球存托凭证计划来完成。

在美国销售、登记和转让美国存托凭证的方式与股票相同，**每份美国存托凭证代表特定倍数或一部分的基础国外股票**。尽管基础国外股票并不能直接兑换成美元，但该倍数/部分使美国存托凭证在美国市场上具有相应的每股价格（通常低于每股20美元）。许多美国存托凭证，如图表13-5所示的墨西哥电话公司（Telefonos de Mexico，TelMex）的美国存托凭证，是多年来美国股票交易所最活跃的股票之一。

图表 13-5　　　　　**墨西哥电话公司（TelMex）的美国存托凭证（样图）**

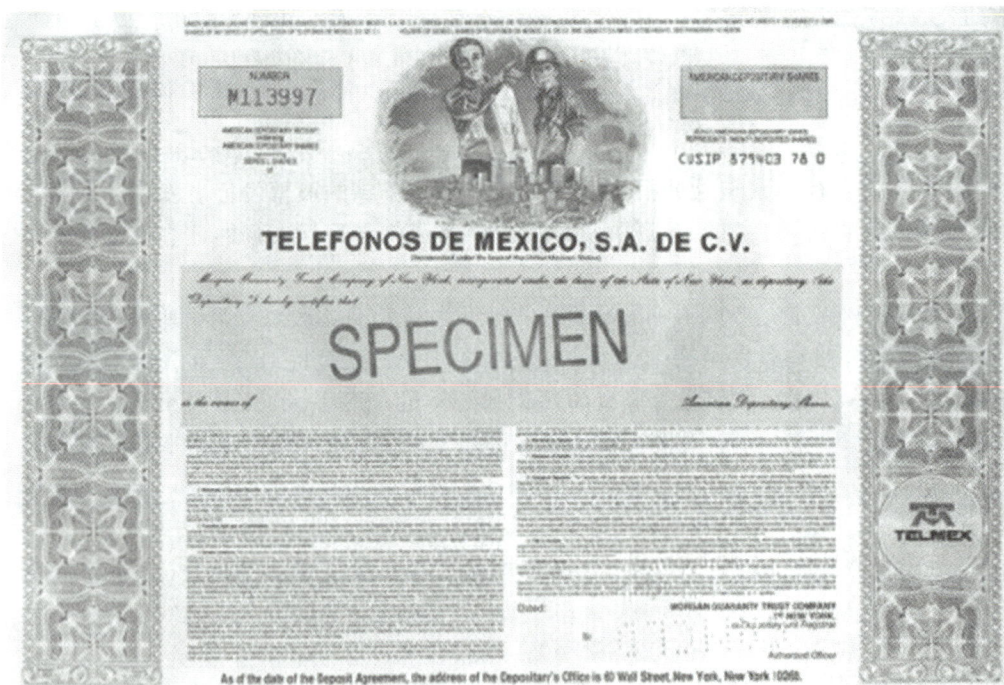

1927年，J.P.摩根为英国Selfridges Provincial Stores公司创建了第一份美国存托凭证，并使其在纽约场外交易所上市，几年之后其被转移到美国股票交易所。和许多金融创新产品一样，存托凭证的发明是为了绕开监管限制。在当时，英国政府禁止英国公司在没有英国转让代理的情况下在国外市场注册其股票。存托凭证本质上是在国外创设一份虚拟合成的股票，因此不需要在英国境外实际登记基础股票。

13.5.1　美国存托凭证的运作流程

图表13-6具体描述了存托凭证的发行流程，在该图表中，一位美国的投资者想购买巴西一家上市公司的股票——美国存托凭证，又称美国存托凭证计划。

图表13-6 美国存托凭证运作流程

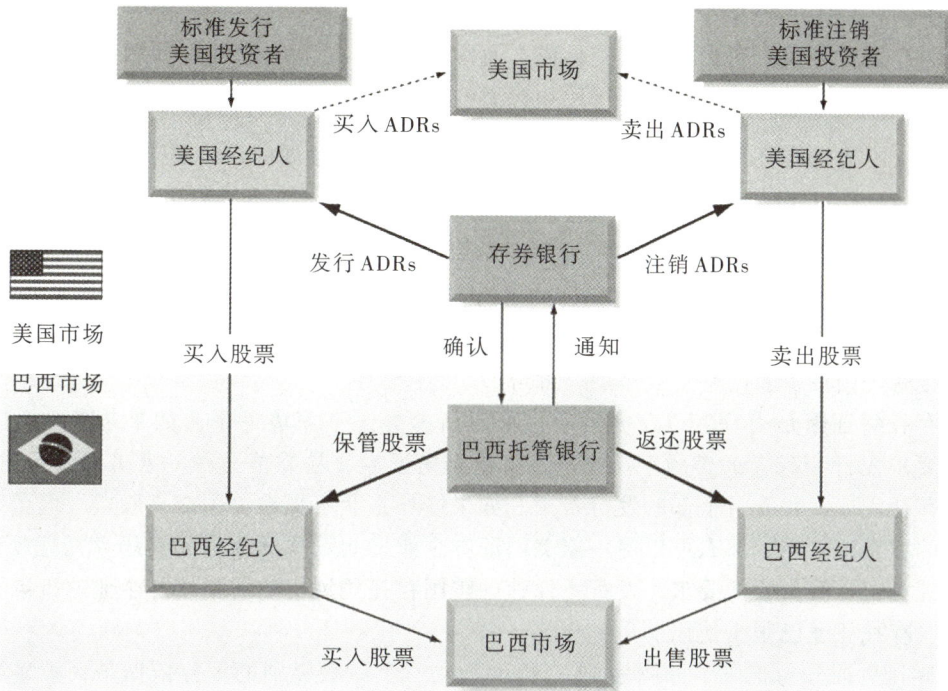

资料来源：Based on Depositary Receipts Reference Guide，JPMorgan，2005，p.33.

1.一位美国的投资者指示其经纪人买入一家巴西上市公司的股票；

2.美国经纪人联系巴西当地的经纪人（通过国际办事处或直接联系），巴西经纪人下发订单；

3.巴西经纪人按指示买入所需要的普通股股票，然后将其交付给巴西国内的托管银行；

4.美国经纪人从投资者那里收到美元并兑换成巴西雷亚尔，用以支付巴西经纪人的股票投资款；

5.在股票被交付给巴西托管银行的同一天，托管人将股票存入并通知美国存券银行；

6.美国存券银行接到通知后，发行代表巴西公司基础股票的存托凭证，并将其交付给美国经纪人；

7.美国经纪人最后将这些存托凭证转交给美国投资者。

如今，存托凭证在美国可以像其他任何普通股票一样被持有和交易。除了上述的发行流程外，美国经纪人还可以简单地以买卖现有的存托凭证的形式来执行客户的指令，并不需要发行新的存托凭证，如图表13-6中的最右边部分的转手或注销流程。

和其他任何证券一样，美国存托凭证一旦被发行，就可以在美国市场上市交易。美国投资者之间可以自由转让美国存托凭证，这被称为内部市场交易。交易的结算方式也和其他证券交易相同，即在交易日后的第三个工作日使用美元结算，而这通常需要美国存托公司（depository trust company，DTC）的介入。现在，接近95%的存托凭证交易属于内部市场交易。

美国存托凭证可以被兑换为外国公司的基础股票，反之亦然。因此，在调整兑换成本后，套利交易将使同一家公司的基础股票和美国存托凭证具有相同的价格。例如，一个市场上的投资者需求增加推动了股价上涨，其同时也会使另一个市场上的相同股票的套利价格上升，即使这个市场上的投资者并不看好该股票。

美国存托凭证为美国股东们提供了某些技术优势。国外企业支付的股利先是被汇给托管银行，然后再被转给发行美国存托凭证的存券银行。发行银行将外币股利兑换成美元，并将美元股利派发给美国存托凭证持有者。美国存托凭证是记名的，而非不记名的，要按照美国法律及相关程序在美国办理所有权的变更手续。交易成本通常比直接买卖国外基础股票低，结算快捷，税款扣缴也更简单，因为税款是由存券银行代扣代缴的。

学与思 13-13 全球存托凭证（GDR）的价格与其基础国内股票的价格是否有很强的联动性？

13.5.2 美国存托凭证的结构

上一节介绍了巴西公司股票存托凭证的发行流程（该例子中的美国存托凭证），其源于一个美国投资者希望购买巴西上市公司的股票。但存托凭证计划也可以从巴西公司的角度来看待——作为公司接触美国投资者的融资战略的一部分。

美国存托凭证因是否保荐以及凭证级别而有所差异。一家境外企业如果希望在美国交易股票，就会要求发行*有保荐的美国存托凭证*。企业会向证券交易委员会和一家美国银行申请注册，发行美国存托凭证，并支付全部的发行费用。如果境外企业不想在美国交易股票，但美国投资者对该企业的股票感兴趣，那么可以由一家美国证券企业发起设立*无保荐的美国存托凭证*计划，但根据美国证券交易委员会的要求，发行无保荐的美国存托凭证仍然需要境外企业的批准。目前无保荐的美国存托凭证已很少使用。

美国存托凭证分为三级，如图表13-7所示。这三个一般级别的区分依据是：披露程度、上市选择、是否可以用来融资（增发股票）、执行计划所需的时间（下节将详细介绍美国SEC 144A规则）。

图表13-7　　　　　　　　　　　美国存托凭证的级别

类型	描述	披露程度	上市选择	融资能力	实施时间表
级别 I	柜台交易，美国存托凭证	无：母国标准	柜台交易	—	6星期
级别 I GDR	144A 规则/注册的全球存托凭证	无	不上市	有，对象仅限于合格的机构投资者	3星期
级别 II	在美国上市的美国存托凭证	《萨班斯-奥克斯利法案》清单	美国股票交易所上市	—	13星期
级别 II GDR	144A 规则/注册的全球存托凭证	无	DIFX	无	2星期
级别 III	在美国上市的美国存托凭证	严格执行《萨班斯-奥克斯利法案》	美国股票交易所上市	有，公开发行	14星期
级别 III GDR	144A 规则/注册的全球存托凭证	欧洲招股说明书指引和/或美国144A规则	伦敦、卢森堡、美国	有，合格机构投资者	2星期

第一级（柜台交易或粉单）存托凭证

最快和最容易执行的存托凭证计划，可以让美国投资者买入并持有不在美国SEC注册的外国公司的证券。这是成本最低的方法，但对股票的流动性影响甚微。

第二级存托凭证

希望现有股票在美国股票交易所上市的企业，必须满足证券交易委员会的所有注册要求并符合交易所的特定规则。这意味着这些企业必须遵循美国公认会计准则编制其财务报表，这将显著提高披露成本。

第三级存托凭证

适用于在美国销售新发行的股票——股权资本融资。也要求在证券交易委员会完全注册，并提交详尽的募股说明书。这是成本最高的方法，但对那些希望在世界最大的资本市场上募集资本的企业外国企业来说，这是最有成效的选择，其也可能为所有股东创造更高的投资回报。

学与思13-14 请定义下列术语：

　　　　a.美国存托凭证；

　　　　b.全球存托凭证；

　　　　c.有保荐的存托凭证；

　　　　d.无保荐的存托凭证。

学与思13-15 存托凭证对于发行企业和投资者各有哪些好处？存托凭证退市的相关风险包括哪些？

13.5.3 存托凭证市场的今天：谁、什么、哪里？

近年来，新兴市场经济体快速增长，这在一定程度上得益于这些国家的公司有能力在全球股票市场上市和发行新股。它们渴望获得更多的资本，以及许多公司的所有者希望将现有价值货币化，导致新兴市场公司涌入存托凭证市场。

谁

当今全球存托凭证计划的主力军是来自于世界各地的大型跨国公司，而且近年来开始转向工业化国家的公司。例如在2013年，最大规模的发行来自于像英国石油公司（BP）、沃达丰（Vodafone）、荷兰皇家壳牌（Royal Dutch Shell）和雀巢（Nestle）这样的老牌跨国公司，也包括俄罗斯的卢克石油（Lukoil）、俄罗斯天然气（Gazprom）和中国的台积电公司。在2012年和2013年，石油和天然气部门所发行的存托凭证都是规模很大的，制药和电信公司紧随其后。但要特别提及的是，近年来存托凭证市场明显在走下坡路，如图表13-8所示。

什么

当今全球存托凭证市场的情况是，首次公开发行（IPO）和**后续发行（follow-on offerings，FOs，IPO后的股票增发）**平分秋色，但首次公开发行仍然是募集股权资本的主要方式，至少看起来如此。

哪里

新兴市场国家的公司是当今存托凭证市场的主导者，因此，存托凭证市场以纽约和伦敦为主也就不足为奇了。到2013年底，来自86个国家的公司合计推出了超过2 300个有保荐的存托凭证计划。其中，差不多半数以上是美国存托凭证（ADR），其余是全球存托凭证，伦敦和卢森堡股票交易所各占一半。

图表 13-8 　　　　　　　　　　　　　　　存托凭证方式的股权资本融资

10亿美元

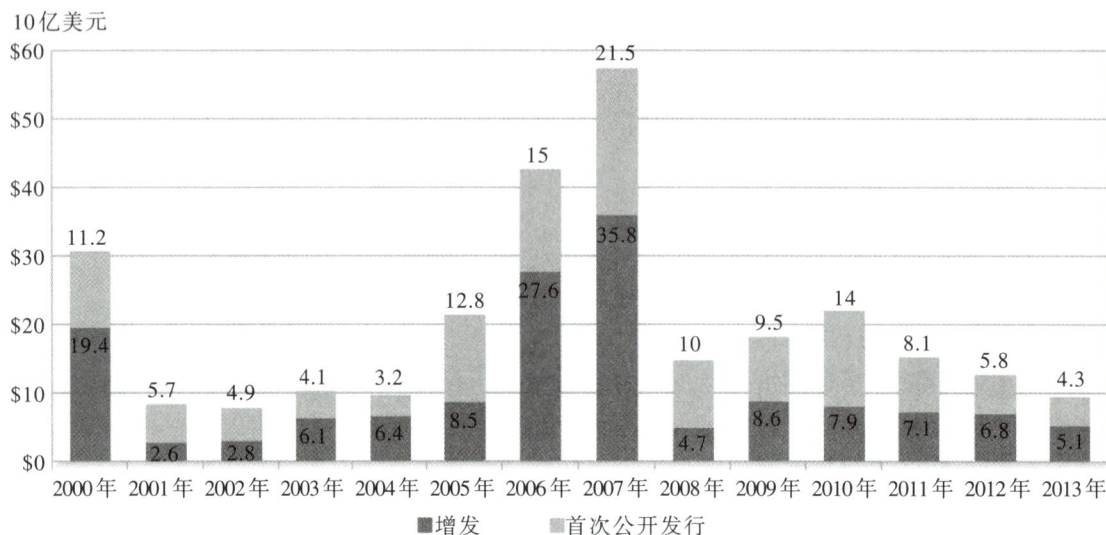

资料来源："Depositary Receipts，Year in Review 2013，"JPMorgan p.5. Data derived by JPMorgan from other depositary banks，Bloomberg，and stock exchange，January 2014. Reprinted with permission.

比这 2 300 个存托凭证计划，更重要的是公司通过全球存托凭证筹集的资金。图表 13-8 分别列示了首次股票发行（IPO）和股票增发（SEO）的股权资本融资额，从图表中可见，存托凭证市场一直以来都是非常有效的股权融资渠道。此外，2000 年和 2006—2007 年显然是存托凭证市场的丰收年。

13.5.4　全球注册股票

全球注册股票（global registered share，GRS）是一种不需要转换就可以在国际和市场上交易的股票，其中一股在国内交易所的股票等同于一股在境外交易所的股票。相同的股票可以在不同的证券交易所上市，但需以交易所的货币上市。全球注册股票理论上可以"二十四小时"交易——跟着市场在全球范围内昼夜不停地开市与闭市。股票以电子方式进行交易，无须像存托凭证那样需要专门表格和保管人。

全球注册股票和全球存托凭证之间的差异从以下的例子可以看出。假设一家德国跨国公司的股票在法兰克福证券交易所上市，股票当前价格为每股 4.00 欧元。如果即期汇率是 1.20 美元/欧元，那么股票将以每股 4.80 美元的价格在纽约证券交易所上市。

$$4.00 \times 1.20 美元/欧元 = 4.80 美元$$

这也是一个标准的全球存托凭证，但对纽约证券交易所和美国股市来说，4.80 美元是极低的股价。

然而，如果这家德国公司的股票在纽约以美国存托凭证的形式上市，那么它们将被转换成目标市场——美国市场的战略定价。在美国，战略定价通常是每股 10~20 美元，长期以来，人们一直认为这一价格区间能最大程度地提高买方的兴趣和流动性。因此，美国存托凭证被创建为一份存托凭证代表 4 股的国内基础股票，或：

$$4.80 美元/股 \times 4 = 19.20 美元/股$$

这种区别重要吗？显然，全球注册股票相对于存托凭证更像普通股票，有助于投资者进行比较和分析。但如果目标定价在美国等关键市场很重要的话，那么美国存托凭证可为外国公司提供更好的机会来获得更大的影响力和业务。

支持全球注册股票而不是美国存托凭证的人有两个论点，其都是纯粹基于全球化力量来考虑：

1.投资者和市场对证券的需求将继续增长，这些证券在各个市场越来越趋同，呈现出"类商品"证券的特征，只因当地交易所的币种而有所不同。

2.管理各国市场证券交易的规章将继续趋向于一套共同的全球原则，从而不必根据当地市场属性或要求定制证券。

其他可能的区别包括：保留所有投票权的可能性（全球注册股票根据定义是保留的，而有些美国存托凭证可能不保留）；原则上美国存托凭证是为一个独特的文化和法律环境设计的——美国。撇开所有的争论不谈，至少到目前为止，全球注册股票并没有取代美国存托凭证或全球存托凭证。

13.6 私募

私募形式的股权融资在全球范围内越来越普遍，上市公司和私有企业有时都会募集私人股权资本。私募是向少数合格的机构买家出售证券，传统上，投资者是保险公司和投资公司。由于这些证券没有登记出售给公众投资者，机构投资者通常会遵循"买入并持有"策略。就债务而言，债务条款是在谈判的基础上设计的。目前，大多数国家都有私募市场。

13.6.1 美国证券交易委员会规则 144A

1990年4月，美元证券交易委员会批准了144A条规则。该规则允许合格机构投资者（qualified institutional buyer，QIB）交易私募证券，不受先前持有期限的限制，也不需要在证券交易委员会注册。

合格机构投资者是指以1亿美元为单位，拥有并酌情投资于非附属企业证券的实体（银行或储贷协会除外）。银行和储贷协会必须满足这项要求，但还必须满足最低净值为2 500万美元的要求。据美国证券交易委员会估计，约有4 000家合格机构投资者，其主要是投资顾问公司、投资银行、保险公司、养老基金和慈善机构。同时，证券交易委员会修改了相关规定，允许国外发行人通过符合证券交易委员会144A规则的发行方式进入美国私募市场，无须在证券交易委员会注册。设立PORTAL交易系统的目的是支持一级市场发行，并为这些未注册的私募发行创造具有流动性的二级市场。

在证券交易委员会注册被认为是外国企业希望在美国筹资的主要障碍，因此事实证明，按美国证券交易委员会144A规则私募发行股票和债券对国外发行人颇具吸引力。瑞典跨国工程企业阿特拉斯·科普柯公司（Atlas Copco）是第一家利用证券交易委员会144A规则的外国企业。1990年，作为其更大规模的2.14亿美元欧洲股票发行的一部分，该公司通过美国存托凭证在美国私募了4 900万美元。此后，国外发行人每年通过股票私募在美国筹资的金额都达数十亿美元。然而，这些私募似乎对本国股票的流动性或股价并没有多少有利的影响。

学与思 13-16

a.什么是证券交易委员会第144A条规定？

b.为什么国外企业可以选择根据证券交易委员会第144A条规定在美国发售股票？

13.6.2 私募股权基金

私募股权基金通常是机构投资者和富有投资者的有限合伙企业，例如大学捐款基金，其在流动性最强的资本市场融资。**它们最出名的是购买公开上市公司的控制权，将其私有化，提高管理水平，然后在1至3年后将其重新出售。**出售的方式有许多种，包括卖给其他企业、其他私募股权基金，或重新公开上市。私募股权基金本身往往数额非常大，但也可以利用大量债务为其收购提供资金。这些所谓的"各种方法"，要求收取占资产2%的手续费，加上占利润20%的分成。股权基金已经取得了一些引人注目的成功。

许多新兴市场上的成熟家族企业即使遵循本章建议的融资策略，也不太可能有资格获得全球成本和资本供应。虽然它们可能一直盈利和增长，但它们的规模仍然太小，不太容易被外国投资者注意到，且缺乏管理深度，无法为全球化战略的前期成本提供资金。对于这些企业来说，私募股权基金可能是一个解决方案。

私募股权基金不同于传统的风险投资基金，后者通常主要在高度发达国家开展业务。它们通常投资于初创企业，目的是通过在同样流动性高的市场进行首次公开募股（IPO）退出投资。新兴市场的风险资本非常少，部分原因在于，在流动性不佳的市场上很难通过IPO退出投资。私募股权基金也面临着同样的退出问题，但它们的投资期限似乎更长。它们投资已经成熟并盈利的公司，通过改善管理水平和兼并其他公司实现共同成长的目标。

学与思 13-17

a. 什么是私募股权基金？

b. 它和传统的风险投资企业有何不同？

c. 私募基金如何筹集自有资本？为何这种行为使其与当地银行和投资基金相比拥有比较优势？

13.7 国外股票上市与发行

根据前文图表13-1中提供的各种途径，企业需要选择一个或多个市场作为其股票交叉上市和发行新股的目标市场。上市地点的选择主要取决于企业的具体动因和东道国股市的接受意愿。**企业在国外交易所上市并发行股票，通常是希望实现以下一个或多个目标：**

● **提高现有股票的流动性**，并支持着有着高流动性的二级市场，以便在国外市场上发行新股。

● **纠正本国分割的和低流动性资本市场上的错误定价**，以提高股价。

● **提高企业在顾客、供应商、贷款人和东道国政府中的知名度和政治上的认可度。**

● **建立一个充满流动性的股票二级市场**，以用于在东道国市场上收购其他企业，并向国外子公司的当地管理层和雇员支付薪酬。

13.7.1 提高流动性

国外投资者往往通过正常的经纪渠道购买企业股票，**即使该股票不在投资者的本国市场上市，也不以投资者偏好的货币计价。交叉上市是公司鼓励这些投资者继续持有并交易股票的一种方式，从而提高了股票在二级市场上的流动性，这可以通过美国存托凭证来实现。**

那些位于规模小、流动性差的资本市场的国家中的企业，通常会随着企业的增长而被迫到国外筹集新资本。承销商为确保股票发行后的流动性，一般会要求这些企业在国外市场的股票交易所上市。

本章第一节中建议企业在不知名的市场上交叉上市，然后再发行股票（见图表 13-1）。然而，公司为了最大化股票流动性，理想的做法是在更具流动性的股票市场上交叉上市并发行股票，最终进行全球募股。

为了最大化流动性，公司最好在最具流动性的市场上交叉上市和/或出售股票。然而，**股票市场近年来受到了两大力量的影响，这两股力量正在改变着它们的行为和流动性，即股份化和多元化**。

股份化是许多交易所的小型控制席位所有者放弃其专有权力的持续过程，这导致交易所的实际所有权结构日益公众化。**多元化意味着产品**（衍生品、货币等）**和外国上市公司/股票日益多样化**。这增加了许多交易所的交易数量和盈利能力，同时为降低成本和增加服务提供了更加全球化的组合。

股票交易所

就股票交易所而言，纽约和伦敦的证券交易所显然是流动性最高的。最近纽约证券交易所（NYSE）与泛欧交易所（本身就是阿姆斯特丹、布鲁塞尔交易所和巴黎证券交易所合并后产物）的合并，提高了纽约证券交易所领先纳斯达克（纽约）和伦敦证券交易所的程度。东京证券交易所由于全球交易量萎缩导致其地位在过去 20 年间逐年下降，近年来许多外国企业选择从东京证券交易所退市。德意志交易所（德国）对于国内公司股票而言，是个流动性相当高的市场，但对于国外企业股票的交易而言，其流动性要差得多。另外，它也是欧盟国家企业合适的目标市场，尤其是那些已经使用欧元的国家。对于已经在伦敦证券交易所、纽约证券交易所或纳斯达克交叉上市的公司来说，德意志交易所也是交叉上市的候选地。

为什么纽约和伦敦的股票交易所占据了主导地位？因为它们提供了全球金融公司所期待的下列要素：大量的技术人才、随时可获得的资本、良好的基础设施、有吸引力的监管和税收环境、腐败程度低。此外，纽约和伦敦的地理位置，以及所使用的英语（逐渐被视作全球金融语言）也是重要因素。

电子交易

近年来，大多数交易所都在大力开展电子交易。事实上，美国股票市场现在是一个由 50 个不同市场组成的网络，其通过公开报价的电子交易系统连接。这种向电子交易的转变已经产生了广泛的影响，例如，纽约证券交易所场内专家的作用已大大降低，专业公司的雇员也相应减少。专家们不再负责确保股票有条不紊地流动，但在为交易量较小的股票创造流动性更高的市场方面其仍然发挥着重要的作用。伦敦证券交易所也是一样的情况，做市商的重要性已大不如前。

电子交易使对冲基金和其他高频交易占据了市场的主导地位。高频交易者的交易量现在占每日交易量的 60%。相反，纽约证券交易所场内的交易量从 2005 年的 80% 下降到 2010 年的 25%。交易立即由计算机执行，目前，买卖指令之间的差价以小数点计算只有每股 1 美分，而不是 1/8 美分。流动性大幅提高，但价格出现意外波动的风险也急剧上升。例如，2010 年 5 月 6 日，道琼斯指数一度下跌 9.2%，但最终在当天收盘前回升。在那一天的交易中，股票交易量达到了 190 亿股。

13.7.2　跨国公司和股票发行对股价的影响

尽管交叉上市和股票发行可以同时出现，但它们的影响是可以区分的，并且都很重要。

交叉上市

仅仅在国外股票交易所交叉上市对股价会有有利影响吗？这取决于市场被分割的程度。

如果企业的本土资本市场是分割的，那么在理论上，只要国外市场对企业或其所在行业的估值比本土市场的估值高，企业就可能从国外市场上的交叉上市中获益。例如，1981年，诺和公司在纽约证券交易所上市时就是这种情况（见第12章）。然而，多数资本市场和全球市场的一体化程度正在提高。即使是新兴市场，也比几年前的分割程度低。

学与思 13-18 一家企业在多个股票市场上交叉上市的优缺点各有哪些？

股票发行

众所周知，在交叉公司上市的同时发行新股比单独交叉上市对股价的影响更大，对其也更有利。这是因为新股发行立即扩大了股东基数，此外，承销商在新股发行之前的营销努力会提高公司的知名度；承销商在新股发行之后也会努力使股价不跌破发行价，这将降低投资者的风险。

13.7.3 提高知名度和政治认可度

跨国公司在拥有大量实体业务的市场上市，其商业目标是提升企业形象，为商标和产品做广告，获得更好的当地媒体报道，更加熟悉当地金融界，从而在当地市场筹集流动资金。

政治目标可能包括，跨国企业的国外合资企业需要满足当地所有权要求。此外，当地投资者持有母公司股票，这为公司宣传业务活动及其如何支持东道国的经济发展提供了一种宣传。

13.7.4 建立具有流动性的二级市场

为公司股票建立一个当地的流动市场，将有助于为公司的收购活动提供资金，也有助于子公司设立以股票为基础的管理层薪酬计划。

为并购融资

实施收购增长战略的公司总是在寻求现金以外的创造性替代方案，为收购活动募集资金。如果公司股票有一个流动性强的二级市场，部分股票支付的方式将更具吸引力。在这种情况下，如果目标公司的股东更喜欢现金而不是股票置换，那么他们可以简单地将收购公司的股票转换为现金。然而，股票置换作为一种免税交易通常是有吸引力的。

向管理层和员工支付薪酬

如果跨国公司希望将股票期权和股票薪酬计划作为当地管理人员和雇员薪酬计划的一部分，那么在当地上市并建立流动的二级市场将提高这些计划的感知价值，也会降低当地受益人的交易和外汇成本。

13.7.5 在国外交叉上市和出售股票的障碍

企业虽然可能决定在国外交叉上市并/或出售股票，但仍然存在某些障碍，最大的障碍是需要承诺在未来披露完整的透明的经营业绩以及持续的投资者关系计划等。

披露与投资者关系承诺

做出交叉上市的决定，也意味着增加了对完全披露与持续投资者关系计划的承诺，企业必须在这二者之间进行权衡。英美市场的公司在境外上市似乎并不会有多大的障碍。例如，美国证券交易委员会关于上市的披露规则非常严格且成本高昂，以至于其他任何市场的披露规则相比之下都只是小儿科。然而，与之相反的是，非美国企业在到美国上市之前必须三思而行，不只是美国的披露要求让企业如履薄冰，美国的监管机构和投资者也要求上市企业持续及时地披露季度信息。这些都将导致外国企业高昂的投资者关系维护成本，包括需要经常的"路演"，高层管理人员还要耗费大量时间参与各种活动。

披露是一把双刃剑

美国学派认为，企业经营成果和财务状况的财务披露朝着更全面、更透明、更标准化的全球趋势发展，这也将有效降低权益资本的成本。我们发现，在 2002 年和 2008 年，缺乏完整和准确的信息披露和低透明度导致了美国股市下跌，投资者纷纷转向美国政府债券等更安全的证券，这一行为增加了所有公司的股权资本成本。

相反的观点认为，犹如双刃剑的另一面，美国所要求的披露亦是一个沉重的、成本高昂的负担。它吓退了许多潜在上市者，因而缩小了美国投资者以合理交易成本购买证券的选择范围。

学与思 13-19 交叉上市的主要障碍是什么？

13.8　全球债务融资

国际债务市场为借款人提供了有着各种不同的期限、还款结构和货币面值的债务。市场及其许多不同的债务工具因资金来源、定价结构、到期期限，以及与其他债务和股权工具的从属关系或联系而异。

图表 13-9 概括了三个基本类别的债务工具，以及它们在当前国际债务市场上发行或交易的主要组成部分。如图表所示，**国际市场上债务融资的三大来源是国际银行贷款（international bank loans）和银团贷款（syndicated credits，又称辛迪加贷款）、欧洲票据市场（Euronote market）和国际债券市场（international bond market）**。

图表 13-9　　　　　　　　　　　国际债务市场和债务工具

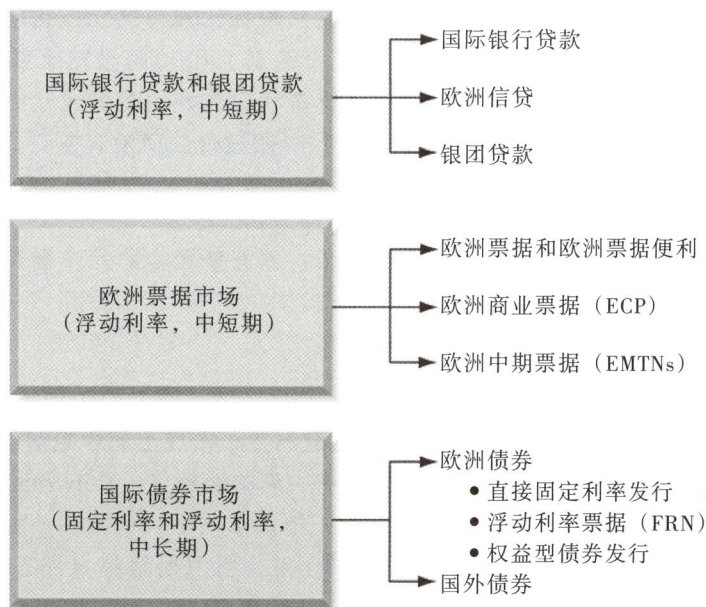

- 国际银行贷款和银团贷款（浮动利率，中短期）
  - 国际银行贷款
  - 欧洲信贷
  - 银团贷款
- 欧洲票据市场（浮动利率，中短期）
  - 欧洲票据和欧洲票据便利
  - 欧洲商业票据（ECP）
  - 欧洲中期票据（EMTNs）
- 国际债券市场（固定利率和浮动利率，中长期）
  - 欧洲债券
    - 直接固定利率发行
    - 浮动利率票据（FRN）
    - 权益型债券发行
  - 国外债券

13.8.1　国际银行贷款与银团贷款

国际银行贷款

国际银行贷款传统上来自欧洲货币贷款市场。欧洲美元银行贷款又被称为欧洲美元信贷（Eurodollar credits），或简称欧洲信贷。后一个说法用得更多，因为它包含了欧洲货币贷款市场上的非美元贷款。吸引存款人和借款人进入欧洲货币贷款市场的关键因素是市场内的微小利差，其存贷款利差通常不到1%。

欧洲信贷

欧洲信贷（eurocredits）是银行向跨国公司、主权政府、银行、国际机构等发放的以欧洲货币计价的贷款，由贷款人所在国以外的其他国家的银行发放。欧洲信贷的基本借款利率一直以来都与伦敦同业银行拆借利率（LIBOR）挂钩，即其适用于伦敦境内银行同业拆借的存款利率。欧洲信贷的期限既有短期，也有中期，常规的期限为6个月或更短。大多数欧洲信贷都是有固定期限的，没有提前偿还条款。

银团贷款

银团贷款使银行能够将大额贷款的风险分散给许多银行。银团贷款非常重要，因为许多大型跨国企业的贷款需求都超过单个银行的贷款限额。**银团贷款（syndicated bank credit）是由一家主银行代表其客户安排的**。在最终签订贷款协议之前，主银行将和其他银行组成银团，每个参与银行都提供资金总额的一部分。主理行将与借款人合作，确定总贷款金额、浮动利率基础和基础利率之上的价差、期限和管理参与银行的费用结构。银团贷款的期间费用由两个部分组成：

1. 贷款的实际利息费用通常用可变基础利率（如LIBOR）之上的基点价差表示。

2. 对未使用贷款部分的承诺费。借款人在LIBOR之外支付的利差被视为风险溢价，反映了与借款人偿还能力有关的总体商业风险和财务风险。

学与思 13-20 2002 年 1 月，阿根廷政府结束了将阿根廷比索与美元挂钩的货币局制度，阿根廷比索从1.0000阿根廷比索/美元贬值到1.4000阿根廷比索/美元。这导致部分有美元债务的阿根廷企业破产。财务状况良好的美国或欧洲母公司是否应"拯救"这些濒临破产的阿根廷子公司？（假设母公司没有签订为其阿根廷子公司的债务提供担保的正式协议）

学与思 13-21 欧洲美元和欧元之间的差别是什么？欧洲美元和欧元市场在过去二十年中的国际扩张的主要原因是什么？

13.8.2　欧洲票据市场

欧洲票据市场是一个集体名词，用于描述来自欧洲货币市场上的中短期债务工具。尽管各种金融产品存在许多差异，但它们可以分为两大类——承销便利（underwritten facilities）和非承销便利（nonunderwritten facilities）。承销便利用于销售不同形式的欧洲票据。非承销便利用于销售欧洲商业票据（euro-commercial paper，ECP）和欧洲中期票据（euro medium-term notes，EMTNs）。

欧洲票据便利[①]

国际货币市场的一项重大发展就是建立了短期、可转让的本票——**欧洲票据**（Euronotes）的承销便利，包括：**循环承销便利**（revolving underwriting facilities，RUFS）、**票据发行便利**（note issuance facilities，NIFS）**和备用票据发行便利**（standby note issuance facilities，SNIFS）。这些便利是由国际投资银行和国际商业银行提供的。欧洲票据是比银团贷款便宜得多的短期资金来源，因为欧洲票据的证券化和承销形式使其可以方便地建立流动性二级市场，从而可以直接向投资公众发行。提供承销和资金募集服务的银行会得到一笔可观的初始费用。

欧洲商业票据（eurocommercial paper，ECP）

欧洲商业票据，如同在世界各国的国内市场发行的商业票据，**是企业或银行的短期债务**（非承销）。期限通常为1个月、3个月和6个月。欧洲商业票据通常折价销售，偶尔也以附息票的形式销售。尽管市场能够支持任何主要货币的欧洲商业票据发行，但**市面上超过90%的发行都是以美元标价的**。

欧洲中期票据（EMTNs）

欧洲中期票据在期限上有效填补了欧洲商业票据和弹性较差的长期国际债券之间的空白。尽管许多票据一开始是承销票据，但现在多数欧洲中期票据是非承销票据。

欧洲中期票据市场的迅速增长紧跟着在美国国内市场上出现同种基本工具的脚步，第415号规定允许公司发行债务时**暂搁注册**（shelf registrations）。这意味着一旦获得注册，该企业可以持续发行票据，无须对每笔新发行的票据重新注册。这反过来使企业可以通过提供比普通债券成本更低、更有弹性的便利来发售短期和中期票据。

欧洲中期票据的基本特征与债券类似，其都有本金、期限、息票结构和利率。欧洲中期票据的典型期限从最短的9个月到最长的10年。其通常每半年支付一次利息，利率与同类债券相当。然而，欧洲中期票据有三个特征：（1）欧洲中期票据是一种便利融资，可以在一段时期内持续发行，而债券主要是一次性发行。（2）因为欧洲中期票据是持续发售，为方便偿债（息票赎回）管理，不管是什么时候发行，都按既定的日期支付利息。（3）欧洲中期票据的发行规模相对较小，从200万美元到500万美元不等，而国际债券市场上债券的最小发行规模都很大，因此购买中期票据与购买国际债券相比要灵活得多。

13.8.3 国际债券市场

国际债券市场中涌现了大量富有想象力的投资银行家所创造的一大批创新金融工具，其目的是规避国内资本市场上的控制和监管约束。实际上，国际债券市场和国际银行市场在提供给国际借款人的资金数量和成本上彼此竞争。**所有国际债券都可分为两个基本类别：欧洲债券和国外债券。两类债券的区别在于借款人是国内居民还是国外居民，以及发行货币是本币还是外币。**

欧洲债券

欧洲债券（Eurobonds）由银行和证券公司组成的国际财团承销，**以发行企业所在国的货币标价，但只向该国以外的国家销售**。例如，美国企业向欧洲和日本（而非美国投资者）发行的美元债券就是欧洲债券。

发行欧洲债券的企业包括：跨国企业、国内大型企业、主权政府、公有企业和国际机构。欧

---

① 译者注：欧洲票据市场上的融资便利是组合各种不同的发行方式、提款方式和承诺担保方式，以合约形式向借款人或票据发行人提供的融资安排。

洲债券可以同时在许多不同国家的资本市场上发行，但不在债券标价货币所在国的资本市场上发行。几乎所有欧洲债券都附有赎回条款（发行企业可以在债券到期日之前赎回）并设立偿债基金（为确保偿债能力而要求发行企业每年提取一定比例的基金）。

承销欧洲债券发行的国际财团可能由来自许多不同国家的承销机构组成，包括欧洲银行、美国银行的国外分行、离岸金融中心的银行、投资银行、商业银行以及非银行证券公司。欧洲债券有三种不同类型：

● **直接固定利率债券**。**直接固定利率债券**的结构类似于大多数国内债券，有固定的利息、确定的到期日，并要求在最后的到期日偿还本金。利息通常每年支付一次，而不是每半年支付一次，这主要是因为债券是生息债券，对于债券持有者而言按年收息更为方便。

● **浮动利率票据**。**浮动利率票据**（floating-rate note，FRN）通常每半年付息一次，利率主要由可变利率决定。典型的息票利率是按 LIBOR 加上某个固定利差确定的。这种结构，就像大多数可变利率附息工具一样，目的是让投资者能将金融投资的更多利率风险转移给借款人。尽管许多浮动利率票据都有固定期限，但近年来发行的欧洲债券有不少是永续债券，无须偿还本金，呈现了股票的特征。

● **权益型债券**。**权益型国际债券**集合了直接固定利率债券的所有特征，尤其是价格与偿付特征。但权益型债券可以在到期前以特定每股价格（或每笔债券折合股份数）转换为公司股票。这种可转换的权利增加了债券持有者的价值，借款人因此能够以更低的利率发行债券。

国外债券

国外债券（foreign bonds）是由一个国家的几个承销机构组成的财团承销，主要在该国内销售，并用该国货币标价的债券，但发行人是一家外国的企业。例如，一家瑞典公司发行，由美国投资银行向美国投资者销售的美元面值债券就是国外债券。国外债券有不同的昵称：在美国销售的国外债券叫"**扬基债券**"（Yankee bonds）；在日本销售的叫"**武士债券**"（Samurai bonds）；在英国销售的叫"**猛犬债券**"（Bulldogs）。

13.8.4 欧洲债券市场的独特性

虽然欧洲债券市场与欧洲美元市场的发展路径大致相同，但两个市场存在的原因不同，而且这两个市场都可以独立存在。**欧洲债券市场的存在有几个独特的决定因素：没有监管干预、较为宽松的披露要求、税收优惠待遇，以及信用评级。**

没有监管干预

一国政府经常严格控制国外发行人在国内使用本币发行证券，但对于国内市场上向持有外币的投资者出售外币证券却没有那么严格的限制。实际上，欧洲债券的发售不受任何国家的监管约束。

较为宽松的披露要求

相比在美国销售债券要遵守美国 SEC 的严格披露要求，欧洲债券市场的披露要求要宽松得多。美国企业经常发现，欧洲债券的注册成本小于国内债券发行的注册成本，而且在市场上发行新债券所需的时间也更短。非美国企业通常更愿意发售欧洲美元债券，而不是美国债券，因为它们不希望承担高昂的成本并履行 SEC 的披露要求。然而，美国 SEC 已经对特定的私募融资放松了披露要求（144A 规则），这使美国国内债券市场和股票市场更有吸引力。

税收优惠待遇

欧洲债券具有税收匿名性和灵活性，投资欧洲债券获得的利息收入一般不需要缴纳所得税。欧洲债券通常是以不记名形式发行的，换言之，债券凭证上没有记载其所有者的姓名和国籍。因此，欧洲债券的利息收入可以不必申报税务机关。为了收取利息，持票人从债券上剪下息票，并将其交给在债券上列为支付代理人的任何一家银行机构。欧洲投资者习惯于个人隐私保护，他们更愿意购买无记名债券，因为有记名债券要求持有人在收取利息前出示其姓名。由此可见，无记名债券经常也是避税的代名词。

从法律、税收环境到基本的社会规范，债务资本的获得显然受到各种因素的影响。事实上，即使宗教也会在债务资本的获得和使用中扮演重要角色。全球财务管理实务 13-2 介绍了西方人罕见的"伊斯兰金融"。

> **课堂延展阅读**
> **全球财务管理实务 13-2**　　　　　　　　　　　　　　**伊斯兰金融**

信用评级

评级机构，例如穆迪和标准普尔，为国际债券提供信用评级并收取费用。穆迪对国际债券的评级与对美国企业发行的国内债券的评级具有相同的信誉。穆迪根据债券的原始条款评估发行企业的偿债能力，而不会对汇率变动给投资者带来的风险进行评估。

穆迪应发行人的要求对国际债券进行评级。穆迪根据发行人提供的财务报表和其他资料进行预评级，然后通知发行人，让其有机会发表意见。当穆迪确定最终评级后，发行人可以决定是否公开评级结果。因此，在公开的国际债券评级中，比例畸高的一大部分都属于最高级别，因为得到较低评级的发行人不会公开评级结果。

欧洲债券的购买者不会仅仅依赖债券评级服务或对财务报表的详细分析，发行企业和承销商的声誉是获得优惠条件的主要考虑因素。因此，规模更大、知名度更高的跨国公司、国有企业和主权政府能够获得较低的利率。公司声名在外，可能是因为它们生产的消费品通常被认为比同等资质公司的不为人知的产品更有优势。

学与思 13-22 银行借款长期以来都以企业和政府在短期内借入资金的形式存在。那么，银行借款与下列各种方式相比的优点是什么？

　　a.辛迪加贷款；

　　b.欧洲票据；

　　c.欧洲商业票据；

　　d.欧洲中期票据；

　　e.国际债券。

学与思 13-23 欧洲债券与国外债券的差别是什么？为什么会存在这两类国际债券？

划重点

● 设计资本融资战略要求管理层就长期财务目标达成一致。然后，企业必须在各种实现路径中进行选择，包括股票在何地交叉上市、在何地发行新股以及以何种形式发行新股。

● 国内企业的最优资本结构理论还需要加入四个变量，以适应跨国企业的情况，这些变量按出现顺序排序，依次为：（1）资本获得能力；（2）现金流分散化程度；（3）外汇风险；（4）国际证券投资者的期望。

● 在相当大的资本预算范围内，跨国企业的边际资本成本都是固定的。但是，对于国内多数的小型企业而言，这种说法基本不成立，因为它们无法进入国内股票市场或债务市场。

● 通过现金流的国际分散化，跨国企业或许能够降低现金流波动性，就像投资者在国际上分散持有证券以降低现金流波动性一样。

● 如果企业发行外币债务，其实际成本等于用企业本国货币偿还本金和利息的税后成本。这笔金额包括调整外汇损益以后的外币本金和利息的名义成本。

● 跨国公司全球股权融资的路径包括：发行欧洲股票、定向国外发行、存托凭证计划、私募股权。

● 无论是美国存托凭证，还是全球存托凭证，都为企业提供了一个非常有效的前往境外发达工业国家市场的融资途径，也有助于提高国内现有股票的流动性，或发行新股。

● 资本市场上私募融资的比例不断增长，这使新兴市场中的企业可以在这个最大的资本市场上以有限的信息披露和成本获得资金。

● 国际债务市场为借款人提供了有着不同的期限、还款结构和货币面值的债务。市场及其许多不同的债务工具因资金来源、定价结构、到期期限，以及与其他债务和股权工具的从属关系或联系而异。

● 国际市场上债务融资的三大来源是国际银行贷款和银团贷款、欧洲票据市场和国际债券市场。

● 欧洲货币市场服务于如下两个有价值的目标：（1）欧洲货币存款是一种有效、便捷的货币市场工具，用于利用企业过剩的流动性；（2）欧洲货币市场是短期银行贷款的主要来源，用于满足公司营运资金需求，包括进出口融资。

秒懂本章

典型的股票融资路径为存托凭证、私募股权。企业通过选择融资路径并进行组合来达到最优资本结构。

计算分析题

1.JP摩根：巴西石油的加权平均资本成本。JP摩根的拉美股票研究部在2004年6月18日的报告中，计算了巴西国家石油公司（Petrobras）和俄罗斯鲁科伊公司（Lukoil of Russia）的加权平均资本成本，见下表。评价计算中运用的方法和假设。假设两家公司的税率均为28%。

	巴西国家石油公司	鲁科伊公司
无风险利率	4.8%	4.8%
主权风险	7.0%	3.0%
股票风险溢酬	4.5%	5.7%
股票市场成本	16.3%	13.5%
（再杠杆）贝塔值	0.87	1.04
债务资本成本	8.4%	6.8%
债务/资本	0.333	0.475
加权平均资本成本（WACC）	14.7%	12.3%

2.联合银行：巴西石油的加权平均资本成本。联合银行（UNIBANCO）在2004年8月的报告

中，估计巴西国家石油公司用巴西雷亚尔表示的加权平均资本成本为13.2%。评价计算中运用的方法和假设。

无风险利率	4.5%
贝塔值	0.99
市场风险溢酬	6.0%
国家风险溢酬	5.5%
股权资本成本（美元）	15.9%
债务资本成本（税后）	5.7%
税率	34%
债务／总资本	40%
加权平均资本成本（雷亚尔）	13.2%

3.**花旗集团美邦公司（美元）：巴西石油的加权平均资本成本**。花旗集团定期计算巴西国家石油公司的美元折现现金流（DCF）的价值。该项折现现金流分析需要用到根据该公司加权平均资本成本计算的折现率。评价计算巴西国家石油公司加权平均资本成本2003年的实际值（2003A）和2004年的预测值（2004E）时所用的方法和假设。

资本成本构成	2005年7月28日报告		2005年3月8日报告	
	2003年实际	2004年预测	2003年实际	2004年预测
无风险利率	9.40%	9.40%	9.00%	9.00%
杠杆贝塔值	1.07	1.09	1.08	1.10
风险溢酬	5.5%	5.5%	5.5%	5.5%
股权资本成本	15.285%	15.395%	14.940%	15.050%
债务资本成本	8.40%	8.40%	9.00%	9.00%
税率	28.50%	27.10%	28.50%	27.10%
税后债务资本成本	6.006%	6.124%	6.435%	6.561%
债务/资本	32.70%	32.40%	32.70%	32.40%
股权/资本	67.30%	67.60%	67.30%	67.60%
加权平均资本成本	12.20%	12.30%	12.10%	12.30%

4.**花旗集团美邦公司（雷亚尔）**。在2003年6月17日的报告中，花旗集团美邦公司计算了巴西国家石油公司用巴西雷亚尔（R$）表示的加权平均资本成本。评价计算资本成本时运用的方法和假设。

无风险利率（巴西C级债券）	9.9%
巴西国家石油公司的杠杆贝塔值	1.40
市场风险溢酬	5.5%
股权资本成本	17.6%
债务资本成本	10.0%
巴西公司税率	34.0%
长期债务比例	50.6%
加权平均资本成本（雷亚尔）	12.0%

5.**BBVA投资银行**。BBVA投资银行在2004年12月20日的报告中，用一种很具创新性的方

法计算巴西国家石油公司的国家风险和货币风险。评价计算资本成本时运用的方法和假设。

要素资本成本	2003 年估计值	2004 年估计值
美国的 10 年期无风险利率（美元）	4.10%	4.40%
国家风险溢价（美元）	6.00%	4.00%
巴西国家石油公司的风险溢酬（美元）	1.00%	1.00%
巴西无风险利率（美元）	9.10%	7.40%
市场风险溢酬（美元）	6.00%	6.00%
巴西国家石油公司的贝塔值	0.80	0.80
股权资本成本（US$）	13.90%	12.20%
预测的 10 年的货币贬值率	2.50%	2.50%
股权资本成本（雷亚尔）	16.7%5	14.44%
税后债务资本成本（雷亚尔）	5.50%	5.50%
长期权益比率	69%	72%
长期债务比率	31%	28%
加权平均资本成本（雷亚尔）	13.30%	12.00%

6.巴西国家石油公司的加权平均资本成本比较。巴西国家石油公司资本成本的各种估计值看来差异很大，但事实是这样吗？对于以上 1~5 题，重新组织答案，比较用美元和巴西雷亚尔表示的资本成本。使用第 5 题中 2004 年的估计值作为比较的基础。

7.Ai-Niger 公司（尼日利亚）。Ai-Niger 公司是一家总部位于尼日利亚阿布贾的石油公司，以 8% 的利率借入了 1 年期 1 000 万英镑的债务。

a.如果在这一年中，欧元从 225 奈拉/欧元贬值至 200 奈拉/欧元，那么这笔债务按尼日利亚奈拉计价的融资成本是多少？

b.如果在这一年中，欧元从 225 奈拉/欧元升值至 250 奈拉/欧元，那么这笔债务按尼日利亚奈拉计价的融资成本是多少？

8.McDougan 联合会（美国）。McDougan 联合会是一家美国投资合伙企业，在汇率为 1.3460 美元/欧元时借入了 8 000 万欧元。整笔本金将在 3 年内偿还，年利率为 6.250%，每年以欧元偿还。预期欧元对美元每年贬值 3%。McDougan 联合会的这笔贷款的实际成本是多少？

9.日出制造有限责任公司。日出制造有限责任公司（Sunrise Manufacturing, Inc.）是美国的一家跨国公司，其合并资本部分的债务构成如下：

假设	价值
税率	30.00%
10 年期欧元债券，利率为 5.00%	€6 000 000
20 年期日元债券，利率为 2.00%	¥750 000 000

公司财务人员估计股权资本成本为20%，当前有关的即期汇率见下表：

即期汇率（美元/欧元）	1.2400
即期汇率（美元/英镑）	1.8600
即期汇率（日元/美元）	109.00

在允许抵免后，世界各地的所得税税率为30%左右。计算日出制造公司的加权平均资本成本。在你的计算中有什么隐含假设吗？

10.ChocTurk公司。 ChocTurk公司是土耳其的一家巧克力生产商，产品出口至欧洲的邻近国家。公司所有财务业绩，包括金融交易，都是用欧元计算的。该公司需要借入4年期的500万欧元或等值外币。对所有发行的债务而言，利息都是每年年底支付一次。可选方案为：

a.以2%的年收益率出售日元债券。当期汇率为136日元/欧元，且预期日元对欧元每年升值3%。

b.以5%的年收益率出售英镑债券。当期汇率为0.7350英镑/欧元，且预期英镑对欧元每年贬值4%。

c.以4%的年收益率出售欧洲债券。

你建议ChocTurk公司采取哪种行动？为什么？

11.Iberico天然气公司。 Iberico公司是一家欧洲天然气公司，该公司通过一家辛迪加欧洲贷款机构借入了6.5亿美元的6年期贷款，利率为LIBOR加80个基点。贷款的LIBOR每六个月重新制定一次。该笔资金将由一个由8家主投资银行组成的辛迪加提供，收取总额为本金1.2%的前期费用。如果前6个月的LIBOR为4.00%，后6个月的LIBOR为4.20%，那么第一年的实际利息成本是多少？

12.亚达曼达因建筑公司。 亚达曼达因建筑公司（Adamantine Architectonics）包括一家美国母公司，以及在马来西亚（A–马来西亚）和墨西哥（A–墨西哥）的全资子公司。以下为它们折算为美元的部分非合并资产负债表。公司的合并资产负债表中的债务和权益的比例各为多少？

A–马来西亚（林吉特）		**A–墨西哥（比索）**	
长期负债	RM11 400 000	长期负债	Ps20 000 000
股东权益	RM15 200 000	股东权益	Ps60 000 000

亚达曼达因建筑公司（非合并资产负债表——部分科目），单位：美元			
股权投资：子公司		母公司长期债务	$12 000 000
A–马来西亚	$4 000 000	普通股	5 000 000
A–墨西哥	6 000 000	留存收益	20 000 000
当前汇率			
马来西亚林吉特	RM3.80/$		
墨西哥比索	RM10/$		

13.Inter-KSA（沙特阿拉伯）公司。 Inter-KSA公司是沙特阿拉伯的一家航空公司，专门运营国内航线。该公司需要一笔期限为1年的5 000万欧元的资金，作为其营运资本。公司有下列

两种借款选择：

　　a.从巴黎借入5 000万欧元，年利率为7.0%。

　　b.在沙特阿拉伯借入2.25亿的沙特里亚尔（SAR），年利率为9.00%，当时的交叉汇率是1欧元=4.5沙特里亚尔。

　　那么，期末汇率为多少时，Inter-KSA公司借入欧元和借入沙特里亚尔是无差异的？

　　14.名流资本公司。名流资本公司（Pantheon Capital，S.A.）通过欧洲中期票据筹集具有下列特征的资金：

　　息票利率：8.00%，每半年支付一次利息，付息日为6月30日和12月31日。

　　发行日期：2011年2月28日。

　　到期日：2013年8月31日。

　　名流资本公司每发行1 000美元票据，将收到多少美元？

　　15.英国银行。一家英国银行计划在法兰克福发行500万英镑的商业票据，期限为90天，折扣年收益率为4.6%。该英国银行立即可得到的收入是多少？

网络练习题

　　1.全球股票。彭博公司提供了全天24小时丰富的全球股票市场信息。利用下列彭博公司的网站，指出世界上同一时点相同股票市场的指数是如何变化的。

　　彭博：http：//www.bloomberg.com/markets/stocks/world-indexex/

　　2.JP摩根和纽约梅隆银行。JP摩根和纽约梅隆银行提供了美国市场上美国存托凭证的市场数据（截至最近1分钟的实时数据）。该网站高度关注那些每日表现出众的股票。

　　a.为你所在企业的高级管理层编写一份简报，鼓励他们考虑利用美国存托凭证在国际上分散企业的流动性资产组合。

　　b.识别美国存托凭证计划等级（第一级、第二级、第三级、144A）是否对你认为企业应考虑的证券有重要影响。

　　JP摩根美国存托凭证：www.adr.com

　　纽约梅隆银行：www.adrbnymellon.com

　　3.伦敦证券交易所。在伦敦证券交易所（LSE）挂牌上市的许多活跃股票中，也有各种全球存托凭证。利用伦敦证券交易所的网站，追踪今天最活跃的全球存托凭证的表现。

　　伦敦证券交易所：

　　www.londonstockexchange.com/traders-and-brokers/security-typrs/gdrs/gdrs.htm

本章逻辑框架图

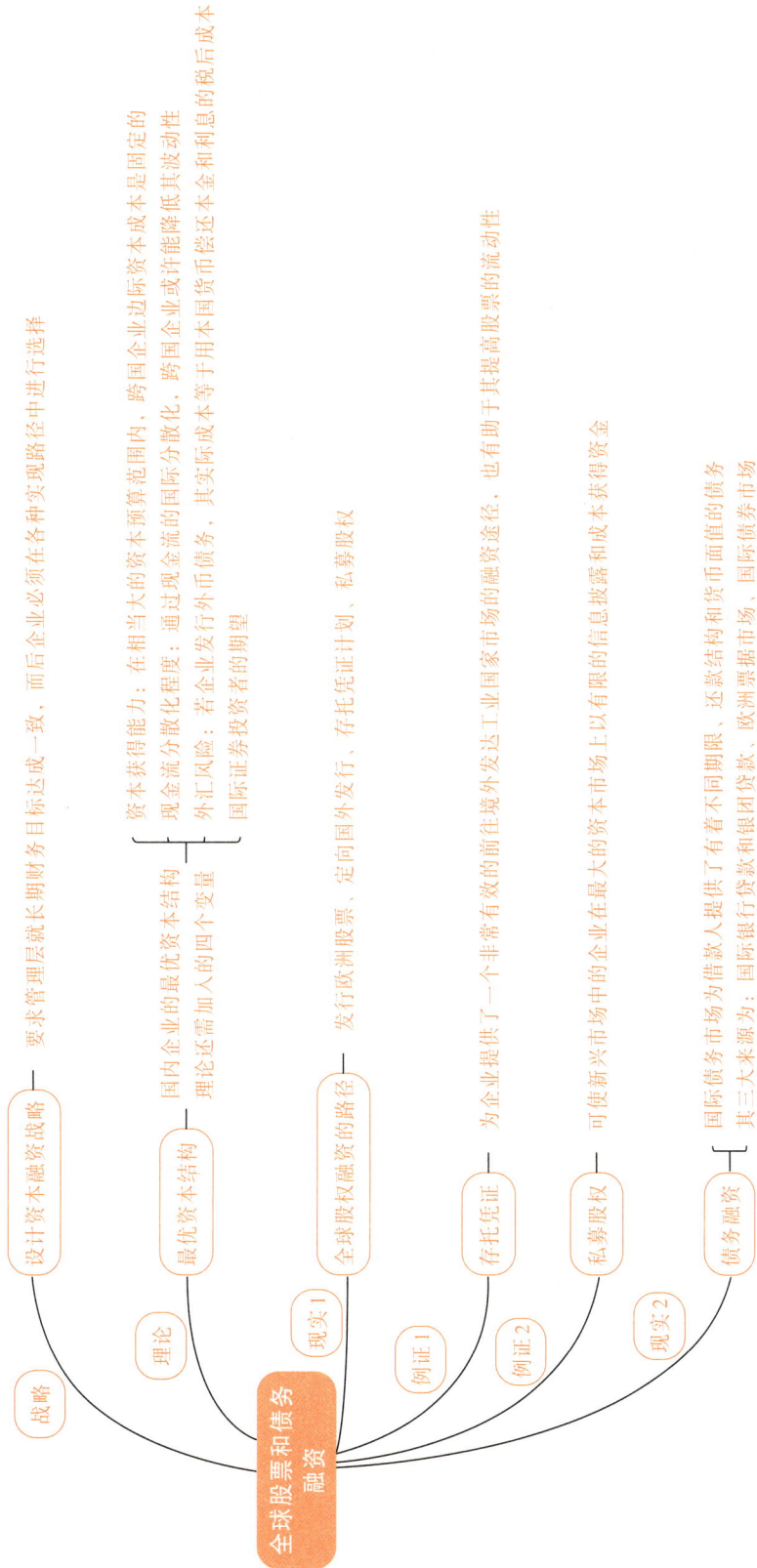

图表 13-10　本章逻辑框架图

全球股票和债务融资

战略　设计资本融资战略——要求管理层就长期财务目标达成一致，而后企业必须在各种实现路径中进行选择

理论　最优资本结构
- 国内企业的最优资本结构
- 理论还需加入的四个变量
  - 资本获得能力：任相当大的资本预算范围内，跨国企业边际资本成本是固定的
  - 现金流分散化程度：通过现金流的国际分散化。跨国企业或许能降低其波动性
  - 外汇风险：各企业发行外币债务，其实际成本等于用本国货币偿还本金和利息的税后成本
  - 国际证券投资者的期望

现实1　全球股权融资的路径——发行欧洲股票、定向国外发行、存托凭证计划、私募股权

例证1　存托凭证——为企业提供了一个非常有效的前往境外发达工业国家市场的融资途径，也有助于其提高股票的流动性

例证2　私募股权——可使新兴市场中的企业在最大的资本市场上以有限的信息披露和成本获得资金

现实2　债务融资
- 国际债务市场为借款人提供了有着不同期限、还款结构和货币面值的债务
- 其三大来源为：国际银行贷款和银团贷款，欧洲票据市场，国际债券市场

第 14 章

跨国税收管理

法院一再声称，人们通过安排自己的事务以达到最小税负并没有什么罪过。不论富人还是穷人，大家都应该这么做，而且这么做是正确的。任何人都没有义务承担比法律要求更高的税负。税收是强行征收的费用，不是自愿的捐献。以道德的名义征收更多的税纯属无稽之谈。

——Judge Learned Hard，Commissioner v. Newman，159F.2d 848（CA-2，1947）.

学习目标

- 了解世界各国税收制度之间的区别
- 比较不同国家之间企业收入和扣缴税率之间的关系，以及税收协定对跨国公司的影响
- 解释增值税在一些国家是如何征收的
- 解释转移定价在企业税负管理中的应用
- 比较美国企业国内和国外收入来源的税收负担情况
- 研究美国本土的跨国公司如何进行跨国税收管理使得全球税收最小化

课前阅读与思考

跨国经营的税收筹划是国际商务中极为复杂但至关重要的一部分。为有效规划，跨国公司不**仅需要了解跨国运作的复杂性，还要了解不同国家税收制度的差异。跨国税务规划的主要目标是将公司的全球税负降至最低**。然而，如果不能充分认识到公司内部的决策必须始终基于公司业务的经济基本原则，而不是纯粹为了减轻税收责任而采取复杂政策，就无法实现这一目标。**如前所述，税收通过影响外国投资决策、融资结构、资本成本、外汇管理和财务控制等，进而能够对公司净利润和现金流产生重大影响。**

本章介绍了跨国企业如何在全球范围内运用税收政策；美国本土企业的国际收入如何缴税；美国本土的跨国企业如何管理全球税收债务。本章接下来将按四部分进行介绍。第一部分能够使读者了解全球税收环境；第二部分将介绍转移定价；第三部分描述了跨国公司如何在美国缴纳所得税。虽然本章以美国税收为例，但本章或本书并不以美国为中心，美国关于税收的绝大部分做法与其他国家相近，为适应其他特定国家的制度，其可以进行适当修改；第四部分介绍了避税子公司与国际离岸金融中心。

本章以引导案例"谷歌、税法以及不作恶"开篇，请带着你的思索和疑问，开启本章的学习和探索之旅吧！

谷歌、税法，以及不作恶[1]

它被称为资本主义。

——埃里克·施密特（Eric Schmidt），谷歌公司总裁，2012年。

谷歌，这家全球最大的搜索引擎公司，曾以"不作恶"（Do no evil）作为公司的行为准则。近年来，谷歌的全球税收管理情况受到监管部门的关注。如果以其在全球范围内支付的税款除以税前利润来计算，谷歌近年来的平均税率约为22%。但2012年，谷歌在英国创造了55亿美元的收入，却只向英国税务当局缴纳了5 500万美元的税款。谷歌在百慕大收取的特许权使用费高达88亿英镑，这部分收入并不需要缴纳所得税。谷歌的行为并没有触犯法律，它只是在合法地进行全球税收筹划。

谷歌的百慕大子公司

谷歌的海外税收筹划策略被称为有着"双层爱尔兰、单层荷兰三明治"架构。谷歌将其专利、著作权和其他知识产权转移至有着低税率的国家和地区，以高额的特许权使用费供全球其他国家和地区的公司使用，并通过高转移定价将来自全球其他国家和地区的利润转移至有着低税率甚至零税率的国家和地区（如百慕大、爱尔兰），如图表14A所示。

谷歌的上述税收筹划并未触犯法律。经过与美国税收管理当局多年的交涉，谷歌最终与美国国家税务局（IRS）达成了一致。这一被称为高级价格协定的具体内容虽未对外披露，但基于此，谷歌得以通过转移定价进行全球税收筹划。

其他常设机构（PE）

谷歌的全球税收筹划行为不仅得到了美国税收管理当局的关注，并且使美国税收管理当局（Inland Revenue Service）颇为不满。

图表14A   **谷歌的全球税收结构**

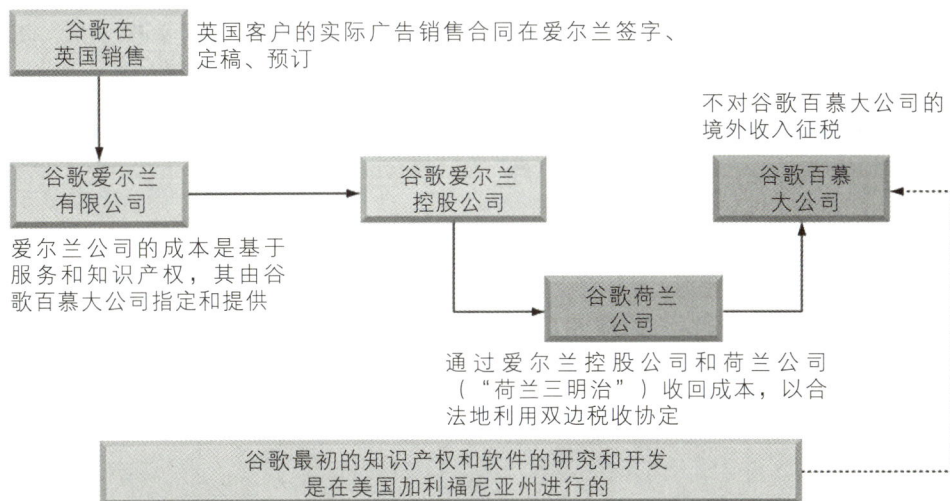

```
谷歌在            英国客户的实际广告销售合同在爱尔兰签字、
英国销售          定稿、预订
   |                                          不对谷歌百慕大公司的
   |                                          境外收入征税
   v
谷歌爱尔兰  ---->  谷歌爱尔兰                   谷歌百慕
有限公司          控股公司                      大公司

爱尔兰公司的成本是基于
服务和知识产权，其由谷
歌百慕大公司指定和提供         谷歌荷兰
                              公司

                     通过爱尔兰控股公司和荷兰公司
                     （"荷兰三明治"）收回成本，以合
                     法地利用双边税收协定

        谷歌最初的知识产权和软件的研究和开发
        是在美国加利福尼亚州进行的
```

谷歌税收筹划结构的核心被称为"常设机构"（Permanent Establishment）。通过这一常设

机构，谷歌得以在收入主要来源于高税率国家和地区的前提下，将利润转移至低税率国家和地区。这样的话，公司并不在业务开展的国家和地区纳税，而是在交易落地的国家和地区纳税。在谷歌的案例中，谷歌在欧盟开展业务，但最终交易地却是爱尔兰。

与谷歌采取同样策略的公司不在少数，事实上，全美前50大软件、互联网和电脑公司中，超过75%的公司设置了"常设机构"来规避税负，这其中就包括苹果公司（如图表14B所示）。

图表14B　　　　　　　　　　　苹果公司的税收筹划

苹果CEO库克曾说："苹果并未在税收的问题上耍把戏。苹果并未把知识产权转移到离岸避税天堂，并将产品重新卖回美国，以规避美国的高税负。苹果并未使用海外子公司的信贷授信来支持苹果国内的运营。苹果并没有把钱存在加勒比群岛。苹果没有加曼群岛的银行账户。苹果拥有充裕的海外资金纯粹是因为它的产品主要销往海外。"

非法、不公平、不道德

谷歌、苹果和其他许多公司的上述做法近年来引起了很大的争议。它们在全球赚取大量利润的同时，却只缴纳了相当少的税款。那些没有办法将产品和设备转移至全球的传统制造企业纷纷抱怨这是不公平的竞争。

大多数跨国公司，如苹果和谷歌，可能没有做任何违法的事情。它们只是很好地利用了规则，并以尽可能最优的方式追求股东回报。非法活动被称为偷税漏税，而避税则被用来描述企业采取激进的战略和结构，以使税收大大低于大多数政府的预期。后者包括使用离岸避税天堂。剩下的问题是，它们是否在公平或合乎道德地追求公司的非金融利益或责任？

美国参议院一名议员最近在一篇报告中指出，苹果通过以爱尔兰都柏林为中心的一系列复杂税收安排，使高达440亿美元的应纳税收入免于缴税。苹果使用在爱尔兰的免税子公司承接了苹果大部分的海外收入。同时，该名议员还怀疑苹果与爱尔兰政府私下达成协议，使得苹果的有效税率降至2%以下，远远低于12.5%的官方税率。在报告的最后，这名议员指出，苹果的这一系列行为使得它在全球的任何一个国家和地区，都未缴足其所应缴纳的税款。

当2013年苹果宣布公司将要发行创纪录的170亿美元的债券时，争议进一步升级。这笔债券将为苹果550亿美元的股票回购计划提供融资。这一融资计划使得苹果每年可享受3.08亿美元的债务利息税收抵扣，并避免将海外1 300亿美元的现金汇回国内，苹果公司将因此规避92亿美元的税收。

问题

1.一般而言，税法针对利润收入征收企业所得税。请谈谈你对谷歌"双层爱尔兰、单层荷兰三明治"策略下"利润"的理解。

2.如何设计税收制度，使得谷歌需要在英国纳税？

3.你是否认为谷歌和苹果这样的公司需要缴纳更多的税款？这是否使得公司的管理层成为更优秀的公民的同时，也成为了不称职的管理者？如何在此之间寻找新的平衡？

14.1　税收原则

下列部分将解释国际税收环境中最重要的几个方面及影响跨国公司的具体特征。但在具体解释跨国税收实务之前，有必要介绍两个基本的税收原则：税收道德和税收中立性。

14.1.1　税收道德

跨国企业面临的不仅是复杂的境外税收问题，还有税收道德问题。**在许多国家，作为纳税人的企业和个人都不会自愿遵守税法，这就是所谓的税收道德（tax morality）。**小型的国内企业和个人是主要的税法违反者，**跨国公司必须决定是照章纳税还是"入乡随俗"。**考虑到国外子公司在当地的显著地位和政治敏感度，**大多数跨国企业会选择照章纳税。**然而，一些跨国公司认为，照章纳税会使它们在与国内本土企业竞争时处于劣势。对于税收道德问题没有明确的答案，因为商业伦理与文化传承和社会发展紧密相关。

一些国家对跨国公司涉嫌违反当地税法的行为，强加了近乎任意的惩罚性税收。与对当地企业征收的财产税相比，外国公司有时会认为其财产税或财富税被过高评估。那么，问题是应如何应对惩罚性或歧视性的税收惩罚。

学与思 14-1

（1）请阐述税收道德与逃税避税的区别。

（2）跨国公司在低税率国家投资的目的是什么？如何理解跨国公司减轻税收负担的税收筹划与公司社会责任的关系？

14.1.2　税收中立性

当政府决定征税时，它不仅需要考虑税收收入和征税效率，还要考虑税收对个体经济行为的影响。例如，美国政府对企业来源于境外的收入进行征税时，并不以税收收入高低作为唯一目标，而是综合考虑以下几个方面：

- 中和有利于（或不利于）美国企业在发达国家私人投资的税收优惠政策；
- 通过税收优惠政策支持美国企业对发展中国家的私人投资；
- 削弱避税天堂的吸引力，鼓励利润回流，从而促进国内外支付平衡；
- 提高税收收入。

理想的税收制度不仅能够有效提高税收收入，还应当尽可能减少对于经济的负面作用。一些学者认为理想的税收制度是中性的，不应影响纳税人的经济决策，其对所有纳税人都应当是平等的。这就是**税收中立性（tax neutrality）**。然而，另一部分学者认为，税收政策应有助于实现国内外收支平衡和支持对发展中国家的投资，而不应仅以税收中性和平等为目标。绝大多数的税收制度折中了这两种观点。

观察中立性的一种方法是要求**跨国公司在本国业务中赚取的每 1 美元、欧元、英镑，或日元的税收负担，应等于同一公司在其外国业务中赚取的同种货币的税收负担，这就是所谓的国内税收中立。**看待中立性的另一种方法是要求**公司的每个外国子公司的税收负担与其在同一国家的竞争对手的税收负担相等，这就是所谓的外国税收中立。**后一种解释往往会得到跨国公司的支持，因为它更注重个别公司在各个国家市场的竞争力。

税收公平的概念也难以界定和衡量。从理论上讲，**公平的税收是指对所有位于相同税收辖区的纳税人征收相同的总税负。**就外国投资收入而言，美国财政部认为，由于美国使用国籍原则，其主张税收管辖权。美国的外国子公司与美国国内子公司享有相同的税收管辖权。因此，在外国业务中赚取的 1 美元，应当与国内业务所得的 1 美元税率相同，纳税时间相同。

学与思 14-2

（1）请阐述税收中性的主要含义。

（2）请阐述资本输出税收中性和资本输入税收中性的区别。

（3）请阐述当一国制定其针对国外收入的税收政策时，其首要的考虑目标是什么。

14.1.3 国家税务环境

尽管各国税务当局有基本目标，但人们普遍认为，税收确实影响跨国公司的经济决策。**国与国之间的税收协定，以及不同的税收结构、税率和做法，都会导致跨国公司在世界市场上缺乏公平的竞争环境。**不同的国家使用不同的收入分类方法（例如，分配利润与未分配利润），使用不同的税率，拥有完全不同的税收制度，所有这些都促使跨国公司采取不同的全球税收管理战略。

各国通过以下两种基本方法构建其税收制度：全球方法或属地方法。这两种方法都试图确定哪些公司——在外国注册还是在国内注册，或者哪些收入——来自国外或国内，适用于东道国税务机关的税收制度。

全球方法

全球方法（worldwide approach），**也称为居住国或国家方法**（residential approach, national approach），**对在东道国注册的公司的收入征税，不论其收入来自哪里（在国内还是在国外）。因此，东道国税务机关会对跨国公司在国内和国外赚取的全球收入征收所得税。**

例如，无论公司的收入来自国内还是外国，美国都对在美国注册的公司所赚取的收入征税。在美国，普通的国外收入仅在汇入母公司时征税。然而，与所有税收问题一样，存在许多条件和例外。主要问题是，这并没有解决在美国境内经营的外国公司的收入的税收问题。像美国这样的国家于是将其属地税收原则应用于其所在地区的外国公司，对外国公司在美国的所有收入征税。

属地方法

属地方法（territorial approach）**也称为来源地方法**（source approach）。**其专注于公司在东道国法律管辖范围内取得的收入，而不是在公司注册所在国取得的收入。**像德国这样的国家遵循属地方法，对外国或国内公司在本国取得的收入一视同仁地征税，原则上对于公司的境外收入不予征税。**如果居民公司在国外取得收入，但是没有被收入所在国征税，那么与全球方法一样，属地方法会导致覆盖范围的巨大差距。**在这种情况下，税务机关将税收范围扩大到国外收入，如果该收入不在外国税收管辖区内。另外，两种税收方法的结合对于全面覆盖收入而言是必要的。

如图表 14-1 所示，美国是经济合作与发展组织（OECD）中仅有的使用全球方法的 5 个成员之一。属地方法的主导地位迅速提高，因为这些经合组织成员中的半数以上仅在 10 年前使用全球方法。单单在 2009 年，日本和英国就从使用全球方法转向属地方法。

延迟纳税

如果国际税收严格遵循全球方法，那么跨国公司就会失去延期缴税的特权。跨国公司的国外子公司在东道国缴纳所得税，但是许多母国推迟对外国来源的收入征收额外的所得税，直到这些收入被汇给母公司时为止——这被称为延迟纳税（tax deferred）。例如，对在海外注册成立的美国子公司的某些类型的外国来源收入征收的美国企业所得税将推迟到其利润被汇给美国母公司时。然而，推迟企业所得税的能力受到高度限制，并且在过去 30 年中已成为许多税法变化的主题。

图表 14-1　　　　　　　　　　　经济合作与发展组织成员的税制

属地税收				全球税收
澳大利亚	法国	日本	斯洛伐克	爱尔兰
奥地利	德国	卢森堡	西班牙	韩国
比利时	希腊	荷兰	瑞典	墨西哥
加拿大	匈牙利	新西兰	瑞士	波兰
捷克	冰岛	挪威	土耳其	美国
丹麦	意大利	葡萄牙	英国	
芬兰				

来源：Special Report：The Importance of Tax Deferral and a Lower Corporate Tax Rate，Tax Foundation，February 2010，No. 174，p.4.

在近期的美国总统选举中，这种延期缴税的特权多次受到挑战。很多候选人认为，延迟纳税会刺激美国公司将某些制造和服务活动外包到国外，所谓的离岸外包，将造成美国国内失业率上升、税收收入下降，使美国政府原本就高企的财政赤字更加雪上加霜。

学与思 14-3 不同的国家针对跨国公司收入采取了不同的税收政策。请阐述各种税收政策各自的优势，并说明其对跨国公司竞争力的影响。

学与思 14-4

（1）各国为跨国公司提供了哪些税收激励？
（2）请阐述这些税收激励的利与弊。

14.1.4　税收协定

双边税收协定网络提供了一种避免双重征税的方法，其中许多条约仿效了经合组织提出的一项协定。税收协定通常规定是否对另一国国民在一个国家赚取的收入征税，及如果是，应如何征税。**税收协定是双边的，两个签署国指定了两国之间各收入类型适用的税率。**

通过税收协定规定的个别双边税收管辖区对于主要出口到另一个国家而不是通过"常设机构"（例如制造工厂）在该国开展业务的公司尤为重要。一个只出口产品的公司不希望它在世界范围内的任何其他收入被进口国征税。税收协定界定了什么是"常设机构"，以及什么构成了用于税收目的的有限参与。**税收协定往往会降低签约国双方的扣缴税率，条约谈判本身也是调节两国之间经贸合作关系的过程。**

学与思 14-5

（1）请阐述国家之间的税收竞争。
（2）请阐述税收战争的利与弊。
（3）请阐述税收协定是如何缓解税收战争的。

学与思 14-6 税收协定如何影响跨国公司的运营和组织结构？

14.1.5 税收类型

依据课税基础的不同，税收可以分为直接税和间接税。直接税（direct taxes）以所得为课税基础，而间接税（indirect taxes）以其他可度量的业绩指标为基础。图表14-2列出了部分国家或地区的企业所得税税率。

图表14-2　　　　　　　　　　　　部分国家和地区企业所得税税率

国家或地区	税率	国家或地区	税率	国家或地区	税率
阿富汗	20%	危地马拉	31%	巴拉圭	10%
阿尔巴尼亚	10%	根西岛	0%	秘鲁	30%
安哥拉	35%	洪都拉斯	35%	菲律宾	30%
阿根廷	35%	中国香港	16.5%	波兰	19%
亚美尼亚	20%	匈牙利	19%	葡萄牙	25%
阿鲁巴	28%	冰岛	20%	卡塔尔	10%
澳大利亚	30%	印度	33.22%	罗马尼亚	16%
奥地利	25%	印度尼西亚	25%	俄罗斯	20%
巴哈马	0%	伊朗	25%	圣马丁岛	34%
巴林	0%	爱尔兰	12.5%	萨摩亚	27%
孟加拉国	27.5%	马恩岛	0%	沙特阿拉伯	20%
巴巴多斯	25%	以色列	24%	塞尔维亚	10%
白俄罗斯	24%	意大利	31.4%	新加坡	17%
比利时	33.99%	牙买加	33.33%	斯洛伐克	19%
百慕大群岛	0%	日本	40.69%	斯洛文尼亚	20%
波黑	10%	约旦	14/24/30	南非	34.55%
博茨瓦纳	25%	哈萨克斯坦	20%	西班牙	30%
巴西	34%	韩国	24.2%	斯里兰卡	35%
保加利亚	10%	科威特	15%	苏丹	10/15/30/35
加拿大	28.3%	拉脱维亚	15%	瑞典	26.3%
开曼群岛	0%	利比亚	20%	瑞士	11.6%-24.4%
智利	20%	立陶宛	15/5/0	叙利亚	28%
中国大陆	25%	卢森堡	28.80%	中国台湾	17%
哥伦比亚	33%	中国澳门	12%	坦桑尼亚	30%
哥斯达黎加	30%	马其顿	10%	泰国	30%
克罗地亚	20%	马来西亚	25%	突尼斯	30%
塞浦路斯	10%	马耳他	35%	土耳其	20%
捷克	19%	毛里求斯	15%	乌克兰	23%
丹麦	25%	墨西哥	30%	阿联酋	0/20/55
多明尼加	25%	黑山	9%	美国	40%
厄瓜多尔	24%	莫桑比克	32%	英国	28%
埃及	20%	荷兰	20%、25%	乌拉圭	25%
爱沙尼亚	21%	新西兰	28%	瓦努阿图	0%
斐济	28%	尼日利亚	30%	委内瑞拉	34%
芬兰	26%	挪威	28%	越南	25%
法国	33.33%	阿曼	12%	也门	20%
德国	29.37%	巴基斯坦	35%	赞比亚	35%
直布罗陀	10%	巴拿马	0	津巴布韦	25.75%
希腊	24%	巴布亚新几内亚	30%		

来源：KPMG's Corporate and Indirect Tax Rate Survey，2011.

所得税

世界上绝大多数政府将所得税作为其财政收入的主要来源，包括个人所得税和企业所得税。全球各个国家企业所得税税率差别很大，并且有不同的征收方式。例如，有的国家对未分配利润规定相对较高的税率，而对分配利润规定相对较低的税率，从而鼓励企业进行利润分配。如图表14-2所示，全球各国企业所得税税率的变化区间较大，巴哈马、开曼群岛、根西岛、马恩岛、巴拿马和瓦努阿图等避税天堂的税率为0，巴拉圭和卡塔尔的税率为10%，波兰为19%，美国高达40%，而日本也高达40.69%。

此外，全球的税收环境也处于快速的发展变化之中。如图表14-3所示，企业所得税在过去几十年出现了大幅度下降，非经合组织成员的税率相对较低。而发达国家对于降低企业所得税税率的态度也慢慢发生了转变，其不再像发展中国家那样大幅度降低企业所得税税率。企业所得税税率已经成为许多国家吸引境外投资的有力工具之一。2011年，全球平均企业所得税税率在过去50年来首次跌至23%以下。

图表14-3　　　　**2006—2011年经合组织及全球平均企业所得税税率变化情况**

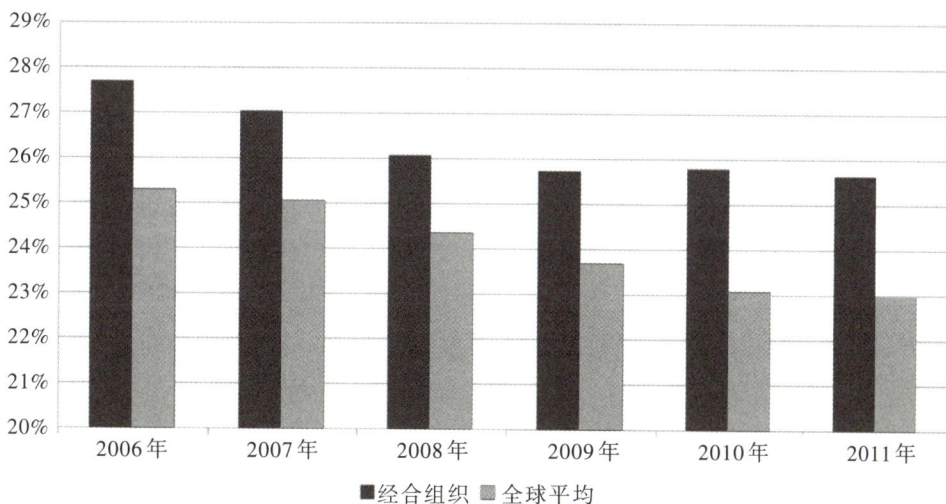

来源：*KPMG's Corporate and Indirect Tax Survey*，2011，p.23.

代扣代缴所得税

一国居民或企业在他国税收管辖区内取得的非劳动收入（例如股利、利息和特许权使用费等），通常需要由他国企业代扣代缴所得税。这种代扣代缴所得税的原因很简单：政府发现国际投资者往往不会在其投资所在国申报纳税，因此希望通过代扣代缴的方式，确保能够收到最少的税收。"代扣代缴"意味着，当公司向投资者支付非劳动收入时代扣代缴所得税，并将税款转交给税务管理机关。代扣代缴所得税是双边税收协定的主要组成部分，通常税率范围为0~25%。

增值税

增值税是一个重要的税种。**增值税（value-added tax）是对商品生产、流通、劳务服务中多个环节的新增价值或商品的附加值征收的一种流转税。**厂房和设备通常不需要缴纳增值税，而药品、健康、教育、宗教活动以及邮政服务等必需品通常是免税或减税的。

对于欧盟成员国、多数西欧国家、许多南美洲国家、加拿大和其他国家来说，增值税已成为间接税的重要来源。增值税的计算案例参见图表14-4。

图表 14-4 　　　　　　　　　　　　增值税在木质护栏销售中的应用

这个案例旨在说明增值税在木质护栏的生产和销售中的应用。假设增值税税率为10%。

第一步：原木种植者将原木以0.2美元的价格销售给木材加工厂，并使其最终成为护栏的支柱。通过种植和培育树木，种植者使其增加了0.20美元的价值。在从木材厂收取0.20美元的同时，种植者必须留出0.02美元来向政府缴纳增值税。

第二步：木材加工厂将原木加工成木质护栏后，以0.4美元的价格销售给下游批发商。在这一过程中，木材加工厂创造了另外0.2美元的增值额，并需要对此缴纳增值税。实务中，木材加工厂计算0.4美元销售额需缴纳的增值税，即0.04美元，并抵扣采购环节已支付的0.02美元的增值税。

第三步和第四步：批发商和零售商在其分销过程中分别给木质护栏创造了0.1美元和0.3美元的增值额，并分别就其所创造的增值额缴纳增值税。

生产阶段	销售价格	增值额	增值税10%	累计增值税
原木种植者	$0.2	$0.2	$0.02	$0.02
木材加工厂	$0.4	$0.2	$0.02	$0.04
批发商	$0.7	$0.3	$0.03	$0.07
零售商	$0.8	$0.1	$0.01	$0.08

其他税种

除了上述几种主要税种外，还有其他一些税种，这些税种的重要性因国别而异。营业税（一些国家对于买卖证券征收的税）、对于未分配利润（留存收益）征收的税都属于其他税种。财产税、遗产税均属于转让税，除了获取税收收入外，它们还发挥着调节社会财富分配的作用。另外，还有一些公共服务的"杂项费用"实际上都属于附加税。有时，外汇买卖实际上也是一种变相征税，因为政府在管理外汇收支平衡的同时，也赚取了一定的收入。

学与思 14-7

税收被分为直接税和间接税，直接税以收入为征税基础。请将下列税收划分为直接税、间接税或其他。

（1）日本分公司缴纳的公司所得税；

（2）为输送至全球的原油而支付给沙特阿拉伯的特许权使用费；

（3）美国母公司收取的来自英国的银行存款利息收入；

（4）美国母公司收取的由比利时子公司支付的贷款本金；

（5）针对国内销售的香烟所收取的消费税；

（6）针对公司总部大楼所收取的房产税；

（7）捐赠给国际红十字会的难民救济；

（8）递延所得税资产；

（9）德国子公司向英国母公司支付所得时支付给德国的代扣所得税。

学与思 14-8

回答下列问题：

（1）请阐述营业税和增值税的差异。

（2）营业税和增值税是最大的税收来源。与发展中国家相比，发达国家能够征收更多的营业税和增值税。是什么原因导致了这一现象？

外国税额扣除

　　为了避免对同一所得的重复征税，大多数国家对于已在外国缴纳税款的所得实行外国税额扣除。每个国家计算外国税额扣除的方法不同，对于扣除总额的限制也不同。一般来说，外国税额扣除适用于已向外国支付的与股利、利息、特许权使用费、汇回母公司的其他所得等有关的代扣代缴所得税。增值税和其他销售税不适用，但可以作为费用从税前利润中扣除。

　　税额扣除是直接的税收减免，会直接减少到期应交税费。它与税前抵扣项不同，税前抵扣项是指企业在计算所得税时，税法允许的可以税前扣除的种种费用项目。100美元的税收抵免可以减少100美元的应交税费，然而100美元的税前抵扣项只能减少100美元应税利润，从而减少100美元×t的应交税费（t为所得税税率）。因此，税额扣除比税前抵扣项更有价值。

　　如果不存在外国税额扣除，东道国和母国的重复征税将导致很高的累计税率。例如，一个跨国企业的海外子公司在当地的应税利润是10 000美元，并将其税后净利润作为股利全部派发。假设东道国企业所得税税率为30%，母国企业所得税税率为35%，且不存在外国税额扣除。图表14-5展示了是否存在外国税收扣除造成的累计税率差异。

图表14-5　　外国税额扣除

	没有外国税额扣除	有外国税额扣除
国外税前利润	$10 000	$10 000
减：外国税收（30%）	−3 000	−3 000
可供母国公司分配的利润	$7 000	$7 000
减：国内税收（35%）	−2 450	
减：差额补税		−500
税后净利润	$4 550	$6 500
税收总额	$5 450	$3 500
实际有效税率	54.50%	35.00%

　　如果没有外国税额扣除，东道国30%税率和母国35%税率的重复征税将造成54.5%的实际税率。如此高的税率将使得许多跨国公司在与本土企业的竞争中处于劣势。允许外国税额扣除使得跨国企业的实际税率不高于各税收管辖区的最高税率。在图表14-5中，在有外国税额扣除的情况下，实际税率为35%，等于母国的所得税税率。

　　图表14-5中显示的母国额外收取的500美元差额税，即是针对东道国30%税率和母国35%税率的差异进行的补税，其把实际税率提升至母国税率但又不超过母国税率。

　　然而，问题是如果公司将其国外子公司的利润分配回母公司，它需要缴纳更多税款；如果将利润留在国外子公司，公司可以享受延期缴税的福利——在利润汇回母公司之前延期缴纳境外所得的额外税款。如全球财务管理实务14-1所述，这使得一些国家周期性地为跨国公司的利润分配提供税收激励，比如美国。

全球财务管理实务 14-1　　　　　　　　　　　　　　　**海外利润与股利分配**

　　据统计，美国的跨国企业拥有近1万亿美元的海外未分配利润。由于美国相对许多国家有着更高的实际税率，把这部分海外利润分配回美国将使其面临着高额的税收成本。美国政府于2004年通过了《本土投资法案》（Homeland Investment Act），这个法案对美国公司在2005年将海外利润分回母公司只征收5.25%的额外税款。

　　这个临时法案的效果很快显现了出来。如图表所示，2005年，美国企业的海外利润高达3 600亿美元，而在前一年，这一数字仅为600亿美元。撤销这一临时法案后，海外股利分配又回归到原有趋势。

　　免税期最初的明显政治动机是希望美国公司在本土创造就业机会。然而，有证据表明，美国母公司将汇回的海外利润用于各种目的，例如通过股息和股票回购向股东返还资金，而不是用于创造新的就业机会。随着另一个旨在遣返超过1万亿美元海外公司利润的免税期的讨论的正在进行，这样的争议再次升温。

美国跨国公司海外利润分配（1994—2010 年）

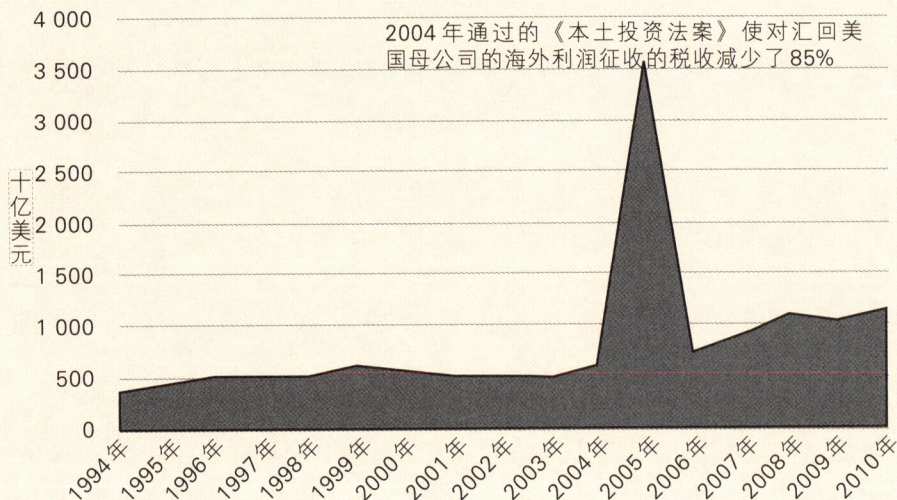

资料来源：Bureau of Economic Analysis，Joint Committee on Taxation，Congressional Research Service.

学与思 14-9

　　什么是外国税收扣除？为什么各国愿意提供外国税收扣除？

14.2　转移定价

　　转移定价是指跨国公司内部，在母公司与子公司、子公司与子公司之间销售产品，提供商务、转让技术和资金借贷等活动所确定的企业集团内部价格。转移成本可直接计入子公司的利润表，是母子公司及子公司间进行资金划拨的主要方式。这对于跨国公司来说是十分敏感的问题。对于国内企业来说，确定转移定价尚且困难重重，更何况是跨国企业。在跨国经营的情形下，管理层必须处理好各方面的矛盾，包括集团资金分布和所得税效应。

资金定位效应

　　希望将资金转移到某个国家的母公司的话，可以在政府规定的范围内，对出售给该国子公司的产品收取更高的价格。外国子公司可以采用相反的技术，即降低转让价格来提供资金。**子公司从其母公司或姐妹公司进口后将资金转出子公司，较高的转让价格允许资金在出售国积累。**转移定价也可用于姐妹子公司之间的资金转让，例如，在全球范围内的多个零部件采购，使企业集团内部供应商之间的切换成为转移资金的一种手段。

14.2.1 所得税效应

设定转移价格的主要考虑因素之一是所得税效应。企业可以设定合适的转移价格，减少高税率国家子公司的应纳税所得额，增加低税率国家子公司的应纳税所得额，进而实现全球范围内的**税负最小化**。母公司如果希望在高税收环境下减少子公司应税利润，可以提高转移定价，增加子公司成本，从而减少其应纳税收入。

图表14-6提供了所得税效应的一个假想案例。三叉戟（Trident）欧洲公司位于高税率地区，假设德国的企业所得税税率为45%；三叉戟美国公司位于低税率地区，假设美国的企业所得税税率为35%。这一税率差异，将会促使三叉戟集团对于三叉戟美国公司销售给欧洲公司的产品设定较高的转移价格。

图表14-6　　　　　　　　　　**转移定价的有效应用（单位：千美元）**

	三叉戟美国公司	三叉戟欧洲公司	合并
低转移定价			
销售收入	$1 400	$2 000	$2 000
减：销售成本*	−1 000	−1 400	−1 000
毛利	$400	$600	$1 000
减：营业费用	−100	−100	−200
营业利润	$300	$500	$800
减：所得税	35%：−105	45%：−225	−330
净利润	$195	$275	$470
高转移定价			
销售收入	$1 700	$2 000	$2 000
减：销售成本	−1 000	−1 700	−1 000
毛利	$700	$300	$1 000
减：营业费用	−100	−100	−200
营业利润	$600	$200	$800
减：所得税	35%：−210	45%：−90	−300
净利润	$390	$110	$500

*三叉戟美国公司的销售价格成为三叉戟欧洲公司的销售成本。

如果三叉戟集团选择高转移价格策略，从而将三叉戟美国公司卖给欧洲公司的产品价格设定为170万美元，那么80万美元的集团税前收入将更多地来自于低税收的三叉戟美国公司，更少地来自于高税收的三叉戟欧洲公司（注：三叉戟集团对于转移定价的选择直接影响每个子公司的盈利能力）。因此，税收总额降低了3万美元，集团合并净利润增加了3万美元至50万美元，销售收入保持不变。

在这个例子中，三叉戟公司自然会偏好美国公司向欧洲公司（德国）的高定价策略。但毋庸置疑，政府机构也会注意到潜在的转移定价对于收入的歪曲影响，现实中有大量监管和诉讼案例都在探究转移定价的合理性，包括费用、特许权使用费和商品价格的确定。如果政府税收部门不接受转移定价，那么企业应纳税所得额和税收支出无疑会大幅度增加。

《美国国内税收法规第482条》限制了企业设置转移定价的自由。该法规规定，美国国税局（IRS）可以重新计算税前利润、税收抵扣项、税额扣除，以及关联交易中的销售折扣等，以防止逃税避税或使利润得到更真实的反映。根据这条法规，纳税企业需要提供遵守IRS和合理定价的证明。这种"除非你证明，否则你有罪"的方法意味着跨国公司必须保存关于设置转移定价的成本与逻辑的合理性的文件。符合该法规的"正确的价格"即为公平价格，是指该公司将相同产品或服务销售给其他非关联客户的可比价格。

IRS提供了三种判断公平价格的方法：可比非受控价格法、再销售价格法、成本加成法。这三种方法都被经合组织成员广泛使用。在某些情形下，对三种方法的综合使用也是恰当的。

学与思 14-10

什么是转移定价？为什么政府能够对此加以监管？跨国公司在制定转移定价时，将会面临什么样的困难和激励？

学与思 14-11

A分公司所在国甲国的所得税税率是40%，B分公司所在国乙国的所得税税率是20%。每家分公司分别从对方以市场价格采购产品或服务。集团公司希望能以这样的方式实现包括税收成本在内的集团整体成本的最小化。目前，两家分公司均处于盈利状态，并能分别在所在国以相同的市场价格从外部获得所需的产品或服务。请问公司的策略是否是最佳策略？

学与思 14-12

如何理解正确的转移定价？母国税务主管部门如何才能制定正确的转移定价？制定正确的转移定价需要哪些条件？

14.2.2　管理层激励与绩效评价

如果一个企业存在多个分散的利润中心，转移定价会使得管理层绩效考核变得复杂。这个问题不仅存在于跨国公司，国内企业内部也存在着关于集权化还是分散化的争论。对于国内企业来说，集团层面的协调能够避免利润中心做出有利于其自身但有损于集团利益的决策。多数国内企业在合并报表层面使用统一的税率，因此，下属企业之间的成本分配问题从税收角度来看并不严重。

对于跨国公司来说，机构间的协调往往受阻于低效率的沟通，其既要考虑影响国际定价的特定因素，还要考虑各自的税收。即使是出于好意，区域经理也很难确定从其他国家关联企业购买产品的价格应为多少才能实现集团价值最大化。如果集团总部设定转移价格和产品来源，其主要的好处在于分散的利润中心消失，但分权管理的激励效应也因此受到影响。

从图表 14-6 可以看出，较高的转移定价能够提升集团的合并利润，三叉戟美国公司的净利润增加了 19.5 万美元（从 19.5 万美元增至 39 万美元），而三叉戟欧洲公司的净利润减少了 16.5 万美元（从 27.5 万美元降至 11 万美元），集团净利润因此增加 3 万美元。欧洲区经理是否会因为"经营不善"而失去绩效奖励呢？绩效奖励通常是集团层面决定的，部分依据业务分部的盈利能力。但在这个例子中，三叉戟欧洲公司为了集团整体利益而"牺牲"了部门利益。可见，随意改变转移定价会导致绩效衡量的问题。

从高税率地区的三叉戟欧洲公司向低税率地区的美国公司转移利润，在以下方面对于公司或集团存在重要影响：

- 进口关税的高低，从而影响利润；
- 外汇风险的计量，例如由于货币资金和应收账款的变化导致的资产净额的变化；
- 流动性指标，如流动比率、应收账款周转率和存货周转率；
- 经营效率，如毛利率、总资产利润率等；
- 所得税税额；
- 盈利能力，如销售净利润率或投入资本净利润率等；
- 股利支付比例，固定股利政策下，股利支付将随着净利润的变化而变化；
- 内部增长率，如留存收益与所有者权益之比。

14.2.3　对于联营企业的影响

联营企业在转移定价问题上有其独特性。本土公司股东的本地利润最大化目标往往与联营企业整体利益不一致，并且这种利益冲突往往难以协调。如果本地联营企业不愿意与跨国公司合作设置转移定价，并向当地税务主管部门抱怨跨国公司的转移定价，那么本地联营企业就可能被视为"特洛伊木马"。

14.3　三叉戟集团的税收管理

图表 14-7 展现了三叉戟集团如何从德国子公司和巴西子公司向美国母公司分配利润来进行**税收管理**。三叉戟集团收到两个国外子公司的股利分配能形成两个不同且相互抵消的税额扣除。

- **由于德国的企业所得税税率（40%）高于美国（35%），股利汇回美国母公司会产生超额的外国税收扣除，**德国和美国之间任何适用的股息代扣税只会增加超额税额抵免。

- **由于巴西的企业所得税税率（25%）低于美国（35%），**因此汇给美国母公司的股息会导致外国税收抵免出现不足。如果巴西对向美国汇款的红利代扣所得税，这将缩减不足，但不会消除不足。

三叉戟集团同时利用这两个股利转回以匹配外国税收抵免不足和超额。最直接的方式是调整每个海外子公司股利分配的金额，使得三叉戟集团来源于德国子公司超额的外国税收抵免与来源于巴西子公司的外国税收抵免不足完全匹配。除此之外，还有其他很多进行全球税收管理的方法，包括**资金的重新定位**（repositioning of funds），集团可以试图重组全球业务，将其利润中心设置在低利率国家，正如本章引导案例"谷歌公司"。

图表 14-7 三叉戟集团国外利润分配的税收管理

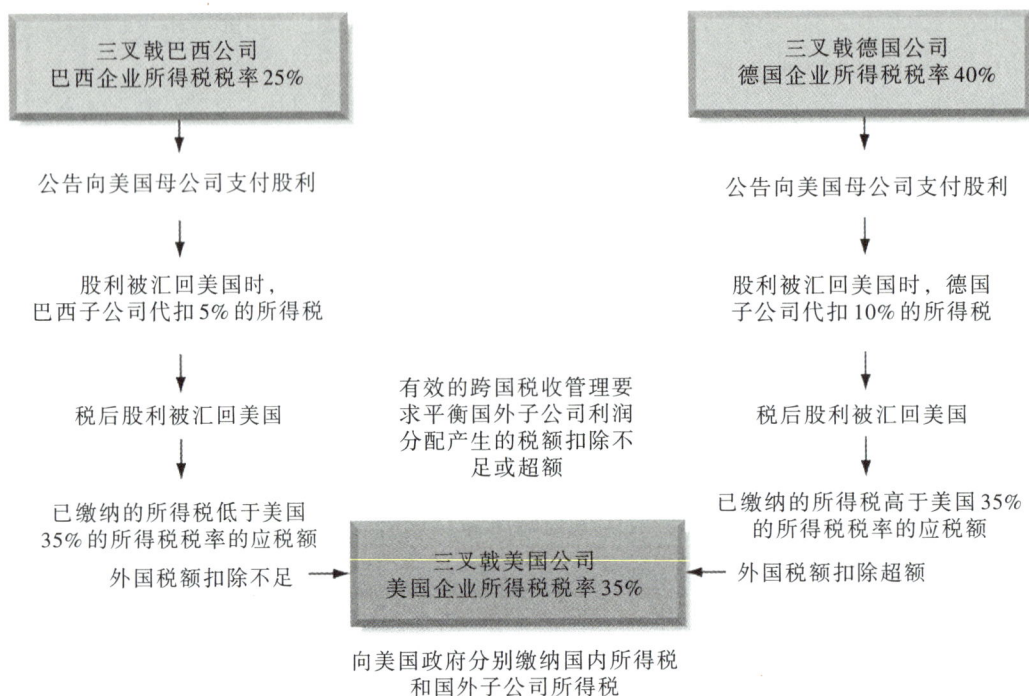

```
三叉戟巴西公司                          三叉戟德国公司
巴西企业所得税税率25%                    德国企业所得税税率40%
        ↓                                    ↓
公告向美国母公司支付股利                  公告向美国母公司支付股利
        ↓                                    ↓
股利被汇回美国时，          有效的跨国税收管理要    股利被汇回美国时，德国
巴西子公司代扣5%的所得税    求平衡国外子公司利润    子公司代扣10%的所得税
                           分配产生的税额扣除不
        ↓                  足或超额                  ↓
税后股利被汇回美国                         税后股利被汇回美国
        ↓                                    ↓
已缴纳的所得税低于美国                    已缴纳的所得税高于美国
35%的所得税税率的应税额                   的所得税税率的应税额
                    三叉戟美国公司
外国税额扣除不足 →  美国企业所得税税率35% ← 外国税额扣除超额

向美国政府分别缴纳国内所得税
和国外子公司所得税
```

14.4 避税天堂的子公司和国际离岸金融中心

许多跨国公司都会在避税天堂设置海外子公司以满足企业重新投资和资源配置的需要。避税天堂的子公司通常设在国际离岸金融中心，这是延期缴税条款存在的结果，并且其得到了一些母公司所在国的允许。避税天堂海外子公司通常位于拥有以下几个特征的国家或地区：

■ 对于境外投资或居民企业所得设定很低的所得税税率，并对非居民企业汇出境外的股利设定很低的代扣代缴企业所得税税率。

■ 拥有稳定的货币，以便于资金能够快速实现本外币流动。欧洲货币市场基本能满足这一要求。

■ 拥有支持金融服务的基础设施，如电信通信、高素质员工和值得信赖的银行体系。

■ 拥有稳定的政权且政府支持国外金融机构和服务在其境内发展。

图表 14-8 展示了世界主要的离岸金融中心。典型的避税天堂子公司一般持有与其运营相关的其他子公司的股票。一家公司可能在全球几个避税天堂拥有子公司。避税天堂子公司一般由母公司100%控股，所有的资金转移都会通过避税天堂子公司，包括股利和股权投资。母国征税机构一般只在海外子公司宣布发放股利时才对公司境外收入征税，因此，公司可以通过延期发放股利实现延期缴税直至股利被汇回国内。而如果国外子公司需要内部融资以支持其持续发展，那么缴税义务就可以被无限期递延。总之，跨国公司可以建立一个境外资金池，避免资金流回母国，而无须关注母国税收体系。

对于美国跨国公司，这种延期缴税的特权只有海外子公司可以享受，因为只有当境外子公司的利润被分配回美国时才需要缴纳税款，但这起初并不是一个税收条款漏洞。相反，美国政府希望借此鼓励美国企业进行海外扩张，并与国际竞争对手进行抗衡，这些国际竞争对手同样享受避税天堂子公司相应的延期缴税政策。图表 14-9 列示了国际离岸金融中心提供的主要金融活动。

图表14-8 国际离岸金融中心

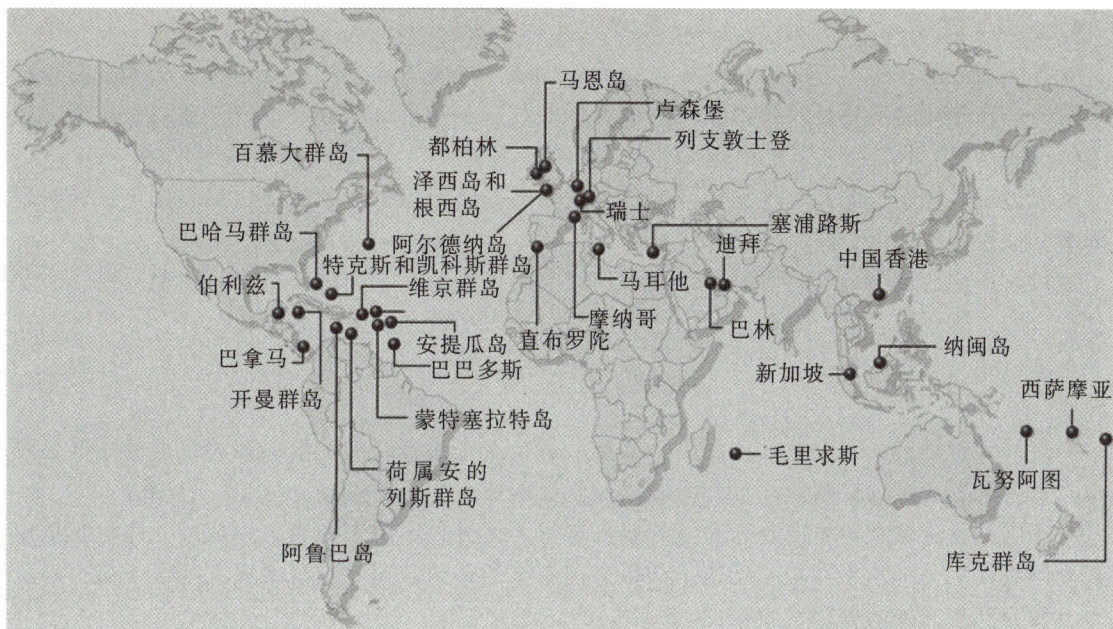

图表14-9 离岸金融中心的金融服务

境外金融中心为外国用户提供金融管理服务，以换取外汇收入。对客户来说，有几个比较优势，包括税率很低、行政手续很少、保密和拥有自由裁量权。这种环境允许富有的国际客户在保护收入和资产免受政治、财政和法律风险的同时，将潜在的税务责任降到最低。离岸金融服务可以通过许多工具提供。其中包括：

■离岸银行业务，为公司或银行办理外汇业务。这些业务不受资本、公司、资本收益、股息或利息税或外汇管制的约束。

■国际商业公司，通常是免税的、有限责任的公司，过去通过发行股票、债券或其他工具来经营业务或筹集资金。

■离岸保险公司，其成立是为了最小化税收和管理风险。

■资产管理和保护，允许银行体系脆弱或政治体制不稳定国家的个人和企业将资产存放在海外，以防止本币和银行崩溃。

■税收筹划，意味着跨国公司可以通过转移定价将交易转移到海外的避税中心，从而将税收降至最低。个人可以通过信托和基金会利用离岸中心提供的优惠税收制度。

离岸金融中心提供的税收优惠和保密可以用于许多合法目的，但它们也被用于非法目的，包括洗钱和逃税。

不幸的是，一些美国企业违背了这一条款的初衷，并使之为其避税行为服务。转移定价被精心设计，以使企业的利润留存在避税天堂子公司。尽管这些商品或服务实际上从未进入这些避税天堂，但从法律上说，这些设计都是合法的。出口国和进口国的税务主管部门都对此感到十分愤怒，因为其在这种交易中失去了部分税收。

《1962年美国税收法案》期望在不影响基于商业和经济目的设立的海外生产、销售子公司正常运营的情况下，消除仅仅出于避税目的设立的海外壳公司。虽然税收优惠有所减少，但一些公司仍然能够利用境外机构作为金融控制中心帮助其进行海外运作。

学与思 14-13 请阐述如何在海外避税天堂设立子公司，使税收递延转变为税收规避。

划重点

● 各国通过两种基本方法构建其税收制度：全球方法或属地方法。这两种方法都试图确定哪些公司——在外国注册还是在国内注册，或者哪些收入——来自国外或国内，适用于东道国税务机关的税收制度。

● 双边税收协定，尤其是根据经济合作与发展组织协定范本达成的双边税收协定，为两国之间的重复征税问题提供了解决方法。

● 税收协定通常明确了是否需要以及如何对非居民企业在本国的所得进行征税。税收协定一般是双边的，需要双方共同确认对两国之间的何种收入征税，以及征多少税。

● 增值税是对商品生产、流通、劳务服务中多个环节的新增价值或商品的附加值征收的一种流转税。

● 转移定价是对关联企业之间商品、服务和科技发生流转时的定价。转移定价的高低会对所得税、资金配置、管理层绩效评价和激励以及联营企业产生重要影响。

● 美国的税收制度对境内收入和境外收入进行了区分，不同来源收入形成的外国税收抵免超额和外国税收抵免不足不能相互抵销。如果美国本土的跨国公司收到税率更高地区子公司的所得收入，便会产生额外的外国税收抵免。

● 所有公司都希望在全球范围内进行统一的税收筹划，使得它们无须为境外收入负担比境内收入更高的税负。

● 许多跨国公司都会在避税天堂设立海外子公司以满足企业再投资和资源配置的需要。避税天堂子公司通常设在低税率、货币稳定、金融服务基础设施完善和政权稳定的国家。

秒懂本章

跨国企业一方面致力于合理避税，以使税负最小化，一方面致力于避免两国间的重复征税。

计算分析题

1.曼彻斯特纺织公司的国外来源所得。曼彻斯特纺织公司（TexManchester）是一家总部位于英国曼彻斯特的纺织制造商，在全球范围内的50多个国家生产和分销亚麻布料和成衣制品。公司战略团队正在制定未来5年的战略，他们需要通过电子表格分析各子公司2015—2020年间的利润/股利分配（包括突发性变动），见下表：

基准值	2015年	2020年（预计）
a.国外企业所得税税率	20%	45%
b.英国企业所得税税率	21%	30%
c.国外股利预扣税率	12%	0%
d.英国公司持有的国外公司股权比例	100%	100%
e.国外子公司股利分配率	100%	100%

a.假设曼彻斯特纺织公司及其所有国外子公司的合并净利润是 3 400 000 英镑，计算该所得的国外税款和国内税款；

b.计算英国母公司缴纳的实际所得税税率；

c.如果国外企业所得税税率为45%，且没有股利预扣税，那么总税款和实际税率为多少？

d.如果该利润是英国公司的国外子公司获得的，那么总税款和实际税率为多少？

2.Ecu航空公司（厄瓜多尔）。 Ecu航空公司是一家墨西哥的航空公司在厄瓜多尔的全资子公司。Ecu航空公司刚刚完成了一份提交给墨西哥母公司的长期规划报告，其中估计了2012—2015年的下列预期收益和分配比率。

Ecu航空利润项目 （百万墨西哥比索）	2012年	2013年	2014年	2015年
息税前利润（EBIT）	100 000	120 000	135 000	150 000
减：利息费用	（8 500）	（10 000）	（13 000）	（15 000）
税前利润（EBT）	91 500	110 000	122 000	135 000

当前，厄瓜多尔对该类所得征收的企业所得税税率为20%，对汇给墨西哥投资者的股利不征收预扣税（根据墨西哥—厄瓜多尔双边税收协定）。墨西哥的企业所得税税率为25%。母公司希望每年分配50%的净利润作为股利。

a.计算2012—2015年厄瓜多尔子公司可分配利润。

b.预期每年向墨西哥母公司分配的股利是多少？

c.在缴纳墨西哥的应纳税款后，每年的预期税后（包括全部厄瓜多尔税收和墨西哥税收）股利总额是多少？

d.该国外来源所得每年的实际税率为多少？

3.德国发动机燃料公司。 德国发动机燃料（Kraftstoff of Germany）公司是一家为几家德国的大型汽车公司生产电子喷油汽化器组装线的德国公司，这些公司包括梅赛德斯、宝马和欧宝。这家企业，就像今天的许多德国企业一样，如果希望其股票在德国国内或国外上市，就要根据上市企业日益增加的披露要求不断修改其财务政策。

德国发动机燃料公司面临的主要问题是，根据所得是留存（45%）还是分配给股东（30%），德国企业所得税准则对企业所得应用不同的所得税税率。

a.如果公司计划分配50%的净利润，那么它的净利润总额和企业应纳税总额为多少？

b.如果公司要在40%和60%这两种股利支付率之间做出选择，那么管理层将用哪些论据和数值使股东确信公司所选择的股利支付率符合每个人最佳利益？

Chinglish Dirk公司

根据下列公司案例，回答习题4～6。Chinglish Dirk公司（中国香港）向其全资母公司，托林顿永锐公司（英国）[Torrington Edge（Great Britain）]出口剃须刀。中国香港的税率为16%，英国的税率为30%。Chinglish Dirk公司按如下方法算每集装箱的利润（所有价值均按英镑计算）：

价格构成	Chinglish Dirk （英镑）	托林顿永锐 （英镑）
直接成本	10 000	16 000
间接费用	4 000	1 000
总成本	14 000	17 100
理想加成（15%）	2 100	2 565
转移价格	16 100	19 665

利润表（假设按 1 000 单位的销售量计算）

利润构成	Chinglish Dirk （英镑）	托林顿永锐 （英镑）
销售收入	10 000	16 000
减：总成本	（14 000 000）	（17 000 000）
应税利润	2 100 000	2 565 000
减：税收	（336 000）	（769 500）
税后净利润	1 764 000	1 795 000

4.Chinglish Dirk公司（A）。托林顿永锐公司的企业管理层正存考虑在跨国公司内部重新定位利润。如果 Chinglish Dirk 公司的加价增加到20%，且托林顿永锐公司的加价降低到10%，那么两家公司的利润分别会发生什么变化？这种重新定位对合并税款的影响是什么？

5.Chinglish Dirk公司（B）。受第4题分析结果的鼓舞，托林顿永锐的企业管理层希望继续将利润中心定位于中国香港。然而，该公司面临着两个约束。第一，英国的最终售价必须不高于20 000英镑，以保持竞争力。第二，英国税务机关——与托林顿永锐公司的成本核算人员合作——已经确定了（中国香港）允许的最高转移价格，即17 800英镑。你建议托林顿公司设定多高的加价？这种重新定位对税后合并利润和总税款的影响是什么？

6.Chinglish Dirk公司（C）。为了不错过任何可能改变纳税结构的机会，托林顿德永锐公司希望在第4题的基础上对营业间接成本进行重新分配。如果可以在两个单位之间重新分配管理费用，但总价仍然为每单位5 000英镑，而且中国香港价格维持在最低的每单位1750英镑，那么这种重新调整对税后合并利润和总税款的影响是什么？

网络练习题

1.**全球税收**。TaxWorld 这类网站对在许多国家经营业务的企业的行为和相关税收与会计规定进行了详细深入的分析。

国际税收资源：

www.taxworld.org/OtherSites/International/international.htm

2.**国际纳税人**。美国国税局（IRS）为国际纳税人提供了详尽的支持和文件要求。利用国税局的网站，找出当国际居民在美国境内获得收人和利润时，关于其应纳税款的法规。

美国国税局纳税人：

http：//www.irs.gov/businesses/small/internatiopal/index.html

3.**政府税收当局**。税法总在变化，因此，跨国企业的税收筹划和管理必须包括关注持续更新的各国税收实务。利用下列政府税收网站，解决与各国有关的具体问题。

香港主权回归中国：www.gov.hk/en/business/taxex/profttax

爱尔兰国际金融服务中心：www.revenue.ie/

4.**国际商务中的税收实务**。许多主要的会计师事务所都提供国际商务活动中与税收和会计实务有关的在线信息和咨询服务。利用下列网站，获得关于税法变化或实务的最新信息。

安永：www.ey.com/tax/

德勤：www.delite.com/view/en_US/us/service tax/index.htm

普华永道：www.pwc.com/us/en/tax-service/index.htm

毕马威：www.kpmg.com

本章逻辑框架图

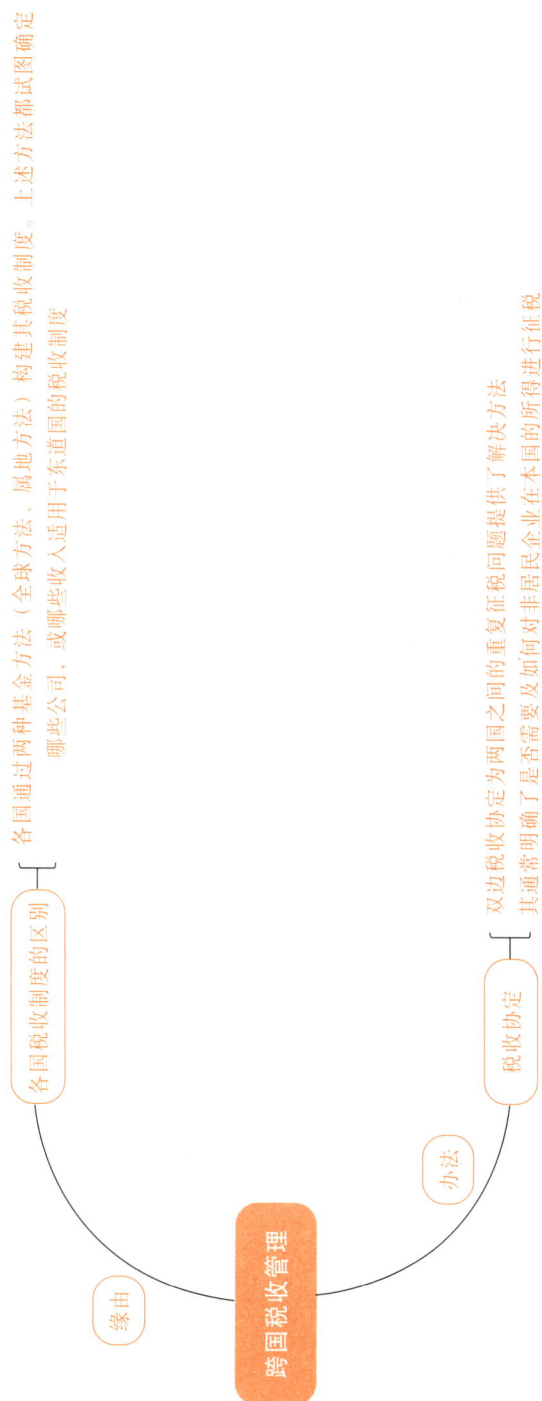

图片 14-10

本章逻辑框架图

各国税收制度的区别 ── 各国通过两种基金方法（全球方法、属地方法）构建其税收制度。上述方法都试图确定哪些公司，或哪些收入适用于本道国的税收制度

跨国税收管理

缘由

办法

税收协定 ── 双边税收协定为两国之间的重复征税问题提供了解决方法其通常明确了是否需要及如何对非居民企业在本国的所得进行征税

第 **15** 章

国际贸易融资

财务报表犹如香水，只能嗅其味，却不能吞食。

——Abraham Brilloff.

学习目标

- 了解国际贸易如何改变国内企业的供应链和价值链，从而开启其国际化进程
- 确定进出口贸易的关键要素
- 探索进出口中三份单据（信用证、汇票和提货单）如何联系交易的融资和风险管理
- 梳理典型国际贸易交易中单据的次序
- 了解不同的阶段和成本如何影响出口商在国外市场的开拓能力以及在信用条款和定价方面的竞争力
- 探讨何种组织和资源有助于出口商的风险管理和融资
- 了解各种贸易融资方式

课前阅读与思考

本章的目的是解释国际贸易（进出口）如何进行融资。该部分内容对国内进出口公司以及跨国公司具有直接的现实意义。

本章首先介绍目前存在的贸易关系种类；然后说明国际贸易的困境：出口商希望预收货款，但进口商不愿意预付货款；接下来，对当前国际贸易协议优点进行分析，同时对贸易交易要素以及完成贸易和融资需要的单据进行讨论；接着，本章进一步介绍如何识别国际贸易风险，即通货风险和未达成交易风险；然后，介绍关键交易单据，包括信用证、汇票以及提货单，并且总结了典型贸易交易所需的单据；最后，本章对不同种类的短期应收账款融资方式进行了比较，并且对采用福费廷（Forfaiting）方式进行长期应收款融资的情况进行了讨论。

本章以引导案例"克罗斯威尔国际在巴西的产品销售"开篇，其讨论了出口企业应该如何整合管理、营销以及融资。请带着你的思索和疑问，开启本章的学习和探索之旅吧！

克罗斯威尔国际在巴西的产品销售

克罗斯威尔国际是一家美国的卫生用品生产商和分销商,其产品主要为儿童纸尿裤。一家名为医疗材料公司的巴西卫生用品分销商的总裁莱昂纳多·索萨找到了克罗斯威尔国际。索萨对分销克罗斯威尔国际的主要纸尿裤产品——珍宝品牌非常感兴趣,但前提是其能够达成可接受的价格和支付条款安排。

向巴西出口

克罗斯威尔国际的出口业务经理杰奥夫·马修克斯将出口成本和定价的估计整合在一起,完善了前期讨论结果,以备和索萨讨论之用。克罗斯威尔国际需要知道当顾客拿到产品时,整个供应链和价值链的所有成本和定价假设。马修克斯认为,在克罗斯威尔国际希望进入的细分市场中,克罗斯威尔国际签订的任何与消费者定价相关的协议,应对所有相关方公平合理,并具有竞争力。图表15A列示了珍宝牌纸尿裤进入巴西市场后的第一次定价。

克罗斯威尔国际计划卖给巴西分销商的基本型制尿裤的价格为每箱34美元,这是在迈阿密港口的船边交货价格(FAS),这意味着卖方同意承担所有与将纸尿裤运到迈阿密港口有关的成本。纸尿裤的装卸成本、实际运输成本(运费)和相关单据成本为每箱4.32美元。运行成本总计为每箱38.32美元,为构成成本加运费(CFR)。最后,与商品转运到目的地最终港口的潜在损失相关的保险费用,即出口保险,为每箱0.86美元。总成本、保险加运费(CIF)为每箱39.18美元,即每箱97.95巴西雷亚尔,假设汇率为2.5雷亚尔/美元的话。总之,97.95雷亚尔的CIF成本为出口商向进口商收取的巴西到岸价格,计算如下:CIF=FAS+运费+出口保险费=(34+4.32+0.86)美元×2.50雷亚尔/美元=97.95雷亚尔。

分销商通过港口和关税仓库得到纸尿裤的实际成本也必须根据莱昂纳多·索萨的成本计算。图表15A列示的一系列费用和税款使珍宝牌纸尿裤的成本增加至每箱107.63雷亚尔。分销商仓储成本和纸尿裤的融资成本总计为每箱8.33雷亚尔,使得分销商的总成本变为115.96雷亚尔。分销商在此基础上加价20%(23.19雷亚尔)作为利润,最终得到向零售商的销售价格为139.15雷亚尔。

最后,零售商(超市或销售卫生用品的其他零售商)在此基础上进一步加入自身的费用、税款和利润加价,得到向销售者销售的最终售价,即每箱245.48雷亚尔。最终零售价格的估计使克罗斯威尔公司和医疗材料公司能够提高珍宝牌纸尿裤在巴西市场上的价格竞争力,并提供双方进一步协商的基础。

珍宝牌超薄纸尿裤以集装箱的形式运输。每个集装箱内装有968箱纸尿裤。虽然部分成本和费用以集装箱为单位计价,但图表15A中成本和价格以箱为单位进行列示。

马修克斯向索萨提供了出口报价(见图表15A)、可能达成的代理合同概要(让索萨在巴西市场上代理克罗斯威尔国际的产品),以及付款和信用条款。马修克斯要求索萨要么提前用现金支付全款,要么用可确认、不可撤销信用证及60天期远期汇票来付款。

同时,克罗斯威尔国际要求索萨提供财务报表、银行参考利率、国外商业参考利率、对地区销售渠道的介绍,以及对珍宝牌纸尿裤的销售预测。克罗斯威尔国际提出的这些最新要求,对评估该医疗材料公司能否成为一家可靠、有信誉和有能力的长期合作伙伴及该企业在巴西市场上的代理商是非常重要的。下面讨论的重点是找到双方可接受的共识,并使其合作以提高珍宝牌纸尿裤在巴西市场上的竞争力。

图表 15A   出口到巴西的珍宝牌纸尿裤的定价

珍宝牌超薄纸尿裤以集装箱形式运输。每个集装箱内装有968箱纸尿裤。虽然部分成本和费用以集装箱为单位计价，但以下成本和价格以箱为单位进行列示：

到巴西的出口成本和定价	每箱	汇率和计算办法
每箱 FAS，迈阿密	34美元	
运费、装卸费和单证费	4.32美元	每集装箱4 180美元/968箱=4.32美元
每箱 CFR，巴西桑托斯	38.32美元	
出口保险	0.86美元	CIF 的2.25%
到达巴西港口 CIF（$）	39.18美元	
到达巴西港口 CIF（R$）	97.95雷亚尔	2.50雷亚尔/美元
巴西进口成本		
进口关税	1.96	CIF 的2%
商船修缮费	2.70	运费的25%
港口仓储费	1.27	CIF 的1.3%
港口装卸费	0.01	每集装箱12雷亚尔
附加手续费	0.26	仓储费和手续费的20%
报关费	1.96	CIF 的2%
进口许可证费	0.05	每集装箱50雷亚尔
当地运输费	1.47	CIF 的1.5%
总分销成本	107.63雷亚尔	
分销商的成本和定价		
仓储成本	1.47	CIF 的1.5%×月数
为纸尿裤存货融资的成本	6.86	CIF 的7%×月数
分销商的利润	23.19	（价格+存储成本+融资成本）×20%
向零售商销售的价格	139.15雷亚尔	
巴西零售商的成本和定价		
工业产品税（IPT）	20.87	零售商价格的15%
商品流转服务税（MCS）	28.80	价格的18%+IPT
零售商成本和加价	56.65	价格的30%+IPT+MCS
向消费者零售的价格	245.48雷亚尔	
消费者纸尿裤价格	**每箱数量**	**每片纸尿裤价格**
小规格	352	0.7雷亚尔
中规格	256	0.96雷亚尔
大规格	192	1.28雷亚尔

克罗斯威尔国际的建议

克罗斯威尔国际对该医疗材料公司建议的购买方案为，在最初装运时至少购买10个集装箱，每集装箱含968箱纸尿裤，单箱CIF巴西到岸价为39.18美元，以美元进行支付。该销售下，公司应开具总额为379 262.40美元的发票。有关支付条款为，要求医疗材料公司得到银行承兑的信用证。货款将根据60天期的远期汇票进行支付，公司将在发货日将汇票连同其他单据一同提交给银行进行承兑。出口商和出口方银行预期进口商或进口方银行将于发货日60天后支付货款。

克罗斯威尔国际的预期是什么？

假设该医疗材料公司获得信用证，克罗斯威尔国际在美国的银行对信用证进行确认后，克罗斯威尔国际签订合同并按照合同安排出货，假设该周期为15天（见图表15B）。

图表15B　　　　　　　　克罗斯威尔国际向巴西出口的支付条款

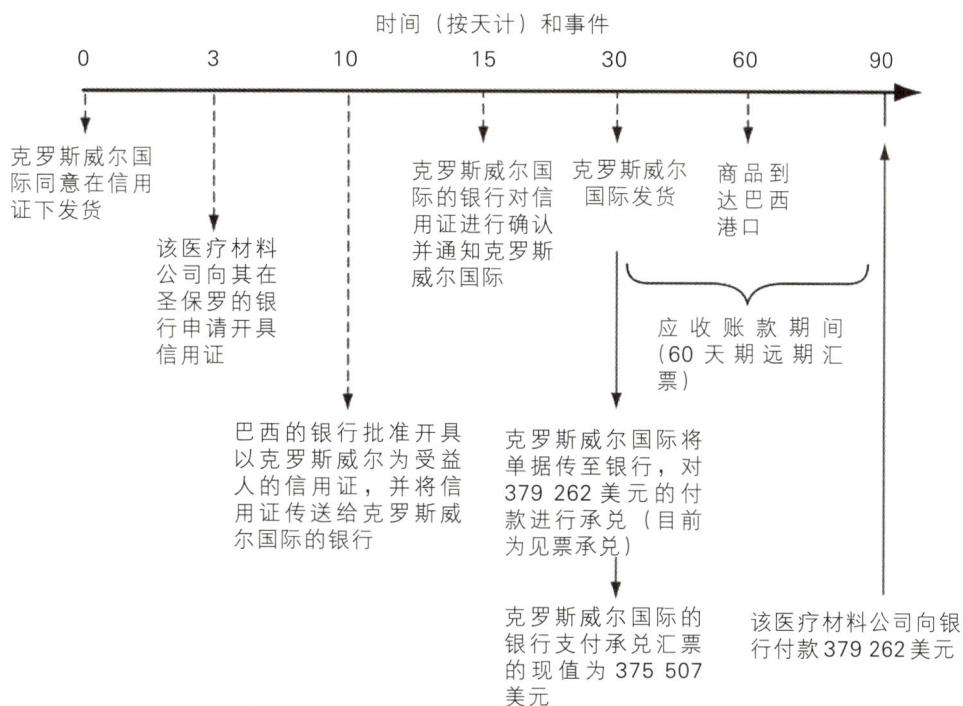

在发货的同时，克罗斯威尔国际丧失了对商品的实物控制。克罗斯威尔国际在发货后，将提货单（发货时获得）和其他所需的单据一同提交给付款银行。由于出口是根据保兑信用证进行的，假设所有单证都齐全，那么克罗斯威尔的银行将给克罗斯威尔如下两种选择：

1. 等待定期汇票到期（60天），并得到全额货款。

2. 当即收到该货款的折扣价值。

假设美元年利率为6%，则折现金额为（60天折现率为1%）：

379 262.4美元/（1+0.01）=379 262.4美元/1.01=375 507.33（美元）

由于发票以美元标价，克罗斯威尔国际无须担心货币价值变化（货币风险）。同时，因为银行已经对信用证进行确认，克罗斯威尔国际可以免受该医疗材料公司未来付款能力变化或丧失的影响。

医疗材料公司的预期是什么？

该公司将在第60天或第60天之前收到商品，然后它将通过分销系统将商品运给零售商。由于该医疗材料公司与其买家（零售商）之间付款条件不同，医疗材料公司或是收取现金，或是按商品付款条件在一定时间后收取货款。由于该医疗材料公司是在其巴西银行开出的60天期定期汇票和信用证下购买商品的，因此公司应于第90天（第30天发货并提交单据+60天期定期汇票）支付379 262.4美元的总货款。该医疗材料公司为一家巴西公司，且同意用美元（外币）付款，因此它承担了外汇交易风险。

克罗斯威尔国际和医疗材料公司的担心

然而，上述两家公司的担心是，巴西消费者的零售价为每箱245.48雷亚尔或每片0.7雷亚尔（小规格），这个价格太高了。巴西市场上优质纸尿裤的竞争者已有3家，即花王（日本）、强生公司（美国）和宝洁公司（美国），而它们的同类产品更加具有价格优势（见图表15C）。

图表15C   **巴西市场上竞争纸尿裤的价格（巴西雷亚尔）**

公司（国家）	品牌	每片纸尿裤价格（按规格）		
		小	中	大
花王（日本）	妙而舒	0.68	0.85	1.18
宝洁（美国）	帮宝适	0.65	0.80	1.08
强生（美国）	顺洁优加	0.65	0.80	1.08
克罗斯威尔	珍宝	0.70	0.96	1.40

竞争者都在巴西国内生产纸尿裤，因此其无须承担进口税和关税，而这些费用显著提高了克罗斯威尔国际产品在巴西市场上的到岸价格。

问题

1. 克罗斯威尔国际进入巴西市场的价值链中，定价、标价货币和融资之间彼此的关联是什么？你可以通过图表15B进行总结吗？

2. 索萨对克罗斯威尔国际的价值链有多重要？克罗斯威尔国际对索萨履行义务的担心是什么？

3. 如果克罗斯威尔国际准备进入该市场，那么就需要采取某些降低价格的方法。对此，你的建议是什么？

15.1   贸易关系

正如第1章所述，国内企业全球化行动的一个重要开端是商品和服务的进出口。本章分析了一家国内企业的*国际贸易阶段（international trade phase）*，该活动始于从国外供应商进口商品和服务，或向国外商家出口商品和服务。在三叉戟公司（三叉戟）的案例中，贸易阶段始于从墨西哥供应商采购零部件、向加拿大买家出口产品。

贸易融资在所有公司的传统价值链活动中具有许多共同的特征。所有的公司必须为其投入产

品的生产和服务寻求供应商。三叉戟公司采购部门必须确定潜在的供应商是否具备生产该产品的能力以及是否具备及时可靠的生产方式。其还需要关注供应商在接下来的生产进程中能否与公司合作，能否进行工艺改进以保持持续的竞争力。**上述协议需要在可接受的定价和支付条款基础上达成。**正如图表 15-1 所示，公司对于潜在消费者也存在相同的考虑，因为其持续经营对三叉戟公司的经营和成功起着至关重要的作用。

图表 15-1　　　　　　　　　　贸易融资：商品和资金的流动

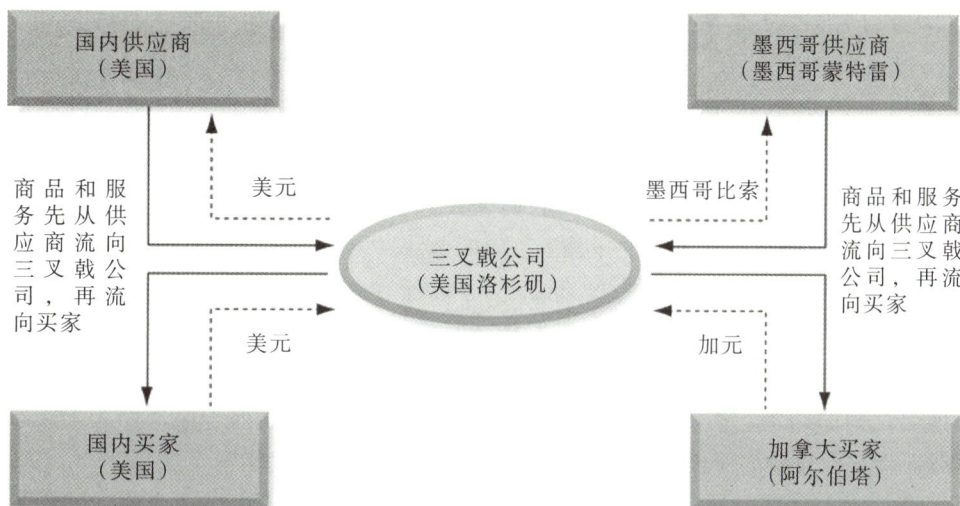

理解出口商和进口商之间关系的实质对理解进出口贸易融资在产业领域中的应用方式起到关键作用。图表 15-2 概述了三种进/出口关系，即无关联未知实体、无关联已知实体、关联实体。

图表 15-2　　　　　　　　　国际贸易中可能存在的关系

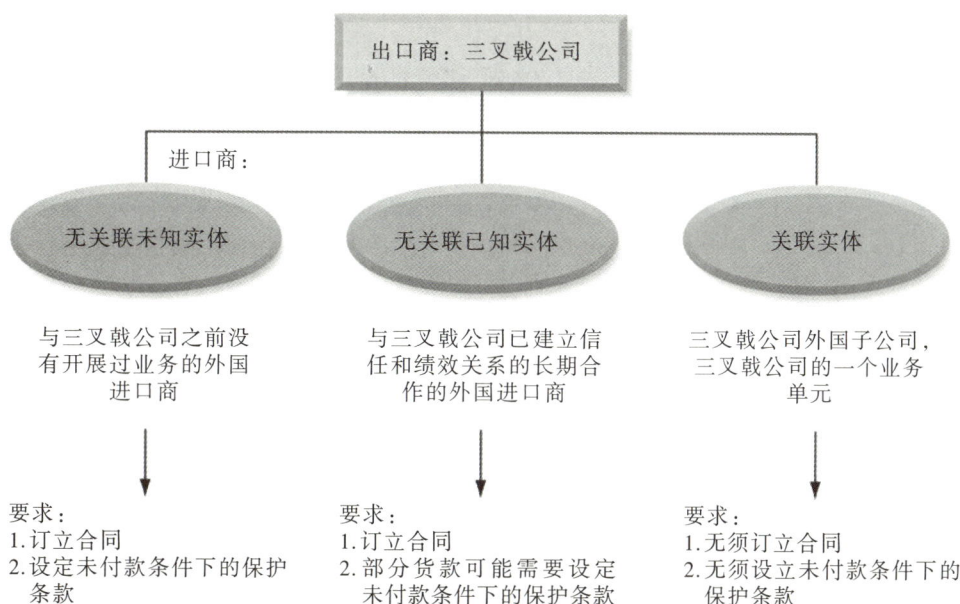

■ 与三叉戟公司之前没有开展过业务的外国进口商被归类为**无关联未知实体**（unaffiliated unknown）。在该情况下，两方需要订立详细的销售合同，列明双方的具体责任和业务协定。三叉戟公司还需要设置保护条款以防止进口商没有足额及时付款。

■ 与三叉戟公司之前成功开展过业务的外国进口商被归类为**无关联已知实体**（unaffiliated known）。在该情况下，两方仍需要订立详细的销售合同，但特定条款以及发货或提供服务的条款在制定上会明显宽松。三叉戟公司将会根据关系的密切程度来判断是否需要寻求第三方担保以防止交易的失败或未结账目下进行交易的风险。

■ 如果外国进口商为三叉戟公司的子公司（如三叉戟巴西分公司），则归类为**关联实体**（affiliated），或称为**内部交易**（intrafirm trade）。因为双方均隶属于同一跨国公司，最常见的做法是在没有合同或没有未支付保护条款下进行交易。在各种国际业务下，将交易条款细节化并采用保护条款以免任何政治和国家因素中断贸易交易，均会使三叉戟公司从中获益。

学与思 15-1 相比于已经交易多年的无关联境外买方，在与新的无关联境外买方进行首次交易时，为什么需要不同的单据？

学与思 15-2 为什么过去20年中内部交易总量显著增加？内部交易的优势和劣势各是什么？

国际贸易一定会面临一个基本的困境。想象一个想要和其他公司进行交易的进口商、出口商，由于两者之间的距离，其不可能在交货的同时付款。进口商倾向于采用图表15-3中上部分的安排，然而出口商更倾向于采用图表15-3中下部分的安排。

图表 15-3   进口和出口流程

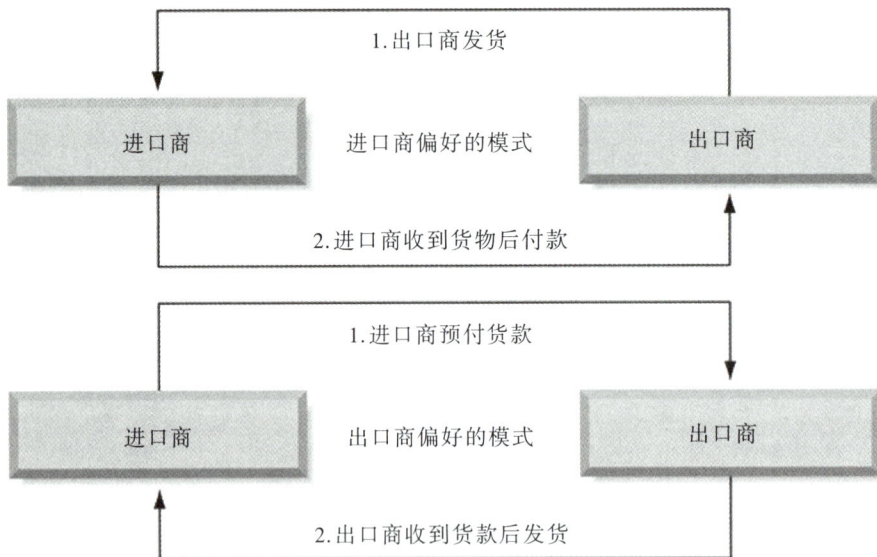

银行中介可以帮助解决异国陌生对手交易不信任的基本问题。在图表15-4极简的视角中，出口商获取了出口商信任银行的代为付款承诺。**银行的承付承诺被称为信用证（letter of credit）**。出口商会将货物运到进口商的国家。**商品所有权随提货单（bill of lading）一并转移至进口商银行。出口商请求银行支付货款，银行代为支付，请求付款的单据被称为即期汇票（sight draft）**。银行在付款后，将货物移交给委托银行付款的进口商。**进口商根据其与银行之间的协议向银行偿付款项。**

图表 15-4　　　　　　　　　　　　**银行作为进出口交易的中介**

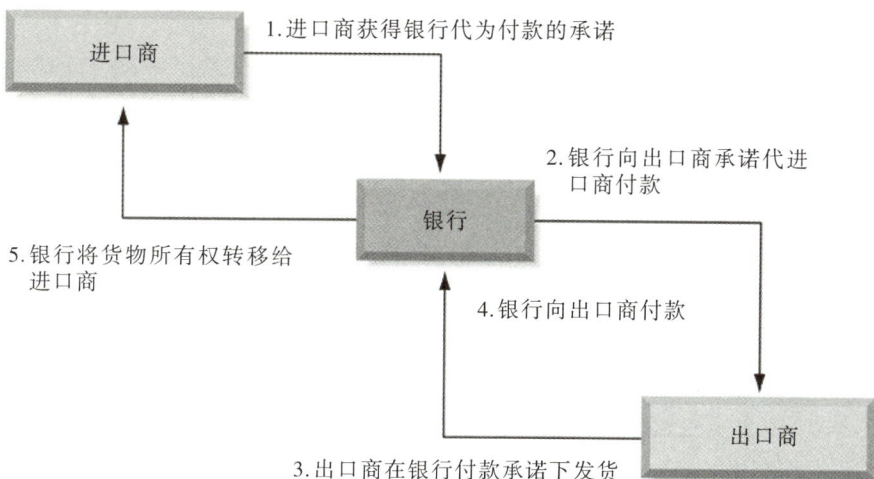

因为公司经常和非关联实体交易，跨国公司财务管理者需要理解这三种基本单据。同时，即使货物发给姐妹公司，该单据系统也能提供可借鉴的短期资金来源。

15.2　系统优势

本节将具体讨论这三种关键单据及其之间的相互作用。**经过几个世纪以来的开发和修正，该跨国单据系统可以帮助进口商和出口商防范未达成交易以及外汇的风险，同时也提供了一种融资的方式。**

15.2.1　未达成交易风险的防范

正如前文所述，一旦进口商和出口商达成销售协议，卖方在收到付款或得到付款保证前更倾向于保留商品所有权。然而，买方不愿意在收到货物前或至少获得货物所有权之前付款。双方均希望获得对方能按约履行义务的保证。信用证、提货单、即期汇票等共同购建起了当一方违约时由谁来承担经济损失的系统。

15.2.2　外汇风险的防范

在国际贸易中，外汇风险来源于交易风险。如果在交易时使用出口国货币进行付款，进口商将承担外汇风险。如果交易时使用进口国货币进行付款，出口商将承担外汇风险。

交易风险可采用第 9 章描述的方法进行对冲，但对冲风险时，风险承受方必须确定会在某一确定日期或接近某一特定日期时收到特定款项。本章介绍的三类单据可以同时确定付款金额和付款时间，从而为有效的对冲奠定基础。

若国际交易不常发生，买卖方之间没有定期装运合同以及持续性关系，未达成交易风险以及汇率风险是最重要的风险。若进/出口交易频繁发生，例如制造商每周将货物运到最后的装配环节或零售出口至其他国家，并且这种关系发生在货币坚挺的不同国家间，进口商可在出口商对其进行常规信用检查后进行赊账交易。

学与思 15-3 外汇风险和未达成交易风险的主要区别是什么？在典型的国际贸易过程中，如何控制这些风险？

15.2.3 贸易融资

大部分国际贸易下商品运输伴随着资金占用，因此存在延迟付款。一旦合理规避未达成交易风险以及汇率风险，银行愿意为在途货物提供融资。如果关键单据中商品无质量或货运方面的问题，银行可以为在途货物或持有待售的货物提供融资。

15.2.4 未达成交易风险

理解国际贸易活动有助于我们对国际贸易风险的理解。图表15-5对出口贸易活动作出了大致说明。

图表15-5　　　　　　　　　　贸易交易的时间和安排

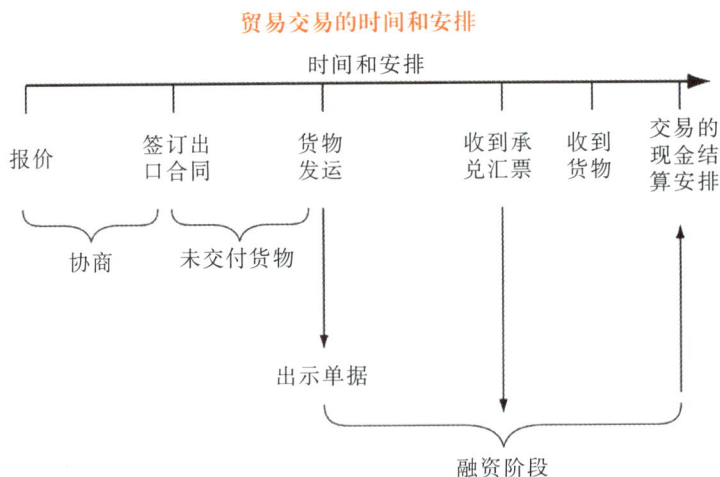

从财务管理的角度来看，国际贸易交易两个最基本风险就是货币风险（在第9章和第10章已讨论过）和未达成交易风险（risk of noncompletion）。图表15-5列示了信用管理中的业务问题：出口商报价、签订合同、商品发货、丧失货物所有权，其所有权转移时点取决于对买方的信任程度或单据中银行的付款承诺。如图表15-5所示，**进口商的违约风险，即未达成交易风险，从融资借款时便已经存在。**

在大多数情况下，国外买家信誉分析与国内买家信誉分析程序类似。虽然三叉戟公司并未与该外国进口商进行过交易，但如果该进口商为信誉良好的大型公司，三叉戟公司只需简单向银行询问进口商信用报告即可。三叉戟公司也可向该进口商其他交易对手进行询问。如果调查结果表明，三叉戟公司可以完全信任该进口商（及其国家），则三叉戟公司可以向对待国内购买者一样，在一定信用额度的赊销下发货。因为没有繁重的单据和银行费用，这是处理出口最节约成本的方法。然而，在与陌生公司建立常规交易关系之前，三叉戟公司必须面对出口商品未付款以及进口商品未到货的风险。使用信誉良好银行的信用证可以解决未付款风险。

15.3 关键单据

本节接下来将介绍三种关键单据，即信用证、汇票、提货单。经过长期的开发和修正，三种单据形成的系统可以帮助进口商和出口商防范未达成贸易交易的风险，同时其也提供了一种融资的方式。信用证、汇票、提货单等共同构成了当一方违约时由谁来承担经济损失的系统。

15.3.1　信用证（L/C）

信用证是银行根据进口商（申请者/买方）的请求而开具的单据，通过该单据银行承诺当收到信用证中要求的单据时向出口商（信用证受益者）进行付款。银行凭信用证而不是实际货物付款，因此降低了未达成交易的风险。图表15-6对三方关系进行了列示。

图表15-6　　　　　　　　　　　　　信用证（L/C）各方

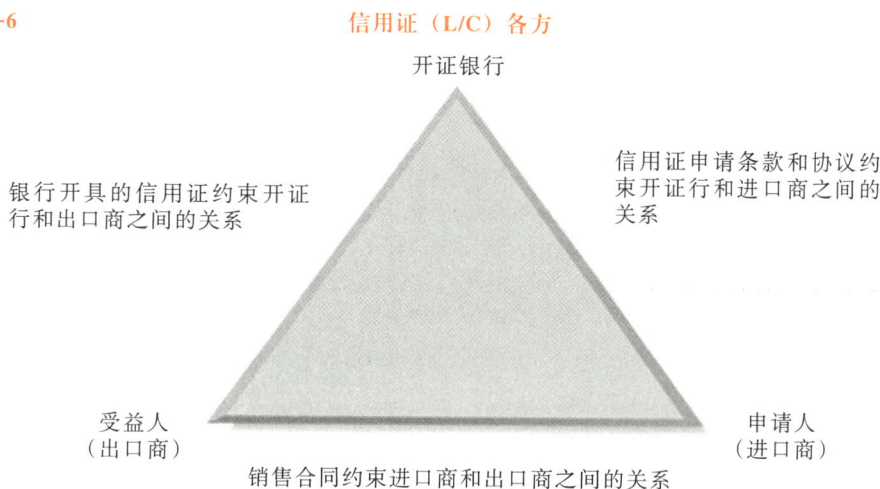

受益者（出口商）和申请者（进口商）在交易上达成一致后，进口商向当地银行申请信用证担保。进口商银行开具信用证，或基于对进口商信誉的评估相应削减销售合同，或银行要求进口商提前存款，或提前获得进口商其他担保物。进口商银行需要了解交易的性质、涉及的交易金额，以及获取信用证开具汇票的相应单据。

如果进口商银行对申请者资信满意，银行便会开具信用证，承诺当货物按照信用证上列明的规定和条件发货后由银行支付货款。

信用证的本质是开证银行在特定单据下的付款承诺，该单据必须附在信用汇票上。信用证并不是潜在商业交易的担保。实际上，信用证是独立于销售或其他相关合同的交易。为了构成真正的信用证交易，开证银行必须满足以下条件：

1.开具信用证的银行必须收取一定费用或其他合理商业对价。

2.银行信用证必须含有明确的到期日或到期期限。

3.银行的承诺必须列明最高金额。

4.只有在特定单据下，银行才发生付款义务。同时，其不得要求银行决定有争议的事实或法律问题。

5.银行顾客负有向银行无条件偿还的义务，该偿还金额应与银行代为付款的金额相同。

商业信用证根据其是否可撤销和保兑而分为两类：

■ **不可撤销与可撤销。**不可撤销信用证（irrevocable L/C）要求发行银行必须对信用证开具的汇票进行付款，除非获得包括受益者（出口商）在内各方的同意，否则不能撤销或修改。可撤销信用证（revocable L/C）在付款前的任何时点都可以被撤销和修改，该类信用证更倾向于是一种付款安排，而不是付款保证。

■ **保兑与不保兑。**保兑信用证（confirmed L/C）在由发行银行开具后，可以由其他银行进行保兑，在这种情形下，保兑银行履行对信用证开具汇票的付款义务。不保兑信用证

（nconfirmed L/C）是指付款义务只能由开证银行承担的信用证。当出口商对外国银行的偿付能力有怀疑时，出口商更倾向于获取由外国银行开具但由本国银行进行保兑的信用证。当出口商不确定外国银行的财务状况或外国的政治、经济状况不太稳定时，这种怀疑就会产生。图表15-7列示了信用证的实质要素。

图表15-7　　　　　　　　　　信用证要素（L/C）

> **东方银行股份有限公司**
> ［开证银行名称］
>
> 2011年9月18日
> 信用证编号 123456
>
> 东方银行股份有限公司向琼斯公司［出口商名称］开具不可撤销信用证，面值为 500 000 美元，根据该编号为123456的信用证，东方银行承诺见票承兑90天后付款。
> 汇票需附以下单据：
> 1.商业发票一式三份
> 2.货物清单
> 3.已装船提货单
> 4.保险凭证，由买方支付
> 东方银行股份有限公司将于汇票到期时以汇票票面价值向汇票持有人支付款项。
>
> 授权签名

大部分的信用证为单据形式，根据条款开具的汇票必须包含特定的单据。需要的单据通常包括提货单（本章后续会做具体介绍）、商业发票，以及以下任一单据：领事发票、保险凭证或保单、包装清单。

信用证的优缺点

信用证最主要的优点是降低风险——相比于商业公司的付款承诺，出口商更愿意在银行的付款承诺下销售。同时，由于银行相比于进口商更熟悉外汇的条款和规则，出口商在销售中使用外汇的可能性更高，因此出口商也处于更安全的境地。如果在交易过程中进口商国家改变外汇交易规则，政府出于避免本土银行陷入国际声誉危机的考虑，更倾向于兑现已发行的信用证。当然，如果信用证由出口国银行进行保兑，出口商还可以避免其他限制外汇的问题。

出口商发现由不可撤销信用证支持的订单可能更容易在出口前获得本国银行融资。如果出口商货物交付声誉良好，当地银行可能会向出口商提供贷款以供货物的加工和准备。一旦货物按照信用证规定的条款和条件发货，交易的付款条件便达成，出口商获得货款后再偿还出口前的贷款。

信用证的另一个优点是相对于进口商而言，只有当所有单据都抵达当地港口或机场，且信用证上所有条件都实现时，进口商才需要支付货款。

信用证主要的缺点是进口商银行开具信用证需要收取一定费用，并且信用证可能降低进口商在该银行的授信额度。事实上，出口商要求进口商提供信用证将削弱出口商的竞争力，特别是当进口商信用记录良好且进口国没有经济或政治风险担忧时。

总之，即便如此，信用证的价值自国际商务开始以来便被确立，如全球财务管理实务15-1中所述。

课堂延展阅读

全球财务管理实务 15-1　　　　　　　**佛罗伦萨——贸易融资诞生地**

学与思 15-4 阐述信用证涉及的各利益相关方，并解释其职能。

学与思 15-5 可确认信用证和不可确认信用证的区别是什么？

学与思 15-6 列示在使用不可确认信用证授权支付的情况下，电脑硬盘驱动器从马来西亚槟城出口到加州圣若泽的过程。

学与思 15-7 列示在使用 120 日内付款的可确认信用证授权支付的情况下，木材从俄勒冈州波特兰出口到日本横滨的过程。

15.3.2　汇票

汇票（bill of exchange，B/E）是国际商务中实现付款的工具。汇票为出口商（卖方）指示进口商（买方）支付或在未来特定日期支付特定款项的指令。因此，它可以被视为出口商向进口商发出的正式付款请求。

发起汇票的个人或企业被称作发起者（也被称作出票人或发起人）。通常情况下，发起人为销售和发货的出口商。汇票所涉及的另一方为受票人。受票人对汇票进行承兑，即根据条款支付货款。**在商业交易中，受票人可能是买方，在这种情况下汇票被称为商业汇票；受票人也可能是买方的银行，在这种情况下汇票被称为银行汇票。**银行汇票通常根据信用证的条款进行承兑。汇票可以为不记名汇票，也可以指定付款的对象。该付款的对象，即收款人，可能为出票人本身，也可为出票人的银行。

流通汇票

承兑后的汇票可以成为流通汇票（negotiable instrument）。流通汇票可以为商品在国际间的流动提供融资便利。汇票必须具备以下条件（参见《统一商法典》3104（1）节）才能成为流通汇票：

1. 必须以书面形式存在，并且由发起者或出票人签字。
2. 必须包括无条件付款承诺或具体金额的付款命令。
3. 必须是即期、定期或未来确定日期付款。
4. 必须对付款命令或持票人进行支付。

如果汇票符合上述要求，通过合理背书获得汇票的一方成为"持有人"。法律明确规定，尽管受票人和出票人因基础交易的争议而存在付款分歧，汇票持有人仍可以获得付款。如果受票人拒付汇票，正当持票人的前背书人或出票人承担付款义务。正当持票人持有的流通汇票中有关各方权利的明确界定，显著促进了包括个人支票在内的各种形式流通汇票的广泛使用。

汇票种类

汇票可分两种：即期汇票和远期汇票。即期汇票（slight draft）提示受票人见票付款，即受票人必须立即支付或拒付汇票。远期汇票（time draft）则允许一定的付款延迟。受票人通过在汇票上签字或盖章来进行承兑。一旦汇票被承兑，远期汇票即可视为承兑方（买方）的付款承诺。**如果远期汇票由银行承兑，该汇票为银行承兑汇票（bankers' acceptance）；如果远期汇票由商业公司承兑，该汇票为商业承兑汇票（trade acceptance）。**

汇票的时间长度被称为**汇票的期限**。流通汇票被认可的程度及其对正当持票人的吸引力在于，汇票一定会在一个固定日期或未来确定的日期进行付款。例如，"见票 60 天后"为固定日期，自汇票被承兑，付款日期便可确定。然而"货物到达"付款并不能视为已有确定的日期，因为货物的到达日期并不能提前确定。事实上，货物能否到达都难以保证。

银行承兑

当票据被银行承兑后，其即成为银行承兑票据。这种情况，被视为银行对到期票据作出无条件支付承诺。在效力上，银行承兑汇票与银行存款证明（CD）等同。在汇票到期前，银行承兑汇票持有人可在货币市场上出售汇票来获得流动性，这类交易在货币市场上经常发生。出售时折扣的金额取决于汇票上签字的承兑银行的信用，或通过一定费用再度承兑的其他银行的信用。银行承兑汇票与其他短期融资工具的总成本或全部成本的比较见本章后续部分。

学与思 15-8 解释信用证和汇票的不同之处，以及它们之间的联系。

15.3.3　提货单（B/L）

国际贸易融资的第三种关键单据是提货单（bill of lading，B/L）。提货单由运输商品的公共承运商发送给出口商。提货单有如下三种主要用途：作为收据、合同以及所有权单据。

作为收据，提货单表明运输商已收到单据上所描述的商品。运输商不负责对集装箱内商品的内容进行检查，因此通常提货单上的商品介绍非常简洁。如果出口商提前支付运输费用，提货单上将印有"运费已付"或"运费预付"字样。出口商支付运费前，承运商对货物保有留置权的情况在国际贸易中比较少见。

作为合同，提货单表明承运商提供一定的运输服务，同时收取相应的费用。普通承运商不得通过在提货单中插入特殊条款来免除其过失。提货单可以列明在不能向指定港口交货情况下向替代港口交货，或者在出口商承担费用的情况下，将货物运给出口商。

作为所有权单据，在货物被运给进口商前，出口商可通过提货单获得付款或书面付款承诺。在货物运输途中以及进口商最终付款前，出口商可提前将提货单作为抵押物向当地银行融资。

提货单抬头为出口商的请求付款指令，在出口商向承运商转移货物后，出口商仍保留货物的所有权。在进口商支付货款前，出口商保有对货物的所有权，在这期间，出口商可在提货单空白处（使其成为不记名工具）进行背书（可流通），或者提交给其他机构来请求付款，该机构通常为银行。最常见的程序是通过附有背书提货单的跟单汇票来提前获得付款。在支付汇票后，出口商银行将单据通过银行结算渠道向进口商银行转发。进口商银行或在付款后（即期汇票情况下），或在承兑后（远期汇票以及承兑单情况下），或在商定付款条款后（根据信用证规定在进口商银行开具汇票的情况下），进一步将单据转交给进口商。

学与思 15-9 为什么出口商会在与其母公司和姐妹公司的内部交易中使用标准国际贸易单据（信用证、汇票和提货单）？

15.4　典型贸易交易中的单据

可想而知，贸易交易可能会有很多种处理的方式，此处我们通过一个虚构的案例来解释不同单据间的相互作用。假设三叉戟美国公司收到来自加拿大买家的订单。对于三叉戟公司来说，该笔交易为信用证下（附提货单）出口融资，出口商将获得由加拿大买方银行承兑的远期汇票。该交易流程见图表 15-8。

图表15-8 典型贸易交易的步骤

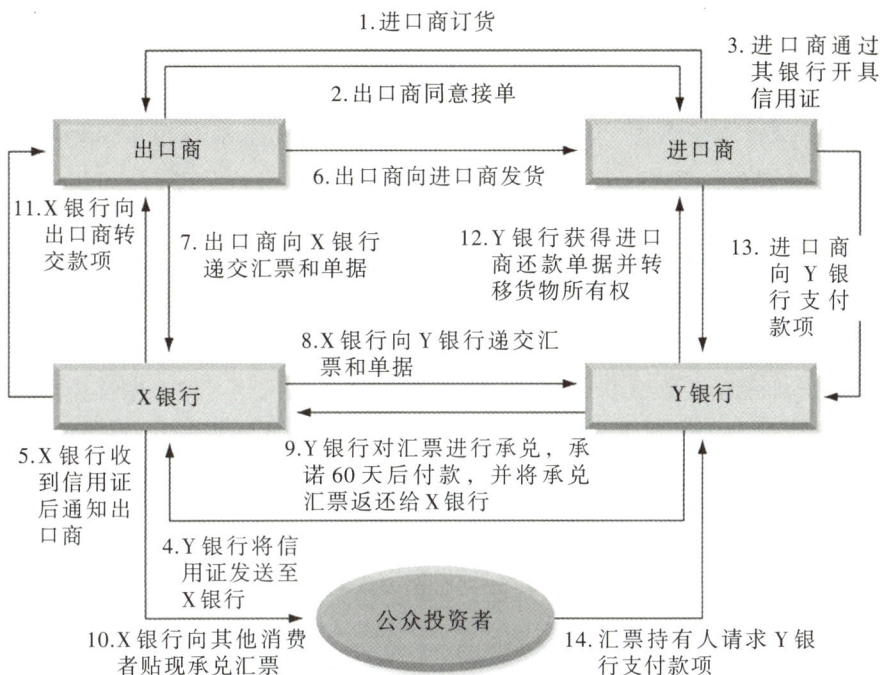

1. 加拿大买家（图表15-8中的进口商）向三叉戟公司（图表15-8中的出口商）下订单，询问其是否愿意在信用证下发货。

2. 三叉戟公司同意在信用证下发货，并且列明诸如金额和条款等相关信息。

3. 加拿大买家向北部银行（图表15-8中的Y银行）申请开具信用证，信用证以其意愿购买商三叉戟公司为受益人。

4. 北部银行开具以三叉戟公司为受益人的信用证，并将其发送至三叉戟公司的银行，即南部银行（图表15-8中的X银行）。

5. 南部银行通知三叉戟公司开具以其为受益人的信用证。南部银行可以在单据上添加本行的保证来对信用证进行保兑，也可选择不进行保兑。

6. 三叉戟公司将货物发送至加拿大买家。

7. 三叉戟公司准备远期汇票并将其递送至南部银行。汇票由北部银行根据附提款单等单据的信用证进行承兑。三叉戟公司在空白处对提货单进行背书（使其成为不记名票据），在该情况下，货物所有权归属于票据的持有人，即此案例中在该时点南部银行拥有对货物的所有权。

8. 南部银行将汇票和单据提交至北部银行承兑。北部银行通过在汇票上签字和盖章来实现承兑（使成为银行承兑汇票），同时对单据进行处理，并承诺当承兑汇票到期时进行付款，比如说60天后。

9. 北部银行将承兑汇票归还给南部银行，或者南部银行可以要求北部银行承兑的同时进行贴现。如果该情况发生，北部银行无须返还承兑汇票，而是向南部银行支付扣除贴现费用后的款项。

10. 南部银行收到返还的汇票（银行承兑汇票）后，可选择以下方式进行处理。南部银行可在公开市场上以一定折扣价格将承兑汇票卖给其他投资者，主要投资者为持有富余现金想要进行短期投资的公司或金融机构。南部银行也可选择持有承兑汇票并将其加入自己的投资组合。

11. 如果南部银行直接将承兑汇票在北部银行进行贴现（如步骤9所述），或者在当地货币市场上进行贴现，南部银行需要将扣除手续费和贴现费用后的余款转交给三叉戟公司。另一种可能是三叉戟公司自己保管承兑汇票，持有60天后收回款项。然而正常情况下，相比于为多收到一点现金而将承兑汇票持有至到期，出口商更倾向于立即将承兑汇票贴现。

12. 收到单据后，北部银行通知加拿大买家。加拿大买家通过签立字据或协商达成其在60天后向北部银行偿还货款的计划，北部银行将单据转交给加拿大买家，因此加拿大买家获得了发出货物的所有权。

13. 在60天后，加拿大买家对北部银行到期承付的款项进行偿还。

14. 在同一天，即承兑后第60天，到期承兑汇票持有人请求银行按照票面价值进行付款。持有人可以直接向北部银行要求付款，也可通过南部银行的正常渠道取得付款。

以上是涵盖信用证的典型交易模式，但现实中的国际贸易交易很少如此具有代表性。国际业务通常需要管理人员具有灵活性和创造性。本章末的迷你案例向我们展示了真实案例中票据的处理流程。同时，这也是管理中的经典挑战：为了实现战略目标，何时或何节点应对典型流程进行妥协和让步？

15.5　协助出口融资的政府项目

大多数工业化出口导向国家的政府会通过特殊融资机构为本国出口商提供各种形式的补贴信贷。这些金融机构提供的条件要优于私营机构普遍可提供的条件。本国纳税人对外国购买者进行补贴销售，以创造本国的就业机会并且维持本国的技术优势。通常情况下，由权威机构提供出口信用担保，由进出口银行提供出口融资。

15.5.1　出口信用担保

相比于国家可提供更优惠信用条件的竞争者而言，若出口商坚持对外国消费者实行现金或信用证付款，会使其竞争力大打折扣从而失去订单。**通过出口信用担保（export credit insurance）的方式可使出口商提供更优惠的信用条款，该种方式下，出口商或出口商银行将得到保证，当外国消费者违约时，由担保机构承担大部分损失。**由于出口信用担保的存在，银行更乐于向出口商提供中长期（5～7年）贷款。进口商则更希望出口商通过购买出口信用担保来应对进口商的违约风险。这种情形下，进口商无须开具信用证，也无须削减银行的信用额度。

国际间通过担保的方式来延长出口信用期限从而提高出口竞争力，但这种方式将可能导致信贷纷争和不健全的信贷政策。为防止上述情况出现，一些贸易主导国在1934年联合起来，共同成立伯尔尼联盟（官方名称：国际信用保险联盟），各方希望在出口信用期限上达成自愿的国际共识。伯尔尼联盟对许多产品提出了最高信用期限，比如，重资产货物（5年），轻资产货物（3年），耐用消费品（1年）。

在美国，出口信用担保由外国信用保险协会（Foreign Credit Insurance Association，FCIA）提供。FCIA是由私人商业保险公司和进出口银行（后面会具体讨论）共同成立的非法人组织。FCIA为美国出口商所面临的外国购买者由于商业、政治因素而未支付的风险提供政策保护。商业因素风险主要是指购买者由于破产或延迟支付而遭受的违约风险。政治因素风险主要是指超出买方和卖方控制的政府行为风险。

学与思 15-10 作为促进出口策略的一部分，多国政府通过提供出口信用担保和贸易融资来增加出口和贸易。试解释这些措施的经济效果及它们对社会福利的影响。

15.5.2　进出口银行以及出口融资

进出口银行（Export-Import Bank）是独立于美国政府存在的另一机构，成立于1934年，旨在刺激和促进美国的对外贸易。有趣的是，进出口银行最初是为促进对苏联的出口贸易而设立的。在1945年，进出口银行重新注册为"旨在提供融资、促进进出口或不同国家、机构及其个人之间的商品交易"。

进出口银行通过不同种类的贷款担保和保证项目来促进美国出口商的融资。进出口银行对美国银行向外国借款人提供的中期出口借款（181天至5年）和长期出口借款（5年至10年）提供担保。进出口银行中长期以及直接贷款操作通过民间资金的参与来完成。从本质上说，进出口银行是向外国购买者贷出美元来购买美国的产品和服务。这类贷款的收益流向美国的供应商。贷款者连本带息将款项偿还给进出口银行。进出口银行在直接贷款中引进民间资金参与主要有以下原因：（1）确保其操作与民间出口融资间为补充关系，而不是竞争关系；（2）扩充资金来源；（3）确保民间融资机构持续提供出口信贷。

进出口银行也为租赁交易提供担保；向美国公司为非美国客户准备大型资本项目的工程、规划和可行性研究所需的费用提供融资；为出口商、银行或其他需要帮助的人提供美国商品融资咨询。

15.6　贸易融资方案

公司对国际贸易应收款进行融资时，通常采用类似国内贸易应收款融资的工具，再加上一些国际贸易特有的融资工具。图表15-9描述了主要的短期融资工具及其成本。

图表15-9　　　　　　　　国内及国际交易应收款短期融资工具

工具名称	3个月期成本或收益率
银行承兑汇票*	年化1.14%
商业承兑汇票*	年化1.17%
保理	可变利率，但明显高于银行信贷额度利率
证券化	可变利率，但和银行信贷额度利率相当
银行信贷额度	4.25%加点数（如果由出口信用保险保付，则加点数很小）
商业票据*	年化1.15%

*这些工具和3个月期可转让银行定期存单的年化收益率1.17%相当。

15.6.1　银行承兑汇票

银行承兑汇票（前文有所介绍）在国内贸易和国际贸易中均可作为应收账款融资的工具。图表

15-9列示了银行承兑汇票与其他货币市场工具收益率的比较情况，特别是与可转让银行定期存单收益率的比较情况。然而，公司对银行承兑汇票开具和贴现的总成本取决于承兑银行所收取的费用。

国际贸易中开具的银行承兑汇票，其第一持有人为出口商，出口商在银行对汇票进行盖章承兑后收到银行承兑汇票。出口商可能将汇票持有至到期并收回款项。比如，出口商持有价值100 000美元的3个月汇票，到期后将收到汇票票面价值扣除每年1.5%银行承兑费之后的金额。

汇票的票面价值	100 000美元
扣除3个月的银行承兑费（每年1.5%）	−375（0.015×3/12×100 000美元）
3个月后出口商收到的金额	99 625美元

或者，出口商可以选择将银行承兑汇票向银行以一定折扣价进行贴现，这种方式下出口商可以立刻获得现金。出口商收到的款项等于汇票票面价值扣除承兑费用以及按市场利率计算的汇票贴现费用后的金额。如图表15-9所示，年化贴现率为1.14%，出口商收到的金额如下表所示：

汇票的票面价值	100 000美元
扣除3个月的银行承兑费（每年1.5%）	−375（0.015×3/12×100 000）
扣除3个月的贴现费用（每年1.14%）	−285（0.0114×3/12×100 000）
出口商立刻可收到的金额	99 340美元

因此，银行承兑汇票融资的年化总成本为：

$$\frac{承兑费+贴现费}{实收款} \times \frac{360}{90} = \frac{375+285}{99\,340} \times \frac{360}{90} = 0.0266 或 2.66\%$$

贴现银行可以将汇票加入自己的投资组合，持有至到期来获得年化1.14%的收益，或者贴现银行可以将汇票在汇票市场上再次出售给其他组合投资者。购买汇票的投资者提供交易融资所需的资金。

15.6.2 商业承兑汇票

商业承兑汇票与银行承兑汇票大体类似，主要不同点在于汇票不是由银行而是由商业公司进行承兑，如通用汽车承兑公司（GMAC）。商业承兑汇票的成本取决于承兑公司的信用等级以及承兑的费用。商业汇票同银行汇票一样可向银行或其他投资者进行贴现，商业汇票贴现率与其他货币市场工具利率的对比可见图表15-9。

15.6.3 保理业务

被称为保理商的专业公司会以一定折扣价购买应收账款，保理可分为有追索权保理以及无追索权保理两种。无追索权保理下，保理商对其购买的应收款承担信用、政治以及外汇风险。有追索权保理下，如果无法收回应收款，保理商可将应收账款退回给出售应收款的公司。因为要承担评估每笔应收款信用的成本和风险，通常情况下保理商将收取高额费用，其高于最优利率加点数形式的借款利率。

应收账款不可追索保理和银行承兑汇票结构类似。保理业务通常会收取一定的手续费来覆盖不可追索风险，通常为1.5%～2.5%，同时还要收取相应的贴现费。另一方面，卖出不可追索应收款的公司降低了评估客户信用的成本。同时，保理业务为表外业务，无须在资产负债表上列示负债。此外，公司也规避了对于不可追索应收款的外汇和政治风险。全球财务管理实务 15-2 提供了一个保理成本的例子。

课堂延展阅读

全球财务管理实务 15-2　　　　　　　　　　　　　**实践中的保理**

　　一家美资制造商在经历第一次全球信贷危机和随之而来的经济衰退之后，损失惨重，现金短缺，销售额、利润和现金流均有所减少。目前，该企业在努力偿还高额债务的同时，也签订了许多新的销售合同。该公司考虑对销售合同中的一笔大额应收账款进行保理融资，该应收款系日本某公司总价为 5 000 000 美元 90 天期的货款。在联系保理代理人后，对方报价如下：

应收账款面值	5 000 000 美元
无追索权销售费用（1.5%）	−75 000
保理费（2.5%/月×3 个月）	−375 000
销售净收益（当下即可得）	4 550 000 美元

　　如果该企业对应收款进行保理融资，将只能收到占账面价值 91% 的款项，即 4 550 万美元。尽管看起来成本高昂，但企业可以不用等到 90 天后而是立即收到现金，同时也不必对应收账款的回收承担责任。如果企业将保理成本考虑到最初的销售定价中，将对企业更为有利。或者，进口商也可以在收到货物 10 天内采用现金折扣进行付款。

15.6.4　证券化

　　出口应收账款**证券化**（securitization）工具对银行承兑汇票融资和保理融资进行了有效的补充。公司向法人实体销售应收款后，该法人实体根据一揽子出口应收款创建有价证券，从而实现应收账款的证券化。该工具的优点是通过无追索权方式的销售，进一步实现将应收账款从资产负债中移出的目的。

　　应收账款通常为折价销售，折价多少取决于以下四个要素：

1. 出口商应收账款的历史回收风险
2. 信用担保的成本
3. 向投资者保证获得预期现金流的成本
4. 融资规模以及服务费用

　　当规模较大且已知历史信用和违约概率时，证券化方式更具有成本效益。大型出口商可以建立自己的证券化实体。创立证券化实体的成本很高，但是该实体可被持续使用。或者，小型出口商可以通过金融机构提供的证券化实体来实现证券化，从而节约了高昂的创立成本。

15.6.5　银行信贷额度

　　银行的信贷额度可以用来对应收款进行融资，但一般存在额度上限，比如 80%。银行信贷融资的资格范围中包括出口商应收款。然而，银行收集和评估外国投资者的信用历史可能十分困难。如果公司对出口应收款进行出口信用保险，将大大降低应收账款的信用风险。该保险可使银行信贷额度覆盖更多出口应收款，并且其覆盖利率也将随之降低。当然，相应的外汇风险必须经第 9 章介绍的风险工具来进行对冲。

银行信用额度的成本通常采用最优惠利率加点的方式来确定，加点的大小反映特定公司的信用风险。100个基点等于1%。在美国，借款人需要在借款机构维持一定的补偿存款余额。在欧洲和其他地区，借款人可以透支借款。透支条款下，公司可以对银行账户进行透支，但不得超过其信用额度。最优惠利率加点的情形只适用于透支金额。如图表15-9所示，在任何情况下，使用银行信贷额度融资的总成本均高于承兑汇票融资的总成本。

15.6.6　商业票据

公司可发行商业票据（无抵押承兑票据）来满足其短期融资的需要，该短期融资包括国内应收账款和国际应收账款。然而，只有大型知名并且高信用评级的公司才具有国内以及国际商业票据市场的准入资格。如图表15-9所示，商业票据的利率处于收益率曲线的底端。

15.7　福费廷：中长期融资

福费廷（Forfaiting）是用来消除进口商未付款风险的特殊工具，比如可在出口商认为进口商或/和其政府存在开放账户信用风险时使用。该工具的名称起源于法语中的一个术语——à forfait，意思为放弃或交出某种权利。

15.7.1　福费廷的作用

福费廷的精髓在于出口商无追索权方式的销售，具体包括银行担保票据、汇票或者其他从进口商处收到的单据。出口商将单据或汇票按票面价值进行一定的折价后，将其出售给被称为包买商（Forfaiter）的金融公司，并立刻收到现金。在执行交易前所有的流程均由包买商事先进行安排。即使出口商对发运货物的质量承担责任，在进行福费廷交易时仍可以收到一笔无条件支付、明确的现金款。进口商未支付的政治和商业风险全部由担保银行来承担。福费廷工具对那些相信其客户会支付的小型出口商十分有价值，因为福费廷工具可以帮助它们解决现金流问题。

在前苏联时代，该工具的应用主要集中在德国和奥地利银行间，它们使用福费廷工具来对其销往东欧国家的资本设备款进行融资。英国、斯堪的纳维亚、意大利、西班牙以及法国的出口商目前也开始使用该工具，但是报告表明美国和加拿大出口商使用该工具的进程缓慢，也许是由于它们对福费廷交易的简洁性和复杂单据的缺失持怀疑态度。尽管如此，一些美国公司仍然专门使用该工具，并且美国的福费廷协会（AFIA）已有超过20名成员。使用福费廷工具融资的出口商其主要出口目的地为亚洲、东欧、中东和拉美国家。

15.7.2　典型的福费廷交易

如图表15-10所示，典型的福费廷交易包括五方。具体步骤如下所述：

第一步：协议

出口商和进口商就一系列进口商品的支付期限（通常为3~5年）达成一致意见。然而，短至180天长至10年的款项均可以使用福费廷工具进行融资。该交易的最小规模为100 000美元。进口商同意分期付款，通常付款时点为货物交付或项目完成时。

第二步：承诺

包买商承诺以一定折现率对交易进行融资，当出口商将本票和其他特定票据转交给包买商后，包买商向出口商付款。协定的折现率取决于欧洲市场的资金成本，通常为平均交易期内的伦

图表 15-10   典型的福费廷交易

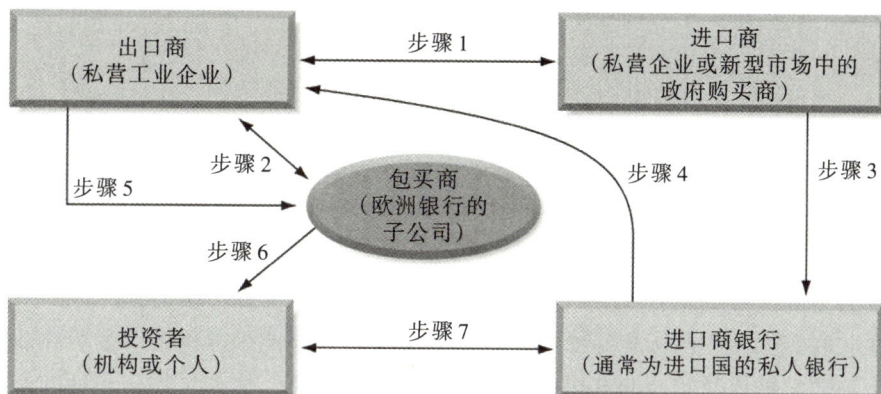

敦同业拆借利率（LIBOR），再加上一些反映交易风险的边际成本。风险溢价取决于交易的规模和期限、国家风险以及担保机构的质量。比如，每半年付款一次，共 10 次付款的 5 年期交易，其折现率定价基础为 2.25 年期的 LIBOR 利率。该折现成本通常会加在交易的发票金额中，以使得该交易的融资成本最终由进口商承担。包买商会在承诺期间内收取一定的承诺费，承诺费率从年化 0.5% 至年化 6.0% 不等，承诺期间从承诺融资时起至根据融资合同开具的贴现票据被兑现时止。该费用通常也会加在发票金额中，并最终由进口商承担。

第三步：保兑或担保

进口商通过开具一系列本票来承诺付款，本票期限通常为 6 个月或 12 个月，付款时点为货物交付或项目完成时。这些本票首先被递交给进口商银行，并由该银行背书签字（担保）。在欧洲，这种无条件保证被称为**"保兑"**（aval），其英文含义为"支持"。至此开始，票据后来的持有人均视进口商银行为主要债务人。银行的保兑或担保必须是不可撤销、无条件支付、可分割并且可转让的。因为美国银行并不出具保兑函，因此担保需通过开具信用证（L/C）的方式来实现。信用证在功能上与保兑函类似，但手续上更加复杂，比如，信用证通常只可以转让一次。

第四步：票据的交付

将已背书的本票交付给出口商。

第五步：贴现

出口商在票据上签署"无追索权"，并将其贴现给包买商，收到协定的收益。收益通常在票据交付后两天内到账。出口商通过在票据上签署"无追索权"，使自己免除对票据未来付款的责任，因此收到贴现款后无须担心未来任何的付款问题。

第六步：投资

福费廷银行可能将票据作为投资产品并持有至到期，或者可以在国际货币市场进行背书和再贴现。包买商的再次销售通常为无追索权销售。主要的再贴现市场集中在伦敦和瑞士，另外纽约也可进行拉美业务票据的交易。

第七步：到期

到期时，持有票据的投资者从进口商或者进口商银行收回付款。进口商银行承诺按照票据账面价值进行支付。

实际上，福费廷机构既充当货币市场公司的角色，同时也充当涉及国家风险的金融交易的专家角色。作为货币市场公司，包买商将贴现票据合理拆分成不同规模，并向具有不同期限偏好的投资者进行销售。作为国家风险管理专家，包买商负责评估进口商或进口商银行到期支付的风险，并组合出满足出口商和进口商需求的交易。

福费廷工具的成功来源于对商业银行保兑和担保的信任。虽然商业银行为常规和优先选择的担保人，但是在一些案例中也有采用政府银行和政府机构作为担保人的情况。一些大型商业公司有时无须银行的担保也可使用福费廷工具。另外，银行保兑的背书属于表外业务，在评价商业银行的金融结构时，该业务通常不在考虑范围内。

划重点

- 国际贸易中的三种关系：无关联未知实体、无关联已知实体、关联实体。
- 发生在关联实体间的国际贸易交易通常不需要交易合同或外部融资。发生在非关联实体间的国际贸易交易通常需要制定合同并以各种方式进行外部融资，比如采用信用证的方式。
- 多年来，已经建立了国际贸易融资的既定程序。基本程序依赖于三个关键单据间的相互关系，即信用证、提货单和汇票。
- 在信用证下，银行代替进口商做出付款承诺，即当相应单据齐全时，银行承诺付款。出口商将依赖于银行而不是进口商的承诺。
- 出口商发货并收到提货单，将其附在汇票后请求进口商银行进行付款，同时需要将一系列单据通过出口商银行提交至进口商银行。
- 如果按要求提供单据，进口商银行对汇票（即期汇票）进行支付，或对汇票（远期汇票）进行承兑，以承诺未来某一时间进行付款。在该步骤下，进口商银行通过提货单获得货物所有权，并将其转移至进口商。
- 如果使用即期汇票，出口商将立即收到付款。如果使用远期汇票，出口商将从银行得到承兑汇票，即银行承兑汇票。出口商可以将汇票持有至到期或在货币市场上进行折价销售。
- 出口商进入国外市场总成本包括贸易融资的交易成本，进口国和出口国适用的进出口关税，以及国外市场渗透的成本，包括分销费用、库存成本和运输费用。
- 出口信用担保向出口商（或出口银行）保证，当外国购买者无法偿还货款时，由担保机构承担主要损失。
- 国际贸易融资中除使用国内应收款融资工具外，还使用一些仅适用于国际贸易融资的工具。目前，短期融资比较常用的工具是银行承兑汇票。本章对银行承兑汇票与有价银行存单等其他货币市场工具的融资成本进行了比较。
- 其他与国内交易类似的短期融资工具包括商业承兑汇票、保理、证券化、银行信贷额度（通常由出口信用担保覆盖），以及商业票据。
- 福费廷是一种可提供中长期融资的国际贸易工具。

秒懂本章

国际贸易融资通过信用证、提货单、汇票等关键票据及保证、证券化、福费廷等工具来实现。

计算分析题

1.Nikken Microsystems（A）。假定 Nikken Microsystems 公司把网络服务器以 700 000 欧元的

价格销售给西班牙电信公司（Telecom Espana），要求 3 个月内支付价款，西班牙电信公司使用商业承兑汇票进行支付。每年的承兑费为票据面值的 1.0%，承兑汇票可按照 4.0% 的年折现率出售。这一贸易融资方式下，以欧元计价的年化成本率是多少？

2.Nikken Microsystems（B）。假定在问题 1 所述的交易中，Nikken Microsystems 更愿意接收美元付款，现有两种方式可供选择：（1）立即将汇票出售，将所得欧元按照即期汇率 \$1.00/€ 兑换成美元；（2）持有汇票至到期，但在期初卖出 3 个月到期的、远期汇率为 \$1.02/€ 的看涨期权。

a.方式 1 中，将汇票贴现出售可获得的美元净收益是多少？

b.方式 2 中，以美元计价的 3 个月净收益是多少？

c.能使两种方法的净美元收益相等的盈亏平衡投资率是多少？

d.Nikken Microsystems 应该选择哪种方式？

3.Timmico（A）。Timmico Co.是韩国的一家汽车公司，主要将汽车和卡车出口到沙特阿拉伯，用欧元作为记账本位币。沙特汽车进口公司从 Timmico 公司处购买了 15 000 000 的货物，约定 244 天内付款，支付方式为韩国汇兑银行开具的年利率 3.625% 的银行承兑汇票。Timmico 公司的加权平均资产成本为 12%。如果 Timmico 公司将银行承兑汇票持有至到期，其年化平均成本是多少？

4.Timmico（B）。在问题 1 的基础上，假设沙特阿拉伯投资银行愿意以 7.5% 的折现率购买 Timmico 公司持有的银行承兑汇票，Timmico 公司用这 15 000 000 欧元应收账款进行融资的年化总成本是多少？

5.Alliasha-Toshiba。Alliasha-Toshiba 公司从东芝-法国公司购入笔记本电脑，销售给法国的客户。其中一位客户是印刷服务公司 Pret-a-Print，它以批发价从 Alliasha-Toshiba 公司购买电脑，3 个月内付清价款。某次 Pret-a-Print 公司从 Alliasha-Toshiba 公司购入价值 175 000 欧元的笔记本电脑，预付现金 35 000 欧元，为促进销售，Alliasha-Toshiba 公司规定 3 个月内付清余款即可免息。Alliasha-Toshiba 公司将以承兑费率 3.5% 的联合承兑汇票的形式获得这笔应收账款，然后按 5% 的年折现率出售给法国 BNP 银行。

a.Alliasha-Toshiba 公司的年化总成本率是多少？

b.Alliasha-Toshiba 公司的净现金收入（包括现金预付款）是多少？

6.Umaru 石油公司的福费廷。尼日利亚 Umaru 石油公司向得克萨斯州休斯顿的 Gunslinger Drilling 公司购买了价值为 1 000 000 美元的石油钻井设备，Umaru 石油公司将在未来 5 年内每年 3 月 1 日支付 200 000 美元。

瑞士的一家包买商苏黎世银行同意买入这 5 张面值为 200 000 的票据，年折现率约为 8%（3 年期伦敦同业拆借利率加上 200 个基点）。此外，苏黎世银行还向 Umaru Oil 公司收取每年 2% 的担保费，担保区间为从融资开始到收到合同中规定的票据付款为止。苏黎世银行将会在接下来每年的 3 月 1 日收到 200 000 美元的期票。

Umaru Oil 出具的期票由本国银行拉各斯城市银行（Lagos City Bank），以 1% 的费率交付给 Gunslinger Drilling 公司。此时，Gunslinger Drilling 公司对该票据进行无追索权背书，将其折价出售给包买商苏黎世银行，获得 200 000 美元的本金。苏黎世银行对票据进行无追索权的再贴现，出售给国际货币市场中的投资者。到期时，持有该票据的投资者将会从拉各斯城市银行处取得付款。如果拉各斯城市银行到期不能兑付，那么投资者将在苏黎世银行得到兑付。

a.Umaru Oil 公司为 2011 年 3 月 1 日第一笔 200 000 美元票据进行融资的年化成本为多少？

b.何种原因可能促使 Umaru Oil 公司使用这一成本较高的方式进行融资？

7.**阳光海岸公司（A）。**阳光海岸公司（Sunny Coast）向香港传媒公司出售了价值 100 000 美元的胶卷和 DVD，要求 6 个月内付款。阳光海岸公司有以下几种用该笔应收账款进行融资的方法：（1）使用本公司的银行信用额度。利率为每年 5% 的最优惠利率加上 150 个基点。公司必须存入金额为该笔贷款面值 20% 的补偿存款余额。银行不会为这笔补偿性余额支付利息。（2）使用本公司的银行信用额度，同时再以 1% 的费率购买出口信用保险。因为此举降低了风险，所以利率将会降到 5%。

a.两种方法的年化总成本各是多少？

b.两种方法的利弊各是什么？

c.你推荐使用哪种方法？

8.**阳光海岸公司（B）。**一个保理商愿以每年 16% 的折现率加 2% 的手续费购买附无追索权条款的阳关海岸公司拥有的香港传媒公司的应收账款。

a.这一保理年化总成本是多少？

b.相比于问题 7 中的两种方法，这种方式的利弊是什么？

9.**ThaiTenSport。**ThaiTenSport（曼谷）公司正在考虑通过竞标将 2 000 000 英镑的网球拍出售给一家新成立的埃及网球俱乐部——CairoPro 俱乐部，要求六个月内付款。因为 ThaiTenSport 公司无法获得 CairoPro 俱乐部的信用信息，公司计划使用以下融资方式控制信用风险。

CairoPro 俱乐部所在地（开罗）的印度银行代表 CairoPro 出具信用证，并同意在六个月内承兑 ThaiTenSport 公司的汇票。此举需要 ThaiTenSport 支付 5 000 英镑的承兑费用，并使 CairoPro 的可用信用额度降低 2 000 000 英镑。银行的 2 000 000 英镑的承兑票据可按每年 3.75% 的折现率在货币市场上出售。ThaiTenSport 公司此次银行承兑汇票融资的年化总成本是多少？

10.**ThaiTenSport（B）。**ThaiTenSport 公司也可以从泰国进出口银行以 2% 的保险费率购入出口信用保险，将 CairoPro 公司 2 000 000 英镑应收账款以 5% 的利率通过银行信用额度方式融资，而不必支付补偿性余额。

a.ThaiTenSport 公司融资的年化总成本是多少？

b.CairoPro 的成本是多少？

c.与问题 9 中的银行承兑汇票融资相比，这种方法的利弊是什么？你会建议使用哪种方法？

11.**VenezaCot。**位于委内瑞拉加拉加斯的 VenezaCot 公司收到了日本东京 JapoImp 公司的 50 000 条棉质毛巾订单。在一家日本银行代表 JapoImp 开具信用证之后，这批毛巾会被出口至日本。信用证列明了这批货物的价格是 8 000 000 元，VenezaCot 公司根据信用证出具汇票，日本银行对该汇票进行承兑，承诺 60 天后付款。

两月期银行承兑汇票的折现率是每年 7.5%，VenezaCot 估计其加权平均资本成本为每年 28%，在贴现市场出售银行承兑汇票的手续费为面值的 2.5%。

如果持有该承兑汇票至到期，VenezaCot 公司能获得多少现金？你建议 VenezaCot 公司持有该票据至到期还是立即在日本银行承兑汇票市场上进行贴现？

12.**Swishing Shoe。**位于北卡罗来纳州达拉谟的 Swishing Shoe 公司收到来自英国南安普顿鞋业有限责任公司的 50 000 箱运动鞋的订单，货款用英镑支付。伦敦银行为南安普顿鞋业公司出具信用证，根据信用证条款，这批运动鞋将被运送至南安普顿鞋业公司。信用证列明这批货物的价格为 400 000 英镑，伦敦银行对南安普顿鞋业公司根据信用证规定出具的汇票进行承兑，承诺 120 天后付款。

伦敦120日期银行承兑汇票的折现率为每年12%，南安普顿鞋业公司预计本公司的加权平均资本成本为每年18%。在贴现市场出售银行承兑汇票的手续费为面值的2.0%。

a.与将银行承兑汇票立即贴现相比，Swishing Shoe公司将该票据持有至到期会更有利吗？

b.Swishing Shoe公司在此次交易中可能产生其他什么风险？

13.走出国门。假定英国对进口鞋征收10%的进口税，问题12中的Swishing Shoe公司意识到可以在爱尔兰加工鞋子再将其出口到英国，而不必支付进口税。Swishing公司在选择继续从南卡来罗纳出口还是在爱尔兰加工的过程中，应该考虑哪些因素？

网络练习题

1.信用证服务。世界各地的商业银行都为对外贸易提供各类服务，试了解一家主要的跨国银行（下文列出了其中的几个），判断该银行提供哪些类型的信用证服务和其他贸易融资服务。

美国银行	www.bankamerica.com
巴克莱银行	www.barclays.com
德意志银行	www.deutschebank.com
瑞士联合银行	www.unionbank.com
瑞士银行公司	www.swissbank.com

2.The Balanced World."平衡世界网站"类似于社交网站，人们在此讨论各类深刻而广泛的金融问题，涉及的金融和财务议题范围极广。

The Balanced World www.thebalancedworld.com

本章逻辑框架图

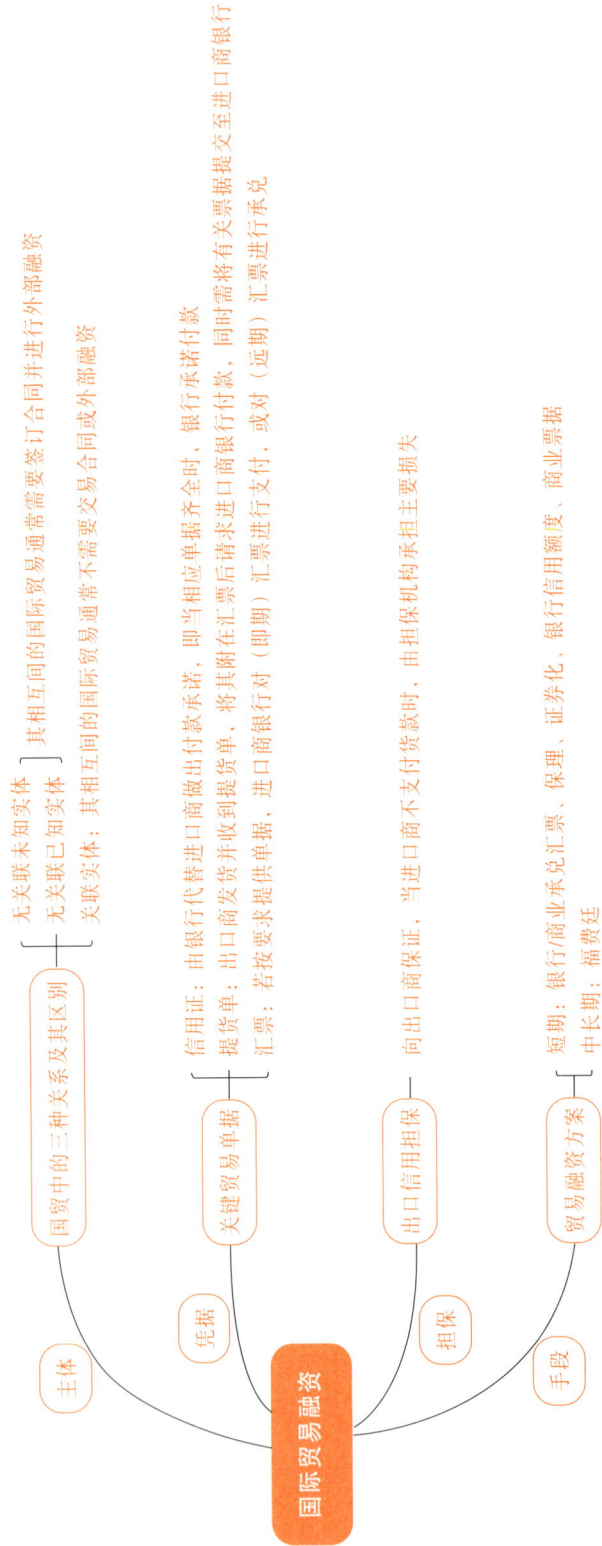

图表 15-11

本章逻辑框架图

国际贸易融资

主体 —— 国贸中的三种关系及其区别
- 无关联未知实体
- 无关联已知实体：其相互间的国际贸易通常需要签订合同并进行外部融资
- 关联实体：其相互间的国际贸易通常不需要交易要合同或外部融资

依据 —— 关键贸易单据
- 信用证：由银行代替进口商做出付款承诺，即写相应单据齐全时，银行承诺付款
- 提货单：出口商发货并收到提货单，将其附在汇票后请求进口商银行付款。同时需将有关票据提交至进口商银行
- 汇票：若按要求提供单据，进口银行对（即期）汇票进行支付，或对（远期）汇票进行承兑

担保 —— 出口信用担保
- 向出口商保证，当进口商不支付货款时，由担保机构承担主要损失

手段 —— 贸易融资方案
- 短期：银行商业承兑汇票、保理、证券化、银行信用额度、商业票据
- 中长期：福费廷

跨国投资决策

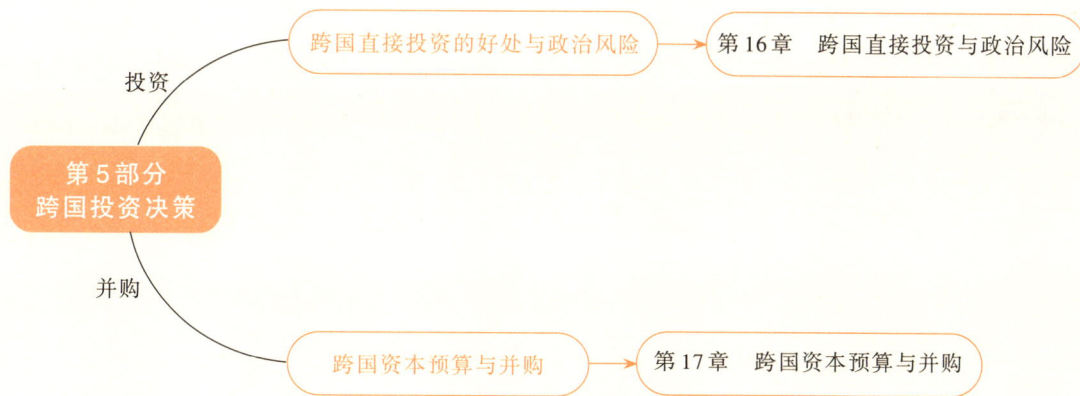

投资

跨国直接投资的好处与政治风险 → 第16章　跨国直接投资与政治风险

**第5部分
跨国投资决策**

并购

跨国资本预算与并购 → 第17章　跨国资本预算与并购

第5部分逻辑框架图

第 **16** 章

跨国直接投资与政治风险

> "人们需要的不是1/4寸的钻头，而是一个1/4寸的孔。"[①]
>
> ——西奥多·莱维特（Theodore Levitt），哈佛商学院。

学习目标

- ■ 论证关键竞争优势如何支持开始进行及维持海外直接投资的战略
- ■ 展示三优势范式（OLI）如何为全球化进程提供理论基础
- ■ 确定跨国公司决定投资目标国时的考虑因素
- ■ 阐明跨国投资方式的管理及竞争维度
- ■ 学习如何对跨国投资风险进行定义和分类
- ■ 分析公司特有的、国家特有的以及全球性的风险

课前阅读与思考

进行**对外直接投资**（Foreign direct investment，FDI）进而成为一个跨国公司的这种战略决策是从自我评价开始的。这种自我评价针对一系列问题，如公司竞争优势的性质、公司进入他国应使用和接受的商业形式及相应的风险，以及公司将面临的政治风险（包括宏观和微观的）。本章将探讨自我评价的一系列问题，以及在发达的工业市场和最具发展前景的新兴市场中，跨国公司应如何度量和管理政治风险。

章首的引导案例"来自新兴市场公司的竞争"强调了在全球经济中，新兴市场竞争的复杂性日益增长，并提醒我们：将来最具竞争力的跨国公司可能正产生于新兴市场。请带着你的思索和疑问，开启本章的学习和探索之旅吧！

引导案例

来自新兴市场公司的竞争

波士顿咨询集团（Boston Consulting Group，BCG）认为，是它们（来自新兴市场的公司）设法解决了通常与企业增长相关的三种权衡：销量还是利润；快速扩张还是低杠杆；增长还是股

---

① 译者注：市场营销学名言，意为：顾客想要的是某种产品所能实现的特定功能，而不是产品本身。

利。平均来说，这些挑战者的销售额增长速度比2005年以来的全球同业增长速度快3倍。同时，它们还将债务权益比率降低了3个百分点，并且在过去每年都实现了较高的股息支付率。

—— "Nipping at Their Heels: Firms from the Developing World Are Rapidly Catching Up with Their Old-World Competitors," *The Economist*, January 22, 2011, p.80.

所有公司，不论公众或私人、新或老、初创或成熟，近几年都听闻了同样的威胁：新兴市场的竞争对手即将来临。除了这种威胁，还有其他的阻力阻止这些公司的前进（或者说更快地前进），即无法以合理的成本筹集足够资本，无法进入更大和更有利可图的市场，无法在重视知名度和品牌标识的市场内竞争，以及无法实现全球性覆盖。现在，有大量市场预测者（领袖和咨询师）宣称，这些新的竞争者已经到来。BCG最近发布了一项分析①，将这些公司标记为"全球挑战者"、总部设在"重塑"既定经济秩序的快速发展经济体的公司。BCG将全球100家公司纳入名单，其中大部分来自巴西（13）、俄罗斯（6）、印度（20）、中国（33）（所谓的金砖四国）以及墨西哥（7），这些公司都是创新进取型的，这也在财务上证明了。

这些公司为股东创造的价值令人折服。2005年至2009年间，全球挑战者的总股东回报率（Total Shareholder Return，TSR）为22%；而它们的国际同行，来自工业化经济体、业务线可比的上市公司的TSR，仅为5%。BCG称，这些公司已经能够解决新参与者所面临的三种经典权衡，因而产生了这样的结果。这些战略权衡都颇具财务特征。

三种权衡

这三种权衡可以被定性为竞争力的三个财务维度——市场、融资和所提供的回报。

权衡＃1：销量还是利润

传统的商业思维认为，像沃尔玛那样的大规模、高市场销售额需要非常低的定价才能实现，进而使竞争者只能获得低利润回报。更高利润的产品和服务通常由专业的细分市场提供，这些服务可能成本较高，但是也因更高的价格和利润率而合理化。BCG认为，全球挑战者已经能够同时获取销量和利润——依靠其异常低廉的材料和劳动力成本，并结合发达国家市场中获取的最新技术与管理方法。

权衡＃2：快速扩张还是低杠杆

世界上大型的公司往往在获取资本方面拥有关键优势。这种优势使大型市场经济体，即资本主义经济体的公司能够获得充足且负担得起的资本。新兴市场公司的扩张常常因缺少实现其野心的资本而受阻。只有在进入了世界上最大的资本市场、接触到债权和股权的购买者之后，这些公司才能对与其有着直接接触的国家或地区的原有企业构成严重威胁。过去，对资本的获取意味着更高的债务水平和相关风险，以及更高杠杆带来的负担。

但是，全球挑战者们再次打破了这种平衡——它们通过按比例增加股权和债务，在不提高财务结构风险的情况下成长。最显而易见的方法是获得更多的负担得起的权益（通常是在伦敦和纽约）。

权衡＃3：增长还是分红

金融理论一直强调：成长型公司和价值型公司为投资者提供的机会和威胁有关键区别。成长型公司通常是规模较小的初创公司，其拥有基于新技术或服务的独特商业模式。它们有巨大的成长潜力，但需要更多时间、更多经验，以及更广泛、最重要、更充足的资本。这些公司的投资者

---

① "Companies on the Move, Rising Stars from Rapidly Developing Economies Are Reshaping Global Industries," Boston Consulting Group, January 2011.

知道高风险的存在，因此，其选择接受这些风险是因为其注重的是预期资本利得，而非股利分配。投资者也知道，这些公司（通常规模很小）的股价将随着业务发展而迅速变动。为此，公司必须保持灵活、迅捷，且不能有过多负债。

价值公司，对于成熟的或历史更长、规模更大、更健全的全球竞争对手来说，是种礼貌的称呼。价值公司的新业务发展、新市场或新技术的规模，往往不足以推动股价的大幅或快速上涨。根据代理理论，这些公司的投资者不相信管理层会通过承担充足风险来获取回报。因此，他们更希望公司承担一些财务负担来确保管理层的勤勉。这些财务负担通常是较高的债务水平、股息形式的利润分配。它们都能起到财务约束的作用，要求管理层保持对成本和现金流量的警惕以偿还债务，并保持足够的盈利能力以长期提供股息。

全球挑战者同样可以不顾及这种权衡，依靠自身更为充足和持续的现金流，它们能以与增长的或与更为成熟的公司接近的股息分配率分红。事实上，这可能是三个权衡中最容易完成的一个，因为全球挑战者已经拥有了较大的规模和强大的盈利能力。

后续的问题

许多人仍然抱有疑问。如果这些全球挑战者能够打败这些传统的财务权衡，那么它们能否克服诸多市场上诸多公司此前都曾面临的企业战略挑战呢？正如《经济学人》指出的："这一切令人印象深刻，但不可思议的是，这些权衡已经得到了'解决'。"[1]

许多新兴市场和快速发展经济体的分析师认为，这些公司不仅了解新兴市场，同时也展现了持续的创新能力和健康的财务状况。其他一些人认为，这三个因素似乎是同时性的，而非因果性的。然而，很显然，这些新的全球化企业大多来自大型的不发达且缺乏服务的市场——这些市场为其快速发展提供了良好基础。

许多这样的公司正迅速部署的策略是建立战略合作、合资企业，或签订股份互换协议[2]。通过采取这些形式，公司能在自身没有大规模增长的情况下获取竞争优势、全球合作伙伴、技术和市场准入。

但采用这些合作方式并不能直接解决持续存在的争议——企业是否能在不同的市场、多元化的全球性企业集团中成功发展不同的业务？虽然有的策略在过去被采用，但现在却不再常见。

问题

1.根据财务原则，三类权衡之间如何相互关联？

2.你认为这些公司是否真正解决了这些权衡，或者是否在这个发展阶段受益于一些其他的竞争优势？

16.1　维持和转移竞争优势

在决定是否进行跨国投资时，管理者首先应判断公司是否具备可持续的竞争优势，以使公司在本土市场具有竞争力。这种竞争优势必须是公司特有的、可转移的，并足够强大，从而才能弥补海外经营的潜在劣势（如外汇风险、政治风险和增加的代理成本）。

根据我们的观察，那些在海外投资取得成功的跨国公司具备的竞争优势包括：1）规模经济和范围经济；2）管理和营销专长；3）对研发的高度重视带来的先进技术；4）财务优势；5）差异化产品；6）在本土市场上的竞争力。

---

[1]　"Nipping at Their Heels: Firms from the Developing World Are Rapidly Catching Up with Their Old-World Competitors." *The Economist*, January 22, 2011, p.80.
[2]　"Big Emerging Market Mergers Create Global Competitors." Gordon Platt. *Global Finance*, July/August 2009.

16.1.1 规模经济和范围经济

规模经济和范围经济可能存在于生产、营销、融资、研发、运输和采购中。在这些领域，扩大规模能带来显著的竞争优势，不论这种做大依靠的是国内还是国际化经营。生产经济来自于大规模自动化机器设备的应用或全球分工带来的生产合理化。

举例来说，一些汽车制造商，如福特，根据不同地区的相对优势，将引擎、变速器以及车身的生产和装配分配到不同的国家，以实现生产制造的合理化。当公司规模能够支持公司使用最有效的广告媒体来创造国际品牌并建立全球分销、仓储和服务系统时，营销经济就出现了。获取品种齐全的金融工具和基金来源，如欧洲股票和欧洲债券市场，使公司能够创建融资经济。内部科研项目往往只在大公司才有，因为进行内部科研首先必须达到建立实验室和科研团队的最低规模门槛要求。运输经济属于需要运输的货物达到一整车或一整船的公司。采购经济来自大批量折扣和市场势力。

学与思 16-1 简要说明规模经济和范围经济如何存在于生产、营销、融资、研发、运输和采购等领域。

16.1.2 管理和营销专长

管理专长包括从人力和技术两个角度管理大型产业组织的技能，还包括现代分析技术的知识及其在职能部门中的应用。管理专长可以由此前在外国市场的经验发展而来。许多实证研究发现，跨国公司在海外建立生产设施前就已经开始出口。同样地，它们通过进口、特许经营、海外直接投资等方式积累了在外国获取原材料和人力资源的经验。如此一来，跨国公司可以部分地克服相对于东道国公司在地方知识上的劣势。

16.1.3 先进技术

先进技术包括科学和工程技术。不仅仅是跨国公司，绝大多数工业化国家中的公司都拥有发展军事或航天项目派生的新技术的优势。实证研究证实重视科技是跨国公司的重要特征。

16.1.4 财务优势

公司通过取得和维持全球资本的低成本和获得能力来建立财务优势。资本成本是公司进行国外直接投资和其他海外活动筹资的关键竞争性成本变量。处于高流动性资本市场中的跨国公司通常受益于此，而处于小型工业市场或新兴市场国家中的跨国公司也可以通过采取积极的战略来寻求海外证券和公司投资者。

中小型公司通常缺乏吸引外国（甚至本国）投资者的特征。它们对外国资本而言规模太小而不具吸引力。这限制了它们为外国直接投资提供资金，较高的资本边际成本也导致可获取更高回报的海外项目的数量较少。

16.1.5 差异化产品

公司通过生产和销售差异化产品来创造特有的优势。产品差异化来源于基于研发的创新或高昂的营销支出获取的产品识别度。此外，研发和营销可持续地产生稳定的新差异化产品源。竞争对手很难复制这些产品或需要为复制付出高昂的成本并面临时间上的滞后。在本国市场拥有差异化产品的公司可能会在国际市场进行推广，希望借此使高额研发和营销开支的回报最大化。

16.1.6　本土竞争力

相对而言，高度竞争的本土市场可以提高公司的竞争优势。这种现象被称为"国家竞争优势"，该概念由哈佛大学的迈克尔·波特（Michael Porter）首创，图表16-1中对此进行了总结。

一个公司在特定产业竞争中能否成功部分取决于适用于该产业的生产要素（土地、劳动力、资本和技术）的可得性。天然具备或能够创造这些适当的要素的国家能大量产生在本土或国际上都具有竞争力的公司。例如，在本土市场受到良好教育的劳动力能为高科技行业的公司带来竞争优势。本土市场上精明、挑剔的顾客能激发公司的营销、生产和质量控制能力。日本市场即如此。

图表 16-1　　　　　　　　　　　国家竞争优势

当一个公司生存于高度竞争的本土市场中时，它的竞争力会显著提高。本国竞争优势必须至少基于以下四个关键成分之一：

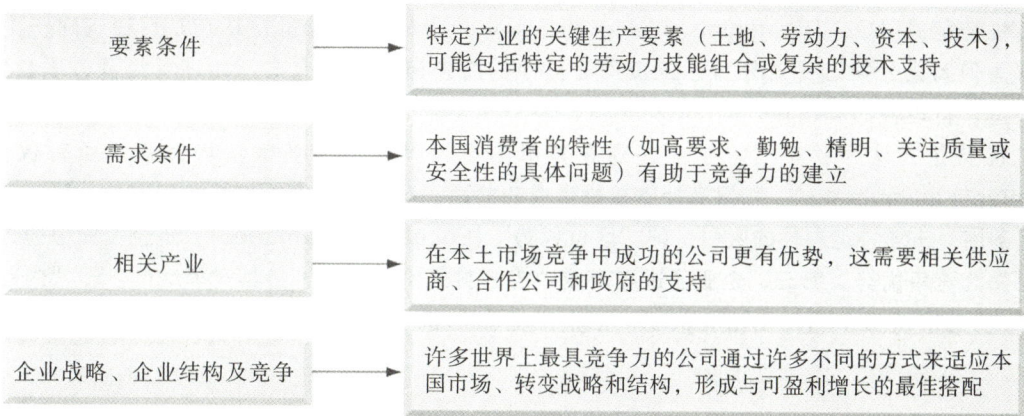

要素条件	→	特定产业的关键生产要素（土地、劳动力、资本、技术），可能包括特定的劳动力技能组合或复杂的技术支持
需求条件	→	本国消费者的特性（如高要求、勤勉、精明、关注质量或安全性的具体问题）有助于竞争力的建立
相关产业	→	在本土市场竞争中成功的公司更有优势，这需要相关供应商、合作公司和政府的支持
企业战略、企业结构及竞争	→	许多世界上最具竞争力的公司通过许多不同的方式来适应本国市场、转变战略和结构，形成与可盈利增长的最佳搭配

来源：基于迈克尔·波特在《国家竞争优势》（《哈佛商业评论》，1990年3月-4月）中描述的概念。

若公司所在的行业被一群挑剔的相关产业和供应商环绕，公司会因此变得更有竞争力。例如，一家电子公司处在一个优秀的氛围中，像在旧金山湾，它的周围都是高效而富有创造力的供应商，还能够接触到位于知识前沿的教育机构。

竞争性的本国市场迫使企业调整它们的营运及控制策略以适应特定的产业及国家环境。日本企业学会了组织实施著名的及时库存控制系统，其关键在于鼓励大量的分包商和供应商设址于总组装工厂的附近。

有时候，东道国市场可能规模并不大，竞争也并不激烈，但那儿的跨国公司仍通过外国子公司开发了全球性的利基市场（niche market）。寡头垄断市场中，全球竞争替代了国内竞争。许多斯堪的纳维亚、瑞士和荷兰的跨国公司就是如此，包括诺和诺德（丹麦）、海德鲁（挪威）、诺基亚（芬兰）、爱立信（瑞典）、阿斯特拉（瑞典）、ABB（瑞典/瑞士）、罗氏控股（瑞士）、皇家壳牌（荷兰）、联合利华（荷兰）以及飞利浦（荷兰）。

尽管缺乏竞争性本国市场，新兴市场也同样孕育了许多面向缝隙市场的了不起的跨国公司。这些公司中，有一类是由传统的自然资源（如石油、农业、矿产等）出口商逐渐转变而来的。这种转变的典型性开端是建立海外销售子公司、联合经营和战略联盟。这样的例子有巴西石油公司（Petrobras）、阿根廷石油公司（YPF）及墨西哥水泥集团（Cemex）。另一类公司是最近私有化的电信公司，如墨西哥电信公司和巴西电信公司。还有一些公司是由电子元件制造商起家的，正过渡到国外生产，如三星（韩国）。

学与思 16-2 一个国家的产品、生产要素，以及金融资产等市场的不完美反而能给跨国公司带来机会，大型跨国公司通常能够更好地利用市场的不完美。说明大型跨国公司主要有哪些竞争优势？

学与思 16-3 当企业决定去国外投资时，其通常是基于企业及其所在东道国的竞争优势。请说明企业和东道国都享有哪些竞争优势？

学与思 16-4 相对而言，高度竞争的本土市场可以增强公司的竞争优势。请解释"国家竞争优势"的含义。

16.2　三优势范式与国际化

三优势范式（OLI Paradigm，Buckley 和 Casson，1976；Dunning，1977）旨在构建一个框架来解释为何跨国公司选择对外直接投资而非其他的海外市场进入方式，如许可经营、联合经营、战略联盟、管理合约和出口。

三优势范式认为：第一，企业必须在其母国市场具备一些竞争优势，即"所有权优势"（Ownership advantages），如果海外直接投资成功的话，这些优势也能被转移到国外。第二，企业必须受到海外市场特定属性的吸引，即"区位优势"（Location advantages），是企业能够通过海外市场开发其竞争优势。第三，企业通过在产业中控制整条价值链来维持其竞争地位，即"内部化优势"（Internalization advantages）。以上三优势决定了企业选择海外直接投资而非许可经营或外包。

16.2.1　所有权优势

正如前文所述，企业必须在其母国市场具备竞争优势。这些竞争优势必须是公司特有的、不易复制的，并且以能够转移到海外子公司的形式存在。例如，规模经济和财务优势并非公司特有，因为许多其他公司也能实现或拥有。一些类型的技术也能轻易购买、授权或复制。哪怕是差异化产品也可能输给稍稍改变了版本的其他产品，如果其他产品在营销上下足功夫并且定价合适的话。

16.2.2　区位优势

典型的区位优势是市场不完全或能为特定地区吸引国外直接投资的比较优势。区位因素可能包括了低成本而高生产力的劳动力、独特的原材料供应来源、大型的当地市场、可以对抗其他竞争者的防御型投资，或者聚集了大量前沿技术。

16.2.3　内部化优势

理论上，公司维持特有竞争优势的关键是对专有信息拥有所有权和对能通过研究专长来产生新信息的人力资源有所控制。显然，大规模的研究密集性公司又一次具备了这一因素。

内部化策略成功的决定因素是交易成本的最小化。全资拥有海外直接投资项目能降低信息不对称带来的代理成本和信任缺失，对外国合伙人、供应商和金融机构的监控需求也有所降低。自筹资金使海外子公司无须像在当地或向合资伙伴融资那样遵守某些债务契约。如果跨国公司的全球资本成本较低而资本获得能力较强，为什么还要与资本成本也许更高的合资伙伴、分销商、特许经营者和当地银行分享利益呢？

16.2.4　财务策略

　　财务策略与三优势范式对跨国直接投资的解释有直接关系，见图表16-2。跨国公司的财务高管可以提前制定主动的财务策略，包括利用全球筹资的便捷性和低成本的资本，为争取财务补贴和/或税收减免以增加自由现金流而进行谈判，通过跨国直接投资减少财务代理成本并降低经营和交易风险。

　　如图表16-2所示，**被动的财务策略依赖于对市场不完全的发掘**。例如，跨国公司可以利用误定价的汇率和股价，还可以绕过阻止资金自由流动的资本管制，争取使企业的全球税收最小化的机会。

图表 16-2　　　　　　　　　　　　　　特定财务因素与三优势范式

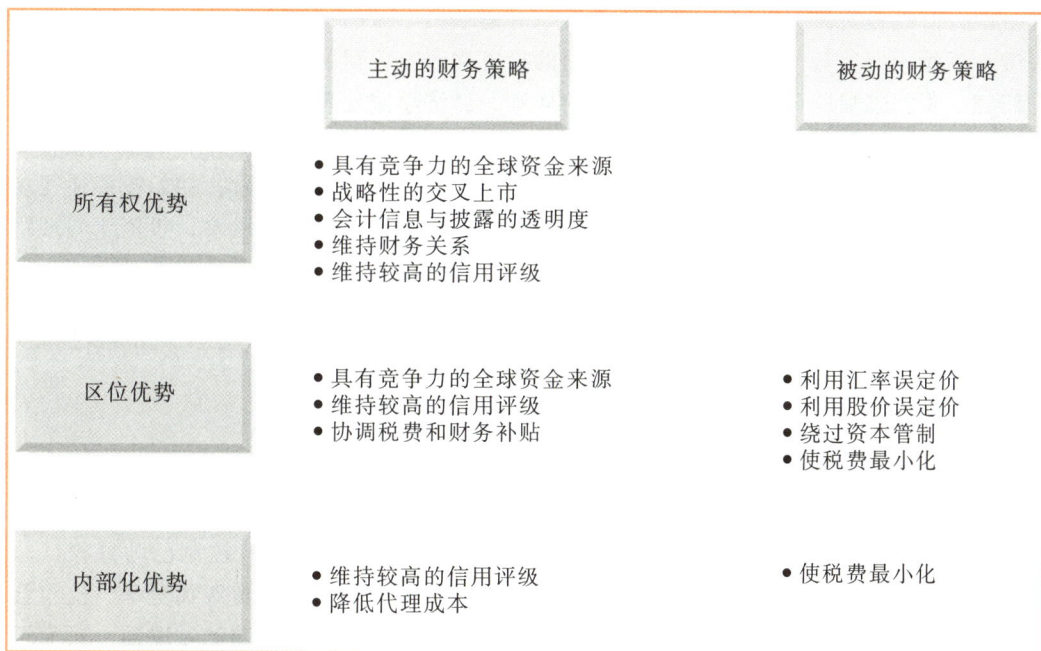

	主动的财务策略	被动的财务策略
所有权优势	• 具有竞争力的全球资金来源 • 战略性的交叉上市 • 会计信息与披露的透明度 • 维持财务关系 • 维持较高的信用评级	
区位优势	• 具有竞争力的全球资金来源 • 维持较高的信用评级 • 协调税费和财务补贴	• 利用汇率误定价 • 利用股价误定价 • 绕过资本管制 • 使税费最小化
内部化优势	• 维持较高的信用评级 • 降低代理成本	• 使税费最小化

学而思 16-5 随着一家公司从本土企业发展到真正的跨国公司，它必须考虑下列因素：1）竞争优势；2）生产位置；3）对国外子公司的控制类型；4）国外投资的资本额。解释以上各项因素对国外子公司成功经营的重要性。

学与思 16-6 三优势范式旨在构建一个框架来解释为何跨国公司选择对外直接投资而非其他的海外市场进入方式。解释新兴市场中跨国公司的财务策略为何与三优势范式有直接关系。

学与思 16-7 财务策略与三优势范式有直接关系。

　　a.说明主动的财务策略与三优势范式的关系；
　　b.说明被动的财务策略与三优势范式的关系。

16.3　决定在哪儿投资

　　选择首个海外投资地点的决策与其后的选择再次投资地点的决策有所不同。首次决策受到行为因素的影响。企业通过前几次的海外投资学习经验，这些经验会影响后续的投资。

　　理论上，企业需要确定其竞争优势，接着在全球范围内搜寻市场不完全和比较优势，直到找到一个目标国，让企业的竞争优势足以在该国赚取高于企业**要求回报率**（hurdle rate，企业对新投资的最低可接受回报率）的风险调整报酬率。

　　实践中，公司遵守行为理论中描述的一系列搜寻模式。人们收集和处理作出完全理性决策所需信息的能力有限，因此造成了有限理性。**这一现象导出了下述两个国外直接投资的行为理论——行为方法和国际网络理论。**

16.3.1　国外直接投资的行为方法

　　分析国外直接投资决策的行为方法的代表学者是瑞典学派的经济学家。瑞典学派对初始海外投资决策和后续投资决策（包括对其他目标国的投资和改变公司的国际参与结构）都进行了相当成功的研究。根据瑞典跨国企业国际化进程的样本，经济学家发现**企业往往首先投资于一个心理距离不那么远的目标国。心理距离近意味着目标国与其有相似的文化、法律和制度环境**，比如挪威、丹麦、芬兰、德国和英国。为了降低外国环境不确定性所带来的风险，初始投资往往规模较小。当瑞典企业从初始投资中汲取经验后，它们就开始愿意承担较大的风险，投资于心理距离较远的国家并扩大投资的规模。

　　学与思 16-8 相对于在目标市场上收购当地企业而言，在国外直接新建投资有哪些优缺点？

16.3.2　网络视角的跨国公司

　　随着瑞典跨国公司的成长和成熟，它们的国际参与度也有所提高，这常以*网络视角*（network perspective）的形式呈现。如今，每个跨国公司都被视为国际网络的一员，每个海外子公司和母公司本身都各自作为国际网络的一个节点。集权（等级制）控制已为分权（非等级制）所取代。**海外子公司之间、海外子公司与母公司之间都会为了获取资源而竞争，**这也会影响战略和再投资决策。**许多跨国公司成为了具有相互竞争的内外部网络的政治性联盟。**每家子公司（及母公司）也都嵌在东道国的供应商和客户网络中。最终，它们名义上仍属于母公司管控下的组织网络。更复杂的是，母公司本身可能还是跨国公司，即它所属的联盟或它的投资者地处好几个国家。

　　例如，ABB（Asea Brown Boveri）公司就是家瑞典–瑞士公司，国际化演变进程使它成为了一家两国所有的公司。ABB 公司是 1991 年由瑞典的 Asea 公司和瑞士的 Brown Boveri 公司合并而成的，两家公司都是电工、工程行业的国际市场主导者。ABB 公司拥有上百家外国子公司，并通过分权方式进行管理。ABB 公司扁平的组织结构以及所有权的跨国属性促成了地方自主、反应快速和分权化的 FDI 决策。尽管整体战略方向的制定是母公司的法律责任，但外国子公司能主导自身的决策。子公司的投入受其作为本国及国际产业网络一员的身份的重要影响。尽管 FDI 决策已经做了很多的计划和分析，但跨国公司仍常会遇到一些意想不到的挑战。

学与思 16-9 海外投资地点的决策受到行为因素的影响。

a.解释国外直接投资的行为方法；
b.解释国外直接投资的国际网络理论。

16.4　海外投资的模式

国际化进程包括一系列的决策：在哪儿生产？知识产权的归属和控制权由谁掌握？生产设备归谁所有？图表16-3提供了解释这些问题的路径图。

图表 16-3　　　　　　　　　FDI 的一系列问题：境外参与和投资

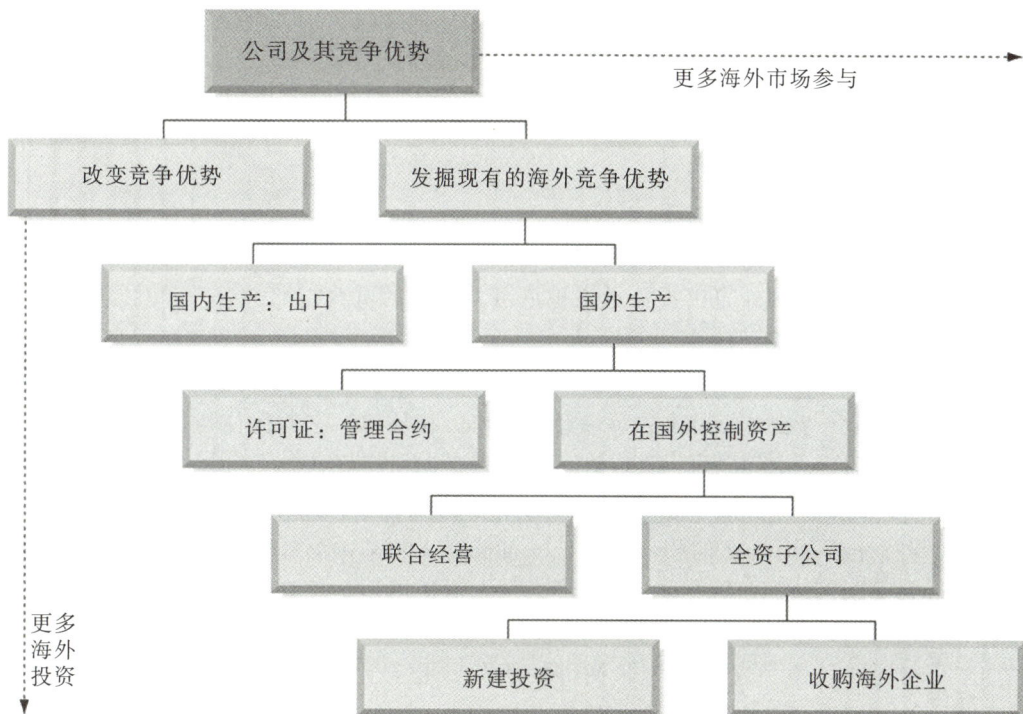

来源：改编自 Gunter Dufey and R. Mirus "Foreign Direct Investment：Theory and Strategic Considerations," unpublished，University of Michigan，1985.经作者许可后再版。版权所有。

16.4.1　出口和海外生产

将公司的海外活动局限于出口有几个好处。出口不会像国外直接投资、联合经营、战略联盟和许可经营那样带来特定的风险。出口能最小化跨国投资的政治风险，避免部分代理成本，如监管和评估海外单元的成本。出口的前期投资通常也低于其他海外参与方式。但出口仍伴随着外汇风险。相对于其他海外市场参与方式，如果大份额的出口（或进口）是在跨国公司和其外国子公司之间进行的，又能够降低出口的风险。

公司海外活动局限于出口也有其坏处。比起直接投资，仅仅出口使公司无法内部化并有效利用研发成果。如果国际上的模仿者和竞争者在海外生产和分销上有更高的成本效益，出口公司将面临丢失市场份额的风险。随着这些国际竞争者市场占有率的提高，它们可能反而侵占出口公司的本国市场。要知道，很多防御性的国外直接投资正是为了防止这种掠夺行为并抢先竞争者占领海外市场。

学与思 16-10 相对于国外投资生产，将公司的海外活动局限于出口有哪些优缺点？

学与思 16-11 对于要求严格控制技术知识的跨国公司而言，进入国外市场的最佳模式是什么？请解释。

16.4.2 特许经营和管理合同

特许经营是使公司能够从海外市场盈利的同时又不用投入大规模资金的一种流行的方式。由于外国厂商通常是该国本土企业，政治风险能够降到最低。近年来，许多东道国要求跨国公司出售分拆过的、非捆绑的服务，而非直接投资。这些国家希望本土企业通过管理合同获取管理、产品和要素市场方面的知识，以及通过许可经营购买技术。

特许经营的主要缺点是收取的许可费总额可能低于国外直接投资的利润，尽管其边际投资收益可能更高。其他缺点还包括：

- 质量控制不力可能造成损失；
- 在他国市场形成潜在竞争对手；
- 被许可方实现了技术进步，随之进军许可方本国市场的可能性；
- 可能失去日后通过国外直接投资进入被许可方市场的机会；
- 技术遭到窃取的风险；
- 高代理成本。

跨国公司通常不会与独立公司建立特许经营合作。相反地，它们往往与本公司下属的海外子公司或联营公司签订许可经营合约。收取许可经营费是向所有经营单元分摊公司研发费用的好办法，同时，相对于分红而言，收取特许经营费也更易于让一些东道国接受。

管理合同与特许经营有一定的相似之处——都能在无须高额海外投资的情况下从海外获得回报。管理合同可能减轻政治风险，因为将管理人员调遣回国不是件难事。国际咨询公司和工程公司通常通过管理合同来完成海外业务。

管理合同和特许经营（这二者为非捆绑的服务）是否比国外直接投资划得来取决于东道国为非捆绑的单项服务所支付的价钱。如果非捆绑服务的价格足够高的话，许多公司都倾向于通过该方式来利用市场的不完全，尤其是考虑到它更低的政治、外汇和商业风险。我们观察到跨国公司往往更青睐国外直接投资，所以我们必须假定出售非捆绑服务的价格仍旧太低。

为什么非捆绑服务的售价这么低呢？原因可能在于，它不具备以国外直接投资形式提供捆绑服务时所创造的那种协同效应。管理经验通常依赖于组织的支持因素的微妙组合，它无法有效地转移到海外。技术是个持续发展的过程，但许可往往只针对某个特定时点的技术。而最重要的是，通过分拆的方式出售或转移无法获得规模经济。根据规模经济的定义，它需要大规模的营运才能实现。在小型市场中相对大的经营规模也无法达到在大型市场中大规模经营带来的规模经济。

除去这些不利因素，还是有一些跨国公司成功地出售了非捆绑式的服务，例如向OPEC国家出售的管理经验与技术。对OPEC国家而言，虽然获取的是收益较少的非捆绑式的服务，它们仍愿意且有能力支付和国外直接投资（捆绑式服务）一样高的价格。

学与思 16-12 相对于国外投资生产，特许经营和管理合同有哪些优缺点？

16.4.3　联合经营和全资子公司

联合经营（Joint Venture，JV）指的是在海外业务中共享所有权。部分属于母公司的海外业务单元通常称为海外联营企业。所有权的 50% 或以上归属于母公司（达到控制）的海外业务单元通常称为海外子公司。联合经营通常指海外联营企业，而非海外子公司。

只有当跨国公司在东道国找到了合适的合作伙伴时，联合经营才是可行的。**合适的当地合作伙伴能带来一些显著的优势：**

■ 合作伙伴了解当地的风俗习惯和制度。跨国公司新建全资子公司时可能需要花上数年的时间才能掌握这些知识（新建投资从零开始，没有任何历史基础）。

■ 当地合作伙伴能提供到位的管理（不仅是高层，还包括中层）。

■ 如果**东道国**要求外国公司必须与当地公司或投资者共同投资，则全资所有不现实可行。

■ 合作伙伴的关系网络和声誉有助于企业进入东道国资本市场。

■ 合作伙伴可能拥有适用于当地环境或可在全球使用的技术。

■ 如果该投资意在销往当地市场，由当地投资方部分持股的公众形象能促进销售。

尽管有这些能打动人心的优势，联合经营却不如建立全资外国子公司常见，因为跨国公司担心当地合作伙伴会在一些关键领域有所干预。确实，对当地企业而言的最优选择对跨国经营整体而言可能是次优的。**最重要的潜在冲突或困难有：**

■ 如果选择了不当的合作伙伴，政治风险不减反增。当地伙伴必须是可信、合乎道德的，否则选择联合经营只会使原本的处境更糟。

■ 本国和外国合作方可能在发放现金股利的必要性、用留存收益还是新融资来支持增长等问题上产生分歧。

■ 可能在购买或出售产品或零部件给相关公司的转让价格问题上产生利益冲突。

■ 融资的管控也是个问题。跨国公司无法证明它在一国筹集的低成本资金用于其他国家的联营企业的正当性。

■ 公司在全球基础上使生产合理化的能力可能受到当地合作伙伴操作缺陷的影响。

■ 在当地交易的股份必须披露与当地经营成果有关的财务数据。然而，全资海外子公司无须做此披露。联营企业的披露使不必进行披露的竞争者形成了在战略设定上的优势。

此外，股权估值是困难的。当地合作方要为其持股付多少钱？投入的技术价值多少？如果所有土地都是国有的，那么投入的土地要如何计价？外国和本国合作方的资本成本、期望的必要回报率以及对于经营、外汇和政治风险所要求的溢价也基本不可能相似。尽管有多个投资者在投资组合中使用同一项投资，但这项投资对于其投资组合回报和方差的贡献值却大不相同。

16.4.4　战略联盟

战略联盟对不同参与方有着不同的意义。**跨国战略联盟的形式之一是，两家公司互相交换彼此的一部分股权。**如果公司的主要目的是将部分股权交到友好而稳定的一方手中，**这种战略联盟可能意在反收购。**若非此，则它仅仅是投资组合的一种形式。

在更综合的战略联盟中，除了交换股权，合作方还会建立一个单独的联营企业来发展和制造产品或服务。汽车、电子、电信和飞机产业中可以找到许多这样的战略联盟。这种联盟尤其适用于高科技产业，因为高科技产业的研发费用较高而且及时引入改进很重要。

第三层级的合作包含了联合营销和服务协议，约定在特定的市场中由一个合作方代表其他合作方。一些观察者认为这样的安排开始变得与19世纪二三十年代盛行的卡特尔相似。卡塔尔会减少竞争，因此在许多国际协议和国家法律中都被禁止。

学与思 16-13 各方参与者在形成战略联盟之前需要考虑哪些优势和劣势？

16.5 预测政治风险

跨国公司如何预测政治风险（如政府颁布对公司而言带有歧视性的或剥夺公司财富的法规）？公司必须首先定义和分类它可能会面临的政治风险。

16.5.1 定义和分类政治风险

为了识别、度量和管理政治风险，跨国公司首先需要对其作出定义和分类。在宏观层面，公司应评估东道国的政局稳定性和对外国投资者的态度。在微观层面，公司需分析本公司特定的行为是否会与东道国现有法规所体现的政府目标相抵触。然而，最艰巨的任务在于预测东道国政府目标重点的改变、为实施新目标而推出的新法规以及这些变化对公司运营有可能产生的影响。

图表16-4进一步归类了跨国公司面临的公司特有、国家特有及全球特有的政治风险。

图表 16-4　　　　　　　　　　　政治风险及其分类

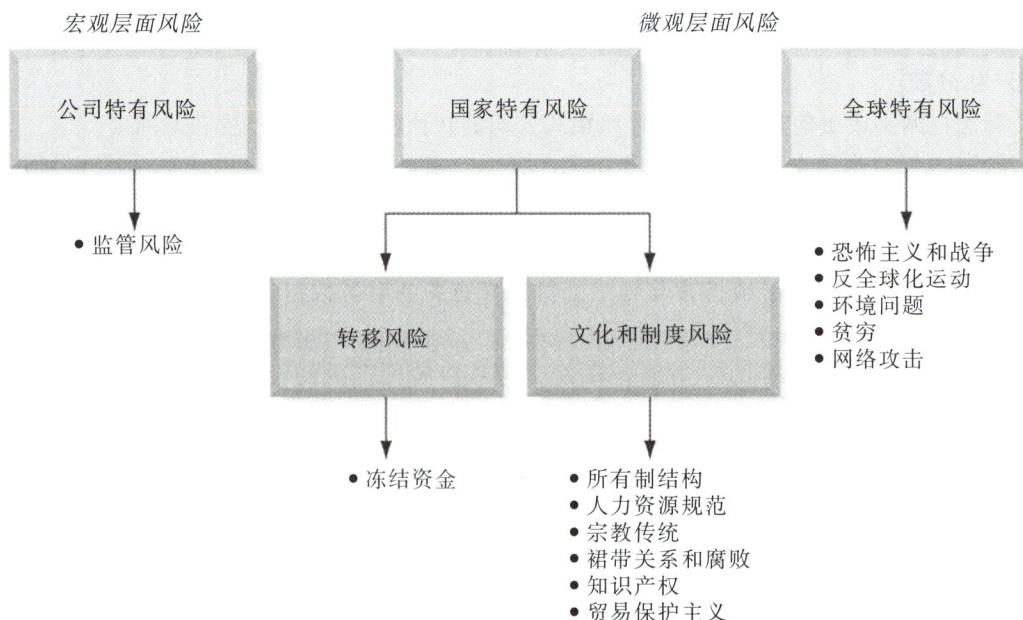

■ 公司特有风险，又称微观风险，是在项目或公司层面影响跨国公司的风险。由跨国公司和东道国政府的目标冲突而造成的监管风险是主要的公司特有政治风险。

■ 国家特有风险，又称宏观风险，国家特有风险虽在项目或公司层面影响公司，但其根源在于国家层面的因素。国家层面的两类主要政治风险为转移风险及文化和制度风险。文化和制度风险源于所有制结构、人力资源规范、宗教传统、裙带关系和腐败、知识产权以及贸易保护主义。

■ 全球特有风险在项目或公司层面影响跨国公司，但其根源在于全球层面的因素。全球风险的例子有恐怖主义、反全球化运动、环境问题、贫穷和网络攻击等。

这种分类方法与传统的根据经济、金融、政治、社会和法律学科分类的方法大相径庭。我们更青睐这种分类方法，因为它更易于识别政治风险并与现有的被推荐的战略结合起来以管理这些风险。

学与思16-14 跨国公司在作出国外投资决策之前，应该评估哪些微观以及宏观的政治风险？

16.5.2 预测公司特有风险（微观风险）

对跨国公司而言，评估东道国的政治稳定性仅仅是预测公司特有风险的第一步，因为真正的目标在于预测政治变化对于特定公司的活动所造成的影响。的确，在同一个国家运营的不同海外公司对东道国政策和法规变化的承受度可能相差甚远。我们总不可能认为肯德基和福特承受的风险相同。

公司特有政治风险需要由专业的政治风险分析师在内部"量身定制"加以研究。在发现外部专业风险分析师几乎不会对任何一组国家的宏观政治风险达成共识后，这种内部分析的需求进一步增强。

内部政治风险分析师将特定国家的宏观风险属性与客户公司的特定特征和承受度相联系。矿产采掘企业、制造企业、跨国银行、私人保险公司和全球连锁酒店以根本上不同的方式暴露于政治性约束。就算是做了最好的公司特有风险分析，跨国公司也不能保证政治或经济形势不会改变。因此，有必要提前规划好预防措施以使预期外变化造成损害的风险最小化。

16.5.3 预测国家特有风险（宏观风险）

宏观政治风险分析仍是个新兴的研究领域。 学术、产业和政府政治家都在为跨国公司、政府外交政策决策者和国防规划者的利益而对其进行研究。

政治风险研究通常包括对所讨论国家的历史稳定性、现存动荡和不满的迹象、经济稳定性的迹象以及文化和宗教活动的趋势的分析。数据收集方式通常为：阅读当地报纸、收听广播和电视、阅读外交人士的出版物、利用优秀的专家顾问的知识、联系其他近期在该国经商的商人并最终进行实地访问。

虽然这些收集行为令人印象深刻，但对公司、外交和军事的预测记录却往往不尽如人意。不论是政治还是经济，人们预测的趋势往往是现有形势向未来期间的延续。对灾难性的方向变化的预测少之又少。又有谁预测出了1998年印度尼西亚总统苏哈托的下台？全球财务管理实务16-1为我们展示了2011年埃及的公众抗议事件，提醒我们风险的存在和市场察觉脆弱性后的种种反应。

尽管预测国家风险困难重重，跨国公司还是必须尝试进行预测以防范于未然。许多机构服务商都提供定期更新的国家风险评级。

16.5.4 预测全球特有风险（宏观风险）

全球特有风险比前两类政治风险更难以预测。 没人能预测得到2001年9月11日美国世贸中心和五角大楼的意外袭击（9·11恐怖袭击）。另一方面，该事件的后果，即对恐怖主义宣战、保障美国国土安全和摧毁部分阿富汗恐怖分子网络，却是可以预知的。不过，经过该事件，我们开始预期未来还会有意外的恐怖袭击事件发生。尤其是在美国的跨国公司，它们不仅受基地组织威胁，还受到其他一些无法预测的利益集团的威胁，这些集团意图通过恐怖或暴行来发展反全球化、环保甚至是无政府主义等。由于对恐怖主义的预测有很大需求，预期将会出现许多类似于国家特有风险指数的新指数，用于给不同种类的恐怖威胁、恐怖威胁的位置和潜在目标评级。

课堂延展阅读

全球财务管理实务16-1　　　　　　　　**阿帕奇公司饱受埃及抗议打击**

　　2011年1月和2月，埃及发生的抗议使阿帕奇公司（NYSE：APA）的市值蒸发了数亿美元。这家美国石油勘探和生产公司在埃及进行了大规模的投资和运营，2011年初埃及的政治动乱使公众开始抛售阿帕奇的股份。尽管石油和天然气的生产在该时期并没有遭到破坏，阿帕奇还是从埃及撤回了所有外派员工。埃及分部约占2011年阿帕奇公司收入的30%、总产量的26%以及石油、天然气探明储量估计值的13%。

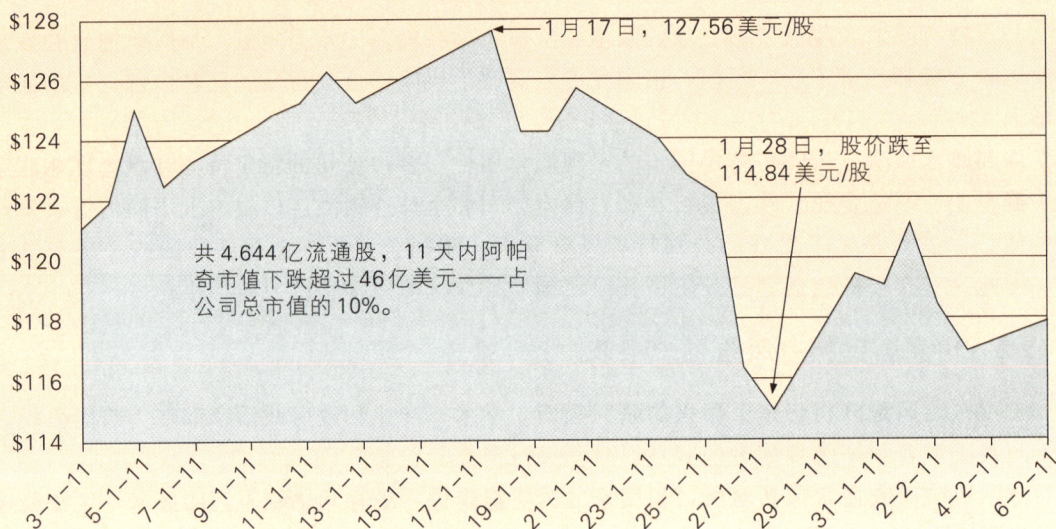

图中标注：1月17日，127.56美元/股
1月28日，股价跌至114.84美元/股
共4.644亿流通股，11天内阿帕奇市值下跌超过46亿美元——占公司总市值的10%。

学与思16-15 主权信用风险属于微观风险还是宏观风险？它将给跨国公司带来哪些影响？

16.6　公司特有政治风险：监管风险

　　跨国公司所面对的公司特有政治风险包括外汇风险和监管风险。不同的经营和外汇风险在第9、10章中详述，我们在此只讨论监管风险。

　　跨国公司的监管风险通过其在一国法律和政治环境中对运营执行有效控制的能力来度量。对跨国公司而言，监管与合并盈利能力相似——不仅必须在个别商业单元和子公司层面提出，同时也要在跨国公司整体层面上提出。

　　跨国公司子公司层面最重要的监管风险源于东道国政府的真正目标与在其势力范围内运营的**私有公司的目标之间的矛盾**。政府通常响应包括公民在内的支持者。公司响应包含公司所有者和其他股东在内的支持者。这两类不同的支持者的有效需求不一致，但政府是规则的制定者。因此，通过正常的行政和立法，政府对私有公司的活动施加限制。

历史上，跨国公司和东道国政府目标上的冲突在以下几个方面出现过：公司对经济发展的影响、公司被认为侵犯国家主权、东道国关键产业受外国控制、是否与本土利益集团分享所有权和控制权、对东道国收支平衡的影响、对外汇价值的影响、对出口市场的控制、聘用本土还是海外的高管和工人，以及自然资源开采。支持自由企业还是国家社会主义的观点、支持民族主义或国家主义的程度以及在决定适当的经济和金融行为时宗教观点的地位，都使面对冲突的态度带上了不同的色彩。

最好的目标冲突管理方法是预测问题并预前谈判。 不同的文化对是否尊重从前的"契约"有着不同的行为准则，尤其是与之前的政府达成的契约。虽然如此，相对于忽视不同目标随时间变化的可能性，预先就所有能想到的争议领域进行谈判能为双方未来的成功打下更好的基础。预先谈判的过程一般包括达成投资协议、购买投资保险和担保，以及为投资决策后的经营阶段设计降低风险的经营策略。

学与思 16-16 请说明当跨国公司进入一个新国家时，可采用哪些方法应对治理风险。

16.6.1 投资协议

投资协议约定了外国公司和东道国政府双方的特定权利和责任。谋求发展的东道国政府寻求跨国公司的投资，同时跨国公司寻求特定的海外布局。双方都有选择空间，所以适宜进行谈判。

投资协议应约定财务策略和管理事项，具体包括：

- 资本汇回本国的形式，如分红、管理费、特许使用权费、专利费或贷款还款；
- 设置公司内部转让价格的基础；
- 向他国市场出口的权利；
- 建立或资助社会和经济项目（如学校、医院和退休制度）的义务；
- 征税办法，包括税率、税种和税基确定方式；
- 进入东道国资本市场的许可，尤其是长期借贷；
- 允许100%外资所有或要求本国投资者参与（联合经营）；
- 价格控制（适用于销往东道国市场时）；
- 使用当地资源或进口原材料和配件的要求；
- 允许雇佣外派管理和技术人员，允许外派人员及其个人财产在入境时免交过高的进口关税；
- 争端仲裁的条款；
- 撤资计划的相关条款，表明经营中的公司应如何定价及向谁出售。

学与思 16-17 投资协议约定了外国公司和东道国政府双方的特定权利和责任。投资协议中应约定的财务政策主要包括哪些方面？

16.6.2 投资保险和担保：OPIC

跨国公司有时可以通过购买保险和担保计划将政治风险转移给东道国的公共机构。许多发达国家有这样的计划，以保护本国企业在发展中国家的投资。

美国投资保险和担保计划由政府所有的海外私人投资公司（Overseas Private Investment Corporation，OPIC）管理。成立OPIC的目的是调动和促进美国私人资本和技术参与推动友好的欠发达国家和地区的经济和社会进步，从而作为美国的发展援助。OPIC分别为四种不同类型的政治风险提供保险：

1. 无法转换风险，是指投资者无法将利润、收取的相关使用费或其他收入以及投资的原始资本转换为美元的风险。

2. 没收风险，是指东道国政府采取特定措施，在一年内不允许投资方或外国子公司对财产进行有效控制的风险。

3. 战争、革命、暴动和内乱，其保险的赔偿范围主要为被保险人物质财产的损害，但在某些情况下，外国子公司由于战争而无法偿还贷款造成的损失也会得到补偿。

4. 企业收入保险则为政治暴力事件直接造成企业资产损坏而导致的营业收入损失提供赔偿。

学与思 16-18 回答下列问题：

   a. 什么是OPIC？

   b. OPIC可以为哪些类型的政治风险提供保险？

16.6.3 国外直接投资决策后的运营策略

虽然投资协议规定了外国投资者和东道国政府的义务，但是协议经常会随着环境变化而作出修订。环境变化可能是经济上的，也可能是由东道国政府内部政治变化引起的。如果公司严格遵守原始协议的法律解释，它可能会发现，东道国政府先是在协议未涵盖的领域施加压力，然后再重新诠释协议以使其符合该国的政治现实。为了自身的利益，大多数跨国公司都会尽可能地遵循一个原则——适应东道国政府要务的改变。这种适应的本质在于预测东道国的要务，并确保公司的业务对东道国而言具有持续的价值。这种方法假定东道国政府理性地追求国家利益，并且基于公司应该减少双方目标冲突的想法。公司可以通过谨慎地制定生产、物流、营销、财务、组织和人员政策来提高未来的谈判地位。

学与思 16-19 以下的经营战略预计可降低由政治风险导致的损失，解释每种战略是如何降低政治风险所可能带来的损失的：

   a. 当地采购；

   b. 工厂选址；

   c. 技术控制；

   d. 小额股本；

   e. 多重来源借款。

16.6.4 本地采购

东道国政府可能要求外国公司在当地购买原材料和零部件，以最大化增值效益和增加当地就业。从外国公司努力适应东道国目标的角度来看，当地采购会降低政治风险（尽管这还需要与其他因素进行权衡）。局部罢工或其他动乱可能会使运营中止，诸如质量控制、由于缺乏规模经济而导致的高本地价格以及不可靠的交货计划等问题也变得重要起来。通常，通过当地采购，跨国公司以提高财务和经营风险为代价来降低政治风险。

16.6.5　设施位置

跨国公司可以通过生产设施的选址使风险最小化。不同生产阶段的选址可能自然而然地呈现资源导向、不受约束或市场导向。例如在波斯湾、俄罗斯、委内瑞拉和印度尼西亚及其周围地区钻探石油，钻探的地点别无选择。提炼则是不受约束的；提炼设施可以很容易地移动到另一个位置或国家。可能的话，石油公司会在政治安全的国家（如西欧）或小岛屿（如新加坡或库拉索）建造炼油厂，尽管在油田附近提炼能降低成本。它们提高了运输和炼油成本，以降低政治风险和财务风险。

16.6.6　控　制

对于运输、技术、市场、品牌和商标的控制是管理众多政治风险的关键。

运输

控制运输一直是降低政治风险的重要手段。有时，控制越过国家边界的石油管道、油轮、矿石船、冷藏船和铁路能影响国家和公司的谈判能力。

技术

控制关键性专利和程序是降低政治风险的可行方法之一。如果东道国不能独立经营工厂（因为它没有技术人员能够运行某些程序或者跟不上不断变化的技术），它就不可能废除与外国公司的投资协议。当外国公司正逐步改进技术时，使用技术控制的效果最好。

市场

市场控制是提高企业谈判地位的常见策略。尽管欧佩克在20世纪70年代时提高成员国原油价格之举十分有效，但营销仍然由国际石油公司自己控制。欧佩克对石油公司的需求限制了其成员国对条件的决定权。近年来，欧佩克成员国已经各自建立了一些营销网点，如科威特在欧洲建立了大量连锁Q8加油站。

对制成品出口市场的控制也是跨国公司和东道国政府之间的博弈手段之一。跨国公司在服务于世界市场时更愿意自己选择物料来源，它们会基于生产成本、运输、关税壁垒、政治风险和竞争等方面的考虑来作出决定。对跨国公司而言，能最大化长期利润的销售模式对东道国而言往往无法最大化出口或增值。有些人会认为，如果一家工厂由当地国民拥有并且不是全球整体系统的一部分，东道国将能出口更多的货物。也有人持相反的论点，认为本国公司可能永远无法获得海外市场份额，因为它们不具备生产方面的规模经济，且缺乏在外国市场营销的能力。

品牌和商标

控制品牌或商标具有与控制技术几乎相同的效果。跨国公司能垄断这种也许不具有实质价值但却代表了消费者眼中的价值的东西。能够以世界品牌进行市场营销对于当地公司而言是颇具价值的，因此这是维持投资地位的重要议价因素。

16.6.7　低股权比例

外国子公司可以通过低股权和高地方债务的结构来融资。如果借款来自当地银行，东道国政府削弱公司财务可行性的举措也会危及当地债权人。

16.6.8　多来源借款

如果企业必须从外国借款，它可以从多个其他国家的银行借款，而不仅仅是东道国银行。例如，如果债权人为东京、法兰克福、伦敦和纽约的银行，这些国家的国民就会为既有利益而支持借款公司在财务上保持强大。如果美国的跨国公司同时还欠着其他国家的资金，美国和东道国政府之间的争端就不太可能导致东道国政府对公司采取行动。

16.7　国家特有风险：转移风险

特定国家的风险会影响所有位于该国的本国和海外公司。图表16-5展示了特定国家内大多数的当代政治风险的类别。**主要的国家特有政治风险包括转移风险、文化风险和制度风险。本节重点介绍转移风险。**

16.7.1　冻结资金

转移风险是指跨国公司资金转入和转出东道国受到限制的风险。当政府外汇紧缺，并且无法通过借款或吸引新的外国投资获得额外资金时，它往往会限制外汇向国外转移，我们称之为冻结资金。理论上，这种限制不是对外国公司的歧视，因为它施加于所有公司；但在实践中，外国公司由于其外国所有权而受到更大影响。根据外汇短缺的程度，东道国政府可能仅要求所有资金外流时须经过许可，从而保留其权利以使稀有的外汇优先用于必需品，而非奢侈品。在非常严重的情况下，政府可能禁止本国货币转换为外国货币，从而完全阻止资金转移到国外。处于以上两种情况之间的政策为对分红金额和时间、债务摊销、使用费和服务费施加约束。**跨国公司可以在三个阶段对冻结资金的潜在可能作出反应：**

1.在投资之前，公司可以分析冻结资金对预期投资回报率、期望财务结构以及与子公司的最优关系的影响。

2.在运营期间，公司可以尝试通过各种重新安排的手法来转移资金。

3.无法转移的资金必须以能避免由于通货膨胀或汇率下跌而导致实际价值受损的方式在当地进行再投资。

学与思 16-20 跨国公司为什么会在限制转移资金的国家中投资经营？它们应该如何应对突发的资金转移风险？

16.7.2　采取预测冻结资金的投前策略

管理层可以在其资本预算分析中考虑冻结资金。暂时性的资金冻结通常会降低计划投资的预期净现值和内部收益率。是否应该进行投资取决于预期回报率（在存在冻结资金的情况下）是否超过相同风险等级的投资所要求的回报率。投前分析还需要考虑这种可能性：通过使用当地借款而不是母公司权益、互换协议或其他方法来融资，从而减少该国货币持有量即减少资金汇回的需求。与子公司的采购和销售关系可以预先确定，以最大化转移冻结资金的可能性。

图表 16-5　　　　　　　　　　　　　　　　国家特有风险的管理策略

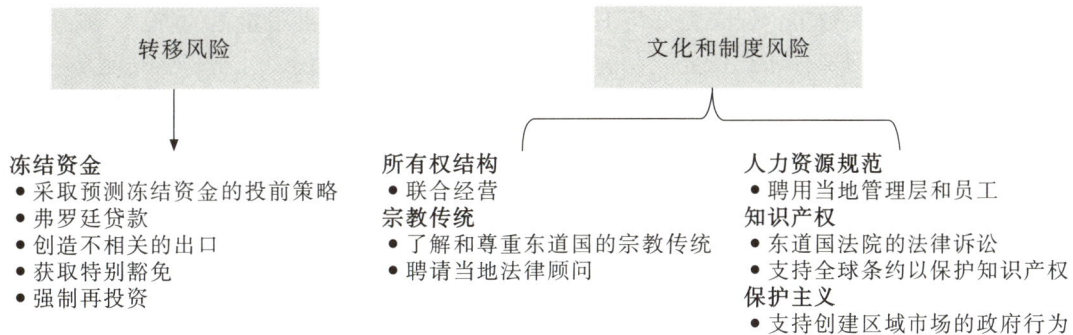

```
┌─────────────────────┐                    ┌─────────────────────┐
│      转移风险        │                    │    文化和制度风险     │
└─────────────────────┘                    └─────────────────────┘
```

冻结资金
- 采取预测冻结资金的投前策略
- 弗罗廷贷款
- 创造不相关的出口
- 获取特别豁免
- 强制再投资

所有权结构
- 联合经营

宗教传统
- 了解和尊重东道国的宗教传统
- 聘请当地法律顾问

人力资源规范
- 聘用当地管理层和员工

知识产权
- 东道国法院的法律诉讼
- 支持全球条约以保护知识产权

保护主义
- 支持创建区域市场的政府行为

16.7.3　转移冻结资金

跨国公司如何从有汇兑或汇款限制的国家转移资金呢？常用策略至少有如下六种：

1. 提供用于遣返资金的替代渠道；

2. 通过在跨国公司的相关单位之间转移定价的商品和服务；

3. 提前和滞后付款；

4. 签署弗罗廷贷款（fronting loans）协议；

5. 创造不相关的出口；

6. 获取特别豁免。

弗罗廷贷款

弗罗廷贷款（fronting loan）是母子公司之间利用金融中介机构（通常是大型国际银行）进行的贷款。弗罗廷贷款不同于第 10 章中讨论的"平行"或"背对背"贷款，后者是银行系统以外的两家企业之间进行的抵销贷款。而弗罗廷贷款有时被称为连锁融资。

在集团内部的直接贷款中，母公司或姐妹公司直接向子公司提供贷款，之后由子公司偿还本金和利息。而**在弗罗廷贷款中，母公司或姐妹公司在金融中介（例如伦敦银行）存放资金，该银行再向外国子公司提供相同金额的贷款**。从伦敦银行的角度来看，贷款是无风险的，因为银行 100% 地以母公司的存款作为抵押品。**实际上，银行在母公司的前面（front）**——弗罗廷贷款因此得名。子公司向银行支付的借款利率通常略高于银行向母公司支付的存款利率，从而允许银行从中盈利。

弗罗廷贷款所选择的银行通常位于中立国家，不在贷款人和借款人所在国的法律管辖范围内。如果母国和东道国之间发生政治争端，使用弗罗廷贷款能增加还款概率。政府当局更可能允许当地子公司向中立国家的大型国际银行偿还贷款，而不允许其直接向母公司偿还贷款。限制向国际银行还款将损害国家的国际信用形象，而限制向母公司还款并不会，反而有助于形成国内的政治优势。

创造不相关的出口

另一种方法是创造不相关的出口，使子公司和东道国都能受益。**严格外汇管制的主要原因通常是东道国长期无力赚取硬通货，跨国企业为东道国创造新出口有助于情况好转，并能提供转移资金的潜在途径。**一些新的出口可以由现有的生产力创造，仅需要很少乃至不需要额外的投资，尤其当它们属于与现有经营相关的产品线时。其他的新出口可能需要再投资或新资金，但如果已冻结的资金能用于再投资，考虑到机会成本，损失微乎其微。

特别豁免

如果其他方式都失败了，但跨国公司正投资于对东道国经济发展很重要的行业，则该公司可以争取特别豁免以汇回部分冻结资金。在电信、半导体制造、仪器仪表、制药或其他高科技行业的公司可能比成熟行业的公司更受优待。优待金额取决于知情方、政府和商业公司之间的谈判，其中任意一方如果对条款不满，都可以自由退出拟议的投资。

自我实现预言

为冻结资金寻找"逃离路线"，或者使用本章中讨论的技巧来处置资金，可能会使跨国公司增加政治风险，并导致资金从部分冻结变为完全冻结。只要公司采取行动来阻止政府政治性控制的根本意图，无论该行动的合法性如何，这种"自我实现"循环的可能性就会一直存在。

强制再投资

如果资金的确禁止转为外汇，那么它们就成了"再投资"。在这种情况下，企业必须在当地找到合适的投资机会，以使给定可接受风险水平下的回报率最大化。

如果预计冻结是暂时性的，最显而易见的选择是投资于本地货币市场工具。不幸的是，在许多国家，这些工具的数量或流动性依然不足。在某些情况下，国库券、银行存款和其他短期工具的收益率被人为压低（相对于当地通货膨胀率或汇率的潜在变化而言）。因此，企业在被冻结期经常丧失其实际价值。

如果无法进行短期或中期的证券投资，例如债券、银行定期存款或直接借款给其他公司，则投资额外的生产设施可能是唯一的选择。通常，这种投资正是东道国希望通过其外汇管制达到的——尽管外汇管制的存在本身对额外的外国投资起到抑制作用。我们列举几个强制直接再投资的例子：在秘鲁，有航空公司投资旅馆，并为其他航空公司提供维修设施；在土耳其，有鱼罐头公司建造工厂制造用于包装的罐身；而在阿根廷，有一家汽车公司通过收购供应商拥有的变速器制造厂来进行垂直整合。

如果缺少额外生产设施的投资机会，则可以简单地使用资金购买预期会随着当地通货膨胀而增值的其他资产。典型的购买标的可能是土地、办公楼或出口到全球市场的商品。即便是堆积的库存也有可能是一种合理的投资，因为冻结资金的机会成本很低。

16.8 国家特有风险：文化和制度风险

在投资某些新兴市场时，来自工业化程度最高的一些国家的跨国公司会由于文化和制度差异而面临较高风险。这样的差异有许多，包括：

- 法律允许的所有权结构的差异
- 人力资源规范的差异
- 宗教传统的差异
- 东道国的裙带关系和腐败
- 知识产权保护
- 保护主义
- 法律责任

16.8.1 所有权结构

历史上，许多国家要求跨国公司将其国外子公司的所有权与当地公司或公民共享。因此，合资企业是跨国公司在某些国家运作的唯一方式。曾经要求多数本国所有权的典型国家包括：日本、墨西哥、中国、印度和韩国。近年来，这些国家和大多数其他国家已经消除或修改了这一要求。然而某些行业中，外国投资者仍然完全被排除在外，或者必须仅作为少数股东。这些行业通常与国防、农业、银行或其他被认为对东道国至关重要的部门有关。

16.8.2 人力资源规范

东道国往往要求跨国公司雇用一定比例的东道国公民，而不能以外国员工为主。东道国劳动法和工会合同通常使跨国公司很难解雇当地雇员。缺乏根据商业周期变化而缩减规模的灵活性，会使跨国企业及其本地竞争对手都受到影响，因此其同样是一种国家特定风险。文化差异也会约束跨国公司的用人政策。例如，在许多中东国家，女性管理者很难被当地雇员和管理者所接受。塔利班掌权时期的阿富汗就是性别歧视最极端的例子。自2001年底塔利班垮台以来，已经有一些女性被推举在阿富汗政府担任要职，预计随着时间的推移，阿富汗的私营部门也将重新开始将女性纳入劳动力队伍。

16.8.3 宗教传统

跨国公司可能会遇到这样的东道国环境——国家的政治态度、由政治态度造就的商业态度与宗教信仰相互交织，与跨国公司的商业实践产生冲突。然而，尽管存在宗教差异，跨国公司在新兴市场中仍能经营成功，尤其是在采掘和自然资源行业，如石油、天然气、矿产和森林产品等。其主要战略是了解和尊重东道国的宗教传统。

16.8.4 裙带关系和腐败

跨国公司必须在重要的投资国处理地方性裙带关系和腐败问题。印度尼西亚在苏哈托政府当权时曾以裙带关系和腐败闻名。尼日利亚、肯尼亚、乌干达和其他一些非洲国家在二战、结束殖民统治之后，也都曾有过裙带关系和腐败盛行的历史。

即使是工业化程度很高的国家，往往也存在贿赂问题。事实上，美国颁布了对向外国政府官员行贿的美国企业管理者判刑的反贿赂法。在发现有美国飞机制造商试图贿赂日本高级政府官员后，该法规得以通过。

跨国公司陷入了两难：如果它们的当地竞争对手行贿，它们是否也应当采取这种策略？普遍的反应是：绝不。大多数跨国公司在全球经营业务时都遵循同一套原则和做法。这些原则和伦理是通用的，而不是视具体情况而定的。无论竞争对手做什么或不做什么，跨国公司都必须遵循自己的原则——即使这意味着丢失业务。

学与思 16-21 跨国公司被其母国以及业务所在国当地的反贿赂、反童工和反腐败法律禁止从事不道德的交易。随着全球对道德担忧的加剧，跨国公司如果将部分业务外包给容易腐败的供应商，可能会带来声誉风险。请简要讨论跨国公司如何限制这些风险。

16.8.5 知识产权

跨国公司和个人的知识产权曾在一些东道国受到流氓企业的侵犯。知识产权被授予专利技术和受版权保护的创新材料的专有使用权。专利技术包括独特的产品、加工技术和处方药物等。受版权保护的创新材料包括软件程序、教材（教科书）和娱乐产品（例如音乐、电影、美术）等。

跨国公司和个人需要通过法律程序来保护其知识产权。然而，在一些国家，法院不曾公平地保护过任何人（更不用说跨国公司）的知识产权。在这些国家中，法律程序的成本高昂，并且服务于行贿者。

大多数的主要国家批准了保护知识产权的《与贸易有关的知识产权协定》（The agreement on Trade-Related Aspects of Intellectual Property Rights，TRIPS）。东道国政府是否能使其官员致力于消除知识产权盗版仍有待观察。这个任务的复杂之处在于如何划定被保护的实际项目与该项目的通用版本之间的界限。

16.8.6 保护主义

保护主义（protectionism）是指一国政府试图通过诸如关税或其他进口限制等方法来使本国的某些特定行业免受来自外国企业的竞争。受保护的通常是国防、农业和一些"初生"行业。

国防

即使是在开放市场的支持者如美国，有意收购其关键国防供应商的公司也不会受到欢迎。许多其他国家也持相同态度，例如，法国一直希望维持独立的国防能力。

农业

农业是另一个敏感的行业。没有跨国公司会愚蠢到试图在日本收购农业财产，如稻米经营企业。日本一直努力保持独立为本国人口提供粮食的能力。农业是典型的"地球母亲"行业，大多数国家都希望为自己的公民保护这些行业。

"初生"行业

传统的保护主义观点认为，新兴的"初生"产业需要得到保护以免受外国竞争，直到它们牢固确立。该论点通常要求限制进口，但不一定针对跨国公司。

事实上，大多数东道国鼓励跨国公司在该国发展其缺少的新兴行业。有时，东道国会为跨国公司提供有限年数的"初生行业"身份。有着这种身份的公司能获得税收补贴、基础设施建设、员工培训和其他有助于跨国公司运作的扶持。东道国尤其愿意吸引那些承诺出口（不论是向其外国子公司，还是非关联方）的跨国公司。

关税和非关税壁垒

各国实施保护主义壁垒的传统方法是通过关税和非关税规定。许多国际磋商和条约大大降低了过去几十年的一般关税水平。然而，许多非关税壁垒仍然存在。这些非关税壁垒通过除财务成本之外的其他因素来限制进口，并且通常难以确定，因为它们会被公布为健康、安全或卫生要求。

保护主义的应对策略

跨国公司克服东道国保护主义的能力非常有限。然而，跨国公司热衷于支持国家加入区域市场以减少保护主义。区域市场的最好例子是欧盟（EU）、北美自由贸易协会（NAFTA）和拉丁美洲自由贸易协会（MERCOSUR）。区域市场的目标包括消除内部贸易壁垒（如关税和非关税壁垒）以及支持公民以就业为目的的自由流动。

学与思 16-22

a.定义保护主义，并识别通常受保护的行业。

b.解释保护主义的"幼稚产业"的观点。

学与思16-23

a.国家实行保护主义的传统方法是什么？

b.贸易的某些典型非关税壁垒是什么？

c.跨国企业如何克服东道国的保护主义？

16.8.7　法律责任

尽管出发点没错，但跨国公司往往面临着意想不到的法律责任。全球财务管理实务16-2说明了由于潜在的法律责任和相关的财务责任，美国制药公司郝士睿（Hospira）决定取消在意大利的FDI项目。

学与思16-24 跨国公司可采用哪些策略管理文化和制度风险？

16.9　全球特有风险

近年来，跨国公司面临的全球性风险已经成为热门话题。图表16-6总结了一些风险，以及可用于管理这些风险的策略。近来，最受瞩目的风险当然是2001年9月11日发生在纽约世贸中心双子塔的恐怖袭击。许多跨国公司在世界贸易中心设有主要办公地点，大量员工遭受了重大伤亡。除恐怖主义外，其他全球特有风险包括反全球化运动、环境问题、新兴市场的贫困问题和计算机信息系统的网络攻击。

图表 16-6　　全球特有风险管理策略

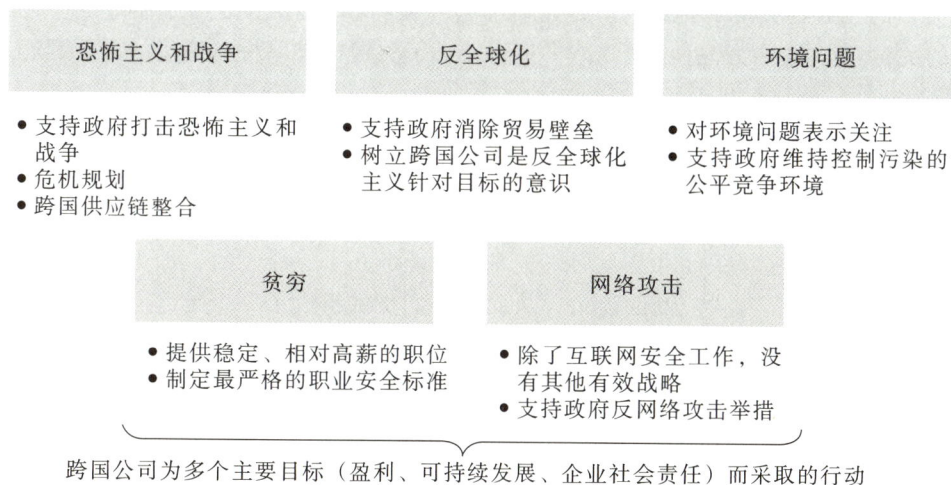

恐怖主义和战争	反全球化	环境问题
• 支持政府打击恐怖主义和战争 • 危机规划 • 跨国供应链整合	• 支持政府消除贸易壁垒 • 树立跨国公司是反全球化主义针对目标的意识	• 对环境问题表示关注 • 支持政府维持控制污染的公平竞争环境

贫穷	网络攻击
• 提供稳定、相对高薪的职位 • 制定最严格的职业安全标准	• 除了互联网安全工作，没有其他有效战略 • 支持政府反网络攻击举措

跨国公司为多个主要目标（盈利、可持续发展、企业社会责任）而采取的行动

16.9.1　恐怖主义和战争

尽管世贸中心的恐怖袭击以及作为其后果的阿富汗战争几乎影响了世界各地的每个人，但近年来还是发生了许多其他恐怖主义行为。预计将来会有更多的恐怖主义行为发生。跨国公司的外国子公司及其员工尤其会暴露于这种风险。正如前文所提到的，外国子公司特别容易遭受战争、种族冲突和恐怖主义的伤害，因为它们是各自母国的代表。

危机规划

跨国公司无法避免恐怖主义。对冲、多元化、保险等也不适用于此。因此，跨国公司必须依靠政府来打击恐怖主义并保护其外国子公司（如今甚至是母公司也需要保护）。作为回报，政府期望跨国公司给予财政、物质和口头支持来进行反恐立法并采取积极行动以摧毁恐怖主义，无论它们存在于何处。

跨国公司可能处于危险之中并遭受损害。几乎每年都有一个或多个东道国经历某种形式的种族冲突、与他国的彻底战争或恐怖主义。似乎外国跨国公司经常被挑出来作为"压迫"的象征，因为它们代表其母国，美国公司尤甚。

跨国供应链整合

为了提高制造效率，许多跨国公司采用即时（Just-in-time，JIT）且接近零库存的存货系统。它们专注于所谓的存货速率（Inventory Velocity），即存货经过制造流程的速度，使其仅在需要时而非提前到达，这使得一些跨国公司得以产生更多的利润和现金流，同时在生产周期中占用更少的资本。然而，如果供应链本身跨越国界，这种需要精细调整的供应链系统将面临重大的政治风险。

学与思 16-25 起源于全球的主要政治风险是什么？

学与思 16-26 跨国企业可用来管理全球风险的主要策略是什么？

供应链中断

想想戴尔电脑、福特汽车公司、冰雪皇后（Dairy Queen）、苹果电脑、Herman Miller（美国办公家具和设备的制造商）和 The Limited（美国服装公司）在遭遇9·11恐怖袭击后的日子。恐怖袭击的直接后果是当日所有进入或离开美国的飞机停飞。同样，美国的海洋和陆地边界（墨西哥和加拿大）的几处也关闭了好几天。福特汽车公司在9·11后关闭了5个制造工厂，因为从加拿大供应的关键汽车投入品库存不足。冰雪皇后经历了关键糖果原材料到货的严重延迟，许多商店也暂时关闭。

戴尔电脑的集成供应链备受赞誉，它依赖于墨西哥、加拿大的计算机部件和组件的供应商及制造商，以满足其日常组装和销售需求。最近几年，戴尔的总库存都低于其3天的销售额（以销售成本计算）。供应商与戴尔的订单履行系统进行了电子整合，并根据销售需求提供所需的组件和子组件。但是，随着边境关闭和空运暂停，戴尔的业务几乎停滞不前，因为它的供应链依赖于连接不同国家的业务部门和供应商的能力，从而使它们仿佛组成了一个无缝的政治单元。不幸的是，事实证明它在这种尤其不可预测的灾难性恐怖主义事件中行不通。

这些事件带来的教训，使许多跨国公司在评价其供应链时开始考虑跨境障碍或其他一些跨国政治事件。然而，这并不意味着这些公司要放弃JIT。据测算，过去10年间，许多美国公司通过JIT的方式每年能节省超过1亿美元的库存成本。如今，这种潜在的益处需要与伴随着9·11供应链中断而显露的成本和风险相权衡。

为了避免在未来遭受类似的打击，制造商、零售商和供应商现在采用了如下一系列战术：

■ **存货管理**。制造商和装配商现在正在考虑准备更多的缓冲库存，以防止供应和生产线中断。同时，零售商应该考虑补货的时间和频率。公司不应在境外备货，而应聚焦于对产品或服务至关重要而又只能从国际来源获得的部分及其组件。

■ **采购**。制造商现在更仔细鉴别其产品关键原料的来源。虽然采购策略必须因地区而异（例如涉及墨西哥的与涉及加拿大的有巨大差异），但企业正试图与现有供应商更密切地联系，以尽量降低跨境风险，降低未来跨境障碍出现时的潜在成本。

■ **交通**。零售商和制造商正在重新评估其跨境运输安排。虽然所采用的运输方式是价值、数量和重量的函数，但许多公司正重新评估用更高成本换取空运更快的运输速度，考虑其是否能够平衡航空公司在未来因劳动力、恐怖分子乃至破产而中断运输所导致的更不稳定的交付。

16.9.2　反全球化运动

在过去 10 年中，一些组织对减少的贸易壁垒和创造区域市场的努力（特别是对北美自由贸易协定和欧盟）的消极反应不断滋长。北美自由贸易协定在劳工运动中被那些可能因墨西哥人而失去工作的工人强烈反对。欧盟内部的反对声音集中于丧失文化特征、新成员国加入造成的原有国家控制权的稀释、权力过度集中于布鲁塞尔的大型官僚机构以及成员国本国货币在 2002 年年中消失，欧元成为 15 个成员国中 12 个国家的唯一货币。

在世贸组织 2001 年度会议期间西雅图发生了暴动后，反全球化运动显著发展。然而，反全球化力量并不是这次的暴动或随后在魁北克和布拉格的骚乱的唯一导致者。其他不满的群体如环保主义者甚至无政府主义者的加入，使他们的事业吸引了更多人的注意。

跨国公司没有打击反全球化的武器。事实上，它们站在受人指责的风口浪尖。又一次地，跨国公司必须依靠政府和危机规划来管理这些风险。

16.9.3　环境问题

跨国公司被控诉将环境问题"出口"到其他国家——由于本国污染控制措施而受挫的跨国公司已经将这些活动转移到污染控制较弱的国家。有的人指责跨国公司导致了全球变暖。然而，这种指责实际上适用于所有国家的所有公司。它基于特定行业所采用的制造方法，以及消费者对某些产品（例如大型汽车和运动型多用途车辆这些不节能的产品）的需求。

再一次地，解决环境问题依赖于政府通过立法和实施污染控制标准。2001 年，大多数国家都批准了旨在减少全球变暖的条约，而美国却是个显眼的例外，但美国承诺使用自己的策略来对抗全球变暖。美国反对世界性条约中允许新兴国家遵循较少限制性标准，而使经济负担落在工业化程度较高的国家。

16.9.4　贫穷

跨国公司将外国子公司布局在收入分配极不均衡的国家。收入范围的一端是受过良好教育、出身名门的高产精英阶层，另一端是生活在贫困线以下的一大批缺乏教育、社会和经济基础以及政治力量的人。

跨国公司使用精英阶层来管理运营可能造成这种贫富差距固化甚至拉大。另一方面，跨国公司正为那些原本因失业而生活在贫困线以下的人创造相对稳定和高薪的工作。尽管跨国公司被指控使用"血汗工厂"，但其作业环境通常好于本地竞争对手。

16.9.5　网络攻击

互联网的快速增长促成了一代新的行骗"艺术家"和"奇想"，破坏了万维网的有用性。这既是一个国内问题，也是一个国际问题。由于跨国公司的可见性和网络信息系统的复杂性，一些心怀不满者可能对其发动恶意网络攻击而使其损失惨重。

此时，跨国公司仍没有什么独特的国际战略可以用来打击网络攻击。跨国公司管理外部网络攻击的策略与应对国内攻击的策略一样。它们必须再次依靠政府来控制网络攻击。

划重点

- 为了在国外投资，公司必须在国内市场具有可持续的竞争优势。这种优势必须足够强大和可转移以克服其在海外经营的缺点。
- 竞争优势来源于大规模生产带来的规模经济和范围经济、管理和营销专业知识、高级技术、财务实力、差异化产品以及国内市场的竞争力。
- OLI范式旨在创建一个总体框架来解释为什么跨国公司选择FDI而不是通过其他替代模式（如许可经营、联合经营、战略联盟、管理合同和出口）来为外国市场服务。
- 财务特定策略与OLI范式直接相关，包括了主动和被动的财务策略。
- 在哪儿投资的决策受经济和行为因素以及企业历史发展所处阶段的影响。
- 大多数国际化企业都可以从网络视角来看。母公司和每一家外国子公司都是网络的成员。整个网络由全球性行业内部的关系、与东道国供应商和客户的关系以及跨国公司本身内部的关系组成。
- 出口能避免政治风险，但无法避免外汇风险。它需要的前期投资最少，但最终可能会失去市场，因为模仿者和全球竞争对手所采取的国外生产和分销方式更具成本效益。
- 除设立全资外国子公司外，还存在其他外国参与的替代方式，包括联合经营、战略联盟、许可经营、管理合同和传统出口。
- 合资企业的成功主要取决于合作伙伴的正确选择。由于这个原因，以及考虑到许多联营及合营企业在决策时可能发生的纠纷，设立全资外国子公司的做法更为常见。
- 政治风险可以分为三个层次：公司特有、国家特有或全球特有。公司特有风险，也称为微观风险，在项目或公司层面影响跨国公司。国家特有风险，也称为宏观风险，也在项目或公司层面影响跨国公司，但起源于国家层面。全球特有风险也会在项目或公司层面影响跨国公司，但起源于全球层面。
- 用于管理目标冲突的主要工具是通过谈判达成投资协议、购买投资保险和担保，以及对经营策略的生产、物流、营销、财务、组织和人员方面进行修改。
- 主要的国家风险是转移风险（又称为资金冻结）以及特定文化和制度的风险。
- 文化和制度风险源于东道国关于所有权结构、人力资源规范、宗教传统、裙带关系和腐败、知识产权、保护主义和法律责任的政策。
- 管理文化和制度风险要求跨国公司理解差异、在东道国法律体系下采取法律行动、支持全球条约以保护知识产权并支持政府努力创建区域市场。
- 全球特有风险目前主要由恐怖主义和战争、反全球化运动、环境问题、贫困和网络攻击造成。
- 为了管理全球特有风险，跨国公司应该采取危机计划来保护其员工和财产。但主要还是依赖于政府提供的保护，以使公民和企业免受这些全球性威胁。

秒懂本章

具有有关竞争优势的企业，会选择跨国直接投资，以充分利用并强化其优势，同时应规避各种政治风险。

网络练习题

1.全球腐败报告。透明国际（TI）被许多人认为是当今世界上主要的非政府反腐败组织。最近，该组织发布了自己的年度调查，该调查分析了近期发展，指出了目前面临的挑战，并为个人和组织提供了可能的解决方案。该分析的一项内容就是行贿者指数。访问透明国际的网站，浏览最新的行贿者指数：

腐败指数：www.transparency.org/policy_research/survey_indices/cpi

行贿者指数：www.transparency.org/policy_research/survey_indices/bpi

2.主权信用评级标准。评价信用风险和其他所有与世界债务市场上的借款人有关的风险需要使用国际风险评估的结构性方法。利用标准普尔网站上深入介绍的标准普尔的标准，区别世界上主要主权评级包括的各种风险（当地货币风险、违约风险、货币风险、转移风险等）。

标准普尔：www.standardandpoors.com/ratings/sovereigns/ratings-list/en/

3.米尔肯研究所资本获得指数。米尔肯研究所资本获得指数（CAI）是评价跨国企业和许多新兴市场国家的政府进入世界资本市场容易程度的最新信息指数之一。根据CAI，哪个国家在近两年获得资本的能力下降得最快？

米尔肯研究所：www.milken-inst.org/

4.海外私人投资公司。海外私人投资公司（OPIC）提供了长期政治风险保险和有限追索项目融资，目的是援助在外国投资的美国企业。利用该组织的网站，回答下列问题：

a.OPIC具体保险的是哪类风险？

b.这种保险保护有什么财务限制？

c.应该如何构建项目，使其在OPIC许可的保险范围内？

海外私人投资公司：www.opic.gov/

5.**政治风险和新兴市场**。查询世界银行的政治风险保险博客，了解新兴市场的最新议题。

政治风险保险博客：blog.worldbank.org/miga/category/tags/political-risk-insurance

本章逻辑框架图

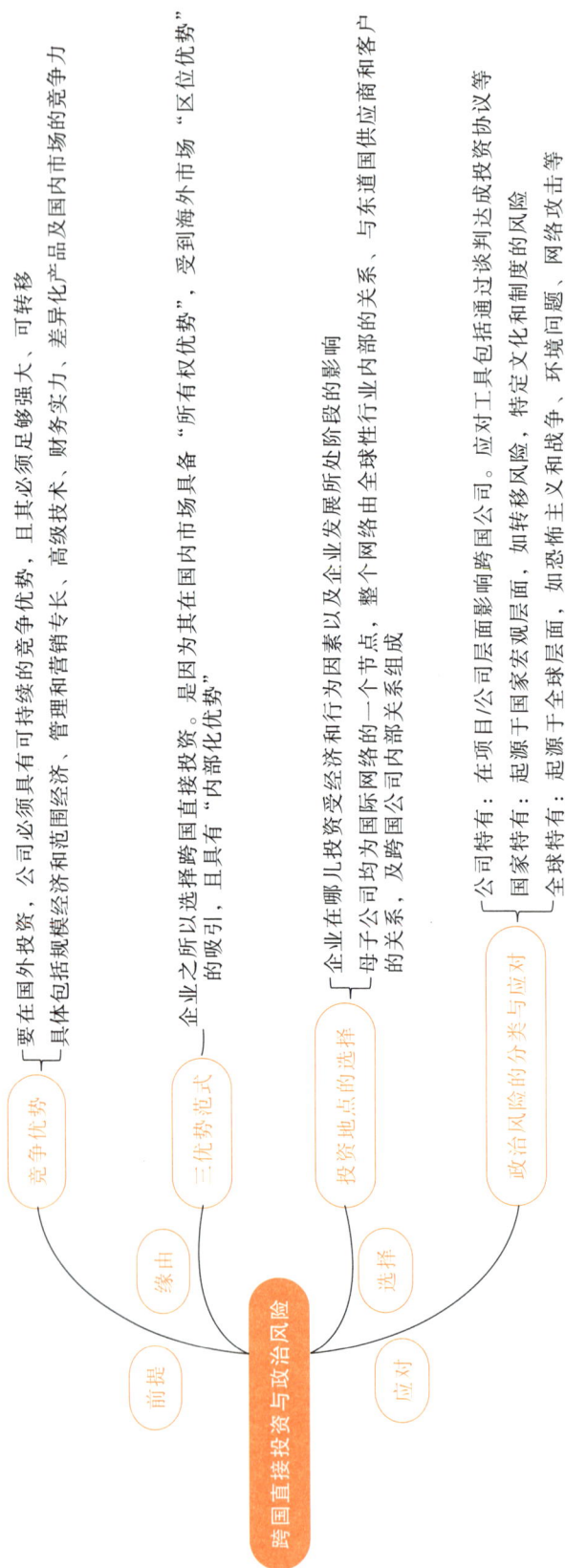

本章逻辑框架图

图表 16-7

跨国直接投资与政治风险

竞争优势 — **前提** 要在国外投资，公司必须具有可持续的竞争优势，且其必须足够强大、可转移

三优势范式 — **缘由** 具体包括规模经济和范围经济、管理和营销专长、高级技术、财务实力、差异化产品及国内市场的竞争力

企业之所以选择跨国直接投资。是因为其在国内市场具备"所有权优势"，受到海外市场"区位优势"的吸引，且具有"内部化优势"

投资地点的选择 — **选择** 企业在哪儿投资受经济和行为因素以及企业发展所处阶段的影响

母子公司均为国际网络的一个节点，整个网络由全球性行业内部的关系组成

母子公司内部关系、及跨国公司内部关系组成

政治风险的分类与应对 — **应对** 公司特有：在项目/公司层面影响跨国公司。应对工具包括通过谈判达成投资协议等

国家特有：起源于国家宏观层面，如转移风险、特定文化和制度的风险

全球特有：起源于全球层面，如恐怖主义和战争、环境问题、网络攻击等

第17章

跨国资本预算与并购

> 鲸鱼只有浮在水面上时才会被捕获，乌龟只有伸出脖子时才能前进，但投资者无论做什么都会面临风险。
>
> ——Charles A. Jaffe.

学习目标

- 将本国资本预算分析扩展到对新建投资项目的评估；
- 分析潜在的海外投资时，区分项目角度及母公司角度；
- 对海外项目的资本预算分析进行风险调整；
- 引入实物期权分析作为贴现现金流法的补充；
- 研究项目融资在大型全球项目投资和评估中的应用；
- 介绍跨国兼并收购的原则。

课前阅读与思考

本章详细介绍与在外国进行生产性实物资产投资相关的问题和原则，通常我们称之为跨国资本预算。首先，本章描述了海外项目资本预算的复杂性。其次，本章描述了从*项目角度和母公司角度*评价项目时所获得的见解，其中包含了一个假设性的投资案例——墨西哥西迈克斯公司在印度尼西亚的投资。该案例还对**实物期权分析**（real option analysis）进行了探讨。再次，我们讨论了**项目融资**（project financing）的应用现状，最后一节介绍了影响跨国收购的各个阶段。

虽然投资于某个海外国家的最初决定可以是战略、行为和经济因素共同作用的结果，但具体项目的投资决策以及所有其他的再投资决策应通过传统的财务分析来证明其可行性。例如，一家美国公司的海外投资可能带来提高生产效率的机会，但工厂类型、劳动力和资本的组合、设备种类、融资方法和其他的项目变量必须在传统财务框架内使用贴现现金流法进行分析。公司还必须考虑拟进行的海外项目对合并净利润、来自其他国家子公司的现金流量以及母公司市场价值的影响。

对海外项目的跨国资本预算与国内资本预算的理论框架相同，但有几个非常重要的差异。其基本步骤如下：

- **确定投入或承担风险的初始资本。**

■ 估算项目不同时期的现金流量，包括终值或残值。

■ 确定用于计算预期现金流量现值的适当折现率。

■ 应用传统的资本预算决策标准，如净现值（NPV）和内部收益率（IRR），以确定潜在投资项目的可接受性或优先级排序。

学与思 17-1 国外项目的资本预算和国内资本预算使用相同的理论框架。国内资本预算的基本步骤是什么？

本章以一个引导案例"伊兰及皇家医药"作为开篇，其介绍了2013年夏天，皇家医药公司对伊兰的敌意收购行为。请带着你的思索和疑问，开启本章的学习和探索之旅吧！

引导案例

伊兰及皇家医药

我们与伊兰（伊兰 Corporation，NYSE：ELN）相识多年。我们一直钦佩它的科学和科学家，有时，我们也会讨厌它的前管理层，或是任何导致伊兰从不断攀登科学（尤其是神经系统科学）高峰变为在破产边缘游走、缺乏存活下去的必要要素的人。当时，挽救伊兰的是那他珠单抗，该药物针对的是多发性硬化症，且在复发缓解型多发性硬化症的治疗中首屈一指。我们相信这种药物如同艾伦之杖，能吞下所有魔术师的法杖。

——"百健艾迪[①]为购那他珠单抗支付32.5亿美元：我们是去是留？"，寻找阿尔法[②]，2013年2月6日。

伊兰的股东当时面临着艰难的选择。伊兰的管理层向他们提出了四项建议，以保护公司免受来自美国皇家医药公司（一家私人控股公司）的敌意收购。股东投票赞成四项举措中的任何一项都能扼杀皇家医药的要约。这将使伊兰保持独立性，并仍旧受控于这个近年来并未提振大众信心的管理团队。所有投票必须在2013年6月16日午夜前提交。

玩家

伊兰公司是一家全球性生物制药公司，其总部设在爱尔兰都柏林。它专注于阿尔茨海默症、帕金森以及自身免疫疾病如多发性硬化症和克罗恩病的治疗产品的开发和营销。但随着时间的推移，该公司已经分拆、出售并停止了大部分的业务活动。到2013年春天，伊兰只剩下两项资产：一大堆现金、它与百健共同开发的多发性硬化症领先治疗法那他珠单抗的永久性专利收益权（royalty streams）。

伊兰采取的解决方案是将其那他珠单抗的收益权出售给其合作伙伴百健。2013年2月，伊兰将50%的那他珠单抗所有权出售给了百健，以换取32.9亿美元现金以及那他珠单抗的永久性专利收益权。虽然以前伊兰只获得那他珠单抗50%所有权带来的回报，但是专利收益权协议是基于100%的那他珠单抗资产。专利收益权采取递增比率结构，第一年收取全球销售额的12%，随后的几年为18%，全球销售额超过20亿美元的情况下再额外收取25%。

一波未平，一波又起。几乎是同时，美国私人公司皇家医药宣布可能以每股11美元的价格收购伊兰。伊兰公开承认了上述提案，并表示将考虑该提案以及其他战略选择。

皇家医药（Royalty Pharma，RP）是一家私人持股公司，从事已上市的或研发后期的专利药权利收购。其业务允许这些知识产权的所有者将其权利套现以寻求另外的业务发展机会。

---

① 百健艾迪公司（Biogen Idec Inc.）是全球生物科技行业巨擘，由生物科技公司 Biogen, Inc. 和制药公司 Idec Inc. 在2003年11月合并而成。2015年3月，为了强化和统一全球品牌，公司将名称改为 Biogen Inc.，简称"百健"。

② 美国知名投资研究平台，域名为 seekingalpha.com。

RP接受资产权利价格实际上随着时间上升的风险。RP拥有专利权，但它不进行经营或营销。

2013年3月，RP可能是厌倦了等待，直接向伊兰的股东发表了声明，鼓动他们给以每股11美元收购伊兰的提案投赞成票。当时，伊兰也作出了对RP的声明的回应，表明RP的提案是"有条件的和机会主义的"。

伊兰的防御

伊兰的领导层承受着来自股东的巨大压力，并被要求解释为什么股东不该将股份出售给RP。5月，伊兰开始细化一系列重整公司的举措。展望未来，伊兰提出了四个复杂的战略举措，以追求增长并使公司资产多元化、超越其目前的双资产组合。

由于伊兰目前收到了拟收购的要约，爱尔兰证券法要求公司的四个提案必须同时获得股东认可。但这从一开始似乎就难以实现，因为公众认为这些举措仅仅是为了抵御收购。

RP在答复伊兰股东的公开信中，质疑伊兰领导的行为是否真的符合股东利益最大化。然后，它将要约收购价格提高到12.50美元/股，并附带上或有价值权益（contingent value right，CVR）。CVR是有条件的，如果那他珠单抗的未来销售额达到特定的里程碑目标，所有股东将额外收到约2.50美元/股的回报。PR的CVR要求那他珠单抗的销售额在2015年达到26亿美元，在2017年达到31亿美元。PR同时强调，如果股东通过了伊兰的四项管理提案中的任何一项，该收购要约即将失效。

价值之争

截至2013年5月，伊兰拥有17.87亿美元现金、那他珠单抗专利收益权以及剩余的一些未上市产品，每年支付的管理费用在1亿~2亿美元之间。伊兰的管理层希望利用公司的现金和年度专利收益来开发新的业务。RP只想买下伊兰以获取现金和专利收益权资产，然后将伊兰关闭。

关于伊兰的价值之争以那他珠单抗专利收益权价值几何为中心。这意味着需要预测它未来十年的实际销售额。图表17A为RP对双方的预计销售额争议所做的概要，伊兰对价值的预测相当高，而RP则是根据华尔街给出的最新报价数据。

图表 17A　　　那他珠单抗全球销售额预测

十亿美元

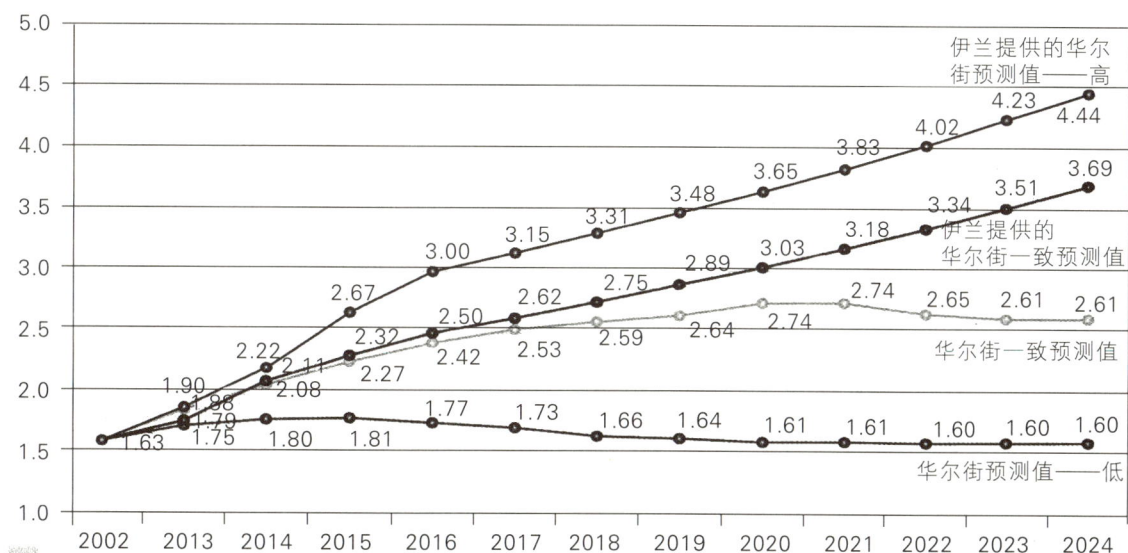

资料来源："RP对伊兰所做那他珠单抗估值的回复"。

预测生物技术产品的专利收益权收入与预测其他产品的销售额并非完全不同。定价、竞争、法规、政府政策以及不断变化的人口和条件都可能改变未来的全球销售情况,但还有几个更直接的因素。

第一,那他珠单抗的专利保护期截至2020年(原始专利申请于2000年)。RP采用的华尔街一致预测认为,那他珠单抗全球销售额将在该年达到峰值27.4亿美元。接下来的几年中,销售额将有所下滑,但仍然可观。第二,竞争产品已经进入市场。在该年春季时,百健用于复发缓解型多发性硬化症的口服药终于获得FDA批准。除此之外,进入市场的新疗法也有好几种。RP指出,过去两个季度,新增患者数量有所下降,证实了对那他珠单抗未来销售的乐观预测是不切实际的。

由于种种原因,RP认为,投资者在决定接受哪方要约时,采用保守的销售预测至关重要。图表17B展示了RP以这种销售预测所做的基线分析。RP对伊兰的估值主要基于以下关键假设:

图表 17B 估值计划:那他珠单抗预期专利权收益以及现金

百万美元	比率	2012年(实际值)	2013	2014	2015	2016	2017	2018	2019	2020	2021	2022	2023	2024
全球销售额		1 631	1 884	2 082	2 266	2 418	2 530	2 591	2 643	2 742	2 744	2 653	2 609	2 611
年同比增长率			15.5%	10.5%	8.8%	6.7%	4.6%	2.4%	2.0%	3.7%	0.1%	-3.3%	-1.7%	0.1%
伊兰收到的专利收益:														
0至20亿美元的销售额	18%		151	360	360	360	360	360	360	360	360	360	360	360
超过20亿美元	25%			21	67	105	133	148	161	186	186	163	152	153
总收益			151	381	427	465	493	508	521	546	546	523	512	513
费用			(75)	(77)	(78)	(80)	(81)	(83)	(84)	(86)	(88)	(90)	(91)	(93)
税前收入			76	304	349	385	412	425	437	460	458	433	421	420
减:税费	1%	12.5%	(1)	(3)	(3)	(4)	(4)	(53)	(55)	(57)	(57)	(54)	(53)	(52)
净收入			75	300	345	381	407	372	382	402	401	379	369	367
WACC			7.5%	7.5%	7.5%	7.5%	7.5%	7.5%	7.5%	10.0%	10.0%	10.0%	10.0%	10.0%
折现率			1.0000	0.9302	0.8653	0.8050	0.7488	0.6966	0.6480	0.5132	0.4665	0.4241	0.3855	0.3505
净收入现值			75	280	299	306	305	259	248	206	187	161	142	129
永续年金	-2%													2 999
折现因子														0.3505
永续年金的现值														1 051
NPV (PV加总)			$3 647											
流通股			518											
(百万)														
每股价值			$7.04											
现金			1 787											
每股现金价值			$3.45											
伊兰的每股总价值			$10.49											

-2%的永续年金增长率		总计	每股	占比
折现价值 2013—2020		$1 977	$3.82	54.2%
折现价值 2021—2024		$619	$1.19	17.0%
永续年金价值 2024年之后	-2%	$1 051	$2.03	28.2%
那他珠单抗总价值		$3 647	$7.04	100.0%
现金		$1 787	$3.45	
伊兰总价值		$5 434	$10.49	

-4%的永续年金增长率		总计	每股	占比
折现价值 2013—2020		$1 977	$3.82	56.8%
折现价值 2021—2024		$619	$1.19	17.8%
永续年金价值 2024年之后	-4%	$883	$1.70	25.4%
那他珠单抗总价值		$3 479	$6.72	100.0%
现金		$1 787	$3.45	
伊兰总价值		$5 266	$10.17	

注:估值基于"RP回复给伊兰股东的公开信"(2013.5.29, p.12)中的内容。前12个月(大概为2013年的时长)的专利权收益约按12%计算。计算永续年金(终值)时,假设以每年-2%的增长率永续增长,并以10%折现。假设伊兰的流通数量与2013年5月29日保持一致,为5.18亿美元。伊兰的可抵税损失使到2017年为止的有效税率为1%。2018年起,专利收益须按爱尔兰税法的规定以12.5%的税率缴税。RP相信,2020年那他珠单抗超过专利保护期时,WACC将从7.5%增长至10.0%。

■ 那他珠单抗的全球销售额，即估值的顶点，基于华尔街的一致预测。

■ 伊兰的营业费用将保持相对平稳，从 2013 年的 7500 万美元每年增长 1% 至 2%。

■ 伊兰的净营业亏损和位于爱尔兰的注册地将使到 2017 年为止的有效税率仅为每年 1%，并在 2017 年之后保持爱尔兰相对较低的法定公司税率，即 12.5%。

■ 2017 年，专利过期前的折现率为 7.5%，其后上升至 10%。

■ 永续价值（终值）将基于 2024 年的收入，折现率为 12%，并假设那他珠单抗的销售额在未来将以 −2% 或 −4% 的年增长率下滑。

■ 根据伊兰最新发布的讯息，截至 2013 年 5 月 29 日，其流通股数量为 5.18 亿股。

■ 根据伊兰最新发布的讯息，伊兰持有的现金总额为 17.87 亿美元。

结果是，每股的基本估值为 10.49 美元或 10.17 美元，依据终值下降的假设。与大多数估值一样，总销售额是所有未来预计现金流的最大驱动因素。假设流通股数量为 5.18 亿，是因为公司直到 2013 年 5 月中旬才完成一项大型股票回购计划。注意，RP 明确将其总估值分为三部分：（1）专利期；（2）后专利期；（3）永续价值。在 RP 看来，后专利期是那他珠单抗实际销售额的风险明显较高的时期。

市场估值

除了伊兰的价值之争，作为一家上市公司，每个交易日市场都会表达其意见。在 RP 初次表达收购意愿的那天，伊兰的股价为每股 11 美元（此后，市场就开始考虑来自诸如 RP 的买家的有效收购价格以及收购发生的概率）。2013 年，伊兰的股价历史如图表 17C 所示。

图表 17C

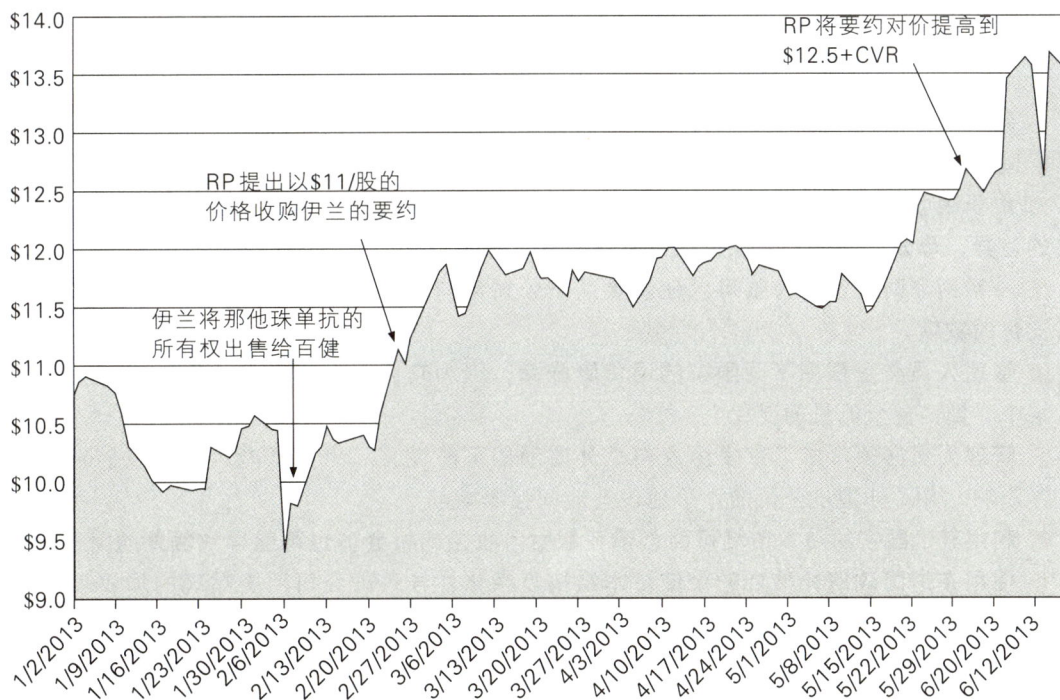

伊兰的管理层向股东们表达了他们的观点。伊兰领导层的意图必须由股东批准。股东特别大会（the extraordinary general meeting，EGM）将于 6 月 17 日（星期一）举行。在该次会议上，将公布股东投票的结果（投票截止日为上周五）。

在特别股东大会召开之前，这场争斗已经人尽皆知，用一位记者的话说，"相当无趣"。在《金融时报》的社论中，前伊兰董事会成员 Jack Schuler 写道："我不认为 Kelly Martin（伊兰的首席执行官）或其他伊兰董事会成员将为股东的利益行事，我希望伊兰的股东们意识到他们唯一的选择就是将公司卖给出价最高者。"伊兰的现任非执行董事长回应道："我注意到，自从 Schuler 先生离职以来，伊兰的股价已经翻了 3 倍，董事会和管理团队一直专注于持续的价值创造，并将继续为我们股东的最大利益而努力。

股东不得不尽快作出决定。

问题

1. 使用图表 17A 中所示的那他珠单抗销售预测，并使用图表 17B 中所示的贴现现金流模型，你认为伊兰公司值多少钱？

2. 你认为还有什么其他应包含在伊兰估值中的因素？

3. 你对股东有何建议？是通过管理层的提案，拒绝 RP 的要约，还是对提案说"不"，以促使 RP 的要约被接受？

17.1 海外项目资本预算的复杂性

海外项目的资本预算比国内情况要复杂得多，原因如下：

■ **母公司现金流量必须与项目现金流量区分开来**。这两种类型现金流所创造的价值属于不同的层面。

■ **母公司现金流往往取决于其融资形式**。因此，我们不能像在国内项目的资本预算中那样，将现金流量与融资决策明确地区分开。

■ 新投资于外国子公司所产生的额外现金流量，可能部分或全部地夺走其他子公司的现金流量，造成该项目从单一子公司的角度看是有利的，但对整体现金流没有贡献。

■ 由于税收制度、对资金流动的法律和政治限制、地方商业规范以及金融市场和机构运作方式的差异，母公司必须毫无保留地确认其资金汇款。

■ 一系列非财务性的付款可以使资金从子公司流向母公司，如许可证费用和从母公司进口所需支付的款项。

■ 管理人员必须预测不同国家的通货膨胀率，因为它们有可能导致竞争地位的变化，进而导致某个时期内现金流量的变化。

■ 管理人员必须考虑汇率发生意料之外变动的可能性，因为这可能对当地现金流的价值产生直接影响，并对外国子公司的竞争地位造成间接影响。

■ 利用某个国家的资本市场可能创造获取财务收益的机会，也可能导致额外的财务成本。

■ 使用东道国政府补贴贷款会使资本结构复杂化，导致母公司用于贴现的加权平均资本成本更难以确定。

■ **管理者必须评估政治风险**，因为政治事件可能会大大降低预期现金流的价值或可得性。

■ **终值更难估计**，因为来自东道国、母国、第三国或者私营、公共部门的潜在购买者对于该项目价值的看法可能相差甚远。

学与思 17-2 国外项目的资本预算比国内项目复杂得多。使复杂性增加的因素是什么？

　　由于选择国内外项目时使用的是同一个资本预算理论框架，所以制定共同的标准至关重要。因此，所有关于海外项目的复杂问题必须以调整预期现金流量或调整折现率的方式量化。实践中，许多公司在做这种调整时较为主观随意，但其实一些易于获得的信息、理论推导或仅仅是普通常识，都可以使这些调整更合理，而不那么随意。

17.2　项目与母公司角度估值

　　从母公司的角度分析海外项目存在强有力的理论支持。流向母公司的现金流最终会是发放股利、在世界各地再投资、偿还公司债务以及实现影响公司众多利益集团的其他目的的基础。然而，大部分从项目流向母公司或姊妹公司的现金流是融资性现金流，而非经营现金流，因此母公司角度的估值往往会违背资本预算的基本概念，即融资性现金流不应与经营性现金流混合。这两者间的差异有时并不重要，因为它们几乎是相同的，但在某些情况下，这两种现金流之间存在明显的分歧。例如，被永久性禁止流出或"强制再投资"的资金无法用于股东的股息或偿还母公司债务。因此，股东不会将受限的收益视为对公司价值的贡献，债权人在计算利息保障倍数等偿债能力比率时也不会将其纳入考虑范围。

　　以当地视角对项目进行估值有一定的用处，但它应从属于母公司角度的估值。在评估某个海外项目相对于该东道国国内另一可选项目绩效的潜力时，我们必须注意该项目的当地回报。几乎每个项目都应该至少能够获得等同于东道国政府债券（债券期限等于项目经济寿命）收益率的现金回报。当然，前提是这种债券能自由交易。东道国政府债券通常反映该国的无风险收益率，包括了相当于预期通货膨胀率的溢价。如果一个项目获得的收益率低于东道国政府债券，母公司就应该直接购买这种债券，而不是投资在风险更大的项目上；又或者，母公司大可以到别处去投资！

　　只有当在同一项目上能够获得比本土竞争对手更高的风险调整回报时，跨国公司才应当进行投资。如果海外项目无法获得高额回报，股东将更有可能购买该国本土公司的股票，并让这些公司开展本土项目。除了这些理论论据以外，过去35年的调查表明：在实践中，跨国公司一直从母公司和项目两个角度来对海外投资进行评估。

　　各种调查中，对项目回报的关注的相关结果可能反映了一个现象：报告的合并每股净收益最大化被作为一个公司财务目标加以强调。外汇收入只要不被冻结，就可以与其他子公司以及母公司的收入合并。如前文所述，美国公司的财报中必须合并计算持有超过50%股权的外国子公司。如果公司持有一家公司20%至49%的股权，则称之为**联营企业**（affiliate）。公司对联营企业按比例合并。持有某公司不足20%股权的投资通常作为不合并计算的投资。即便某个海外项目的资金被暂时冻结，一些最成熟的跨国公司也未必会将其排除在财务考虑之外，它们用长期视角来看待全球商业机会。

　　如果在某个国家的资金受到冻结管制，但该国的再投资机会可以获得的回报率大于等于母公司的要求（在调整预期汇率变化之后），暂时性的资金转移障碍对资本预算的结果可能没有实际影响，因为强制再投资的回报会增加未来的项目现金流量。由于大型跨国公司持有国内外项目的组合，少数项目的资金受到冻结并不会损害公司的流动性；备用的资金来源可以满足所有计划的资金用途。此外，从冻结资金的长期角度看，其确实支持了这样一种信念，即资金几乎不会被永久性冻结。然而，等待这些资金被释放的过程可能会令人沮丧，有时，受冻结资金会由于通货膨胀或意外的汇率恶化而贬值，尽管东道国内的再投资实质上已至少保护了资金的部分价值。

总的来看，大多数公司都会从母公司和项目角度来评估海外项目。母公司角度的估值结果更接近资本预算中净现值的传统含义。而项目估值会给出该项目对每股综合收益影响的近似值——所有调查中都显示了这是在职经理的主要关注点。为了说明跨国资本预算的复杂性，我们假设并分析了一个西迈克斯公司在印度尼西亚的市场扩张性海外直接投资项目。

学与思17-3

a. 为何应从项目和母公司两个角度估算国外项目的价值？

b. 项目角度还是母公司角度的结果更接近于资本预算净现值的传统含义？

c. 哪种角度的结算结果更接近于对合并每股收益的影响？

学与思17-4 资本项目既提供了经营现金流，又提供了融资现金流。为什么国内资本预算更愿意用经营现金流，而国际投资项目主要考虑融资现金流？

17.3 说明性案例：西迈克斯进入印度尼西亚[1]

墨西哥水泥公司西迈克斯（Cemex），正考虑在印度尼西亚的苏门答腊岛新建一个水泥制造厂。该印度尼西亚水泥项目是个全资所有的新建投资，总装机容量为每年2 000万公吨（mmt/y）。虽然以亚洲的生产标准来看这个规模很大，但西迈克斯认为其最新的水泥制造技术在这种规模的生产设施中将得到最有效的运用。

西迈克斯投资该项目的动因有三个：1）公司希望在东南亚（对西迈克斯而言它是个相对较新的市场）启动生产性业务；2）长期来看，亚洲基础设施的发展前景很好；3）由于印度尼西亚卢比（Rp）近年来的贬值，印度尼西亚作为出口产地的前景光明。

西迈克斯作为世界第三大水泥制造商，其总部设在新兴市场，但却是在全球舞台上竞争的一家跨国公司。公司在全球市场上为市场份额和资本而竞争。跟石油等其他商品市场一样，国际水泥市场也是个以美元为基础的市场。因此，为了与德国和瑞士的主要竞争对手有所区别，西迈克斯将美元作为其功能性货币（functional currency）。

西迈克斯在墨西哥和纽约（OTC：CMXSY）两地上市，并已成功于墨西哥之外以美元筹集资金（包括负债和权益资本）。其投资者基础变得越来越全球化，美国股票交易额占总交易额的比重迅速上升。因此，其成本和资本获得能力是国际化的，并由美元投资者主导。印度尼西亚水泥项目最终将以美元现金流和资本成本进行评估。

17.3.1 概述

西迈克斯印度尼西亚项目的完整跨国资本预算分析路径图如图表17-1所示。从左上方开始，母公司投入以美元计价的资本，使之通过创建和运营印度尼西亚子公司顺时针流动，然后产生以多种形式最终返还给母公司的美元现金流。第一步是构造印度尼西亚水泥项目的财务报表（以印尼卢比为单位）。下一步是分别从*母公司角度和项目角度*进行资本预算。

印度尼西亚水泥项目建厂仅需一年，从第1年开始实际经营。印度尼西亚政府最近才放松了监管，开始允许外国公司投资较重型的工业。

进行以下分析时，我们假设：在印尼项目的生命周期内，卢比对美元的汇率符合购买力平价（Purchasing power parity，PPP）。这是西迈克斯为其海外投资制定的标准财务假设。

---

① 西迈克斯是一家真实的公司，但此处描写的新建投资是假想的。

图表 17-1　　　　　　西迈克斯印度尼西亚项目的资本预算路径图

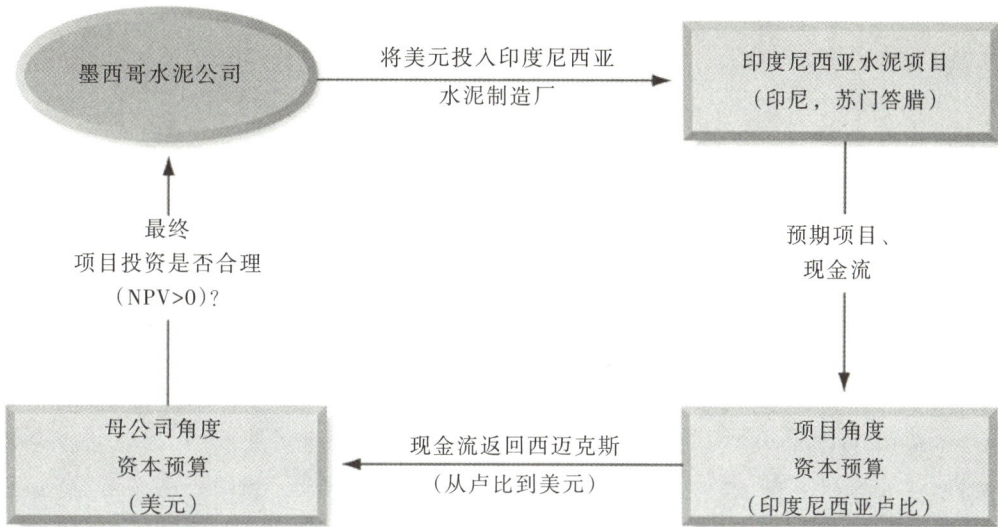

如果我们假设项目生命周期的初始即期汇率为Rp10 000/$，印度尼西亚和美国的通货膨胀率分别为30%和3%，预测的即期汇率遵循通常的PPP计算。例如，项目第1年的预测汇率如下：

即期汇率（第1年）= Rp10 000/$×（1 + 0.30）/（1 + 0.03）= Rp12 621/$

图表17-2至17-5中所示的财务报表就是基于这些假设。

资本投资

虽然目前在工业国家新建水泥制造厂的预计成本约为150美元/吨装机容量，但西迈克斯认为自己能够以110美元/吨的成本在苏门答腊建造一个先进的生产和装运厂（见图表17-2）。假设每年产能为2 000万吨（mmt/y），第0年的平均汇率为Rp10 000/$，则投资成本将为22万亿卢比（22亿美元）。这个数字包括了17.6万亿卢比的工厂和设备投资，如果我们假设分10年直线折旧，则年折旧费用为1.76万亿卢比。相对较短的折旧年限是印尼税务机关用于吸引外国投资的政策之一。

图表 17-2　　　　　　印度尼西亚水泥项目的投资与筹资
（除特别标注外，以千卢比为单位）

投资		融资	
平均汇率 Rp / $	10 000	权益	11 000 000 000
装机容量成本（$/吨）	$110	负债	11 000 000 000
已安装容量	20 000	卢比负债	2 750 000 000
投资 $	$2 200 000	美元负债（以卢比表示）	8 250 000 000
投资 Rp	22 000 000 000	合计	22 000 000 000
工厂和设备投资占比	80%		
厂房及设备（000Rp）	17 600 000 000	注：美元债务本金	$825 000
资本设备折旧（年）	10.00		
年折旧（百万）	（1 760 000）		

	投资		融资	
资本成本：西迈克斯				
无风险利率	6.000%	西迈克斯 β		1.50
信用溢价	2.000%	权益风险溢价		7.000%
债务成本	8.000%	权益成本		16.500%
企业所得税税率	35.000%	权益比例		60.0%
税后债务成本	5.200%	**WACC**		**11.980%**
债务比例	40.0%			
资本成本：印度尼西亚水泥项目				
无风险利率	33.000%	印度尼西亚水泥项目 β		1.000
信用溢价	2.000%	权益风险溢价		6.000%
卢比债务成本	35.000%	权益成本		40.000%
印度尼西亚企业所得税税率	30.000%	权益比例		50.0%
税后债务成本	5.200%	**WACC**		**33.257%**
$债务成本（以卢比折算）	38.835%			
$债务成本 税后（以卢比折算）	27.184%			
债务比例	50.0%			

美元贷款的成本以卢比为单位表示，假设购买力平价、整个项目期间美国和印度尼西亚的通货膨胀率分别为 3% 和 30%。

印度尼西亚水泥项目（Rp）	数值	融资占比	成本	税后成本	成本构成
印度尼西亚贷款	2 750 000 000	12.5%	35.000%	24.500%	3.063%
西迈克斯贷款	8 250 000 000	37.5%	38.835%	27.184%	10.194%
总负债	11 000 000 000	50.0%			
权益	11 000 000 000	50.0%	40.000%	40.000%	20.000%
总融资	22 000 000 000	100.0%		**WACC**	33.257%

学与思 17-5 评估投资建议的价值时，跨国企业应如何考虑东道国的通货膨胀因素？

融资

这笔巨额投资将由 50% 的股权（全部来自西迈克斯）和 50% 的债务（75% 来自西迈克斯，25% 来自印度尼西亚政府安排的银行联盟）组成。目前，西迈克斯基于美元的加权平均资本成本（WACC）估计值为 11.98%。从项目角度出发，印度尼西亚当地层面的、基于印度尼西亚卢比的 WACC 估计值为 33.257%。我们将在后续部分讨论该数值的计算细节。

我们将美元贷款的成本折算成了卢比，并假设购买力平价，整个项目期间美国和印尼通货膨胀率分别为 3% 和 30%。

确切的债务结构（包括还款时间表）见图表 17-3。由印度尼西亚政府安排的贷款是政府经济发展激励计划的一部分，该笔贷款期限 8 年，以卢比为单位，年利率为 35%，分期还款付息。利息支付可以全额用于抵扣公司应交税费。

但是大部分的债务是由母公司西迈克斯提供的。西迈克斯先从其融资子公司筹集资本，再将其转借给印尼水泥项目。贷款以美元为单位，期限为五年，年利率为10%。因为偿债资金来源于印尼项目的卢比收入，所以我们构建估计的财务报表时要考虑偿还美元债务的预期成本。如果卢比遵循购买力平价的预期，美元贷款折算成卢比的税前有效利息费用率为38.835%。我们通过确定以卢比全额偿还美元贷款的内部收益率（IRR）来确定这个比率（见图表17-3）。

图表 17-3　　　　　　　　印度尼西亚水泥的偿债时间表及外汇损益

即期汇率（Rp/$）	10 000	12 621	15 930	20 106	25 376	32 028
项目年份	0	1	2	3	4	5
印度尼西亚贷款@35%，8年期（百万卢比）						
贷款本金	2 750 000					
利息支付		(962 500)	(928 921)	(883 590)	(822 393)	(739 777)
本金支付		(95 939)	(129 518)	(174 849)	(236 046)	(318 662)
总付款		(1 058 439)	(1 058 439)	(1 058 439)	(1 058 439)	(1 058 439)
西迈克斯贷款@10%，5年（百万美元）						
贷款本金	825					
利息支付		($82.50)	($68.99)	($54.12)	($37.77)	($19.78)
本金支付		($135.13)	($148.65)	($163.51)	($179.86)	($197.85)
总付款		($217.63)	($217.63)	($217.63)	($217.63)	($217.63)
西迈克斯贷款，根据时间表按现在的即期汇率换算为Rp（百万卢比）：						
按 Rp10 000 / $计算：						
利息支付		(825 000)	(689 867)	(541 221)	(377 710)	(197 848)
本金支付		(1 351 329)	(1 486 462)	(1 635 108)	(1 798 619)	(1 978 481)
总付款		(2 176 329)	(2 176 329)	(2 176 329)	(2 176 329)	(2 176 329)
实际（按现在的即期汇率计算）：						
利息支付		(1 041 262)	(1 098 949)	(1 088 160)	(958 480)	(633 669)
本金支付		(1 705 561)	(2 367 915)	(3 287 494)	(4 564 190)	(6 336 691)
总付款		(2 746 823)	(3 466 864)	(4 375 654)	(5 522 670)	(6 970 360)
西迈克斯贷款的现金流量（百万卢比）：						
实际现金流量总额	8 250 000	(2 746 823)	(3 466 864)	(4 375 654)	(5 522 670)	(6 970 360)
现金流量内部收益率	38.835%					
西迈克斯贷款的外汇收益（损失）（百万卢比）：						
利息外汇收益（损失）		(216 262)	(409 082)	(546 940)	(580 770)	(435 821)
本金外汇收益（损失）		(354 232)	(881 453)	(1 652 385)	(2 765 571)	(4 358 210)
债务外汇损失总额		(570 494)	(1 290 535)	(2 199 325)	(3 346 341)	(4 794 031)

西迈克斯向印度尼西亚子公司提供的贷款以美元计价。因此，贷款将必须以美元而不是卢比还款。在签订贷款协议时，即期汇率是Rp10 000/$。这是用于计算"计划的"卢比本金和利息偿还款的假设。然而，印尼卢比预计将按照购买力平价贬值。当实际偿还时，"实际"汇率将因外汇损失而上升，因为需要越来越多的卢比来兑换美元以偿还债务，包括本金和利息。偿债导致的外汇损失将在印尼的利润表上确认。

西迈克斯向印度尼西亚子公司提供的贷款以美元计价。因此，贷款必须以美元偿付，而不是卢比。

贷款协议签订时的即期汇率为Rpl0 000/$。这是用来计算"计划"的卢比本息偿付额的假设。然而，预计印尼卢比将按照购买力平价贬值。因此，在还本付息时，"实际"的汇率将导致一定的外汇损失，因为换取美元所需的卢比越来越多。这种由还本付息造成的外汇损失将在印尼利润表上进行确认。

学与思 17-6 国外子公司没有独立的资本成本。然而，为了估计可比东道国企业的折现率，分析师应试着计算假想的资本成本。作为该过程的一部分，分析师可以用传统的公式估计该子公司的替代权益资本成本。定义该传统公式中的各个变量，并说明与跨国企业母公司相比，替代东道国企业的变量会有何不同。

收入

考虑到印度尼西亚现有的水泥制造业及目前其由于亚洲危机而陷入的衰退，所有销售都以出口为基础。产能为2 000万吨/年的设备的预计产能利用率为40%（800万公吨产量）。生产的水泥将以每吨58美元的交货价格在出口市场销售。还需说明的是，以保守的底线分析，我们假定各期的价格不会上涨。

成本

估计1999年的水泥制造现金成本（劳动力、材料、电力等）为每吨115 000卢比，并以每年30%的通货膨胀率上升。第1年每吨2万卢比的额外生产成本也假定按通货膨胀率上升。由于产品用于出口，还必须支付每吨2.00美元的装载费用和每吨10.00美元的运费。要注意的是，这些费用最初是以美元表示的（这是因为装载和运输是美元计价合约下的国际服务），但为了编制印尼水泥项目的利润表，必须将其转换为卢比。因此，预计它们未来仅会以美元通货膨胀率（3%）增长。

印度尼西亚水泥的估计利润表如图表17-4所示。这是衡量所有企业（包括本国企业和国际企业）盈利能力的典型财务报表。底线分析假设的产能利用率仅为第一年40%、第2年50%以及接下来几年的60%。管理层认为有必要这么假设，因为现有国内水泥制造商目前的平均产能利用率只有40%。

当期亏损产生的税收抵减将转入下一年度的应交税费。第一年由于亏损不分配股利，2000—2003年都以50%的比例分红。

预估财务分析中的额外费用包括子公司每年向母公司支付的占销售额2.0%的许可费，以及在印尼经营产生的管理费用每年8.0%（并每年增长1%）。外汇损益是由于母公司提供的美元债务而产生的，摘自图表17-3的底部。总的来说，预计子公司将在运营期的第四年（2000年）开始产生会计利润，并随着产能利用率的增加而上升。

17.3.2 项目角度资本预算

从项目角度来看，印尼水泥项目的资本预算如图表17-5所示。我们通过常见的方法计算净现金流量（或**自由现金流量（free cash flow）**），对EBITDA（扣除利息、税收、折旧和摊销前的收益）、重新计算的税收、净营运资本的变化（支撑销售增长的应收账款、存货和应付款项的净增加额之和）以及投入资本进行加总。

注意，资本预算中使用的是EBIT而非EBT，其中包含折旧和利息费用。折旧和摊销属于企业的非现金支出，因此对现金流的贡献为正。因为资本预算中的现金流量以包括债务利息成本的贴现率贴现，我们不希望重复扣除利息。因此，**税收以EBITDA[①]为基础重新计算**。公司计算贴现使用的资本成本时也考虑了债务利息的可抵扣额。

---

① 这突出显示了利润表和资本预算之间的区别。由于利息费用和预计的外汇损失，该项目的利润表前两年都显示出亏损的结果，因此预计不会纳税。但在EBITDA基础上制定的资本预算，不扣除这些融资费用和外汇损失，计算得出的税收为正。

图表 17-4　　　　　　　印度尼西亚水泥项目的预估利润表（百万卢比）

汇率（Rp/$）	10 000	12 621	15 930	20 106	25 376	32 028
项目年份	0	1	2	3	4	5
销售数量		8.00	10.00	12.00	12.00	12.00
销售价格（$）		58.00	58.00	58.00	58.00	58.00
销售价格（Rp）		732 039	923 933	1 166 128	1 471 813	1 857 627
总收入		5 856 311	9 239 325	13 993 541	17 661 751	22 291 530
减现金成本		(920 000)	(1 495 000)	(2 332 200)	(3 031 860)	(3 941 418)
减其他生产成本		(160 000)	(260 000)	(405 600)	(527 280)	(685 464)
减装载成本		(201 942)	(328 155)	(511 922)	(665 499)	(865 149)
减运费		(1 009 709)	(1 640 777)	(2 559 612)	(3 327 495)	(4 325 744)
总生产成本		(2 291 650)	(3 723 932)	(5 809 334)	(7 552 134)	(9 817 774)
毛利		3 564 660	5 515 393	8 184 207	10 109 617	12 473 756
毛利率		60.9%	59.7%	58.50%	57.2%	56.0%
减许可费		(117 126)	(184 787)	(279 871)	(353 235)	(445 831)
减管理费用		(468 505)	(831 539)	(1 399 354)	(1 942 793)	(2 674 984)
EBITDA		2 979 029	4 499 067	6 504 982	7 813 589	9 352 941
减折旧和摊销		(1 760 000)	(1 760 000)	(1 760 000)	(1 760 000)	(1 760 000)
EBIT		1 219 029	2 739 067	4 744 982	6 053 589	7 592 941
减西迈克斯债务的利息		(825 000)	(689 867)	(541 221)	(377 710)	(197 848)
债务外汇损失		(570 494)	(1 290 535)	(2 199 325)	(3 346 341)	(4 794 031)
减当地债务的利息		(962 500)	(928 921)	(883 590)	(822 393)	(739 777)
EBT		(1 138 965)	(170 256)	1 120 846	1 507 145	1 861 285
减所得税（30%）		—	—	—	(395 631)	(558 386)
净利润		(1 138 965)	(170 256)	1 120 846	1 111 514	1 302 900
净利润（百万美元）		(90)	(11)	56	44	41
销售净利率		-19.4%	-1.8%	8.0%	6.3%	5.8%
股利分配		—	—	560 423	555 757	651 450
留存收益		(1 138 965)	(170 256)	560 423	555 757	651 450

EBITDA = 扣除利息、税收、折旧和摊销前的收益；EBIT = 扣除利息和税收前的收益；EBT = 税前收益。

当期损失产生的税收抵减额转入下一年度的应交税费。股利从盈利的第一年起分配，即2000—2003年以50%的比例分配。

所有计算都是精确的，但由于保留的小数位数有限，总和可能有微小差异。由于前几年的亏损结转抵税，第3年的纳税额为零，第4年的纳税比例低于30%。

22万亿卢比的初始投资也是支持这些利润产生的总投入。在印尼的水泥行业，应收账款平均周转天数（days sales outstanding，DSO）为50至55天，存货平均DSO为65至70天，但应付账款和商业信贷的平均周转天数相对较长，达114天。随着销售的增长，印尼水泥项目投资的净DSO预计将增加大约15天。项目角度资本预算的其他要素还有终值（在下面讨论）和33.257%的折现率（公司的加权平均资本成本）。

终值

项目的终值（terminal value，TV）代表水泥制造厂在第5年（图表17-5所示的详细预估财务分析中的最后一年）**后的持续价值。**正如以金融理论为依据的所有资产价值一样，终值是预期资产将产生的所有未来自由现金流的现值。计算TV时需要用到：印度尼西亚水泥项目在第五年产生的**永续净经营现金流（net operating cash flow，NOCF）**的现值、净经营现金流量假设的增长率（g），以及该公司的加权平均资本成本（k_{wacc}）：

图表 17-5   **印度尼西亚水泥项目资本预算：项目角度（百万卢比）**

汇率（Rp/$）	10 000	12 621	15 930	20 106	25 376	32 028
项目年份	0	1	2	3	4	5
EBIT		1 219 029	2 739 067	4 744 982	6 053 589	7 592 941
减重新计算的税费（30%）		(365 709)	(821 720)	(1 423 495)	(1 816 077)	(2 277 882)
加回折旧		1 760 000	1 760 000	1 760 000	1 760 000	1 760 000
净经营现金流		2 613 320	3 677 347	5 081 487	5 997 512	7 075 059
减净营运资本变动		(240 670)	(139 028)	(195 379)	(150 748)	(190 265)
初始投资	(22 000 000)					
终值						21 274 102
自由现金流（FCF）	(22 000 000)	2 372 650	3 538 319	4 886 109	5 846 764	28 158 896
NPV（33.257%）	**(7 606 313)**					
IRR	**19.1%**					

净营运资本，即net working capital，缩写为NWC。NPV，即净现值，net present value的缩写。折现率为印度尼西亚水泥项目的WACC=33.257%。IRR，即内含报酬率，internal rate of return，是使NPV=0的折现率。表中数据精确到个位（百万）。

$$TV = NOCF_5 (1 + g) / (k_{wacc} - g) = 7\ 075\ 059\ (1 + 0) / (0.33257 - 0) = Rp21\ 274\ 102$$

即21 274 102万亿卢比。假设g＝0，即净经营现金流量在5年内不会增长，这个假设可能并不真实，但这是西迈克斯在估计未来现金流量时的保守假设。从项目角度看，资本预算得出的结果为负的净现值（NPV）和仅有19.1%的内部收益率（IRR），而资本成本却高达33.257%。这是这个项目将给印度尼西亚政府或印度尼西亚投资者带来的以卢比计算的回报。从这个角度来看，这个项目是不可接受的。

17.3.3 将现金流汇回西迈克斯

图表17-6汇总了这个印尼潜在投资项目能带给西迈克斯的所有增量收入。如案例前面的部分"项目vs母公司角度估值"中所述，外国投资者对项目收益的评价取决于他实际收到的自己

国家货币形式的现金流。这意味着西迈克斯在分析投资项目时，必须使用项目期内与投资有关的税后美元现金流入和流出值，并以适当的资本成本贴现。

图表 17-6　　　　印度尼西亚水泥项目汇回母公司的利润（百万卢比及美元）

汇率（Rp/$）	10 000	12 621	15 930	20 106	25 376	32 028
项目年份	0	1	2	3	4	5
股利汇回						
汇回股利（Rp）		—	—	560 423	555 757	651 450
减去印度尼西亚扣缴税款		—	—	(84 063)	(83 364)	(97 717)
汇回净股利（Rp）		—	—	476 360	472 393	553 732
汇回净股利（$）		—	—	23.69	18.62	17.29
许可费汇回						
汇回许可费（Rp）		117 126	184 787	279 871	353 235	445 831
减去印度尼西亚扣缴税款		(5 856)	(9 239)	(13 994)	(17 662)	(22 292)
汇回净许可费（Rp）		111 270	175 547	265 877	335 573	423 539
汇回净许可费（$）		8.82	11.02	13.22	13.22	13.22
债务还本付息汇回						
支付的约定利息（$）		82.50	68.99	54.12	37.77	19.78
减去印尼扣缴税款（10%）		(8.25)	(6.90)	(5.41)	(3.78)	(1.98)
汇回净利息（$）		74.25	62.09	48.71	33.99	17.81
汇回本金（$）		135.13	148.65	163.51	179.86	197.85
汇回的利息和本金合计		$209.38	$210.73	$212.22	$213.86	$215.65
资本预算：母公司角度（百万美元）						
股利		—	—	23.7	18.6	17.3
许可费		8.8	11.0	13.2	13.2	13.2
债务还本付息		209.4	210.7	212.2	213.9	215.7
总收入		218.2	221.8	249.1	245.7	246.2
初始投资	(1 925.0)					
终值						664.2
净现金流	(1 925.0)	218.2	221.8	249.1	245.7	910.4
NPV（17.98%）	(903.9)					
IRR	-1.12%					

计算 NPV 时使用公司决定的折现率：WACC+海外投资溢价=11.98%+6.00%=17.98%。

母公司角度资本预算的构建分为两步：

1. 第一步，我们区分出个别现金流量，根据印度尼西亚政府征收的税款进行调整，并转换为美元（国际转移的法定税收是由双边税收协定确定的，但个别公司可能通过与政府税务机关谈判获取较低税率。就印尼水泥项目而言，股息的税率为15%，利息支付的税率为10%，许可费的税率为5%）。墨西哥不对汇回的收入征税，因为这些收入已在印度尼西亚纳税（美国对从外国汇回的收入征收或有税，如第14章所述）。

2. 第二步，真正的母公司角度的资本预算，将美元税后现金流量与初始投资结合起来，以确定印度尼西亚水泥子公司对西迈克斯而言的净现值，如图表17-6所示，图表17-6中显示了西迈克斯来自该未来投资项目的所有增量收入。这种母公司角度资本预算的具体特点是，只有由西迈克斯本身投资到该项目的资金（19.25亿美元）被包括在初始投资（11亿美元的股权和8.25亿美元的贷款）中。印度尼西亚27.5亿卢比（2.75亿美元）的债务不包含在西迈克斯的母公司角度资本预算中。

学与思 17-7 在评估国外投资建议时，跨国企业应如何评估被东道国冻结而无法汇回企业母国的现金流价值？

17.3.4　母公司角度的资本预算

最后，**所有现金流量估计值的构建都是为了形成母公司角度的资本预算**，详见图表17-6的底部。印度尼西亚水泥项目从其位于印度尼西亚的业务中获取的现金流量、股息、许可费、债务本息和终值现在以税后美元计量。

为了评估返还给母公司的项目现金流量，西迈克斯必须以公司资本成本对这些现金流量进行折现。记住，西迈克斯以美元为功能性货币，它计算的是美元资本成本。如第12章所述，加权平均资本成本的常用公式如下：

$$k_{wacc} = k_e \, (E/V) + K_d \, (1-t) \, (D/V)$$

$$k_e = 风险调整后的权益成本$$
$$k_d = 税前债务成本$$
$$t = 边际税率$$
$$E = 企业权益的市场价值$$
$$D = 企业债务的市场价值$$
$$V = 企业证券的总市场价值（E + D）$$

西迈克斯的权益成本通过资本定价模型（CAPM）计算：

$$k_e = k_{rf} + (k_m - k_{rf}) \, \beta_{西迈克斯} = 6.00\% + (13.00\% - 6.00\%) \times 1.5 = 16.50\%$$

$$k_e = 风险调整后的权益成本$$
$$k_{rf} = 无风险利率（美国国债中间债券收益率）$$
$$k_m = 美国股市的期望回报率（大型股）$$
$$\beta_{西迈克斯} = 衡量西迈克斯相对于市场的特有风险$$

该计算假设当前的无风险利率为6.00%，美国股票的预期收益为13.00%，西迈克斯的β值为1.5。结果是，西迈克斯股权成本——股权投资要求的回报率为16.50%。

投资将在内部由母公司融资，债务/权益比率大致与合并公司整体相同，公司价值由40%的债务及60%的股权组成。西迈克斯目前的债务成本为8.00%，实际税率为35%。当与其他组成部分合并，考虑权益成本后，西迈克斯的加权平均资本成本为：

$$k_{WACC} = k_e (E/V) + k_d (1-t)(D/V) = 16.50\% \times 0.60 + 8.00\% \times (1-0.35) \times 0.40 = 11.98\%$$

西迈克斯通常使用11.98%的加权平均资本成本来对预期投资现金流折现以用于项目排名。 然而，相对于典型的国内投资，印度尼西亚的投资带来了种种风险。

如果西迈克斯正在进行与公司本身的相对风险程度相同的投资，简单地以11.98%的折现率折现就够了。然而，**西迈克斯通常要求新投资赚取比国内投资的资本成本高出3%的回报，并要求国际项目赚取比国内投资的资本成本高出6%的回报**（这些是公司要求的利差，不同公司的要求也会显著不同）。**因此，印度尼西亚水泥项目汇回西迈克斯的现金流量使用的贴现率将为11.98%+6.00%，即17.98%。项目的基准分析表明该项目的NPV为负，IRR为-1.12%，这意味着从母公司角度来看，这项投资不可接受。**

大多数公司要求新投资的回报率须高于其承担的资本成本。企业往往将超过资本成本3%至6%的回报率设置为最低门槛，以确定可能增加股东财富的潜在投资。NPV为零意味着投资是"可接受的"，但是NPV超过零的部分代表着形成公司价值及股东财富增加额的现值。对于海外项目，如前所述，我们必须调整代理成本以及外汇风险与成本。

学与思 17-8 比较投资分析中所使用的NPV、APV和实物期权分析法，说明这些方法各是如何影响投资决策的。

学与思 17-9 项目角度分析和母公司角度分析使用的现金流有何不同？

17.3.5 敏感性分析：项目角度

到目前为止，项目调查小组使用了一系列"最可能"的假设来预测回报率。现在，是时候使用最可能的结果来进行敏感性分析了。相同的概率技术既可用于测试对政治和外汇风险的敏感性，也可用于测试对商业和财务风险的敏感性。对许多决策者而言，必须猜测不熟悉的政治和外汇事件的发生概率，比起必须猜测，更熟悉的商业或财务风险更让他们感到不舒服。因此，通常通过模拟在各种假设情景下的净现值和收益，来测试对政治和外汇风险的敏感性。

政治风险

如果印度尼西亚政府对西迈克斯支付股息或许可证费用的行为施加控制会如何？冻结资金对西迈克斯回报率的影响将取决于冻结时间、冻结资金的再投资机会以及冻结资金将于何时最终解冻。**我们可以模拟资金冻结的各种情景，并重新运行图表17-6中的现金流分析，以估计其对西迈克斯回报率的影响。**

如果印度尼西亚没收印度尼西亚水泥项目会如何？没收的影响将取决于以下因素：

1.没收发生于业务开始运营后的第几年

2.印度尼西亚政府支付的补偿金额，以及在没收后多久支付

3.印度尼西亚贷款方还有多少债务尚未偿还，以及母公司西迈克斯是否将因担保而必须承担这笔债务

4.没收的税务后果

5.是否丧失未来现金流量

许多没收最终会对前业主进行某种形式的补偿。这种补偿可能来自与东道国政府的谈判协议，或来自母国政府的政治风险保险赔偿款。达成谈判协议需要时间，且最终的补偿有时会在较

长的时间内分期付清。因此，补偿的现值通常远低于其名义值。此外，大多数协议基于公司在被没收时的账面价值而非市场价值。

没收的税务后果取决于墨西哥确认资本损失的时间和金额。该损失通常基于未获补偿的印度尼西亚投资的账面价值。问题是，适用于税收目的的冲销时间常常不容易确定，特别是协议谈判一拖再拖时。在某些方面，获赔无望的明确没收（如 19 世纪 60 年代初发生在古巴的情况）好过在旷日持久谈判中的"流血死亡"。前者使企业能更早地利用税盾和一次性冲销来盈利，而后者往往会压低多年的收入，因为持续发生法律和其他费用而无法发挥税盾作用。

外汇风险

项目调查组假设，相对于美元，印度尼西亚卢比将按购买力平价"比率"（基准分析中约为每年 20.767%）贬值。如果卢比的贬值程度更大呢？尽管这样将使西迈克斯的假设现金流所能兑换的美元更少，但我们还需要进行经营风险分析以确定印度尼西亚卢比贬值是否会使印度尼西亚水泥更具竞争力。例如，由于印度尼西亚水泥出口中国台湾时以美元计价，卢比相对美元的贬值可能使这些出口销售获得更高的印度尼西亚卢比收益。这能部分抵消印度尼西亚水泥公司从母公司购买美元计价的进口组件时卢比贬值的不利影响。在当今拥有外币计价现金流的公司中，印度尼西亚水泥公司具有一定的代表性，其自身的货币流动能提供部分自然对冲。

如果卢比对美元升值会如何？我们需要进行同样的经济风险分析。这种特殊情况下，我们可能猜测，这对印度尼西亚当地销售以及印度尼西亚水泥公司向西迈克斯支付的股息和许可费的价值都有正面影响。然而，请注意，印度尼西亚卢比的升值可能会使印度尼西亚国内的竞争更加激烈，因为其他国家的公司在进入印度尼西亚后成本也会降低，进而造成印度尼西亚水泥公司的销售额降低。

其他敏感性变量

项目对西迈克斯的回报率也会受假设的终值、产能利用率、印度尼西亚水泥项目支付的许可费、初始项目成本、在当地融资的营运资本金额以及印度尼西亚和墨西哥两国税率变化的影响。由于其中一些变量对西迈克斯而言是可控的，所以仍有可能使印度尼西亚水泥项目对公司的价值提高到可接受的水平。

17.3.6 敏感性分析：母公司角度

当从母公司的角度分析海外项目时，至少有两种方式可以衡量源自其"海外"所在地的额外风险：调整贴现率和调整现金流。

调整贴现率

第一种方法是将所有外国风险视为单一的问题，通过调整适用于海外项目（相对于国内项目）的折现率，来反映更高的外汇风险、政治风险、代理成本、信息不对称以及其他海外业务中的不确定性。然而，调整适用于海外项目现金流和反映海外项目不确定性的折现率并不能使净现值与实际风险大小或该风险性质随时间可能发生的变化成比例。将所有风险结合在一个贴现率中可能造成许多关于未来不确定性的信息丢失。

在外汇风险方面，由于经营风险的存在，汇率变动会对未来现金流产生潜在影响。然而，这种影响既可能使净现金流入增加，也可能使之减少，这取决于产品销往哪里以及投入品的来源。基于外币贬值可能超过预期的假设，我们提高适用于海外项目的折现率，也就是忽略外币贬值对项目竞争地位可能产生的有利影响。销量提高可能抵消当地货币价值较低的影响。提高贴现率还忽略了外汇升值的可能性（双边风险）。

调整现金流

第二种方法是将外国风险纳入对项目预测现金流的调整中。**外国项目的折现率与国内项目相同，仅针对整体经营和财务风险进行调整**。评估基于模拟进行，发展不同情景来估计未来在不同经济情况下，项目能为母公司带来的现金流。

海外投资未来现金流金额和时间的确定性，用莎士比亚的话说，是"梦想的组成部分"。由于经济力量对大型投资项目作用的复杂性，分析师**理解现金流预测的主观性**至关重要。在分析时，谦卑是种宝贵的特质。

各自的缺点

然而，在许多情况下，**调整贴现率或调整现金流都不是最优的。例如，政治不确定性会威胁到整个投资，而不仅仅是年度现金流**。潜在损失部分取决于母公司的投资终值还有多少尚未收回，这又取决于项目的资金来源、是否购买政治风险保险，以及预期的投资期。此外，如果预计在不久的将来政治环境将变得对企业不利，可能任何投资都是不可接受的。通常，政治不确定性会与一些可能发生在更遥远的未来中的不利事件相关，目前我们还无法预知。为反映政治风险而调整贴现率，会造成对早期现金流影响过度，而又对后期现金流影响不足。

对投资者造成的后果

除了预期的政治和外汇风险，**有时跨国公司会担心接受海外项目将造成公司总资本成本增加——由于投资者对外国风险所持有的观点**。如果公司近年来在伊拉克、伊朗、俄罗斯、塞尔维亚或阿富汗有重大投资，这种担心似乎是合理的。然而，如果是在加拿大、西欧、澳大利亚、拉丁美洲和亚洲等地的工业国家进行多元化海外投资，这种观点就不那么具有说服力了，事实上，大多外国直接投资正是位于这些国家和地区。这些国家享有一视同仁地对待外国投资的声誉，实证证据证明，外国公司在这些国家进行投资不会导致资本成本的上升。事实上，一些研究表明，外国项目的要求回报甚至可能低于本国项目。

MNE实践

过去35年中对跨国公司的调查表明，大约半数的跨国公司会调整贴现率，而另一半选择调整现金流。最近的一项调查显示，选择调整贴现率的公司相对于调整现金流量的有所增加。然而，该调查还表明，评估海外投资时，跨国公司越来越多地使用多因素方法——调整贴现率、调整现金流、实物期权分析和定性标准。[①]

17.3.7 投资组合风险度量

财务领域对风险有两种不同的定义：（1）个别证券的风险（预期收益的标准差）；（2）个别证券作为投资组合组成部分的风险（beta）。以进入当地或区域市场（市场寻求）为目的而进行的海外投资，其回报与当地市场的回报有或高或低的相关性，则对投资前景进行基于投资组合的评估似乎是恰当的。而以资源寻求或生产寻求为目的进行的海外投资，其回报可能与位于世界上其他地方的母公司或组成单位有关，但与当地市场没什么关联。西迈克斯的印尼水泥投资项目既为了寻求市场，也为了寻求生产（以出口）。跨国公司使用何种方法来评估未来海外投资，可能是它所做出的最重要的分析决策。投资的可接受性可能会随着标准的变化而显著变化。

---

① Tom Keck，Eric Levengood，and AlLongield，"Using Discounted Cash Flow Analysis in an International Setting：A Survey of Issues in Modeling the Cost of Capital，" *Journal of Applied Corporate Finance*，Vol. 11，No. 3，Fall 1998，pp. 82-99.

为了在本地东道国进行比较，我们应该忽略项目的实际融资或受母公司影响的债务能力，因为相对于跨国所有者，对于本地投资者而言情况可能有所不同。此外，项目对当地投资者而言的风险可能不同于对外国的跨国所有者，因为跨国公司拥有利用市场不完美获利的机会。而且，当地的项目可能只是多元化跨国公司所有者项目组合中的一个；如果由当地投资者来投资这个项目，它可能只能是孤立的，无法进行国际多元化。由于多元化降低了风险，跨国公司要求的回报率可以比当地投资者所要求的更低。

因此，在当地使用的折现率必须是个假设的比率，基于对独立的当地投资者投资该业务可能要求的回报率的判断。所以，对当地现金流量应用当地的折现率折现，这仅仅是将该项目视为一个独立的当地项目而进行的粗略估值，而非完全意义上的估值。

学与思 17-10 国外计划项目的预期内部收益率（IRR）应该与（a）其他本国计划项目的预期内部收益率；（b）同行业和／或同风险等级的当地公司的内部收益率；还是（c）以上二者进行比较？请说明理由。

17.3.8 实物期权分析

印度尼西亚水泥项目估值中所使用的贴现现金流（Discounted cash flow，DCF）法以及整体资本预算和估值长期以来一直遭受着批评。传统DCF财务分析通常会拒绝周期较长的、现金流回报产生于项目后期的或风险高于公司当前典型业务活动风险的投资。更重要的是，当跨国公司评估可选项目时，**传统贴现现金流法通常无法捕捉投资选择可能带来的战略性期权**。这促进了实物期权分析的发展。实物期权分析是期权理论在资本预算决策中的应用。

实物期权提供了考虑投资价值的另一种方式。就其核心而言，它是决策树分析和单纯基于期权的估值的交叉。如果投资项目在决策点（项目执行中作出管理决策的时点）遵循大不相同的价值路径，实物期权分析就大有用处。潜在结果的广泛性是实物期权理论的核心。这种广泛的价值范围就是波动性，即前面所描述的期权定价理论的基本要素。

实物期权估值还使我们能够分析一些管理决策，这些管理决策实际上描述了许多主要的资本投资项目：

- 推迟期权；
- 放弃期权；
- 改变产能的期权；
- 启动或关闭（转换）的期权。

实物期权分析以积极的态度处理现金流的未来价值，而DCF对未来现金流采取消极处理（以贴现的形式）的方式。实物期权分析是个十分强大的工具，它能够用于分析生命周期极长的潜在投资项目或是在未来开始进行的投资。**实物期权分析承认了随时间推移而收集信息支持决策的方式**。管理者从主动（搜索）和被动（观察市场条件）的知识收集中学习，然后利用这些知识作出更好的决策。

17.4 项目融资

项目融资是如今国际金融领域的最热话题之一，**项目融资（project finance）指的是长期资本项目的融资安排，其规模大、寿命长且风险通常较高**。但这是一个很宽泛的定义，因为在这个通用的标题下存在许多不同的形式和结构。

项目融资并非新生事物。其例子可追溯到几个世纪前，包括许多著名的早期国际企业，如荷兰东印度公司和英国东印度公司。这些前往亚洲进行进口贸易的企业以每一次航行为基础进行融资，就像风险资本一样——当航船返回、从亚洲市场获得的成果在码头上卖给地中海和欧洲的商人时，投资者将收到回报。如果一切顺利，航行的个人股东将收到全额偿付。

项目融资目前广泛用于中国、印度和许多其他新兴市场的大型基础设施建设项目。虽然每个项目都有独特的特征，但大多数是高杠杆交易，即债务占总融资的 60% 以上。股权在项目融资中占比较小的原因有两个：第一，投资项目的规模常常超过了单个投资者或甚至是一组私人投资者能够投资的范围；第二，这些项目涉及传统上由政府投资的对象，例如发电、水坝建设、高速公路建设以及能源的勘探、生产和分配。

然而，高水平的债务在还本付息时会对现金流造成巨大负担。因此，项目融资通常需要一些额外的降低风险的考虑。参与这些投资的贷款人需要确保他们将得到偿还；银行家自然不是企业家，不喜欢项目融资的创业回报。**项目融资具有许多对其成功至关重要的基本属性。**

17.4.1　项目与其投资者的可分离性

项目以单独法律实体的形式成立，与其个人投资者的法律和财务责任相区分。这不仅用于保护股权投资者的资产，而且还提供了一个受控的平台，使债权人可以在这个平台上评估与单个项目相关的风险和以项目现金流偿还债务的能力，并确保利息本金的偿付将由项目本身自动分配（而不是由跨国企业的管理层决定）。

17.4.2　长周期、资本密集的单个项目

单个项目必须是分离开来的，且相较于其所有者的财务资源而言是大规模的，其业务线在其建设、运营和规模（产能）上也必须是单一的。其规模在项目开始时设定，并且在生命周期内很少调整（若有）。

17.4.3　第三方承诺下现金流的可预测性

油田或发电厂生产同质的商品，如果可以获得第三方购买及支付的承诺，则可以产生可预测的现金流。除了收入的可预测性之外，生产的非财务成本需要随时间进行控制，通常通过在与长期供应商签订的合同中制定基于通货膨胀的价格调整条款来实现。长期合同带来的净现金流入的可预测性消除了大部分个别项目的业务风险，因此能够使用重债务融资的金融结构，而仍可避免财务困境。

项目收入流的可预测性对于确保项目融资至关重要。旨在确保充足现金流的典型合同条款通常包括：项目产出的数量和质量；提高利润足以覆盖运营成本，且有还本付息的可预测性的定价公式；明确说明允许对合同进行重大调整的情况，例如不可抗力或不利的业务条件。

17.4.4　有限周期的有限项目

即使投资期限较长，项目有个明确的终止点（所有债务和股权都已得到回报）仍是至关重要的。因为该项目是一项独立的投资，其现金流直接用于其资本结构所要求的回报，而不是用于增长或其他可选项目的再投资，所有类型的投资者都需要确保该项目的回报将在有限期内获取。没有资本增值，只有现金流。

项目融资的例子包括了过去 30 年中的一些最大规模的个别投资，例如英国石油公司为其在

北海和跨阿拉斯加管道（Trans-Alaska Pipeline）项目中获利所进行的融资。跨阿拉斯加管道项目是俄亥俄州标准石油公司、大西洋里奇菲尔德公司、埃克森公司、英国石油公司、美孚石油公司、飞利浦石油公司、联合石油公司和阿梅拉达赫斯公司共同投资的联营企业。这些项目中，每一个的规模都达到或超过10亿美元，大规模的资本支出意味着没有一家公司愿意或可能独立进行融资。然而，通过合资安排可以管理这种资本规模所引起的高于正常值的风险。

17.5　跨国并购

如同图表17-7中所总结的，**并购活动的驱动因素既是宏观的——全球竞争环境，也是微观的——行业和企业层面作用力和活动的多样性形成了每个企业不同的价值。**全球竞争环境变化的主要驱动力是技术变革、监管变化和资本市场变化，这为跨国企业创造了它们积极追求的新商机。

但是，全球竞争环境就像是竞技场，是选手们参与竞争的平台。跨国企业出于种种动因而进行跨国并购。如图表17-7所示，跨国并购的驱动因素是跨国公司为保护和提高其全球竞争力而作出的战略反应。

与新建投资相反，**跨国收购具有许多显著的优势。第一，它更快。**新建投资通常需要长时间的实地建设和组织发展，而通过收购现有公司，跨国企业缩短了获得市场竞争的入场券所需的时间。**第二，它会更具成本效益地使企业获得竞争优势**，如技术、目标市场所看重的品牌名称，以及物流和分销优势，并能同时排除当地的竞争对手。**第三，就跨国收购而言，国际经济、政治和外汇条件可能导致市场不完美，从而使目标公司被低估。**

然而，跨国收购并非没有缺陷。与所有并购（无论国内或跨境）一样，它也存在支付价格过高或承担过多融资成本的问题。企业文化的融合可能会对企业造成创伤。并购后流程管理的特点通常是缩小规模以获得间接费用上的规模经济和范围经济。这会对企业造成非生产性影响，因为企业中的员工会努力保住自己的工作。在国际上，东道国政府干预定价、融资、就业保障、市场细分以及一般的民族主义和偏袒主义都会对跨国收购造成额外的困难。事实上，进入新兴市场时，能否成功完成跨国收购本身就可能是对跨国公司能力的一个考验。

图表 17-7　　　　　　　　　　　　　　**跨国并购的驱动因素**

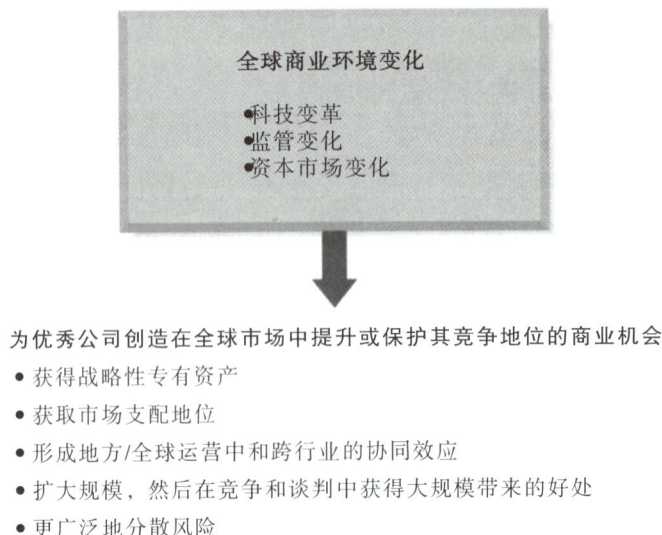

全球商业环境变化

●科技变革
●监管变化
●资本市场变化

为优秀公司创造在全球市场中提升或保护其竞争地位的商业机会

- 获得战略性专有资产
- 获取市场支配地位
- 形成地方/全球运营中和跨行业的协同效应
- 扩大规模，然后在竞争和谈判中获得大规模带来的好处
- 更广泛地分散风险

17.5.1 跨国并购流程

虽然金融领域中，人们有时认为收购主要是估值问题，但它其实是一个比简单确定支付价格更复杂和丰富的过程。如图表 17-8 所示，该过程从上一节讨论的战略驱动因素开始。

在世界上的任何地方，并购企业的过程都有三个共同的要素：（1）目标的识别和估值；（2）执行收购要约并购买——偿付；（3）收购后过渡期的管理。

图表 17-8 跨国并购流程

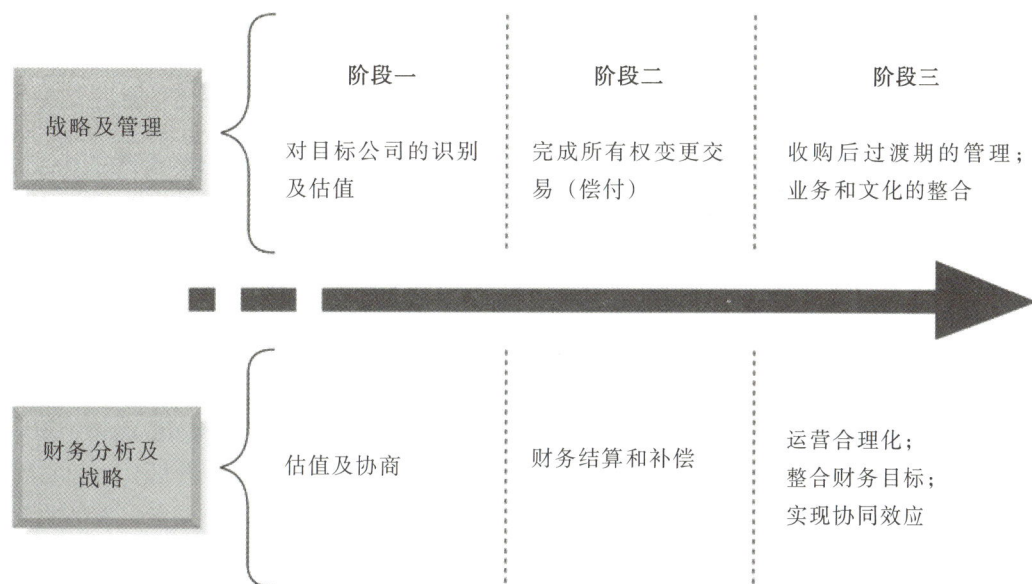

	阶段一	阶段二	阶段三
战略及管理	对目标公司的识别及估值	完成所有权变更交易（偿付）	收购后过渡期的管理；业务和文化的整合
财务分析及战略	估值及协商	财务结算和补偿	运营合理化；整合财务目标；实现协同效应

阶段一：识别和估值。 识别潜在收购目标需要明确的公司战略及关注点。

通常，在识别目标公司之前，要先识别目标市场。 高度发达的市场能提供最广泛的上市公司以供选择，发达市场秩序良好、有公开披露的财务和运营数据。在这种情况下，收购要约是公开的，虽然目标公司管理层也可能公开建议其股东拒绝该要约。如果有足够多的股东接受要约，收购方就能获得足够的股权，并以其影响力或控制权来改变管理层。在这个对抗的过程中，目标公司的董事会要不断采取行动保护股东权利。董事会可能需要实行强有力的管理监督，以确保管理层的行为与保护和实现股东价值相一致。

一旦完成了识别，就要进入收购目标的估值过程。各种各样的估值技术被广泛应用于现在的全球业务，这些估值技术可谓各有千秋。**除了贴现现金流（DCF）和乘数（收益和现金流）的基本方法之外，还有针对特定行业的、关注业务线价值中某些最重要元素的方法。** 对目标公司进行多种方法的估值，不仅有助于更全面地认识完成交易须支付的对价，还有助于确定该价格是否具有吸引力。

阶段二：收购事项的执行。 对收购目标进行了识别和估值后，接下来的进程——**收购策略的完全执行可能是耗时而复杂的：收购方需要获得管理层的批准以及目标公司的所有权，获得政府监管机构的批准，并最终确定补偿方法。**

获得目标公司的批准一直是一些商业史上最著名的收购案例的亮点。获得批准的关键在于收购是否由目标公司的管理层支持。

虽然可能没有所谓的"典型交易"，但许多收购是通过友好协商相对流畅地完成的。收购公司将接触目标公司的管理层，并尝试使他们信服本次收购的业务逻辑。（获得管理层的支持有时存在困难，但向目标公司管理层保证他们不会被替换通常相当有说服力！）如果获得了目标公司管理层的支持，他们可能会建议股东接受收购方的要约。在这个阶段偶尔会出现的一个问题是，一些有影响力的股东可能原则上或因收购价格而反对该要约，并因此推断管理层没有采取适当行动来保护和实现股东价值。

当目标公司管理层不支持收购时——产生所谓的敌意收购，其流程大不相同：收购公司可以选择在目标公司不支持的情况下继续收购，并直接转向目标公司的股东。在这种情况下，收购要约公开发出，虽然目标公司管理层可能公开建议其股东拒绝该要约，但如果有足够多的股东接受要约，收购公司就能获得足够的股权，并以其影响力或控制权来改变管理层。在这个对抗的过程中，目标公司的董事会要不断采取行动保护股东权利。与阶段一相同，董事会可能需要实行强有力的管理监督，以确保管理层的行为与保护和实现股东价值相一致。

事实证明，监管批准可能成为交易执行的主要障碍。如果目标公司所在的行业对国家安全至关重要，或者如果政府担心合并会造成行业集中度过高及反竞争现象，则该项收购可能需要先获得重大监管批准。

2001年，美国通用电气公司（General Electric Company，GE）收购霍尼韦尔国际公司（Honeywell International Company，由美国霍尼韦尔公司和美国联合信号公司合并而来）是监管审批领域的一个分水岭事件。GE收购霍尼韦尔先经过了管理层、所有者和美国监管机构的批准，随后在欧盟范围内寻求批准。GE富有魅力的首席执行官兼总裁杰克·韦尔奇（Jack Welch）没有料到，合并竟受到了欧盟当局的反对。在欧盟连续提出了一系列要求，令合并后公司出售特定业务以降低反竞争影响后，韦尔奇撤回了收购审批申请，因为他认为这一系列要求将破坏收购的大部分增值效益，收购因此取消。接下来几年中，这个案例对跨国并购造成了深远影响，因为在像欧盟这样的强大经济区内，监管机构以其权利阻止了两个跨国公司的合并，这可能预示着监管强度和广度的变化。

跨国收购第二阶段的最后一步为补偿结算，即向目标公司的股东付款。**目标公司的股东通常会收取来自收购公司的股份或现金支付**。如果以股份支付，则通常是通过收购公司股份与目标公司股份的某个比例来进行置换（例如，以收购方的两股换取三股目标公司股份），股东通常无须交税——股东所拥有的股票只是被其他股票代替了，这种交易是免税的。

如果向目标公司股东支付现金，则等同于股东在公开市场上出售股票，会导致资本利得或损失（在收购的情况下，股东往往期望获得的是利得），并因此产生税费。由于税收影响，股东通常更愿意接受股票交易，以便他们选择是否纳税以及何时纳税。

决定结算方式的因素有多种。现金的可用性、收购规模、收购的友好程度，以及收购公司和目标公司的相对估值都会影响决策。在这个阶段中，会出现的最具破坏力的因素，是监管造成的延期及其对两家公司股价造成的影响。如果迟迟无法获得监管机构的批准，那么股价下跌的可能性会增加，并可能改变股权置换原有的吸引力。

阶段三：收购后管理。虽然在投资银行的活动中，引人注目的通常是收购交易的估值和出价过程，但在三个阶段中，**可能决定收购成败的最关键环节却是交易后管理**。收购价格可以偏高或偏低，但如果交易后没有进行有效管理，将造成投资价值的完全丧失。收购后管理阶段必须实现该次交易的动机——例如更有效的管理、合并带来的协同效应，又或者，获得以此前收购目标本身无法获得的成本注入的资本，必须在交易后有效利用。然而，最大的问题几乎总是对企业文化的融合。

企业文化和个性的冲突构成了最大的风险，但同时也是跨国并购中最大的潜在收益。虽然不容易通过市盈率或股票溢价来衡量，但最终，利益相关者会在心中对创值或损值有所判断。

学与思 17-11 说明跨国兼并与收购为什么难以实施。

17.5.2 跨国收购中的外汇风险

跨国收购的寻求和实行，为跨国公司带来了一系列具有挑战性的外汇风险及敞口。如图表 17-9 所示，正如出价和谈判的过程会随着出价、融资、交易（结算）和运营阶段而发展，**与特定跨国收购相关的外汇风险的性质也会随之发生变化。**

与跨国收购各个阶段相关的时机选择和信息，形成了各种混杂的风险，使外汇风险的管理变得相当困难。 如图表 17-9 所示，随着各个阶段的完成及合同和协议的达成，与之相关的不确定性也会逐渐降低。

图表 17-9　　　　　　　　　跨国收购中的外汇风险

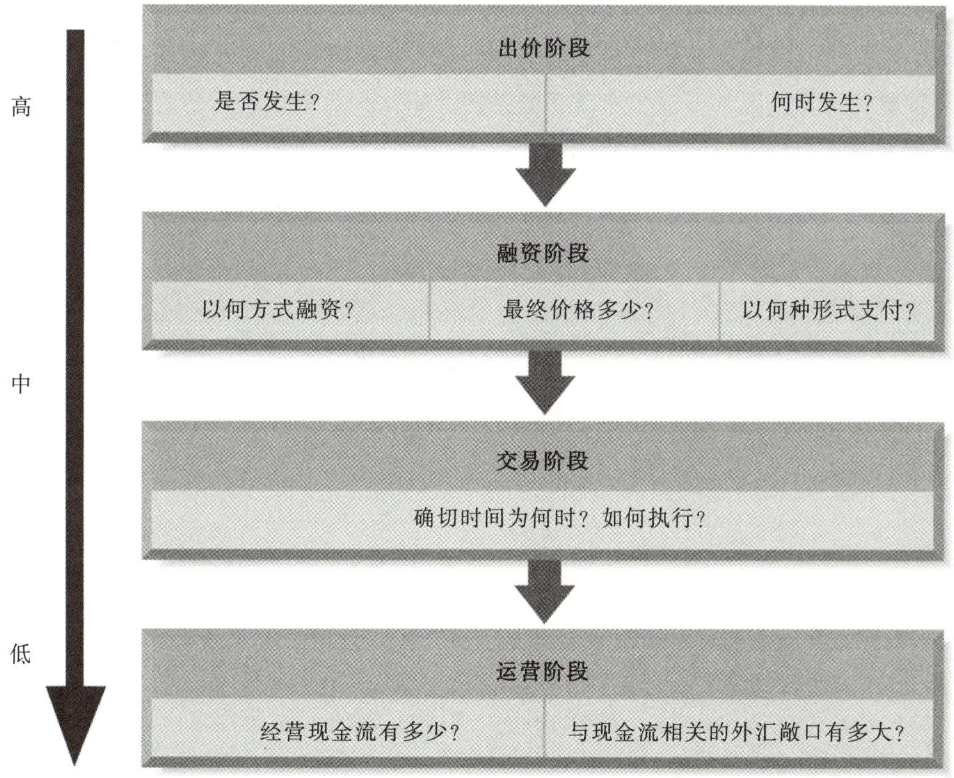

初始出价如果以外币计价，**将形成出价者的或有外汇敞口**（contingent foreign currency exposure）。随着谈判的继续、监管要求的满足、批准的获得以及竞价者的出现，这种或有敞口出现的确定性逐渐提高。虽然可以采用的套期保值策略有很多种，但持有计价货币的看涨期权是最简单的一种办法。理论上，期权本金将是估计的购买价格；保守考虑，期权的期限须足够长，以防竞价延长以及监管和谈判造成的延迟。

一旦出价者成功赢得了收购，或有敞口就会转变为交易敞口（transaction exposure）。虽然交易结算的确切时间仍然存在各种不确定性，但外汇敞口发生的不确定性在很大程度上被消除了。远期合约和持有货币期权的某些组合有助于管理跨国收购相关的货币风险。

自跨国收购完成后，外汇风险和敞口从基于交易的现金流敞口变为跨国公司跨国结构的一部分（跨国公司的财产及外国子公司），并因而成为经营敞口（operating exposure）的一部分。时间——正是跨国公司外汇敞口管理中绕不开的最大的敌人。然而，如全球财务管理实务17-1中所示，事情并不总朝最坏的方向发展。

学与思17-12 外汇风险、国家征用风险和政治风险之间的主要差异是什么？

课堂延展阅读

全球财务管理实务17-1 **挪威国家石油公司对瑞典埃索石油公司的收购案**

1986年，挪威国家石油公司（Statoil）对瑞典埃索石油公司（Svenska Esso，埃克森石油公司在瑞典经营的全资子公司）进行收购，成为史上最具挑战性的跨国并购之一。第一，挪威国家石油公司是一家政府所有和经营的企业，出价对一家外国私人公司进行收购。第二，如果收购完成，为此进行的融资将增加瑞典埃索石油公司的债务（负债水平及由此导致的还本付息负担），减少公司接下来许多年向瑞典政府缴纳的税费。该跨境交易的特点是，它构成了从瑞典政府到挪威政府的价值转移。

由于出价、协商以及监管批准流程的长期性，交易的外汇风险较高。由于全球石油行业是由美元计价的，挪威国家石油公司以挪威克朗（NOK）为基础货币的同时以美元作为功能性货币。尽管瑞典埃索石油公司是家瑞典公司，但它由位于美国的跨国公司埃克森全资所有，因此该收购的最终出价和现金结算都以美元计价。

1985年3月26日，挪威国家石油公司与埃克森达成了协议，瑞典埃索石油公司的售价为2.6亿美元或24.7亿挪威克朗，当时的汇率为NOK9.50/USD。（这是当时有史以来挪威克朗相对美元最弱势的一段时间。）没有瑞典政府批准，这笔收购不可能完成。这一程序最终需要得到瑞典总理奥洛夫·帕尔梅的批准，这花费了九个月的时间。因为挪威国家石油公司将美元视为其真正用于营运的货币，它并没有对该收购价的外汇敞口进行对冲。到清算时，挪威克朗增值至了NOK7.65/USD，即最终的收购成本为19.89亿挪威克朗。因为没有对外汇敞口进行对冲，挪威国家石油公司节省了近20%的购买成本，即4.81亿挪威克朗。

划重点

●母公司现金流量必须与项目现金流量区分开来。这两种类型现金流所创造的价值属于不同的层面。

●母公司现金流往往取决于融资的形式。因此，我们不能像在国内项目的资本预算中那样，将现金流量与融资决策明确地区分开来。

●由于税收制度、对资金流动的法律和政治限制、地方商业规范以及金融市场和机构运作方式的差异，母公司必须毫无保留地确认其资金汇出。

●一系列非财务性支付可以使资金从子公司流向母公司，如许可证费用和从母公司购进商品需付款。

●必须预测不同国家的通货膨胀率，因为它们有可能导致竞争地位的变化，进而导致某个时期内现金流量的变化。

●从项目角度分析海外项目时，风险分析侧重于对敏感性的使用以及与项目执行相关的外汇风险和政治风险。

●当从母公司角度分析海外项目时，源自其"海外"所在地的额外风险至少有两种方式可以度量，即调整贴现率或调整现金流量。

●实物期权分析是考虑投资价值的一种不同方式。就其核心而言，它是决策树分析和单纯基于期权的估值的一种交叉。它能够用于评估推迟期权、放弃期权、更改规模或产能的期权以及启动或终止项目的期权。

●目前，项目融资广泛应用于许多新兴市场的大型基础设施项目开发。虽然每个项目都有其独特特征，但大多数是高杠杆交易，其债务占总融资的比例在60%以上。

●股权在项目融资中是个较小的组成部分，其原因有二：第一，投资项目的规模常常超过单个投资者或甚至是一组私人投资者能够投资的范围；第二，这些项目都涉及传统上由政府投资的对象，例如发电站水坝建设、高速公路建设以及能源的勘探、生产和分配。

●在世界上的任何地方，收购企业的过程都有三个共同的要素：1）对目标公司的识别和估值；2）完成所有权变更交易（偿付）；3）收购后过渡期的管理。

●跨境兼并或收购的结算阶段需要获得管理层、股东和监管机构的批准与合作。

●跨境兼并、收购和战略联盟都面临类似的挑战：必须根据目标公司在市场上的预期业绩来对其进行评估。这个企业评估过程结合了战略、管理和财务的要素。

秒懂本章

进行海外项目的资本预算时，应从项目和母公司两个角度进行估值，即通过财务分析来证明其可行性，之后再决定是否做出并购等投资决策。

计算分析题

1.名牌公司（意大利）。意大利名牌公司（Branded Co.）正在考虑在委内瑞拉投资2 000万委内瑞拉玻利瓦尔（VEF）建立一家全资的高级时装厂，产品向全球出口。5年后，这家高级时装厂将被以4 000万玻利瓦尔的价格卖给委内瑞拉的投资者。根据该厂利润表进行预测，该厂每年将产生350万玻利瓦尔的现金流，见下表：

销售收入	15 000 000
减：经营现金费用	（7 000 000）
毛利润	8 000 000
减：折旧	（500 000）
息税前利润（EBIT）	7 500 000
减：所得税（35%）	（2 625 000）
净利润	4 875 000
加：折旧	500 000
年现金流量	5 375 000

初始投资于2014年12月31日进行，现金流发生在以后各年的12月31日。这家意大利名牌公司每年从委内瑞拉收到的现金股利等于会计利润的75%。

意大利的企业所得税税率为20%，委内瑞拉的企业所得税税率为35%。由于委内瑞拉税率高于意大利税率，因此向意大利名牌公司支付的年度股利不用在意大利缴纳其他税款。此外，也不对最终销售征收资本利得税。名牌公司对国内投资使用18%的加权平均资本成本，但由于其在委内瑞拉的投资被认为风险更高，因此其在委内瑞拉的投资的加权平均资本成本要加8个百分点。当时，该名牌公司预测后6年后12月31日的玻利瓦尔／欧元汇率将为：

	玻利瓦尔/欧元		玻利瓦尔/欧元
2014年	7	2017年	7.5
2015年	7.1	2018年	7.6
2016年	7.25	2019年	7.75

该笔投资的净现值和内部收益率是多少？

2. 解放公司。南非解放公司（Emancipation Co.）预计在接下来3年中从一家爱尔兰合资企业收到现金股利。第一笔股利将于2015年12月31日支付，预计为100万欧元。在接下来两年中，预计股利将以每年15%的速度增长。当前即期汇率（2014年12月31日）为13南非兰特/欧元。南非解放公司的加权平均资本成本为17.5%。

a. 如果预期欧元对兰特每年升值6%，那么预计欧元股利流的现值为多少？

b. 如果预期欧元对兰特每年贬值5%，那么预计欧元股利流的现值为多少？

3. 美味美味公司（孟加拉国）。艾特米思公司（Artemis PrivEqui）是一家希腊的私人股权企业，该公司试图确定是否应购买一家名为美味美味（Yummy Yummies）的孟加拉国的食品企业。当时，艾特米思公司估计，美味美味公司第二年（2016年）将产生8000万孟加拉塔卡（BDT）的自由现金流，且该自由现金流将继续以每年10.0%的固定比率永续增长。

然而，像艾特米思这种私人股权企业对长期拥有一家公司并不感兴趣，它准备在3年后以约10倍于美味美味公司该年自由现金流的价格将其出售。当时的即期汇率为78塔卡／欧元，但基于欧元2.0%的年通货膨胀率来看，孟加拉国的年通货膨胀率将维持在相对较高的12.0%。艾特米思公司预期在美味美味公司这样的国际投资中至少获得15%的年收益率。

a. 如果孟加拉塔卡的汇率在3年的投资期中维持不变，那么美味美味公司的价值是多少？

b. 如果孟加拉塔卡的汇率将根据购买力平价而变化，那么美味美味公司的价值是多少？

4. Finisterra S.A.公司。Finisterra S.A.公司位于墨西哥的下加利福尼亚州（Baja Califrnia），生产冷冻墨西哥食品，在美国的加利福尼亚州和亚利桑那州拥有大批忠实顾客。为了更接近美国市场，公司正在考虑将部分生产经营机构迁往南加利福尼亚。南加利福尼亚的经营机构将于1年后开业，该机构有下列特征：

假设	数值
1年后的单位销售价格	5.00美元
销售价格年增长率	3.00%
1年后的销售数量	1 000 000
销售数量年增长率	10.00%
1年后的单位生产成本	4.00美元
单位生产成本年增长率	4.00%
每年管理费用	100 000美元
每年折旧	80 000美元
公司加权平均资本成本（WACC）	16.00%
终值价值折现率	20.00%

加州公司将向 Finisterra S.A. 公司支付 80% 的会计利润，作为年度现金股利。墨西哥的税收政策是按从国外得到的累加股利计算，已缴纳的东道国税收可抵免。在 1 年后，Finisterra S.A. 公司的最大美元投资额应该是多少？

5. Carloco 地毯公司。德国 Carloco 地毯公司生产制造用于纺织品的高级染料，直到现在，生产环节仍外包给其他公司，但由于质量控制的原因，Carloco 地毯公司决定在中东地区生产自己的产品。分析将生产地选择缩小到两种可能：埃及的开罗和约旦的安曼。现在，只能得到下列预期税后现金流概况。尽管多数经营现金流出都是以埃及镑或约旦第纳尔表示的，但增加某些欧元现金流出量也是必要的，如下表所示：

Carloco（开罗）	2015 年	2016 年	2017 年	2018 年	2019 年	2020 年
净现金流（埃及镑）	（15 000）	10 000	8 200	9 000	9 500	10 000
欧元现金流出量	—	（150）	（200）	（200）	（200）	—
Carloco（安曼）						
净现金流（第纳尔）	（5 000）	4 000	4 500	5 000	5 500	6 000
欧元现金流出量	—	（100）	（150）	（200）	（300）	—

现在，埃及镑的市场汇率为 8.40 埃及镑／欧元，约旦第纳尔的市场汇率为 0.78 第纳尔／欧元。公司预计埃及镑对欧元每年升值 5.0%，而第纳尔对欧元每年贬值 3.0%。如果公司的加权平均资本成本为 22.0%，那么哪个项目更有前景？

6. 苏格兰有机公司。私人拥有的苏格兰有机公司（Scotch Organic）正在考虑在罗马尼亚投资，以降低其产品配送至东欧市场的运输成本。用罗马尼亚列伊（RON）表示的初始投资金额为 6250 万列伊，按当前即期汇率 6.25 列伊／英镑计算，即 1000 万英镑，所有投资均为固定资产，在 10 年中按直线法计提折旧。此外，还需 2500 万罗马尼亚列伊作为营运资本。

为进行资本预算，苏格兰有机公司假设，公司在第三年末的持续经营价值（税后）等于固定资产本身的账面净值（不包括营运资本）。所有自由现金流将尽快汇回苏格兰。在评估风险投资的价值时，英镑预测见下表：

假设	0	1	2	3
初始投资额（RON）	62 500 000			
即期汇率（列伊/英镑）	6.25			
销售数量		150 000	175 000	200 000
单位销售价格（英镑）		3.00	3.50	3.75
固定现金营业成本（英镑）		250 000	275 000	300 000
折旧（英镑）		150 000	150 000	150 000
营运资本投资（RON）	25 000 000			

变动生产成本预计为销售额的 75%。在所考虑的期间不需要投入更多资金。罗马尼亚对任何种类的资金汇出均无限制。罗马尼亚的企业所得税税率为 20%，苏格兰的企业所得税税率为

25%。两国都允许对在其他国家缴纳的税款进行税收抵免。苏格兰有机公司使用的加权平均资本成本为15%，其决策目标是净现值最大化。该项投资对苏格兰有机公司有吸引力吗？

Hermosa Beach Components（美国）

根据下列问题和假设，回答习题7~10。

凭借5年后到期的进口许可证，加利福尼亚的Hermosa Beach Components公司每年向阿根廷出口24 000套低密度灯泡。在阿根廷，每套灯泡的售价相当于60美元。美国的直接生产成本加上运费为每套40美元。阿根廷的该类灯泡市场需求是稳定的，既不增长也不缩小，且Hermosa公司拥有市场的主要份额。

阿根廷政府已经邀请Hermosa公司在当地开设一家工厂，这样进口的灯泡就可以被当地生产的灯泡所取代。如果公司进行投资，它将经营该工厂5年，然后将建筑和设备以销售时的净账面价值加上净营运资本的价值出售给阿根廷投资者（净营运资本为当期资产减去当地债务的金额）。Hermosa公司可以每年将所有净收入和折旧资金汇回美国。传统上，Hermosa公司用美元评估所有国外投资的价值。

- 投资。Hermosa公司2012年的预计现支出为：

厂房和设备	1 000 000 美元
净营运资本	1 000 000 美元
投资总额	2 000 000 美元

所有投资支出均于2012年发生，所有经营现金流均为2013—2017年的各年年末产生。

- 折旧和投资收回。厂房与设备按直线法折旧，折旧期为5年。在第5年年底，和剩余的厂房净账面价值一样，1 000 000美元的净营运资本也可以汇回美国。

- 灯泡的售价。当地生产的灯泡的比索售价等于每套60美元。

- 每套灯泡的营业费用。购买的材料如下：

在阿根廷采购的原材料（等值美元）	每套20美元
从美国Hermosa公司进口的材料	每套10美元
总变动成本	每套30美元

- 转移价格。母公司销售的原材料每套10美元的转移价格包括5美元在美国生产时发生的直接成本和间接成本，这些成本为Hermosa公司创造了5美元的税前利润。

- 税收。阿根廷和美国的企业所得税税率均为40%（联邦税率和州／省税率合计）。未来出售阿根廷子公司时，阿根廷和美国均不征收资本利得税。

- 折现率。Hermosa公司用15%的折现率评估所有国内项目与国外项目的价值。

7. Hermosa公司：基本分析。评估Hermosa公司（美国）计划在阿根廷进行的投资的价值。公司的管理层希望用美元进行基本分析（也隐含假设项目寿命期内汇率维持不变的信息）。建立一份基于项目角度的资本预算和一份基于母公司角度的资本预算。你从分析中得出了什么结论？

8. Hermosa公司：收入增长的情况。作为第7题中分析的结果，Hermosa公司希望研究每年能提高4%销量时的情况。预计阿根廷的年通货膨胀率为5%，因此售价和材料成本每年分别增加7%和6%被认为是合理的。尽管预期阿根廷的材料成本会上升，但预计5年内美国的成本不会变化。从项目角度和母公司角度对这种情况进行评估。在这种收入增长情况下的项目是否能够接受？

9. Hermosa公司：收入增长和售价的情况。除了第8题中所用的假设，Hermosa公司现在还希望评价在第5年末能以几倍于企业该年收益的价格出售阿根廷子公司。圣克拉拉公司认为，6倍的价格是对企业那时的市场价值的保守估计。评价项目角度和母公司角度的资本预算。

10. Hermosa公司：收入增长、售价和货币风险的情况。Hermosa公司的一位新分析师是新毕业的MBA，认为应当用美元评估阿根廷项目的预期收益和现金流，而不是首先估计其阿根廷比索的价值，然后将现金流收益转换为美元，这是一个根本性错误。她认为，正确的方法是用2012年底的即期汇率3.50阿根廷比索／美元进行计算，并假设该汇率将根据购买力平价而变化（她假设美国的年通货膨胀率为1%，阿根廷的年通货膨胀率为5%）。她也认为Hermosa公司应该使用反映阿根廷资本成本（她的估计为20%）的阿根廷风险调整后折现率和母公司角度资本预算的风险调整后折现率（18%），假设风险货币环境中的国际项目比其他低风险项目要求更高的预期收益率。这些假设和变化将如何改变Hermosa公司对计划投资的看法？

网络练习题

1. 资本项目与欧洲复兴开发银行。建立欧洲复兴开发银行（EBRD）的目的是"促进向开放市场经济的过渡，推动承诺并采用多党派民主、多元主义和市场经济的中东欧和独联体国家私人和企业的积极性"。利用欧洲复兴开发银行的网站，确定欧洲复兴开发银行目前正在从事哪些项目、支持哪些公司。

欧洲复兴开发银行：www.ebrd.org

2. 新兴市场：中国。长期投资项目，如发电，需要透彻地了解在中国经营的所有特征，包括进／出口限制、劳资关系、税收规定、折旧年限、货币特征和限制、短期和长期债务来源，这只是其中一部分。中国现在是世界上跨国企业投资和市场进入战略的焦点。利用网络（你可以从下列网站开始）建立一个在中国经营业务的数据库，编制平均应收账款周转期和货币可兑换性等本章中讨论过的多种因素的最新数据。

中华人民共和国对外贸易经济合作部：english.mofcom.gov.cn

中国中信集团公司：www.citic.com/wps/portal/enlimited

ChinaNet投资页面：www.chinanet-online.com

图表 17-10 本章逻辑框架图

图表 17-10

本章逻辑框架图

跨国资本预算与并购

- 理论
  - 海外项目资本预算的复杂性
    - 母公司现金流量必须与项目现金流量区分开来
    - 母公司现金流在在取决于融资形式
    - 由于税收制度、对资金流动的法律和政治限制、地方商业规范等差异，母公司必须完全确认其资金汇出
    - 诸如许可证费用等非财务性支付可使资金从子公司流向母公司
    - 必须预测不同国家的通胀率

- 分类
  - 项目 VS. 母公司角度估值
    - 前者进行风险分析时，侧重于敏感性的使用及对风险的考虑
    - 后者其风险可采用调整现金率/现金流量的方式度量

- 方法
  - 实物期权分析 ——系考虑投资价值的一种不同方式，能用于评估推迟期权等

- 应用
  - 项目融资的应用现状
    - 目前被广泛应用于新兴市场的大型基础设施项目开发，且其债务占总融资的比重大于60%
    - 股权在其中占有较小的部分

- 实践
  - 跨国并购的三个阶段
    - 识别与估值——结合战略与管理、财务等要素对其预期业绩进行评估
    - 收购事项的执行——需要求得管理层、股东和监管机构的批准与合作
    - 收购后管理

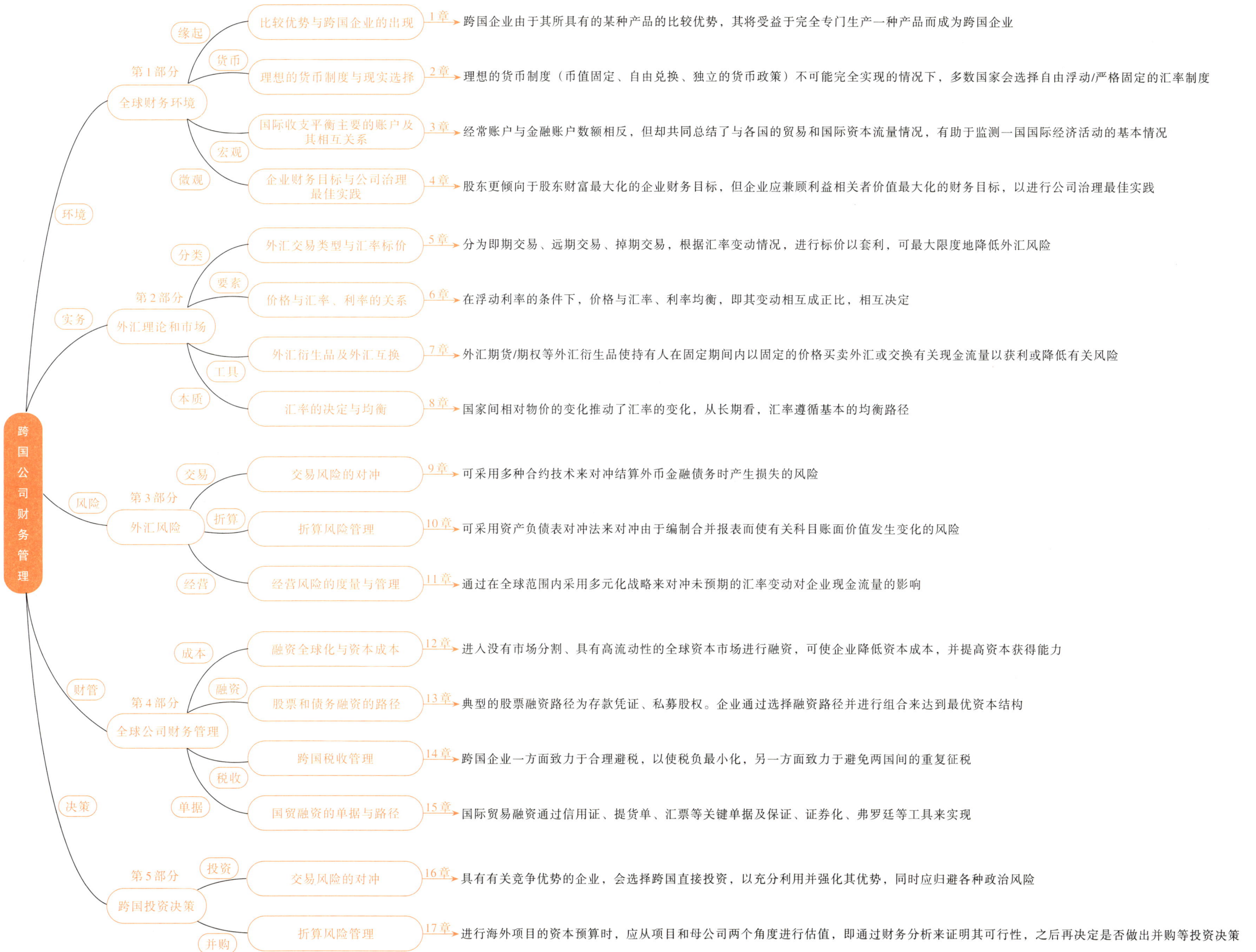

全书逻辑框架图

跨国公司财务管理

环境

第1部分 全球财务环境

- 缘起 — 比较优势与跨国企业的出现 — 1章 — 跨国企业由于其所具有的某种产品的比较优势，其将受益于完全专门生产一种产品而成为跨国企业
- 货币 — 理想的货币制度与现实选择 — 2章 — 理想的货币制度（币值固定、自由兑换、独立的货币政策）不可能完全实现的情况下，多数国家会选择自由浮动/严格固定的汇率制度
- 宏观 — 国际收支平衡主要的账户及其相互关系 — 3章 — 经常账户与金融账户数额相反，但却共同总结了与各国的贸易和国际资本流量情况，有助于监测一国国际经济活动的基本情况
- 微观 — 企业财务目标与公司治理最佳实践 — 4章 — 股东更倾向于股东财富最大化的企业财务目标，但企业应兼顾利益相关者价值最大化的财务目标，以进行公司治理最佳实践

实务

第2部分 外汇理论和市场

- 分类 — 外汇交易类型与汇率标价 — 5章 — 分为即期交易、远期交易、掉期交易，根据汇率变动情况，进行标价以套利，可最大限度地降低外汇风险
- 要素 — 价格与汇率、利率的关系 — 6章 — 在浮动利率的条件下，价格与汇率、利率均衡，即其变动相互成正比，相互决定
- 工具 — 外汇衍生品及外汇互换 — 7章 — 外汇期货/期权等外汇衍生品使持有人在固定期间内以固定的价格买卖外汇或交换有关现金流量以获利或降低有关风险
- 本质 — 汇率的决定与均衡 — 8章 — 国家间相对物价的变化推动了汇率的变化，从长期看，汇率遵循基本的均衡路径

风险

第3部分 外汇风险

- 交易 — 交易风险的对冲 — 9章 — 可采用多种合约技术来对冲结算外币金融债务时产生损失的风险
- 折算 — 折算风险管理 — 10章 — 可采用资产负债表对冲法来对冲由于编制合并报表而使有关科目账面价值发生变化的风险
- 经营 — 经营风险的度量与管理 — 11章 — 通过在全球范围内采用多元化战略来对冲未预期的汇率变动对企业现金流量的影响

财管

第4部分 全球公司财务管理

- 成本 — 融资全球化与资本成本 — 12章 — 进入没有市场分割、具有高流动性的全球资本市场进行融资，可使企业降低资本成本，并提高资本获得能力
- 融资 — 股票和债务融资的路径 — 13章 — 典型的股票融资路径为存款凭证、私募股权。企业通过选择融资路径并进行组合来达到最优资本结构
- 税收 — 跨国税收管理 — 14章 — 跨国企业一方面致力于合理避税，以使税负最小化，另一方面致力于避免两国间的重复征税
- 单据 — 国贸融资的单据与路径 — 15章 — 国际贸易融资通过信用证、提货单、汇票等关键单据及保证、证券化、弗罗廷等工具来实现

决策

第5部分 跨国投资决策

- 投资 — 交易风险的对冲 — 16章 — 具有有关竞争优势的企业，会选择跨国直接投资，以充分利用并强化其优势，同时应归避各种政治风险
- 并购 — 折算风险管理 — 17章 — 进行海外项目的资本预算时，应从项目和母公司两个角度进行估值，即通过财务分析来证明其可行性，之后再决定是否做出并购等投资决策